吕思勉全集

高等小學校用　新式國文教科書

高等小學校用　新法歷史參考書

23

# 本 册 總 目

高等小學校用　新式國文教科書

# 前　言

　　《高等小學校用 新式國文教科書》是吕思勉先生編寫的一部小學國文教科書，全書分六册，每册設有二十至三十課不等，按文字深淺排列，内容涉及歷史、地理、自然知識、道德教育、社會常識、日用知識等。本書於一九一六年二月至四月由中華書局初版，後又多次重版，現今尚能見到的各分册的版本甚多，①如第一册一九二三年五月第七十版，第二册一九二四年五月第六十二版，第三册一九二三年二月第五十七版，第四册一九二三年五月第五十四版，第五册一九二三年五月第五十五版。第六册一九二三年五月第四十九版等，可説是二十世紀二十年代小學國文教學中使用較廣的一種教材。《高等小學校用 新式國文教科書》曾收入上海古籍出版社出版的"吕思勉文集"《吕著中小學教科書五種》②（二〇一一年六月出版）。又改名爲《民國國文課本》，在每篇課文之下，配以白話譯文和簡單的注釋，由北京九州出版社出版"白話珍藏版"（陳志揚、葉仙雲翻譯，二〇一一年十一月出版）。

　　此次將《高等小學校用 新式國文教科書》收入《吕思勉全集》重印出版，我們按一九一六年的初版本重新做了校對，課文中配有的參考圖畫均按原圖刊印在相關課文内，課文中的行文術語，僅訂正勘誤和錯字，余皆按原書付刊印不改。編者按語做頁下注。吕先生編寫的小學國文教科書還有《中華民國國文教科書》（一至十二册），由民國南洋圖書滬局一九一三年二月初版，但目前

---

　　① 有關《高等小學校用 新式國文教科書》的再版、重印的情況，詳見《吕思勉全集》之《吕思勉先生編年事輯》附録二《吕思勉先生著述繫年》的記録。

　　② 收入吕先生的《新式高等小學 國文教科書》、《新學制高級中學教科書 本國史》、《復興高級中學教科書 本國史》、《高中複習叢書 本國史》、《初中標準教本 本國史》及附録中國通史教學提綱六種。

尚未找到原書,僅見於《民國時期總書目(中小學教材卷)》(書目文獻出版社
一九九五年二月出版)的著錄。

李永圻　張耕華

二〇一四年八月

# 目　　錄

# 編 輯 大 意

一、宗旨　遵照部定教則,規定本書之宗旨:［一］授以切於實用之文字,養成發表思想之能力。［二］修練語言。［三］輔導智德。

二、編製法　［一］春秋季始業通用。［二］全書分六册,每學年用二册。［三］各册不規定同樣之課數,以教材之深淺,爲排列之先後。以文字之長短,及内容之繁簡,分配授課之時間(詳見教授書)。［四］課文有待於圖畫參證者,本書必考證詳確,列入插圖,概不臆造。［五］書中符號最要處用。。。。,次要處用・・・・,分句用。,分讀用、,語言用""引用成語用‘‘,語言中引用他語亦用‘‘。①

文章之標準

(甲) 文之構成。文章之道,從形式方面論之,不外積字成句、積句成篇;而語其大要,不外首求明晰,次務勢力,終貴流暢。本書注意於此。要點如左:

(一) 明晰。［一］措語明確。［二］所用皆普通語,與口語不十分懸絕。［三］字字相聯,語語相綴,均無謬誤。［四］起伏呼應,段落分明。

(二) 勢力。［一］文有節制,勿令散漫。［二］用筆變換,動人心目。［三］引喻陳辭,言之有物。［四］反覆推勘,有義畢宣。［五］故作疑陣,含蓄不盡(上五項細析之可得十餘法,各課屬於何法,特詳於教授書)。

(三) 流暢。［一］音調和諧,便於誦讀。［二］文采斐然,以實用爲主。［三］句法長短相配,恰合分際。

(乙) 文之排列及採擇之標準。

(一) 首順叙法及平列法,次總起法及總結法,次總起總結法。

(二) 首記叙,次説理,次議論,次言情。

---

① 此類符號現已全部删去。

（三）語氣之屬於普通者居前，其特須注意者居後。

以上僅屬各學年偏重之點，並不爲甚嚴之界限，期無礙多方練習之興味。

（四）多採散文，間採明白流暢之韻文，藉達美感教育之旨。至所採散文，如記事記物及日常應用之書簡文等，採列最多。其契約單據等，爲國民學校國文教科書未能列入者，分附於課後，藉便練習。

（五）行文之程式，如論辯、序跋、書說、贈序、傳記，以及記遊、記物之作，無不甄采。而其選錄之多少，排列之先後，則一以實質形式之深淺爲衡。其箴銘、頌贊、詞賦、哀祭之類，僅擇其淺近易解者，甄錄一二，藉示程式。

三、材料之標準　高等小學修身、歷史、地理、理科，皆專列科目。故國文中關於此類材料，當補各科所缺，而不宜重複。此外關於實業事項，及日用知識，有必須列入者，教授書另載教材分配表。茲列舉其大要於左：

（一）道德教育：［一］記事。［二］寓言。［三］法制。大意補修身書所不備。

（二）歷史：［一］名人之傳記或軼事，其意味不專屬於道德範圍者。［二］壯快勇武之史談，與軍國民教育有關者。［三］歐美近世之人物及事實，與政治經濟進化等有關者。

（三）地理：［一］著名勝地之遊記。［二］地理上特著之現象。

（四）理科：［一］自然物之最有關係於人生者。［二］自然物之性狀富有興趣，有道德教育或美育有關者。［三］自然界美麗之景色。［四］理化知識之關於日用者。

（五）實業：［一］農工商狀況及關係。［二］職業上應用之知能。［三］本國重要出品。［四］世界實業趨勢。

（六）日用知識。［一］人事之有關於生活者。［二］遊戲事項。［三］近世之公共事業。

四、教授書　照教科册數編輯，其編纂順序：分列教材（全載教科書文字圖畫）、要旨、時間、準備、豫習事項，教授事項，練習事項，備考等。各册之首，編列教授案，注重於動的教育法。期以養成兒童獨立自營之實力。

# 高等小學校用　新式國文教科書第一冊

## 第一　入學（二）

國旗、校旗，交叉懸於門。諸生魚貫入，集於禮堂，聆師長訓詞。此學校之始業式也。

教育無止境，人受教育亦無止境。視其受教育之程度何若，即可知其人之造就何若。諸生於國民教育，既完全領受，今乃進求較高之教育，實爲人生之幸福。蓋今日文明世界，非學問無以自立也。諸生勉乎哉！

## 第二　喻學（二）

木謂鐵曰："君生土中，我家地上，風馬牛不相及也。君乃爲斧以斫我，爲鋤以掘我，爲鋸以鋸我，爲鑿以鑿我，爲鑽、爲釘以穿穴我，爲刀、爲削以雕鐫我，我與君何仇？乃苦我至此。"

鐵曰："人自欲君成器耳，我何敢苦君。且我豈生而爲斧鑿、刀削者哉？人出我石穴，投我猛火，使我至堅至剛之質，化而成液。於是或壓爲板，或引爲絲，或軋爲片，百出其技而未已。若欲鍊鋼，則忽入烈焰，忽置寒泉，戕賊我尤甚，顧我不以爲仇。若釜、若鑪、若錘，固我所自爲也，亦且迫而自煎，奮而自擊，皆不遑卹。蓋非經磨鍊，則不能成器耳。人自欲君成器，我何敢苦君哉？"

## 第三　奈端軼事（二）

奈端者，英之物理學家也。其爲學恒苦思力索。一日晨起，方兀立仰

奈端

視,不知意何屬。侍者進,持鷄卵就釜。且曰:"將朝食矣。"奈端曰:"置之,我當自烹。"侍者退。已而復進。奈端又曰:"汝退,我當自烹。"俄而釜沸,啓視,則時表在焉,卵仍置其前。蓋當其取投釜中時,不知其爲卵爲時表也。

學者乎,能好學深思如奈端乎?用志不紛,乃凝於神。能專一,斯能研深;能研深,斯能精進。學者乎,能好學深思如奈端乎?

## 第四　聖蹟(三)

一國之聖人,非獨其言行爲後世所尊仰也。即其居宅、墳墓,雖歷數千年,後人仍謹守之。凡過其處者,無不肅然起敬焉。

孔子所居闕里,在今曲阜縣城內西南隅。自漢以來,時有修築,永爲奉祀之所。而孔林尤爲中外觀聽之所繫。

孔林在泗水之南,方十餘里,草樹深茂,景色開朗,孔子墓在焉。紅墻環之,墓前有碑,曰大成至聖文宣王墓。西偏小屋三間,爲子貢廬墓處。墻東南有枯木,護以石欄,子貢手植楷也,旁有楷亭。門外有洙水橋,橋南有門,門距曲阜城可二里。道旁植柏,行列整齊,蔽日參天,皆數千年物。吾人徘徊其間,益歎孔子之道尊嚴偉大,無與倫比也。

孔子墓

## 第五　紙鳶(三)

天朗氣清,惠風和暢。羣兒集草地,共謀遊戲。偶翹首仰望,瞥見空中一物,狀如蝴蝶,盤旋往復,高達雲端。

某兒曰:"是紙鳶也,我能爲之。諸君盍取竹絲、麪糊及綫、紙來。"於是絡繹奔赴,各持物至。且助某兒分任削竹、裁紙、搓綫、黏貼等事。一時衆手畢舉,而紙鳶遂成。

衆又購長繩一束,以繫紙鳶。至廣場,乘風縱之。倏忽之間,上升天半,與向所見之紙鳶無異。羣兒歡呼跳躍,莫可名狀。

某兒曰:"鳶本鳥之善飛者,是物以紙爲之,而飄然高舉,有類於鳶,此命名所由來也。今日時促,未及製一笒,加於其上。不然,迎風而鳴,其聲清越,又可稱爲風筝矣。"

## 第六　釣魚(三)

兄弟檢棄物,得鐵絲寸餘。兄曰:"是可屈爲鉤,作釣魚之具。"弟乃以指力屈之,絲頗勁,不能屈。兄炙以火,絲頓柔,果屈爲鉤。於是弟取竿,兄繫綫,又捕蟲爲餌,同往池邊。

時宿雨初晴,水清如鏡。弟欲持竿先釣,兄乃爲之鉤餌,垂於池中,注目視之,一魚掉尾來,將及餌,弟急舉竿,魚驚而逸。

兄曰:"弟不善釣。必待魚吞餌,方可舉竿也。盍讓我爲之?"

弟不肯,遂又下釣。良久,一魚至,弟持竿不敢稍動。移時,詢兄曰:"可舉竿未?"兄曰:"可。"及舉竿,仍不得魚。蓋魚已食餌去矣。

弟乃願作旁觀,請兄垂釣。兄置餌如前,持竿静俟之。須臾,見鉤絲動,急掣起,果得一魚。弟樂甚。

兄曰:"向使弟諳釣法,今已得三魚。可見事必有法,釣其小焉者也。"

## 第七　放魚詩<small>白居易</small>(三)

曉日提竹籃,家僮買春蔬。青青芹蕨下,疊卧雙白魚。無聲但呀呀,以氣相煦濡。傾籃寫地上,撥剌長尺餘。豈惟刀机憂,坐見螻蟻圖。脫泉雖已久,得水猶可蘇。放之小池中，且用救乾枯。水小池窄狹，動尾觸四隅。一時幸苟活，久遠將何如？憐其不得所，移放於南湖。南湖連西江，好去勿踟躕。施恩即望報，吾非斯人徒。不須泥沙底，辛苦覓明珠。

## 第八　水(三)

水者，透明之流質也。至清之水無味，一勺之水無色，及其匯而入海，則作青綠色，且有鹹味矣。

水自高山而下，其顯者爲懸瀑，隱者爲伏泉。其流於平地也，小者爲溝澗，大者爲江河。浸潤灌漑，漸達於海。其行於地中者，亦復泉源貫注，如人身之有血脈焉。

水爲養生要物，非此則人畜草木將枯渴而死。然水亦非盡可飲也。若煮之易沸，入皂易化，烹蔬易熟，則其水可飲。否則或以致害，不可不察也。

水之中含有礦質者，名曰礦泉。其水溫熱者，名曰溫泉。是皆可以治病，有益於人者也。

孟子曰："民非水火不生活。"斯言信哉！

## 第九　記某法人事(二)

普魯士某王，每閱兵，必人人徧勞之。曰："年幾何矣？入伍幾何時矣？軍中苦樂何如？"王恒作此三語，且先後不亂，如是者有年，士卒咸熟聞之。

有法人初入伍，未諳普語。聞王復將閱兵，訊諸同儕，習其答語。王至，問及法人，偶易其序，曰："入伍幾何時矣？"對曰："二十一年矣。"王驚其齒幼，問年幾何？則答曰："三閱月。"王益驚，曰："汝何言，汝非癲者乎？"又對曰："軍中甚樂也。"

## 第十　察理上(三)

世俗論事，於不經見者，雖小，輒相詫以爲奇。及其既成，雖大，則又忽視之，以爲不過爾爾。蓋察理不精，即尋常因應，亦動輒失宜也。

當歐洲初有煙草，人莫之識。英有賴留者，嘗吸之，微煙騰室中。會其僕叩戶入，驟覿之，以爲火自其首出，急沃以水。聞者傳以爲笑。

哥侖布既得美洲,告成功於西班牙王,國人日置酒頌其功。或嫉之,曰:"大陸本天生,何功之有。"哥侖布聞之,持卵置衆前,曰:"試卓立之。"莫有應者。乃微叩其一端,植几上,曰:"觀事於已成,衆固無不能者。"

## 第十一　察理下(三)

理之宜察,不獨人事也,物亦有之。某生嘗去燈罩,取濕布作墊,罩未及去,遇布而裂。冬日晨起,見玻璃窗面結冰花。自語曰:"以熱水洗之使淨。"甫動手而玻璃裂。生始知玻璃猝遇冷熱,驟漲驟縮,必至迸裂,然無及矣。

一夕,取瓦盆盛水,至四分之三,露庭中。晨起視之,水結冰而盆裂。蓋冰之體積,較水爲大。盆之裂,漲力使然也。

又一日,或遣汲酒,生以瓶往。盛酒至滿,幾不能容塞,擊之使下。然流質之性,不受逼壓,一擊而瓶裂,手中僅餘一瓶頸矣。

## 第十二　甲乙辨歐陽修(二)

甲問於乙曰:"鑄銅爲鐘,削木爲莛,以莛叩鐘,則鏗然而鳴。然則聲在木乎? 在銅乎?"

乙曰:"以莛叩垣墙,則不鳴,叩鐘則鳴,是聲在銅。"

甲曰:"以莛叩錢積,則不鳴,聲果在銅乎?"

乙曰:"錢積實,鐘虛中,是聲在虛器之中。"

甲曰:"以木若泥爲鐘,則無聲,聲果在虛器之中乎?"

## 第十三　盲魚(三)

人之生也,腦出思慮,五官主知覺,四肢司運動。然或怠惰暴棄,不得盡其用,則思慮變靈而爲蠢,知覺變敏而爲拙,運動變健而爲弱。如是者久之,事事不如人矣。且不獨身受其病也,子孫得其遺傳,其蠢、其拙、其弱,且愈變而愈甚。此在人或不易察,觀於動物,固有顯然可見之例也。

意大利某山,有巨壑焉,暗不見天日,積水滿中,不知其深幾千尺也。羣魚潛居,目無所覩,久之,遂盡盲。網罟不能入,釣餌不能到,自以爲無患也。

一旦礦工入，溝而屬之湖，獱獺戕於下，鸕鷀、鸂鷘伺於上，無幾時，盲魚垂垂盡矣。嗟乎！魚失一官之用耳，其禍乃至此乎。

## 第十四　小鳥之良伴（二）

某兒畜一小鳥，愛之甚篤。

一日，鳥躍案上。案有鏡，鳥窺鏡見影，以爲他鳥也，怒而噪，狂躍不已。見其影亦狂躍，益忿，奔而啄之，觸鏡而仆。駭甚。耽視鏡中鳥良久，若有所思。乃趨至鏡後，無覩也。折而前，則鳥又在焉。既而躍登鏡頂，細察鏡之上下左右，始悟鏡背無彼鳥藏身之所。復躍下，逡巡鏡前，若欲與鏡中鳥通殷勤者。久之，怡然而鳴，翩然而舞，其影亦隨之舞。乃大喜。

某兒覩其狀，樂之，爲置一小鏡於籠中。鳥由是視己影爲良伴，對鏡呢喃，終日不倦。

## 第十五　益鳥（三）

鳥之有益於農務者，以其食蟲也。蓋害物之蟲，品類紛賾，滋生繁衍，植物實被其殃。鳥則能攫之於空中，捕之於地上，即在土中者，亦能探而出之。故動物之足爲蟲敵者，惟鳥耳。

如桑扈、鶺鴒，能食小蟲。而燕類捕捉黃蜂、蚊蚋之屬，尤不可勝數。他若麻雀一物，或食葡萄，或食麥穗，不無小害，然櫻桃、蘋果、梨樹之被其保護者，亦不少也。且每殺一害苗之蟲，即三四十麥穗可保無恙，豈得因其偶一食穀，遽斥爲無益之鳥哉。

## 第十六　賣油翁 歐陽修（二）

陳堯咨善射，當世無雙。公亦以此自矜。嘗射於家圃，有賣油翁釋擔而立，睨之，久而不去。見其發矢十中八九，但微頷之，堯咨問曰："汝亦知射乎？吾射不亦精乎？"翁曰："無他，但手熟爾。"堯咨忿然曰："爾安敢輕吾射。"翁曰："以我酌油知之。"乃取一葫蘆，置於地，以錢覆其口，徐以杓酌油瀝之。自錢孔入，而錢不濕。因曰："我亦無他，惟手熟爾。"堯咨笑而遣之。

## 第十七　慎微(三)

甲與乙,刳木於船塢。有木堅而潔,行選爲舟材矣,忽覩一蟲焉,長不及半寸。甲曰:"此木易蠹,用之,且有後患,不如棄之。"乙曰:"僅一蟲,何傷焉,棄之可惜。"遂以造舟。

舟成,航行海外。其初無他變,久之,木漸蠹。船主以無大害也,滿載貨物而歸。中途遇風,怒濤衝激,水自蠹處入。舟有抽水器,舟子并力去水,水勢速,卒不能禦。一晝夜而舟沈,生命貨財,同歸於盡。

嗟乎!一蟲之細,一工人之不謹,其爲禍也若此。天下之患,每起於甚微,而發於所忽。信夫!

## 第十八　運動(三)

運動之益,人多不之信。曰:"空氣良矣,飲食宜矣,衣服適矣,居室當矣,已足盡衛生之道。何必勞勞運動爲?"殊不知人不運動,則血液循環不免遲滯,飲食雖美,不能消化,筋肉不能強韌,精神不能活潑,身體將日就衰弱,安能得康健之益乎?

運動之法,不勝枚舉。擊球蹴踘,馳馬試劍,少壯之人,皆所當爲。至野外散步,尤易而有益。平野廣闊,空氣清潔,徜徉其間,心神泰然,實人生至佳之境也。

## 第十九　公園(三)

辛苦之餘,繼以遊息,則心神爲之一暢,身體因以健康。此必至之效,無難實驗者也。

文明各國之都會,皆設公園,吾國近亦仿辦。豈導人以閒遊哉。蓋人煙稠密之區,空氣不良,天機易窒。闢此公園,以游魚鳴鳥,奇卉名花點綴而成美景。居民勞作之暇,散步其間,可領略天然之趣味。其有益公衆衛生,非淺鮮也。

惟然,遊公園者,當知公德。不特器具陳設,不可毀傷,花木敷榮,不可攀折也。即涕唾之微,亦必力防任意,毋使不潔之習,取厭於人。否則公衆之所經營，將爲一人之所敗壞。就令不爲人所指摘，試反躬自問，其何以自安哉？

## 第二十　全體之話上（三）

頭部、軀幹、四肢、臟腑，協力合作，非一日矣。

一日，口忽大言曰：“全體生活，皆我之功，如我不食，必致餓斃。”

胃曰：“否。我之功能，較大於口。如我不消化，口雖能食，亦有何益？”

手謀曰：“如我不取食物納於口，爾等皆殆矣。”

目笑之曰：“如我不視物，手安能取哉？”

足更起而詰之曰：“我之功最高。如我不行，目雖見物，手亦不能取也。”

囂然自誇，紛擾不已，卒至決裂。於是口不食，胃不納，手不取，目不視，足不行。

未幾，全體大困。腦乃責之曰：“爾等合羣，則互受其益；渙散，則自促其生。宜相親，勿相猜也。”各部皆悟，協力如初。

## 第二十一　全體之話下（三）

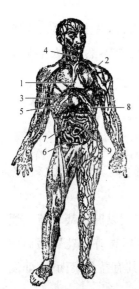

1心臟　2肺臟　3橫膈膜
4喉頭　5肝臟　6小腸
7大腸　8筋骨　9胃

口貪食美物，不及細嚼，遽納於胃。胃不能消化，欲逐至腸中，腸不受，乃將其物停積於胃腸之間。

頃之，腸胃皆作痛。痛益劇，胃乃責口曰：“何故將硬物嚥下，使我不能消化。”又責腸曰：“何不速將硬物瀉出。”腸責胃與口曰：“何不用嘔吐之術，以出之乎？”

肺與心亦來相責曰：“此種劇痛，累我呼吸短促，脈跳加疾。推其禍原，誰任厥咎？”

於是全體各部請腦爲司法官，判斷此案。腦曰：“嚼物宜細，口之職也。胃不過消化已嚼碎之食物，輸送其精液於各部而已。腸不過吸收其餘液，排出其渣滓而已。非能代口之職也。故其咎實在口。”乃罰口一日不食，以爲貪食之戒，而胃腸之痛亦愈。

## 第二十二　義犬(二)

一商人索債於外，乘馬出，一犬隨之。既得償，囊銀馬上，行數里，下馬少息，置囊其側。

迨上馬，遺囊於地。犬在後，欲以口銜囊，囊重，力不能勝，狂吠逐主人。馬行疾，犬聲嘶力竭，主人猶不省。乃直前囓馬足，馬狂躍，商人幾墜。疑犬病瘋，出槍擬之，犬亦不避。槍發，犬創甚，幾仆。

商人不之視，策馬前行。已而以手探囊，囊亡。急回馬，趨樹下，見沿途血迹淋漓，至憩息之所，遺囊固在，而創犬猶守其旁。

既見主人，強搖其尾，欲起立，力不能支，仆地上。商人大悲，以手撫之，犬瞑目而逝。

## 第二十三　臨江之麋<sub>柳宗元</sub>(二)

臨江之人，畋得麋麑，攜歸畜之。入門，羣犬垂涎，揚尾皆來。其人怒，撻之。自是日抱就犬，習示之，使勿動，稍使與之戲。積久，皆如人意。

麋稍大，忘己之麋也，以爲犬良我友。抵觸偃仆，益狎。犬畏主人，與之俯仰甚善，然時啖其舌。

三年，麋出門外，見外犬在道甚衆，走欲與爲戲。外犬見而喜且怒，共殺食之，狼籍道上。麋至死不悟。

## 第二十四　熱(三)

人與萬物，無不藉熱以生。食物，所以增體熱也。衣服，所以護體熱也。

凡物化合，則熱自生。食物入胃，化爲營養料，隨血液之循環，與養氣相合，自能發熱。人方食後，體熱必增，此其驗也。

棉絲毛羽，皆不易傳熱。製以爲衣，寒能使體熱不外洩，暑能使體熱不驟增。冬衣裘，夏衣葛，此人所共知者。然取木偶人，被以狐貉，必不能溫。可知熱在體不在裘，裘特阻之不遽洩耳。酷暑中力作，非得棉布衣不能禦烈日。可知夏衣在阻外熱侵入。至其利用白色，則藉以反射光熱者也。

## 第二十五　熱與色(三)

富蘭克林,美人也。善窮理格物。一日訪友。時值晌午,主人款以飯。既罷,進咖啡茶,不虞已冷。主人歉然曰:"以冷茶餉客,予心滋愧。然其咎在僕,貯茶之壺,久不拂拭,是以黝然黑闇,茶乃易冷耳。"

富聞言,悠然以思。思夫器之黑而闇者,能使茶易冷。是黑色之能吸熱,異於白色之能拒熱也。顧一己之理想,豈足為憑,安得就宿學而問之。瞥見日光照耀,頓有所觸。

時方冬令,積雪未消。富乃取黑白巾各一,並覆雪上,佇立凝眸以待。有頃,黑巾之下,雪已盡融。啓白巾視之,則融未過半也。於是知黑色之物果能吸熱,而白色之能拒熱,亦因此恍然。

## 第二十六　布(三)

中國古無棉,所用以為布者,不外苧、葛、麻三種。自棉種傳入,棉布盛行。而苧、葛、麻諸布,用途漸狹。蓋苧、葛、麻布,性硬而散熱易,宜於暑時。棉布鬆頓,能保體温,宜於寒時。人於寒時需布多,暑時需布少也。

自外洋之布輸入中國,中國所織之布銷售遂滯。無他,外人講求工藝。同一棉布,彼緝勻而有美觀,幅闊而便裁制。我國機婦,率其舊法,仍以粗糙狹幅者與之角,利為所奪也固宜。

帛雖適體,然值頗貴,不能製普通之衣,故其銷售,亦終不及布之廣。然則居今日而欲振興工藝,以挽回利權,所急宜講求者,當自布始矣。

## 第二十七　羊毛(三)

某兒偕其母游於野。時方初夏,見有翦羊毛者。因問其母曰:"羊何罪,人乃腠削之,使身無所蔽乎。"母曰:"兒誤矣。炎暑將至,翦其毛,正所以適其體也。至冬則毛且更生,與髮之重生無異。豈慮其受寒耶?"

兒曰:"將安用此毛?"母曰:"先以熱水及肥皂洗之,再用鐵刷梳理使齊。乃用紡車、或機器紡之。然後可以織布。如小呢、法蘭絨,皆羊毛所為也。或用以製襪及寬緊布,亦可裝入枕褥焉。"

於是兒隨母歸。途中見羊毛成毱,攢聚棘枳上。兒曰:"此真無用之物矣。"母曰:"此物,鳥見之,則啄以歸,以鋪巢底與其四圍,令和暖,可伏雛。可見天之生物,必無棄材,惟在能用之耳。"

## 第二十八　仁俠之母女(三)

美國某山中,有鐵道通焉。旁有小屋一椽,母女二人居其中。女齒稚,而母則寡婦也。家貧,飼鷄拾薪,售諸近村,以爲生計。

春雪方融,會爲洪流,奔放而下。所居屋旁有深谷,上架鐵橋,蓋汽車所從出也。至是爲水衝毀。時已夜深,雨如注。母女聞橋折聲,私念汽車一至,將人與車皆墜谷中矣。謀所以救之者。乃冒雨出,燔薪於軌道上。既而聲隆隆然,汽車蜿蜒而至。母乃立綫路上,裂其衣,揭於竿而然之。女則焚樹枝,高舉迴旋,交相呼曰:"速止而車,速止而車。"

掌車者見火,又聞人聲,知有變,欲停車。然開機過滿,不能即停,直至母女兀立處始止。掌車者及乘客詢得故,皆大感謝,釀金以酬之。後爲鐵路公司所聞,亦贈以重資。自是稱小康矣。

## 第二十九　機變(二)

獵人某,獨行叢山中。偶回顧,見有一獅,尾之於後。行速亦速,行遲亦遲,若將伺其不及防,突前以噬之者。

獵人大驚。努力前進,以期脫險,而獅仍相隨不舍。行十餘里,天漸昏黑,四無人居,窘急之狀,殆難言喻。

會抵一危崖,屹然千仞,下臨谿谷,旁有亂石,深可隱人。獵人遂潛匿其間。然恐獅之覓也,急解外衣,加冠其上,中間支以獵鎗,傍崖而立,高出崖端,偽若己之憩息者。無何,獅踵至。以爲人也,奮力撲之,鎗遽倒,獅墜崖死。

## 第三十　晏子使楚晏子春秋(二)

晏子至楚。楚王賜晏子酒。酒酣,吏縛一人詣王前。王曰:"縛此曷爲者也?"對曰:"齊人也,坐盜。"

王視晏子曰:"齊人固善盜乎?"

晏子避席對曰："嬰聞橘生淮南,則爲橘;生於淮北,則爲枳。葉徒相似,其實味不同。所以然者何,水土異也。今民生長於齊,不盜;入楚,則盜。得無楚之水土,使民善盜邪?"

王笑曰："聖人非所與嬉也,寡人反取病焉。"

## 第三十一　愛蓮説周敦頤(二)

水陸草木之花,可愛者甚蕃。晉陶淵明獨愛菊。自李唐來,世人甚愛牡丹。予獨愛蓮之出淤泥而不染,濯清漣而不妖,中通外直,不蔓不枝,香遠益清,亭亭浄植,可遠觀而不可褻玩焉。

予謂菊,花之隱逸者也。牡丹,花之富貴者也。蓮,花之君子者也。噫! 菊之愛,陶後鮮有聞。蓮之愛,同予者何人? 牡丹之愛,宜乎衆矣。

## 第三十二　凌霄花白居易(二)

有木名凌霄,擢秀非孤標。偶依一株樹,遂抽百尺條。託根附樹身,開花寄樹梢。自謂得其勢,無因有動搖。

一朝樹摧倒,獨立暫飄颻。疾風從東起,吹折不終朝。朝爲拂雲花,暮爲委地樵。寄言立身者,勿學柔弱苗。

## 第三十三　榮譽(二)

英偉人訥爾遜,五洲所共聞也。幼時,與兄並轡適校。中途,風雪大作,寒徹骨不可支。乃偕歸,見其父。

父曰："歸校與否,吾聽汝等之自由。雖然,凡發一念,欲有所爲,必成之而後已,此大丈夫榮譽之事也。半途而廢,無志行者之事也。汝等試比較,擇所從。"

訥爾遜聞言,即促兄更歸校。兄猶有難色。訥爾遜毅然曰:"兄忘榮譽之言乎?"卒相偕以去。

## 第三十四　合力（二）

置一甄於地，一童子蹴之，則中裂，否亦損四隅。合千百甄以爲垣墉，勇者睨其旁，徒手莫能毀焉。合億萬甄以爲城郭，雖有敵至，環而攻之，未易破也。故合愈衆，力愈大。

夫甄不能自爲合也，以手壘甄，多不過數百，止矣。傳之以灰沙，施之以版築，乃能膠黏腔接，踰數仞，過百雉，卓立而不可動搖。故合愈堅，力愈固。

雖然，合者甄也，使之能合者人也。有灰沙版築之功，乃能有垣墉城郭之用。猶合衆人之力以爲力，必先合衆人之心以爲心。

## 第三十五　集會（三）

慮以博考而精，力以衆擎而厚。此在凡事，莫不皆然。而利害之有關於公衆者，尤當合羣策羣力以圖之。此文明國民所以重視夫集會也。

文明國民之集會也，到會散會，皆有定時。議事旁聽，各從定則。觀其氣象，則沈毅肅穆，萬衆無譁。聆其發言，則討論表決，秩然有序。其進止之嚴整，雖行軍無以加。其辯論之精審，即講學無以過。論者謂觀於其國民之集會，而知其文化之進退，信不誣也。

我國今日，百廢待興，其有賴於羣策羣力者何限。爲國民者，苟能同心協力，而又一以規律出之，則事無不舉，而大國民風格之譽，亦不讓人以專美矣。

## 傳　單　式

啓者，城東街道，歲久失修，行人往來，殊多不便，自應從速修理。惟兹事體大，必須合本地方居户，公同籌議，方足昭慎重而利進行。兹定於本月十九日午後一時，借市立第一高等小學校，特開大會，凡我公民，尚祈，涖止。

區董〇〇〇謹白

# 高等小學校用　新式國文教科書第二冊

## 第一　孟母(三)

孟子墓

孟子之母，其舍近墓。孟子少嬉遊，爲墓間之事，踴躍築埋。孟母曰：“此非吾所以居處子也。”乃去，舍市旁。其嬉戲，爲賈人衒賣之事。孟母又曰：“此非吾所以居處子也。”復徙，舍學宮之旁。其嬉遊，乃設俎豆，揖讓進退。孟母曰：“此真可以居吾子矣。”遂居之。

孟子稍長，既學而歸。孟母方織，問曰：“學何所至矣?”孟子曰：“自若也。”孟母以刀斷其機織。曰：“子之廢學，若吾斷斯機也。夫君子學以立名，問則廣知。是以居則安寧，動則遠害。今而廢之，是不免於廝役，而無以離於禍患也。何以異於織績而食，中道廢而不爲哉。”孟子懼，旦夕勤學不息，遂成大儒。

## 第二　燕詩<sub>白居易</sub>(三)

梁上有雙燕，翩翩雄與雌。啣泥兩椽間，一巢生四兒。四兒日夜長，索食聲孜孜。青蟲不易捕，黃口無飽期。嘴爪雖欲敝，心力不知疲。須臾十往來，猶恐巢中飢。

辛勤三十日，母瘦雛漸肥。喃喃教言語，一一刷毛衣。一旦羽翼成，引上

26

庭樹枝。舉翅不回顧,隨風四散飛。雌雄空中鳴,聲盡呼不歸。卻入空巢裏,啁啾終夜悲。

　　燕燕爾勿悲,爾當返自思。思爾爲雛日,高飛背母時。當時父母念,今日爾應知。

## 第三　蝴蝶(四)

　　菜中青蟲,行於草間,自慚形穢,嘆曰:"我之身,胡如是之卑猥也。"蜿蜒而上竹籬。遇一金色之蟲,亦復華麗。覩青蟲至,昂然飛去。蓋惡而避之也。

　　蟲徐行於籬上之葉,憤然曰:"彼不過有雙翅耳。恃能飛而驕,欺人太甚。余姑忍之。"葉慰之曰:"君非久居窮困者,一旦變化,豈他蟲所能比擬哉!"

　　蟲乃伏於葉上,以絲自縛。未幾,若嬰兒之束於襁褓。不能屈伸。蟲乃悲曰:"吁! 若是之困,殆又甚焉。昔者雖形體猥瑣,尚堪自適。今則舉止受縛,如生人埋壙中,坐聽其僵而已。天乎! 奈何。"葉復慰之曰:"否極泰來,理之常也。君勿憂,其終忍。"

　　不數日,背鱗脫裂。有物振翼而出,則五彩花紋,斑斕華麗,居然一極美之蝶矣。舞輕風而蕩漾,映旭日以蹁躚。飛翔自得,顧影而歌曰:"昔何辱兮,今何榮。昔爲同類所賤兮,今爲所敬。今日之樂兮,由於昔日之能忍。"

## 第四　良馬對(二)

　　宋高宗問岳飛曰:"卿得良馬否?"

　　對曰:"臣有二馬。日啗芻豆數斗,飲泉一斛。然非精潔,即不受。介而馳,初不甚疾,比行百里,始奮迅。自午至酉,猶可二百里,褫鞍甲而不息不汗,若無事然。此其受大而不苟取,力裕而不求逞,致遠之材也。不幸相繼以死。今所乘者,日食不過數升,而秣不擇粟,飲不擇泉。攬轡未安,踊

27

躍疾驅,甫百里,力竭汗喘,殆欲斃然。此其寡取易盈,好逞易窮,駑鈍之材也。"

高宗稱善。

## 第五　心力並用(二)

社會中人,或運心思,或操力役,職業既異,生活自因之而不同。然偏於勞力者,不能不稍用其心,偏於勞心者,亦未容廢置其力也。

吾國舊時,狃於習慣。習於勞心者,幾以躬親力役爲可羞,甚至入役僮奴,出乘輿馬,凡所動作,罔不需人。此不特違反人道,抑亦自陷於文弱矣。

夫體以運動而強,猶心以困衡而智。苟偏廢焉,其弊立見。故吾人生活,當使心力並用。昔華佗謂吳普曰:"戶樞不蠹,流水不腐,常動故也。"可知人體亦惟常動,始能日即於健康。彼孔門設教,射御與書數同科,西國衛生,休息與服勞並重,殆亦有取於是爾。

## 第六　旅行修學記(四)

天宇清寥,山光明淨。師謂諸生曰:"此旅行修學時也。南郭之外有草場,縱橫數十畝。與諸子往而游戲,可乎?"

於是戒期三日。至期,日光高朗,風不揚沙。晨鐘報六下,諸生咸集。衣袴束約,整列如兵隊。攜行有軍樂及球杆、諸戲具。前導者揚國旗,次則學校旗也。履聲、樂聲,相應不絕。道旁觀者相告曰:"此某校學生旅行也。何嚴整有序若此?"

至場,爲賽跑諸戲。或擲球、或運杆,互校勝負。一人勝,衆鼓掌賀之。圍觀者莫不贊其藝勇。

記者曰:"吾聞外國小學校,每於秋日,作郊外行。其學生每校至一二千人。其出也,各衣制服,列隊儼然。旗幟搖颺,魚貫而前。昂胸挺幹,步伐有章。教員雜其間,督護之。其過街衢也,連互久之不絕。時則他校學生之駐視者,亦縱橫塞道旁。嗚呼!盛矣。然旅行郊野之旨,將使諸生攬山川之勝,察草木鳥獸之形態,與農牧之事業,所以修其天然之學術也。豈第爲游戲而出,炫耀路人之耳目哉?"

## 第七　澠池之會（三）

趙王與秦王會於澠池。秦王飲酒酣。曰："寡人竊聞趙王好音，請奏瑟。"趙王鼓瑟。秦御史前書曰："某年某日，秦王與趙王會飲，令趙王鼓瑟。"

藺相如前曰："趙王竊聞秦王善爲秦聲，請奉盆瓴秦王，以相娛樂。"秦王怒，不許。於是相如前進瓴，因跪請秦王。秦王不肯擊瓴。相如曰："五步之內，相如請得以頸血濺大王矣。"左右欲刃相如。相如張目叱之，左右皆靡。於是秦王不懌，爲一擊瓴。相如顧召趙御史書曰："某年月日，秦王爲趙王擊瓴。"

秦之羣臣曰："請以趙十五城，爲秦王壽。"藺相如曰："請以秦之咸陽，爲趙王壽。"秦王竟酒，終不能加勝於趙。趙亦盛設兵以待秦，秦不敢動。

## 第八　嵩山（二）

嵩山，距密縣五十餘里。下有嶽廟，宏敞壯麗。其北有少林寺，寬閒幽邃，形勝天然。去寺二里許，有達摩面壁處。旁一石，有紋如僧跌坐狀，俗謂爲九年面壁影。蓋此石出自水中，水中之石，爲波蕩漾，久而作人物花鳥形者甚多。則此偶然似僧耳。

嵩西少室諸峯，雄峭秀聳，摩天拔地。盧巖瀑布，水勢雄偉，如長河倒掛。誠壯觀也。過天門。雙峯中斷，風雲出入其間。更上，至中峯之頂。又上，乃至絕巔。遊目盡數百里，始知嵩山之高，信無與偶。尊嚴雄傑，尤爲特出也。

## 第九　圖書館（二）

善哉！圖書館之制也。儲書萬卷，標以牙籤。客欲觀書，代爲檢取。知識之灌輸既便，孤寒之沾丐尤多。歐美各都會，設立者蓋難僂指計也。

我國昔時，亦有藏書樓焉。其公者，如文瀾、文匯。其私者，如汲古、尊經。卷帙浩繁，厦推淵藪。然而封鎖終年，蠹魚侵蝕，瑯嬛福地，誰獲詳窺。所謂嘉惠藝林，亦徒存虛語耳。

通商以後，外人始設圖書館於上海。其後內地漸行自辦。近更規定於地方自治條款中。但絀於經費，購集不易。各地藏書家，誠能舉其所有，儲之館內，則物以類聚，蒐集必豐。彼嗜書之子，朝夕來遊，必有因之學成者。其影響於風俗人才，寧有量耶？

29

## 第十　博物院（三）

人之智識，皆由精思博覽而來。然人生不過數十寒暑，欲以一人之力，徧覽世界之奇，必不可得。雖研究之資，簡册具在，而徒讀其書，無實迹以相證，所得者率皆恍惚。終不如覩其物，撫其器，親切有味也。歐美各國，搜集古今物品，列於一室，縱人觀覽，謂之博物院，其以此歟。歐洲十七世紀以前，無所謂博物院也。自拿破崙以戰勝品陳於巴黎，以彰武功，遂爲博物院之嚆矢。自是以後，語聲名文物之盛者，羣推巴黎。而巴黎之羅布博物院，規模宏大，珍奇畢具，且居世界第一焉。以我國疆域之廣，開化之早，顧鮮有起而圖之者。以視歐人，能無媿乎？

## 第十一　保存古物（三）

今試與人述祖德，數家珍，未有不津津樂道也。非必以此驕人也。孰爲先代所留貽，孰爲平生所蒐集，摯愛所存，宜其一啓口間，自然流露，而不自覺焉。

由此推之，古物之關係，其不止於一身一家者，乃彌足珍矣。大之如鐘鼎、彝器，小之如圖書、碑版，以及美術工藝諸品，流傳千載，以罕見珍。既足發思古之幽情，又可考當時之文化。一經摩撫，能令國民愛國之心，爲之勃發。其影響所及，正不徒覩喬木而尊故國也。

吾國開化最早，古物較多，歷代恒愛護之。自海禁既開，乃有因戰事之損失，私人之不能保存，散佚入他國者？此其事豈細故哉？古物者，古代文物之遺，即先民精神所寄也。聽其散佚，則國民之精神，亦將隨之而淪喪。亟宜善自珍藏，或籌設博物院之類，公共保存之。庶有合於愛國之義爾。

## 第十二　村人易靴（三）

村人某，有美靴，著之有年，未敝而厭之。將鬻之於市，以其價別置新者。

一日，告其妻，攜銀幣十，昂然入城。中途，見有人挾靴而來。村人迎，謂之曰："以吾靴易而靴，可乎？"其人以靴互較衡，值不稱。更索三銀幣，乃肯交易。村人從之。

行數十武,足漸痛楚。思更易之。適又遇一攜靴者。乃仍以銀幣三枚,與之相易。不意是靴之劣,更甚於前。彳亍道中,若受羈絏,恚甚。自忖曰:"吾向者易靴,未及度之以足。削足適屨,宜其病也。此後當留意。"

未幾。復遇有挾靴過者。村人亟招之曰:"吾靴苦窄,君靴如何?"試之足,修短合度。大喜。謂之曰:"君能相易否? 罄吾囊以償可也。"其人首肯,予以四銀幣而易焉。

著之足,果甚適,芒芒然歸。翹其足以示妻,曰:"何如? 吾費十金得之,勝於故靴多矣。"妻熟視,疑之,曰:"殆即故靴。"脱而視其裏,則舊識在焉。村人爽然若失。

## 第十三　鑛産(二)

周官有卝人。漢諸郡國出銅鐵之地,皆設專官。當時重鑛業如是。後世政事苟簡,棄貨於地,官亦省不置。明代宦者用事,假鑛以擾民,苛役重税,海內騷然,益懸爲厲禁。

及清代互市而後,謀國者始競言開鑛。數十年來,成效亦稍稍著矣。然地不愛寶,其蘊蓄於崇崖深壑中者,尚不可以億兆計也。

夫生人利賴,資於鑛産者甚多。惟莫爲開採,斯民坐困而國患貧耳。誠使集資從事,或利用外資,以闢此無窮之寶藏。則裨益於國計民生者,寧有涯涘耶?

## 第十四　磁石(二)

磁石爲一種礦物,形色重量,與鐵相似。然有特性,能吸鐵,故俗名之曰吸鐵石。

剖析鑪治,以之作鍼。平投水面,浮置盤中,皆自能旋轉。必直指南北而後定。説者謂地球南北極,亦有吸鐵性,實一大磁石也。

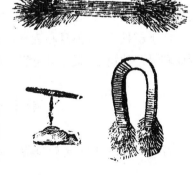

舟行海中,恃此以知方向。但有時或偏,有時或亂,有時舟中載鐵過多,亦或相引而生差忒。察其變更,因爲矯正。故航

海家非明磁性不可。

又有人造磁石者。取最純之鋼，以磁石摩之，則磁性傳入於鋼，亦能吸鐵，亦能指南，與天然磁石，無纖毫之異。

## 第十五　北極之鳥（二）

北海之濱，有小鳥焉，翅短而善飛，常千百成羣，聚於一處，時飛向北極結冰之區。

其地廣數千里，無居人。歲分兩季，六月爲晝，六月爲夜。一歲之中，積雪不化者八閱月。其四月，則花草爛漫，徧生野果，閱半歲乃熟。

是鳥也，若俟果熟而食，必皆餓斃。幸去歲已熟之果，被雪封裹，不致腐壞。積雪融化時，此鳥適至，即食之以充飢。

又有一種鳥，專食微蟲以爲生。彼處蟲飛薨薨，布滿空際。鳥張口即得，不勞捕捉。

北極苦寒，彼微鳥，尚能獨立以營食。可以人而不如鳥乎？

## 第十六　農業（三）

農業爲興國之本。故各國之執政者，皆以振興農務爲急。今歐美列强，號稱富國，說者以爲製造貿易所致，不知其國中講求農學，精進無已，較之我國重農貴粟之意，實有過之也。

法王亨利第四，有相曰須利。嘗語人曰："田野草場，我國之命脈，猶秘魯之金鑛也。"一時推爲名論。然其言猶未切至也。蓋田野草場，其可貴實過於金銀。不然，墨西哥產銀，秘魯產金，何以不成第一等富國乎？

世間操業之人，其數皆有限制。如官有常員，兵有定額，不能增多。獨農工兩業，多多益善。蓋農所以生物，工所以成物，物愈多則利愈溥也。而製造之料，必取給於種植之物，則農更爲工之本矣。

況乎耕種之事，與身心皆有裨益。凡業農者，其氣體多壯健，其性情多樸質而和易。故農者，業之最可貴者也。人豈可鄙視之哉！

## 第十七　蠶桑（三）

吾國以蠶絲之國聞於世界者，幾二千年矣。海通以來，西人尤重視之。

估舶東來，爭相購取。絲、茶二者，遂爲出口之大宗。今雖輸出之額漸不如前，然語其産額，固猶在世界甲乙之列也。

特是天下之事，不進則退。彼日本、意大利之育蠶，法蘭西之絲織，初未有名也。得其法於我，而益加改良焉。飼養之法，織造之工，事事皆精益求精，出奇制勝。而我之大利，遂漸爲所奪矣。天産雖美，仍不能無待於人工。信哉！

不寧惟是。欲通商於異國者，不但當求物品之精良，而兼當考求其好尚。吾國之絲及織物，其品質未必遽劣也。特以西人之好尚與我不同，而銷數遂不免日絀。今者洋綢洋緞，銷場年盛一年。不惟我國之絲織品不能暢銷於異邦，而異邦之絲織品且日灌輸於我國矣。可勝歎哉！

## 第十八　永某氏之鼠 柳宗元（二）

永有某氏者，拘忌異甚。以爲已生歲值子。鼠，子神也。因愛鼠，不畜貓。禁僮僕勿擊鼠。倉廩庖廚，悉以恣鼠，不問。由是鼠相告，皆來某氏，飽食而無禍。

某氏室無完器，椸無完衣。飲食，大率鼠之餘也。晝累累與人兼行，夜則竊齧暴鬭，其聲萬狀，不可以寢，終不厭。

數歲，某氏徙居他州。後人來居。鼠爲態如故。其人惡之，乃假五六貓，闔門撤瓦灌穴羅捕之，殺鼠如丘。

嗚呼！彼以其飽食無禍爲可恒也哉？

## 第十九　習慣説 劉蓉（二）

蓉少時，讀書養晦堂之西偏一室。俛而讀，仰而思。思有弗得，輒起繞室以旋。室有窪，徑尺，浸淫日廣。每履之，足苦躓焉。既久而遂安之。

一日，父來室中。顧而笑曰：“一室之不治，何以天下家國爲？”命童子取土平之。後蓉復履其地，蹴然以驚，如土忽隆起者。俯視，地坦然，則既平矣。已而復然。又久而後安之。

噫！習之中人甚矣哉。足之利平地而不與窪適也。及其久，則窪者若平。至使久而即乎其故，則反窒焉而不寧。故君子之學，貴乎慎始。

33

## 第二十　小孤山（三）

　　小孤山介宿松、湖口之間，崛然屹立於江心。石壁嶙峋，孤峻聳直。江流遇之，劈分爲二，環繞旁趨。蓋江、漢自大別合流而東，至此數百里。有此足以蓄上流之氣，而啓下流之門户也。

　　山勢壁立不可登，僧架屋其間。壘石爲磴道，曲折可上。山不甚高大，以踞於江中，四顧無所倚附。又其形峭直，無可以容樹木之蔭翳，園林之宏麗。蓋微特不倚附於物也，即物亦不得而倚附之，故其名爲孤焉。

　　然江岸遠近諸山，對之皆如拱揖，不敢與抗。登其上，望風帆之上下，聽波浪之奔趨，風景勝概，昕夕百變，皆若爲兹山所有也。

小孤山

## 第二十一　記蘭戴名世（二）

　　蘭爲國香。東南山澤間多産之。當春深時，幽巖曲澗，窈然自芳。然往往有蟲齧之，自其華初生時，輒被齧而萎。即幸而自發榮，亡何，又輒萎。其幸得脫者，僅十二三焉。而衆草蒙翳，條達暢遂，無有害之者。

歲己未,余讀書山中。每晨起,輒捕蟲,投之澗水,漂没以去。於是蘭遂大盛,每卧苔藉草,蓋幽香未嘗不入吾懷也。而產於遐荒絶壑,不遇好事者之愛惜,而制於毒蟲惡物,以阻其天者,豈少也歟。

## 第二十二　兄與弟論傳染病書(四)

昨得手書。知薛君弘仁,新自德國醫科大學畢業歸。可喜可賀。又聞薛君以天痘盛行,勸村人徧種牛痘,而村人皆不之信。此大誤也。天痘與霍亂、赤痢、傷寒、發疹、猩紅熱、白喉、鼠疫,並稱爲八大傳染病。來勢極猛,較諸肺癆等,雖屬劇烈,猶得從容施治者,爲患尤甚。而此八種傳染病中,則天痘之殺人爲尤多。然在今日,文明諸國,幾於絶迹者,則種痘之賜也。種牛痘之法,發明於英醫愛特槐脱氏。藉牛身抗毒之質,以禦病菌,與我國之種人痘者,其理實同。但種人痘者,無異使出天痘一次,不如牛痘法之完善耳。牛痘抗毒之力,不過數年。人痘較久,亦非永存。故一人必須種至數次。謂一經施種,便可終身無患者,妄也。望以此意徧告之。

### 薛弘仁施種牛痘

現在天痘傳染甚盛,無論已未種過人痘及牛痘者,均應從速施種,以免危險。弘仁爲利便桑梓起見,特定施種辦法如左:

一　每日上午八時至十一時,下午一時至四時,在舍間施種。每人收回痘苗費銀二角,實係貧苦者免收。

一　四時以後出外施種,每痘苗一支收回費銀五角。

薛弘仁謹白

## 第二十三　弟復兄論傳染病書(三)

奉賜書,暢論傳染病之理,若別黑白而數米鹽,喜甚。弟在校受課,久聞教師言黴菌爲各種傳染病之源,惜乎未經實驗。讀兄書,益怦然心動。乃走訪薛博士,求其試驗一觀。薛博士取現今蔓延最廣之結核菌,置顯微鏡中,令弟觀之。則見其狀如細桿,兩端略圓,或爲直綫形,或稍彎曲,其長不過赤血球四分之一耳。以如此微細之物,而其殺人乃至占世界死亡數七分之一,豈不異哉。邇來文明各國,以防疫爲要政。對於患者隔絶之密,其所居之室、所

35

用之器消毒之嚴,非無故矣。村人經弟及薛博士勸導後,於種牛痘信者漸多,亦可喜也。

## 第二十四　瞽者(三)

昔印度某村,有瞽者四。自謂能識微辨隱,人亦以智者目之。

一日,四人立道左,聚而談。有聲躄然至,詢諸人,知爲象也。其一人曰:"象之形究何若。吾曹向者逞其臆度,今可以證矣。"衆曰然,於是相繼至象前,捫其體,以測其形焉。

四人者。一頎而偉,捫及象身之側面,上下左右,摩挲殆徧,覺坦然無邊際也。一短而小,拊象之前足。第三人則握象鼻。第四人僅觸象齒。

既而各舉其所接觸者,以斷象之形似。頎而偉者曰:"象之形,蓋若墻也。廣而平,高岸然也。"短而小者起斥之曰:"象之體若樹幹,汝以爲墻,不亦謬乎?"握象鼻者曰:"象之形似,非墻非樹,有類水管。"第四人前致詞曰:"汝三人者,何其懵無所識,而擬於不倫也。夫象,堅如木,潤如玉,觸手可愛,直一長梃耳。"

四瞽囂然辯,紛呶不已。而旁觀者已啞然失笑。

## 第二十五　報章(二)

足不出戶,而聞見所及,無遠弗届;日費數錢,而五洲大事,畢呈座右者,果何道而得此耶? 曰:是在閱報。

智識以交換而完全,學術以切磋而進步。當閒居鄉里,無所接觸,欲擴張其智識,而洞明乎學術,果何道而得此乎? 曰:是在閱報。

蓋報章所以布告新聞,介紹學問者也。自通都大邑,以及遐方異域,莫不有報館之訪員。訪員傳達消息於報館,報館彙而錄之。於是世界大事,萃於一紙矣。

苟不閱報,則內政之興革不知也,外交之情勢不知也,乃至學術之新發明,社會之新事業,舉不知也。將何以免於夏蟲、井蛙之誚耶?

## 第二十六　蟻戰薛福成(二)

階前兩蟻穴，東西相望。天將雨。蟻背穴而鬭。西蟻數贏什五，東蟻敗。乘勝蹙之，將傅壘矣。東蟻紛奔告急。遽出穴，如潮涌，濟師可三倍，逆諸磽下。相齮者，相禽者，勝相嗾者，敗相救者，相持僵斃不動者，沓然眩目。西蟻伏尸滿階，且戰且卻。

又有蟻自穴中出，嚮東蟻若偶語者，蓋求和也。東蟻稍稍引退。西蟻亦分道收尸。明日視之，則西蟻徙穴益西，無敢東首者矣。

夫蟻，智相若，力相等。兩陣交鋒，數多者勝。蟻似能用其衆者。然倏忽之間，而勝負異焉，則一勝烏足恃哉？

## 第二十七　鷄助薛福成(二)

院中畜兩鷄。其一，赤羽高足。其一，白羽朱冠。每晨爭食，鼓翼怒目，蹲相嚮者良久。俄聞蕭然有聲，方丈之內，風起揚塵，騰蹴奔啄，皆血淋漓染翮距，猶不退。然白羽氣少憊矣。余懼其兩斃也，呼僮執之，分繫於庭之槐。

一日，鄰鷄啄食其旁。赤羽餘怒未淰，乘間自斷其繫，與鄰鷄鬭。疾力負重傷，損一目，創半月不愈。余命并釋白羽者。自是赤羽遇敵即逃，而白羽竟稱雄院中，食必屬所欲乃已。

異哉！赤羽一挫其威，至令弱敵增氣，可爲好鬭者戒也。然使白羽不獲鄰鷄之助，則無以雄其儕。赤羽好鬭很不已，以隕其膽，其亦自取哉。

## 第二十八　赤壁之戰(三)

周瑜等進與曹操遇於赤壁。時操軍引次江北，瑜等在南岸。瑜部將黃蓋曰：“今寇衆我寡，難與持久。操軍方連船艦，首尾相接，可燒而走也。”

乃取蒙衝鬭艦十艘，載燥荻枯柴，灌油其中，裹以帷幕，上建旌旗。豫備走舸，繫於其尾。先以書遺操，詐云欲降。時東南風急，蓋以十艦居前，中江舉帆，餘船以次俱進。操軍吏士，皆出營立觀，指言蓋降。去北軍二里餘，同時發火。火烈風猛，船往如箭。燒盡北船，延及岸上營落。頃之，煙炎漲天，人馬燒溺，死者甚衆。瑜等率輕銳繼其後，雷鼓大震，北軍大壞。

## 第二十九　兵器（三）

　　太古戰具，木石而已。稍進，然後知用金。弓矢戈矛，所以殺敵。被甲蒙冑，則所以自衛也。自有槍礮，而弓矢不足以言遠，戈矛不足以言利，高城深池，且不足以言固，而甲冑無論矣。

　　火器之發明，本出我國。元人西征，始自阿剌伯傳入歐洲。歐人研以科學，製造日精。今礮之大者，口徑至四十二生的。槍之速者，一分鐘至六百發。而又海底則伏以潛艇，空中則瞰以飛機，其殺人之烈，誠非古人所能夢想矣。

　　然兵器雖精，而最後之勝負，仍恃乎白刃之相接。故槍之端，仍傅以刺刀，所以便擊刺也。昔人云，戰以勇爲本，豈不信哉？

十二時徑攻城炮

大炮彈

## 第三十　貿易(二)

生人之初，不知貿易也，人各自營而已。漁獵時代之民，有善爲弓矢網罟者，以其弓矢網罟，易人之禽獸魚介，方之自獵自漁，所得爲多。彼乃專於弓矢網罟之業，與人交易，以給其生。此貿易所由始也。

厥後知牧畜矣，知樹藝矣。或有牛羊而無米麥，或有米麥而無牛羊，於是各出所餘以相易。然直接交易，雖可通功易事，以羨補不足，而一日所需，米麥必求之力田者，牛羊必求諸養牲者，而孰羨孰不足，又非己所能具知，即僕僕道途，以求相與易者，尚不可必得也。勞力費時，不便莫甚。勢之所趨，不能不有人焉，以爲之媒介。而貿易之事，遂獨立爲一業矣。

## 第三十一　商戰(三)

自海道大通，列國商業，互相競爭，論者稱爲商戰。貨物者，戰之器械也。公司者，戰之隊伍也。郵電者，戰之偵探也。舟車以運戰器，保險以防戰敗。

規畫周詳，無異兵家之謀定。而農工之業，改良仿造，以期勝利，其後勁也。

兵之爲戰，勝負顯然。商戰之勝負，則局外每多不覺。而影響及於國計民生，較諸失地喪師，爲尤甚。且兵戰不能持久，商戰則日日行之，無有已時。故商戰之方略，與兵戰同。商戰之結果，其可危可懼，乃甚於兵戰焉。

我國商業，日趨衰落，固曰戰之罪也。然苟有善商者出，一鼓作氣，奮勇而前。以國家物產之饒，即商人憑藉之厚。世界之大，何往非英雄用武之地哉？

## 第三十二　漆賈劉基（二）

虞孚問治生於計然先生，得種漆之術。三年，樹成而割之，得漆數百斛，將載而鬻諸吳。

其妻之兄謂之曰：“吾常於吳商。知吳人尚飾，多漆工，漆於吳爲上貨。吾見賣漆者，煮漆葉之膏以和漆，其利倍，而人弗知也。”虞孚聞之喜，如其言，取漆葉煮爲膏，亦數百甕，與其漆俱載以入於吳。

時吳與越惡，越賈不通，吳人方艱漆。吳儈聞有漆，喜而逆諸郊，道以入吳國，勞而舍諸私館。視其漆，甚良也。約旦夕以金幣來取漆。

虞孚大喜。夜取漆葉之膏，和其漆以俟。及期，吳儈至，視漆之封識新，疑之，謂虞孚改約，期二十日。至則其漆皆敗矣。虞孚不能歸，遂丐而死於吳。

## 第三十三　樵夫陶匠黄宗羲（三）

朱恕，字光信，泰州人，樵薪養母。一日，過王心齋講堂。歌曰：“離山十里，薪在家裏。離山一里，薪在山裏。”心齋聞之，謂門弟子曰：“小子聽之，道病不求耳，求則不難，不求無易。”樵聽心齋語，浸浸有味。於是每樵，必造階下聽之。饑則向人家乞漿，解裹飯以食。聽畢，則浩歌負薪而去。自後刻苦求學，遂成儒者。

同時有韓貞者，號樂吾，興化人，以陶瓦爲業。慕朱樵而從之學。後乃卒業於王東崖先生襞。粗識文字。久之，覺有所得，遂以化俗爲任，隨機指點。農工商賈，從之遊者千餘。秋成農隙，則聚徒談學。一村既畢，又之一村。前歌後答，絃誦之聲，洋洋然也。縣令聞而嘉之，從之問政。對曰：“某窶人，無能補於左右。第凡與某居者，子言孝，弟言悌，戚黨鄉里相愛護，幸無訟牒煩公府。此某之所以報也。"每遇會講,有談俗事者,輒大噪曰:"光陰有幾,乃作此閒談耶?"在座爲之警省。

## 第三十四　友別(有序)王守仁(二)

滁陽諸友,送余至烏衣,不能別。王性甫汝德,復送至江浦,留居,俟予渡江。書此促之歸,并寄諸賢。

滁之水,入江流,江湖日復來滁州。相思若潮水,來往何時休。

欲慰相思情,不如崇令德。掘地見泉水,隨處無弗得。何必驅馳爲,千里遠相即。

君不見堯羹與舜墻,又不見孔與跖,對面弗相識。逆旅主人多殷勤,出門轉盼成路人。

# 高等小學校用　新式國文教科書第三冊

## 第一　勤訓 李文炤（二）

治生之道，莫尚乎勤。故邵子云：“一日之計在於晨，一歲之計在於春，一生之計在於勤。”言雖近而旨則遠矣。

無如人之常情，惡勞而好逸，甘食媮衣，玩日愒歲。以之爲農，則不能深耕而易耨。以之爲工，則不能計日而效功。以之爲商，則不能乘時而趨利。以之爲士，則不能篤志而力行。徒然食息於天地之間，是一蠹耳。

夫天地之化，日新則不敝。故戶樞不蠹，流水不腐，誠不欲其常安也。人之心與力，何獨不然。勞則思，逸則忘，物之情也。

大禹之聖，且惜寸陰。陶侃之賢，且惜分陰。又況賢聖不若彼者乎？

## 第二　儉訓 李文炤（二）

儉，美德也，而流俗顧薄之。貧者見富者而羡之，富者見尤富者而羡之。一飯十金，一衣百金，一室千金。奈何不至貧且匱也。

每見閭閻之中，其父兄古樸質實，足以自給，而其子弟，羞向者之爲鄙陋，盡舉其規模而變之。於是累世之藏，盡廢於一人之手。況乎用之奢者，取之不得不貪，算及錙銖，欲深谿壑。其究也，諂求詐騙，寡廉鮮恥，無所不至。則何若量入爲出者，享恒足之利乎。

且吾所謂儉者，豈必一切捐之。養生送死之具，吉凶慶弔之需，人道之所不能廢。稱情以施焉，庶乎其不至於固耳。

## 第三　居室記 陸游（三）

陸子治室於所居堂之北。其南北二十有八尺，東西十有七尺。東西北皆爲窗，窗皆設簾障，視晦明寒燠，爲舒卷啓閉之節。南爲大門，西南小門。冬則析堂與室爲二，而通其小門，以爲奧室。夏則合爲一，而闢大門，以受涼風。歲暮必易腐瓦，補罅隙，以避霜露之氣。

舍後及傍，皆有隙地，蒔花百餘本。當敷榮時，或至其下，方羊坐起。亦或零落已盡，終不一往。有疾，亦不汲汲近藥石，久多自平。家世無年，自曾大父以降，三世皆不越一甲子。今獨幸及七十有六，耳目手足未廢，可爲過其分矣。然自計平昔，於方外養生之説，曾無所聞。意者日用亦或默與養生者合。故悉自書之，將質於有道之士云。

## 第四　黃鸝與燕（二）

燕與黃鸝交飛。黃鸝曰：“子安歸？”燕曰：“吾歸堂，子安歸？”黃鸝曰：“吾歸柳。”

燕曰：“柳殊不若堂之安也。”黃鸝曰：“不然。夫柳者，天也。堂者，人也。吾晝棲乎柔枝，夕蔭乎茂葉。吾飛翔自如，無與人事也。吾游乎柳，吾有時而去，柳無日而不存也。若夫堂，有門有簾，其開且闔，固人爲政也。子譁而噪焉，而人且憎子也。堂之中有盛有衰，有興有廢，其盛也興也，子不得與焉，其衰也廢也，吾憂子之共之焉。而子顧沾沾以處堂自幸，宜乎子之與雀而同譏也。”燕曰：“善。”

故君子任天不任人。

## 第五　地方自治（三）

地方者，國土之一部分，而國民之身家所寄託焉者也。惟地方發達健全，斯國家得以鞏固，人民得以安寧。故立憲之國，無不行地方自治制者。

所謂地方自治制者何？即以地方之人，籌地方之財，經營地方之公共事業也。溯厥權輿，英國實爲先導，各國遂相繼仿行。雖定制互有異同，然因其風俗習慣，自謀樂利，而受裁制於中央，則一也。

我國古時，族黨比閭，各司其職，實開地方自治之先河。降及後世，遺風猶在。略舉之，如公舉鄉官，申明社約，服從公斷，設立民團，以及善堂、醫局之類，皆是也。今地方自治之制既已頒行，人民之所以自謀其樂利者，道自有在，正不容忽視之也。

## 第六　弟告兄小學校改建落成書（三）

鄉間兩等小學校，業於本月初五日竣工，初八日舉行落成禮。自吾鄉董事外，縣視學、學務委員、警察科長，暨本鄉熱心贊助之人，咸集焉。縣令亦派人爲代表。

初由鄉董報告改建工程。凡占地若干畝，新起及改造屋若干間，費銀若干圓。其中出於公款者幾何，出於捐助者幾何，以及此次建築，用意何若。此皆吾兄在家時所具知，無煩更述。

後由縣視學演說。極稱校舍之堅固樸素，有裨實用。繼言今文明國民，殆無一人不就學者。吾鄉今者，風氣日益開通，就學者日衆，致校舍不能容，誠爲可喜。然統計之，猶不及十分之五。深望此後，風氣益開，就學者益衆，俾校舍之增廣，亦隨之而無窮。聞者頗爲動容也。

校中請吾兄觀禮信一紙，雖已過期，然校長及本鄉董事，以吾兄熱心贊助，意甚殷拳，亦可感也。兹仍附上一閱。

敬啓者：敝校改建校舍，業已竣工。兹定於本月初八日上午九時，舉行落成禮。夙蒙執事熱心贊助，欽感無已。屆時務望惠臨，共襄盛舉。無任盼禱。肅此敬頌

子良先生著安

振化鄉兩等小學校謹啓

## 第七　文字（三）

黃帝始制文字，倉史遺跡，今尚有摹刻者，略具形體而已。三代古器，存者尚多。考其銘刻，在商尚簡，逮周始繁。大篆起於周，小篆及隸起於秦，草書起於漢，真書起於漢魏間。若草之變者爲行，真之工者爲楷，蓋又在其後矣。今各體並存。而普通應用，惟行與楷。

滿洲、蒙古，字皆直下而右行。回部有回紇字，西藏有唐古忒字，皆旁行。五族各有文字，而通行則以漢文爲主。

泰西文字，最古者爲埃及，次則希臘、拉丁。今諸國文字，皆導源於此。其所以相承而漸變者，以各國之方言不同也。東洋諸國，校文明者，朝鮮、日

本、安南,文字皆出我國。各隨其國之語言,變化用之。猶西洋文字之祖希臘、拉丁也。

## 第八　印刷術(三)

　　制一器,立一法,守之不變,必窳敗放失,不適於用。惟因時損益,去其敝害,彌其缺失,始有進步。

　　吾國印刷一術,始於漢代之石經。至五季時,有鏤版。北宋時,有活字。歷元明以迄清初,相承無變。及清季世,西法東漸。獲改進之師資,斯業乃日昌矣。

　　夫歐洲發明印刷,後於吾國數百年。然其進步則遠過吾國。同一鏤版也,有爛銅、鑄鋅等法,則毫髮不爽矣。同一活字也,有壓紙、鎔鉛等術,則散亡無慮矣。而且用機器以代人工,用汽電以省人力。頃刻之間,萬紙爭傳。迥非篤守舊法者,所能逆覩。可見凡事必改良而後有進步,印刷術其一端也。

印刷術

## 第九　僥倖與向上(二)

　　己不如人,力求進步,是謂向上。不自量力,妄希襲取,是謂僥倖。僥倖心不可有,向上心不可無。

　　夫人生慾望無窮。今日之所處,在昔日視之,或以爲有餘。在今日視之,復以爲不足。此固人類之通性，無可遏阻，抑亦不必遏阻也。但地位之高，豈容竊據，彼其人之勳業所以獨隆，譽望所以獨著，亦必有其致此之由。或學問過人焉，或才略優長焉，或閱歷充足焉，固非可以僥倖致也。乃或者不問己之才識學力，惟豔羨他人之所處，豔羨之而不得，則嫉妒怨恨之心生焉。是自求墮落也，非向上也。

然則求向上者，如之何？曰：瀹學識，具才能，淬厲精神，力求進步而已。

## 第十　勃羅斯（三）

勃羅斯者，蘇格蘭君也。六百餘年前，屢與英吉利搆兵。衆寡不敵，輒爲所敗。迨第六次，良將盡亡，疆土亦失。不得已，伏匿茅屋中以避兵。

時勃羅斯子焉如寄，末路興嗟，乃席地偃臥。瞥見梁上蜘蛛，吐絲作網。勃既無聊，姑睨之以遣悶。梁有二椽，其一較低。蛛繫絲高椽，引其一端，欲下垂於低者。垂未及半，絲斷而墜，前功盡棄。然蛛雖蹉跌，攀援力作，仍不少衰。墜而復起者六，迄未就緒。勃顧影自憐，喟然歎息，而蛛復援絲下矣。

至第七次，竟無波折，微絲一縷，直達低椽。兩端既繫，其餘易易。瞬息間已成方罫形。勃大感動，奮然曰：“吾敢不如蛛乎！”躍而起。號召舊部，蒐集散亡。再與英戰，復有蘇格蘭。

## 第十一　登龍華寺浮圖記（三）

龍華寺者，上海西南鄉一古刹也。相傳爲吳大帝時所建，迄今一千數百年矣。

寺門之外，有浮圖七級，高聳雲表，頗宜憑眺。某日，余登焉。層累而上，無異螺旋。於是緩步進行。迨最上一層，乃倚窗而遠矚。

時則附近景物，歷歷在目。其蜿蜒如帶者，黃浦江也。其曲折若線者，滬杭甬鐵道也。其矗立如峯者，天文臺也。其房舍比櫛者，上海縣城也。其整齊有度，森如壁壘者，製造局也。其縱橫方罫，儼若棋局者，租界中衢路也。俯視則菜畦麥隴，一色青青。仰觀則雲氣蒼茫，蔚藍無際。蓋離地已百餘尺矣。

嗟乎！自孫吳迄今，人事之變遷何限，而浮圖獨超然物表，未改舊觀。是足動登臨之感已。

龍華寺

# 第十二　望遠鏡記（三）

望遠鏡，所以擴視力也。最大者，在美國金山山巔，寬三尺六寸。爲其國富户里克所創，即以其名名之。因創此鏡，先修房屋，費百餘萬元。由此鏡窺水星，則其中有地，有河，有海，有島，有冰雪，有雲，一一可辨。其次在華盛頓。房爲圓形，有機可旋轉之。鏡面寬三尺餘，長約二丈餘。以機運動，方位均可準對。以窺天，則無星處多有星，且有紅色藍色者。以窺月，祇見水溶溶然。其光射目，不可久視。目離鏡，猶眩耀不能見物。

地行至速。故遠鏡之架，以電氣運之。其遲速，一準於地球之行動。然後可以久視而有所見。否則地球行而遠鏡不行，不過刻許，所欲觀之星象，已離鏡矣。

望遠鏡

47

## 第十三　燐火（二）

　　張氏兒與鄰人夜行田間。遥見叢墓之處，火團數簇，隱現於長林豐草間。鄰人曰："此鬼火也。"張兒趨前，欲就視之。火若遠避者然，終不能及。張兒退，火又在後，若相逐者。少頃即没。張兒怖，疾馳而歸。入兄室，告以故。兄乃取火柴，攜其弟手，同至暗處擦之。有光瑩然。曰："此名燐火。汝頃所見，即此物也。凡動物之骨，皆含燐質。死後骨腐，燐浮遊空氣中。或聚如團，或散如星。我趨前，則前之空氣，爲我推移，故若前遁。我退後，則前之空氣，來補其虛，故若來追也。墟墓之間，多埋人獸之骨，故易見燐火耳。"張兒恍然大悟。

## 第十四　入營後與友人書（三）

　　前入營時，蒙親戚故舊遠送郊坰，勗以盡忠報國，無隕家聲。某雖不才，敢忘厚意？

　　入伍以後，幸復耐勞，堪以告慰。營中規則，至爲嚴整。晨興晚息，皆有定時。點名時不得託故不到。在宿所，不許大聲譚話，引吭高歌。蓋軍營最重紀律，不得不養之有素也。飲食清潔，有益衛生。寢具用器，尤爲注意。每週須檢查一次。以近日統計，知疾疫之減殺軍力，校創痍爲尤甚也。智識教授，與操練並重。以今日戰事，非徒勇所能有濟也。

　　每逢日曜日，又有人演説古來忠烈事迹，及我國今日積弱受侮情形。聞之，未嘗不感激泣下也。困獸猶鬬，而況於人。蠆蠚有毒，而況於國。國家積弱至此，衛國之責，非我輩國民任之而誰任之哉！吾兄夙有志於軍事，甚望畢業以後入海陸軍學校，研究武備。他日馳驅疆場，爲國宣勞，亦男兒快事也。書不盡意，惟亮察。

## 第十五　苗族（二）

　　苗種不一，雜處於湘、蜀、滇、黔、粵、桂各省間。熟苗與吾人差異甚微。生苗則僻處山峒，據險爲固，言語不通，風俗不同。其居處也，斬木結茅，中置大榻，坐卧爨炊，悉在其上。其食物也，雜糧番薯，罕見稻粱。土物易鹽，視爲珍品。其服飾也，裹頭椎髻，跣足短衣，銀索錦裙，美觀自侈。蓋猶未脫初民氣象焉。

其人頗勤耕作，知飼鹽。故生活所需，尚足自給。又生長山地，出入險阻，無異康莊。其長技亦有足多者。惟剛倔嗜殺，若出天性。同族之人，往往因眦睚微嫌，尋仇不已。而越境殺人之事，亦時有所聞。沾以教澤，使之同化，實吾先進之責也。

苗族

## 第十六　游珍珠泉記 王昶(二)

濟南府治，爲濟水所經。濟性狀而流，抵巘則輒噴涌以上。人斬木，剡其首，杙諸土，纔三四寸許，拔而起之，隨得泉。泉瑩然至清。蓋地皆沙也，以故不爲泥所汩。然未有若珍珠泉之奇。

泉在巡撫署廨前。甃爲池，方畝許，周以石欄。依欄矚之，泉從沙際出，忽聚忽散，忽斷忽續，忽緩忽急。日映之，大者爲珠，小者爲璣，皆自底以達於面，瑟瑟然，纍纍然。

是日，雨新霽，偕門人吳琦、楊懷棟游焉。移晷乃去。濟南泉得名者凡十有四，兹泉蓋稱最云。

## 第十七　勸人作日記書(四)

與兄別後，即以日記自課，已兩月餘。頗爲有味，鈔出兩則，附呈一閱。吾兄似亦可試爲之。

蓋日記之益，不徒免遺忘，便檢閱而已。父師之訓誨，朋友之箴規，當躬之返省，無一不可記入，則有益於道德。在校之所受，攻錯之所聞，研究之所得，無一不可記入，則有益於智識。不特此也。一物不知，儒者之恥。弧矢之志，常在四方。將來學問有成，壯遊方始。若者爲歷史之陳蹟，若者爲地理之新知，若者爲實業所取資，若者備軍事之計畫。舟車所涖，聞見必多。苟能一一筆之於書，便成絕精良之遊記。若身任要職，歷萬險，排大難，而卒克有成，則出其數十年所經歷，并足爲後人模範矣。

志大言大，吾兄儻以爲狂乎？

十四日，日曜，雨。午前在家，整理今年所作理科劄記。雖每日所作無多，積久，亦蒦然成帙矣。午後偕大哥出南郭眺望。煙雨迷濛，遠山皆隱。傍晚開霽，始復湧現。天際長虹垂彩，林間宿鳥歸來。畫圖不啻也。晚飯後，讀《中華學生界》。四妹共一燈讀《中華童子界》。有不明白處，予爲詳細講解。

十五日，月曜，晴。晨六時起。整理寢具。漱洗畢，早餐。在園中散步片時，然後步往學校。校中所受課，爲算術、體操、國文、地理、手工。算題頗難，用心思索，幸得無誤。前所繪白河流系略圖，亦頗蒙先生獎許也。燈下溫習前日所受歷史課，及本日所受地理課，畢。復將先生所評改作文本，詳加玩索。九時休息散步。十時睡。

## 第十八　昆蟲之農工業（四）

蟲類之中，其勞動有同於農工業者。蠶吐絲成繭，似紡績。蜜蜂釀蜜蠟，似造酒；其作巢似建築。

蛛絲出自體末之孔，其引絲結網也，先自內而外絡，復自外而內絡。圓整疏密，與人之編物殆無以異。

蟻類穴土而居。其居處，有若墻垣者，則壘以細沙石屑也；有若房屋者，則覆以小草，支以細木也。經營構造，幾同於土木之工。

美洲有收穫蟻，喜食草實。常擇草之有實者，羣集於其根，囓去旁生雜草，以衞其實。實落則收儲之，此猶農夫之耘田與收穫也。

又有稱爲畜牧蟻者，恃蚜蟲以生。蚜蟲就草木之芽而吸其汁，蟻又就蚜蟲而吸其汁。蓋蚜蟲腹部之後，有二細管，能分泌甘汁也。蟻既資生於蚜蟲，故常就其所在之處，加以保護，使不爲他物所傷。又或移其卵於植物繁茂處，使易長成焉。冬季則養之巢中，吸其甘汁。無異人之飼牛而得乳也。

昆蟲，動物之微者耳。而其自營生活之舉動，幾無異於人類。謂非造化之奇妙哉！

## 第十九　種植（四）

種植之要：曰墾地，曰播種，曰耙土，曰培壅，曰耘草，曰收穫，曰打穀。

墾地者,所以揉土使鬆,破土使分。俾氣水光熱,入於其中,而植物得萌芽也。墾地之法,園圃用鏟,田野則用犂,挽以牛。

播種者,所以下種入土也。其法,農夫肩荷一囊,囊中盛穀粒,緩步徐行,隨取隨撒,以均勻爲貴。

耙土者,所以破土塊,除惡草,使種子深入土中也。其法常用耙,有齒,或鐵或木。

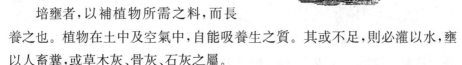

培壅者,以補植物所需之料,而長養之也。植物在土中及空氣中,自能吸養生之質。其或不足,則必灌以水,壅以人畜糞,或草木灰、骨灰、石灰之屬。

耘草者,所以除去稂莠,勿使侵食膏液,而令所種之物,得飽受光氣也。其法或用手,或用器。

收穫者,物已成熟,刈之以待用也。刈稻麥者,或用鐮,或用鍥。穫後,束聚作垛,登場擊之。或堆爲露積,設法使雨不能沾溼。

刈穀之後爲打穀,所以使穀出殼及脫蘽也。打稻者,用稻牀以投擲。打麥之器,以兩小棒爲之,有革連其兩端,是曰連枷。打豆及高粱,每用圓石或圓木,而架以牲畜。穀已脫蘽,則揚之風中,以去雜質。其器用簸箕。

此外如捕蟲除穢之類,皆種植要事也。古人有詩曰:誰憐萬民食,粒粒非易取。可謂知言矣。

## 第二十　觀刈麥 白居易 (二)

田家少閒月,五月人倍忙。夜來南風起,小麥覆隴黄。婦姑荷簞食,童稚攜壺漿,相隨餉田去,丁壯在南岡。足蒸暑土氣,背灼炎天光。力盡不知熱,惟惜夏日長。

復有貧婦人,抱子在其傍。右手秉遺穗,左臂懸敝筐。聽其相顧言,聞者爲悲傷。家田輸稅盡,拾此充饑腸。

今我何功德,曾不事農桑,吏祿三百石,歲晏有餘糧。念此私自愧,盡日不能忘。

## 第二十一　意園記<sub></sub>戴名世（三）

意園者，無是園也，意之如此云爾。山數峯，田數頃，水一溪，瀑十丈，樹千章，竹萬个。主人攜書千卷，童子一人，琴一張，酒一甕。

其園無境，主人不知出，人不知入。其草，若蘭、若蕙、若菖蒲、若薜荔。其花，若荷、若菊、若芙蓉、若芍藥。其鳥，若鶴、若鷺、若鷗、若黃鸝。樹則有松、有杉、有梅、有梧桐、有桃、有海棠。溪則爲聲，如絲桐、如鐘、如磬。其石，或青、或赭、或偃、或仰、或峭立百仞。其田，宜稻、宜秫。其圃，宜芹。其山，有蕨、有薇、有筍。其池，有荇。其童子，伐薪、采薇、捕魚。

主人以半日讀書，以半日看花、彈琴、飲酒，聽鳥聲、水聲、松聲。觀太空，粲然而笑，怡然而睡。明日亦爲之，歲更幾歟，代更幾歟，不知也。避世者歟，避地者歟，不知也。主人失其姓，晦其名。何氏之民，曰：無懷氏之民也。其園爲何，曰：意園也。

## 第二十二　陋室銘<sub></sub>劉禹錫（二）

山不在高，有仙則名。水不在深，有龍則靈。斯是陋室，唯吾德馨。
苔痕上階綠，草色入簾青。談笑有鴻儒，往來無白丁。可以調素琴，閱金經。無絲竹之亂耳，無案牘之勞形。
南陽諸葛廬，西蜀子雲亭。孔子云：何陋之有。

## 第二十三　賦稅（三）

國家政費，由人民供給之，此不易之常經也。古者政事尚簡，費用亦少，故徵稅雖薄，初無不足之虞。今則世界大通，文化日進。行政既不能因陋就簡，國用自不免繼長增高。故自政府言之，當勤求治理，爲國民開闢利源，而不貴於出納之吝。自人民言之，當勉力負擔，爲國家厚其實力，而不容以菲薄自甘。二者皆應盡之道也。

東西強國，其於一國政費，莫不視其政之緩急，而審度民力，廣闢來源，詳定稅則，以徵取之。國民亦曉然於納稅所以治國，勢不容已，羣以奉法完納爲先。故財政裕如，百廢易舉，而民亦因以殷富安樂，此可爲我國之借鑑矣。

## 第二十四　徵兵(三)

中國三代,寓兵於農。無事則耕,有事則戰。兵與民,國未嘗分也。唐宋以來,專用募兵。自是民出財以養兵,兵出力以衛民。而兵與民遂不復相合矣。

近世列强,多行徵兵制度。其法,男子成年則應徵,及期則免役。雖年限長短,彼此不同。然舉國之民,皆有執干戈以衛社稷之義務,則一也。

徵兵之利有四:還受以時,兵無老弱,一也。新故迭代,餉不虛靡,二也。全國壯丁,同受訓練,能養成公共之紀律,三也。地方風氣,互有不齊。國民境遇,亦難一致。行徵兵制,則種種私見,皆可化除。團結既堅,對外易於一致,四也。今者歐洲大戰,各國出兵,輒數百萬,或至千萬,非行徵兵之制而能之乎?我國所以屢受外侮,而國民且以不能衛國見笑於人者,非亦徵兵之制久廢使然哉?

## 第二十五　郭子儀單騎見回紇(四)

唐代宗時,回紇、吐蕃合兵入寇。郭子儀禦之。以兵少,嚴備不戰。

會二虜爭長不睦,子儀使使説回紇,約共擊吐蕃。回紇素重子儀,但傳聞子儀已死,恐見欺,必欲一見爲信。

子儀將挺身往説之,其子晞叩馬諫曰:"大人國之元帥,奈何以身爲虜餌。"子儀曰:"今戰則身死,國危。往以至誠説之,或可見從。"以鞭鞭其手曰:"去。"遂與數騎出。

使人傳呼曰:"令公來。"回紇大驚,執弓注矢,立於陳前。子儀免胄釋甲,投鎗而進。回紇諸酋長,皆下馬羅拜。

子儀讓之曰:"汝回紇有功於唐,唐之報汝亦不薄。奈何負約,深入吾地。今吾挺身而來,聽汝執我而殺之。我之將士,必致死與汝戰矣。"回紇曰:"訛聞天可汗已晏駕,令公亦捐館,是以敢來。今知天可汗在上都,令公復總兵於此,我曹豈肯與令公戰乎?今請爲公擊吐蕃,以謝過。"子儀因取酒與飲,定約而還。

吐蕃聞之,夜引兵遁去。

## 第二十六　趙王買馬<sub>國策（二）</sub>

　　客見趙王曰："臣聞王之使人買馬也，有之乎？"王曰："有之。""何故至今不遣？"王曰："未得相馬之工也。"

　　對曰："王何不遣建信君乎？"王曰："建信君有國事。又不知相馬。"曰："王何不遣紀姬乎？"王曰："紀姬，婦人也。不知相馬。"對曰："買馬而善，何補於國？"王曰："無補於國。""買馬而惡，何危於國？"王曰："無危於國。"對曰："買馬善若惡，皆無危補於國。然而王之買馬也，必將待工。今治天下，舉措非也，國家爲虛戾，而社稷不血食，然而王不待工而與建信君，何也？"

# 高等小學校用　新式國文教科書第四冊

## 第一　陸軍(二)

陸軍之大別有五：曰步兵，戰爭之主力也。曰騎兵，進退敏捷，用以偵敵，勝則事追逐。曰礮兵，用以攻堅，且事掩護。曰工兵，司築陣地，開道路，架橋梁，設鐵道，通電信。曰輜重兵，司運糧餉，輸彈藥。又有軍樂隊，則所以鼓舞士氣者也。

我國軍隊編制，以十四人爲一棚，棚三爲排，排三爲連，連四爲營，營三爲團，團二爲旅。合步隊二旅，馬礮隊各一團，輜重工程隊各一營，軍樂隊一連，則爲師。全師合官長、司書、弁目、兵丁、夫役等，凡萬二千五百十二人。

官制分三等九級。上等曰將，中等曰校，初等曰尉。每等更分上、中、下三級。

步隊

炮隊

馬隊

## 第二　海軍(二)

　　海軍戰鬬之主力曰戰艦，具大礮，多積煤，航行速而久，艦之要害處，被鋼鐵極厚。次於戰艦者，曰巡洋艦，常與戰艦聯合作戰，又以保護本國運送船及商船，捕拿敵國船舶。曰礮艦，較輕捷，用以攻擊敵國海岸，或循河流上溯焉。曰報知艦，以傳達命令，報告敵情。曰魚雷艇，以發射水雷，破壞敵艦。其以逐捕魚雷艇爲職者，曰驅逐艦，航行速率，出諸艦上。魚雷艇則又潛航海中以避之，時曰潛水艇。

我國海軍,甲午以前,列世界第四,今不惟遠遜英、美、德、法諸國,即較之日本,亦瞠乎其後矣。昔人云:陸之爲患有形,海之爲患莫測。此猶爲備寇盜、靖内亂言也。今世界大通,非有强大之海軍,不足稱雄於宇内,而一朝有事,沿海數千里,亦將防不勝防矣。可不亟思振興哉!

軍艦圖

### 第三　鮑氏子國策(二)

齊田氏祖於庭,食客千人。中坐,有獻魚雁者。田氏視之,乃歎曰:"天之於民厚矣。殖五穀,生魚鳥,以爲之用。"衆客和之如響。

鮑氏之子年十二,預於次,進曰:"不如君言。天地萬物,與我并生,類也。類無貴賤,徒以大小智力而相制,迭相食,非相爲而生之也。人取可食者而食之,豈天本爲人而生之哉?且蚊蚋嘬膚,虎狼食肉,亦將謂天本爲蚊蚋生人,虎狼生肉乎?"

### 第四　出塞杜甫(四)

磨刀鳴咽水,水赤刃傷手。欲輕腸斷聲,心緒亂已久。丈夫誓許國,憤惋復何有。功名圖麒麟,戰骨當速朽。

挽弓當挽强,用箭當用長。射人先射馬,擒賊先擒王。殺人亦有限,列國自有疆。苟能制侵陵,豈在多殺傷。

男兒生世間,及壯當封侯,戰伐有功業,焉能守舊丘。召募赴薊門,軍動不可留。千金買馬鞭,百金裝刀頭。閭里送我行,親戚擁道周,斑白居上列,酒酣進庶羞。少年別有贈，含笑看吳鉤。

　　朝出東門營，暮上河陽橋。落日照大旗，馬鳴風蕭蕭。平沙列萬幕，部伍各見招。中天懸明月，令嚴夜寂寥。悲笳數聲動，壯士慘不驕。借問大將誰，恐是霍嫖姚。

## 第五　北遊後與友人書(三)

　　北遊以後，未寄一書，想勞遠念。弟以月之二十日，自漢口乘車，過武勝關，抵信陽。自此北過許、鄭，渡黃河鐵橋，抵正定。越井陘而至陽曲。途中風景，昔人行記，多已述之。吾兄平時，素好搜覽，想當備知，無煩覼縷。

　　惟有一事，根觸於懷，欲爲吾兄告者。北方地質，多係黃土。雨則深滲入地，乾則隨風飛揚。其於森林，相需較南方爲尤亟。然而彌望千里，盡是童山。用使上腴，化爲瘠壤。水旱之災，或且不免。蓋森林之利，不徒資材用，便游憩而已。老幹參天，濃陰蔽日。則大雨不能一時著地，地面之水汽，亦不能同時蒸發。且能遮遏暴風，減其勢力，使塵砂不至爲害田圃。而近水之處，根柢蟠崛，土壤且爲之益堅。其於農業，所益非細也。

　　吾國古者，斧斤以時。歐美今日，亦嚴濫伐之禁。其以此耶。以北方諸省，林木之美，元時紀載，猶可考見者。而今濯濯，至於如此。亦可見民業之凋敝也。爲之三歎。

## 第六　借貸與保證(四)

　　孔子曰："人而無信，不知其可也。"又曰："與國人交，止於信。"信之一字，實接人律己，所不可須臾離者也。不必徵諸遠也，請即以借貸與保證論之。

　　借貸不必其在金錢也。參考之書籍，應用之器具，苟爲假諸他人者，皆當珍惜愛護，有踰己物。及期則取而還之。即有參考應用，仍未畢事者，亦當請諸物主，得其允許，而後可以展期。否則不容爽晷刻之約也。如是，則雖有乞假，無損於人，人自不厭其再借。

　　至於保證，則尤爲他人信我之徵，焉可自隳其信用。法律於借主不能清償所負時，保證人即當負代償之責。誠以非如是，則貸主將受意外之損失也。故爲人作保證，當以審慎出之。然既作保證，則當視如己事，不容有絲毫推諉之心也。

　　信用難成而易敗。一事之疏失，他人即將以爲不信而疑之。故與人交涉之時，不可不兢兢致謹，正不獨借貸與保證爲然也。

立借據〇〇〇今借到

〇〇名下銀壹百元，言明按月八釐起息，限三個月本利一并歸還。

此據

年　　月　　日立借據人〇〇〇押

保證人〇〇〇押

立保單〇〇〇今保〇〇〇至

〇〇公司充任職務，自任事日起，如有虧欠銀錢貨物及舞弊錯誤等事，均由保人賠償理處。恐後無憑，立此存照

年　　月　　日保人〇〇〇押

## 第七　國債（三）

國家制用，自有常經。然或猝遇非常及大興作，每有借債之舉。蓋所以應急需也。

債有募於本國者，曰內債。有募自外國者，曰外債。財力雄富之國，鮮募外債，而內債則盛行焉。誠以國家債票，國民購之，較諸其他存款爲可恃。而國家亦得以損有餘補不足，集無用之款，而致諸有用之途也。

吾國人民，對於內債，恒淡漠視之，致國家猝有所需，不得不仰給於外債。利息之重，折扣之巨，匯兌時之鎊虧，無論矣。而他種權利，且有因之喪失者。昔楚子文毀家紓難，孔子稱其忠，漢卜式輸財助邊，史遷高其義。彼無所利而爲之者且如此，況購國家債票者，既享急公之名，復獲殖利之實耶。

## 第八　波斯老人（四）

波斯有老人，倦於事。呼三子至，曰：“吾一生勞苦，積田若干，屋若干，衣服器皿若干。今老矣，無能爲矣。均產爲四，吾留其一，以樂餘年，其三以分授汝等。”

三子皆拜受。將出，老人曰：“止，名馬十匹，寶劍一雙，在我遺產之外者，今與汝等約，各出游三月，歸以途中所爲告我，其最善者則錫之。”

三子皆欣然，曰：“謹諾。”各束裝分道行。既還家，環集老人側，老人一一撫慰之。

長子首自陳，曰：“此行也，止於逆旅。逆旅主人，將有遠行，授兒以明珠

一囊。歸問其數,不知也。設欺其不知而少之,則一生溫飽矣。然兒不欲欺人以自利,即予之。"

老人曰:"善。雖然若之所爲,直道而已。非其有而取之,謂之盜。盜,惡名也。今如是,免於盜而已。"長子乃退。

仲子繼進曰:"兒乘馬渡河。中流見一稚子溺水,急下馬救之。紆道送往其家。一村皆驚,以爲義士。欲謝兒,兒不受而去。"

老人曰:"善。雖然。若之所爲,稱職而已。稚子入水,策馬過之,世將謂若爲何如人。"仲子聞之,亦心服。

於是季子起而言曰:"兒嘗乘馬上峻坂,入巉巖。馬鳴不前。兒下馬,見一人酣臥懸崖上。稍一轉側,即下墮矣。俛首視之,仇人也。始而驚,繼而喜,終而公私之念,交戰於衷。曰:'乘人之不覺,以快其私仇,是細人之行也。'乃醒而起之,使舍危而就安焉。"

季子之言未終,老人改容曰:"善哉! 快意當前,而能自制,義也。以德報怨,仁也。使仇人內愧,智也。名馬寶劍,非汝其孰能當之。"遂以賜季子。

## 第九　贈衛八處士杜甫(三)

人生不相見,動如參與商。今夕復何夕,共此燈燭光。少壯能幾時,鬢髮各已蒼。訪舊半爲鬼,驚呼熱中腸。焉知二十載,重上君子堂。昔別君未婚,兒女忽成行。怡然敬父執,問我來何方。問答未及已,驅兒羅酒漿。夜雨剪春韭,新炊間黃粱。主稱會面難,一舉累十觴。十觴亦不醉,感子故意長,明日隔山岳,世事兩茫茫。

## 第十　弈喻錢大昕(三)

予觀弈於友人所。一客數敗,嗤其失算,輒欲易置之,以爲不逮己也。頃之,客請與予對局,予頗易之。甫下數子,客已得先手。局將半,予思益苦,而客之智尚有餘。竟局數之,客勝予十三子。予赧甚,不能出一言。後有招予觀弈者,終日默坐而已。

今之學者,讀古人書,多訾古人之失。與今人居,亦樂稱人失。人固不能無失。然試易地以處,平心而度之,吾果無一失乎? 吾能知人之失,而不能見吾之失;吾能指人之小失,而不能見吾之大失。吾求吾失且不暇,何暇論人哉!

弈之優劣有定也，一著之失，人皆見之，雖護前者不能諱也。理之所在，各是其所是，各非其所非，然則人之失者，未必非得也。吾之無失者，未必非大失也。而彼此相嗤，無有已時，曾觀弈者之不若已。

## 第十一　衛生（三）

赤子入水蹈火而不懼者，不知水火之險也。世間害身之物，觸處皆是，不知自衛者，往往受其害而不自知。與赤子之入水蹈火，將毋同？

我國之人，縱欲亡身者無論矣，其以衛生之失宜，而死於非命者，一歲之中，何可勝數。行其道，街衢狹隘，茅厠櫛比，水溝淤塞，糞穢狼藉。入其家，院落如井，屋宇卑濕，食品飲料，舉不精潔。嗚呼！人命至重，奈何不自愛惜，至於斯極乎？他國之民少而強，中國之民多而弱，其故非一端，而衛生之不講，其大者也。

或曰：“中國之人，亦有享長壽者，安見其不合衛生。”不知人民之壽夭，當合全國以爲衡，而不當舉一二得天獨厚者以自解。歐美諸國，自屬行衛生政策以來，人壽之中數，恒優於往日。中國戶籍缺略，死亡之數，不能詳知，設一考之，必有駭然色變者矣。況弱與短折，同爲六極之一，即不遽死，而精力委靡，志氣銷沈，爲學必不能深造，臨陣必不能力戰，何以立於萬國競争之世乎？然則強民之道，安得不以衛生爲急務哉？

## 第十二　述蒙古情形書（四）

辱賜書，問以蒙古近狀。弟雖到張家口，於内蒙所見尚淺，無論外蒙也。然以擬作蒙遊故，見久旅於彼者，輒以近狀問訊之，亦頗有所聞。姑録一二，以奉告焉。

蒙古沙漠，一望無垠。雖有湖澤，不過如海中島嶼，略資點綴而已。其氣候，夏期晝極熱而夜仍寒，秋冬寒威尤烈。沙漠中時有勁風，揚沙石，捲人畜，爲害頗甚。蒙人多事游牧，逐水草遷徙。旅行其間者，鍋帳食糧，以及日用各物，均須備帶。無貨幣，交易皆以實物，極爲困難。然奉、直、魯、晉諸省人，經商其地，獲利者頗多，亦可見其冒險性質之富也。

蒙人佞佛，崇信喇嘛。又無教育，智識頗乏。然男女體格，皆極壯健。尤長騎乘，論者謂其勝於哥薩克騎兵云。苟能練成勁旅，則北徼萬里，守備不虞其不固矣。惟是軍事運輸，最貴靈捷。今者張綏鐵道，雖漸告成。然策應僅及蒙邊，校諸西伯利亞及東三省鐵道，靈捷尚遠遜也。興築之圖，不容緩矣。

　　沙漠之地，驟觀似荒瘠不毛，實則水草豐美之處，所在多有，所謂沙漠田也。北方諸省人，墾殖其間者亦甚多。清時漢蒙交通，設有禁例，猶能如此，況今日乎。惟待蒙人之道，當以聯情感，興教化，戒欺詐為要。此則有志經營北徼者，所不可不知也。

蒙古沙漠圖

## 第十三　蜃説林景熙（三）

　　嘗讀《漢書・天文志》，載海旁蜃氣象樓臺。初未之信。

　　庚寅季春，余避寇海濱。一日飯午，家僮走報怪事，曰：海中忽涌數山，皆昔未嘗有，父老觀，以為甚異。余駭而出，會潁川主人走使邀余。既至，相攜登聚遠樓東望。第見滄溟浩渺中，蠆如奇峯，聯如疊巘，列如崒岫，隱見不常。移時，城郭臺榭，驟變欻起，如衆大之區，數十萬家，魚鱗相比。中有浮圖、老子之宮，三門嵯峨，鐘鼓樓翼其左右，簷牙歷歷，極公輸巧不能過。又移時，或立如人，或散如獸，或列若旌旗之旆，甕盎之器，詭異萬千。日近晡，冉冉漫滅。向之有者安在，而海自若也。筆譚記登州海市事，往往類此。余因是始信。

　　噫嘻！秦之阿房，楚之章華，魏之銅雀，陳之臨春、結綺，突兀凌雲者何限。運去代遷，蕩為焦土，化為浮煙。是亦一蜃也，何暇蜃之異哉！

## 第十四　説海(三)

海居地面四分之三,有極淺者,亦有深至萬二千尺者。凹凸殊狀,與地面同。今所見之島嶼,即没水之山頂也。

江河之水,皆歸於海。然海面之水,時化爲汽。其所納之流質,與所化之汽質相等,故水不加多也。汽上升爲雲,由雲而化爲雨雪。江河溝澗之水,皆源於此。

海水受風力掣動,則生大浪,奔流迅速。月攝海水,旋漲旋落,一日兩次,名曰潮汐。潮漲之時,海水趨近海濱,江湖之口受之,則船易入口。潮落時,復有螺蛤水草之屬,遺其間焉。

海水有常流。或自熱帶流至兩極,寒地受之,溫煦宜人。或自兩極流至赤道,熱地受之,清涼可愛。兩極之海,水常結冰。漂浮若山,至溫暖之地而解。

海底有泥石、沙礫、螺蛤之殼,及動植物腐爛之質。亦有苔藻之類,與陸地植物迥異。其動物,有鱗甲輕利,游泳剽捷者。有身負甲介,舉動累重者。有生鰭如翼,離水而飛者。亦有全體無行動具,但附石而生長者。故海也者,物産之淵藪也。

## 第十五　哥侖布(四)

哥侖布,意大利人也。少好航海,年十四,即隨商人東游印度。時歐人未知地圓之理,哥侖布獨深信之,謂西方必有陸地。衆皆笑之,哥侖布不之顧。然哥侖布家貧,欲西行以實其言,而不能具舟。求助於葡萄牙、英吉利,皆不得志。後西班牙女王然其言,畀以三船,使百二十人與俱。

時同行者皆迫王令,非所欲。又多迷信,惶擾萬狀。見火山,則謂入火國。風偶平,則謂出風界外。風作,又謂墮風穴中。甚有呼上帝,謂背神蔑理之舉,皆哥侖布所爲,罰宜降彼,於我無與者。行兩月,無所得,皆求返棹。哥侖布不許。衆乃謀殺之。哥侖布偵知之。與衆約,更西行三日,無所得,則東歸。衆許之。行未幾,見荇藻之屬,隨流而下,知前途必有陸地,乃更鼓勇進。又三日,見小鳥成羣至,則陸地已在目前矣。

論曰:哥侖布之西航也,在西元千四百九十二年,當中國明孝宗時耳。吾

聞美洲人言，太平洋東岸，嘗掘地得古廟。斷爲中國僧徒所建，在距今千年前。則其早於哥侖布者，且六七百年矣。歐土之廣，不過亞洲四之一。地狹民稠，生息至蕃，乃謀闢新地於海外。今南北美二洲，面積略與亞等。生息其間者，皆白人子孫也，華人之工作於美者，顧不免爲其所奴視。不龜手之藥一也，或以霸，或不免於洴澼絖。人之度量相越，固甚遠歟！

## 第十六　公司上（二）

有物於此，一人之力弗能舉，合數人之力，則舉之矣。數人之力弗能舉，合十數人或數十百人之力，則舉之矣。人愈多，力愈厚。物雖重，鮮有不勝者。公司之設，理本於是。

公司創自西人。近則華商亦多仿辦。因設立之人數，與所集之資本，及其責任廣狹，組織異同，而分爲無限公司、兩合公司、股分有限公司、股分兩合公司。國家特以法律規定之。觀其名稱，即可知其性質，所以昭信用也。公司股東，休戚相共，故人無異心。彼此相維，故舉無敗事。集衆智以爲智，萃衆能以爲能，糾衆財以爲財。不特商人承其利，即世界非常事業，亦多藉以振興焉。如法人雷賽，設公司以開蘇彝士運河。而歐亞通航，益臻便捷，其明證也。

## 第十七　公司下（二）

其併數公司或數十公司，而成一大公司者，西語謂之託拉斯。美商洛克菲勒實首倡之，以營石油業。舉國實業家，羣起而傚之。及於近年，美全國資本，爲各託拉斯所掌理者，殆十八九云。

託拉斯之爲利，可以利用最新最大之機械。勞力少而產物多。一也。原料之購入較廉，製出之物，亦隨之而廉。二也。能利用廢物，造出種種副產品，使無棄材。三也。無同業之競爭，可以免物價之起落。四也。規模閣大，投資者少所顧慮。五也。勞力者託業，可以久遠。六也。工場偏於全國，運費可以節省。七也。

然全權委諸一二人之手，責任既重，端緒甚繁，統一之，監督之，大非易事。

苟不得其人，一有蹉跌，全局失敗矣。天下事有利必有弊，豈徒託拉斯然哉！

## 第十八　汽船汽車（三）

汽機之發明，在距今二百年前，特用以吸水而已。千八百有七年，美福爾敦，始以之製汽船。

汽船之始成也，航行於法塞納河。行未久即沈，人多笑之。福爾敦不爲動，再試之，成。自哈得孫河出航海。大張廣告，招人試坐，應之者十二人而已。出海未久，復不行。福爾敦察知其機有病，急修整之，遂安行無阻。後二十三載，而有斯替芬孫之發明汽車。

斯替芬孫，英人，少好機械之學。時英人已知以軌道行車。然多曳以馬，行緩而費巨。斯替芬孫思代以蒸汽力。日夜專思其事，屢造屢改。既成，受英會社之託，築鐵道於利物浦、曼徹斯他間。車始行，有乘駿馬與之競者，不轉瞬，已落後矣。

論曰：汽車之始創也，一小時僅行十五英里。汽船之始創也，百五十英里，行三十二時而達。以今視昔，誠大輅之有椎輪耳。然而創作之功，不可忘也。《易》曰："備物致用，立成器以爲天下利，謂之聖人。"其重之也如此，而後世視爲百工之業，士屏弗與齒。此瑰偉絕特之士，所以出於異域，而不出於中國歟！

## 第十九　飛艇飛機（三）

二十年前，告人曰：吾能飛行空中。人孰不笑其誕。然至今日，歐洲戰爭，飛艇飛機，居然效力於疆場矣。

飛艇之制，仿自氣球。蓋凡物重則沈，輕則浮。在水中然，在空氣中亦然。製一球焉，中實以數多盛輕氣之小球。則其體校空氣爲輕，自能上升而無阻。但氣球不能行止自如，而飛艇則又有機焉，以制其進退旋轉耳。

飛機之作，取法於鳥。鳥之所以能飛者，一以其體之輕，一以其翼與尾之動作。而飛

飛機

機則亦有尾以司其進行,有翼以平其風力。其別以發動之機動其尾,則猶汽車之以輪行車,以機鼓輪也。

飛艇之内,可載小號槍砲,用以攻擊敵軍,破壞其橋梁、車站、船塢、火藥廠等。飛機之用,主於巡邏陣地,偵察敵情。中亦載有機關鎗、炸彈等,可以伺便襲擊。於是空中之戰争,與海陸無殊。夫豈前人所能逆料乎?

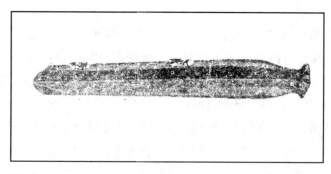

飛艇

## 第二十　空氣之自述(三)

吾爲誰,固夫人而知之矣。聽之若有聲焉,觸之若有覺焉,而人卒莫吾覩也。瀰漫磅礴乎兩間,氲氲焉,氤氤焉,無遠弗屆,無微不至。世苟無吾,則天地永閉,萬物之滅久矣。

大塊噫氣,吾乃鳴條。人聞其聲,名吾曰風。吾静而止,人莫吾覺。吾常漸人,若水漸魚。當是時也,謂吾空氣。微吾之力,將火弗能然,草弗能長,鴻飛焉而不舉,鶯啼焉而無聲矣。吾勞如何,爰作俚歌。歌曰:

風之來兮,疇實見之。林木習習,枝葉搖曳兮,吾其在斯。風兮風兮,實空氣之轉移兮。發育萬物,無寧息,無偏私兮。爲而不有,人亦不以吾爲奇。人不吾奇兮,託風以自鳴,誰曰不宜。

## 第二十一　萬物(三)

美矣哉! 宇宙間之萬物也。仰而觀之。晝則日光照耀,夜則月色清妍。其色青蒼,其形圓穹者,天也。光明閃爍,若金剛石之懸於天空者,衆星也。俯而察之。紅葩緑葉,四野彌望,森然而成陰者,樹木也。飛鳴上下於其間者,衆鳥也。溪澗逶迤於山谷,高山壁立於天際。萬象雜陳,目不暇接,世人好入骨董肆,把玩珍奇。豈知宇宙間萬物,乃一大骨董肆乎?

植物之大者,如百尺之松,小者如一點之菌。動物之大者,如昂藏之象,小者如纖屑之微蟲。其中皆有至理焉,在有心人之細察耳。

然萬物雖美,豈能及人之萬一乎?其軀體之奇妙,博學家已不能詳說。至其心之靈明,則更不可思議矣。此人所以爲萬物之靈,而不可不自重也。

## 第二十二　天然力(三)

物之爲用,初皆成自天然。後以人類欲望,不以此爲已足。於是凡所享用,無不加以人工。然天地間自然之力,足以輔助人工者,又悉數難終也。

水似弱也,而因其就下之性,可以運舂。風似虛也,而因其鼓動之性,可以張帆。農田灌溉,戽水爲勞,而因蒸汽循環,則種樹可以禦旱。山海暌隔,消息莫聞,而因電力震動,則設器可以通問。推之因沸鼎而造機輪,因氣壓而製飛艇。吾人所驚爲創獲之事,要皆天然力之效也。

凡此諸端,方其未發明時,舉世鮮有知者。自一經利用,其效大著,則相率駭歎,以爲神奇,而不知其理固長存於天壤間也。天然之美利,啓發之而不窮。人類之智慧,運用之則愈出。誠能即所已知,推所未知,好學深思,鍥而不舍。天然力之爲吾用者,又寧可量耶?

## 第二十三　名山大川上(三)

我國富於名山大川。山脈之長者,至萬數千里。山峯之高者,至數萬尺。若夫長江大河,其源委亦近萬里。誠宇內之壯觀也。

山脈起於帕米爾高原,分四大支。最南者曰喜馬拉雅,界中印間,即佛經之須彌山也。其高爲世界諸山脈最,故稱妙高山。又以其四時戴雪,稱爲大雪山。佛出家修行於此。

次北爲崑崙山,自新疆入青海、西藏之間。漢族西來,實循此脈。相傳有黃帝之宮,顓頊諸帝之臺,其後周穆王亦嘗游此,今不可考矣。

又北爲天山山脈,自新疆東行入陝甘。唐李白詩曰:"明月出天山,蒼茫雲漢間。長風幾萬里,吹度玉門關。"足知其高爽而雄闊矣。

其東北行之一支，曰阿爾泰山脈。爲蒙古與西伯利亞之界。匈奴、突厥、回紇、蒙古，皆興於此。北齊斛律金歌曰："勅勒川，金山下。天似穹廬，籠蓋四野。天蒼蒼，野茫茫，風吹草低見牛羊。"其景象今猶宛在也。

## 第二十四　名山大川下（三）

山河分界之處，地勢既殊，人民之風俗，亦隨之而異。大河者，我國北部巨川也。發源於青海，繞積石而入甘肅，循行陝西、山西之間，由河南、直隸至山東，而入於海。俗謂之黃河。長江者，我國南部巨川也。亦發源於青海，循行四川、雲南之間，由湖北、江西、安徽至江蘇，而入於海。其下流亦稱揚子江。

江、河兩流域，風景氣候，迥乎不同。雁度寒雲，馬嘶古道。崇山峻嶺，陡開大陽。曠野平林，煙火攢簇。此黃河流域之大觀也。青巒碧峯，處處點綴。蝦房蟹舍，柳堤花塢。水鄉人家，桔橰聲起。此長江流域之大觀也。

是以大河流域之人民，氣象豪健，不撓不屈，多悲歌慷慨之士。長江流域之人民，性情聰敏，富於理想，有灌輸文化之功。美哉山河！誠吾國之瓌寶也。

# 高等小學校用　新式國文教科書第五冊

## 第一　原國(三)

社會相羣而成國,家爲社會之起點,亦即國之起點也。有家則有子孫,子孫繁衍,則成爲族。族大人衆,則分爲部落。部落者,未完全之國也。部落既盛,其鄰近部落,或自願歸附,或以兵力兼并之,則成爲國矣。

今日地球之大國,其立國之始,本皆甚小,不過一族之結合耳。迨勢力漸盛,歸附日衆,兼并日多,則國亦漸大。然國人之語言、風俗,遂有因之而大異者,結合之,同化之,是則有國者之責也。

既能統一於內,必求發展於外。往古諸國,所以兼弱攻昧,取亂侮亡,皆是道也。今世界大通,競爭益烈。强盛之國,又遠出覓地而經營之,謂之殖民地。殖民地之土民,其性情風俗,相隔太遠,大抵不能與本國之民,享同等之權利也。

## 第二　達爾文(二)

達爾文,英國人也。著《種源論》考證人類及諸生物,皆由下等動植物,次第進化而至。乃立公例,曰:物競天擇,適者生存。大旨謂物之孳生無窮,而地之容積有限。任何生物,有生而無滅,轉瞬間可占盡全球。故凡物皆不能無競。類愈近則爭愈劇,爭愈劇則優劣愈顯,勝敗亦愈相懸,而適者出焉。凡諸不適者,自然歸於消滅,謂之天然淘汰。以人力爲之別擇,爲之改變,謂之人爲淘汰。淘汰不已,種乃日進。

自達氏之論定，一切邦國，種族、宗教、學術，未有能出此公例外者。不優則劣，不勝則敗，不適則不能生存。其機間不容髮。人生於世，當戰兢惕厲，求所以適存之道，則達氏之志也。

## 第三　動物之保護色（四）

芸芸萬彙，各爭自存，適焉者昌，不適焉者亡。而適與不適，其機至微，往往有爲人所不及察者。若動物之保護色，其最著者也。

保護色，視所居之地而異，所以防侵害，便攻擊也。草木間之昆蟲，止於葉者多綠色，或似鳥糞。居於幹者多褐色，似木皮。處沙漠中者，則色類沙。

蝙蝠、鼹鼠，晝伏夜出，則黑色。浮游動物，常在水中，則多透明。寒帶動物，居冰雪中，則色多白。熱帶草木，四時不凋，則鳥類每作綠色。

琉球、印度，及馬來羣島，有紺蝶焉。翅之表面極美，而裏面則無異枯葉。棲於樹，戢其翅，人莫知其爲蝶屬也。尺蠖棲於桑，後部四足，附著枝上。首懸於空間，吐細絲絡於樹，以支柱其體。若桑之幼枝。人莫知其爲蟲類也。凡此皆所以防侵害也。

非洲有避役，善捕蠅。其色時黄時白，時綠時褐，視所止之樹而易。爪哇有蜘蛛，結網樹枝，踞其上，形似鳥遺。有嗜鳥遺之蟲類，誤止焉，則捕之。此皆所以便攻擊也。

又有所謂警戒色者，如虎之斑斕，熊之黑質，豹之錢紋，兒之蒼革，鶯之金目，蛇之赤斑是已。蓋保護色者，所以避他動物之目，使不及覺。警戒色者，所以觸他動物之目，使不來犯。一欲其隱匿，一欲其顯著，雖相反，適相成也。

生物之妙，可謂無奇不有矣。而夷考其故，曰爭生存。嗚呼！競存之義大矣哉。

變色

# 第四　羅馬武士(三)

　　昔羅馬之都城,依鐵波爾河爲固。會有寇至,羅馬人少,不能迎敵,憑河待之而已。敵大至,將渡河而南。父老憂之。募能毀河上之橋,以阻敵騎者。敵亦出死力爭之,呼聲動地。

　　有霍律低者,方要敵河上。見敵將據橋而渡,號於同儕曰:"事急矣。若盡退,留二人助我,壞此橋,無爲敵人有也。"橋將圮,復令其二人速退。既渡而橋斷。霍律低瀕河而戰,流矢中其目,氣不稍衰。望羅馬而歌曰:"浩浩鐵波爾,鬱鬱羅馬城。城能衛我家,河能障敵兵。矧我爲國民,不及河與城。一夫苟敢死,敵騎敢縱橫?"

　　歌畢,聳身入河。倏忽間,已梟近彼岸,國人見者,皆呼萬歲。時敵人數千,隔河而觀,亦深以爲忠勇,則亦大呼,爲霍律低賀。

# 第五　塞木披來之戰(四)

　　西洋史上,以勇敢善戰著聞者,無過斯巴達人。當波斯之大發兵擊希臘也,希人以斯巴達君留尼達禦之。波軍勢甚盛。留尼達所部,僅三百人。益以他邦軍士,亦不過數千人。衆寡之勢,蓋懸絕也。

希臘戰士

有要隘焉,曰塞木披來。左濱大海,右扼崇山,形勢至險。留尼達屯兵隘上,誓以死守。波軍至,急攻。留尼達堅拒之,斬獲無算。相持數日,波軍困甚,乃以重金募破隘之策。

會希人有賣國者,知有間道,可繞出要隘後,逃入敵營,爲之畫策。波人喜,潛師以入。留尼達徇於軍中曰:"事急矣。有願歸者,請速去。"衆皆散。獨三百健兒,願與共死。

斯時也,波軍如潮湧,而三百人陽陽無懼色,趨前殺敵,當者輒靡。轉戰既久,矛斷不可用,則抽佩刀繼之。正酣戰間,留尼達歿於陳。波人氣益壯,直前奮擊。而此零落不完之三百人,猶能力禦波軍,取勝者四。

波軍憤甚,濟師合圍之。斯巴達人知糧盡援絕,萬無僥倖理。乃登小山列陣,相背而立,以面臨敵。佩刀斷,繼以匕首。匕首缺,繼以徒搏。力竭而殲,無一人降者。嗚呼! 烈矣。

## 第六　吳士方孝孺(二)

吳士好夸言,自高其能,謂舉世莫及。尤喜談兵,談必推孫吳。

遇元季亂,張士誠稱王姑蘇,與國朝爭雄。兵未決。士謁士誠曰:"吾觀今天下,形勢莫便於姑蘇,粟帛莫富於姑蘇,兵甲莫利於姑蘇。然而不霸者,將劣也。今大王之將,皆任賤丈夫,戰而不知兵,此鼠鬥耳。王果能將吾,中原可得,於勝小敵何有。"士誠以爲然。俾爲將,聽自募兵。戒司粟吏,勿與較贏縮。士嘗游錢塘,與無賴懦人交,遂募兵於錢塘,無賴士皆起從之,得官數十人,月糜粟萬計。日相與講擊刺坐作之法,暇則斬牲具酒,燕飲其所募士。實未嘗能將兵也。

李曹公破錢塘。士及麾下遁去,不敢少格。蒐得,縛至轅門誅之。垂死,猶曰:"吾善孫吳法。"

## 第七　國貨(四)

生利之事,分功協力而已。分之愈精,斯合之愈廣。合之愈廣,則其所生之利愈多。此通功易事之原理也。推之國際，何獨不然。

　　雖然，因世界之大通，出吾之所有以與人易，而吾因得益專力於所長，可也。若如吾國今日，外貨一入，國貨立即衰頹。國民日用所需，幾盡仰給於外國，則不可。何則？是非貿易，而負債也。

　　今國人競言提倡國貨矣，然其效卒鮮。何哉？不知改良製造，以從事於其本。徒欲激厲國民之愛國心，以抵制外貨也。夫人之購物，必以自利爲動機。豈能盡律以愛國之義。且苟物美價廉，則於購者爲有利。今以愛國故，而勉購不廉不美之物，則其所損，亦仍在我國民耳。何益焉？

　　惟是國貨之振興，亦恃乎國民之獎勸。我國今日，新工業方在萌芽，自不能與外國工業之久經發達者比。若以國貨稍有未善，而即去之不顧焉，則此方始萌蘗之新工業，將永無發達之期矣。況國貨之價本廉，物本美者，而亦炫尚新奇，惟外貨是趨乎？《書》曰：“惟土物愛，厥心臧。”我國民其深念之哉。

## 第八　工業（四）

　　今世富强之國，農商之業，固甚注重。然其所恃以吸收異國之財富者，實尤在於工業。蓋其工業常利用機械，成物之精，出貨之速，均遠非人力所及。且人力所不能造之物，機械多能造之。而又藉商業爲之先驅，以農業爲之後勁。他國民固有之生業，遂不免爲其所奪矣。生計既蹙，則知識因之而卑。財政既窘，則兵力緣之而弱。今日未開化及半開化諸國，所以日貧日蹙，馴致於亡者，皆此之由。可不懼哉！

　　或謂歐美以工業勃興故，財産之分配，乃愈不平均。全國之資本，爲少數富豪所掌握。貧困之人，無尺地可以自立。此實最爲不幸之事，抑未始非隱憂所伏也。不知此亦惟前無所鑒，未能預爲之防者則然耳。苟能以去泰去甚之計，爲防微杜漸之謀，亦豈至此。且彼國之貧富，雖不平均。然貧者富者，皆在國內。總計其國富，夫固日有所增殖也。我國今日，苟不能急起以與之競，將舉國之財富，盡爲他人所吸收。人爲雇主，我爲勞傭矣。可不懼哉！

## 第九　漢冶萍公司（三）

　　客有游贛、鄂歸者，謂予曰：“子亦知漢冶萍煤鐵公司之情形乎？”

予曰："不知也,請聞其略。"

客曰："吾國自煉鋼鐵之議,始於前清光緒十六年。嗣得大冶鐵鑛,乃設廠於漢陽。又苦無煤焦,而官款已罄,乃改爲商辦。求得煤鑛於萍鄉。又以所用機爐不合,出品不精,不能行銷。卒乃派員出洋考察,別購機爐,而後所煉鋼鐵,得以合用焉。蓋創辦一種實業,蘄其有效,若斯之難也。今漢廠出品,既以精良見稱。而萍鄉之煤,大冶之鐵,亦經工師化驗,推爲上選。其蘊藏之富,以年采百萬噸計,亦足供數百年之用。苟能盡力經營,必成東方最良之鑛,可無疑已。顧今世富國,首重煤、鐵。以我國之大,地力蓄積之厚,而煤鐵鑛廠,著有成效者,僅僅若此。校之工藝興盛之國,誠不能無媿已。"

客退。予念其言頗有關係,爰援筆而記之。

漢冶萍廠

## 第十　少年行孫枝蔚(二)

少年不讀書,父兄佩金印,子弟乘高車。少年不學賈,朝出烏衣巷,暮飲青樓下。豈知樹上花,委地不如蓬與麻。又如樓中梯,枯爛誰論高與低。爾父爾兄歸黃土,爾今獨自立門戶。爾亦不辨畝東西,爾亦不能學商賈。時衰運去繁華歇,年年大水傷禾黍。舊時諸青衣,散去知何所。府吏昨升堂,催租聲最怒。相傳新使君,憐才頗重文。爾曹不識字,張口無所云。粥田田不售,哭上城東墳。昔日少年今如此,地下貴人聞不聞。

## 第十一　鬭獅(三)

獅,猛獸也,乃有與之鬭者。其人爲英孫唐。當其客於美洲,有大動物園,張一廣告。謂某日,將令獅與熊鬭。孫唐見之,請於主人,願自與獅角。主人知其能,許之。

及期,廣幕大張,座客踰二萬。孫唐至,不持寸鐵,縱身入獅檻。獅見孫唐,蹲踞檻隅,目光炯炯,將撲之。孫唐窺之審,急趨獅側,以右手捉其頸,左手抱其腹,擎舉至頂而奮投之。獅怒甚,反身來撲。孫唐側首避之,突進胯下,仰首挺身,盡力抱獅,附身獅胸。獅乃以前足蹴孫唐。蓋至是始角力矣。

初,主人以獅之爪牙犀利也,加手囊口網以阻之。及孫唐努力傾獅,囊破而爪露。獅奮爪爪孫唐,衣褕迎爪而裂。孫唐益緊束兩手。獅如置於鉗鋏間,轉側延引,終不得脱。孫唐乘其憊,再投之於數丈外。獅又自後來撲。孫唐覰其將及,奮兩腕,攫獅頸而直投之。獅乃頹然委頓,伏地不動。久之,獅挺身起,向檻外狂逸。孫唐瞋目叱之。獅震栗,如喪魂魄,蒲伏於地。百計誘之,不敢復起。捉其尾撚之,始欠伸而立,向之跳舞,馴服無異羊豕。觀者歎服,鼓掌如雷。

## 第十二　捕虎(三)

明代有徽人唐某,甫新婚,而戕於虎。其婦後生一子。戒之曰:"爾不能殺虎,非我子也。後世子孫,如不能殺虎,亦非我子孫也。"故唐氏世世能捕虎。

旌德近城處有虎,暴傷獵户數人,不能捕。邑人謀曰:"非聘徽州唐某,不能除此患也。"乃遣人持幣往。歸報:"唐氏選藝至精者二人行,且至。"至則一老翁,鬢髮皓然,時咯咯作嗽;一童子,十六七耳。縣人見之,大失望。姑命具食。老翁察衆意輕之,語衆曰:"聞此虎距城不五里。先往捕之,再食,未晚也。"遂命人導往。導者至谷口,不敢行。老翁哂曰:"我在,爾尚畏耶?"入谷將半。老翁顧童子曰:"此畜似尚睡,汝呼之醒。"童子作虎嘯聲,虎果自林中出,徑搏老翁。老翁手一短柄斧,縱八九寸,橫半之。奮臂屹立,虎撲至前,側首讓之。虎自頂上躍過,已血流仆地。視之,自首至尾,皆觸斧裂矣。

老翁自言:"煉臂十年,煉目十年。其目,以毛帚掃之,不瞬。其臂,使壯夫攀之,懸身下縋,不能動。"諺云:"伏習象神,巧者不過習者之門。"信夫。

## 第十三　無怒軒記李紱（二）

怒爲七情之一，人所不能無。事故有宜怒者，《詩》曰："君子如怒，亂庶遄已。"是也。顧情之發也，中節爲難，而怒爲甚。血氣蔽之，克伐怨欲之私乘之，如川決防，如火燎原，其爲禍也烈矣。

吾年踰四十，無涵養性情之學，無變化氣質之功。因怒得過，旋悔旋犯。懼終於忿戾而已，因以無怒名軒。

不必果無怒也。有怒之心，無怒之色。有怒之事，無怒之言。蓋所怒未必中節也。心藏於中，可以徐悟，色則見於面矣。事未即行，猶可中止，言則不可追矣。怒不可無，而曰無怒者，矯枉者必過其正，無怒猶恐其過怒也。

軒無定在，吾所恒止之地，即以是牓之。

## 第十四　幣制（三）

以金爲幣，由來舊矣。而金品之中，尤以金銀爲勝。物少值重，輸運便利。一也。銅鐵易蝕，金銀之性不易改變。二也。所産不多，無暴漲暴落之弊。三也。今世各國，或金銀並用，或銀銅並用，無用鐵者矣。

古無鑄造之制也。然以生金交易，出入必衡，雜僞難驗，防奸疑欺，諸多不便。於是幣制起焉。幣制完善之國，於各種錢幣，總重幾何，純量幾何，皆爲詳析規定，流通全國，是曰法幣。花紋巧緻，以防雜僞。價格確定，計數以枚。衡驗之煩，舉無事焉。

又慮各種貨幣，價格比例，不能一定也。於是專擇其一，以爲餘品之程，是曰主幣。歐、美、日本之主幣，先皆用銀，其後漸改用金。我國在昔，亦用金銀，惟銅始鑄爲錢。前清之季，雖鑄銀圓，然銀幣大者一枚，當銀角若干，銅圓若干，皆隨市場用值，初無一定，不能謂爲銀本位也。尤可異者，通商以來，墨西哥諸國銀圓輸入，通用無阻。我國自鑄之幣，反有阻抑之累。妨害交通，滯塞經濟，莫此爲甚。故整理幣制，實我國切要之圖也。

## 第十五　紙幣（三）

易事通功之始，貨以易貨而已，降而後有易中。易中由粗而精，於是有金銀等法幣。然治化日進，懋遷日廣，專用金銀等幣，猶苦其運輸滯重，計數煩瑣也，於是有紙幣以爲之代。其爲物也，數雖大而質仍輕，經商攜帶，閭里藏儲，無所往而不便也。

然紙幣可以代金銀之用，而非可遂視爲金銀者也。有金銀之實幣，與紙幣相輔而行，則便於民。無金銀之實幣，憑虛而造，漫無限制，則立見其害矣。蓋紙本無值，所以有值，由其能易金銀。苟濫發焉，民之得是幣者，必反之銀行。銀行既無充實之預備，必不足以應支付。支付止而商賈騷然，全社會胥受其病矣。宋、金、元、明之季，皆苦鈔值之落，無法維持。法、美二國，亦曾以紙幣發行過鉅，公私交困。後雖補救，損失已多。故行用紙幣，事誠便利，而濫發之失，又當引以爲鑒也。

## 第十六　蘇彝士運河（四）

蘇彝士河，以人工鑿成，在紅海、地中海之間，爲世界鉅工之一。

方蘇彝士河之未鑿也，歐人之東來者，必航大西洋、掠好望角而東。風濤險惡，程途遼遠，累月不得達。自有此河，東來可近二萬餘里。

初，法人雷賽使埃及時，上書埃君，請開運河。埃君許其請，列國亦多贊助者。獨英人忌之，百計阻撓，事幾僨。雷賽竭力經營，不爲所挫。溯自工事之始，迄於全河通航，時踰十年，費金二千四百萬磅。河長三百里，最寬之處爲三百尺，最狹之處爲百七十餘尺，深二十四尺。屢加疏濬。今益深廣矣。

埃及本爲地主，而規畫河工者爲法人。故運河之權，法與埃及共之。英人以東亞爲貿易市場，而交通機關爲法人所操，於己頗不利。乃乘埃及之急，盡購其股票。於是管理之權，移入英人掌握，商船之經此河者，皆須計噸納稅。英人坐獲大利，而又操東西兩洋交通之樞紐。英以商業橫絕歐亞，豈無故哉。

蘇彝士運河

77

## 第十七　巴拿馬運河（四）

　　蘇彝士河，溝地中海、紅海之間，爲歐、亞交通樞紐。巴拿馬河，則溝大西洋、太平洋之間，爲全世界交通樞紐。

　　巴拿馬本爲地峽，東臨大西洋，西望太平洋，其間相距凡百五十里，而介於南北美洲間，如連鎖焉。四百年前，西班牙人首議開鑿。時阻抗者衆，事卒不成。蘇彝士河既通，雷賽更糾合公司，從事於此。然施工七年，程功未半，而資產已告罄矣。

　　二十年前，美西戰事起。美之艦隊，欲由舊金山赴大西洋者，必繞行麥哲倫海峽。費時失機，大不便之。故戰役告終，而運河之説大盛。始也出巨資，購法公司之產。繼也助巴拿馬政府獨立，得開鑿運河全權。於是河工復舉。畫全部爲三區，曰大西洋區，曰中央區，曰太平洋區。區有工師爲之長，各役其役，各董其事。浚渫開鑿，建築運輸，同時並舉。日役三萬人，費美金四百兆。千九百十五年二月，遂開落成紀念會，我國亦與焉。自施工迄竣事，凡十有二年。

　　夫商貨之運輸，避重税，尤趨捷徑。是河既闢，非特美洲貿易，將由太平洋直達亞東。即歐陸各商，亦必因西伯利鐵道運費較昂，蘇彝士運河行程較

巴拿馬運河

曲,紛然爭出於是途。吾國適當其衝,固宜乘此時機,擴張營業矣。乃各國皆籌設行棧,增置船舶,於巴拿馬通航,籌備恐後。我獨寂然無聞,瞠居人後,不亦有愧耶?

## 第十八　埃及(四)

埃及者,開化最早之國也,然以借外債而亡其國。

當其時,歐洲諸國正值物產過度,金融停滯,資本家懷金而無所用。乃恃己國之強,利埃及之弱,以重利行借貸之術。一千八百六十二年,借三千七百萬圓。越二年,又借五千七百餘萬圓。皆有所謂經手周旋費者,埃及政府所得實額,僅十之七耳。驟進多金,外觀忽增繁盛。心醉外債之利,復大事稱貸。土耳其者,埃及之上國也。雖慮其有後患,然無從禁之。卒借外債踰十萬萬圓。

曾幾何時,財政大紊,不可收拾。債主愈迫,國帑全空。英國領事遂迫埃君延聘英人爲顧問,募民債,加租稅,絲毫無所補。又迫埃君立財政局,以英法兩國人爲局長,延用外人至一千二百餘人,給外俸至三百八十餘萬金。

及至羅掘俱窮,乃裁兵士之餉,使軍隊無力,不能相抗。增貴族之稅,使豪強盡鋤,無以自立。清查通國之田畝,使耰鋤之農民,騷動不寧。又欺小民之無識,利誘威迫,使全國土地,大半歸歐人管業。民無所得食,餓莩載道,囹圄充闐。埃及國民,於是忍無可忍,望無可望,不得不羣起而與之爲難。英人以數萬雄師壓境上,挾埃君以伐其民。石卵不敵,義旗遂靡,而埃及之生機絕矣。

## 第十九　福澤諭吉(四)

日本福澤諭吉,家世仕藩侯。諭吉幼習漢學,既冠,遊長崎,習荷蘭語。明年,遊大阪,從緒方洪菴遊,研究泰西學術。越數年,詣東京。某藩邸延居其家,一藩子弟皆從學。時日本新與歐美諸國訂約通商,英人列肆橫濱,語言不通,多齟齬。諭吉見之,因大發憤,專習英語,以求實用。未幾,從使臣遊美。既至,留心考察國情民俗。後又隨使赴歐洲,歷遊英、法、荷、德、俄、葡諸國。

諭吉既歷歐美,知教育爲立國之本。迨歸國,乃立慶應義塾於東京,召諸生講習。既而明治維新，人人知嚮學之益，四方來學者愈衆。諭吉教人，以獨立自營爲要旨。學風廣被，國人修己治事之精神，爲之振起。其所著書，記事說理，語尚平易，使人人能解。日本國民，得早開發知識者，多賴於此。

明治三十六年，卒於家。年六十有八。國中聞之，莫不嗟悼，惜教育界之失山斗云。

# 第二十　武訓（三）

武訓，山東堂邑人。三歲喪父。家貧，行乞度日。飲食必先奉母，人稱曰孝丐。七歲，復喪母。晝行乞，夜績麻。得一錢，即儲之。日惟以兩錢市麤饅自養。

數歲，得錢六千。邑有富家某，頗自好。訓踵門長跪乞見。閽者揮之，不去。予以錢，不受。主人畏其丐，不敢見。訓乃於門外長跪不去。不得已，見之。見則長跪請曰：“丐者有所求於貴人，貴人必許我。”主人曰：“若欲乞錢耶？”對曰：“丐者非就貴人取錢，乃以錢與貴人。丐者有錢六千。願藏之貴人家，取其息。一年之後，以子爲母。貴人其許我。”主人畏其丐，又以其數無多也，許之。拜謝而去。此後丐所獲盈一千，則持往富家。如是者十年，子母相權，幾及百千。曰：“今乃可以少行吾志矣。”

於是僦廟爲學舍，招寠人子學焉。聘宿學主教授，奉脩脯豐有加。或鄙不就，則長跪不起，必得請乃已。每開校，必盛饌饗教師。不自爲主人，請邑之有聲望者陪讌焉。或不願往，則長跪不起，必得請乃已。朔望，輒詣校省視。教授勤者，則跪拜之。有惰者，則長跪，垂涕泣不起。教師咸敬畏之，靡敢惰。學生有輟業嬉者，亦長跪以哀之。學生亦相戒不敢怠。行之數十年，弟子卒業而去者，不可勝數。訓仍日以兩錢市麤饅自養，終其身。

訓爲人，身肥短，貌寢陋。行乞至八十歲，未嘗妄費一錢。而所創學校，至三十餘所。或勸之娶，執不可。銖積寸累，惟以興學爲事。殆所謂奇節瑰行，得天獨厚者歟。

# 第二十一　自鄉間與友人書（三）

別來旬日，思子爲勞。詩人云：“一日不見，如三秋兮。”昔嘗疑之，今乃知其信然也。自到鄉間，耳目觸接，都異疇曩。相距不百里耳，儼若別有一天地者。人事愈進，則其去天然之境愈遠，豈不信哉？今之鄉居者，多羨城市；居城市者，亦羨鄉閭。弟以爲皆非也。孔子云："君子居之，何陋之有。"所居之善否，則亦視乎其人耳。交通之捷，求取之便，師友之多，此居城市者之勝也。而其弊或入於浮華。風景之美，人情之厚，攝養之宜，此居鄉園者之勝也。而其弊或流爲樸塞。苟使鄉居者能潛心問學，以補其見聞之隘，而因以啓發其鄉人；居城市者，能自甘淡泊，卓立於繁擾之中，而因以靜鎮夫末俗，則居城、居鄉，兩得之矣。否則可謂兩失之也。吾兄以爲何如？

## 第二十二　桃花源記<sub>陶潛</sub>（四）

晉太元中，武陵人，捕魚爲業。緣溪行，忘路之遠近。忽逢桃花林，夾岸數百步，中無雜樹。芳草鮮美，落英繽紛。漁人甚異之。復前行，欲窮其林。

林盡水源，便得一山。山有小口，彷彿若有光。便舍船從口入。初極狹，纔通人。復行數十步，豁然開朗。土地平曠，屋舍儼然。有良田、美池、桑竹之屬。阡陌交通，鷄犬相聞。其中往來種作，男女衣著，悉如外人。黃髮垂髫，並怡然自樂。

見漁人，乃大驚，問所從來，俱答之。便要還家，設酒殺鷄作食。村中聞有此人，咸來問訊。自云："先世避秦時亂，率妻子邑人，來此絶境，不復出焉。遂與外人間隔。"問今是何世，乃不知有漢，無論魏晉。此人一一爲具言所聞，皆嘆惋。餘人各復延至其家，皆出酒食。停數日，辭去。此中人語云："不足爲外人道也。"

既出，得其船，便扶向路，處處誌之。及郡下，詣太守説如此。太守即遣人隨之往，遂迷不復得路。南陽劉子驥，高尚士也。聞之，欣然親往，未果，尋病終。後遂無問津者。

## 第二十三　座右銘<sub>崔瑗</sub>（一）

無道人之短，無説己之長。施人慎勿念，受施慎勿忘。世譽不足慕，惟仁爲紀綱。隱心而後動，謗議庸何傷。無使名過實，守愚聖所臧。在涅貴不緇，曖曖内含光。慎言節飲食，知足勝不祥。行之苟有恒，久久自芬芳。

# 高等小學校用　新式國文教科書第六册

## 第一　二巨人（四）

　　天地間有兩巨人焉。其一四海爲家，徧地球四之三，皆其所託足。所至役於衆，若公僕。不衣不食，日夜勤動，無少休。又不索值，人多利用之。力至大。有置磨河濱，以磨其穀者，磨綦重，莫能轉。巨人直前推之，磨輪皆動。其背甚廣，千鈞加其上，負之而趨。健行不息，浪跡江湖者，非巨人不能致也。有時怒，與其曹相激戰，則風雲變色，山岳爲摧。顧不久，即恬静如恒。性好游，舉足千里，一往不復，然澗溪沼沚間，亦恒見其踪跡。或當黑雲如墨，電掣雷鳴之際，衆皆走避，巨人獨馳驟空中，如飛將軍之從天而下。嘻！異矣。

　　復有一巨人，性猛烈，喜掠食。所嗜獨異，每求野草枯枝，紙片煤屑，以厭其欲，遇之立盡。不常飲，飲必以油，或酒醇，餉以水漿，則望望然去之。或暴怒，奪門出，疾行廛市間，所過無不毀滅，人皆驚避，莫敢攖其鋒。草昧初開時，人但畏憚巨人，敬祀之。久之，漸稔其性質，乃亦藉爲用。巨人善執炊，茹毛飲血之風以革，至於後世，雖有易牙，非藉其力，莫能烹飪也。又能鍛鑄金屬，化百鍊鋼爲繞指柔，冶人深賴之。而陶人之製器，亦非巨人無以奏其功焉。

　　論曰：甚矣哉，人類之弱也。昔人所謂不能搏噬，又無毛羽，莫克自奉自衛，必將假物以爲用者也。自生民之初，至於今日，所假以爲用者亦衆矣。惟二巨人，自燧人、神禹以降，民常食其利，貧富貴賤，莫能一日離，巨人之功，亦偉矣哉！

## 第二　拿破崙（四）

　　拿破崙，地中海科西嘉島人也。少肄業陸軍學校，補軍官。法國大革命後，攻奧地利有功。又襲埃及，取之。威望日著，遂被舉爲總統。

拿破崙夙抱統一歐洲之志。既得位，勤修政事，蒐討軍實，國勢大張，輿論咸服，遂即帝位。歐洲諸國，屢結同盟以抗之，然卒不勝。奧都維也納，普都柏林，皆爲法所陷。俄人起兵援之，亦大敗。拿破崙又北據荷蘭，南舉意大利，西取西班牙、葡萄牙，而東脅德意志諸邦。方是時，拿破崙以一人宰制大陸，歐洲諸侯，五合六聚而不能救，亦可謂曠世之勳矣。

已而拿破崙發布條例，禁大陸諸國與英通商。俄與瑞典首起抗之。拿破崙攻俄，不克。歐洲諸國，乘而攻之，流之厄爾巴島。別立法王，而開會議於維也納，使法返侵地，謀正疆界。議未定，拿破崙已潛返巴黎。列國聞之，大驚，再合兵攻之。拿破崙雖善戰，然國中凋敝已甚，

拿破崙

從軍者皆不及年，衆寡又不敵，遂大敗。被流於聖海崙島以卒，年五十一。

拿破崙功名雖不終，然其用兵，料敵制勝，出奇無窮。歐洲史家，至今艷稱之。其初攻奧也，將踰阿爾卑斯山，入意大利。將士或難之。拿破崙毅然曰：阿爾卑斯，詎足妨吾馬足邪？又嘗有言曰：難之一字，惟愚人所用字典有之。亦可以想見其爲人已。

# 第三　祭田橫墓文韓愈(二)

貞元十一年九月，愈如東京，道出田橫墓下。感橫義高能得士，因取酒以祭，爲文而弔之。其辭曰：

事有曠百世而相感者，余不自知其何心。非今世之所稀，孰爲使余歔欷而不可禁。

余既博觀乎天下，曷有庶幾乎夫子之所爲。死者不復生，嗟余去此其從誰。

當秦氏之敗亂，得一士而可王。何五百人之擾擾，而不能脫夫子於劍鋩。抑所寶者非賢，亦天命之有常。

昔闕里之多士，孔聖亦云其遑遑。苟余行之不迷，雖顛沛其何傷。自古死者非一，夫子至今有耿光。跽陳辭而薦酒，魂髣髴而來享。

83

## 第四　登喜瑪拉亞山觀日出記（二）

喜瑪拉亞山，有大峯四十八，其高皆踰萬尺，而以額非爾士爲之魁，高至二萬九千尺。向推世界第一高山。

客有往遊者，夜將晨，策馬向最高峯觀日出。但見雲氣溶鬱，羣山盡黑。忽有紫光一道，破空而來，直射峯巔，動心駭目，蓋湧出地平綫之日光也。此時峯之上部紫色，中部純黑，下部則浮雲浩蕩，莽然一白。少頃，日光漸上，上部漸紅，中部漸紫。又少頃，紅者變而爲金，紫者變而爲紅。於是全山皆受日光矣。日光愈上，羣峯悉現，爭曝於朝陽之下，而遠望之，尚有一峯，矗立天際，獨純黑如故，蓋即所謂額非爾士者，據羣峯之頂，至此尚未受日也。又踰數分時，紫光閃爍，自額非爾士反映於羣峯，羣峯皆深紅，而額非爾士猶純紫。莊嚴雄麗，無與倫比，不可謂非世界第一偉觀矣。

## 第五　天文臺（三）

泰西各國，天文一學，研究甚力。其築臺以測日月星辰者，謂之天文臺，以英國格林威尼爲最著名。儀器紛陳，專家職掌。風雨寒暑，布告國人。近世紀中，久已習爲常事矣。

天文臺

論其效用，則一在農業。水溢旱乾，風災雹害，誰實先知？患至後防，已嗟不及。惟彼司天文臺者，以其算數之準，測驗之精，朕兆初萌，即能先見。於是日熱盛衰，雨量多寡，風氣變遷，在在若有預定。農家乃能遵守天時，知趨避而籌補救。

一在航海。舟行萬里，生命財產，其數無量。風浪驟張，人力實難保障。惟彼司天文臺者，於颶起潮漲等事，皆準乎引力吸力之理，預測其發生。航海家乃能各有戒心，知儆備而無疏失。

此外則察彗星以遏訛言，驗交食以成歲月，探星座以廣發明，皆天文臺之所有事。

誠以天象昭昭，無一不有關人事也。我國昔時，於天文一學，研求代有專家，職事掌諸官府。而近日行政，亦以曆象屬教育部，設有專員。其用意將毋同。

## 第六　太平洋中汽船（三）

　　客有乘汽船游太平洋者。風日晴美，海平如鏡。至最上層游覽場中，憑高望遠，水天一色，不知其幾萬里也，心目與之俱遠。場周五百餘尺，前爲廣堂，寬與舟相等。地鋪石版，覆以紅氈。堂頂啓牗，彎彎作新月狀。下設電燈，至夕，千穗一燄，光耀奪目。堂後爲音樂室。室前置風琴、管籥畢陳，俾客各奏其所習。爲圖書室，搜集名家著述，臚列數十百廚，以待借讀者。其側又爲數室，室各置坐具，四周如大環，俾客各以類聚，毋相屬也。場後復有室，遙與堂對，廣亦相埒。是爲羣客聚集之處。別室備吸煙，供沐浴。與寢室參錯其間。蓋最上層盡於此矣。

　　客所處者爲第二層。寢室在右舷。行廚僕役在左舷，便於呼應，而不得穿越。寢室中坐臥盥洗之具，皆工緻絕倫。室凡四列，各有休息、盥沐之所。餐堂布長席，可容二百餘人。壁傅漆，碧素相雜，摻以金泥。其華美皆類此。

　　更下復有二層。所以處二三等之客，儲煤蓄水。雖華美弗逮，而堅緻則同。隔以複壁，不使滲漏。以備萬一遇險，水不遽入，慮至密也。

　　客既周歷首尾，乃諮於舟人。長幾何耶？曰：五百七十尺有奇也。廣幾何耶？曰：六十三尺也。容積幾何耶？曰：一萬八千噸也。且曰：大西洋中之汽船，其華麗閎大，更有遠過於此者。

　　今者拘墟之子，或以遠涉重洋爲險。寧知凌波穩渡，其可樂固如是耶。

## 第七　交通（三）

　　語曰：水性使人通，山性使人塞。故近海之民，其開化常早。遠海之民，其開化較遲。歐洲之開化，早於澳、非。中國、印度之開化，早於中央及北方亞細亞。職是故也。

　　交通之發達，始於河湖，進及沿海，更進乃及於遠洋，而今後則又將進入於大陸。試觀澳洲縱貫鐵道之成，而英屬南非洲之鐵道，亦將過湖水地方，而接連於埃及，可知也。自今以往，山嶺重疊之地，沙漠縣亙之鄉，將無往而非文明國民勢力之所及矣。

往者瀛海未通之時，亞、歐、非、澳、南北美之人民，固渺乎其不相涉也。自汽船之用既宏，浩渺重洋，如航一葦。而澳洲白，非人奴，南北美闢，亞洲沿海諸國，亦駸駸不自保矣。交通之進步，既有加無已，則今後之立國於大陸者，可不思所以自保之策哉？

## 第八　學術（三）

利物前民之用，強兵富國之圖，至今日，莫不有賴於學術。故各國政府，咸汲汲焉，思所以提倡獎屬之。於發明品，則持許其專利。於著作物，則保護其版權。皆所以鼓舞其民，使能精心研究也。

不特此也，其社會相與集合研究之風亦最盛。私人之捐貲設立學校，補助圖書館、博物院等事業者，既屢有所聞。又有所謂學會者，集一國中通人碩士，共講肄焉。其學識深邃，名望夙著者，雖籍隸異國，亦推爲名譽會員。每一國中，新刊之書籍雜志，歲以千萬計。其有艱深之理，重要之事，爲少數人所不能解決者，則又懸賞徵答，以冀衆人之相與研究焉。嗚呼！何其盛也。

我國社會，聚徒講習之事，罕有所聞。朋從相集，非博弈飲酒，則閒言送日耳。昔顧亭林嘗悼晚明之習，謂南方學者，皆言不及義，好行小慧；北方學者，皆飽食終日，無所用心。以今日之風氣校之，亦何以自解哉。不學則愚，愚則弱，弱則亡，我國人不可不深自省也。

## 第九　饑民慘狀記（三）

丁未冬，居上海，得友人函，言饑民狀。予心怦然動，然未一見也。昨以事返揚州。揚州襟江帶湖，饑民南下者，均麕集於此。既登陸，晤友人，詢揚近事，曰：饑民可悲也。予心又怦然動。翌日，以事往鄉間，出城西南行。是日，朔風怒號，撲面如割，徧野皆作白色。予方飽食醉酒，猶時時肌起栗。行不數武，見若老若小，若婦若男，瑟縮徧官道傍，彌望而是。詢之皆饑民，有司以圩居之，圩築以土，圩內聚而居者，不知其幾千萬也。既入圩，則蓆棚趾相錯。每一姓，以一棚界之。有著單衣者，有併單衣無之，僅以破布被體者。匍匐僵處朔風中，瑟瑟戰不已。每經一棚，無不聞哭聲。有男女老幼相抱持哭者。有孩提子哭向其母索食，而母子均哭者。有偃臥草上，擁破蓆，色如陳死人，而其家屬對之哭者。

哭聲既徧野,人語舉不得聞。有一人,手持竹筐,不知從何許得殘瀋,雜紅白,方欲自奉,旁坐者見之,則互搶攘。偶一不慎,筐傾於地。鳩形者咸奔集,手爪膩漆,鷹攫狼搏,殘粒頃刻盡。時日光從棚蓆下,咸匍匐駢踵,就曝日中,猶戰栗不止。一婦哭甚哀。與之錢,受而哭不止。問之,曰:"吾家都七人,吾翁死最早,吾姑死,吾夫又死,今昨兩日,吾之長次兩子又死,所存者惟吾及一女,亦三數日内人耳。"予問曰:"若曹胡不歸乎?"曰:"無家可歸也。"曰:"地方官不嘗爲冬賑局乎?"曰:"人數過衆,杯水車薪,無濟於事。且所給者皆荳餅。荳餅,榨油之餘粕也。食之者,往往得疾死,死者日百數十也。"予聞之,心益動,涕縻縻墮,不忍再進,遂廢然返。

## 第十　慈善事業(三)

世有至不平之事焉,富者甚富,貧者甚貧。富者遇貧者,未嘗有惻隱之心。且從而賤視之,呵斥之。嗚呼! 是誠何心。

今非無慈善之人也。遇飢者與以飯,遇寒者贈以衣,其用心亦良苦矣。然其效卒鮮,何哉? 有以養之,無以教之也。

夫慈善云者,當爲積極之進行,不當爲消極之補綴。當使人人咸能自立,而不當使之待養於人。故欲爲慈善者,如醫院,如瘋人院,如孤兒院,如習藝所,如聾瞽殘廢學校,以及平時之大工廠,大建築,戰争時之紅十字會,凶荒水火時之賑濟團等,皆宜量力爲之。雖操術不同,然慈善之旨則一也。體天地好生之德,以爲根本之拯救。不禁爲全世界既飢既溺之民,禱祀求之矣。

抑余更有説焉。欲爲慈善,不必專恃乎力也。力有不逮,救之以言。人無知識,我濬其靈明。人而庸懦,我鼓其志氣。遇親故如是,遇尋常相識者亦如是,即遇不相識者,亦仍如是。是其慈善,雖若無實跡可見,然由暫而常,由寡而衆,即一啓口間,人已蒙無窮之惠矣。先哲有言:"仁人之言其利溥。"其是之謂乎? 彼心乎慈善,而力有不逮者,盍取法於斯。

## 第十一　與安子介書唐順之(二)

謹具布被一端,奉爲令愛送嫁之需。

布被誠至質且陋矣。然以之廁於錦繡綾綺,銷金綴翠,玄朱錯陳之間,則如葦籥土鼓,而與朱絃玉磬金鐘大鏞相答響,乃更足以成文。又如貴介公子,張筵邀客，珠履貂冠，狐裘豹袖，聯翩雜坐，既美且都，而有一山澤被褐老人，逍遥曳杖其間，乃更足以妝點風景，而不害其爲質且陋也。

且夫桓少君之事，兄之所以養成閨行，而出乎習俗之外者，又豈多讓古人哉？素辱知愛，敢以家之所常用者爲獻，而侑之以辭。

## 第十二　書陳懷立傳神<sub>蘇軾</sub>（三）

傳神之難在於目。顧虎頭之傳神寫照，都在阿堵中，其次在顴頰。吾嘗於燈下，顧見頰影。使人就壁畫之，不作眉目。見者皆失笑，知其爲吾也。目與顴頰似，餘無不似者。眉與鼻口，蓋可增減取似也。

傳神與相一道，欲得其人之天，法當於衆中陰察其舉止。今乃使具衣冠坐，注視一物，彼歛容自持，豈復見其天乎？

凡人意思，各有所在。或在眉目，或在鼻口。虎頭云："頰上加三毛，覺精采殊勝。"則此人意思，蓋在顴頰間也。優孟學孫叔敖，抵掌談笑，至使人謂死者復生。此豈能舉體皆是耶？亦得其意思所在而已。使畫者悟此理，則人人可以爲顧、陸。

吾嘗見僧惟真畫曾魯公，初不甚似。一日，往見公。歸而甚喜，曰："吾得之矣。"乃於眉後加三紋，隱約可見，作仰首上視，眉揚而額蹙者。遂大似。

南都人陳懷立傳吾神，衆以爲得其全者。懷立舉止如諸生，蕭然有意於筆墨之外者也。故以所聞者助發之。

## 第十三　核工記<sub>宋起鳳</sub>（三）

季弟獲桃墜一枚。長五分許，橫廣四分。全核向背皆山，山坳插一城池，歷歷可數。

城巓具層樓。樓門洞敞，中有人，類司更卒，執桴鼓，若寒凍不勝者。

枕山麓一寺。老松隱蔽三章。松下鑿雙戶，可開闔。戶内一僧，側首傾聽。戶虛掩，如應門，洞開，如延納狀。左右度之無不宜。松外東來一衲，負卷帙踉蹌行，若爲佛事夜歸者。對林一小陀，似聞足音僕僕前。

核側出浮屠七級，距灘半黍。近灘維一舟。篷窗短舷間，有客憑几假寐，形若漸寤然。舟尾一小童，擁爐噓火，蓋供客茗飲也。艤舟處當寺陰。高阜，鐘閣踞焉。叩鐘者貌爽爽自得，睡足徐興乃爾。

山頂月晦半規，雜疎星數點。下則波紋漲起，作潮來候。

取詩“姑蘇城外寒山寺，夜半鐘聲到客船”之句。計人凡七。僧四、客一、童一、卒一。宮室器具凡九。城一、樓一、招提一、浮屠一、舟一、閣一、爐竈一、鐘鼓各一。景凡七。山、水、林木、灘石四，星、月、燈火三。而人事如傳更、報曉、候門、夜歸、隱几、煎茶，統爲六。各殊致殊意，且并其愁苦、寒懼、凝思諸態，一一肖之。

## 第十四　病梅館記龔自珍（三）

江寧之龍蟠，蘇州之鄧尉，杭州之西谿，皆產梅。或曰：“梅以曲爲美，直則無姿。以攲爲美，正則無景。以疎爲美，密則無態。”固也。此文人畫士，心知其意，未可明詔大號，以繩天下之梅也。又不可以使天下之民，斫直、删密、鋤正，以夭梅、病梅爲業，以求錢也。梅之攲、之疎、之曲，又非蠢蠢求錢之民，能以其智力爲也。有以文人畫士孤僻之隱，明告鬻梅者。斫其正，養其旁條；删其密，夭其稺枝；鋤其直，遏其生氣；以求重價，而江浙之梅皆病。文人畫士之禍之烈至此哉！

予購三百盆，皆病者，無一完者。既泣之三日，乃誓療之：縱之，順之，毀其盆，悉埋於地。解其棕縛，以五年爲期，必復之全之。予本非文人畫士，甘受詬厲，闢病梅之館以貯之。烏乎！安得使予多暇日，又多閒田，以廣貯江寧、杭州、蘇州之病梅，窮予生之光陰以療梅也哉？

## 第十五　美禁華工（四）

美國加利福尼省，本荒野之區也。後以發見金鑛，資本家欲開採之。而白種人不樂就，乃招華工以往。十數年後，地利大興。向之荒涼滿目者，一變而爲富庶繁華。蓋華工之力爲最多也。不意其地既闢，至者漸多，而彼國有禁華工之舉。

耐勞苦、勤工作，此華人特性。取價低廉，亦固其所。美工則緣是而妬之。美政府於是設種種苛例。凡華人至美，必須領有護照。初抵其境，由關員查驗之。其查驗也，非隨到隨驗，必守候關員之至。守候之處，爲一木屋，內容湫隘，甚於牢獄。當查驗時，應對必慎。其或年貌、姓名，與護照稍有異同，立即驅逐出境，不許逗留。又華工初至，言語不通。有所詢問，每難洞曉。

則關員任意去留之。以致重洋遠涉，進退兩難，飲泣吞聲，無從控訴者，所在多有。此皆爲杜絕未來華工計也。

至於前已在美者，雖不能公然下逐客之令，然亦以註册爲由，派員搜查，備極騷擾。務令不得安居樂業，或他往，或返國，然後快。即已註册及假道之華工，亦用量囚徒身體之器量之，其辱之者至矣。

嗟乎！美之鐵道、農場，其爲華工所建築、開闢者何限。徒以國力不競，我耕人穫，利益不平。今澳洲等處，亦禁華工矣。世界茫茫，殆無往而非加利福尼省也。倘不亟謀自振，華人雖欲自食其力，亦豈可得耶？

## 第十六　外交（三）

凡獨立之國，無論大小强弱，其在國際上之權利義務，均立於平等地位，不以國力不齊而有異也。

自交通漸盛，國際交涉亦日繁。於是各國於內設外交部，更於外遣使互駐，以爲外交機關。

駐外之外交官，爲大使，或公使。其職務在代表本國，整理駐在國之交涉。故各國分遣使節，常駐北京。我國亦遣使分駐於各國首都。

其爲本國商務等利益，而遣駐於各國地方者，爲領事官。領事官非全國代表也，不過依一定之法令，或聽指揮於駐使，以執行其職務耳。若他國領事，在我國內，有審判其本國人民訟案之權。乃因我與各國訂約時，法律未備，司法制度未善所致。是當早求撤廢者也。

吾國與各國締約以來，外人以私人資格，來華經營事業，或遊歷考察者，後先接踵。我國人亦以經商、遊學等事，多遠適他國。社會之往來日密，則彼此之疑阻自除。吾人處此，在國內當交道接禮，以盡地主之誼；在國外尤當問禁問俗，詳察外情，保持己國榮譽，增進己國利益。誠能內外相處，咸得其宜，則吾國與世界之平和關係，將日臻深固。可見外交之責，初不限於少數之外交官吏也。

## 第十七　唐且使秦 國策（三）

唐且使於秦。秦王謂唐且曰："寡人以五百里之地易安陵，安陵君不聽寡人，何也？且秦滅韓亡魏，而君以五十里之地存者，以君爲長者，故不錯意也。

今吾以十倍之地，請廣於君，而君逆寡人者，輕寡人與？"唐且對曰："否，非若是也。安陵君受地於先王而守之，雖千里不敢易也，豈直五百里哉？"

秦王怫然怒，謂唐且曰："公亦嘗聞天子之怒乎？"唐且曰："臣未嘗聞也。"秦王曰："天子之怒，伏屍百萬，流血千里。"唐且曰："大王嘗聞布衣之怒乎？"秦王曰："布衣之怒，亦免冠徒跣，以頭搶地耳。"唐且曰："此庸夫之怒也，非士之怒也。夫專諸之刺王僚也，彗星襲月。聶政之刺韓傀也，白虹貫日。要離之刺慶忌也，蒼鷹擊於殿上。此三子者，皆布衣之士也。懷怒未發，休祲降於天，與臣而將四矣。若士必怒，伏屍二人，流血五步，天下縞素，今日是也。"挺劍而起。秦王色撓，長跪而謝之曰："先生坐，何至於此，寡人喻矣。夫韓滅魏亡，而安陵以五十里之地存者，徒以有先生也。"

## 第十八　木蘭詩(二)

唧唧復唧唧，木蘭當戶織。不聞機杼聲，惟聞女歎息。問女何所思，問女何所憶。女亦無所思，女亦無所憶。昨夜見軍帖，可汗大點兵。軍書十二卷，卷卷有爺名。阿爺無大兒，木蘭無長兄。願爲市鞍馬，從此替爺征。

東市買駿馬，西市買鞍韉，南市買轡頭，北市買長鞭。朝辭爺孃去，暮宿黃河邊。不聞爺孃喚女聲，但聞黃河流水鳴濺濺。旦辭黃河去，暮至黑水頭。不聞爺孃喚女聲，但聞燕山胡騎聲啾啾。

萬里赴戎機，關山度若飛。朔氣傳金柝，寒光照鐵衣。將軍百戰死，壯士十年歸。

歸來見天子，天子坐明堂。策勳十二轉，賞賜百千鎰。可汗問所欲，木蘭不願尚書郎。願借明駝千里足，送兒還故鄉。

爺孃聞女來，出郭相扶將。阿姊聞妹來，當戶理紅妝。小弟聞姊來，磨刀霍霍向豬羊。開我東閣門，坐我西閣牀。脫我戰時袍，著我舊時裳。當窗理雲鬢，對鏡貼花黃。出門看火伴，火伴皆驚惶，同行十二年，不知木蘭是女郎。雄兔腳撲朔，雌兔眼迷離，兩兔傍地走，安能辨我是雄雌。

## 第十九　闢浮屠劉基(二)

浮屠氏設爲禍福之論，亦巧於致人者。人情無不愛其親。而謂冥冥之中，欲加以罪，孰不惻然動心。故中材之人，波馳蟻附。若目見其死者拘於囹圄，受箠楚而望救。雖有篤行守道之親，則亦文致其罪，以告哀於土偶木俑之前。彼固自以爲孝，而不知爲大不孝。豈不哀哉！

浮屠又謂婦人之育子者，必有大罪，入地獄。故兒女子尤篤信其説，持齋念佛，以致恩於母。吾不知司是獄者爲誰。人必有母，將舍己母而獄人之母歟，將并己母而獄之歟？獄己母，不孝。舍己母而獄人之母，不公。不孝不公，俱不可以。令二者必一居焉，將見羣起而攻之矣。雖有獄，誰與治之。吾知其必無是事也。

## 第二十　信教(三)

求幸福，畏菑禍，保持現在，希冀未來，此人心所同也。於是具大智慧者，迎普通之心理，定信仰於一尊，標明宗旨，創建儀式，集合黨徒，虔心崇拜，以達其希望，而宗教以興。

世界宗教，派別甚多，以佛、回、耶三教爲大。而耶教又分新舊兩派。當歐洲古代，政教混合。擴大教規，祇憑權力。黨同伐異，視爲當然。後更同教相爭，此矜改革，彼號保存，口舌無功，繼以武力，殺機一起，蔓延至數十百年。平心論之，甚無謂也。

人心不同，各如其面，豈易強而齊之。況教旨雖殊，類足化導社會。其以平等爲懷，祈禱爲事，又各教皆然。試閲内典、《可蘭經》、《新舊約》各書，一斑固可見也。

吾國歷史，向無宗教戰争之禍。今者信教自由，更明著之法律矣。惟信教不限一宗，而愛國必歸一致，是又吾民所當知也。

## 第二十一　俾斯麥上(四)

歐洲英桀，繼拿破崙而起者，厥惟俾斯麥。初，羅馬之亡也，歐洲中原之地，德、奧、法實分據之。奧、法久以強大聞，惟德介兩大，諸邦分裂，積見侵侮，莫能自振也。

西曆千八百六十一年，普魯士王威廉一世立。相俾斯麥，謀統一諸邦。首務擴張軍備，議院不可。俾斯麥乃演説曰："普之於德，自有其當處之地位，昔以實力不足，故屢失之。今欲決此，惟鐵與血耳。"議員猶不許。俾斯麥乃贊王解散議院，力行其政策。

時奧方爲德盟主。而法王拿破崙
三世,亦以雄才大略聞於時。俾斯麥
慮法、奧之合也,則潛約拿破崙,使於
德、奧戰時守中立。又與意大利結攻
守同盟。奧人聞之,大修戰備。威廉
即位後六年,開戰。奧人大敗。棄其
主盟之權,而許普合北德意志爲聯邦。

然南部諸邦,猶未服也。拿破崙
忌普之強也,復結歡於奧。且構南邦,
使貳於普。普、奧戰後四年,普、法復
開戰。法兵大敗,拿破崙被俘,巴黎亦
陷,割地償款以和。南部諸邦,乃爭合
於北,而今德意志帝國以立。

俾斯麥

## 第二十二　俾斯麥下(四)

俾斯麥既勝法,知法人必圖報復,乃首與奧結同盟。旋又構意,使叛法而
合於德、奧。所謂三國同盟也。後復與俄密約。法攻俄,德守中立;攻德,俄
亦如之。於是法勢益孤。

威廉帝德意志後,十有八年而卒。太子立,三月而殂。今皇威廉二世繼
之,不復能盡用俾斯麥之策,俾斯麥罷相去。於是俄、法協約,以千八百九十
一年成立。越三年,英、法協約成。又三年,而英、俄協約,亦繼之而起矣。

今英、俄、法之交既合,而意與德、奧之交卒離。人皆咎威廉二世外交之
失計,而非必然也。蓋俄之所欲者,聯巴爾幹半島諸國,以弱土耳其。昔見厄
於英、法,而今見阻於德、奧。英之所懼者,德人擴張海軍,求殖民地,與英爭
海上之權。意與法交本最親,而德勢之日張,又爲歐洲諸國所同嫉。國際之
離合,有不期其然而然者也。然而俾斯麥之外交,則偶乎遠矣。

論曰:自羅馬之亡,歐土分裂踰千年。拿破崙始有志於統一,功未竟而
死。今俄人頗以再造東羅馬自許,而德人亦自負足繼西羅馬。其果克有成
邪? 否邪? 不可知矣。拿破崙死,法一蹶不振。而德帝威廉一世、俾斯麥之
遺烈,盛強至今。人之云亡,邦國殄瘁。信夫!

## 第二十三　巴黎觀油畫記<sub>薛福成</sub>（三）

余遊巴黎蠟人館，見所製悉仿生人，形體態度，髮膚顏色，長短豐瘠，無不畢肖。自王公卿相，以至工藝雜流，凡有名者，往往留像於館。或立或臥，或坐或俯，或笑或哭。驟視之，無不驚爲生人者。余亟歎其技之奇。

譯者稱西人絕技，尤莫踰油畫。乃偕行至油畫院，觀普、法交戰之圖。其院爲一大圜室，周懸巨幅，由屋頂放光入室。人在室中，極目四望，則見城堡岡巒、溪澗樹林，森然布列。兩軍人馬雜遝，馳者、伏者、奔者、追者、開鎗者、燃礮者、搴大旗者、挽礮車者，絡繹相屬。每一巨彈墮地，則火光迸裂，煙焰迷漫。其被轟擊者，則斷壁危樓，或黔其廬，或赭其垣。而軍士之折臂斷足、血流殷地、偃仰僵仆者，令人目不忍覩。仰視天，則明月斜掛，雲霞掩映。俯視地，則綠草如茵，川原無際。幾自疑置身戰場，而忘其在一室中者。其實則壁也、畫也，皆幻也。

余問法人好勝，何以自繪敗狀，令人喪氣若此。譯者曰："所以昭炯戒，激衆憤，圖報復也。"則其意深長矣。

## 第二十四　國性（三）

國之爲國，其能根本深固，歷久不敝者，必有其特具之要素，所謂國性是也。

國之有性，猶人之有性然。人性與有生以俱來，國性亦開國而已具。其遺傳也，歷千百世。其廣被也，達億兆人。其強而有力也，甚於有形之政令。故國性亡，則國隨以亡。國性裂，則國隨以裂。徵之前代，如遼、金、元、清，一入中原，即失其故俗；印度、波蘭，一經摧挫，即不克圖存。皆國性未臻充足，或充足而不能保守致之也。

雖然，所謂國性，果何物耶？論其全體，則無往不在，不得而名。論其要端，則相得益彰，自有可指。試舉其著者言之。則一曰語文，一曰教化，一曰禮俗。三者相合，而國性之梗概可覩焉。

我國爲世界古國之一。並我而建國者，今皆漸滅以盡，惟我國巋然獨存。是非國性養之久，積之厚，曷克臻此？今者西方文物，輸入吾國，勢厚力雄，目眙心駭。其將擴張固有之國性，消納之以助我進化耶？抑忍棄置本來之國性，盲從之以促我淪胥耶？吾人當知所擇矣。

高等小學校用　新法歷史參考書

# 前　言

　　《高等小學校用 新法歷史參考書》共六册，系吕先生與吴研因、王芝九先生合編，也是一部供教員使用的歷史教學參考書。此書的編寫與一般的教學參考書不同，而全以專題的方式，或詳述史事的來龍去脈，或分析史事的前因後果，皆原原本本，透徹明晰，證引史料，一一注明出處。第一至第五册爲中國史，設有專題七十六個，從我國的遠古歷史，一直敘到"護國戰爭"及袁世凱取消帝制。涉及政治、經濟、社會文化、中外交流等各方面的內容。第六册爲世界史，設十六個專題，上自古代埃及起，下迄一戰以後的巴黎和會，涉及古代、近代、當代史的主要內容。專題性的參考書，或能爲教師提供深入而詳細的歷史專業知識，實是歷史教學參考書的另一種編撰方式。

　　《高等小學校用 新法歷史參考書》由上海商務印書館一九二〇年七月至一九二二年六月初版，其後也有多次的再版重印，如第二册有一九二二年三月的第四版，第三册有一九二一年四月的第六版，第四册有一九二二年一月的第九版等。[①] 此次我們將《高等小學校用 新法歷史參考書》收入《吕思勉全集》重印出版，按商務印書館本做了整理校對，將原書的括號注和雙行夾注，改爲單行夾注，編者的按語，均做頁下注，又訂正了原書的錯字或勘誤，其他如文字、術語、體例格式等，均照原書刊印不改。

李永圻　張耕華

二〇一四年八月

---

　　① 有關《高等小學校用 新法歷史參考書》的再版、重印情況，詳見《吕思勉全集》之《吕思勉先生編年事輯》附錄二《吕思勉先生著述繫年》的記録。

# 目　　録

# 高等小學校用　新法歷史參考書第一冊

## 一　上古時人的衣食住

（一）……太古之初，人吮露精，食草木實，穴居野處；山居則食鳥獸，衣其羽皮，飲血茹毛；近水則食黿魚螺蛤。《繹史》引《古史考》。……昔者先王未有火化食草木之實，鳥獸之肉，飲其血，茹其毛；未有麻絲，衣其羽皮。《禮記·禮運》篇。

（二）……厥初生民，穴居野處；聖人教之結巢，以避蟲豸之害，而食草木之實；故號有巢氏，亦曰大巢氏。《通志·三皇紀》。上古之世，人民少而禽獸衆，人民不勝禽獸蟲蛇；聖人有作，搆木爲巢，以避羣害，而民悦之，使王；天下號曰有巢氏。《韓子》。按舊史稱黃帝築宮室，然伏羲已置城邑。見《路史後紀》。神農且立市廛，斷未有先有城邑市廛，而後始有宮室也。以意度之，有巢氏始築類於鳥巢之宮室，至黃帝而益廣之耳。

（三）……聖人遊於日月之外，至於南垂，觀此燧木，有鳥類鶚，啄其枝，則火出，取以鑽火，號燧人氏。《拾遺記》。民知巢居，未知熟食。燧人氏出焉，觀星辰而察五木；知空有火，麗木則明。故鑽木取火，教民以烹飪之利。《通志·三皇紀》。

（四）太昊伏羲氏，……紾離象，法蚩狐，作爲網罟，以畋以魚。……因罔罟以制都布，給其衣服。《路史後紀》。古者庖犧氏之王天下也，……作結繩而爲網罟，以佃以漁；蓋取諸離。《易·繫辭傳》。伏羲作布，是以神農有不織之令。《廣博物志》引《白帖》。取犧牲以充庖廚，故號庖犧氏是爲犧皇。《帝王世紀》。

（五）……庖犧氏沒，神農氏作。斲木爲耜，揉木爲耒；耒耨之利，以教天下，蓋取諸益。《易·繫辭傳》。古者民茹草飲水，採樹木之實，食蠃蠬之肉，多疾病毒傷之害。神農以爲人民衆多，禽獸難以久養，乃求可食之物，相土地燥溼肥磽高下，因天之時，分地之利，教民播種五穀。作陶冶斤斧，爲耒耜鉏耨，以墾草莽然後五穀興，以助果蓏實而食之。又嘗百草酸鹹之味，察水泉之甘苦，令民知所避就當此之時，一日而遇七十毒，神而化之，使民宜之，天下號曰神農。《通鑑外紀》。

（六）西陵氏女嫘祖，爲帝指黄帝。元妃。教民育蠶治絲繭，以供衣服，後世祀爲蠶先。《通鑑綱目前編》。

## 二　涿鹿之戰

（一）今直隸涿鹿縣，即古之涿鹿地；境内有涿鹿山。然黄帝時所稱涿鹿，決不止一縣地；蓋當時人少地廣，一大地用一公名，非若今之一小區，亦有一名號者也。

（二）古史數稱諸侯，然初無五等爵之封，而亦無誰爲封建之者。三皇之説，又荒遠難稽，所謂諸侯，蓋即部落耳。《路史》所紀某氏某氏，殆各部落之號也。《尚書》稱諸侯之君爲群后，諸酋並長，由來已久。其後雖統屬於天子，然亦非後世受封建者比；故不稱諸侯而曰群后也。

（三）……諸侯相侵伐，暴虐百姓。《史記·五帝紀》。

（四）蚩尤兄弟八十一人，並獸身人語，銅頭鐵額，食沙石子，造立兵杖刀戟大弩，威震天下。《繹史》引《河圖》。葛盧之山，發而出水，金從之，蚩尤受而制之，爲劍鎧矛戟。《管子》。蚩尤最爲暴，莫能伐。《史記·五帝紀》。

（五）黄帝，有熊國君，少典之子姓公孫，名軒轅。《通鑑外紀》。黄帝始垂衣裳，有軒冕之服，故天下號曰軒轅氏。《漢書·律曆志》。

（六）軒轅之時，神農氏世衰，諸侯相侵伐，暴虐百姓，而神農氏弗能征。於是軒轅乃習用干戈，以征不享，諸侯咸來賓。《史記·五帝紀》。揮作弓，夷牟作矢。《世本》。注：揮、夷牟，黄帝臣。黄帝第五子青陽生揮，爲弓正。觀弧星，始制弓矢。主祀弧星，因姓張氏。《古今姓纂》。

（七）玄女請帝製甲胄。《黄帝内傳》。

（八）……五旗，五麾，六毒，而制其陣。《路史後紀》卷五。按：黄帝臣風后，有握奇經；蓋紀載陣法之書也。經有“天地風雲龍虎鳥蛇，四爲正，四爲奇，餘奇爲握機”等語。蓋行陣分隊，有正有奇，以天地龍蛇等名之，且所以象耳。

（九）……軒轅乃修德整兵，治五氣，藝五種，撫萬民，度四方，教熊羆貔貅貙虎。按兵也。《史記·五帝本紀》。

（一〇）共鼓貨，狄作舟。《世本》刳木爲舟，剡木爲楫，舟楫之利，以濟不通。

《易·繫辭傳》。帝既斬蚩尤，因乘車輅。又令邑夷造車，以便民。《黃帝內傳》。按：車之制作，當在斬蚩尤前。特軍中專用，未有大輅之制，及便民之車耳。斬蚩尤前，已發明指南車；必非先發明指南車，而後發明普通用車也。又按古者交通，至爲不便；黃帝不先發明舟車，必不能從事遠征。

（一一）蚩尤作兵伐黃帝，命應龍攻於冀州之野。《山海經》。黃帝使力牧、神皇討蚩尤氏，擒於涿鹿之野；使應龍殺之於凶黎之丘。凡五十二戰而天下大服。《帝王世紀》。

（一二）黃帝與蚩尤戰於涿鹿之野，蚩尤作大霧，兵士皆迷。於是作指南車，以示四方，遂擒蚩尤而即帝位。故後常建焉。《古今注》。按蚩尤作大霧，事極荒誕；蓋當時涿鹿之野，地廣民少，無方向標識可認，行軍失道，如入大霧耳。

（一三）……蚩尤作亂，不用帝命。於是黃帝乃徵師諸侯，與蚩尤戰於涿鹿之野，遂擒殺蚩尤；而諸侯咸尊軒轅爲天子。……置左右大監，監於萬國，萬國和。《史記·五帝本紀》。天下有不順者黃帝從而征之，平者去之，披山通道，未嘗寧居。東至於海，登丸山及岱宗。西至於空桐，登雞頭。南至于江，登熊湘。北逐葷桐，合符釜山，而邑於涿鹿之阿。《史記·五帝本紀》。

# 三　擊　壤　老　人

（一）帝堯，帝嚳之子。……姓伊祁，號陶唐氏。《通鑑外紀》。

（二）……茅茨不翦，樸桷不斲，素題不枅，大路不畫，越席不緣，大羹不和，粢食不毇。藜藿之羹，飯於土簋，飲於土鉶。金銀珠玉不飾，錦繡文綺不展。《通鑑外紀》。……乃立三公六卿百揆，暨百執事，富而之驕，貴而不舒。居於明堂，斥題不枅，土階不戚，茅茨不翦。《路史後紀》。

（三）……克明俊德，以親九族；九族既睦，平章百姓；百姓昭明，協和萬邦；黎民於變時雍。《書·堯典》。……堯乃微服遊於康衢，聞童謠曰：“立我蒸民，莫匪爾極；不識不知，順帝之則。”《列子》。堯觀乎華，華封人曰：“嘻！聖人！請祝聖人，使聖人壽！……使聖人富！……使聖人多男！”《莊子》。昔者堯朝許由於沛澤之中。《呂氏春秋》。按：觀以上所云，可知帝堯常與平民往還，絕不深居簡出。

（四）堯之時，天下太和，百姓無事。有八九十老人，擊壤而歌曰：“日出而作，日入而息。鑿井而飲；耕田而食。帝力何有於我哉？”《帝王世紀》。帝堯之世，天下太和，百姓無事。壤父年八十餘，而擊壤於道中。觀者曰：“大哉！帝之德也！”壤父曰：“吾日出而作，日入而息。鑿井而飲，耕田而食。帝何德於我哉？”《高士傳》。按：八九十老人，蓋言八九十歲之老人；猶後人稱七十歲之老人爲七十老翁也。後世解爲八九十個老人，則與《高士傳》所謂年八十餘者大異矣。《藝經》稱壤以木爲之，前廣後狹。《風俗通》稱壤形如履，長三四寸，下僅以爲戲具。壤本土壤，乃以木壤稱之，若特製此具者，是又後人附會擊壤事而爲之耳；不可徵也。《路史》注，亦主此説。

# 四　唐　虞　禪　讓

（一）虞舜者，名曰重華；重華父曰瞽叟；瞽叟父曰橋牛；橋牛父曰句望；句望父曰敬康；敬康父曰窮蟬；窮蟬父曰帝顓頊；顓頊父曰昌意；以至舜，七世矣。自從窮蟬以至帝舜，皆微爲庶人。……舜，冀州之人也；舜耕歷山，漁雷澤；陶河濱；作什器於壽丘；就時於負夏。……舜耕歷山，歷山之人皆讓畔；漁雷澤，雷澤上人皆讓居；陶河濱，河濱器皆不苦窳。一年而所居成聚，二年成邑，三年成都。《史記·五帝本記》。按：歷山，《集解》引鄭玄曰：“在河東。”閻若璩《四書釋地續》：“舜耕於歷山，歷山所在多有，然終以宋河東縣今蒲州者爲是。”今山西永濟縣東南。雷澤：引鄭玄曰：“雷夏兗州澤，今屬濟陰。”漢濟陰郡跨今山東菏澤、定陶、濮城、武曹、鉅野諸縣地，雷澤在今濮縣境。河濱：引皇甫謐曰：“濟陰定陶西南陶丘亭是也。”定陶，今縣屬山東濟寧道。壽丘：引皇甫謐曰：“在魯東門之北。”今山東曲阜縣。負夏：引鄭玄曰：“衛地。”

（二）堯曰：“嗟！四嶽！朕在位七十載，汝能庸命，踐朕位。”嶽應曰：“鄙德，忝帝位。”堯曰：“悉舉貴戚及疏遠隱匿者。”衆皆言於堯曰：“有矜在民間，曰虞舜。”堯曰：“然，朕聞之。其何如？”嶽曰：“盲者子；父頑；母嚚；弟傲；能和以孝。烝烝治，不至姦。”堯曰：“吾其試哉！”於是堯妻之二女，觀其德於二女。舜飭下二女於嬀汭，如婦禮。堯善之，乃使舜慎和五典，五典能從；乃徧入百官，百官時序；賓於四門，四門穆穆；諸侯遠方賓客皆敬。堯使舜入山林川澤，暴風雷雨，舜行不迷。堯以爲聖。召舜曰：“女謀事至而言可績，三年矣。女登帝位。”舜讓於德不懌。正月上日，舜受終於文祖。文祖者，堯太祖也。於是帝堯老，命舜攝行天子之政，以觀天命。《史記·五帝本紀》。案：今《舜典》已亡，《堯典》亦經割裂；史公親受書於孔安國，所敍實爲可信，故本課敍二帝事，逕據《史記》。

（三）昔高陽氏有才子八人：蒼舒、隤敳、檮戭、大臨、尨降、庭堅、仲容、叔達；齊聖廣淵，朋允篤誠；天下之民，謂之八愷。高辛氏有才子八人：伯奮、仲堪、叔獻、季仲、伯虎、仲熊、叔豹、季貍，忠肅共懿，宣慈惠和；天下之民，謂之八元。此十六族也，世濟其美，不隕其名；以至於堯，堯不能舉。舜臣堯，舉八愷；使主后土，以揆百事；莫不時序，地平天成。舉八元，使布五教於四方；父義、母慈、兄友、弟共、子孝，內平外成。昔帝鴻氏有不才子，掩義隱賊，好行凶德，醜類惡物，頑囂不友，是與比周，天下之民，謂之渾敦。少暤氏有不才子毀信廢忠，崇飾惡言，靖譖庸回，服讒蒐慝，以誣盛德；天下之民，謂之窮奇。顓頊氏有不才子，不可教訓，不知話言，告之則頑，舍之則囂，傲很明德，以亂天常；天下之民，謂之檮杌。此三族也，世濟其凶，增其惡名；以至於堯，堯不能去。縉雲氏有不才子，貪於飲食，冒於貨賄，侵欲崇侈，不可盈厭，聚斂積貨，不知紀極，不分孤寡，不恤窮匱；天下之民，以比三凶，謂之饕餮。舜臣堯，賓於四門，流四凶族：渾敦、窮奇、檮杌、饕餮，投諸四裔，以禦魑魅。是以堯崩而天下如一，同心戴舜，以爲天子，以其舉十六相，去四凶也。《左傳》文公十八年。《史記·五帝本紀》略同。

（四）按《史記》：乃使舜慎和五典，《集解》引鄭玄曰：“五典，五教也；”蓋試以司徒之職。象以典刑，流宥五刑，鞭作官刑，扑作教刑，金作贖刑，眚災肆赦，怙終賊刑，欽哉欽哉！惟刑之恤哉！《書·堯典》。《史記》肆作過，恤作靜。

（五）……此二十二人，咸成厥功。……惟禹之功最大。《史記·五帝本紀》。按：二十二人，據《集解》引馬融說：爲禹、垂、益、伯夷、夔、龍及四岳、十二牧。

（六）帝舜薦禹於天，爲嗣。十七年而帝舜崩，三年喪畢，禹辭避舜之子商均於陽城；天下諸侯，皆去商均而朝禹；禹於是遂即天子位。……帝禹立而舉皋陶，薦之，且授政焉。而皋陶卒，封皋陶之後於英、六。或在許。而后舉益任之政。十年，帝禹東巡狩，至於會稽而崩。以天下授益，三年之喪畢。益讓帝禹之子啓，而辟居箕山之陽。禹子啓賢，天下屬意焉。及禹崩，雖授益，益之佐禹日淺，天下未洽，故諸侯皆去益而朝啓。曰：“吾君帝禹之子也。”於是啓遂即天子之位。《史記·夏本紀》。

# 五　禹　治　水

（一）……燧人之世，天下多水；故教人以漁。《尸子》。古者龍門未開，呂梁未鑿，河出於孟門之上。大溢逆流，無有丘阜高陵，盡皆滅之，故曰洪水。

《尸子》。共工與顓頊爭帝，怒觸不周山，天柱折，地維缺，天傾西北，地陷東南。《列子》。……往古之時，四極廢，九州裂，天不兼覆，地不周載，火爁炎而不滅，水浩洋而不息。《通鑑外紀》注。女媧氏時，……共工振洪水，以禍天下，《淮南子》。按綜觀以上諸說，雖或怪誕不經，要可知洪水伊古有之，非至堯時而始有。所謂天傾西北，地陷東南，蓋中國地勢西北高，東南下，水出於西北，而泛濫於東南耳。自古已有洪水，至堯時而始治之者，以洪水初非太甚，且民生未繁，而多數聰明才智之士，方居於西北高原，未注意東南低地也。堯時生齒既多，洪水益甚，浩浩懷山襄陵，雖帝都高原，堯都山西平陽。亦將浸及；故始汲汲治之。

（二）當帝堯之時，洪水滔天，浩浩懷山襄陵，下民其憂。堯求能治水者，羣臣四嶽，皆曰："鯀可。"堯曰："鯀爲人負命毀族，不可。"四嶽曰："等之。未有賢於鯀者？願帝試之。"於是堯聽四嶽，用鯀治水；九年而水不息，功用不成。於是帝堯乃求人，更得舜；舜登；用攝行天子之政。巡狩行視鯀之治水無狀；乃殛鯀於羽山以死；天下皆以舜之誅爲是。《史記·五帝本紀》。……湯湯洪水方割，蕩蕩懷山襄陵，浩浩滔天，下民其咨。《書·堯典》。

（三）帝舜有虞氏，姚姓也；目重瞳，故名曰重華；字都君，有聖德。《帝王世紀》。……二十，以孝聞。三十，堯聞其賢，徵之草茅之中，……封於虞，爲諸侯。……堯知舜足授天下，……使攝行天子事。……堯辟位二十八年，凡在位百年而崩；舜即天子位。《通鑑外紀》。帝舜即位之明年正月元日，格於文祖，本處虞之媯汭，天下號曰有虞氏，都蒲坂。《通鑑外紀》。按：蒲坂，山西平陽也。

（四）……舜舉鯀子而使續鯀之業。……禹爲人敏給克勤，其德不違，其仁可親，其言可信。聲爲律，身爲度，稱以出，亹亹穆穆，爲綱爲紀。禹乃遂與益、后稷奉帝命，命諸侯百姓，與人徒以傅土，行山表木，定高山大川。《史記·夏本紀》。

（五）禹敷土，隨山刊木，奠高山大川。冀州：既載壺口，治梁及岐。既修太原，至於岳陽。覃懷底績，至於衡漳。……恆衛既從，大陸既作，島夷皮服，夾右碣石，入於河。濟、河惟兖州：九河既道，雷夏既澤，灉、沮會同。桑土既蠶，是降丘宅土。……浮於濟、漯，達於河。海岱惟青州：嵎夷既略，濰、淄其道。……浮於汶，達於濟。海岱及淮惟徐州：淮、沂其乂，蒙、羽其藝，大野既豬，東原底平。……浮於淮、泗，達於河。淮海惟揚州：彭蠡既豬，陽鳥攸居。三江既入，震澤底定。……沿於江、海，達於淮、泗。荆及衡陽惟荆州：江、漢朝宗於海，九江孔殷，沱、潛既道，雲土、夢作乂。……浮於江、沱、潛、漢，逾於洛，至於南河。荆河惟豫州：伊、洛、瀍、澗，既入於河，滎波既豬，導菏澤，被孟豬。……浮於洛，達於河。華陽黑水惟梁州：岷、嶓既藝，沱、潛既道，蔡、蒙旅平，和夷底績。……浮於潛，逾於沔，入於渭，亂於河。黑水、西河惟雍州：弱水既西，涇屬渭汭，漆、沮既從，灃水攸同。荆、歧既旅，終南惇物。至於鳥鼠原隰底績，至於豬野。三危既宅，三苗丕敍。……浮於積石，至於龍門，西河會於渭汭。織皮崐崙，析支，渠搜，西戎既敍。《書·禹貢》。導弱水，至於合黎，餘波入於流沙。導黑水，至於三危，入於南海。導河積石，至於龍門。南至於華陰，東至於底柱。又東至於孟津，東過洛汭，至於大伾。北過降水，至於大陸。又北播爲九河，同爲逆河，入於海。嶓冢導漾，東流爲漢。又東爲滄浪之水，過三澨，至於大別，南入於江。東匯澤爲彭蠡，東爲北江，入於海。岷山導江，東別爲沱，又東至於灃。過九江，至於東陵。東迆北，會於匯，東爲中江，入於海。導沇水，東流爲濟，入於河，泆爲滎，東出於陶丘北。又東至於荷，又東北會於汶，又東北入於海。導淮自桐柏，東會於泗、沂，東入於海。導渭自鳥鼠同穴，東會於灃，又東會於涇，又東過漆、沮，入於河。導洛自熊耳，東北會於澗、瀍，又東會於伊，又東北入於河。《書·禹貢》。按：前條言禹治水次第，此則總說諸水之來源去路也。

（六）……禹傷先人父鯀功之不成，受誅，乃勞身焦思，居外十三年，過家門而不敢入。按：孟子稱三過其門而不入。……陸行乘車，水行乘船，泥行乘橇，山行乘欙；左準繩，右規矩；載四時，以開九州，通九道，陂九澤，度九山。《史記·夏本紀》。

（七）令益與衆庶稻，可種卑溼，命后稷予衆庶難得之食，食少，調有餘相給，以均諸侯。《史記·夏本紀》。……禹曰：“洪水滔天，浩浩懷山襄陵，下民昏墊。予乘四載，隨山刊木，暨益奏庶鮮食。予決九川，距四海，濬畎澮距川。暨稷播，奏庶艱食鮮食，懋遷有無化居，烝民乃粒，萬邦作乂。”《書·益稷》。

（八）……於是周行寓內，東造絕迹，西延積石，南踰赤岸，北過寒谷。……相土觀地分州，殊方各進，有所納貢，民去崎嶇，歸於中國。《吳越春秋》。……東漸於海，西被於流沙，朔南暨聲教，訖於四海；禹錫玄圭，告厥成功。《書·禹貢》。

# 六　商湯弔民伐罪

（一）禹受舜禪，改國號曰夏，稱王。後以帝位傳啓，又十餘傳而至帝孔甲；孔甲崩，子皋立；皋崩，子發立；發崩，子履癸立，是爲桀。

（二）桀作瑤臺，罷民力，殫民財；爲酒池糟隄，縱靡靡之樂，一鼓而牛飲者三千人。《新序》。

（三）……桀……爲石室瑤臺，關龍逢諫；桀言曰：“吾之有民，如天之有日；日亡我則亡。”以爲龍逢妖言而殺之。《博物志》。……一鼓而牛飲者三千人；羣臣相持而歌曰：“江水沛沛兮，舟楫敗兮，我王廢兮，趣歸薄兮。”又曰：“樂兮樂兮，四牡蹻兮，六轡沃兮，去不善而從善，何不樂兮。”伊尹知天命之至，舉觴而告桀曰：“君王不聽臣之言，亡無日矣。”桀拍然而作，啞然而笑；曰：“子何妖言；吾有天下，如天之有日也。日有亡乎？日亡，吾亦亡矣。”《新序》。……夏王率遏衆力，率割夏邑，有衆率怠弗協。曰：時日曷喪，予及汝偕亡。《史記·殷本紀》及《書·湯誓》。

（四）契佐禹治水有功，封於商。十餘傳，至主癸，生湯，名履，字天乙。居亳，是謂成湯。

（五）湯征諸侯，葛伯不祀，湯始伐之。……諸侯昆吾氏爲亂，湯乃興師率諸侯，伊尹從湯；湯自把鉞，以伐昆吾。《史記·殷本紀》。湯始征，自葛載，十一征而無敵於天下；東面而征西夷怨，南面而征北狄怨。曰：“奚爲後我？”民之望之，若大旱之望雲雨也。歸市者弗止，芸者不變；誅其君，弔其民，如時雨降，民大悦。《孟子·梁惠王下》。

（六）……遂伐桀，作《湯誓》。於是湯曰：吾甚武，號曰武王。桀敗於有娀之虛，桀奔於鳴條，夏師敗績。湯遂伐三㚇，俘厥寶玉。……桀走鳴條，遂放而死。《史記·殷本紀》。湯來伐桀，以乙卯日，戰於鳴條之野，桀未戰而敗績。乃與妹喜及諸嬖妾，奔於南巢之山而死。《帝王世紀》。

（七）湯既勝夏，欲遷其社，不可，作夏社，伊尹報。於是諸侯畢服，湯乃踐天子位，平定海内。《史記·殷本紀》

# 七　周文王治國

（一）……公季卒，子昌立，是爲西伯。西伯曰文王。遵后稷、公劉之業，則古公、公季之法。篤仁，敬老，慈少，禮下賢者，日中不暇食以待士，士以此多歸之。伯夷、叔齊在孤竹，在平州盧龍縣南十二里。聞西伯善養老，盍往歸之。太顛、閎夭、散宜生、鬻子、辛甲大夫之徒，皆往歸之。《史記·周本紀》。案《書·無逸》：“自朝至於日中昃，不遑暇食。”《孟子》：“伯夷辟紂，居北海之濱。聞文王作；興曰：'盍歸乎來？吾聞西伯善養老者。'太公辟紂，居東海之濱。聞文王作，興曰：'盍歸乎來？吾聞西伯善養老者。'"皆可與《史記》此文相參證。

（二）齊宣王問曰："文王之囿，方七十里，有諸？"孟子對曰："於傳有之。"曰："若是其大乎？"曰："民猶以爲小也。"曰："寡人之囿，方四十里，民猶以爲大，何也？"曰："文王之囿，方七十里，芻蕘者往焉，雉兔者往焉，與民同之；民以爲小，不亦宜乎？"《孟子》。孟子見梁惠王，王立於沼上，顧鴻雁麋鹿；曰："賢者亦樂此乎？"孟子對曰："賢者而後樂此；不賢者，雖有此，不樂也。詩云：'經始靈臺，經之營之，庶民攻之，不日成之；經始勿亟，庶民子來。王在靈囿，麀鹿攸伏，麀鹿濯濯，白鳥鶴鶴。王在靈沼，於牣魚躍。'文王以民力爲臺爲沼，而民歡樂之；謂其臺曰靈臺，謂其沼曰靈沼；樂其有麋鹿魚鼈。古之人與民偕樂，故能樂也。"《孟子‧梁惠王下》。

（三）虞、芮之君，相與爭田，久而不平。乃相謂曰："西伯仁人也，盍往質焉？"乃相與朝周；入其境，則耕者讓畔，行者讓路；入其邑，男女異路，班白不提挈；入其朝，士讓爲大夫，大夫讓爲卿。二國之君感而相謂曰："我等小人，不可以履君子之庭。"乃相讓，以其所爭爲閒田而退。天下聞之而歸者，四十餘國。《詩‧毛傳大雅緜》篇案：虞、芮質成，《史記‧周本紀》、《說苑‧君道》篇，《書‧大傳》、《略說》，並載其事；而詳略不同。虞、芮在河東，周姬姓國，商時虞、芮無考。

# 八　封建和吞併

（一）商傳十餘世，至盤庚遷都於殷，改國號曰殷。又數傳至紂，紂暴虐無道，諸侯叛之。當是時，西方諸侯有周國者，后稷之後，至公劉、古公亶父而漸盛。古公卒，子季歷立；季歷卒，子昌立；是爲西伯。西伯修德整旅，承殷之微，弔民征諸侯，人爭歸之，三分天下有其二。西伯曰文王。西伯崩，太子發立，是爲武王。武王即位，太公望爲師，周公旦爲輔，召公、畢公之徒，左右王師，修文王緒業。九年，武王上祭於畢，東觀兵，至於盟津。……是時諸侯不期而會者，八百諸侯。諸侯皆曰："紂可伐矣。"武王曰："汝未知天命，未可也。"乃還師。居二年，聞紂昏亂暴虐滋甚。……於是武王徧告諸侯曰："殷有重罪，不可以不畢伐。"乃遵文王，遂率戎車三百乘，虎賁三千人，甲士四萬五千人，以東伐紂。十一年十二月戊午，師畢渡孟津；諸侯咸會。曰："孳孳無急！"武王乃作《太誓》，告於衆庶。二月甲子昧爽，武王朝至於商郊牧野，乃誓；誓已，諸侯兵會者，車四千乘，陳師牧野。帝紂聞武王來，亦發兵七十萬人距武王。武王使師尚父與百夫致師，以大卒馳帝紂師；紂師雖衆，皆無戰之心，心欲武王亟入。紂師皆倒兵以戰，以開武王。武王馳之，紂兵皆崩，畔紂。紂走，反入，登於鹿臺之上，蒙衣其珠玉，自燔於火而死。武王持大白旗，以麾諸侯，諸侯畢拜武王。武王乃揖諸侯，諸侯畢從武王。至商國，商國百姓，咸待於郊。於是武王使羣臣，告語商百姓曰："上天降休。"商人皆再拜稽首；武王亦答拜。遂入至紂死所。……已，乃出復軍。其明日，除道修社，及商紂宮。及期，百夫荷罕旗以先驅。武王弟叔振鐸奉陳常車，周公旦把大鉞，畢公把小鉞，以夾武王。散宜生、太顛、閎夭，皆執劍以衛武王。既入，立於社南，大卒之左右，畢從。毛叔鄭奉明水，衛康叔封布茲，召公奭贊采，師尚父牽牲，尹佚筴祝；曰："殷之末孫季紂珍廢先王明德，侮蔑神祇，不祀；昏暴商邑百姓，其章，顯聞於天皇上帝。"於是武王再拜稽首曰："膺更大命革殷，受天明命。"武王又再拜稽首，乃出。封商紂子祿父殷之餘民。武王爲殷初定未集，乃使其弟管叔鮮、蔡叔度，相祿父治殷。《史記·周本紀》。

（二）凡四海之内九州。州方千里，州建百里之國三十，七十里之國六十，五十里之國百有二十，凡二百一十國，名山大澤不以封，其餘以爲附庸、閒田。八州，州二百一十國。天子之縣内，方百里之國九，七十里之國二十有一，五十里之國六十有三，凡九十三國，名山大澤不以盼，其餘以祿士，以爲閒田。凡九州千七百七十三國，天子之元士，諸侯之附庸不與。《禮記·王制》。……封諸侯。……武王追思先聖王，乃襃封神農之後於焦，黃帝之後於祝，帝堯之後於薊，帝舜之後於陳，大禹之後於杞。於是封功臣謀士，而師尚父爲首封。《史記·周本紀》。……兼制天下，立七十一國。封兄弟之國十五人，姬姓之國四十人；周之子孫，不狂惑者，皆爲諸侯。《通鑑外紀》。殷以前尚矣，周封五等：公、侯、伯、子、男。然封伯禽、康叔於魯、衛，地各四百里，親親之義，襃有德也。太公於齊，兼五侯地，尊勤勞也。武王、成、康所封數百，而同姓五十五。地，上不過百里，下三十里，以輔衛王室。管、蔡、康叔、曹、鄭，或過或損。屬、幽之後，王室缺，侯伯疆興焉。天子微弗能正，非德不純，形勢弱也。《史記·漢興以來諸侯年表敍》。按封建之制，不始於周，自上古以來已有之。如契封於商，后稷封於邰等。然有功而由天子分茅者，實未多見，其制度亦極不完；其諸侯大抵爲元首所約束之落部而已，未足爲國家也。周初爵分公、侯、伯、子、男五等，並定畫一之制，而後諸侯之國乃備；故封建稱始於周。

（三）春秋著名之國十四,據顧氏《春秋大事表》,分別同姓異姓,列表如下:

**同姓之國**

| 國 爵 | 始 封 | 都 顧表地名有變更者,照今地名更正。 |
|---|---|---|
| 魯　侯 | 周公子伯禽 | 國於曲阜,今山東曲阜縣。 |
| 衛　侯 | 文王子康叔封 | 國於朝歌,今河南淇縣。東北有朝歌故城,戴公廬曹,今河南滑縣。文公遷楚邱,今滑縣東六十里廢衛南縣。成公遷帝丘,今直隸濮陽縣。 |
| 晉　侯 | 武王子叔虞 | 初封爲唐,國於大夏,今山西太原縣。北有古唐城。燮父改國號曰晉,穆侯徙絳,孝侯改絳曰翼。亦曰故絳,今山西翼城縣東南十五里,有故翼城。景公遷新田,仍稱絳,今山西曲沃縣東南二里,有絳城。 |
| 鄭　伯 | 屬王子友 | 舊都咸林,今陝西華縣。武公遷於溱洧,今河南新鄭縣。 |
| 北燕伯《史記》作侯。 | 召公奭 | 國於薊,今直隸京兆治大興縣。 |
| 曹　伯 | 文王子叔振鐸 | 國於陶丘今山東定陶縣。 |
| 蔡　侯 | 文王子叔度 | 國於蔡,今河南上蔡縣。平侯遷新蔡,今新蔡縣。昭侯遷州來,今安徽壽縣北三十里下蔡城是。 |
| 吳　子《國語》作伯。 | 太王子太伯 | 國於梅里,今江蘇無錫縣東南三十里,有太伯城。諸樊南徙,吳闔廬築大城都之,今吳縣。 |

**異姓之國**

| 國 爵 姓 | 始 封 | 都 |
|---|---|---|
| 齊　侯　姜 | 太公尚父 | 國於營丘,今山東臨淄縣。 |
| 宋　公　子 | 殷後微子啓 | 國於商丘,今河南商丘縣。 |
| 陳　侯　媯 | 舜後胡公 | 國於宛丘,今河南淮陽縣。 |
| 楚　子　芈 | 顓頊後熊繹 | 國於丹陽,今湖北秭歸縣東南七里。武王遷郢,今江陵縣城北十里紀南城是。昭王遷筡,旋還郢。 |
| 秦　伯　嬴 | 伯益後非子 | 國於秦,今甘肅清水縣。莊公徙西犬丘,今甘肅天水縣西南百二十里西縣故城是。寧公遷平陽,今陝西郿縣西四十六里。德公遷雍,今陝西鳳翔縣治。 |
| 越　子　姒 | 夏后少康子 | 國於會稽,今浙江紹興縣。 |

（四）按:春秋之後,晉大夫韓、趙、魏三家。滅晉而三分其地後,得列爲諸侯,齊大夫田氏篡齊,卒有齊國。越滅吳,旋復臣服於楚,韓哀侯滅鄭,楚惠王滅陳滅蔡,宋滅曹,自是強國,凡秦、楚、燕、趙、韓、魏、齊七國,遂成戰國之勢;一百七十二年之間,戰爭不息。

（五）始皇十七年，内史騰攻韓，得韓王安，盡納其地。十九年，王翦、羌瘣盡定取趙地東陽，得趙王。二十二年，王賁攻魏，引河溝灌大梁，大梁城壞，其王請降，盡取其地。二十三年，秦王復召王翦疆起之，使將擊荆，虜荆王，荆將項燕立昌平君爲荆王。二十四年，王翦、蒙武攻荆，破荆軍，昌平君死，項燕遂自殺。按：秦號楚爲荆，以莊襄王名子楚，諱之也。二十五年，使王賁將攻燕遼東，得燕王喜。二十六年，使王賁從燕南攻齊，得齊王建。《史記·秦始皇本紀》。

# 九　蘇　秦　求　官

（一）蘇秦始將連橫，説秦惠王曰："大王之國，西有巴蜀、漢中之利，北有胡貉、代馬之用，南有巫山、黔中之限，東有殽函之固。田肥美，民殷富。戰車萬乘，奮擊百萬。沃野千里，蓄積饒多。地勢形便，此所謂天府，天下之雄國也。以大王之賢，士民之衆，車騎之用，兵法之教，可以并諸侯，吞天下，稱帝而治；願大王少留意，臣請奏其效。"秦王曰："寡人聞之：毛羽不豐滿者，不可以高飛；文章不成者，不可以誅罰；道德不厚者，不可以使民；政教不順者，不可以煩大臣。今先生儼然不遠千里而庭教之，願以異日。"蘇秦曰："臣固疑大王之不能用也。昔者神農伐補遂，黄帝伐涿鹿而擒蚩尤，堯伐驩兜，舜伐三苗，禹伐共工，湯伐有夏，文王伐崇，武王伐紂，齊桓任戰而霸天下。由此觀之，惡有不戰者乎？古者使車轂擊馳，言語相結，天下爲一，約從連橫，兵革不藏，文士並飭，諸侯亂惑，萬端俱起，不可勝理，科條既備，民多僞態，書策稠濁，百姓不足，上下相愁，民無所聊，明言章理，兵甲愈起，辯言偉服，戰攻不息，繁稱文辭，天下不治，舌敝耳聾，不見成功，行義約信，天下不親。於是乃廢文任武，厚養死士，綴甲厲兵，劾勝於戰場。夫徒處而致利，安坐而廣地，雖古五帝三王五霸，明主賢君，常欲坐而致之，其勢不能。故以戰續之，寬則兩軍相攻，迫則杖㦸相撞，然後可建大功。是故兵勝於外，義强於内，威立於上，民服於下。今欲并天下，凌萬乘，詘敵國，制海内，子元元，臣諸侯，非兵不可。今之嗣主，忽於至道；皆惛於教，亂於治，迷於言，惑於語，沈於辯，溺於辭。以此論之，王固不能行也。"説秦王，書十上，而説不行。黑貂之裘敝，黄金百斤盡，資用乏絶，去秦而歸。嬴縢履蹻，負書擔橐，形容枯槁，面目黧黑，狀有愧色。歸至家，妻不下紝，嫂不爲炊，父母不與言。蘇秦喟然歎曰："妻不以我爲夫，嫂不以我爲叔，父母不以我爲子，皆秦之罪也。"乃夜發書，陳篋數十，得太公《陰符》之謀，伏而誦之，簡練以爲揣摩。讀書欲睡，引錐自刺其股，血流至足。曰："安有説人主不能出其金玉錦繡,取卿相之尊者乎?"期年,揣摩成。曰："此真可以説當世之君矣!"於是乃摩燕烏集闕,見説趙王於華屋之下,抵掌而談,趙王大悦,封爲武安君,受相印,革車百乘,錦繡千純,白璧百雙,黄金萬鎰,以隨其後。約從散横,以抑强秦。故蘇秦於趙而關不通。當此之時,天下之大,萬民之衆,王侯之威,謀臣之權,皆欲決於蘇秦之策。不費斗糧,未煩一兵,未戰一士,未絶一弦,未折一矢,諸侯相親,賢於兄弟。夫賢人在而天下服,一人用而天下從。故曰："式於政,不式於勇;式於廊廟之内,不式於四境之外。"當秦之隆,黄金萬鎰爲用,轉轂連騎,炫熿於道。山東之國,從風而服,使趙大重。且夫蘇秦,特窮巷掘門桑户棬樞之士耳! 伏軾撙銜,横歷天下,庭説諸侯之主,杜左右之口,天下莫之伉。將説楚王,路過洛陽,父母聞之,清宫除道,張樂設飲,郊迎三十里。妻側目而視,側耳而聽;嫂蛇行匍伏,四拜自跪而謝。蘇秦曰:"嫂何前倨而後卑也!"嫂曰:"以季子位尊而多金。"蘇秦曰:"嗟乎! 貧窮則父母不子;富貴則親戚畏懼。人生世上,勢位富厚,蓋可以忽乎哉?"《國策》。

## 十　魯仲連的高節

(一)魯仲連者,齊人也。好奇偉俶儻之畫策,而不肯仕官任職,好持高節。游於趙。趙孝成王時,而秦王使白起破趙長平之軍,前後四十餘萬,秦兵遂東,圍邯鄲。趙王恐,諸侯之救兵,莫敢擊秦軍。魏安釐王使將軍晉鄙救趙,畏秦,止於蕩陰,不進。魏王使客將軍新垣衍,間入邯鄲;因平原君謂趙王曰:"秦所爲急圍趙者,前與齊湣王爭疆爲帝,已而復歸帝;今齊湣王已益弱,方今唯秦雄天下,此非必貪邯鄲,其意欲復求爲帝;趙誠發使尊秦昭王爲帝,秦必喜,罷兵去。"平原君猶預未有所決,此時魯仲連適游趙,會秦圍趙,聞魏將欲令趙尊秦爲帝。乃見平原君曰:"事將奈何?"平原君曰:"勝也何敢言事?前亡四十萬之衆於外,今又内圍邯鄲而不能去,魏王使客將軍新垣衍,令趙帝秦,今其人在是。勝也何敢言事?"魯仲連曰:"吾始以君爲天下之賢公子也!吾乃今然後知君非天下之賢公子也! 梁客新垣衍安在? 吾請爲君責而歸之!"平原君曰:"勝請爲紹介,而見之於先生。"平原君遂見新垣衍曰:"東國有魯仲連先生者,今其人在此,勝請爲紹介,交之於將軍!"新垣衍曰:"吾聞魯仲連先生,齊國之高士也。衍,人臣也。使事有職,吾不願見魯仲連先生!"平原君曰:"勝既已泄之矣。"新垣衍許諾。魯仲連見新垣衍而無言。新垣衍曰:"吾視居此圍城之中者,皆有求於平原君者也。今吾觀先生之玉貌,非有求於平原君者也，曷爲久居此圍城之中而不去？”魯仲連曰：“世以鮑焦爲無從容而死者，皆非也。衆人不知，則爲一身。彼秦者，棄禮儀而上首功之國也，權使其士，虜使其民，彼即肆然而爲帝，過而爲政於天下，則連有蹈東海而死耳，吾不忍爲之民也！所爲見將軍者，欲以助趙也。”新垣衍曰：“先生助之將奈何？”魯連曰：“吾將使梁及燕助之；齊、楚則固助之矣。”新垣衍曰：“燕則吾請以從矣，若乃梁者，則吾乃梁人也，先生惡能使梁助之？”魯連曰：“梁未睹秦稱帝之害故耳。使梁睹秦稱帝之害，則必助趙矣。”新垣衍曰：“秦稱帝之害何如？”魯連曰：“昔者齊威王嘗爲仁義矣，率天下諸侯而朝周。周貧且微，諸侯莫朝，而齊獨朝之。居歲餘，周烈王崩，齊後往，周怒，赴於齊，曰：‘天崩地折，天子下席，東藩之臣，因齊後至，則斬。’齊威王勃然怒曰：‘叱嗟！而母婢也！’卒爲天下笑。故生則朝周，死則叱之，誠不忍其求也。彼天子固然，其無足怪？”新垣衍曰：“先生獨不見夫僕乎？十人而事一人者，寧力不勝而智不若邪？畏之也。”魯仲連曰：“嗚呼！梁之比於秦若僕邪？”新垣衍曰：“然！”魯仲連曰：“吾將使秦王烹醢梁王！”新垣衍怏然不悅，曰：“噫嘻！亦太甚矣！先生之言也。先生又惡能使秦王烹梁王？”魯仲連曰：“固也，吾將言之。昔者九侯、鄂侯、文王，紂之三公也。九侯有子而好，獻之於紂，紂以爲惡，醢九侯；鄂侯爭之疆，辯之疾，故脯鄂侯；文王聞之喟然而嘆，故拘之羑里之庫百日，欲令之死。曷爲與人俱稱王，卒就脯醢之地？齊湣王將之魯，夷維子爲執策而從，謂魯人曰：‘子將何以待吾君？’魯人曰：‘吾將以十太牢待子之君。’夷維子曰：‘子安取禮而來吾君？彼吾君者，天子也。天子巡狩，諸侯辟舍，納筦籥，攝衽，抱機，視膳於堂下；天子已食，乃退而聽朝也。’魯人投其籥不果納，不得入於魯；將之薛，假途於鄒。當是時，鄒君死，湣王欲入弔夷維子謂鄒之孤曰：‘天子弔主人必將倍殯棺設北面於南方，然後天子南面弔也。’鄒之羣臣曰：‘必若此，吾將伏劍而死。’因不敢入於鄒；鄒、魯之臣，生則不得事養，死則不得賻襚，然且欲行天子之禮於鄒魯，鄒魯之臣不果納。今秦萬乘之國也，梁亦萬乘之國也，俱據萬乘之國，各有稱王之名，睹其一戰而勝，欲從而帝之，是使三晉之大臣，不如鄒、魯之僕妾也。且秦無已而帝，則且變易諸侯之大臣，彼將奪其所不肖，而與其所賢，奪其所憎，而與其所愛；彼又將使其子女讒妾，爲諸侯妃姬。處梁之宮，梁王安得晏然而已乎？而將軍又何以得故寵乎？”於是新垣衍起，再拜，謝曰：“始以先生爲庸人，吾乃今日知先生爲天下之士也。吾請出，不敢復言帝秦。”秦將聞之，爲却軍五十里。適會魏公子無忌奪晉鄙軍，以救趙，擊秦軍，秦軍遂引而去。於是平原君欲封魯連，魯連辭讓，使者三，終不肯受。平原君乃置酒，酒酣起前，以千金爲魯連壽。魯連笑曰："所謂貴於天下之士者，爲人排患，釋難，解紛亂，而無取也。即有取者，是商賈之事也。而連不忍爲也。"遂辭平原君而去，終身不復見。其後二十餘年，燕將攻下聊城。聊城人或讒之燕，燕將懼誅，因保守聊城不敢歸。齊田單攻聊城，歲餘，士卒多死，而聊城不下。魯連乃爲書約之，矢以射城中，遺燕將書。……燕將……自殺，田單遂屠聊城。歸而言魯連，欲爵之，魯連逃隱於海上，曰："吾與富貴而詘於人，寧貧賤而輕世肆志焉。"《史記·魯仲連列傳》，《國策》率同。

## 十一　秦始皇的專制和反動

（一）秦初并天下，令丞相御史曰：……"寡人以眇眇之身，興兵誅暴亂，賴宗廟之靈，六王咸伏其辜，天下大定。今名號不更，無以稱成功，傳後世。其議帝號。"丞相綰，御史大夫劫，廷尉斯等，皆曰："昔者五帝，地方千里，其外侯服夷服，諸侯或朝或否，天子不能制。今陛下興義兵，誅殘賊，平定天下，海內爲郡縣，法令由一統；自上古已來未嘗有，五帝所不及。臣等謹與博士議曰：'古有天皇，有地皇，有泰皇；泰皇最貴。臣等昧死上尊號，王爲泰皇，命爲制，令爲詔，天子自稱曰朕。'"王曰："去泰，著皇，採上古帝位號，號曰皇帝，他如議。"……制曰："朕聞太古有號毋謚，中古有號，死而以行爲謚。如此，則子議父，臣議君也，甚無謂；朕弗取焉。自今以來，除謚法，朕爲始皇帝，後世以計數，二世三世，至於萬世，傳之無窮。"《史記·秦始皇本紀》。

（二）收天下兵，聚之咸陽，銷以爲鍾鐻，金人十二，重各千石，置廷宮中。二十六年。三十四年，……始皇置酒咸陽宮，博士七十人前爲壽，僕射周青臣進頌曰："他時秦地不過千里，賴陛下神靈明聖，平定海內，放逐蠻夷，日月所照，莫不賓服，以諸侯爲郡縣，人人自安樂，無戰爭之患，傳之萬世，自上古不及陛下威德。"始皇悦。博士齊人淳于越進曰："臣聞殷周之王千餘歲，封子弟功臣，自爲枝輔。今陛下有海內，而子弟爲匹夫，卒有田常、六卿之臣，無輔拂，何以相救哉？事不師古而能長久者，非所聞也。今青臣又面諛以重陛下之過，非忠臣。"始皇下其議。丞相李斯曰："五帝不相復，三代不相襲，各以治；非其相反，時變異也。今陛下創大業，建萬世之功，固非愚懦所知，且越言乃三代之事，何足法也？異時諸侯並爭，厚招游學，今天下已定，法令出一，百姓當家則力農工，士則學習法令辟禁。今諸生不師今而學古，以非當世，惑亂黔首，丞相臣斯昧死言：古者天下散亂，莫之能一，是以諸侯並作，語皆道古以害今,飾虛言以亂實,人善其所私學,以非上之所建立。今皇帝并有天下,別白黑而定一,尊私學而相與非法教,人聞令下,則各以其學議之。入則心非,出則巷議,夸主以爲名,異取以爲尚,率羣下以造謗,如此弗禁,則主勢降乎上,黨與成乎下。禁之便。臣請史官非秦記皆燒之,非博士官所職,天下敢有藏詩、書、百家語者,悉詣守尉雜燒之;有敢偶語詩書棄市,以古非今者族,吏見知不舉者與同罪。令下三十日不燒,黥爲城旦,所不去者,醫藥卜筮種樹之書,若欲學習法令,以吏爲師。"制曰:"可。"《史記·秦始皇本紀》。

（三）始皇二十七年,巡隴西北地,出雞頭山。二十八年,東行郡縣,封禪山川,立石頌秦德。西行渡淮水,至衡山南郡。二十九年,東游,爲張良所擊。三十二年,之碣石,巡北邊。越二年,遂築長城。三十七年,出游至雲夢,浮江東,下至錢塘,登會稽,北至榮城山,在山東萊縣。西至平原津而病,七月死於道中。封山川,刻石紀功,所以示威也。後則並好神仙,巡求不死藥。

（四）留侯張良者,其先韓人也。大父開地,相韓昭侯、宣惠王、襄哀王。父平,相釐王,悼惠王二十三年,平卒。卒二十歲,秦滅韓。良年少,未宦,事韓,韓破,良家僮三百人,弟死不葬,悉以家財求客刺秦王,爲韓報仇。以大父、父五世相韓故。良嘗學禮淮陽;東見倉海君,得力士,爲鐵椎,重百二十斤。秦皇帝東游,良與客狙擊秦皇帝博浪沙中,誤中副車。秦皇帝大怒,大索天下,求賊甚急,爲張良故也。良乃更名姓,亡匿下邳。《史記·留侯世家》。

按:《漢書·地理志》,河南湯武縣有博浪沙,漢湯武縣故城,在今河南湯武縣東南。

（五）項梁殺人,與籍避仇于吳中。……秦始皇帝游會稽,渡浙江,梁與籍俱觀。籍曰:"彼可取而代也。"梁掩其口曰:"毋妄言,族矣!"梁以此奇籍。《史記·項羽本紀》。高祖嘗由咸陽縱觀,觀秦皇帝,喟然太息曰:"嗟乎! 大丈夫當如此也!"《史記·高祖本紀》。

# 十二　楚漢的戰爭

（一）春,漢之三年。漢王部五諸侯兵,凡五十六萬人,東伐楚。項王聞之,羽都彭城,方出伐齊。即令諸將擊齊,而自以精兵三萬人,南從魯出胡陵。四月,漢皆已入彭城,收其寶貨美人,日置酒高會,項王乃西從蕭,晨擊漢軍,而東至彭城。日中,大破漢軍,漢軍皆走,相隨入穀、泗水,殺漢卒十餘萬人,漢卒皆南走山。楚又追擊至靈壁東,睢水上。漢軍卻,爲楚所擠,多殺漢卒十餘萬人,皆入睢水，睢水爲之不流。圍漢王三帀。於是大風從西北而起，折木發屋，揚沙石，窈冥晝晦，逢迎楚軍。楚軍大亂，壞散，而漢王乃得與數十騎遁去。欲過沛，收家室而西，楚亦使人追之沛，取漢王家，家皆亡，不與漢王相見。漢王道逢，得孝惠、魯元，乃載行。楚騎追漢王，漢王急推墮孝惠、魯元車下。滕公常下收載之，如是者三。曰：雖急，不可以驅，奈何棄之？於是遂得脫，求太公、呂后，不相遇。審食其從太公、呂氏，間行求漢王，反遇楚軍，楚軍遂與歸。報項王，項王常置軍中。是時呂后兄周呂侯爲漢將兵，居下邑。漢王閒往從之，稍稍收其士卒，至滎陽，諸敗軍皆會。蕭何亦發關中老弱未傅，悉詣滎陽，復大振。《史記·項羽本紀》。

　　（二）項王已定東海來，西，與漢俱臨廣武而軍，相守數月。當此時，彭越數反梁地，絕楚糧食，項王患之。爲高俎，置太公其上，告漢王曰：“今不急下，吾烹太公。”漢王曰：“吾與項羽，俱北面受命懷王，曰‘約爲兄弟。’吾翁即若翁，必欲烹而翁，則幸分我一杯羹。”項王怒，欲殺之。項伯曰：“天下事未可知，且爲天下者，不顧家，雖殺之，無益；祇益禍耳。”項王從之。《史記·項羽本紀》。

　　（三）楚漢相爭，久未決，丁壯苦軍旅，老弱罷轉漕。項王謂漢王曰：“天下匈匈數歲者，徒以吾兩人耳。願與漢王挑戰，決雌雄，毋徒苦天下之民父子爲也！”漢王笑謝曰：“吾寧鬥智，不能鬥力。”……漢兵盛食多，項王兵罷食絕。漢遣陸賈説項王，請太公。項王弗聽，漢王復使侯公往説項王。項王乃與漢約，中分天下，割鴻溝以西者爲漢；鴻溝以東者爲楚。項王許之，即歸漢王父母妻子，軍皆呼萬歲。《史記·項羽本紀》。

　　（四）項王已約，乃引兵解而東歸。漢欲西歸，張良、陳平説曰：“……楚兵罷食盡，此天亡楚之時也。不如因其飢而遂取之。……”漢王聽之，乃追項王至夏陽南止軍，與淮陰侯韓信、建成侯彭越，期會而擊楚軍，至固陵。《史記·項羽本紀》。

　　（五）……韓信乃從齊往，劉賈軍在壽春並行，屠城父，至垓下。大司馬周殷叛楚，以舒屠六，舉九江兵，隨劉賈、彭越，皆會垓下，詣項王。項王軍壁垓下，兵少食盡。漢軍及諸侯兵，圍之數重，夜，聞漢軍四面皆楚歌。項王乃大驚曰：漢皆已得楚乎？是何楚人之多也？項王則夜起飲，帳中有美人，名虞，常幸從；駿馬名騅，常騎之。於是項王乃悲歌慷慨，自爲詩曰：“力拔山兮氣蓋世，時不利兮騅不逝。騅不逝兮可奈何，虞兮虞兮奈若何。”歌數闋，美人和之，項王泣數行下，左右皆泣，莫能仰視。於是項王乃上馬騎，麾下壯士騎從者八百餘人，直夜潰圍，南出馳走。平明，漢軍乃覺之，令騎將灌嬰以五千騎追之。項王渡淮，騎能屬者百餘人耳。項王至陰陵，迷失道。問一田父，田父紿曰："左。"左乃陷大澤中，以故漢追及之。項王乃復引兵而東，至東城，乃有二十八騎。漢騎追者數千人，項王自度不得脫，乃謂其騎曰：吾爲公取彼一將，令四面騎馳下，期山東爲三處。於是項王大呼馳下，漢軍皆披靡，遂斬漢一將。是時赤泉侯爲騎將，追項王，項王瞋目而叱之。赤泉侯人馬俱驚，辟易數里。與其騎會爲三家。漢軍不知項王所在，乃分軍爲三，復圍之。項王乃馳，復斬漢一都尉，殺數十百人，復聚其騎，亡兩騎耳。乃謂其騎曰："何如？"騎皆伏曰："如大王言。"於是項王乃欲東渡烏江，烏江亭長檥船待，謂項王曰："江東雖小，地方千里，衆數十萬人，亦足王也。願大王急渡。今獨臣有船，漢軍至，無以渡。"項王笑曰："天之亡我，我何渡爲？且籍與江東子弟八千人，渡江而西，今無一人還，縱江東父兄憐而王我，我何面目見之？縱彼不言，籍獨不愧於心乎？"乃謂亭長曰："吾知公長者，吾騎此馬五歲，所當無敵，嘗一日行千里，不忍殺之，以賜公。"乃令騎皆下馬步行，持短兵接戰，獨籍所殺漢軍數百人。項王身亦被十餘創。顧見漢軍司馬呂馬童，曰："若非吾故人乎？"馬童面之，指王翳曰："此項王也。"項王乃曰："吾聞漢購我頭千金，邑萬户，吾爲若德。"乃自剄而死。王翳取其頭，餘騎相蹂踐，爭項王，相殺者數十人。……項王已死，楚地皆降漢，獨魯不下。漢乃引天下兵欲屈之。……乃持項王頭示魯，魯父兄乃降。《史記·項羽本紀》。

　　（六）騎將灌嬰，追殺項羽東城，斬首八萬，遂略楚地。……諸侯及將相，相與共請尊漢王爲皇帝。……漢王……乃即皇帝位。……人有上變事告楚王信謀反，上問左右，左右爭欲擊之。用陳平計，乃僞游雲夢，會諸侯於陳。楚王信迎，因執之。……田肯賀因説高祖。……非親子弟，莫可使王齊。……後十餘日，封韓信爲淮陰侯，分其地爲二國。高祖曰：將軍劉賈，數有功，以爲荆王，王淮東。弟交爲楚王，王淮西。子肥爲齊王，王七十餘城。……陳豨反代地。……上自東往擊之，……誅豨等。……定代地。……立子恆爲代王。……春，淮陰侯韓信謀反關中，夷三族。夏，梁王彭越謀反，廢遷蜀。復欲反，夷三族。立子恢爲梁王。子友爲淮陽王。秋七月，淮南王鯨布反，……高祖自往擊之，立子長爲淮南王。……陳豨降將，言豨反時，燕王盧綰使人之所，豨與陰謀。……使樊噲、周勃將兵擊燕王綰。……立皇子建爲燕王。《史記·高祖本紀》。項王使……武涉往説齊王信。……反漢，與楚連和。……韓信謝。……齊人蒯通説韓信。……楚……漢……智勇俱困。……

莫若兩利而俱存，……三分天下，鼎足而居。……韓信猶豫不忍背漢。……
項羽已破，高祖襲奪齊王軍。漢五年正月，徙齊王信爲楚王。……項王亡將
鍾離眛……素與信善，項王死後，亡歸信。漢王怨眛，聞其在楚，詔楚捕
眛。……漢六年，人有上書告楚王信反，高帝以陳平計，天子巡狩，會諸侯，南
方有雲夢，發使告諸侯，吾將遊雲夢，實欲襲信，信弗知。……或説信，斬眛，
謁上。……眛……自剄。信持其首，謁高祖於陳，上令武士縛信。載後車。
信曰："果若人言，狡兔死，良狗烹，高鳥盡，良弓藏，敵國破，謀臣亡，天下已
定，我固當烹。"上曰："人告公反。"遂械繫信。至雒陽，赦信罪，以爲淮陰
侯。……漢十一年，陳豨……反，上自將而往，信病不從。……其舍人得罪於
信，信欲囚殺之。舍人弟，上變告信欲反狀於吕后。后……與蕭相謀，詐令人
從上所來言，豨已得死。列侯羣臣皆賀，相國詐信，……入賀。信入，吕后使
武士縛信，斬之長樂鐘室。信方斬，曰："吾悔不用蒯通之計，乃爲兒女子所
詐，豈非天哉？"遂夷信三族。高祖已從豨軍來，至見信死，且喜且憐之。《史
記·淮陰侯列傳》。

　　陳豨反代地，高帝自往擊，至邯鄲，徵兵梁王。梁王稱病，使將將兵詣邯
鄲。高帝怒，使人讓梁王，梁王恐。……其將扈輒曰："……不如遂發兵反。"
梁王不聽稱病。梁王怒其太僕，欲斬之。太僕亡走漢，告梁王與扈輒謀反。
於是上使使掩梁王。梁王不覺，捕梁王，囚之雒陽。有司治反形已具，請論如
法，上赦以爲庶人，傳處蜀青衣。西至鄭，逢吕后，從長安來，欲之雒陽，道見
彭王，彭王爲吕后泣涕，自言無罪，願處故昌邑。吕后許諾，與俱東至雒陽。
吕后白上曰："彭王壯士，今徙之蜀，此自遺患，不如遂誅之。妾謹與俱來。"於
是吕后乃令其舍人，告彭越復謀反。廷尉王恬開，奏請族之，上乃可。遂夷越
宗族。《史記·彭越列傳》。漢誅梁王，彭越醢之。盛其醢，徧賜諸侯。《史記·黥布
列傳》。

## 十三　緹縈上書救父除肉刑

　　（一）宋襄公使邾文公用鄫子於次睢之社。《左傳》僖公十九年。季平子伐莒，
取郠，獻俘，始用人於亳社。臧武仲在齊，聞之曰："周公其不饗魯祭乎！"《左》昭
公十年。楚子滅蔡，用隱太子於岡山。申無宇曰："不祥！五牲不相爲用，況用
諸侯乎？"《左》昭公十一年。穆公虜晉君以歸，令於國，"齋宿，吾將以晉君祀上
帝。"《史記·秦本紀》。

（二）楚子執吳君之弟蹷由，將以釁鼓。《左》昭公五年。輕重之法曰："自言能爲司馬，不能爲司馬者殺其身，以釁其鼓。自言能治田土，不能治田土者，殺其身以釁其社。"《管子·揆度篇》。按：輕重之法，必古帝王相傳遺法。"

（三）昔周之法，建三典以刑邦國，詰四方：一曰刑新邦用輕典，二曰刑平邦用中典，三曰刑亂邦用重典。五刑：墨罪五百，劓罪五百，宮罪五百，剕罪五百，殺罪五百，所謂"刑平邦用中典"者也。凡殺人者踏諸市，墨者使守門，劓者使守關，宮者使守內，剕者使守囿，完者使守積。其奴，男子入於罪隸，女子入舂槁。凡有爵者，與七十者，與未齔者，皆不爲奴。周道既衰，穆王眊荒，命甫侯，度時作刑，以詰四方：墨罰之屬千，劓罰之屬千，髕罰之屬五百，宮罰之屬三百，大辟之罰其屬二百，五刑之屬三千，蓋多於平邦中典五百章，所謂"刑亂邦用重典"者也。……陵夷至於戰國，韓任申子，秦用商鞅，連相坐之法，造參夷之誅，增加肉刑，大辟，有鑿顛、抽脅、鑊烹之刑。至於秦始皇，兼吞戰國，遂毀先王之法，滅禮誼之官，專任刑罰，躬操文墨，晝斷獄，夜理書，自程決事，日縣石之一，而姦邪並生。赭衣塞路，囹圄成市。天下愁怨，潰而叛之。《前漢書·刑法志》。

（四）……二世二年七月，具斯按：李斯也。五刑，論腰斬咸陽市，……夷三族。……子嬰即位，……令韓談刺殺之，按指趙高。夷其三族。《史記·李斯傳》。……漢王使酈生往說齊王田廣，廣叛楚，與漢和，共擊項羽。韓信用蒯通計，遂襲破齊，齊王烹酈生。《史記·高祖本紀》。九年，趙相貫高等事發覺，夷三族。《史記·高祖本紀》。十一年，……春，淮陰侯韓信謀反關中，夷三族。夏，梁王彭越謀反，廢，遷蜀；復欲反，遂夷三族。《史記·高祖本紀》。十一年，……夏，漢誅梁王彭越，醢之，盛其醢，徧賜諸侯。《史記·黥布列傳》。

（五）孝文即位，……刑罰大省，至於斷獄四百，有刑錯之風。即位十三年，齊太倉令淳于公，有罪當刑，詔獄逮繫長安。淳于公無男，有五女，當行，會逮，罵其女曰："生子不生男，緩急非有益也！"其少女緹縈，自傷悲泣，迺隨其父至長安，上書曰："妾父爲吏，齊中皆稱其廉平，今坐法當刑；妾傷夫死者不可復生，刑者不可復屬，雖後欲改過自新，其道亡繇也。妾願沒入爲官婢，以贖父刑罪，使得自新。"書奏天子，天子憐悲其意，遂下令曰："制詔御史：蓋聞有虞氏之時，畫衣冠，異章服以爲僇，而民弗犯，何治之至也？今法有肉刑三注：黥、劓二，刖左、右趾合一。而姦不止，其咎安在？非乃朕德之薄，而教不明與？吾猶自愧，故夫訓道不純，而愚民陷焉。詩曰：'愷弟君子，民之父母。'今人有過，教未施而刑已加焉；或欲改行爲善，而道亡繇至，朕甚憐之。夫刑，至斷支體，刻肌膚，終身不息；何其刑之痛而不德也？豈稱爲民父母之意哉？其除肉刑，有以易之！及令罪人，各以輕重不亡逃，有年而免。具爲令。"丞相張蒼，御史大夫馮敬奏言："肉刑所以禁姦，所由來者久矣。陛下下明詔，憐萬民之一有過被刑者，終身不息；及罪人欲改行爲善，而道亡繇至，於盛德，臣等所不及也。臣謹議，請定律曰：'諸當髡者，完爲城旦春。當黥者，髡鉗爲城旦春。按：徒刑名，晝伺寇，夜築城，故曰城旦；春則罰令春米；皆苦工也。當劓者，笞三百。當斬左止者，笞五百。當斬右止，及殺人先自告，及吏坐受賕枉法，守縣官財物而即盜之，已論命，復有笞罪者；皆棄市。罪人獄已決，完爲城旦春滿三歲，爲鬼薪按：役採薪以給宗廟。白粲；按：役春米使米也。鬼薪、白粲一歲，爲隸臣妾；隸臣妾一歲，免爲庶人；隸臣妾滿二歲，爲司寇；司寇一歲，及作如司寇二歲，皆免爲庶人。其亡逃及有罪耐以上，不用此令。前令之刑，城旦春，歲而非禁錮者，如完爲城旦春，歲數以免。'臣昧死請。"制曰："可。"《前漢書·刑法志》。

（六）煬帝時楊玄感反，帝誅之，罪及九族。其尤重者，行轘裂梟首之刑，或磔而射之，命公卿以下，臠噉其肉。百姓怨嗟，天下大潰。《隋書·刑法志》。按：此滅族之最著者。他若明太祖誅滅功臣，胡黨之獄，有昭示奸黨録，族誅者三萬餘人。藍黨之獄，有逆臣録，族誅者萬五千人。成祖篡位，殉國諸臣方孝孺、齊泰、黃子澄、卓敬輩皆夷三族。景清之死，夷族并籍其鄉里，轉相攀染，謂之"瓜蔓抄"，村里爲墟。滅族之事，蓋史不勝書。

（七）按：清同治中兩江總督馬新貽爲冤家張文祥所刺，文祥被獲，剜心致祭。宣統中革命黨人徐錫麟，擬於安慶起事，槍殺巡撫恩銘，事敗被擒，亦剜心致祭。民國洪憲帝制中，王連生等暗殺袁將上海鎮守使鄭汝成，後被獲，槍決，鄭部下剜連生心致祭。挖心之事，史亦多見，此其近而著者也。

## 十四　兩史家一女史

（一）……遷生龍門，耕牧河山之陽。年十歲，則誦古文。二十而南游江淮，上會稽，探禹穴，窺九疑浮於沅、湘；北涉汶、泗，講業齊魯之都，觀夫子遺風，鄉射鄒嶧，戹困蕃、薛、彭城，過梁楚以歸。於是遷仕爲郎中，奉使西征巴、蜀以南，南略邛、笮、昆明，還報命。是歲天子始建漢家之封，而太史公按：遷父也。留滯周南，不得與從事，故發憤且卒。……三歲而遷爲太史令，紬史記石室金鐀之書，五年，……論次其文；七年而遭李陵之禍，幽於縲紲；迺喟然而歎曰："是余之罪夫！身虧不用矣！"退而深惟曰："夫詩書隱約者，欲遂其志之思也。"卒述陶唐以來，至於麟止。自黃帝始：《五帝本紀》第一，《夏本紀》第二，《殷本紀》第三，《周本紀》第四，《秦本紀》第五，《始皇本紀》第六，《項羽本紀》第七，《高祖本紀》第八，《呂后本紀》第九，《孝文本紀》第十，《孝景本紀》第十一，《今上本紀》第十二；《三代世表》第一，《十二諸侯年表》第二，《六國年表》第三，《秦楚之際月表》第四，《漢諸侯年表》第五，《高祖功臣年表》第六，《惠景間功臣年表》第七，《建元以來侯者年表》第八，《王子侯者年表》第九，《漢興以來將相名臣年表》第十；《禮書》第一，《樂書》第二，《律書》第三，《曆書》第四，《天官書》第五，《封禪書》第六，《河渠書》第七，《平準書》第八；《吳太伯世家》第一，《齊太公世家》第二，《魯周公世家》第三，《燕召公世家》第四，《管蔡世家》第五，《陳杞世家》第六，《衛康叔世家》第七，《宋微子世家》第八，《晉世家》第九，《楚世家》第十，《越世家》第十一，《鄭世家》第十二，《趙世家》第十三，《魏世家》第十四，《韓世家》第十五，《田完世家》第十六，《孔子世家》第十七，《陳涉世家》第十八，《外戚世家》第十九，《楚元王世家》第二十，《荊燕王世家》第二十一，《齊悼惠王世家》第二十二，《蕭相國世家》第二十三，《曹相國世家》第二十四，《留侯世家》第二十五，《陳丞相世家》第二十六，《絳侯世家》第二十七，《梁孝王世家》第二十八，《五宗世家》第二十九，《三王世家》第三十；《伯夷列傳》第一，《管晏列傳》第二，《老子韓非列傳》第三，《司馬穰苴列傳》第四，《孫子吳起列傳》第五，《伍子胥列傳》第六，《仲尼弟子列傳》第七，《商君列傳》第八，《蘇秦列傳》第九，《張儀列傳》第十，《樗里甘茂列傳》第十一，《穰侯列傳》第十二，《白起王翦列傳》第十三，《孟子荀卿列傳》第十四，《平原虞卿列傳》第十五，《孟嘗君列傳》第十六，《魏公子列傳》第十七，《春申君列傳》第十八，《范雎蔡澤列傳》第十九，《樂毅列傳》第二十，《廉頗藺相如列傳》第二十一，《田單列傳》第二十二，《魯仲連列傳》第二十三，《屈原賈生列傳》第二十四，《呂不韋列傳》第二十五，《刺客列傳》第二十六，《李斯列傳》第二十七，《蒙恬列傳》第二十八，《張耳陳餘列傳》第二十九，《魏豹彭越列傳》第三十，《黥布列傳》第三十一，《淮陰侯韓信列傳》第三十二，《韓王信盧綰列傳》第三十三，《田儋列傳》第三十四，《樊酈滕灌列傳》第三十五，《張丞相蒼列傳》第三十六，《酈生陸賈列傳》第三十七，《傅靳蒯成侯列傳》第三十八，《劉敬叔孫通列傳》第三十九，《季布欒布列傳》第四十，《袁盎晁錯列傳》第四十一，《張釋之馮唐列傳》第四十二，《萬石張叔列傳》第四十三，《田叔列傳》第四十四，《扁鵲倉公列傳》第四十五，《吳王濞列傳》第四十六，《魏其武安列傳》第四十七，《韓長孺列傳》第四十八，《李將軍列傳》第四十九，《衛將軍驃騎列傳》第五十，《平津主父列傳》第五十一,《匈奴列傳》第五十二,《南越列傳》第五十三,《閩越列傳》第五十四,《朝鮮列傳》第五十五,《西南夷列傳》第五十六,《司馬相如列傳》第五十七,《淮南衡山列傳》第五十八,《循吏列傳》第五十九,《汲鄭列傳》第六十,《儒林列傳》第六十一,《酷吏列傳》第六十二,《大宛列傳》第六十三,《游俠列傳》第六十四,《佞幸列傳》第六十五,《滑稽列傳》第六十六,《日者列傳》第六十七,《龜策列傳》第六十八,《貨殖列傳》第六十九。惟漢繼五帝末流,接三代絕業;周道既廢,秦撥去古文,焚滅詩書;故明堂石室金鐀玉板,圖籍散亂。漢興,蕭何次律令,韓信申軍法,張蒼爲章程,叔孫通定禮儀,則文學彬彬稍進,詩書往往間出。自曹參薦蓋公言黃老,而賈生、晁錯明申韓,公孫弘以儒顯。百年之間,天下遺文古事,靡不畢集。太史公仍父子相繼,纂其職曰:"於戲! 余維先人,嘗掌斯事,顯於唐虞,至於周,復典之,故司馬氏世主天官,至於余乎? 欽念哉! 罔羅天下放失,舊聞,王迹所興,原始察終,見盛觀衰,論考之行事,畧推三代,錄秦漢,上記軒轅,下至於茲,著十二本紀;既科條之矣,並時異世,年差不明,作十表;禮樂損益,律曆改易,兵權山川鬼神天人之際,承敝通變,作八書;二十八宿環北辰,三十輻共一轂,運行無窮,輔弼股肱之臣配焉,忠信行道以奉主上,作三十世家;扶義俶儻,不令己失時,立功名於天下,作七十列傳。凡百三十篇,五十二萬六千五百字,爲太史公書序,略以拾遺補藝,成一家之言。協六經異傳,齊百家雜語,藏之名山,副在京師,以竢後聖君子。第七十。"遷之自敍云爾。而十篇缺,有錄無書。……遷既死,後其書稍出。宣帝時,遷外孫平通侯楊惲,祖述其事,遂宣布焉。至王莽時求封遷後爲史通子。爵名也。《前漢書·司馬遷傳》。

　　(二) 固字孟堅。年九歲,能屬文,誦詩賦。及長,遂博貫載籍,九流百家之言,無不窮究。所學無常師,不爲章句,舉大義而已。性寬和容衆,不以才能高人,諸儒以此慕之。……父彪卒,歸鄉里。固以彪所續前史未詳,乃潛精研思,欲就其業。既而有人上書顯宗,告固私改作國史者;有詔下郡收固,繫京兆獄,盡取其家書。先是扶風人蘇朗僞言圖讖事,下獄死;固弟超,恐固爲郡所覈考,不能自明,乃馳詣闕上書;得召見,具言固所著述意;而郡亦上其書。顯宗甚奇之,召詣校書部,除蘭臺令史。與前睢陽令陳宗長、陵令尹敏、司隸從事孟異,共成《世祖本紀》。遷爲郎,典校秘書。固又撰功臣、平林、新市、公孫述事,作列傳、載記二十八篇奏之。帝乃復使終成前所著書。固以爲漢紹堯運,以建帝業;至於六世,史臣乃追述功德,私作本紀,編於百王之末,厠於秦、項之列;太初以後,闕而不錄,故探撰前記,綴集所聞,以爲《漢書》。

起元高祖,終於孝平王莽之誅,十有二世,二百三十年。綜其行事,傍貫五經,上下洽通,爲春秋考紀、表、志、傳凡百篇。固自永平中始受詔,潛精積思,二十餘年;至建初中,乃成。當世甚重其書,學者莫不諷誦焉。《後漢書·班固傳》。

(三)扶風曹世叔妻者,同郡班彪之女也,名昭,字惠班,一名姬。博學高才,世叔早卒,有節行法度。兄固著《漢書》,其八表及《天文志》未及竟而卒,和帝詔昭就東觀藏書閣踵而成之。帝數召入宮,令皇后諸貴人師事焉,號曰大家。每有貢獻異物,輒詔大家作賦頌。及鄧太后臨朝,與聞政事;以出入之勤,特封子成關內侯,官至齊相。時《漢書》始出,多未能通者,同郡馬融,伏於閣下,從昭受讀。後又詔融兄續繼昭成之。……作《女誡》七篇,有助內訓,其辭曰:"……《卑弱》第一:古者生女三日,臥之牀下,弄之瓦磚,而齋告焉。臥之牀下,明其卑弱,主下人也;弄之瓦磚,明其習勞,主執勤也;齋告先君,明當主繼祭祀也。三者蓋女人之常道,禮法之典教矣。謙讓恭敬,先人後已,有善莫名,有惡莫辭,忍辱含垢,常若畏懼,是謂卑弱下人也;晚寢早作,勿憚夙夜,執務私事,不辭劇易,所作必成,手跡整理,是謂執勤也;正色端操,以事夫主,清靜自守,無好戲笑,潔齊酒食,以供祖宗,是謂繼祭祀也。三者苟備,而患名稱之不聞,黜辱之在身,未之見也;三者苟失之,何名稱之可聞,黜辱之可遠哉?《夫婦》第二:夫婦之道,參配陰陽,通達神明,信天地之弘義,人倫之大節也。是以禮貴男女之際,《詩》著《關雎》之義,由斯言之,不可不重也。夫不賢則無以御婦,婦不賢則無以事夫,夫不御婦則威儀廢缺,婦不事夫則義理墮闕,方斯二者,其用一也。察今之君子,徒知妻婦之不可不御,威儀之不可不整,故訓其男,檢以書傳;殊不知夫主之不可不事,義禮之不可不存也,但教男而不教女,不亦蔽於彼此之數乎?《禮》八歲始教之書,十五而至於學矣,獨不可依此以爲則哉?《敬慎》第三:陰陽殊性,男女異行;陽以剛爲德,陰以柔爲用;男以彊爲貴,女以弱爲美。故鄙諺有云:'生男如狼,猶恐其尪;生女如鼠,猶恐其虎。'然則修身莫若敬,避彊莫若順,故曰:'敬順之道,婦之大禮也。'夫敬,非它,持久之謂也;夫順,非它,寬裕之謂也;持久者,知止足也;寬裕者,尚恭下也。夫婦之好,終身不離;房室周旋;遂生媟黷;媟黷既生,語言過矣;語言既過,縱恣必作;縱恣既作,則侮夫之心生矣。此由於不知止足者也。夫事有曲直,言有是非;直者不能不爭,曲者不能不訟;訟爭既施,則有忿怒之事矣。此由於不尚恭下者也。侮夫不節,譴呵從之;忿怒不止,楚撻從之;夫爲夫婦者,義以和親,恩以好合;楚撻既行,何義之存?譴呵既宣,何恩之有?恩義俱廢,夫婦離矣。《婦行》第四:女有四行:一曰婦德,二曰婦言,三曰婦容,四曰婦功。夫云婦德,不必才明絕異也;婦言,不必辯口利辭也;婦容,不必顏色美麗也;婦功,不必工巧過人也。清閑貞靜,守節整齊,行己有恥,動靜有法,是謂婦德;擇辭而說,不道惡語,時然後言,不厭於人,是謂婦言;盥浣塵穢,服飾鮮潔,沐浴以時,身不垢辱,是謂婦容;專心紡績,不好戲笑,潔齊酒食,以奉賓客,是謂婦功。此四者,女人之大德,而不可乏之者也。然爲之甚易,唯在存心耳。古人有言:'仁遠乎哉? 我欲仁,而仁斯至矣。'此之謂也。《專心》第五:禮,夫有再娶之義;婦無二適之文。故曰:'夫者,天也。'天固不可逃,夫固不可離也。行違神祇,天則罰之;禮義有愆,夫則薄之。故《女憲》曰:'得意一人,是謂永畢;失意一人,是謂永訖。'由斯言之,夫不可不求其心。然所求者,亦非佞媚苟親也;固莫若專心正色,禮義居潔,耳無淫聽,目無邪視,出無治容,入無廢飾,無聚會羣輩,無看視門户,此則謂專心正色矣。若夫動靜輕脱,視聽陜輸,入則亂髮壞形,出則窈窕作態,說所不當道,觀所不當視,此謂不能專心正色矣。《曲從》第六:夫'得意一人,是謂永畢;失意一人,是謂永訖'。欲人定志專心之言也。舅姑之心,豈當可失哉? 物有以恩自離者,亦有以義自破者也;夫雖云愛,舅姑云非,此所謂'以義自破'者也;然則舅姑之心奈何? 固莫尚於曲從矣。姑云不爾而是,固宜從令;姑云爾而非,猶宜順命。勿得違戾是非,爭分曲直,此則所謂曲從矣。故《女憲》曰:'婦如影響,焉不可賞。'《和叔妹》第七:婦人之得意於夫主,由舅姑之愛己也;舅姑之愛己,由叔妹之譽己也。由此言之,我臧否譽毁,一由叔妹,叔妹之心,復不可失也。皆莫知叔妹之不可失,而不能和之以求親,其蔽也哉? 自非聖人,鮮能無過,故顏子貴於能改,仲尼嘉其不貳,而況婦人者也,雖以賢女之行,聰哲之性,其能備乎? 是故室人和,則謗掩;外内離,則惡揚。此必然之勢也。《易》曰:'二人同心,其利斷金;同心之言,其臭如蘭。'此之謂也。夫嫂妹者,體敵而尊,恩疏而義親;若淑媛謙順之人,則能依義以篤好,崇恩以結援,使徽美顯章,而瑕過隱塞,舅姑矜善,而夫主嘉美,聲譽曜於邑鄰,休光延於父母。若夫惷愚之人,於嫂則託名以自高,於妹則因寵以驕盈,驕盈既施,何和之有? 恩義既乖,何譽之臻? 是以美隱而過宣,姑忿而夫愠,毁訾布於中外,恥辱集於厥身,進增父母之羞,退益君子之累。斯乃榮辱之本,而顯否之基也,可不慎哉? 然則求叔妹之心,固莫尚於謙順矣。謙則德之柄,順則婦之行。凡斯二者,足以和矣。《詩》云:'在彼無惡,在此無射。'其斯之謂也。"馬融善之,令妻女習焉。昭女妹曹豐生,亦有才惠,爲書以難之,辭有可觀。昭年七十餘卒。

《後漢書·曹世叔妻傳》。

## 十五　曹　魏　的　篡　竊

（一）車騎將軍董承，偏將軍王服，越騎校尉种輯，受密詔，誅曹操，事洩。……曹操殺董承等，夷三族。《後漢書·獻帝紀》。自帝都許，守位而已，宿衛兵侍，莫非曹氏黨舊姻戚。議郎趙彥，嘗爲帝陳言時策，曹操惡而殺之，其餘內外，多見誅戮。……董承女爲貴人，操誅承而求貴人殺之。帝以貴人有妊，累爲請，不能得，后自是懷懼，乃與父完書，言曹操殘逼之狀，令密圖之，完不敢發。至十九年，建安。事乃露洩。操追大怒，遂逼廢后。……使御史大夫郗慮，……尚書令華歆，……勒兵入宮收后，閉户藏壁中。歆就牽后出，時帝在外殿，引慮於坐。后披髮徒跣行泣過；訣曰："不能復相活邪？"帝曰："我亦不知命在何時？"顧謂慮曰："郗公！天下寧有是邪？"遂將后下暴室，以幽崩。所生二皇子，皆酖殺之。后在位二十年，兄弟及宗族死者百餘人。按：伏完已於建安十四年病卒。《後漢書·伏皇后紀》。

（二）下令曰：……今天下尚未定，此特求賢之急時也。……若必廉士而後可用，則齊桓何以霸世？ 今天下得無有被褐懷玉而釣於渭濱者乎？ 又得無盜嫂受金而未遇無知者乎？ 二三子其佐我，明揚仄陋，唯才是舉，吾得而用之。……令曰：夫有行之士，未必能進取；進取之士，未必能有行也。陳平豈篤行？ 蘇秦豈守信邪？ 而陳平定漢業，蘇秦濟弱燕；由此言之，士有偏短，庸可廢乎？《魏志·武帝紀》。

（三）夏侯惇謂王，漢祚已盡。……今殿下……功德著於黎庶，……應天順民復何疑。……王曰：……若天命有在，吾爲周文王矣。《魏志·武帝紀》裴注引《魏氏春秋》。二十五年春正月，……王崩於洛陽，年六十六歲。《魏志·武帝紀》。

（四）漢帝以衆望在魏，乃召羣公卿士，告祀高廟，使兼御史大夫張音持節奉璽，綬禪位。……乃爲壇於繁陽。……王升壇即祚。……《魏志·文帝紀》。按：上勸進表等事，詳《魏志·文帝紀》。裴注引《獻帝傳》，不外"符纖祥端，上天示象，魏王父子，功德在民"等語，不及備載。

（五）按：曹魏之後，司馬氏父子，篡魏稱晉。劉裕篡晉稱宋，蕭道成篡宋稱蕭，齊衍篡齊稱梁，陳霸先篡梁稱陳，是爲南朝。北朝則自拓跋氏爲帝稱魏後，分東、西魏。高洋篡東魏稱齊，宇文覺篡西魏稱周，滅齊。楊堅篡周稱隋，南下滅陳，中國成統一之局。李唐乘隋亂，滅羣雄，稱帝建國，數百年，朱溫篡唐稱梁，李成勗滅之，稱唐。石敬瑭篡唐稱晉，契丹滅之。劉知遠爲帝，稱漢。郭威篡漢稱周。趙匡胤篡周稱宋。此皆篡竊之成局者也。其餘王室一家之爭，子弑父，弟弑兄，叔殺姪等，及篡竊未成者，不勝枚舉。

# 高等小學校用　新法歷史參考書第二册

## 一　諸葛亮

（一）諸葛亮，字孔明，琅邪陽都人也；漢司隸校尉諸葛豐後也。父珪，字君貢，漢末，爲太山郡丞。亮少孤，從父玄，爲袁術所署豫章太守。玄將亮及亮弟均之官。會漢朝更選朱皓代玄，玄素與荆州牧劉表有舊，往依之。玄卒，亮躬耕隴畝，好爲《梁父吟》。身長八尺，每自比于管仲、樂毅，時人莫之許也。惟博陵崔州平、穎川徐庶元直，與亮友善；謂爲信然。時先主屯新野；徐庶見先主，先主器之。謂先主曰："諸葛孔明者，臥龍也；將軍豈願見之乎？"先主曰："君與俱來！"庶曰："此人可就見，不可屈致也。將軍宜枉駕顧之。"由是先主遂詣亮，凡三行乃見。……於是與亮情好日密。關羽、張飛等不悦。先主解之曰："孤之有孔明，猶魚之有水也。願諸君勿復言！"羽、飛乃止。《三國志·諸葛亮傳》。臣本布衣，躬耕南陽；苟全性命于亂世，不求聞達于諸侯。先帝不以臣卑鄙，猥自枉屈，三顧臣于草廬之中，諮臣以當世之事。由是感激，遂許先帝以驅馳。《出師表》。

（二）……由是先主遂詣亮；凡三往乃見。因屏人曰："漢室傾頹，姦臣竊命，主上蒙塵。孤不度德量力，欲信大義於天下；而智術淺短，遂用猖獗，至于今日。然志猶未已；君謂計將安出？"亮答曰："自董卓以來，豪傑並起，跨州連郡者，不可勝數。曹操比於袁紹，則名微而衆寡。然操遂能克紹，以弱爲强者，非惟天時抑亦人謀也。今操已擁百萬之衆，挾天子以令諸侯；此誠不可與爭鋒。孫權據有江東，已歷三世，國險而民附，賢能爲之用；此可與爲援而不可圖也。……"先主至於夏口。亮曰："事急矣！請奉命求救於孫將軍。"時權擁軍在柴桑，觀望成敗。亮説權曰："海内大亂，將軍起兵據有江東。劉豫州亦收衆漢南，與曹操並爭天下。今操芟夷大難，略已平矣。遂破荆州，威震四海。英雄無所用武，故豫州遁逃至此。將軍量力而處之！若能以吳、越之眾，與中國抗衡，不如早與之絕。若不能當，何不案兵束甲，北面而事之。今將軍外託服從之名，而內懷猶豫之計，事急而不斷，禍至無日矣！"權曰："苟如君言，劉豫州何不遂事之乎？"亮曰："田橫，齊之壯士耳；猶守義不辱，況劉豫州王室之冑，英才蓋世，眾士慕仰，若水之歸海。若事之不濟，此乃天也；安能復爲之下乎？"權勃然曰："吾不能舉全吳之地，十萬之眾，受制於人。吾計決矣，非劉豫州莫可以當曹操者，然豫州新敗之後，安能抗此難乎？"亮曰："豫州軍雖敗於長阪；今戰士還者，及關羽水軍，精甲萬人。劉琦合江夏戰士，亦不下萬人。曹操之眾，遠來疲敝；聞追豫州，輕騎一日一夜行三百餘里，此所謂強弩之末，勢不能穿魯縞者也；故兵法忌之曰'必蹶上將軍'。且北方之人，不習水戰；又荊州之民附操者，偪兵勢耳，非心服也。今將軍誠能命猛將，統兵數萬，與豫州協規同力，破操軍必矣。操軍破，必北還。如此則荊、吳之勢強，鼎足之形成矣。成敗之機，在於今日。"權大悅，即遣周瑜、程普、魯肅等水軍三萬隨亮詣先主；并力拒曹公。《三國志・諸葛亮傳》。

　　案：赤壁之役，先主身在行間。然是時之重要關鍵，在于聯吳，吳不協力，先主必不能破曹公。故陳壽上《諸葛氏集表》，特敍之曰："亮時年二十七，乃建奇策，身使孫權，求援吳會。權既宿服仰備，又覩亮奇雅，甚敬重之；即遣兵三萬人以助備。備得用與武帝交戰，大破其軍。"則先主此役之成功，固得孔明外交之助力爲多也。觀其隆中之對，又可見於經猷之素定矣。

　　（三）後備又西取益州。益州既定，以亮爲軍師將軍。備稱尊號，拜亮爲丞相，錄尚書事。及備殂沒，嗣子幼弱，事無巨細，亮皆專之。於是外連東吳，內平南越，立法施度，整理戎旅，工械技巧，物究其極，科教嚴明，賞罰必信，無惡不懲，無美不顯。至於吏不容奸，人懷自勵，道不拾遺，強不侵弱，風化肅然也。陳壽《上諸葛氏集表》。

　　（四）……三年春，亮率眾南征，其秋悉平。軍資所出，國以富饒，乃治戎講武，以俟大舉。五年，率諸軍北駐漢中。……遂行，屯于沔陽。六年春，揚聲由斜谷道取郿，使趙雲、鄧芝爲疑軍，據箕谷。魏大將軍曹真舉眾拒之。亮身率諸軍攻祁山，戎陣整齊，賞罰肅而號令明；南安、天水、安定三郡叛魏應亮；關中響震。魏明帝西鎮長安，命張郃拒亮。亮使馬謖督諸軍在前，與郃戰于街亭。謖違亮節度，舉動失宜，大爲郃所破。亮拔西縣千餘家，還于漢中；戮謖以謝眾。上疏曰："臣以弱命，叨竊非據，親秉旄鉞，以厲三軍。不能訓章明法，臨事而懼，至有街亭違命之闕，箕谷不戒之失，咎皆在臣授任無方。臣明不知人，恤事多闇，春秋責帥，臣職是當。請自貶三等，以督厥咎。”於是以亮爲右將軍，行丞相事，所總統如前。冬，亮復出散關，圍陳倉。曹真拒之，亮糧盡而還。魏將王雙率騎追亮；亮與戰，破之，斬雙。七年，亮遣陳式攻武都、陰平，魏雍州刺史郭淮率衆欲攻式。亮自出至建威，淮退還，遂平二郡。詔策亮曰：“街亭之役，咎由馬謖。而君引愆，深自貶抑，重違君意，聽順所守。前年燿師，馘斬王雙；今歲爰征，郭淮遁走；降集氐、羌，興復二郡，威震凶暴，功勳顯然。方今天下騷擾，元惡未梟；君受大任，幹國之重。而久自抑損，非所以光揚洪烈矣。今復君丞相；君其勿辭！”九年，亮復出祁山，以木牛運，糧盡退軍，與魏將張郃交戰，射殺郃。十二年春，亮悉大衆由斜谷出，以流馬運；據功武、五丈原，與司馬宣王對於渭南。亮每患糧不繼，使己志不伸；是以分兵屯田，爲久住之基。耕者雜於渭濱居民之間，而百姓安堵，軍無私焉。相持百餘日，其年八月，亮疾病，卒于軍，時年五十四。及軍退，宣王案行其營壘處所，曰：“天下奇才也！”《三國志·諸葛亮傳》。

（五）亮性長于巧思，損益連弩；木牛流馬，皆出其意；推演兵法，作八陣圖，咸得其要云。《三國志·諸葛亮傳》。

# 二　淝　水　之　戰

（一）太元八年七月，秦王堅下詔大舉入寇，民每十丁遣一兵，其良家子年二十以下有材勇者，皆拜羽林郎。又曰：“其以司馬昌明即晉主。爲尚書左僕射，謝安爲吏部尚書，桓沖爲侍中，勢還不遠，可先爲起第。”良家子至者三萬餘騎。……八月，戊午，堅遣陽平公融督張蚝、慕容垂等步騎二十五萬爲前鋒。……甲子，堅發長安，戎卒六十餘萬，騎二十七萬，旗鼓相望，前後千里。九月，堅至項城；涼州之兵，始達咸陽；蜀漢之兵，方順流而下；幽、冀之兵，至于彭城。東西萬里，水陸齊進；運漕萬艘。陽平公融等兵三十萬，先至潁口。《通鑑·晉紀》。

（二）詔以尚書僕射謝石爲征慮將軍征討大都督；以徐兗二州刺史謝玄爲前鋒都督；與輔國將軍謝琰、西中郎將桓伊等衆共八萬拒之。使龍驤將軍胡彬以水軍五千援壽陽。是時，秦兵既盛，都下震恐。謝玄入問計於謝安。安夷然曰：“已別有旨。”既而寂然。玄不敢復言；乃令張玄重請。安遂命駕出遊山墅，親朋畢集；與玄圍棋賭墅。安棋常劣於玄；是日玄懼，便爲敵手，而又不勝。安遂游涉，至夜乃還。《通鑑·晉紀》。

（三）冬十月，秦陽平公融等攻壽陽；癸酉，克之。……胡彬聞壽陽陷，退保硤石；融進攻之。秦衛將軍梁成等帥衆五萬屯于洛澗，栅淮以遏東兵。謝石、謝玄等去洛澗二十五里而軍，憚成不敢進。胡彬糧盡，潛遣使告石等曰："今賊盛糧盡，恐不復見大軍。"秦人獲之，送于陽平公融。融馳使白秦王堅曰："賊少易擒，但恐逃去，宜速赴之。"堅乃留大軍于項城，引輕騎八千，兼道就融於壽陽。遣尚書朱序來說謝石等，以爲強弱異勢，不如速降。序私謂石等曰："若秦百萬之衆盡至，誠難以爲敵。今乘諸軍未集，宜速擊之。若敗其前鋒，則彼已奪氣，可遂破也。"石聞堅在壽陽，甚懼，欲不戰以老秦師。謝琰勸石從序言。十一月，謝玄遣廣陵相劉牢之帥精兵五千趨洛澗；未至十里，梁成阻澗爲陳以待之。牢之直前渡水，擊成，大破之，斬成及弋陽太守王詠；又分兵斷其歸津。秦步騎崩潰，爭赴淮水，士卒死者萬五千人；執秦揚州刺史王顯等，盡收其器械軍實。《通鑑·晉紀》。

（四）於是謝石等諸軍，水陸繼進。秦王堅與陽平公融，登壽陽城望之，見晉兵部陣嚴整；又望八公山上草木，皆以爲晉兵。顧爲融曰："此亦勍敵，何謂弱也。"始憮然有懼色。秦兵逼淝水而陳，晉兵不得渡。謝玄遣使謂陽平公融曰："君縣軍深入，而置陳逼水，此乃持久之計，非欲速戰者也。若移陳少却，使晉兵得渡，以決勝負，不亦善乎？"秦諸將皆曰："我衆彼寡，不如遏之，使不得上，可以萬全。"堅曰："但引兵少却，使之半渡；我以鐵騎蹙而殺之，蔑不勝矣。"融亦以爲然，遂麾兵使卻；秦兵遂退，不可復止。謝玄、謝琰、桓伊等引兵渡水擊之；融馳騎略陳，欲以帥退者，馬倒，爲晉兵所殺。玄等乘勝追擊，至於青岡，秦兵大敗；自相蹈藉而死者，蔽野塞川。其走者，聞風聲鶴唳，皆以爲晉兵且至；晝夜不敢息。草行露宿，重以飢凍，死者什七八。初，秦兵少却；朱序在陣後呼曰："秦兵敗矣！"衆遂大奔。序因與張天錫、徐元喜皆來奔，獲秦王堅所乘雲母車。復取壽陽，執其淮南太守郭褒。堅中流矢，單騎走至淮北，飢甚，民有進壺飱豚髀者，堅食之。……堅謂張夫人曰："吾今復何面目治天下乎？"潸然淚下。是時諸軍悉潰；惟慕容垂所將三萬人獨全。堅以千餘騎赴之。……謝安得驛書，知秦兵已敗。時方與客圍棋，攝書置牀上，了無喜色，圍棋如故。客問之，徐答曰："小兒輩遂已破賊。"既罷，還内，過户限，不覺屐齒之折。《通鑑·晉紀》。

案：五胡十六國，事太繁雜，非學生所能理會。十六國中，前以後趙，後以苻秦爲最大。而淝水一戰，尤爲晉室興亡所繫。故取爲授課之中心，當使學者以是爲主，而求其前因後果之關係；則于十六國之大概，可以理會矣。

【附錄】十六國之興亡概略,據《晉書·載記》、《十六國春秋》、《通鑑綱目》,參互考訂,述之如下:

前趙劉淵,新興匈奴人,其先世自以漢姓劉氏。晉武帝初,淵受命爲匈奴五部大都督。永興元年八月,衆推爲大單于,遷左國城。十月,稱漢王。懷帝永嘉二年十月,稱帝。三年正月,復遷平陽。傳劉聰、劉粲二世,靳準篡之。後劉曜自立爲帝,徙都長安,改國號曰趙。晉成帝咸和三年十二月,爲石勒所滅,五主,共二十五年。成漢之先,爲李特,其先巴西宕渠人,再遷至畧陽北土,號爲巴氏。晉惠帝時,特率流民入蜀,攻成都,爲守將羅尚所斬;弟流繼之。流死,特子雄,逐羅尚,并全蜀,以晉惠帝光熙元年六月,建國。傳李班、李期、李壽、李勢四世。晉穆帝永和三年三月,桓溫滅之,五主,共四十二年。

後趙石勒,上黨武鄉羯人。初爲前趙將,劉曜即位,勒亦自立於襄國。晉元帝太興二年十一月,建號趙王。歷石龍、石弘、石世、石遵、石鑒五世,冉閔篡之改稱魏晉。穆帝永和八年四月,爲慕容儁所滅,七主,共三十四年。

前燕之先,爲慕容廆,昌黎棘城鮮卑人;於晉懷帝元年,稱鮮卑大單于。及子皝,以晉成帝咸康三年稱燕王,傳儁,遂稱帝。儁死,子暐嗣,晉帝奕太和五年十一月爲苻堅所滅,三主,共三十七年。

前涼張軌,安定烏氏人。漢常山王張耳十七世孫也。初,晉以張軌爲涼州刺史;及子寔,自稱涼州牧。寔死,傳子駿,及孫重華,以晉穆帝永和五年九月自稱涼王。歷張靈曜、張祚、張玄靖、張天錫四世。晉孝武太元六年七月,爲苻堅所滅,五主,共四十年。

前秦本姓蒲氏,略陽臨渭氏人。蒲洪改姓苻,臣事後趙,及子健以晉穆帝永和七年正月,據關中,稱秦天王。明年,遂稱帝。傳苻生、苻堅、苻丕、苻登,四世。晉孝武帝太元十九年,滅於姚萇。五主,共四十四年。苻堅甚强,混一江北;淝水敗後,乃復分裂。故十六國之事蹟,當以淝水之戰爲關鍵。

後燕慕容垂,皝第五子,初奔秦;苻堅敗,乃建國,以晉孝武帝太元九年正月稱燕王。傳慕容寶、慕容盛、慕容熙三世,寶養子高雲篡之。晉安帝義熙五年十月,雲爲其下所殺,馮跋代之,五主,共二十四年。

後秦之先爲姚弋仲,南安赤亭羌人。永嘉之亂,稱扶風公;後臣事晉。及子襄,爲苻堅所殺,襄弟萇降堅。淝水戰後,萇遂叛。晉孝武帝太元九年,稱秦王。十年,執堅殺之。傳姚興、姚泓二世,爲劉裕所滅,時晉安帝義熙十三年也。三主,共三十二年。

西秦乞伏國仁,隴西鮮卑人。初事苻堅,堅敗遂叛,晉孝武帝太元十年九月稱單于。傳乞伏乾歸、乞伏熾磐、乞伏暮末三世。至宋文帝元嘉八年正月爲夏主赫連定所滅,四主,共二十六年。

後涼吕光,略陽氐人。父名婆樓,爲苻堅大將。堅敗後,光自西域返。涼州刺史梁熙拒光;光擊破之,遂入姑臧,稱涼州牧,以太元十一年十二月建號酒泉公。傳吕纂、吕隆二世,至安帝隆安五年九月,爲姚興所滅,三主,共二十年。

南涼禿髮烏孤,河西鮮卑人。初爲吕光益州牧,晉安帝隆安元年正月,攻涼取金城,自稱西平王。傳利鹿孤、傉檀二弟,至義熙十年五月,爲西秦乞伏熾磐所滅,三主,共十八年。

南燕慕容德,皝之少子也。後燕既亡,乃於晉安帝隆安二年,據滑臺稱燕王。傳兄子超,安帝義熙六年二月,爲劉裕所滅。二主,共十一年。

西涼李暠,隴西狄道人,漢李廣十六世孫。段業時,命爲燉煌太守,晉安帝隆安四年九月,暠自稱涼公,傳子歆,爲沮渠蒙遜所滅,時晉恭帝元熙二年七月也。二主,共二十一年。

北涼沮渠蒙遜,臨松盧水胡人。以晉安帝隆安元年四月叛涼,推段業爲涼州牧。五年五月殺業,自稱張掖公。傳子沮渠茂虔,至宋文帝元嘉十六年降魏。二主,共三十九年。

夏赫連勃勃朔方人劉淵之族。初,事姚興爲安北將軍,鎮朔方。晉安帝義熙三年六月,乃僭號大夏天王。傳子昌,爲魏所擒。昌弟定,自立於平涼,爲吐谷渾所襲,執定,送魏殺之;事在宋文帝元嘉八年六月。三主,凡二十六年。

北燕馮跋長樂信都人,畢萬之後也。仕燕中郎將,義熙五年十月高雲死,跋遂即天王位於昌黎,傳弟宏,至宋文帝元嘉十三年夏,爲魏所滅。二主,合二十八年。

# 三　姚　崇　宋　璟

(一)姚崇字元之,陝州陝石人。……少倜儻,尚氣節;長乃好學,……下筆成章。……先天二年,玄宗講武新豐。故事,天子行幸,牧守在三百里者,得詣行在。時帝亦密召崇;崇至,帝方獵渭濱,即召見。帝曰:"公知獵乎?"對曰:"少所習也。臣年二十,居廣成澤,以呼鷹逐獸爲樂。張憬藏謂臣當位王佐,無自棄;故折節讀書,遂待罪將相。然少爲獵師,老而猶能。"帝悅。與俱馳逐，緩速如旨。帝歡甚。既罷，乃咨天下事，袞袞不知倦。帝曰："卿宜遂相朕。"崇知帝大度，銳于治，乃先設事以堅帝意，即陽不謝。帝怪之。崇因跪奏："臣願以十事聞，陛下度不可行，臣敢辭。"帝曰："試爲朕言之！"崇曰："垂拱以來，以峻法繩下；臣願政先仁恕，可乎？朝廷覆師青海，未有'牽復'之悔；臣願不倖邊功，可乎？比來，壬佞冒觸憲網，皆得以寵自解；臣願法行自近，可乎？后氏臨朝，喉舌之任，出閹人之口；臣願宦豎不與政，可乎？戚里貢獻，以自媚于上，公卿方鎭，寖亦爲之；臣願租賦外，一絶之，可乎？外戚貴主，更相用事，班序荒雜；臣請戚屬不任臺省，可乎？先朝褻狎大臣，虧君臣之嚴；臣願陛下接之以禮，可乎？燕欽蝸、韋月將以忠被罪，自是諍臣沮折；臣願羣臣皆得批逆鱗犯忌諱，可乎？武后造福先寺，上皇造金仙、玉真二觀，費鉅百萬；臣請絶道佛營造，可乎？漢以祿莽、閻、梁，亂天下國家爲甚；臣願推此鑒戒，爲萬代法，可乎？"帝曰："朕能行之。"崇乃頓首謝。翌日拜兵部尚書，同中書門下三品，封梁國公，遷紫微令。固辭實封，乃停舊食，賜新封百戶。……崇嘗於帝前，序次郎吏；帝左右顧，不主其語。崇懼，再三言之，卒不答。崇趨出。內侍高力士曰："陛下新即位，宜與大臣裁可否；今崇亟言，陛下不應，非虛懷納誨者。"帝曰："我任崇以政，大事吾當與決；至用郎吏，崇顧不能，而重煩我耶。"崇聞乃安。由是進賢退不肖，而天下治。《新唐書·姚崇傳》。

　　（二）開元四年，山東大蝗，民祭且拜，坐視食苗，不敢捕。崇奏："《詩》云：'秉彼蟊賊，付畀炎火。'漢光武詔曰：'勉順時政，勸督農桑，去彼螟蜮，以及蟊賊。'此除蝗誼也。且蝗畏人易驅；又田皆有主，使自救其地，必不憚勤；請夜設火坎其旁，且焚且瘞，乃可盡。古有討除不勝者，特人不用命耳。"乃出御史爲捕蝗使，分道殺蝗。汴州刺史倪若水上言："除天災者，當以德。昔劉聰除蝗，不克，而害愈甚。"拒御史不應命。崇移書謂之曰："聰僞主，德不勝祅；今祅不勝德；古者良守，蝗避其境，謂修德可免，彼將無德致然乎？今坐視食苗，忍而不救，因以無年，刺史其謂何？"若水懼，乃縱捕，得蝗十四萬石。時議者喧譁，帝疑，復以問崇。對曰："庸儒泥文不知變；事固有違經而合道，反道而適權者；昔魏世，山東蝗，小忍不除，至人相食。後秦有蝗，草木皆盡，牛馬至相噉毛。今飛蝗所在充滿，加復蕃息；且河南河北家無宿藏，一不穫則流離，安危繫之；且討蝗縱不能盡，不愈於養以遺患乎？"帝然之。黃門監盧懷慎曰："凡天災，安可以人力制也？且殺蟲多必戾和氣，願公思之！"崇曰："昔楚王吞蛭而厥疾瘳，叔敖斷蛇，福乃降。今蝗幸可驅，若縱之，穀且盡，如百姓何？殺蟲救人，禍歸於崇，不以諉公也。"蝗害訖息。《新唐書·姚崇傳》。

（三）……卒年七十二，贈揚州大都督，諡曰文獻。十七年追贈太子太保。崇析資產，令諸子各有定分。治令曰："比見達官之裔多貧困，至銖尺自競，無論曲直，均受嗤詆。田宅水磑，既共有之，至相推倚以頓廢。陸賈、石苞，古達者也，亦先有定分，以絶後爭。昔楊震、趙明、盧植、張奐咸以薄葬，知真識去，身貴速朽耳。夫厚葬之家，流于俗，以奢靡爲孝，令死者戮尸暴骸，可不痛哉！死者無知，自同糞土，豈煩奢葬？使其有知，神不在柩，何用破貲徇侈乎？吾亡，歛以常服，四時衣各一，稱性；不喜冠衣，毋以入墓；紫衣玉帶，足便於體。今之佛經，羅什所譯，姚興與之對飜，而興命不延，國亦隨滅。梁武帝身爲寺奴，齊明太后以六宮入道，皆亡國殄家。近孝和皇帝發使贖生；太平公主、武三思等，度人造寺，身嬰夷戮，爲天下笑。五帝之時，父不喪子，兄不哭弟，致仁壽，無凶短也。下逮三王，國祚延久，其臣則彭祖、老聃，皆得長齡；此時無佛，豈抄經鑄像力邪？緣死喪，造經像以爲追福。夫死者生之常，古所不免，彼經與像，何所施爲？兒曹慎不得爲此！"《新唐書‧姚崇傳》。

（四）宋璟，邢州南和人。……耿介有大節，好學，工文辭。舉進士中第。調上黨尉，爲監察御史。……遷左臺御史中丞。會飛書告張昌宗引相工觀吉凶者；璟請窮治。后曰："易之等已自言於朕。"璟曰："謀反無容以首原，請下吏，明國治。易之等貴寵，臣言之，且有禍；然激於義，雖死不悔。"后不懌。姚璹遽傳詔令出。璟曰："今親奉德音，不煩宰相擅宣王命。"后意解。許收易之等就獄，俄詔原之。勑二張詣璟謝。璟不見曰："公事公言之，若私見，法無私也。"顧左右歎曰："吾悔不先碎豎子首！而令亂國經。"嘗宴朝堂，二張列卿三品，璟階六品居下坐，易之諂事璟，虛位揖曰："公第一人，何下坐？"璟曰："才劣品卑，卿謂第一何邪？"是時朝廷以易之等內寵，不名其官，呼易之五郎，昌宗六郎。鄭善果謂璟曰："公奈何謂五郎爲卿？"璟曰："以官正當爲卿，君非其家奴，何郎之云？"會有喪告滿，入朝，公卿以次謁通禮意，易之等後至，促步前，璟舉笏，却揖唯唯。故積怨，常欲中傷；后知之，得免。《新唐書‧宋璟傳》。

（五）玄宗開元初……徙廣州都督。廣人以竹茅茨屋多火。璟教之陶瓦，築堵，列邸肆；越俗始知棟梁利，而無患災。召拜刑部尚書，四年遷吏部，兼侍中。……累封廣平郡公。廣人爲璟立"遺愛頌"。璟上言："頌所以傳德載功也。臣之治不足記；廣人以臣當國，故爲溢辭，徒成諂諛者；欲釐正之，請自臣始。"有詔許停。《新唐書‧姚崇傳》。

（六）……十七年爲尚書右丞相，而張説爲左丞相，源乾曜爲太子少傅，同日拜。有詔太官設饌，太常奏樂，會百官尚書省吏堂；帝賦三傑詩，自寫以賜。

二十年請致仕，許之。仍賜全祿，退居洛。乘輿東幸，璟謁道左，詔榮王勞問，別遣使賜藥餌。二十五年卒；年七十五，贈太尉，諡文貞。《新唐書·宋璟傳》。

（七）崇尤長吏道，處決無淹思。……資權譎，始爲同州，張說以素憾，諷趙彥昭劾崇。及當國，說懼，潛詣岐王申款。崇它日朝，衆趨出，崇曳踵爲有疾狀。帝召問之。對曰："臣捐足。"曰："無甚痛乎？"曰："臣心有憂，痛不在足。"問以故，曰："岐王陛下愛弟，張說輔臣，而密乘車出入王家，恐爲所誤，故憂之。"於是出說相州。魏知古，崇所引；及同列，稍輕之，出攝史部尚書，知東都選，知古憾焉。時崇二子在洛，通賓客，饋遺憑舊請託，知古歸，悉以聞。他日帝召崇曰："卿子才乎？皆安在？"崇揣知帝意曰："臣二子分司東都；其爲人多欲而寡慎，是必嘗以事干魏知古。"帝始以崇私其子，或爲隱微，以言動之。及聞，乃大喜，問安從得之？對曰："知古臣所薦也，臣子必謂其見德而請之。"帝於是愛崇不私，而薄知古；欲斥之。崇曰："臣子無狀，橈陛下法，而逐知古，外必謂陛下私臣。"乃止。然卒罷爲工部尚書。《新唐書·姚崇傳》。

（八）……璟風度凝遠，人莫涯其量。始自廣州入朝，帝遣内侍楊思勗驛迓之，未嘗交一言。思勗自以將軍貴幸，訴之帝，帝益嗟重。璟爲宰相，務清政刑，使官人皆任職。……張嘉貞後爲相，閱堂按，見其危言切議，未嘗不失聲歎息。《新唐書·宋璟傳》。

（九）宋璟剛正，又過於崇；玄宗素所尊憚，常屈意聽納。故唐史臣稱崇善應變以成天下之務；璟善守文以持天下之正。二人道不同，同歸于治。……唐三百年輔弼者不爲少，獨前稱房、杜，後稱姚、宋。《新唐書·姚崇宋璟傳贊》。

（十）按玄宗姓李名隆基，繼睿宗即皇帝位，改元開元。用姚、宋，天下稱治。蓋唐自太宗定國以來，惟貞觀太宗年號。中，乃稱盛治。高宗庸愚，晚任武氏；及崩，武氏爲政，乃竄殺大臣宗室，改國曰周。及張柬之之徒，擁中宗復位，而韋后穢亂宮中，竟至弑帝。隆基誅韋氏奉睿宗爲帝；於是武韋之亂始定。玄宗即位，政治清明，開元二十九年間，幾與貞觀媲美。然至天寶以後，則楊氏擅寵，安史亂作，天下又見紛擾矣。

# 四　黃巢起兵始末

（一）黃巢，曹州冤句人，世鬻鹽，富于貨，善擊劍騎射，稍通書記，辯給，喜養亡命。咸通末，仍歲饑；盜興河南。乾符二年，濮名賊王仙芝亂長垣，有衆三千，殘曹、濮二州，俘萬人，勢遂張。仙芝妄號大將軍，檄諸道，言吏貪沓，賦重,賞罰不平。宰相恥之;僖宗不知也。其票帥尚君長、柴存、畢師鐸、曹師雄、柳彥璋、劉漢宏、李重霸等十餘輩,所在肆掠。而巢喜亂,即與羣從八人,募衆得數千人以應仙芝;轉寇河南十五州,衆遂數萬。……賊破陽武,圍鄭州不克,蟺聚鄧、汝間。關以東州縣,大抵皆畏賊,嬰城守。故賊放兵四略,殘鄧、復二州,所過焚剽,生人幾盡。官軍急追,則遺貲布路,士爭取之,率逗橈不前。賊轉入申、光,殘隋州,執刺史,據安州。自如分奇兵圍舒,擊廬、壽、光等州。……出入蘄、黄,蘄州刺史裴渥,爲賊求官,約罷兵。仙芝與巢等詣渥飲。未幾,詔拜仙芝左神策軍押牙,遣中人慰撫。仙芝喜;巢恨賞不及己,詢曰:"君降,獨得官,五千衆且奈何,丐我兵,無留。"因擊仙芝,傷首。仙芝憚衆怒,即不受命,劫州兵,渥中人亡去。賊分其衆尚君長入陳、蔡,巢北掠齊、魯,衆萬人入鄆州,殺節度使薛崇;進陷沂州,遂至數萬,縣穎蔡保嵫岈山。是時柳彥璋又取江州,執刺史陶祥。巢引兵復與仙芝合,圍宋州。會自勉案姓張。救兵至,斬賊二千級。仙芝解而南,度漢攻荆南。《新唐書·黄巢傳》。

(二)帝詔崔安潛歸忠武,復起宋威、曾元裕,以招討使還之;而楊復光監軍。復光遣其屬吳彥宏以詔諭賊;仙芝乃遣蔡溫球、楚彥威、尚君長來降;欲詣闕請罪,又遣威書求節度。威陽許之,上言:"與君長戰,禽之。"復光固言其降,命侍御史與中人馳驛。即訊不能明;卒斬君長等于狗脊嶺。仙芝怒,還攻洪州,入其郛,威自將往救,敗仙芝於黄梅,斬賊五萬級,獲仙芝,傳首京師。當此時,巢方圍亳州未下,君長弟讓率仙芝潰黨歸巢;推巢爲王,號衝天大將軍。署拜官屬,驅河南、山南之民十餘萬,掠淮南,建元王霸。《新唐書·黄巢傳》。

(三)巢寇葉、陽翟,欲窺東都。會左神武大將軍劉景仁以兵五千援東都,河南節度使鄭延休兵三千壁河陰。巢兵在江西者,爲鎮海節度使高駢所破。寇新鄭、郟、襄城、陽翟者,爲崔安潛逐走。在浙西者,爲節度使裴璩斬二長,死者甚衆。巢大沮畏,乃詣天平軍乞降,詔授巢右衛將軍。巢度藩鎮不一,未足制己,即叛去。轉寇浙東,執觀察使崔璆。於是高駢遣將張潾、梁纘攻賊,破之。賊收衆踰江西,破虔、吉、饒、信等州,因刊山開道七百里,直趨建州。初,軍中謠曰:"逢儒則肉,師必覆。"巢入閩,俘民紿稱儒者,皆釋,時六年三月也。僖路圍福州,觀察使韋岫戰不勝,棄城遁。賊入之,焚室廬,殺人如薙。過崇文館校書郎黄璞家,令曰:"此儒者,滅炬弗焚。"……是時閩地諸州皆没,有詔高駢爲諸道行營都統以拒賊。巢陷桂管,進寇廣州,詒節度使李迢書,求表爲天平節度,又脅崔璆言于朝,宰相鄭畋欲許之,盧攜、田令孜執不可。巢又丐安南都護、廣州節度使。書聞,右僕射于綜議:"南海市舶利不貲,賊得益富而國用屈。"乃拜巢率府率。巢見詔大詬,急攻廣州,執李迢,自號義軍都統。露表告將入關,因詆宦豎柄朝,垢蠹紀綱,指諸臣與中人賂遺交構狀,銓貢失才,禁刺史殖財產,縣令犯贓者族,皆當時極敝。……會賊中大疫,衆死什四,遂引北還。自桂編大桴,沿湘下衡、永,破潭州。李係走朗州,兵十餘萬殲焉。投胾蔽江,進逼江陵,號五十萬。……會江西招討使曹全晸與山南東道節度使劉巨容壁荊門,使沙陀以五百騎釘彎藻轓,望賊陳縱而遁,賊以爲怯。明日諸將乘以戰,而馬識沙陀語,呼之輒奔還,莫能禁。官兵伏于林,鬭而北,賊急追,伏發,大敗之,執賊渠十二輩。巢懼,度江東走,師促之,俘什八;鐸招漢宏降之。或勸巨容窮追,答曰:"國家多負人,危難不吝賞,事平則得罪;不如留賊冀後福。"止不追。故巢得復整,攻鄂州,入之。全晸將渡江,會有詔以段彥謨代其使,乃止。巢畏襲,轉掠江西,再入饒、信、杭州,衆至二十萬,攻臨安。……還殘宣、歙等十五州。廣明元年……陷睦、婺二州,又取宣州,……濟采石,侵揚州,……悉衆度淮,妄稱率土大將軍,整衆不剽掠,所過惟取丁壯益兵。李罕之犯申、光、潁、宋、徐、兗等州,吏皆亡。巢自將攻汝州,欲薄東都。當是時,天子沖弱,怖而流涕。宰相更共建言,悉神策并關門諸節度兵十五萬,守潼關。田令孜請自將而東,然內震擾,前說帝以幸蜀事。帝自幸神策軍,擢左軍騎將張承範爲先鋒,右軍步將王師會督糧道,以飛龍使楊復恭副令孜,於是募兵京師得數千人。當是時,巢已陷東都,留守劉允章以百官迎戰。巢入,勞問而已,里閭晏然。帝餞令孜章信門,賚遺豐優。然衞兵皆長安高貲,世籍兩軍,得稟賜,侈服怒馬以詫權豪,初不知戰。聞科選,皆哭于家,陰出貲雇販區病坊以備行陣,不能持兵,觀者寒毛以慄。承範以彊弩三千防關,辭曰:"禄山率兵五萬陷東都,今賊衆六十萬,過禄山遠甚,恐不足守。"帝不許。賊進取陝、虢,檄關戍曰:"吾道淮南,逐高駢如鼠走穴,爾無拒我。"神策兵過華,裹三日糧,不能飽,無鬭志。十二月,巢攻關,齊克讓以其軍戰關外,賊少卻。俄而巢至,師大譟,川谷皆震。時士饑甚,潛燒克讓營,克讓走入關。承範出金諭軍中曰:"諸君勉報國,救且至!"士感泣,拒戰。賊見師不繼,急攻關。王師矢盡,飛石以射。巢驅民內壍,火關樓皆盡。始,關左有大谷,禁行人,號禁谷。賊至,令孜屯關,而忘谷之可入。尚讓引衆趨谷;承範惶遽,使師會以勁弩八百邀之。比至,而賊已入。明日,夾攻關,王師潰,師會欲自殺。承範曰:"吾二人死,孰當辯者。不如見天子以實聞,死未晚。"乃羸服逃。始,博野、鳳翔軍,過渭橋,見募軍服鮮燠。承怒曰:"是等何功,遽然至是。"更爲賊鄉導,前賊歸,焚西市。帝類郊祈哀,會承範至,具言不守狀。帝黜宰相盧攜,方朝而傳言賊至,百官奔。令孜以神策兵五百,奉帝趨咸陽。惟福、穆、潭、壽四王與妃御一二從,中人西門匡範統右軍以殿。《新唐書·黄巢傳》。

（四）巢以尚讓爲平唐大將軍,蓋洪、費全古副之,賊衆皆被髮錦衣,大抵輜重自東都抵京師,千里相屬。金吾大將軍張直方,與羣臣迎賊灞上。巢乘黄金輿,衛者皆繡袍華幘;其黨乘銅輿以從,騎士凡數十萬先後之。陷京師,入自春明門,升太極殿,宮女數千迎拜,稱“黄王”。巢喜曰:“殆天意歟?”巢舍田令孜第。賊見窮民,抵金帛與之。尚讓即安曉人曰:“黄王非如唐家,不惜而輩,各安毋恐!”甫數日,因大掠,縛箠居人,索財,號“淘物”。富家皆跣而驅。賊酋閲甲第以處,爭取人妻女亂之,捕得官吏,悉斬之,火廬舍不可貲,宗室侯王,屠之無類矣。巢齋太清宮,卜日舍含元殿,僭即位,號大齊。求袞冕不得,繪弋綈爲之,無金石樂,擊大鼓數百,列長劍大刀爲衛。大赦,建元爲金統。王官三品以上停,四品以下還之。因自陳符命,取“廣明”字,判其文曰“唐去丑口而著黄,明黄當代唐,又黄爲土,金所生,蓋天啓”云。其徒上巢號,承天廣運啓聖睿文宣武皇帝,以妻曹爲皇后。……下令軍中,禁妄殺人,悉輸兵于官。然其下本盜賊,皆不從。召王官,無有至者,乃大索里閭,豆盧瑑、崔沆等匿永寧里張直方家。直方者,素豪傑,故士多依之。或告賊納亡命者,巢攻之,夷其家。瑑、沆及大臣劉鄴、裴諗、趙濛、李溥、李湯死者百餘人,將作監鄭綦、郎官鄭係舉族縊。……巢使朱温攻鄧州陷之,以擾荆襄。遣林言、尚讓寇鳳翔,爲鄭畋將宋文通所破,不得前。《新唐書·黄巢傳》。

（五）……王鐸使鴈門節度使李克用破賊于渭南,承制拜東北行營都統。會鐸與安潛皆罷,克用獨引軍自嵐、石出夏陽,屯沙苑,破黄揆軍,遂營乾阬。二月,合河中、易定、忠武等兵擊巢,巢命王璠、林言軍居左,趙璋、尚讓軍居右,衆凡十萬,與王師大戰梁田陂。賊敗,執俘數萬,僵胔三十里,欲爲京觀。璠與黄揆襲華州,據之。遇亡去,克用掘塹環州,分騎屯渭北,命薛志勤、康若立夜襲京師,火廥聚,俘賊而還。巢戰數不利,軍食竭,下不用命,陰有遁謀。即發兵三萬,擁藍田道,使尚讓援華州。克用率重榮迎戰零口,破之,遂拔其城;揆引衆出走。涇原節度使張鈞説蕃、渾與盟,共討賊。是時,諸鎮兵四面至。四月,克用遣部將楊守宗,率河中將白志遷、忠武將龐從等最先進,擊賊渭橋。三戰,賊三北。於是諸節度兵皆奮,無敢後,入自光泰門,克用身決戰,呼聲動天,賊崩潰逐北。至望春,入昇陽殿闥。巢夜奔,衆猶十五萬,聲趨徐州;出藍田,入商山,委輜重珍貨於道。諸軍爭取之,不復追;故賊得整軍去。《新唐書·黄巢傳》。

（六）巢已東，使孟楷攻蔡州，節度使秦宗權迎戰，大敗，即臣賊，與連和。楷擊陳州，敗死，巢自圍之。畧鄧、許、孟、洛，東入徐、兗數十州。人大饑，倚死墻塹。賊俘以食，日數千人。乃辦列百巨碓，糜骨皮於臼，并啖之。《新唐書·黃巢傳》。

（七）時朱全忠爲宣武節度使，與周岌、時溥，帥師救陳，趙犫亦乞兵太原。巢遣宗權攻許州，未克；於是糧竭，木皮草根皆盡。四年二月，李克用率山西兵由陝濟河而東，會關東諸鎮，壁汝州。全忠擊賊瓦子堡，斬萬餘級；諸軍破尚讓於太康，亦萬級，獲械鎧馬羊萬計。又敗黃鄴於西華，鄴夜遁。巢大恐，居三日，軍中相驚，棄壁走；巢退營故陽里。其五月，大雨，震電，川谿皆暴溢，賊壘盡壞，衆潰，巢解而去。全忠進戍尉氏，克用追巢，全忠還汴州。巢取尉氏，攻中牟，兵度水半，克用擊之，賊多溺死。巢引殘衆，走封丘，克用追敗之，還營鄭州。巢涉汴，北引，夜復大雨，賊驚潰。克用聞之，急擊巢河瀕。巢度河攻汴州；全忠拒守，克用救之，斬賊驍將李周、楊景彪等。巢夜走胙城，入冤句，克用悉軍窮躡，賊將李讜、楊能、霍存、葛從周、張歸霸、張歸厚往降全忠，而尚讓以萬人歸時溥。巢愈猜忿，屢殺大將。引衆奔兗州，克用追至曹，巢兄弟拒戰不勝，走兗、鄆間，獲男女牛馬萬餘、乘輿器服等，禽巢愛子。克用軍晝夜馳，糧盡，不能得巢，乃還。《新唐書·黃巢傳》。

（八）巢衆僅千人，走保太山。六月，時溥遣將陳景瑜與尚讓追戰狼虎谷。巢計蹙，謂林言曰：“我欲討國姦臣，洗濯朝廷，事成不退，亦誤矣。若取吾首獻天子，可得富貴，毋爲它人利！”言，巢出也，不忍。巢乃自刎，不殊；言因斬之，及兄存、弟鄴、揆、欽、秉、萬通、思厚，并殺其妻子，悉函首，將詣溥。而太原博野軍殺言，與巢首俱上溥，獻于行在，詔以首獻於廟。《新唐書·黃巢傳》。

# 五　石敬瑭媚外求榮

（一）石敬瑭遣間使求救於契丹，令桑維翰草表稱臣於契丹主；且請以父禮事之。約事捷之日，割盧龍一道，及雁門關以北諸州與之。劉知遠諫曰：“稱臣可矣，以父事之太過。厚以金帛賂之，自足致其兵，不必許以土田；恐異日大爲中國之患，悔之無及。”敬瑭不從。表至契丹，契丹主大喜，白其母曰：“兒比夢石郎遣使來，今果然，此天意也。”乃爲復書，許俟仲秋，傾國赴援。《通鑑·後晉紀》。

（二）……朝廷以帝不奉詔，降制削奪官爵。即詔晉州刺史，北面副招討使張敬達，領兵圍帝於晉陽。帝尋命桑維翰詣諸道求援。契丹遣人復書諾之，約以中秋赴義。……九月辛丑，契丹主率衆自雁門而南，旌騎不絕，五十餘里。先使人報帝云：「吾欲今日便破賊，可乎！」帝使人馳告曰：「皇帝赴難，比要成功，賊勢至厚，可明旦穩審議戰；未爲晚也。」使未達，契丹已與南軍騎將高行周、符彥卿等合戰。時張敬達、楊光遠列陣西山下，士未及成伍；而行周、彥卿爲伏兵所斷，舍軍而退。敬達等步兵大敗，死者萬人。是夜帝出北門，與契丹主相見，契丹主執帝手曰：「恨會面之晚。」因論父子之義。明日，帝與契丹圍敬達營寨，南軍不復出矣。……十一月，契丹主會帝於營中曰：「我三千里赴義，事須必成。觀爾體貌恢廓，識量深遠，真國主也。天命有屬，時不可失，欲徇蕃漢羣議，册爾爲天子。」帝飾讓久之。既而諸軍勸請相繼，乃命築壇於晉陽城南，册帝爲大晉皇帝，契丹主解衣冠授焉。文曰：「維天顯九年，歲次丙申，十一月丙戌，朔，十二日丁酉，大契丹皇帝若曰：於戲！元氣肇開，樹之以君。天命不恆，人輔惟德。故商政衰而周道盛，秦德亂而漢圖昌。人事天心，古今靡異。咨爾子晉王，神鍾睿哲，天贊英雄，叶夢日以儲祥；應澄河而啟運。迨事數帝，歷試諸艱。武略文經，迺由天縱。忠規孝節，固自生知。猥以眇躬，奄有北土。暨明宗之享國也，與我先哲王保奉明契，所期子孫順承，患難相濟；丹書未泯，白日難欺。顧予纂承，匪敢失墜。爾惟近戚，實係本枝。所以予視爾若子，爾待予猶父也。朕昨以獨夫從珂，本非公族，竊據寶圖；棄義忘恩，逆天暴物；誅翦骨肉，離間忠良，聽任矯諛，威虐黎獻；華夷震悚，內外崩離。知爾無辜，爲彼致害，敢徵衆旅，來逼嚴城。雖併吞之志甚堅，而幽顯之情何負；達予聞聽，深激憤驚；乃命興師，爲爾除患。親提萬旅，遠殄羣凶。但赴急難，罔辭艱險。果見神祇助順，卿士協謀；旗一麾而棄甲平山，鼓三作而僵尸徧野。雖以遂予本志，快彼羣心，將期稅駕金河，班師玉塞。矧今中原無主，四海未寧，茫茫生民，若墜塗炭；況萬幾不可以暫廢，大寶不可以久虛，拯溺救焚，當在此日。爾有庇民之德，格於上下；爾有勘難之勳，光於區宇；爾有無私之行，通乎神明；爾有不言之信，彰乎兆庶予懋乃德，嘉乃丕績，『天之曆數在爾躬』，是用命爾，當踐皇極。仍以爾自兹并土，首建義旗，宜以國號曰晉。朕永與爲父子之邦，保山河之誓。於戲！補百王之闕禮，行兹盛典；成千載之大義，遂我初心。爾其永保兆民，勉持一德，慎乃有位，允執厥中，亦惟無疆之休，其誠之哉！」禮畢，帝鼓吹導從而歸。……是日，帝言於契丹主，願以雁門以北，及幽州之地爲壽，仍約歲輸帛三十萬，契丹主許之。《舊五代史·晉書·高祖紀》。

（三）……後唐廢帝清泰三年,徙敬瑭鎮太平。敬瑭不受命,謂其屬曰：
"先帝授吾太原使老焉。今無故而遷,是疑吾反也。且太原地險而粟多,吾當
內檄諸鎮,外求援於契丹乎?"桑維翰、劉知遠等,共以爲然,乃上表論廢帝不
當立,請立許王從益爲明宗嗣。廢帝下詔削奪敬瑭官爵,命張敬達等討之。
敬瑭求援於契丹,……耶律德光入自雁門,與唐兵戰。敬達大敗。敬瑭夜出
北門,見耶律德光,約爲父子。十一月丁酉,皇帝即位,國號晉。以幽、涿、薊、
檀、順、瀛、莫、蔚、朔、雲、應、新、媯、儒、武、寰州,入於契丹。《五代史·晉本紀》。

（四）幽、今京兆。涿、今直隸涿縣。薊、今直隸薊縣。檀、今直隸密雲縣。順、今直隸順
義縣。瀛、今直隸河間縣。莫、今直隸肅寧縣。蔚、今直隸蔚縣。朔、今山西朔縣。雲、今山西
大同縣。應、今山西應縣。新、今直隸涿鹿縣。媯、今直隸懷來縣。儒、今直隸延慶縣。武、今
直隸宣化縣。寰、今山西朔縣東。此十六州,東以幽州,西以雲州,形勢最重,故稱
燕、雲十六州。

（五）初,趙德鈞陰蓄異志,欲因亂取中原,……引兵北屯團柏谷口。……
契丹主雖軍柳林,其輜重老弱,皆在虎北口。每日暝,輒結束以備倉猝遁逃。
而趙德鈞欲倚契丹取中國;至團柏逾月,按兵不戰。……趙延壽按：德鈞子。獻契
丹主所賜詔,及甲馬弓劍。按：獻唐廢帝也。詐云德鈞遣使致書於契丹主,爲唐結
好,說令引兵歸國。其實別爲密書,厚以金帛賂契丹主云："若立己爲帝,請即
以現兵南平洛陽,按：唐都。與契丹爲兄弟之國;仍許石氏常鎮河東。"契丹主自
以深入敵境,晉安未下,按：唐將張敬達等守之。德鈞兵尚強,范延光按：唐將。在其
東,又恐山北諸州,注謂雲、應、寰、朔等……按：皆唐境也。邀其歸路,欲許德鈞之請。
帝按,謂敬瑭,時已被立爲帝矣。聞之大懼,亟使桑維翰見契丹主,說之曰："大國興
義兵以救孤危,一戰而唐兵瓦解,退守一柵,食盡力窮。趙北平父子,按：德鈞封
北平王,故云。不忠不信。畏大國之彊,且素蓄異志,按兵觀變,非以死徇國之
人,何足可畏。而信其誕妄之辭,貪毫末之利,棄垂成之功乎? 且使晉得天
下,將竭中國之財,以奉大國,豈此小利之比乎?"契丹主曰："爾見捕鼠者乎?
不備之,猶或齧傷其手;況大敵乎?"對曰："今大國已扼其喉,安能齧人乎?"契
丹主曰："吾非有渝前約也;但兵家權謀,不得不爾。"對曰："皇帝以信義救人
之急,四海之人,俱屬耳目。奈何二三其命,使大義不終;臣竊爲皇帝不取
也。"跪於帳前,自旦至暮,涕泣爭之。契丹主乃從之。指帳前石謂德鈞使者
曰："我已許石郎,此石爛可改矣。"《通鑑·後晉紀》。

（六）晉安寨被圍數月,……援兵竟不至。張敬達性剛,時謂之"張生鐵"。
楊光遠、安審琦勸敬達降於契丹。敬達不從。……光遠乘其無備,斬敬達首,

帥諸將上表降於契丹。……契丹以其將高謨翰爲前鋒，與降卒皆進。丁卯，至團柏，與唐兵戰。趙德鈞、趙延壽先遁，……士卒大潰。……趙德鈞、趙延壽奔潞州。……甲戌，帝與契丹主至潞州，德鈞父子迎謁於高河，契丹主……鎖德鈞、延壽送歸其國。……帝至河陽，萇從簡迎降，舟楫已具。彰聖軍執劉在明以降。……唐……將校皆已飛狀迎帝。帝慮唐主西奔，遣契丹千騎扼澠池。辛巳，唐主與曹太后、劉皇后雍王重美，及宋審虔等，携傳國寶，登玄武樓，自焚。《通鑑·後晉紀》。

（七）是歲，按：後晉天福二年。契丹改元會同國，號大遼。公卿庶官，皆倣中國，參用中國人，以趙延壽爲樞密使，尋兼政事令。《通鑑·後晉紀》。

（八）帝上尊號於契丹主，及太后。戊寅，以馮道爲太后册禮使，左僕射劉煦爲契丹主册禮使，備鹵簿、儀仗、車輅，詣契丹行禮；契丹主大悅。帝事契丹甚謹，奉表稱臣，謂契丹主爲父皇帝。每契丹使至，帝於別殿拜受詔敕；歲輸金帛三十萬之外，吉凶廢弔，歲時贈遺，玩好珍異，相繼於道。乃至應天太后、元帥、太子偉王、南北二王、韓延徽、趙延壽等，諸大臣，皆有賂。小不如意，輒來責讓，帝常卑辭謝之。晉使者至契丹；契丹驕倨多不遜語。使者還以聞，朝野咸以爲恥；而帝事之曾無倦意。《通鑑·後晉紀》。

（九）契丹以晉招納吐谷渾，遣使來讓。帝憂悒不知爲計。五月己亥，始有疾。……帝寢疾，一日，馮道獨侍，帝命幼子重睿出拜之，又令宦者抱重睿，置道懷中；其意蓋欲道輔立之。六月乙丑，帝殂。道與天平節度使侍衛馬步都虞候景延廣議，以國家多難，宜立長君；乃奉廣晉尹齊王重貴爲嗣。是日，齊王即皇帝位。《通鑑·後晉紀》。

（十）帝之初即位也，大臣議奉表稱臣，告哀於契丹。景延廣請致書稱孫而不稱臣。……契丹大怒，遣使來責讓。《通鑑·後晉紀》。初，河陽牙將喬榮，從趙延壽入契丹；契丹以爲回圖使；往來販易於晉，置邸大梁。及契丹與晉有隙，景延廣説帝囚榮於獄，悉取邸中之貨。……大臣言契丹有大功，不可負。戊子，釋榮慰賜而歸之。榮辭延廣，延廣大言曰："歸語而主，先帝爲北朝所立，故稱臣奉表。今上乃中國所立，所以降志於北朝者，正以不敢忘先帝盟約故耳。爲鄰，稱孫足矣，無稱臣之理。北朝皇帝，勿信趙延壽誑誘，輕侮中國。中國士馬，爾所目睹，翁怒則來戰；孫有十萬横磨劍，足以相待。他日爲孫所敗，取笑天下，毋悔也。"……榮具以白契丹主。契丹主大怒，入寇之志始決。《通鑑·齊王上》。

（十一）天福十二年春正月丁亥朔，百官遥辭晉主於城北。乃易素服紗帽,迎契丹主。伏路側請罪。契丹主貂帽貂裘,衷甲駐馬高阜,命起,改服撫慰之。左衛上將軍安叔千,獨出班胡語。契丹主曰:"汝安沒字耶?安叔千狀貌堂堂,而不通文字,所爲鄙陋,人謂之沒字碑。汝昔鎮邢州,已累表輸誠,我不忘也。"叔千拜謝,呼躍而退。晉主與太后已下迎於封丘門外,契丹主辭不見。契丹主入門,民皆驚呼而走。契丹主登城樓,遣通事諭之曰:"我亦人也;汝曹勿懼! 會當使汝曹蘇息! 我無心南來,漢兵引我至此耳。"《通鑑·後漢紀高祖皇帝上》。按所謂"漢兵引我至此",指晉降將杜威、唐降將趙延壽等也。

(十二)……契丹主廣受四方貢獻,大縱酒作樂。每謂晉臣曰:"中國事我皆知之;吾國事汝曹不知也。"趙延壽請給上國兵廩食。契丹主曰:"吾國無此法。"乃縱胡騎四出,以牧馬爲名,分番剽掠,謂之"打草穀"。丁壯斃於鋒刃,老弱轉於溝壑,自東西兩畿,按,指開封、洛陽間。及鄭、滑、曹、濮數百里間,財畜殆盡。契丹主謂判三司劉昫曰:"契丹兵三十萬,既平晉國,應有優賜,速宜營辦。"時府庫空竭,昫不知所出,請括借都城按今開封。士民錢帛;自將相以下皆不免。又分遣使者數十人,詣諸州括借,皆迫以嚴誅,人不聊生。其實無所頒給,皆蓄之內庫,欲輦歸其國。於是內外怨憤,始患苦契丹,皆思逐之矣。《通鑑·後漢紀高祖皇帝上》。

# 六　宋真宗天書封禪

(一)二十二年,按:統和年,當宋真宗景德元年。……攻破德清軍,……次於澶淵。……乙亥,攻破通利軍。……宋遣崇儀副使曹利用請和,即遣飛龍使韓杞持書報聘。……宋遣李繼昌請和,以太后爲叔母,願歲輸銀十萬兩,絹二十萬匹。許之,即遣閤門使丁振持書報聘。己丑,詔諸軍解嚴。是月十二月班師。《遼史·聖宗紀》。按:是謂"澶淵之盟"。

(二)……河北罷兵,準之力也。……準頗自矜澶淵之功。……王欽若深嫉之。一日會朝,準先退,帝目送之。欽若因進曰:"陛下敬寇準,爲其有社稷功耶?"帝曰:"然!"欽若曰:"澶淵之役,陛下不以爲恥,而謂準有社稷功,何也?"帝愕然,曰:"何故?"欽若曰:"城下之盟,春秋恥之。澶淵之舉,是城下之盟也。以萬乘之貴,而爲城下之盟,何恥如之?"帝愀然爲之不悅。《宋史·寇準傳》。

(三)真宗恥澶淵之盟爲城下之盟,怏怏不樂。他日問王欽若曰:"今將何以滌此恥耶?"欽若善測人主喜怒,先意迎合,輒不失累黍。揣帝意厭兵,即謬曰：“陛下唯有以兵取幽、薊，乃可洗此恥耳。”帝曰：“河朔生靈，甫脫鋒鏑，吾不忍復驅之死地。卿盍爲我更思其次！”欽若曰：“陛下苟不欲用兵，則當爲大功業，庶可以鎮服四海，誇示戎狄也。”帝曰：“何謂大功業？”欽若曰：“封禪是矣。然封禪必得天瑞乃可，天瑞安可必得？蓋有以人力爲之者矣；陛下以爲《河圖》、《洛書》果有其事乎？聖人‘以神道設教’耳。”帝默然。久之曰：“第恐王旦以爲不可耳。”欽若曰：“臣請以聖意諭之，宜無不可。”遂乘間爲旦言之，旦唯唯而已，未示可否也。帝亦猶豫未決。一日晚幸祕閣，惟杜鎬方直宿，鎬故帝傅也，帝驟問之曰：“卿博通墳典，所謂河出《圖》洛出《書》者，果何事耶？”鎬不測帝旨，漫應曰：“此聖人以神道設教耳。”帝以其言與欽若合，意遂決。明日召王旦飲酒便殿，盡歡而罷。賜以尊酒曰：“此酒極佳，歸與妻孥共之！”旦持歸發視，皆明珠也。旦自是不復敢持異議，而天書封禪之事雜然並作矣。欽若之計既行，朝臣如陳彭年、陳堯叟、丁謂及杜鎬之徒，益以經義附和其說；士大夫希榮梯進者，爭言祥瑞，以希帝旨。獨龍圖閣待制孫奭，侃直不少阿，數言祥瑞之不經，帝深憚之。大中祥符元年正月朔，帝謂羣臣曰：“朕去歲十一月二十七日，夜將半，方就寢，忽一室明朗；驚視之，則有一神人，星冠絳衣，告我曰：‘來月三日，宜於正殿建黃籙道場。匝月，當降天書《大中祥符》三篇。’朕悚然起對，已復不見。自去月之朔，即蔬食齋戒，建道場以佇天貺。昨皇城司果奏，左承天門南角，有黃帛曳於鴟尾之上，潛命中使往視，歸奏云：‘帛長二丈許，緘一物如書卷。纏以青縷三道，封處隱隱有字。’此豈非神人所謂天降之書耶？”宰臣王旦以下皆再拜稱賀。帝即步至承天門，瞻望再拜，遣二內侍升屋奉之以下，旦跪進，帝拜受之。親奉安輿，導至道場，授陳堯叟啓視之，帛上有文曰：“趙受命，興於宋，付於眘，居其器，守於正，世七百，九九定。”去帛啓緘，果有書三卷，字類科斗；命堯叟讀之，詞類《洪範》、《道德經》。言帝能以孝道紹祖德，而勉以清淨節儉，終述世祚延久之意。讀訖，藏之金縢。於是羣臣入賀；帝與宰執皆蔬食，遣官告祭天地宗廟社稷。大赦改元，東京賜酺五日。既而兗州父老呂良等千二百八十七人，及諸道貢舉之士八百四十六人，詣闕請封禪泰山。帝謬爲謙讓，未許。已而王旦以下二萬四千三百七十五人，上表請不已，始詔以是歲十月有事於泰山。孫奭言於帝曰：“以臣愚所聞，天何言哉？安得有書也？”帝爲默然。自是之後，天書凡三降。祥符四年降內中功德閣，又王欽若言泰山亦降天書，帝復以夢神說之。諸州上芝草、嘉禾、瑞木三脊茅者，不可勝紀。趙安仁至獻芝草八千餘本，舉國若狂，祠祀不已，而土木繼之。欽若眷遇日隆，與丁謂、陳彭年、林特及宦者劉承珪，中外相結,導帝大修宮觀,爲《玉清昭應宮》以奉天書,規模宏麗。據《宋史·本紀、禮志、王旦傳、王欽若傳、丁謂傳》及《續通鑑·宋紀》撮聚。

（四）按:史稱帝王生時往往有異徵,而其相亦不與常人同。漢高祖微時,行芒碭山中,有白蛇當道,斬之有老嫗哭於路隅曰:"赤帝子斬吾白帝子。"見於《史記》。王莽偽作符命篡漢。詳下卷漢武帝重儒術信神仙參考書。光武中興尤信讖緯,至於與六經同重,謂之《緯書》。《宋書》有《祥瑞志》,歷代禎祥,史書不絕。洪憲中,袁世凱謀稱帝,湖北有石龍發現,而羣臣且以爲祥。祥瑞符命,蓋亦與帝王終始,皆欲以神道設教,俾人之仰之耳。觀《史記·陳涉傳》夜篝火作狐鳴,稱陳涉當王,則可憬然於前世野心家愚民之術也。

# 七　厓山之戰

（一）文天祥,字宋瑞,又字履善,吉之吉水人也。……年三十七,咸淳九年起爲湖南提刑,……改知贛州。德祐初,江上報急,詔天下勤王。天祥捧詔涕泣,使陳繼周發郡中豪傑,并結溪峒蠻,使方興召吉州兵。諸豪傑皆應,有衆萬人。事聞,以江西提刑安撫使,召入衛,其友止之曰:"今大兵三道皷行,破郊畿,薄內地,君以烏合萬餘赴之,是何異驅羣羊而搏猛虎。"天祥曰:"吾亦知其然也。第國家養育臣庶,三百餘年,一旦有急,徵天下兵,無一人一騎入關;吾深恨於此,故不自量力,而以身狗之。庶天下忠臣義士,將有聞風而起者! 義勝者謀立,人衆者功濟,如此則社稷猶可保也。"天祥性豪華,平生自奉甚厚,聲伎滿前,至是痛自貶損,盡以家貲爲軍費。……八月,天祥提兵至臨安,除知平江府。……十月,天祥入平江,大元兵已發金陵。……破常州,入獨松關。……召天祥棄平江,守餘杭。明年正月,除知臨安府。未幾,宋降。……仍除天祥樞密使,尋除右丞相兼樞密使,如軍中請和。與大元丞相伯顏,抗論皋亭山。丞相怒拘之。……北至鎮江,天祥與其客杜滸十二人,夜亡入真州。……即以書遺二制置,遣使四出約結。……以兵二十人道之揚。……乃東入海。道遇兵,伏環堵中,得免。然亦饑莫能起,從樵者乞得餘糁羹。行入板橋,兵又至,衆走伏叢篠中。兵入索之,執杜滸金應而去。虞候張慶矢中目,身被二創。天祥偶不見獲。滸、應解所懷金,與卒,獲免。募二樵者,以簀荷天祥。至高郵,汎海至溫州。聞益王未立,乃上表勸進,以觀文殿學士侍讀。召至福,拜右丞相。……七月,乃以同都督出江西,遂行,收兵入汀州。……至元十四年正月,大元兵入汀州,天祥遂移漳州乞入衛。……

四月，入梅州，……五月，出江西，入會昌。六月，入興國縣。……豪傑皆遣人如軍中受約束。江西宣慰使李恆，遣兵援贛州，而自將兵攻天祥於興國。天祥不意恆兵猝至，乃引兵走，即鄒灃於永豐。灃兵先潰，恆窮追天祥方石嶺，鞏信拒戰，箭被體，死之。至空坑，軍士皆潰；天祥妻妾子女，皆見執。時賞<sub>按：</sub><sub>趙時賞。</sub>坐肩輿後，兵問謂誰？時賞曰："我姓文。"衆以爲天祥，禽之而歸；天祥以此得逸去。……天祥收殘兵，奔循州，駐南嶺；黎貴達潛謀降，執而殺之。至元十五年三月，進屯麗江浦。六月，入船澳。益王殂，衛王繼立。天祥上表自劾，乞入朝，不許。八月，加天祥少保，信國公。軍中疫且起，兵士死者數百人。天祥惟一子，與其母皆死。十一月，進屯潮陽縣。……十二月，……元帥張弘範兵濟潮陽。天祥方飯五坡嶺，張弘範兵突至；衆不及戰，皆頓首伏草莽。天祥倉皇出走，千户王惟義前執之。天祥吞腦子不死。……至潮陽，見弘範，左右命之拜，不拜；弘範遂以客禮見之；與俱入厓山。使爲書招張世傑。天祥曰："吾不能扞父母，乃教人叛父母，可乎？"索之固，乃書所過《零丁洋》詩與之。其末有云："人生自古誰無死，留取丹心照汗青。"弘範笑而置之。厓山破，軍中置酒大會。弘範曰："國亡，丞相忠孝盡矣，能改心以事宋者事皇上，將不失爲宰相也。"天祥泫然出涕曰："國亡不能救，爲人臣者，死有餘罪；況敢逃其死，而二其心乎？"弘範義之，遣使護送天祥至京師。天祥在道不食八日，不死，即復食。至燕，館人供張甚盛。天祥不寢處，坐達旦，遂移兵馬司，設卒以守之。……天祥在燕凡三年，上知天祥終不屈也，與宰相議釋之。有以天祥起兵江西事爲言者，不果釋。至元十九年，有閩僧言土星犯帝坐，疑有變。未幾，中山有狂人，自稱宋主，有兵千人，欲取文丞相。京城亦有匿名書，言其日燒蓑城葦，率兩翼兵爲援，丞相可無憂者。時盜新殺左丞相阿合馬；命撤城葦，遷瀛國公<sub>按：故宋帝也。</sub>及宋宗室開平。疑丞相者，天祥也；召入諭之曰："汝何願？"天祥對曰："天祥受宋恩，爲宰相，安事二姓？願賜之一死足矣。"然猶不忍。遽麾之退；言者力贊從天祥之請，從之。俄有詔使止之，天祥死矣。天祥臨刑殊從容，謂吏卒曰："吾事畢矣！"南鄉拜而死。數日其妻歐陽氏收其屍，面如生。年四十七。其衣帶中有贊曰："孔曰'成仁'，孟曰'取義'，惟其義盡，所以仁至。讀聖賢書，所學何事？而今而後，庶幾無媿。"《宋史·文天祥傳》。

　　（二）張世傑，范陽人。……大軍至獨松關，召文天祥入衛，以世傑爲保康軍節度使，知平江。尋亦召入衛，加檢校少保。二年正月，大軍迫臨安，世傑請移三宮入海，而與天祥合兵，背城一戰。丞相陳宜中方遣人請和，不可，白太皇太后止之。未幾，和議亦沮。兵至皋亭山，世傑乃提兵入定海。……四月，從二王入福州。五月，與宜中奉昰爲主，拜簽書樞密院事。王世强導大軍攻之，世傑乃奉益王入海。……唆都遣人招益王，又遣經歷孫安甫說世傑。世傑拘安甫軍中，不遣。……因徙碙州。至元十四年，正月，遣將王用攻雷州，用敗績。四月，益王殂，衛王昺立，拜世傑少傅樞密副使。五月，遣瓊州安撫張應科攻雷州，三戰皆不利。六月，再決戰雷城下，應科死之。世傑以碙州不可居，徙王新會之厓山。八月，封越國公。……明年，元帥張弘範等兵至厓山。或謂世傑曰：“北兵以舟師塞海口，則我不能進退，盍先據海口？幸而勝，國之福也；不勝，猶可西走。”世傑恐久在海上，有離心，動則必散。乃曰：“頻行航海，何時已乎？今須與決勝負。”悉焚行朝草市，結大舶千餘，作木砦，爲死守計，人皆危之。已而弘範兵至，據海口，樵汲道絕。兵茹乾糧十餘日，渴甚，下掬海水飲之；海鹹，飲即嘔泄，兵大困。世傑率蘇劉義、方興日大戰。弘範得世傑甥韓，命以官使三至招之。世傑歷數古忠臣曰：“吾知降生且富貴，但爲主死不移耳。”二月，癸未，弘範等攻厓山，世傑敗走衛王舟。大軍薄中軍，世傑乃斷維，以十餘艦奪港去。後還收兵厓山，劉自立擊敗之，降其將方遇龍、葉秀榮、章文秀等四十餘人。世傑復欲奉楊太妃求趙氏後而立之。俄颶風壞舟，溺死平章山下。《宋史・張世傑傳》。

　　（三）陸秀夫，字君實，楚州鹽城人。……才思清麗，一時文人少能及之。性沉靜，不苟求人知。……二王走溫州，秀夫與蘇劉義追從之。使人召陳宜中、張世傑等皆至，遂相與立益王於福州。進端明殿學士，簽書樞密院事。……時君臣播越海濱，庶事疏略，楊太妃垂簾，與羣臣語，猶自稱奴。每時節朝會，秀夫儼然正笏立，如治朝。或時在行中，淒然泣下，以朝衣拭淚，衣盡浥，左右無不悲動者。屬井澳風，王以驚疾殂。羣臣皆欲散去，秀夫曰：“度宗皇帝一子尚在，將焉置之？古人有以一旅一成中興者；今百官有司皆具，士卒數萬，天若未欲絕宋，此豈不可爲國邪？”乃與衆共立衛王。……以秀夫爲左丞相；與世傑共秉政。時世傑駐兵厓山，秀夫外籌軍旅，內調工役，凡有所述作，又盡出其手；雖匆遽流離中，猶日書《大學章句》以勸講。至元十六年，二月，厓山破，秀夫走衛王舟，而世傑、劉義各斷維去，秀夫度不可脫，乃杖劍驅妻子入海，即負王赴海死。年四十四。《宋史・陸秀夫傳》。

　　（四）……四月戊辰，昰殂於碙州，其臣號之曰端宗。庚午，衆又立衛王昺爲主，以陸秀夫爲左丞相。是月有黃龍見海中。五月癸未朔，改元祥興。乙酉升碙州爲翔龍縣，遣張應科、王用取雷州，應科三戰皆不利，用因降。六月丁巳，應科再戰雷州，遂死之。知高州李象祖降。己未，昺徙居厓山，升廣州爲翔龍府。……己卯，都元帥張弘範、李恆征厓山。……十一月，……癸亥，大軍入廣州。十二月壬午，王道夫攻廣州，兵敗被執。凌震兵繼至，亦敗。文天祥走海豐，壬寅，被執於五陂嶺。震兵又敗於芰塘。大軍破南安縣，守將李梓發死之。十六年正月壬戌，張弘範兵至厓山。庚午，李恆兵亦來會。世傑以舟師碇海中，綦結巨艦千餘艘，中艫外舳，貫以大索，四周起樓棚如城堞，居昺其中。大軍攻之，艦堅不動。又以舟載茅，沃以膏脂，乘風縱火焚之，艦皆塗泥，縛長木以拒火舟，火不能爇。二月，戊寅朔，世傑部將陳寶降。己卯都統張達以夜襲大軍營，亡失甚衆。癸未，有黑氣出山西，李恆乘早潮退，攻其北。世傑以淮兵殊死戰。至午潮上，張弘範攻其南。南北受敵，兵士皆疲不能戰。俄有一舟檣旗仆，諸舟之檣旗遂皆仆。世傑知事去，乃抽精兵入中軍。諸軍潰，翟國秀及團練使劉俊等解甲降。大軍至中軍，會暮且風雨，昏霧四塞，咫尺不相辨；世傑乃與蘇劉義斷維，以十餘舟奪港而去。陸秀夫走衛王舟；王舟大，且諸舟環結，度不得出走；乃負昺投海中，后宮及諸臣多從死者。七日浮尸出於海，十餘萬人。……已而世傑亦自溺死。宋遂亡。《宋史·瀛國公紀》。

## 八　馬哥孛羅東來

（一）自蒙古建國以來，四方割據諸小國悉滅，商賈往來日便。且又新開官道，置驛站，分設守兵。故旅客無險阻之虞。東西兩洋之交通，實肇於此。當是時，西方亞細亞及歐洲商人，陸自中央亞細亞經天山南路；或自西伯利亞南部，經天山北路，開販路於和林及燕京。又波斯與印度支那間，海上交通亦日繁。江南之泉州、福州諸港，爲當時世界第一等貿易場；外人之來居其地者以萬數。意大利之馬哥孛羅，亞非利加之伊本巴支塔等，其遠游支那，實在蒙古時代，日本國名之見知於西方，亦始於是時。且蒙古大汗，不問人種之異同，凡有才能者，概登庸之，故阿剌伯、波斯地方之學者軍人，意大利、法蘭西之畫家工匠等，來仕其朝者頗多。是以西方之天文、算學、礮術等，得以輸入支那，支那之羅盤針、活板術，亦傳至西方。東西之交通日繁，因而耶穌教徒，多望傳教於東方者。初拔都西征，耶穌教徒頗恐怖。然是時，歐洲之人，盛攻回教；法蘭西、德意志諸侯王，方再興十字軍；故寧與蒙古同盟。宋理宗淳祐五年，羅馬教皇音諾聖脫四世，遣柏朗嘉賓詣定宗。寶祐元年，法蘭西路易九世，亦使僧羅柏魯訪憲宗於和林。日本桑原隲藏《東漢史要》。

案：元與西洋交通，其關鍵實在西方諸藩國。自海都亂後，蒙古大帝國，幾於解紐；西方諸藩，展親之典，因之益疏。其事史亦失載。桑原氏書，原本西史，詳略得宜，特譯錄以備參考。

（二）馬哥孛羅，亦作馬哥博羅，Marco polo 生於西曆一千二百五十四年，歿於三百二十三年，宋理宗寶祐二年至元英宗至治三年。意大利之威內薩國人。年十七，西曆千二百七十一年，宋度宗咸淳七年。隨其父叔由波斯入蒙古；世祖深信重之，任以事。馬哥博羅徧歷中國各省，約十七年。世祖以女妻波斯汗，使馬哥博羅送之。由山東浮海，繞交趾入印度洋；於波斯灣上陸，致公主，而歸於威內薩，計其離鄉已二十四年矣。著書表彰中國之富麗；謂黃金寶石，徧地皆是。夜行不須燭，而金玉之光，自然照乘，其夸誕如此。然自是而金契丹今歐洲之東北，猶稱中國爲契丹，蓋以遼之盛時而得名也。之名，乃大噪於全歐。

# 九　三保太監西去

（一）永樂三年，……帝……欲耀兵異域，示中國富強。六月己卯，命太監鄭和及其儕王景弘等，將士卒二萬七千餘人，多齎金帛，造大船六十二艘，徧歷占城、西洋、古里、滿剌加諸國。頒天子詔，宣示威德；不服則以兵懾之。《通鑑‧明紀》。按《明史‧鄭和傳》，稱士卒二萬七千八百餘人。《歷代小史星槎勝覽》稱永樂七年，……海舶四十八號。……秋九月，自太倉劉家港開船。十月，至福建長樂太平巷停泊。十二月，於五虎門開洋。

（二）馬歡隨鄭和，……自海上赴西亞細亞，航阿非利加東海岸，轉駛南洋。馬歡所撰《瀛涯勝覽》，記其經歷，刊行於永樂十一年《武備祕書》，事甚詳細可觀。……其所用之羅盤鍼如圖。見自習書。鄭和、馬歡有如此羅盤鍼，越馬剌加海峽，孟加拉灣，至錫蘭。沿印度半島之西岸，入波斯灣。更傍阿剌伯海岸，至亞丁。即阿丹。溯紅海達吉答，Siddah。遠自阿非利加之亞必悉尼亞海岸，航模山必克海峽，赴馬塔加斯加爾島邊。千四百四十八年，巴耳司或譯作地亞士。回航阿非利加之南端喜望峯，按：即好望角。在鄭和航阿非利加後二十三年。千四百九十八年，華士戈回航阿非利加，達於印度，在鄭和航阿非利加後七十三年。中國民族之航海，可謂發達最早矣。據黑風氏所譯日本人白河次郎與國府種德二氏所著之《中國文明發達史》，書中並詳列《武備志》第二百四十卷《航海撰要》所舉地名。是書日本東京東新譯社發行。

（三）鄭和所至之地：爲占城國、在安南南部。靈山、崑崙山、賓童龍國、真臘國、暹羅國、假馬里丁、交欄山、爪哇國、舊港、今蘇門答剌東部。童迦羅、吉里地門、滿剌加國、麻逸凍、彭坑、東西竺、龍牙門、龍牙加貌、九州山、河魯國、淡洋、蘇門答剌國、花面國王、龍涎嶼，則皆南洋羣島地也。據《歷代小史・星槎勝覽》。

（四）占城……天無霜雪，氣候常熱如夏。草木長青，隨花隨結。煮海爲鹽，禾稻甚薄。國人惟食檳榔裹，蔞葉包，蠔殼灰，行住坐臥，不絕於口。不解正朔，但看月生爲初，月晦爲盡；如此十次盈虧爲一歲。……酋長所居屋宇門墻，俱甎灰瓷，及以堅木雕鏤獸畜之形爲華。外周甎垣，亦有城郭兵甲之防，藥鏃刀劍之屬。其部領所居，亦分等第，門高有限，民下編茅覆屋，魚不腐爛不食，釀不生蛆，不爲美酒。……男女椎髻腦後，花布纏頭，上穿短布衫，腰圍花布手巾。其國無紙筆，以羊皮搥薄熏黑，削細竹爲筆，蘸白灰書字，若蚯蚓委曲之狀。言語燕鴃，全憑通事傳譯。……靈山民居星散，結網爲業。田肥，耕種一歲二收。氣候之節，男女之禮，與占城國大同小異。……崑崙山……人無居竈，而食山果魚蝦，穴居巢樹而已。……暹羅國……風俗勁悍，專尚豪強，侵掠鄰境。削檳榔木爲標槍，水牛皮爲牌，有藥鏃等器，慣習水戰。男女椎髻，白布纏頭，穿長衫，腰束青花手巾。……爪哇國……居民……編茭樟葉覆屋，鋪店連行，爲市買賣。……民好兇強，……男子老幼貧富，皆佩匕首。若有爭罵，即拔刀相刺。蓋殺人逃三日而出，即無事矣。男子猱頭裸身，腰圍單布手巾。……婦人亦然。惟項金珠，聯紉帶之；兩耳塞茭樟葉，圈於竅中。……人死，舁尸至海邊，或野地沙上，俾衆犬食盡爲好。……舊港……民庶皆於木筏上蓋屋而居，以木椿拴閘。……或欲別居，起椿去之，連屋移徙。……風俗與爪哇大同小異。……滿剌加國……田瘠少收，……男女椎髻，身膚黑漆。間有白者，唐人種也。俗尚淳厚，民淘錫網魚爲業。屋如樓閣而不鋪板，但用木高低層布，連牀就榻，箕踞而坐。飲食廚廁，俱在其上。……吉里地悶……男女斷髮，穿短衫。夜臥不蓋體。……東西竺……男女斷髮，繫稍布。……阿魯國……田瘠少收，盛種芭蕉、椰子爲食。男女裸體，圍稍布。常駕獨木舟，入海捕魚，入山采米腦香物爲生，各持藥鏃弩防身。……蘇門答剌國……民網魚爲生，朝駕獨木舟，張帆出海；暮則回舟。男子髮纏白布，腰圍稍布。婦女椎髻裸體，腰圍色布手巾。……花面國王……男子皆以墨刺面，爲花獸之狀，猱頭裸體，單布圍腰。婦女圍色布，披手巾，椎髻腦後。以上摘《星槎勝覽》關於文化之特異者。

（五）永樂五年……九月壬子，鄭和等還；諸國使者，隨和朝見。和獻所俘舊港酋長陳祖義。舊港者，故三佛齊國也。祖義以廣東人據有其地，剽掠海上，行旅苦之。和使使招諭；祖義詐降，潛謀邀劫。有施進卿者，告於和，祖義來襲被禽,戮於都市。……十三年……七月……蘇門答剌王與鄰國花面王戰,中矢死。五子幼,王妻……夫……漁翁,號爲老王。既而王子長,殺老王而襲其位。老王子蘇斡剌逃山中,連年率衆侵擾。和至以頒諭不及己,怒,統數萬人邀擊,和勒部卒及國人大破之;追至南勃利,俘以獻。《通鑑‧明紀》,按:禽陳祖義,《星槎勝覽》稱永樂十三年,疑誤。

（六）占城……所産巨象、犀牛甚多。象牙、犀角,廣貨別國。棋楠香在一山上所産。……真臘……産黃蠟、犀象、孔雀、沉香、蘇木、大風子油、翠毛。……暹羅……産羅斛香、大風子油、蘇木、犀角、象牙、毛翠、黃蠟。……交欄山……産豹、熊、鹿皮、玳瑁。……爪哇國……其國富饒,珍珠、金銀、鴉鶻石、貓睛、青紅等石,琲琭、瑪瑙、荳蔲,……無所不有。……九州山……産沉香、黃熟香,林木叢生,枝葉茂翠。永樂七年,鄭和等差官兵入山採香,得徑有八九尺,長六七丈者,六株。香味清遠,黑花細紋。摘《星槎勝覽》。

（七）按《通鑑‧明紀》永樂三年,命鄭和等出洋,五年九月還,六年九月,又使西洋。九年六月還。獻所禽錫蘭山酋亞烈苦奈兒。十年十一月,和等又使西洋。十三年七月還,獻蘇門答剌僞王蘇斡剌。十四年十二月,和等又奉命出。十七年七月還。十九年正月,鄭和復使西洋,二十年八月還。二十二年正月,鄭和復使西洋。是年明成祖朱棣死。洪熙元年二月還。閱五年,至宣德五年六月,復奉命出洋,蓋末次矣。先後共七次,《明史‧鄭和傳》同。

（八）按和所至,如印度沿岸之榜葛剌,今稱孟加拉。及錫蘭山、古里、波斯灣之忽魯謨斯島,及天方國、今阿剌伯。阿丹、今稱亞丁。等,非洲東岸之木骨都東國今稱索謀里蘭之南部,或名馬的沙。及卜剌哇國、竹步國等,其風土人情,大半詳《自習演義》,事皆本《星槎勝覽》,無虛構者。

# 十　治河工程和水利問題

（一）黃河自唐以前,皆北入海。宋熙寧中,始分趨東南:一合泗入淮,一合濟入海。金明昌中,北絕流,全河皆入淮。元潰溢不時;至元中,受害尤甚,濟、寧、曹、鄆間,漂没千餘里。賈魯爲總指導,使南匯淮入海。《明史‧河渠書》一。

（二）按《明史‧河渠書》,黃河潰決,幾於書不勝書。洪武中決十一次,禍及數十州縣。永樂宣德時,決亦不絕,景泰間,沙灣決口,垂十年,命徐有貞治之始塞。凡費木鐵竹石累數萬,夫五萬八千有奇,工五百五十餘日,山東河患僅息。此特一決口耳,其工費已如此。弘治間,命白昂治河,祇築陽武長堤,凡費役夫二十萬,使河流入汴,汴入睢,睢入泗,泗入淮,以達海。然猶略有成功者也,其他徒勞者不計其數。嘉靖四十四年七月,河決沛縣,上下二百餘里,運道俱淤,全河逆流;自沙河至徐州以北,至曹縣棠林集而下,北分二支,南流者遶沛縣戚山楊家集入秦溝至徐;北流者遶豐縣華山東北,由三教堂出飛雲橋,又分而爲十三支,或橫絕,或逆流,入漕河,至湖陵城口,散漫湖坡,達於徐州;浩渺無際,而河變極矣。乃以潘季馴爲僉都御使,總理河道,始有成功。

(三)潘季馴,烏程人,嘉靖二十九年進士。……凡四奉治河命,前後二十七年,習知地形險易,增築設防,置官建閘,下及木石椿埽,綜理纖悉,積勞成病。……卒年七十五。《明史·潘季馴傳》。

(四)潘季馴者,三百年來治河第一人也。自宋時,黃河分爲南、北二流。其後北流淤塞,惟存南流。河既奪淮,河泛而淮亦不治。萬曆四年,徐、兗、曹、沂諸州縣河又大決,田廬漂没無算。明年,復決而北,全淮南徙,瀰漫山陽、高、寶間,幾南合大江,水患愈熾。修治累年,毫無成效。朝廷乃以季馴總理河漕,時議者多主別開新口。季馴相度水勢,奏言:"海口自雲梯關下闊七八里至十餘里,深三四丈。欲別開新口,必須深闊相等,方可容受全河,施工甚難。且未至海口,乾地猶可施工;其將入海之處,潮汐往來,與舊口等耳。海口皆係積沙,人力雖不可濬,水力則能沖刷。海無可濬之理;惟當導河歸海,以水治水,即濬海之策也。河亦非可以人力導;惟當繕治隄防,俾無旁決,則水田地中,沙隨水去,即導河之策也。頻年日以繕隄爲事;顧庫薄而不能支,迫近而不能容,雜以浮沙而不能久。是以崔鎮之決,水多北潰,爲無隄也。高家堰之決,水多東潰,隄弗固也。不咎制之未備,而咎築隄爲下策,豈通論哉? 上流既旁潰,又歧下流而分之,其趨雲梯入海口者,譬猶强弩之末耳。水勢益分,則其力益弱,安能導積沙以注海? 故今日濬海急務,必先塞決以導河;尤當固隄以杜決。而欲隄之不決,必真土而勿雜浮沙,高厚而勿惜巨費,讓遠而勿與爭地,則隄乃可固也。黃不旁決,則衝海之力專。淮不旁決,則會黃之力專。淮、黃既合,自有控海之勢。更必堅築長隄,以防其末流,使黃、淮力全,涓滴悉趨於海。則下流之積沙自去,海不濬而自闢,河不挑而自深。所謂固隄即以導河,導河即以濬海者也。"因條上六議曰:"塞決口以挽正河;築隄防以杜奔潰;復閘壩以防外河;創滾水壩以利隄岸;止濬海工程以省糜費;寢開老黃河之議以仍利涉。"上悉從其請,乃塞崔鎮等決口百三十;築高家堰堤六十餘里;歸仁集隄四十餘里;柳蒲灣隄東西七十餘里。自徐、沛至淮、揚間,遙隄,縷隄,滾水,減水,壩埽,無不修築;逾年功成,自是河患始息。國朝河決銅瓦廂以前,二百年間,河臣所用,猶季馴遺制也。清咸陽李岳瑞所著《國史讀本》,蓋本《明史·河渠書》者。

（五）大業元年……發河南諸郡,男女百餘萬,開通濟渠,自西苑引穀洛水達於河,自板渚引河通於淮。……四年正月乙巳,詔發河北諸郡,男女百餘萬,開永濟渠引沁水,南達於河。北通涿郡。《隋書·煬帝記》。汴河自隋大業初,疏通濟渠,引黃河通淮。至唐改名廣濟。宋都大梁,以孟州河陰縣南爲汴,首受黃河之口,屬於淮、泗。每歲自春及冬,常於河口均調水勢,止深六尺,以通行重載爲準。歲漕江、淮、湖、浙米數百萬;及至東南之産,百物衆寶,不可勝計。又下西山之薪炭,以輸京師之粟,以振河北之急,内外仰給焉。《宋史·河渠志》三。

（六）……至元二十六年,……詔出楮幣一百五十萬緡,米四百石,鹽五萬斤,以爲傭值。備器用,徵旁縣丁夫三萬。……於是年正月己亥,起於須城安山之西南,止於臨清之御河。其長二百五十餘里,中建埽三十有一。度高低,分遠邇,以節蓄洩。六月辛亥成。凡役工二百五十一萬七百四十有八。賜名曰會通河。《元史·河渠志》一。

按:運河之開鑿,始於隋,成於元。隋以前衆水相絕,大業中所鑿,南爲通濟,北爲永濟。元則鑿會通河,由是南北全通。統計自直隸天津起,經山東,逾黃河,過江蘇,越長江,而南至浙江杭縣止。約二千餘里,蓋亦大工程矣。

（七）徐貞明,字孺東,貴溪人。……舉隆慶五年進士,知浙江山陰縣,敏而有惠。萬曆三年,徵爲工科給事中。會御史傅應禎獲罪,貞明入獄調護,坐貶太平府知事。十三年,累遷尚寶司丞。初,貞明爲給事中,上水利……議謂:"神京雄據上游,兵食宜取之畿甸。今皆仰給東南,豈西北古稱富强地,不足以實廩而練卒乎?夫賦税所出,括民脂膏;而軍船夫役之費,常以數石致一石,東南之力竭矣。又河流多變,運道多梗,竊有隱憂。聞陝西、河南故渠廢堰,在在有之。山東諸泉,引之率可成田。而畿輔諸郡,或支河所經,或澗泉自出,皆足以資灌溉。北人未習水利,惟苦水害。不知水害未除,正由水利未興也。蓋水聚之則爲害,散之則爲利。今順天、真定、河間諸郡,桑麻之區,半爲沮洳;由上流十五河之水,惟泄於貓兒一灣;欲其不汎濫而壅塞,勢不能也。今誠於上流疏渠濬溝,引之灌田,以殺水勢;下流多開支河,以泄橫流;其淀之最下者,留以瀦水;稍高者,皆如南人築圩之制;則水利興,水患亦除矣。至於永平、灤州抵滄州、慶雲,地皆萑葦,土實膏腴。元虞集欲於京東濱海地築塘捍水，以成稻田。若做集意，招徠南人，俾之耕藝。北起遼海，南濱青齊，皆良田也。宜特簡憲臣，假以事權，毋阻浮議；需以歲月，不取近功。或撫窮民而給其牛種；或任富室而緩其征科；或選擇健卒，分建屯營；或招徠南人，許其占籍；俟有成績，次及河南、山東、陝西；庶東南轉漕可減，西北儲蓄常充，國計永無絀矣。”……工部尚書郭朝賓，則以水田勞民，請俟異日，事遂寢。及貞明被謫至潞河，終以前議可行，乃著《潞水客談》，以畢其説。其略曰：“西北之地，旱則赤地千里，潦則洪流萬頃；惟雨暘時若，庶樂歲無饑，此可常恃哉？惟水利興而後旱潦有備，利一。中人治生，必有常稔之田，以國家之全盛，獨待哺於東南，豈計之得哉？水利興，則餘糧棲畝皆倉庾之積，利二。東南轉輸，其費數倍，若西北有一石之入，則東南省數石之輸，久則蠲租之詔可下。東南民力，庶幾稍甦，利三。西北無溝洫，故河水橫流，而民居多没，修復水田，則可分河流，殺水患，利四。西北地平曠，寇騎得以長驅。若溝洫盡舉，則田野皆金湯，利五。游民輕去鄉土，易於爲亂。水利興，則業農者依田里，而游民有所歸，利六。招南人以耕西北之田，則民均而田亦均，利七。東南多漏役之民，西北罹重徭之苦；以南賦繁而役減，北賦省而徭重也。使田墾而民聚，則賦增，而北徭可減，利八。沿邊諸鎮，有積貯，轉輸不煩，利九。天下浮户，依富家爲佃客者，何限？募之爲農，而簡之爲兵，屯政無不舉矣，利十。塞上之卒，土著者少；屯政舉則兵自足，可以省遠募之費，甦班戍之勞，停攝勾之苦，利十一。宗禄浩繁，勢將難繼。今自中尉以下，量禄之田，使自食其土，爲長子孫計，則宗禄可減，利十二。修復水利，則做古井田，可限民名田；而自昔養民之政，漸可舉行，利十三。民與地均可做古比閭族黨之制，而教化漸興，風俗自美，利十四也。”譚綸見而美之曰：“我歷塞上久之，知其必可行也。”已而順天巡撫張國彦，副使顧養謙行之薊州、永平、豐潤、玉田皆有效。及是，貞明還朝，御史蘇瓚、徐待力言其説可行，而給事中王敬民又特疏論薦，帝乃進貞明少卿，賜之敕，令往會撫按諸臣勘議。《明史·徐貞明傳》。

（八）貞明乃躬歷京東州縣，相原隰，度土宜，周覽水泉分合，條列事宜以上。户部尚書畢鏘等力贊之，因採貞明疏議，爲六事：請郡縣有司以墾田勤惰爲殿最，聽貞明舉劾。地宜稻者，以漸勸率；宜黍宜粟者如故，不遽責其成。召募南人，給衣食農具，俾以一教十；能墾田百畝以上，即爲世業，子弟得寄籍入學。其卓有明效者，做古孝弟力田，科量授鄉遂都鄙之長。墾荒無力者，貸以穀，秋成還官，旱潦則免。郡縣民壯，役止三月，使疏河芟草，而墾田則募專工。帝悉從之。其年九月，遂命貞明兼監察御史，領墾田使，有司撓者劾治。

貞明先詣永平,募南人爲倡。至明年二月,已墾至三萬九千餘畝,又遍歷諸河,窮源竟委,將大行疏濬,而奄人勳戚之占閒田爲業者,恐水田興而已失其利也;爭言不便。爲蜚語,聞於帝,帝惑之。……御史王之棟者,畿輔人也,遂言水田必不可行,且陳開滹沱河不便者十二。……帝卒罷之,而欲追罪建議者,用閣臣言而止。貞明乃還故官,尋乞假歸,十八年卒。貞明識敏才練,慨然有經世志。京東水田,實百世利;事初興而即爲浮議所撓,論者惜之。初議時,吳人伍袁萃謂貞明曰:"民可使由,不可使知;君所言得無太盡耶?"貞明問故。袁萃曰:"北人懼東南漕儲,派於西北,煩言必起矣。"貞明默然,已而之棟竟劾奏如袁萃言。《明史·徐貞明傳》。

按:西北地高土疏,即興水利,或不能盡如貞明所言。今東西人能以機器鑿井并汲者,有建議開鑿之説,則穿鑿數十丈,水自迸出,源源不絕矣。然巨工也,數千畝合一井,數省所需之井,共幾何乎?

## 十一　徐光啓

(一)有明一代,以制藝箝束天下之人才;承學之士,自性命道德之空談外,一無所講求。科學常識,日以堙塞,甚至天文、曆算之術,大昌於宋、元者,至有明而遂成絕學。大衍天元,舉世不知爲何語。學術之不振極矣!於斯時也,獨有犯天下之疑謗,爲舉世所不爲,輸入異國之新學者,上海徐文定公光啓是已。萬曆季年,泰西既通中國,羅馬教士利瑪竇等,傳教東土;挾其格致製造測算之學,以爲言教之媒;士大夫羣焉譁之,以宗教之異,而并鄙其科學。光啓生明末造,知天下之必亂,於是潛心經世之學,天算地輿兵農河漕無所不究。聞西儒之説則大喜,謂非是不足拯中國之衰。欲就求所學而不得,則……爲彼教信徒。利瑪竇盡出所學以授之,凡夫幾何之理,三角八線之法,格致理化之微,製造測量之術,莫不罄其精藴,譯爲吾國文字,撰《天學初函》兩編,各三十卷;上編言宗教要旨,多通儒墨家言,……下編則皆科學家言。光啓生平精力畢竭於是,而《幾何原本》六卷,尤爲萬事根本,不刊之作,殆與經傳並尊。雖在今日科學昌明時代,已成大輅椎輪;然繼起者易爲功,創造者難爲業,開拓萬古之聰明,其功又豈在禹下哉!方遼事之急也,光啓力請多鑄西洋大礮,以資城守。熹宗善其言,而朝論反對甚力,其策卒不用。然袁崇煥竟以此却清兵,保全廣寧。崇禎初,日食失驗;光啓長禮部,乃與西人龍華民、鄧玉函等以新法推算,成曆書八種,進之朝,盡棄從前臆説,專憑實測。吾國

157

用泰西曆法,實自光啓倡之。當時雖異論鼛起,而臆測之空談,終無以奪實驗之新理也。光啓雅負經濟才,慨然有撥亂反正之志。而中遭齮齕,屢躓屢起。及其入贊綸扉,年已老矣;而又直溫體仁、周延儒媢疾專擅,不能有所匡弼,鬱鬱以歿,識者惜之。清李岳瑞《國史讀本》,蓋據《明史·徐光啓傳》而出入者。

(二)與光啓同時者,有李之藻、王徵。而徵尤傑出。之藻專精算術,其所學,僅足爲光啓拾遺補闕而已。徵所學,則在理化製造。其所著《泰西水法》、《奇器圖説》兩書,實有以抉力理之精,而爲利用前民之助。今之言新法製造者,未有以尚之也。徵,陝之涇陽人。官至僉事。後長安不守,自經以殉,年八十餘。相傳流賊擾關中,時徵里居,以聲學之理法,制奇器數事,置屋中,發其機,則突出有千軍萬馬聲,自器中出。賊遠來聞之,以爲大軍在也,亟遁去;鄉里賴以保完。嗚呼! 三百年前,吾先民已有如是之絕技殊能。而絕學中湮,竟不能紹述而發明之,謂非後學之過也哉? 同上。

## 十二　和珅的貪橫

(一)按高宗於乾隆十六年第一次南巡,至江浙。二十二年再舉行之。二十七年、三十年、四十五年、四十九年,復陸續舉行,凡六次。二次南巡時曾有諭云:"南巡一應,務從簡樸,……不可專構行宮,以滋糜費。"又云:"前次南巡,蘇州、揚州城內,街衢間,張鋪棚幔。南方多雨,且街窄簷低,而上施綵幕,既不開爽,復滋糜費,甚無謂也。"三次南巡有諭云:"各馬頭地方,只許鋪棕毯,不許鋪黃紅等毯。"可反證當時供張之盛。自古帝王巡行,如周、穆、秦始、漢武之倫,説所謂"淫民之力,而無醉飽之心"者也;史家皆視以爲不幸。蓋車駕一出,官民奔走迎候,供億萬千,由來已久。非謂帝之不當巡遊,帝王之巡遊,實足以大擾吾民耳。乾隆南巡,耗內帑可數千萬,而官民之張供者,何可勝數? 試一遊江、浙,碑亭魏然,御道曲折,山間水際,名勝之區,固不可僂指計也;謂其所費不貲,詎云厚誣?

(二)和珅本滿洲官學生,應役鑾儀衛,以選昇御轎,奏對稱旨,驟充總管。累遷至侍郎,在軍機大臣上行走。旋由尚書授大學士。其子豐紳殷德,復選尚公主。嚮用之專,一時無兩。和珅故無學行,及得志,則以聚歛自豐,爲惟一之目的。督撫司道畏其傾陷,不得不曲意螯貨事之。是時督撫,如國泰、王亶望、陳輝祖、福崧、伍拉納、浦霖輩,贓款動至數十百萬之多,爲前代所罕覯。此輩未始不恃和珅爲奧援,及罪狀敗露,和珅不能爲力,則亦相率伏法。然誅殫雖衆，貪風自若。或且惴惴焉，懼罪法網，益務攘奪刻剝，多行賄賂，隱爲自全之地。其時阿桂雖以元勳上公，爲樞府領袖。然十餘年間，常奉朝命，赴各省治河、賑災、查案，未嘗寧居。和珅益得以其間潛弄魁柄，漸至行文各省，令凡有摺奏，先具副封白軍機處，然後上聞。專政既久，吏風益壞，醸成川楚教匪之變。彼復稽壓軍報，授意各路統軍將帥，虛張功績，以邀獎敍，而己亦得封公爵。且於覈算報銷時，勒索重賄，以致將帥不得不侵克軍餉。教匪乘之蔓延，民生均被慘禍，皆和珅之所致也。蓋至嘉慶初年，而康雍乾三朝之元氣，殆盡斲喪於彼一人之手矣。汪榮寶《清史講義》，案蓋本薛福成《庸盦筆記》者。

（三）和珅擅權二十餘年，至嘉慶三年以前，未嘗一被彈劾。專制之蔽，風節之墮，至是而極矣。乾隆間，御史曹錫寶雖嘗一劾其家奴劉全，藉勢招搖，家資豐厚；然廷臣查勘，竟以風聞無據覆奏；錫寶反坐妄言，被詰責。至嘉慶四年正月三日，高宗崩；而御史廣興，給事中廣泰、王念孫等始承風旨，交章劾和珅；即日奪職下獄，尋賜自殺。其家財先後抄出，凡百有九號。就中估價者二十六號，已值二億二千三百八十九萬兩有奇；未估價者，尚八十三號。論者謂以比例算之，又當八億兩有奇。甲午、庚子兩次償金總額，僅和珅一人之家產，足以當之。政府歲入七千萬，而和珅以二十年之宰相，其所蓄當一國二十年歲入之半額而强。雖以法國路易第十四，其私產亦不過二千餘萬，四十倍之，猶不足以當一大清國之宰相云。同上。

按：據日人《清紀全史》所載：其最可駭者，有亭臺樓屋，凡數百間，大小寶石四五千塊，手串朝珠千餘盤，金玉羅漢數十尊，金玉杯盤萬餘件，玉如意三千餘，金銀元寶二千餘萬兩，當鋪七十五座，銀號四十二座，古玩鋪十三座，地畝八千餘頃；其餘衣服器皿，各有庫藏；寶玩古董，不計其數。其僕劉、馬二家，所抄出者，亦各值數百萬兩。其貪贓蓋自古所未聞也。抄出後，仁宗以園宇等，分賜親貴；餘則不知所出，蓋皆藏之內府。其後建造圓明園、頤和園，所陳設者，多和珅之物。中法聯軍之役，燬圓明園；庚子之役，掠頤和園。内庭之寶物，又爲英、法、德人輦去，紛陳於博物館博覽會；豈特"取之錙銖，用之泥沙"而已！

## 十三　鴉片之戰

（一）鴉片輸入中國甚早，唐貞元中，阿剌伯商人，已有輸入罌粟者。有明中葉，東洋貿易，爲葡萄牙人所壟斷；其輸入馬剌加之貨品有阿芙蓉者，阿剌伯稱 afion，實即鴉片也。萬曆十七年，關稅表中，載鴉片十斤，值價銀條二個。雍正七年，清廷頒鴉片之禁令，則知鴉片貿易已久，民間亦浸染吸食之風矣。然乾隆中葉以前，輸入額尚不多；主其權者，爲葡萄牙人。及乾隆四十六年，英吉利東印度商會，得英政府許以壟斷中國貿易之特權；而印度、孟加拉，又爲鴉片之産地；以是輸入日增，而其流毒，亦日益甚也。據汪榮寶《清史講義》，商務書館本。

（二）英商等竊於廣州灣中之伶仃島，及大嶼山等地，設船屯積鴉片，謂之鴉片躉。廣東商人專以包攬走漏爲業者，皆蓄快艇，裝以礮械，謂之快蟹。其私設之會社，在廣州省，謂之大窰口。分布各省者，謂之小窰口。英商所在勾通吏役，結納哨兵，終且與沿海各官衙，私締契約，每輸入鴉片一箱，納賄若干。自嘉慶二十一年，至道光十六年，二十年間，輸入之額，幾增八倍。嘉慶二十一年，輸入三千二百十箱。道光十六年，輸入二萬七千一百十一箱。據《清史講義》。

（三）嘉慶五年以來，清廷知鴉片流毒日廣，屢下嚴旨，禁鴉片輸入，有發見，輒燬之。據《清史講義》。

（四）鴉片輸入之後，不特國人於衛生道德，生絕大危害；國家經濟，亦極受影響。道光三年以前，廣東海口，歲漏銀數百萬兩。三年至十一年，歲漏銀千七八百萬兩。十一年至十四年，歲漏銀三千餘萬兩。十四年後，所漏益增，此外福建、浙江、山東、天津各海合之，又數千萬兩。於是内地銀價日漲。湖廣總督林則徐，屬行禁令，設局收繳煙具，數月之間，成效大著。並奏言："煙不禁絕，國日貧，民日弱，數十年後，豈惟無可籌之餉，抑且無可用之兵。"清宣宗韙之，詔則徐來京，授方略，以爲欽差大臣，馳赴廣東，節制水師，查辦海口事件，杜絕鴉片貿易，時道光十八年十一月也。據《清史講義》。

（五）十九年正月，則徐至廣州，下令英商，限三日盡出所藏鴉片。至期，英人不奉命。二月三日，則徐張兵臨之。英人不得已，出一千三十七箱。則徐度非全數，翌日，命各國商民退去，斷英人糧食，令出鴉片四分之一者給婢僕，出二分之一者與食物，出四分之三者，許貿易如舊。九日，復發兵包圍英國商館，將加驅迫。英領事義律知無可調停，乃勸諭英商出鴉片全數，以十二日具狀請繳，凡二萬二百八十三箱，每箱百二十斤，計資本金五六百萬元。則徐馳驛奏請送京銷燬；清廷以廣東距京遼遠，途中易啓偷漏抽換之弊，詔則徐督率文武，就地銷燬，俾沿海共見共聞，有所震懾。四月，則徐就虎門海岸鑿方塘二，縱橫各十五丈；前設涵洞，後通水溝，實鹽其中，引水成滷，以鴉片投入，然後傾石灰沸之，夕啓涵洞，令隨潮出海，凡月餘而始畢事。英人自領事義律以下，皆怏怏去廣州，赴澳門。據《清史講義》。

（六）則徐既燬鴉片，復布告各國，凡商船入口皆須具結："有夾帶鴉片者，船貨没官，人即正法。"葡萄牙、美利堅諸國皆遵令。英商不從。七月，則徐下令沿海州縣，絕英人糧食。英領義律發兵艦二艘，武裝貨船三艘，進迫九龍，開礮示威。清廷乃下詔停止與英貿易；義律等以報英政府。道光二十年二月，英政府向議會求加軍費，決與我國開戰。鐵兒額爾等以鴉片貿易，污辱本國國旗，竭力反對，討論三日，主戰者卒占多數。絕市諭下，清廷以則徐爲兩廣總督。初，則徐日使人刺探西事，繙譯西籍及新聞紙讀之。至是乃大治軍備；自虎門至橫當山，互以鐵練木筏，增購西洋礮二百餘位，列置兩岸，又備戰船六十，火舟二十，小舟百餘，募壯丁五千，演習攻戰之法。則徐親赴師子洋校閱水師，號令嚴明，聲勢甚壯。英政府遣印度等處戍兵萬五千人，命加至·義律、伯麥等統之。二十年五月，以軍艦十五艘，汽船四艘，運送船二十五艘犯澳門。則徐發火舟十艘，乘風潮攻之，焚其枋板二小船。英軍知廣東有備，議分犯各省。《清史講義》。

（七）伯麥以艦五艘擾廈門，二十六艘攻定海。廈門有備；英艦復颺去。六月，定海陷，浙江大吏束手無策。沿海各省大吏懼禍及，交訟則徐於清廷，清廷罷則徐，以琦善代之。《清史講義》。

（八）琦善至廣州，力反則徐所爲，裁撤水師，解散壯丁，盡廢一切守具，欲以釋英人之嫌，允英人索償鴉片價銀七百萬。英人見琦善易與，除請開上海等處爲商埠及償兵費外，更欲割讓香港；琦善未允。十二月十五日，突進兵陷虎門外沙角、大角兩礮臺。琦善懼，許開放廣州，並割香港；義律亦許還付定海，及沙角、大角礮臺。二十八日約定。英人一方召還定海兵艦，一方則占香港，起造房屋埠頭，視爲己有。《清史講義》。

（九）清廷得英軍進犯之報震怒。二十一年正月七日，遂又下諭宣戰。命將軍奕山等赴廣東，江督裕謙赴浙江，飭伊里布，回江督本任。英軍乃續攻虎門，虎門各礮臺皆陷，水師提督關天培死之。英軍直扼珠江，統兵將帥，束手無策。奕山等既抵廣州，四月朔，發水勇七百，乘小舟，載火具，夜襲英艦；英艦小挫。翌日大集，直撲廣州。初五日，陷城外礮臺數處。奕山等知不敵，請和，許償鴉片損失六百萬，限五日交付，議割香港。會英軍淫掠街市，粵民大憤，初十日集衆萬餘，豎"平英團"旗於三元里。乘英軍退時環攻之，遠近響應，衆頓數萬，義律陷重圍。知府余保純以將軍令往解，終日乃免。翌日，授償金畢，十二日，英軍離廣州。六月英艦謀北犯。會英政府續派大使璞鼎查，海軍少將巴爾克至。于是臥烏古、巴爾克，率兵艦九艘，汽船四艘，運送船二十三艘，載兵三千五百北犯。七月九日，進迫廈門，攻一晝夜陷之，不守。八月十二日，進攻舟山，戰五晝夜，定海陷，總兵葛雲飛、王錫朋、鄭國鴻死之。英軍登陸，清兵潰，裕謙自殺。英軍迫寧波；寧波亦陷。清廷詔奕經等，規復寧波，反爲所挫；英兵遂轉掠長江。四月八日，迫乍浦陷之。五月朔日，英艦達吳淞。初七日，江督牛鑑遣使登英船請和，不許。初八日，黎明開戰，牛鑑遁。江南提督陳化成守海口礮臺，沈英艦二艘。英艦三十艘湧至，參將周世榮請遁；化成拔劍叱之。世榮逸，英軍登岸，化成中彈死；遂陷寶山。翌日，陷上海；牛鑑遁歸江寧。<small>南京。</small>未幾，英艦薄鎮江。六月十三日陷之。二十八日，其前隊抵寧；七月四日薄城。《清史講義》。

　　（十）清廷以耆英、伊里布及牛鑑爲全權大臣，與英人議和。耆英等遣張喜登英船請款，時有清軍增募壽春，使擊英人之謠。臥烏古怒，運巨礮鍾山巔，言欲毀城。耆英等百計辨解始止。十四日，三全權親赴英艦，與璞鼎查定休戰約，往返協議。二十四日，<small>道光二十二年七月二十四日，即西曆千八百四十二年八月二十九日。</small>約成，兩國言歸於好，其條約要項如下：〔一〕清、英兩國，將來當維持平和。〔二〕清國政府向英國政府納軍費一千二百萬元，商欠三百萬元，鴉片賠償六百萬元，共二千一百萬元；限千八百四十五年歲末清付。〔三〕開廣州、廈門、福州、寧波、上海五港，許英人通商及居住，且一切不課關稅。〔四〕以香港之主權，讓與英政府。〔五〕放還英人之爲俘虜者。〔六〕戰役中爲英軍服役之華人，一律免罪。〔七〕將來兩國往復之文書，用平行款式。〔八〕條約得清帝批准，償金交付六百萬元之後，英軍當自所占領之長江沿岸等地撤兵；惟舟山及古浪嶼在條約實行之前，仍由英軍占領。八月杪，英軍得六百萬之償金，聞英皇帝之報可，即日去江寧，盡調碇泊長江之艦隊，還屯定海。於是臥烏古自香港反印度，璞鼎查以功任香港總督，兼陸軍大將。而清廷則治奕山、弈經、牛鑑、余步雲等罪焉。<small>以上據《清史講義》及日本人河野通之、石村貞一合編之《最近支那史》。</small>

　　（十一）清光緒之初，中外志士，目擊鴉片之禍，怵然呼應，籲請清政府竭力禁止，皆無效。光緒三十一年，<small>民國前七年。</small>議分年籌禁。三十四年，外交部與英使妥商訂定禁煙辦法，土藥限十年斷淨，洋藥亦以十年爲期，同時禁止進口，年減一成，十年淨盡。並聲明試行三年，如中國於栽種及吸食實已減少，再議續行遞減。至宣統三年，<small>民國前一年。</small>續訂辦法，如不到七年，土藥概行絕種,印度運華之烟,亦同時停止。並將印烟與土藥,征收劃一之税,計税釐並征,每百斤加至三百十五兩。

## 十四　維新的風潮

（一）康有爲以乙未登進士,授工部主事。時中日戰後,清景帝慨然有變法之意。有爲乃上書言變法下手之方,及先後緩急之序。專主開民智,通下情,合天下人之聰明才力,以治天下之事。而歸本皇上獨伸乾斷,勿爲浮言所動。守舊大臣忌而格之。有爲志不遂,乃倡設强學會於北京,士大夫集者數十人,袁世凱、文廷式與焉。英、美人士,亦有挂名會籍者。每十日一集,會集則有所演説。南洋大臣張之洞,聞而善之,寄五千金爲會費。九月,有爲南説之洞,設分會於上海。擬辦五事:一譯東西文書籍;二刊布新報;三開大圖書館;四設博物儀器院;五建政治學校。我國之有協會,有學社,自此始。未幾,大學士徐桐等不悦所爲,嗾御史楊崇伊上書劾之,以爲私立會黨,顯干禁例,請旨查封。十一月,遂被禁止,北京强學會,開僅四月;上海分會,僅月餘日也。張之洞恐忤朝旨,首請除名會籍。翌年,御史胡孚宸奏請解禁。於是改北京强學會爲官書局,派大臣管其事。後又歸併於京師大學堂,非設會之初旨矣。

（二）咸豐、同治以來,中國疊經外患,當事者始漸知西人之長技,欲取效而圖强。於是勵行新政:如設製造局以製槍械,設方言館以養譯才;設招商局以爭航權;派學生出洋留學以吸取新知。他如練兵、通商、造路、開礦,諸要政,亦以次舉行。然學術政治,未嘗取法,所謂舍根本而圖枝葉也。甲午,敗於日本,各國索租軍港,瓜分中國之説,騰布全球。國内志士,乃大憤起,痛論變法之不可緩;康有爲等持之尤力。大學士翁同龢,亦力贊是説;御史楊深秀,侍讀徐致靖,相繼上書請定國是。光緒二十四年四月二十三日,遂下詔定國是,決計變法。二十五日,諭工部主事康有爲、刑部主事張元濟,於二十八日預備召見。湖南鹽法長寶道黃遵憲、江蘇候補知府譚嗣同,著督撫送部引見。廣東舉人梁啓超,著總理衙門查看具奏。二十八日,命康有爲在總理衙門行走。五月初二日,以禮部尚書許應騤阻撓新政責之。初五日,諭鄉會及試生童歲科各試,向用四書交者,一律改爲策論。初八日,嚴諭各部院衙門,迅議京師大學堂辦法。乙未,降詔籌備大學堂,諸臣延玩不覆,三年間上諭四下,至是乃嚴諭迅議。十五日,諭照各部院所議籌備京師大學堂章程,辦理京師大學堂,派孫家鼐爲管學大臣。同日,賞梁啓超六品銜,辦理譯書局事務。十六日,諭振興農務,中西兼採,廣譯外洋農務諸書。十七日,諭振興工藝,鼓勵著新書,創新法,製新器之人才。二十一日,命神機等營,改用新法操演。二十二日,諭各省府廳州縣,大小書院,改爲兼習中學西學之學校,以省會大書院爲高等學,郡城之書院爲中等學,州縣之書院爲小學。地方自行捐辦之義學、社學等,亦一律中西兼習。不在祀典之祠廟,著地方官曉諭民間,一律改爲學堂。二十八日,諭裁綠營兵以節餉。六月初一日,諭一切考試,以講求實學學政爲主,不得憑楷法之優劣爲高下。初八日,命康有爲督辦上海官報,諭天津、上海、湖北、廣東等處報館,呈覽報章,昌言時事,不必意存忌諱。十九日,諭英、美、日本各埠華僑,設立學堂。二十三日,申諭變法不得已之苦衷,命諸臣力除壅蔽。二十三日,諭整頓水師,籌設路礦學堂。二十九日,命於京師設立農工商總局,各省府州縣皆立農務學堂,廣開農會,刊農報,講農器工學。工學各事宜,亦著一體認真舉辦。七月初十日,准梁啓超奏請設立編譯學堂,及書籍報紙免稅。同日,諭各將軍督撫,切實籌辦學堂、商務、鐵路、礦務,一切新政。十三日,諭各省籌備商會,上海設總商會。十四日,命裁撤詹事府、通政司、光祿寺、鴻臚寺、太僕寺、大理寺,閒冗衙門;及湖北、廣東、雲南,三省與總督同城之巡撫,並東河總督缺;其各省不辦運務之糧道,向無鹽場之鹽道,亦均裁撤。其餘京外應裁文武各缺,命閣部各省大吏詳議以聞。十六日,諭各衙門司員等條陳事,呈請堂官代遞,即由各該堂官將原封呈進,毋庸拆看。<small>按恐壅塞言路也。</small>二十日,命工部會同統領衙門,五城御史,暨街道廳,將京城內外河道溝,一律挑挖深通;並將各街巷道路,修墊平坦。同日,禮部尚書懷塔布、許應騤,侍郎堃岫、徐會澧、溥頲、曾廣漢,以反對新政革職。同日,內閣侍讀楊銳,刑部候補主事劉光第,內閣候補中書林旭,江蘇候補知府譚嗣同,均著賞加四品卿銜,在軍機大臣章京上行走,參預新政事宜。二十二日,以昭信股票擾民,命即停止。二十三日,以江蘇、湖北、山東等省偏災,屢告諭農工商總局端方,妥籌以工代賑之法。同日,命設醫學堂,考求中西醫理,歸大學堂兼轄。二十六日,命各省於通商口岸,設立茶務學堂,及蠶桑公院,整頓絲茶以挽利權。二十七日,重申改行新政之意,布告天下。二十八日,命各省藩臬道府,凡有條陳,自行專摺具奏。州縣等官,由督撫原封呈遞。士民上書,由本省道府,隨時代奏。八月一日,命户部編歲入歲出表,頒行天下。同日,命袁世凱以侍郎候補,專辦練兵事務,開去直隸按察使缺。

(三)西太后本非景帝生母,<small>景帝係成帝"年號道光"之孫,醇親王奕譞之子。西太后係</small>

顯帝"咸豐"之妃,姓那拉氏。顯帝死,其子爲帝,即毅帝。"同治"與顯帝鈕祜祿后並尊爲太后,故稱東、西宫。毅帝死,西太后利立幼帝,以景帝嗣顯帝,入承大統。光緒七年,東宫太后崩。景帝四齡即位,太后垂簾聽政。光緒十六年始歸政;然大權仍在太后掌握也。景帝年長,英明漸露,太后忌之,百方壓抑,使不得逞。甲午戰後,景帝力主變法,大臣之守舊者:如榮祿、徐桐、載漪、懷塔布、許應騤、楊崇伊、趙舒翹輩,皆不悅。康有爲召用後,朝班遂有新黨舊黨之分:新黨屬帝;舊黨屬后;故又有后黨、<sub>老母班。</sub>帝黨、<sub>孩子班。</sub>之目。其後維新之詔屢下,諸大臣因有所恃,皆疲玩不實行,帝每怒責之,然無如何也。

(四)國是詔既下,北京時有皇帝患病之謠。及禮部堂官革職,懷塔布等跪訴太后,言皇帝無道;並謀於直隸總督榮祿,欲請太后復垂簾。榮祿時練新軍,請帝於九月幸天津閱兵。新黨危懼,以爲太后欲以兵力廢帝別立也;帝不自安。七月二十八日,密諭康有爲等,有朕位幾不保,汝康有爲、楊鋭、林旭、譚嗣同、劉光第等,可妥速密籌,設法相救等語。詔下,康等以諸將中惟袁世凱爲同志。嗣同密奏帝,結以恩遇,以備緩急。八月初一日,召見袁世凱,特賞侍郎。初二日,復召見。初三日夕,譚嗣同造袁世凱寓所法華寺,以密詔示世凱,與定策而出,已夜漏三下矣。<sub>所定何策,新黨自謂閱兵時救帝;舊黨則謂謀圍頤和園,劫太后;外人實不得而知也。</sub>初五日,袁復召見,聞亦受密詔。袁本榮祿部下;是日,榮祿電促袁歸津;袁即夕至津,以所知告榮祿。榮祿乘專車抵京,與懷塔布等至頤和園,請太后訓政。太后立命榮祿兵守禁城,令榮祿回津俟命。<sub>似恐袁世凱反覆也。</sub>與餘人會議,至夜半而散。初六日,遂有帝病請太后垂簾之詔下。旋太后幽帝於瀛臺。先是,已有新黨謀圍頤和園傾害太后之謠;至是而謠益熾矣。

(五)垂簾詔下;同日,下詔逮康、梁。康已於初二日奉密詔赴上海,辦官報。梁亦出走日本。初十日,逮康廣仁、楊深秀、楊鋭、林旭、劉光第、譚嗣同六人。十三日,殺之。廣仁,有爲弟,在京,因新政株連。深秀官御史,上書言定國是,廢科舉,譯日本書,派親王游歷外國。……所條陳新政最多;並曾保薦有爲。餘四人並參預新政。廣仁在獄,言笑自若,臨刑語嗣同曰:"今八股已廢,人才將輩出,我輩死,中國强矣。"深秀被逮之前,猶抗疏詰帝被廢之由,援引古義,切陳國難。在獄中賦詩數十章,皆忠愛之言。光第臨刑歎息曰:"吾屬死,正氣盡。"其嗣子伏尸痛哭一日夜死。嗣同聞變,竟日不出門,或勸之出奔;曰:"各國變法,無不從流血而成。今中國未聞因變法流血者;有之,請自嗣同始。"

（六）新黨除逃死者外，餘或永禁，或革職。傳賞北洋三軍聶士成銀六千兩，袁世凱銀四千兩，董福祥銀三千兩。八月十一日，復置詹事府等。同日，禁止士民上書，廢官報局，停各省府州縣中小學校。二十四日，復八股取士之制，廢農工商總局。命各督撫查禁全國報館，嚴拿報館主筆。二十六日，禁立會社，拿辦會員。某日，復廣東、湖北、雲南三巡撫。九月，復武試弓刀石之制。……自是新政罷者大半；越二年庚子，守舊諸臣，縱容拳匪滋事，欲以撲滅外人，斥維新之餘焰也。未幾，八國聯兵入京，帝后西狩。事平，始復下詔變法；然不過敷衍而已。

（七）當康、梁力謀變法於上；在海外及在野之志士，方圖革命。及康等失敗，皆曰："康某效忠清廷，猶不見容，天下事尚可爲乎！"意以爲非革命，不可救國矣。嗣康、梁等在海外創保皇黨，以扶植景帝相號召。孫文等創同盟會，以革除清命爲説。兩黨互相詆諆，然有遠識者，多贊成革命矣。

## 十五　十月十日大革命

（一）孫文等謀革命，初設興中會於海外各埠，號召黨徒。光緒十七年，起事於廣州。事敗，乃之南洋羣島及舊金山等處，鼓吹革命，立同盟革命軍，華僑從之者日衆。及光緒三十年、三十一年之交，我國青年子弟，留學日本者，在萬人以上。孫文特之日本，開會演講，設同盟會於東京。於是刊行《民報》，汪兆銘爲主筆，鼓吹覆清，植共和民國。梁啓超在《新民叢報》反對之，辯論頗激。光緒三十二年，黃興等舉兵於粵之欽廉潮，及鎮南關等處，重創官軍；卒以藥彈告罄而退。三十三年，徐錫麟在安徽巡警學堂，槍斃巡撫恩銘，舉事不克，死之。三十四年，黃興等又舉事於雲南之老河口，誅道員王鎮邦，爲官軍所敗而遁。是年十月，熊成基舉事於安慶，不克死之。宣統三年三月二十九日，黃興等舉事於廣州，攻粵督署；粵督張鳴岐遁。爲水師提督李準所敗，死事者七十二人；黃興倖免。其餘若吳樾擊五大臣，汪兆銘謀炸攝政王，個人圖暗殺者，亦有多次。

（二）宣統三年，清郵傳部大臣盛宣懷等，擬借英、美、德、法四國債四千萬鎊，日款千萬鎊，築全國鐵路。四月，宣布鐵路國有政策；凡從前歸商辦之鐵路，如粵漢、川漢各路，一律取銷商辦。湘、粵、川、鄂各省士民，以爲政府與民爭利，不啻奪商民之生命財產，付諸外人。於是集會抗爭；時各省已設諮議局，亦議決反對。川、湘爭之尤力。宣懷力主威壓，有格殺勿論之諭；國人大譁,川人至有不納租稅之議。各省京官,多有劾盛宣懷賣路誤國者,皆不報。川人組織保路同志會;七月開大會議決,商人罷市,學堂停課,家供景帝位舉哀;示鐵路商辦,爲先帝所許意。推代表劉聲元赴闕上書,被逮遞解回籍。督辦鐵路大臣端方,劾川督趙爾豐庸懦無能;廷命端方,由湖北帶兵入川查辦。川人益憤,公舉代表赴督署求阻端方入川。趙督怒,令拘代表鄧孝可、蒲殿英、羅倫等九人押署中。川民羣赴督署求釋,衛兵開槍擊之,死四十餘人;爲騎踏死者甚衆。爾豐以川人藉口爭路,希圖獨立,入告;廷命爾豐剿辦。近省民團,一時遭官兵殺戮者八萬人。全國鬨然,上海各報,稱趙爾豐爲趙屠戶。及武昌起義,清廷命釋鄧孝可等。嗣重慶獨立,端方在資州;資州鄂軍誅端方應之。成都獨立後,更誅趙爾豐。盛宣懷之財產,在光復各省者,多被查封。及袁世凱爲臨時總統,命發還之,以市恩舊官僚云。

（三）陰曆八月初,武、漢間有革命黨約期舉事之謠;鄂督瑞澂大恐,戒備極嚴。十四五日,謠益熾。十八日午後三時,漢口寶善街十四號房,有炸彈爆裂聲。俄捕入室搜查,適劉曜章等來扣門被捕,並起獲炸彈手槍旗幟印信等物,就近同黨二十餘人,亦就獲;由巡防營押解督署。陽曆十月十日,即陰曆十九日,十二時,武昌小朝街安徽會館旁,有憲兵一人,與人耳語,爲巡警所見,尾之,入左近吳公館。又小朝街襄陽學社內,有往來無髮辮之人甚多。遂報督署,派兵掩捕之,逮彭楚籓等三十五人,內有女黨員。殺戮多人,並搜獲軍械、印信等多件,及黨員名冊。挂名者多軍人,聞之皆不自安。前本約八月十五起義;嗣以事阻,展期至二十五。至是不及待,遂於是晚九時,舉火爲信而起。工程營首發難,掣下肩章,臂纏白布,口號同心戮力,猛撲楚望臺,佔領軍械局。輜重營亦由城外斬關而入,會攻督署,礮隊、馬隊、步隊從之,與城中駐防旗兵巷戰,殺百餘人。未幾,督署衛兵亦反正。瑞澂及所屬官吏,乘夜潛遁。十一時,督署已燬,戰事略定。於是分途派兵扼守各官庫,及官錢局,並保護外人教堂,防土匪滋事。衆議擁黎元洪爲都督,下令安民,頒軍律,武昌全城大定。翌日,遣兵渡江,領漢陽兵工廠。越日,又領漢口。照會外國領事,轉呈各國,恪守局外中立,即用中華民國鄂軍政府名義。嗣清統制張彪,會漢口敗卒及清軍來攻;清廷所派陸軍大臣蔭昌所率。海軍提督薩鎮冰遣海軍助戰。明日,我軍猛攻清軍於劉家廟車站;清軍敗走沈家磯。越一日,我軍又攻之,清海軍助戰,我武昌礮臺轟擊之;軍艦逸,清軍失助敗北,沿鐵路退至灄口。戰時,商民爭饋漿食我軍,或助其工作,皆祝我軍勝。外人觀戰者,亦歎我軍紀律嚴。及我軍勝,均歡呼萬歲焉。清廷命袁世凱爲湖廣總督,旋命蔭昌回京,命馮國璋統第一軍,段祺瑞統第二軍,由袁節制。袁故督練北洋軍,馮、段皆其部下,聞世凱至,皆大悅。九月初六,力犯我軍,我軍抵死拒之。嗣以陸軍夾擊,我軍死傷過當,稍卻。清軍乘勝進逼,逾大智門,至跑馬廳。我軍嚴壘以待,屹然不動。翌日,清軍用山礮側犯,我軍無山礮應之,不利。學生隊徒手備炸彈,薄敵陣,亦不支,乃卻。清軍直入漢口街市掠之,復縱火焚燒,互二十餘晝夜不絕。漢口三十里中國市場悉毀。時統清軍者馮國璋也。我軍固守漢陽,與清軍夾漢水而陣,相持十餘日。軍政府以黃興爲總司令。九月二十六日,我軍潛架浮橋。二十七日拂曉,渡漢水,湘軍二千人當先,鄂軍五六千繼之。掩至羅家店,襲清軍敗之,追擊於韓家店。鄂軍多新招,不任戰,在博學書院附近,爲清軍用機關礮所擊即退。湘軍亦振旅渡漢水歸。二十九日,我軍艦海容等,由九江駛至,礮擊江岸車站。嗣擊清軍礮兵陣地殲之,清兵大挫。十月初二日,清軍救兵至,乘夜潛渡漢水,襲我軍,佔蔡甸;鏖戰三日,我軍爲清機關礮所扼,敗退。初六日,清軍長驅至十里鋪,我軍陸續退守武昌。初七日,悉渡江而南。清軍佔龜山;下午二時,陷漢陽,黎督撫慰敗兵,固守長江待援。清軍終不得逞,旋兩軍議停戰。十一月十一日,因南北妥洽,清內閣總理袁世凱已於九月二十三日入京爲清內閣總理。袁世凱,飭段祺瑞等退兵。

　　(四)我軍於武昌舉義後,風聲所播,全國懽然。潛伏各省之黨人,皆乘機而起:九月一日,湖南獨立,以焦達峯爲都督。嗣軍士暴動,殺焦;舉譚延闓爲都督。二日,江西九江獨立。十日,南昌應之,以吳介璋爲都督,旋彭程萬代之。清撫馮汝騤至九江,服毒死。旋馬毓寶被推代彭。九月四日、九日,陝西西安、山西太原,相繼獨立。陝西以張鳳翽爲都督;山西以閻錫山爲都督;清山西巡撫陸鍾琦死之。九日,雲南獨立,以蔡鍔爲都督。十三日,江蘇上海獨立,以陳其美爲都督。十四日,蘇州獨立,清巡撫程德全反正,爲江蘇都督。十七日,鎮江獨立,以林述慶爲都督。二十三日,清江獨立,以蔣雁行爲都督。清江督張人駿、將軍鐵良、江南提督張勳,固守江寧不下。徐紹楨攻不利,退至鎮江。時浙江已光復,派兵助攻江寧。於是蘇、浙、滬會兵攻江寧,以紹楨爲總司令。十月三日,攻南京神策門,連日進取。九日,破太平門、朝陽門,又破神策門,及天保城礮臺。十一日,佔領紫金山。張勳勢不支,乞和,許之,人駿、鐵良、張勳率敗卒北去。後張勳爲袁世凱所用,以扼民黨,且圖復辟焉。南京既下,程督至寧安衆,嗣鎮江、清江、上海三都督皆取銷。九月十四日,浙江獨立,舉湯壽潛爲都督。十七日,福建獨立,清督松壽自殺,誅清將軍樸壽,舉孫道仁爲都督。十四日,貴州獨立,以楊柏舟爲都督。十七日,廣西獨立,以清桂撫沈秉堃爲都督。十八日，安徽安慶獨立，清皖撫朱家寶爲都督；旋遁。至十月十三日，始定議以孫毓筠爲都督。九月十九日，廣東獨立，以胡漢民爲都督。二十三日，山東獨立，以清魯撫孫寶琦爲都督。十月初七日，四川成都獨立；十八日，校場兵變，尹昌衡馳至始定。十一月初三日，殺趙爾豐，以尹昌衡爲都督。各省獨立之始，必舉白旗，言蕩滌專制餘穢，光復我山河也。

（五）清兵雖戰勝於漢陽，各省已相繼獨立。直隸、河南，雖在清軍勢力範圍內，張紹曾頓兵灤州，逼近京畿，吳禄貞頓兵石家莊，欲斷清攻漢軍後路；亦岌岌有不可終日之勢。旋袁世凱爲清內閣總理，獨攬大權。吳禄貞雖被刺，清重臣良弼，亦遭狙殺，袁世凱並幾不免，乃變計向我軍求和，兩軍停戰。袁遣唐紹儀代表清廷，南至武昌，晤黎督；我軍以伍廷芳爲代表與商。時伍在滬不能西，唐乃至上海，開第一次議和談判；以英、日總領事爲證人。伍以清軍攻山、陝，未與南省一律停戰；要唐電袁得停戰保證，然後開議。嗣袁有停止進攻之回電至，乃開第二次會議；俄、德、法、美領事，亦爲證人。伍代表提議，必清內閣承認共和政體，清帝退位，始可言和。唐已廉得南方一致主張共和之決心，亦贊共和。遂電袁謂南方堅持共和，非召集國會，取決輿論不可。袁電許之，乃開第三次會議。唐提議采用共和政體，或君主立憲，宜開國民會議表決。伍以人心傾向共和，勝券可操答之。嗣開第四次會議，議定集召國民會議法，各省區蒙古、西藏各爲一區。派選三人爲代表，江蘇、安徽、湖北、江西、湖南、山西、陝西、浙江、福建、廣東、廣西、四川、雲南、貴州，由中華民國臨時政府，發電召集。直隸、山東、時孫寶琦已取銷獨立。河南、甘肅、新疆、東三省、蒙古、西藏，由清廷召集。並由民國政府，電知該省諮議局，防清廷指派私人也。翌日，又開第五次會議。伍代表提議國民會議在上海開會。唐代表允電達袁乞覆。時各省代表，集於南京者：凡奉天、直隸、河南、山東，以上未獨立。山西、陝西、江蘇、安徽、江西、浙江、福建、廣東、廣西、湖北、湖南、四川、雲南，十七省，舉孫文爲中華民國臨時大總統，而中華民國臨時政府成立。袁世凱恐不得總統，乃電唐、伍，不認唐、伍所議各條，並攻訐組織臨時政府之非。唐辭職，伍力爭之，謂：“組織政府，乃民國一面之事，猶清政府在國民會議未決之前，不取銷也。”往返電詰數次，和戰不決。袁世凱陰飭進兵攻山西，入太原，復攻陝西，據潼關。臨時政府大憤，乃議北伐。然唐紹儀雖辭職，猶時來協商共和政府南北統一之道，略謂“北方非袁莫治”，陰要以袁爲總統，以統一南北焉。

（六）唐紹儀等既要求袁世凱爲總統以調和南北，臨時大總統孫文許之。清軍段祺瑞等，乃揚言贊成共和，逼清帝退讓。清室不得已，乃下詔退位。諭袁世凱以全權組織共和政府。蓋袁恐孫文不信，假名義以自重也。清帝退位後，孫文辭職，舉袁爲總統，南京臨時政府，請袁南下就職。袁嗾保定兵變以自尼，乃移臨時政府於北京，中華民國乃完全成立。

# 高等小學校用 新法歷史參考書第三冊

## 一 華族建國

（一）《周禮·大宗伯》：“以黃琮禮地。”鄭《注》：“禮地以夏至，謂神在昆侖者也。”又《典瑞》：“兩圭有邸以祀地，旅四望。”鄭《注》：“祀地，謂所祀於北郊神州之神。”《禮記·曲禮》：“天祭天地。”孔《疏》：“案《地統書》、《括地象》云：‘地中央曰昆侖。’又云：‘其東南方如千里曰神州。’以此言之，昆侖在西北，別統四方九州；其神州，是昆侖東南一州耳。於神州中更分爲九州，則《禹貢》之九州是也。”案：此與《史記》所載鄒衍之説合，實足爲華族西來之左證。又案：昆侖所在，異説紛如。《史記·大宛列傳》：“漢使窮河源，河源出于闐，其山多玉石；采來，而天子案古圖書，名河所出山曰昆侖云。”漢時去古未遠，武帝所案，必非無據；則古代所謂昆侖者，確系指今闐河上源之山。惟《書》“昆侖析支渠搜西戎即敍”。鄭《注》：“衣皮之民，居此三山之野者，皆西戎也。”則系指今青海地方，黃河上源以北，北流瀦於沙漠諸水以南之山言之。故《漢志》金城郡臨羌有昆侖山祠，敦煌郡廣至有昆侖障；而崔鴻《十六國春秋》，亦載酒泉太守馬岌上言，酒泉南山，即昆侖之體也。鄭君云：“西戎別有昆侖山，非河所出者也。”郭璞《山海經》注亦云：“言海內者，明海外復有昆侖山。”蓋古代名地，籠統相稱，所包至廣，非如後世但指一縣一邑，一邱一壑言之。自于闐河上源，至今黃河上源，其間山勢，本相連接；故可通被以昆侖之名。而于闐河上源一帶，爲華族發祥之地，故稱爲帝之下都；歷代皆以神靈之地視之。今黃河上源一帶，則久爲西戎所宅，故稱之曰海外。所謂海者，夷、蠻、戎、狄，謂之四海也。然則蔥嶺及帕米爾高原一帶，必爲華族古代宅居之地矣。

（二）案：據今社會學家言，社會生計，必自漁獵而進於游牧，自游牧而進於耕稼；至耕稼時代，則人民與土地，生密著之關系，而國家之基礎以立焉。

171

史稱庖犧氏能取犧牲以充庖廚,神農氏始作耒耜,教民稼穡;覈其事跡,蓋適與游牧耕稼時代相當。巢、燧更在其前;且有巢氏始教民構木爲巢,則其所居,似尚在山谷。據社會學家言,人羣之出山谷而入平地,實自游牧時代始。而發明熟食,又多在游牧時代以前;則巢、燧二氏,必在漁獵時代可知也。巢、燧、羲、農事跡,均見第一册第一課;此課總括之,示以社會進化之順序,當聯結前此所授,而確立其新觀念。

(三)禹承唐、虞之盛,塗山之會,諸侯執玉帛者萬國。及其衰也,有有窮、孔甲之亂,遭桀行暴,諸侯相兼;逮湯受命,其能存者,三千餘國。方於塗山,十損其七。其後紂作淫虐,周武王致商之罪,一戎衣而天下治,定五等之封,凡千七百七十三國;又減湯時千三百國。……傳稱武王克商,光有天下,兄弟之國十有五人,姬姓之國四十人;爵五品而別三等,公侯百里,伯七十里,子男五十里,不滿者爲附庸。蓋二千八百國。周室既衰,轉相吞滅,數百年間,列國耗盡。春秋之世,見於經傳者,一百六十五國,蠻、夷、戎、狄,亦在其間。《通考》孝公元年,河山以東強國六。……淮、泗之間,小國十餘。《史記·秦本紀》案封建之漸趨統一,此乃并諸小國以爲一大國,中國現今之國家,基礎所由立也。

## 二　教育和學術的解放

(一)見《尚書·泰誓》,上句爲"天佑下民"。

(二)案:據《漢書·藝文志》,儒家者流,出於司徒之官;道家者流,出於史官;陰陽家者流,出於羲和之官;法家者流,出於理官;名家者流,出於禮官;墨家者流,出於清廟之守;從橫家者流,出於行人之官;雜家者流,出於議官;農家者流,出於農稷之官;小説家者流,出於稗官;此所謂十家也,其中去小説家,謂之九流。又兵家出古司馬之職,數術爲明堂羲和史卜之職,方技亦原於岐伯、俞拊、扁鵲、秦和;蓋古代貴族有學,平民無學。至東周以後,社會階級,漸次破壞,而學術始散之民間,此一證也。吾華階級制度,至戰國而始破。若春秋以前,常有如印度所謂喀私德;Castes。中世歐羅巴,所謂埃士忒德 Estates 者。蓋上流人士,握一羣之實權,不獨政治界爲然,而學術思想界,尤其要者也。《漢書·藝文志》所述,維其分叛未能盡當;其推原所出,亦非盡有依據。要之古代世官之制行,學術之業,專偏於國民中一部一族。非其族者不能與聞,非在官者不獲從事。此不惟中國爲然,即各國古代,亦莫不皆然者也。昔在顓頊,命南正重司天,火正黎司地。唐虞之際紹重黎之後,使復典之,至於夏商；故重黎氏世序天地，其在周，程伯休甫其後也，當宣王時，官失其守，而爲司馬氏。司馬氏世典周史，惠、襄之間，司馬氏適晉。《前漢書·司馬遷傳》。按：此亦可見古之學術世守者也。

（三）……乃立地官司徒，使帥其屬，而掌邦教；以佐王安擾邦國。教官之屬：大司徒，卿一人；小司徒，中大夫二人；鄉師，下大夫四人，上士八人，中士十有六人；旅下士三十有二人，府六人，史十有二人，胥十有二人，徒百有二十人。《周禮·地官司徒》。小司徒之職，掌建邦之教法。……鄉大夫之職，各掌其鄉之政教禁令。《周禮·地官司徒》。帝曰："契！百姓不親，五品不遜，汝作司徒，敬敷五教，在寬。"《尚書·舜典》。按五教，父義、母慈、兄友、弟恭、子孝也。

（四）天子命之教，然後爲學。小學在公宮南之左；大學在郊。天子曰辟廱，諸侯曰頖宮。《禮記·王制》鄭玄注云："學所以學士之宮。"

（五）凡養老：……五十養於鄉；六十養於國；七十養於學；達於諸侯。《王制》。有虞氏養國老於上庠，養庶老於下庠。夏后氏養國老於東序，養庶老於西序。殷人養國老於右學，養庶老於左學。周人養國老於東膠，養庶老於虞庠。虞庠在國之西郊。《禮記·王制》鄭氏注"皆學名也"。

（六）……樂正崇四術，立四教，順先王《詩》《書》《禮》《樂》以造士；春秋教以《禮》《樂》，冬夏教以《詩》《書》；王太子、王子、羣后之太子，卿大夫、元士之適子，國之俊選，皆造焉。按：上文秀士升之司徒，曰選士，選士升之學，曰俊士。選俊，蓋卿士大夫之庶子，考有德行道藝者，得與太子、適子等同學也。凡入學以齒。……小胥、大胥、小樂正，簡不帥教者，以告於大樂正，大樂正以告於王。王命三公、九卿、大夫、元士皆入學；按入學考視也。不變，王親視學；不變，王三日不舉，屏之遠方，……終身不齒。大樂正論造士之秀者，以告於王，而升諸司馬曰進士。司馬辨論官材，論進士之賢者，以告於王，而定其論；論定然後官之，位定然後祿之。《禮記·王制》。

（七）商君者，衛之諸庶孽公子也。名鞅，姓公孫氏。……少好刑名之學。……聞秦孝公下令國中求賢者，將修穆公之業，東復侵地；鞅遂西入秦。因孝公寵臣景監以求見。孝公……以鞅爲左庶長，卒定變法之令。令民爲什伍，而相牧司連坐；……民有二男以上不分異者，倍其賦；有軍功者，各以率受上爵；爲私鬥者，各以輕重被刑大小；僇力本業，耕織致粟帛多者，復其身；事末利，及怠而貧者，舉以爲收孥；宗室非有軍功論，不得爲屬籍，……有功者顯榮，無功者雖富而無所芬華。令既具，未布，恐民之不信，乃立三丈之木於國都市南門，募民有能徙之北門者，予十金。民怪之，莫敢徙，復曰："能徙者予

五十金。"有一人徙之,輒予五十金,以明不欺。卒下令,令行於民。……行之
十年,秦民大悦,道不拾遺,山無盜賊,家給人足,民勇於公戰,怯於私鬭,鄉邑
大治。……於是以鞅爲大良造,將兵圍魏安邑,降之。居三年,作爲築冀闕宫
庭於咸陽,秦自雍徙都之。而令民父兄子弟同室内息者爲禁;而集小都鄉邑
聚爲縣,置令丞,凡三十一縣。爲田開阡陌封疆,而賦税平。平斗桶權衡丈
尺。……居五年,秦人富强,天子致胙於孝公,諸侯畢賀。……鞅既破魏,還
秦,封之於、商十五邑,號爲商君。……秦孝公卒,太子立;公子虔之徒,告商
君欲反;發吏捕商君,……殺之鄭黽池。秦惠王車裂商君以徇,曰:"莫如商鞅
反者!"遂滅商君之家。《史記·商君傳》。

　　按:商子有《開塞》、《耕戰》諸篇。開謂刑嚴峻則政化開;塞謂布恩賞,則
政化塞;耕言爲田開阡陌;戰言斬敵首賜爵。《通考》引周氏《涉筆》,以爲鞅書
多附會後事,非所自著。惟其詞峻屬深刻,必其徒述説之。此商鞅言刑法也。

　　(八)韓非者,韓之諸公子也。喜刑名法術之學。……爲人口吃,不能道
説,而善著書。與李斯俱事荀卿,斯自以爲不如非。非見韓之削弱,數以書諫
韓王,韓王不能用。於是韓非疾治國不務修明定法制,執勢以御其臣下,富國
强兵,而以求人任賢,反舉浮淫之蠹,而加之於功實之上;以爲儒者用文亂法,
而俠者以武犯禁;寬則寵名譽之人,急則用介冑之士;今者所養非所用,所用
非所養,悲廉直不容於邪枉之臣;觀往者得失之變,故作《孤憤》、《五蠹》、《内
外儲》、《説林》、《説難》十餘萬言。……人或傳其書至秦,秦王見《孤憤》、《五蠹》
之書,曰:"嗟乎! 寡人得見此人與之游,死不恨矣!"李斯曰:"此韓非之所著書
也。"秦因急攻韓。韓王始不用非,及急,迺遣非使秦。秦王悦之,未信用,李斯、
姚賈害之。……李斯使人遺非藥,使自殺。《史記·韓非列傳》。

　　(九)孫子武者,齊人也。以兵法見於吳王闔廬。闔廬曰:"子之十三篇,
吾盡觀之矣。可以小試勒兵乎?"對曰:"可。"闔廬曰:"可試以婦人乎?"曰
"可。"於是許之。出宫中美女百八十人,孫子分爲二隊,以王之寵姬二人各爲
隊長。……約束既布,乃設鈇鉞,即三令五申之。於是鼓之右,婦人大笑。孫
子曰:"約束不明,申令不熟,將之罪也!"復三令五申而鼓之左,婦人復大笑。
孫子曰:"約束不明,申令不熟,將之罪也;既已明而不如法者,吏士之罪
也!"……斬隊長二人以徇,用其次爲隊長。於是復鼓之,婦人左右前後跪起,
皆中規矩繩墨,無敢出聲。……於是闔廬知孫子能用兵,卒以爲將。西破彊
楚入郢,北威齊、晉,顯名諸侯,孫子與有力焉。《史記·孫子列傳》。

　　(十)吳起者,衛人也。好用兵,嘗學於曾子。事魯君,齊人攻魯,魯欲將

吳起;吳起娶齊女爲妻,而魯疑之;吳起於是欲就名,遂殺其妻,以明不與齊也。魯卒以爲將,將而攻齊大破之。……聞魏文侯賢,欲事之。……魏文侯以爲將,擊秦,拔五城。起之爲將,與士卒最下者同衣食,臥不設席,行不騎乘,親裹贏糧,與士卒分勞苦。卒有病疽者,起爲吮之。卒母聞而哭之。人曰:"子,卒也。而將軍自吮其疽,何哭爲?"母曰:"非然也! 往年吳公吮其父,其父戰不旋踵,遂死於敵。吳公今又吮其子,妾不知生死所矣! 是以哭之。"文侯以吳起善用兵,廉平盡能得士心,乃以爲西河守,以拒秦、韓。文侯既卒,起事其子武侯。……公叔爲相,尚魏公主而害吳起,……起懼得罪,遂去。即之楚。楚悼王素聞起賢,至則相楚。明法審令,捐不急之官;廢公族疏遠者,以撫養戰鬬之士;要在彊兵,破馳説之言從橫者。於是南平百越,北并陳、蔡,却三晉,西伐秦;諸侯患楚之彊。故楚之貴戚,盡欲害吳起;及悼王死,宗室大臣作亂而攻吳起。吳起走之王尸而伏之。擊起之徒,因射刺吳起,並中悼王。悼王既葬,太子立,乃使令尹盡誅射吳起而並中王尸者;坐射起而夷宗死者七十餘家。《史記·吳起列傳》。按吳起著有《兵法》四十八篇。

(十一)……東事師於齊,而習之於鬼谷先生。《集解》:……六國時縱橫家。《索隱》:鬼谷,地名也。扶風池陽,潁月陽城,並有鬼谷墟;蓋是其人所居因爲號。又《樂臺》注《鬼谷子》書云:蘇秦欲神祕其道,故假名鬼谷。《史記·蘇秦列傳》。從橫者所以明辯善辭令以通上下之志者也。《隋書·經籍志》。

按:《鬼谷子》今本十二篇,凡一卷。其文奇變詭偉,似非漢以後書。然鬼谷子不必有其人,謂蘇秦假託近是也。

(十二)屈原者,名平,楚之同姓也。爲楚懷王左徒。博聞彊志,明於治亂,嫺於辭令。入則與王圖議國事,以出號令;出則接遇賓客,應對諸侯;王甚任之。上官大夫與之同列,爭寵,而心害其能。懷王使屈原造爲憲令,屈平屬草藁,未定;上官大夫見而欲奪之;屈平不與,因讒之曰:"王使屈平爲令,衆莫不知。每一令出,平伐其功,曰以爲'非我莫能爲'也。"王怒,而疏屈平。屈平疾王聽之不聰也,讒諂之蔽明也,邪曲之害公也,方正之不容也,故憂愁幽思,而作《離騷》。《離騷》者,猶離憂也。夫天者,人之始也;父母者,人之本也;人窮則反本,故勞苦倦極,未嘗不呼天也;疾痛慘怛,未嘗不呼父母也。屈平正道直行,竭忠盡智,以事其君,讒人間之,可謂窮矣;信而見疑,忠而被謗,能無怨乎? 屈平之作《離騷》,蓋自怨生也。《國風》好色而不淫,《小雅》怨誹而不亂,若《離騷》者,可謂兼之矣。上稱帝嚳,下道齊桓,中述湯武,以刺世事。明道德之廣崇,治亂之條貫,靡不畢見。其文約,其辭微,其志潔,其行廉;其稱文小，而其指極大；舉類邇，而見義遠。其志潔，故其稱物芳。其行廉，故死而不容。自疎濯淖汙泥之中，蟬蛻於濁穢，浮游塵埃之外，不獲世之滋垢，皭然泥而不滓者也！推此志也，雖與日月爭光可也！……於是懷石，遂自投汨羅以死。屈原既死之後；楚有宋玉、唐勒、景差之徒者，皆好辭而以賦見稱。然皆祖屈原之從容辭令，終莫敢直諫。其後楚日以削，數十年竟爲秦所滅。《史記·屈原列傳》。

（十三）前此學術既在世官，則非其族者，不敢希望。及學風興於下，則不徒其發生也驟，而其傳播也亦速。凡創一學說者，輒廣求徒侶，傳與其人，而千里負笈者，亦不絕於道。孔子之弟子三千；墨子之鉅子，徧於宋、鄭、齊之間；孟子後車數十乘，從者數百人；許行之徒數十人，捆屨織席以爲食，蓋百家莫不皆然矣。

# 三　孔　孟

（一）孔子生魯昌平鄉陬邑。其先宋人也，曰孔防叔；防叔生伯夏；伯夏生叔梁紇；叔梁紇生孔子；禱於尼丘，得孔子；魯襄公二十二年而孔子生。生而首上圩頂，故因名曰丘云。字仲尼，姓孔氏。《史記·孔子世家》。

案：昌平鄉尼丘，均在今山東曲阜縣東南。魯襄公二十二年爲周靈王二十一年；民國紀元前二千四百六十二年也。

（二）按孔子爲儒家之祖，儒家祖述堯舜，憲章文武，非先王之法言不敢言，非先王之法服不敢服；其欲以先王壓倒時君也。

（三）子路曰：“衛君待子而爲政，子將奚先？”子曰：“必也正名乎？……名不正則言不順，言不順則事不成，事不成則禮樂不興，禮樂不興則刑罰不中，刑罰不中則民無所措手足。故君子名之必可言也，言之必可行也；君子於其名，無所苟而已矣！”《論語》。齊景公問政於孔子，孔子對曰：“君君，臣臣，父父，子子。”公曰：“善哉！信如君不君，臣不臣，父不父，子不子；雖有粟，吾得而食諸？”《論語》。

按：以上爲孔子主正名之言論，《春秋》一書，書法不苟，褒貶在一字之間。《史記》自序，引董仲舒之說：“《春秋》上明三王之道，下辨人事之紀，別嫌疑，明是非，定猶豫，善善惡惡，賢賢賤不肖，……王道之大者也。”則爲孔子主正名之事業。

家人有嚴君焉，父母之謂也。父父，子子，兄兄，弟弟，夫夫，婦婦，而家道正；家正而天下定矣。《易經·家人卦》。

天下之達道五：……曰君臣也，父子也，夫婦也，昆弟也，朋友之交也，五者，天下之達道也。《中庸》。

爲人君止於仁，爲人臣止於敬，爲人子止於孝，爲人父止於慈，與國人交止於信。《大學》。

按：以上爲孔子明倫之言論。《春秋》一書，尊王攘亂，亦所以明倫也。

（四）子曰："參乎！吾道一以貫之。"曾子曰："唯！"子出，門人問曰："何謂也？"曾子曰："夫子之道，'忠恕'而已矣。"《論語》。

子貢問曰："有一言而可以終身行之者乎？"子曰："其恕乎！己所不欲，勿施於人。"《論語》。

忠恕違道不遠；施諸己而不願，亦勿施於人。君子之道四，丘未能一焉；所求乎子以事父，未能也；所求乎臣以事君，未能也；所求乎弟以事兄，未能也；所求乎朋友先施之，未能也。《中庸》。

（五）按孔子之學，規模宏遠，欲以統一當代政治學術，故常有平天下之志。自言："如有用我者，吾其爲東周乎？"又言："文王既没，文不在兹乎？"蓋以文王王天下自任。又言："雍也，可使南面。"《説苑》：南面者，天子也，設以天子推許弟子。懷抱宏願，欲行其道。故欲爲王者而不以爲逆，干説七十二君而不以爲卑。

（六）孔子年四十二，魯昭公卒於乾侯；定公立。定公立五年夏，季平子卒；桓子嗣立。……其後定公以孔子爲中都宰，一年，四方皆則之，由中都宰爲司空，由司空爲大司寇。……定公十四年，孔子年五十六，由大司寇行攝相事。……與聞國政。三月，粥羔豚者弗飾賈，男女行者別於塗；塗不拾遺；四方之客，至乎邑者，不求有司，皆予之以歸。齊人聞而懼；曰："孔子爲政必霸，霸則吾地近焉，我之爲先并矣；盍致地焉？"犁鉏曰："請先嘗沮之；沮之而不可，則致地，庸遲乎？"於是選齊國中女子好者八十人，皆衣文衣，而舞康樂，文馬三十駟，遺魯君；陳女樂文馬於魯城南高門外。季桓子微服往觀再三，將受；乃語魯君，爲周道游，往觀終日，怠於政事。子路曰："夫子可以行矣。"孔子曰："魯今且郊，如致膰乎大夫，則吾猶可以止。"桓子卒受齊女樂，三日不聽政。郊，又不致膰俎於大夫。孔子遂行。《史記·孔子世家》。

（七）孔子遂適衛，主於子路妻兄顏濁鄒家。……居十月，去衛；將適陳，過匡。……陽虎嘗暴於匡人。……孔子狀類陽虎，拘焉。……孔子使從者爲寧武子臣於衛；然後得去。去即過蒲；有餘，反乎衛，主蘧伯玉家。……去衛，過曹。是歲,魯定公卒。孔子去曹適宋。……宋司馬桓魋欲殺孔子。……孔子適鄭。……遂至陳,主於司城貞子家。……孔子居陳三歲。……去陳,過蒲,會公叔氏以蒲畔;蒲人止孔子,弟子有公良孺者,以私車五乘從孔子。其爲人長賢有勇力。……鬬甚疾,蒲人懼。……出孔子東門,孔子遂適衛。……孔子既不得用於衛,將西見趙簡子,至於河;而聞竇鳴犢、舜華之死也,臨河而歎曰:"美哉! 水洋洋乎! 丘之不濟此,命也夫!"……乃還,息乎陬鄉,作爲《陬操》以哀之。而反乎衛,入主蘧伯玉家。……復如陳。……是歲,魯哀公三年;而孔子年六十矣。……秋,季桓子病,輦而見魯城,喟然歎曰:"昔此國,幾興矣!以吾獲罪於孔子,故不興也。"顧謂其嗣康子曰:"我即死,若必相魯,相魯,必召仲尼。"後數日,桓子卒,康子代立。已葬,欲召孔子。公子魚曰:"昔吾先君用之不終,終爲諸侯笑;今又用之,不能終,是再爲諸侯笑。"康子曰:"則誰召而可。"曰:"必召冉求。"於是使使召冉求。冉求將行,孔子曰:"魯人召求,非小用之,將大用之也。"是日,孔子曰:"歸乎歸乎! 吾黨之小子,狂簡,斐然成章,吾不知所以裁之!"子貢知孔子思歸;送冉求,因誠曰:"即用,以孔子爲招"云。冉求既去;明年,孔子自陳遷於蔡。……明年,孔子自蔡如葉。……去葉,反於蔡,……孔子遷於蔡三歲。吳伐陳,楚救陳,軍於城父,聞孔子在陳蔡之閒;楚使人聘孔子。孔子將往拜禮;陳蔡大夫謀曰:"孔子賢者,所刺譏皆中諸侯之疾。今日久留陳蔡之閒,諸大夫所設行,皆非仲尼之意。今楚,大國也,來聘孔子。孔子用於楚,則陳蔡用事大夫危矣。"於是乃相與發徒役,圍孔子於野,不得行,絕糧,從者病,莫能興。孔子講誦弦歌不衰。……於是使子貢至楚;楚昭王興師迎孔子,然後得免。昭王將以書社地七百里封孔子;楚令尹子西曰:"王之使使諸侯,有如子貢者乎?"曰:"無有。""王之輔相,有如顏回者乎?"曰:"無有。""王之將率,有如子路者乎?"曰:"無有。""王之官尹,有如宰予者乎?"曰:"無有。""且楚之祖封於周,號爲子男,五十里,今孔丘述三王之法,明周召之業。王若用之,則楚安得世世堂堂方數千里乎? 夫文王在豐,武王在鎬,百里之君,卒王天下。今孔丘得據土壤,賢弟子爲佐,非楚之福也!"昭王乃止。其秋,楚昭王卒於城父。……於是孔子自楚反乎衛。是歲也,孔子年六十三,而魯哀公六年也。其明年,吳與魯會繒,徵百牢。太宰嚭召季康子;季康子使子貢往,然後得已。……其明年,冉有爲季氏將,與齊戰於郎,克之。季康子曰:"子之於軍旅,學之乎? 性之乎?"冉有曰:"學之於孔子。"季康子曰:"孔子何如人哉?"對曰:"用之有名,播之百姓,質諸鬼神而無憾,求之至於此道,雖累千社,夫子不利也。"康子曰:"我欲召之,可乎?"對曰:"欲召之,則毋以小人固之,則可矣!"而衛孔文子將攻太叔,問策於仲尼。仲尼辭不知,退而命載而行,曰:"鳥則擇木,木豈能擇鳥乎?"文子固止。會季康子逐公華、公賓、公林,以幣迎孔子;孔子歸魯。孔子之去魯,凡十四歲,而反乎魯。……然魯終不能用孔子。孔子亦不求仕。《史記·孔子世家》。

（八）孔子以詩書禮樂教弟子,弟子蓋三千焉,身通六藝者七十二人。《史記·孔子世家》。

（九）孔子之時,周室微而禮樂廢,《詩》、《書》缺。追迹三代之禮,序《書傳》,上記唐虞之際,下至秦繆,編次其事。曰:"夏禮,吾能言之,杞不足徵也。殷禮,吾能言之,宋不足徵也。足,則吾能徵之矣。"觀夏殷所損益,曰:"後雖百世可知也。以一文一質,周監二代,郁郁乎文哉,吾從周。"故《書傳》、《禮記》自孔氏。孔子語魯太師:"樂,其可知也。始作翕如,縱之純如,皦如,繹如也,以成。吾自衛反魯,然後樂正,《雅頌》各得其所。"古者《詩》三千餘篇,及至孔子,去其重,取可施於禮義;上采契后稷,中述殷周之盛,至幽厲之缺,始於衽席,故曰:"《關雎》之亂以爲《風》始;《鹿鳴》爲《小雅》始;《文王》爲《大雅》始;《清廟》爲《頌》始。"三百五篇,孔子皆絃歌之,以求合《韶武雅頌》之音,禮樂自此可得而述。以備王道,成六藝。孔子晚而喜《易》,序《彖》、《繫》、《象》、《說卦》、《文言》。讀《易》,韋編三絕。曰:"假我數年;若是,我於《易》則彬彬矣。"……子曰:"弗乎! 弗乎! 君子病歿世而名不稱焉! 吾道不行矣,吾何以自見於後世哉?"乃因史記作《春秋》,上至隱公,下訖哀公十四年,十二公。據魯,親周,故殷,運之三代,約其文辭而指博。故吳楚之君自稱王,而《春秋》貶之曰:"子。"踐土之會,實召周天子,而《春秋》諱之曰:"天王狩於河陽。"推此類以繩當世貶損之義,後有王者,舉而開之,《春秋》之義行,則天下亂臣賊子懼焉。孔子在位聽訟、文辭有可與人共者,弗獨有也。至於爲《春秋》,筆則筆,削則削,子夏之徒,不能贊一辭。弟子受《春秋》,孔子曰:"後世知丘者以《春秋》,而罪丘者亦以《春秋》。"《史記·孔子世家》。

案:漢人皆以六經爲孔子作,散見之詞甚多,《孔子世家》此二節,臚陳最詳。六經之名,儒書不見,惟《莊子·天運篇》述孔子告老聃之言曰:"丘治《詩》、《書》、《禮》、《樂》、《易》、《春秋》六經。"然《小戴禮記》孔子論《詩》、《書》、《樂》、《易》、《禮》、《春秋》之言,而特名其篇曰"經解"。則固孔門語也。

（十）孟子,名軻,鄒人也。受業子思之門人,道既通,游事齊宣王。宣王不能用,適梁。梁惠王不果所言,則見以爲迂遠而闊於事情。當是之時,秦用商君，富國强兵；楚、魏用吳起，戰勝弱敵；齊威王、宣王用孫子、田忌之徒，而諸侯東面朝齊。天下方務於合從連衡，以攻伐爲賢。而孟軻乃述唐虞三代之德，是以所如者不合。退而與萬章之徒，作《孟子》七篇。《史記·孟子荀卿列傳》。

（十一）孟子見梁惠王。王曰："叟！不遠千里而來，亦將有以利吾國乎？"孟子對曰："王！何必曰'利'，亦有仁義而已矣！"《孟子·梁惠王上》。孟子曰："求也爲季氏宰，無能改於其德，而賦粟倍他日。孔子曰：'求，非我徒也！小子鳴鼓而攻之可也！'由此觀之，君不行仁政而富之，皆棄於孔子者也。況於爲之强戰。爭地以戰，殺人盈野，爭城以戰，殺人盈城；此所謂率土地而食人肉，罪不容於死。故善戰者服上刑，連諸侯者次之，辟草萊任土地者次之。"《離婁上》。孟子曰："民爲貴，社稷次之，君爲輕。是故得乎丘民而爲天子，得乎天子爲諸侯，得乎諸侯爲大夫。諸侯危社稷，則變置；犧牲既成，粢盛既潔，祭祀以時，然而旱乾水溢，則變置社稷。"《孟子·盡心下》。

# 四　老　子

（一）老子，楚苦縣厲鄉曲仁里人也。姓李氏，名耳，字伯陽，諡曰聃，周守藏室之史也。老子修道德，其學以自隱無名爲務。居周久之；見周之衰，迺遂去。至關，關令尹喜曰："子將隱矣，强爲我著書！"於是老子迺著書上下篇，言道德之意，五千餘言而去，莫知其所終。《史記·老子韓非列傳》。

案：漢苦縣，今河南鹿邑縣也。《太康地記》："苦縣有賴鄉祠，老子所生地也。"賴鄉，即厲鄉。

（二）道大，天大，地大，王亦大。城中有四大，而王居其一焉。人法地，地法天，天法道，道法自然。爲學日益，爲道日損，損之又損，以至於無爲；無爲而無不爲。夫佳兵者，不祥之器，物或惡之；故有道者不處。君子居則貴左，用兵則貴右；兵者，不祥之器，非君子之器，不得已而用之，恬澹爲上，勝而不美。而美之者，是樂殺人，樂殺人者，則不可以得志於天下矣。吉事尚左，凶事尚右，偏將軍居左，上將軍居右，言以喪禮處之。殺人之衆，以哀悲泣之；戰勝，以喪禮處之。上善若水，水善利萬物而不爭，處衆人之所惡，故幾於道。《老子》。

按：老子學説，近人北京大學教員胡適所著《中國哲學史大綱》，論之甚精當。

（三）莊子者，蒙人也，名周，周嘗爲蒙漆園吏，與梁惠王、齊宣王同時。其學無所不闚，然其要本，歸於老子之言。《史記·老子韓非列傳》。列子，名禦寇，先莊子，莊子稱之。《漢書·藝文志》注。

# 五　墨子止楚攻宋

（一）公輸盤公輸子之名，《史記》及《後漢書》均作般，《墨子》作盤。爲楚造雲梯之械，成，將以攻宋。子墨子聞之，起於齊，行十日十夜，而至於郢；見公輸盤。公輸盤曰：“夫子何命焉爲？”子墨子曰：“北方有侮臣，願藉子殺之。”公輸盤不悦。子墨子曰：“請獻十金！”公輸盤曰：“吾義固不殺人。”子墨子起再拜，曰：“請説之！吾從北方，聞子爲梯，將以攻宋。宋何罪之有？荆國有餘於地，而不足於民；殺所不足，而爭所有餘，不可謂智。宋無罪而攻之，不可謂仁。知而不爭，不可謂忠。爭而不得，不可謂强。義不殺少而殺衆，不可謂知類。”公輸盤服。子墨子曰：“然乎，不已乎！”公輸盤曰：“不可！吾既已言之王矣。”子墨子曰：“胡不見我於王？”公輸盤曰：“諾。”子墨子見王，曰：“今有人於此：舍其文軒，鄰有敝轝，而欲竊之；舍其錦繡，鄰有短褐，而欲竊之；舍其粱肉，鄰有糠糟，而欲竊之；此爲何若人？”王曰：“必爲竊疾矣。”子墨子曰：“荆之地方五千里，宋之地方五百里，此猶文軒之與敝轝也；荆有雲夢，犀兕、麋鹿滿之，江漢之魚鼈黿鼉，爲天下富，宋所爲無雉兔狐狸者也，此猶粱肉之與糠糟也；荆有長松文梓梗柟豫章，宋無長木，此猶錦繡之與短褐也；臣以三事之攻宋也，爲與此同類；臣見大王之必傷義而不得。”王曰：“善哉！雖然，公輸盤爲我爲雲梯，必取宋。”於是見公輸盤，子墨子解帶爲城，以牒爲械，公輸盤九設攻城之機變，子墨子九距之；公輸盤之攻械盡，子墨子之守圉有餘。公輸盤詘，而曰：“吾知所以距子矣，吾不言。”子墨子亦曰：“吾知子之所以距我，吾不言！”楚王問其故。子墨子曰：“公輸子之意，不過欲殺臣。殺臣，宋莫能守，可攻也。然臣之弟子禽滑釐等三百人，已持臣守圉之器，在宋城上而侍楚寇矣。雖殺臣，不能絶也。”楚王曰：“善哉！吾請無攻宋矣！”《墨子·公輸篇》。

（二）墨子，名翟，爲宋大夫，在孔子後。《漢書·藝文志》注。

（三）案：今《墨子書》有《尚同》三篇，《兼愛》三篇，《非攻》三篇，《備城門》以下二十篇，皆講守禦之術。今存《備城門》、《備高臨》、《備梯》、《備水》、《備突》、《備穴》、《備蛾傳》、《迎敵祠》、《旗幟》、《號令》、《雜守》十一篇。

按：墨子學説，近人胡適《中國哲學文大綱》述之亦當。

## 六　華族和雜居諸族的同化

（一）案華族本自中亞高原入中國，詳見本册第一課。故其分布，先在黃河流域，次乃進入長江、粵江二流域。長江中游流域之開化，始於楚之盛；下游流域之開化，始於吳、越之強；上游流域之蜀，至戰國乃見并於秦。粵江流域，至秦并南越，始入中國版圖。閩江流域，亦秦有天下，然後取其地爲閩中郡。雲南之地，則楚莊蹻始王滇；秦時又通滇，置吏。然其大功，實至漢滅南越、閩越、東甌，通西南夷而後定。自西周以前，江、粵二域，雖亦爲聲教所及，實未脫榛狉之俗。故自其大要言之，河域之開化，較諸江、粵二域，當早一千餘年也。

（二）熊繹當周成王之時，舉文、武勤勞之後嗣，而封熊繹於楚蠻。……熊繹生熊艾，熊艾生熊䵣，熊䵣生熊勝，熊勝以弟熊楊爲後，熊楊生熊渠，熊渠生子三人。當周夷王之時，王室微，諸侯或不朝，相伐，熊渠甚得江漢閒民和，乃興兵伐庸、揚粵，至於鄂。熊渠曰："我蠻夷也，不與中國之號諡。"乃立其長子康爲句亶王，中子紅爲鄂王，少子執疵爲越章王；皆在江上楚蠻之地。《史記·楚世家》。太伯之奔荆蠻，自號句吳，荆蠻義之，從而歸之，千餘家。……自太伯作吳，五世而武王克殷，封其後爲二：其一虞，在中國；其一吳，在夷蠻。十二世而晉滅中國之虞，中國之虞滅二世，而夷蠻之吳興。大凡從太伯至壽夢十九世。《史記·吳太伯世家》。越王句踐，其先禹之苗裔，而夏后帝少康之庶子也。封於會稽，以奉守禹之祀；文身斷髮，披草萊而邑焉，後二十餘世，至於允常。《史記·越句踐世家》。

（三）案春秋時，今山東膠東一道，皆萊夷之地。山、陝、直隸三省，則爲赤、白狄所居。若廥咎如、今山西樂平縣。皋落氏、今山西垣曲縣。鐸辰、今山西長垣縣。留吁、今山西屯留縣。甲氏、今直隸雞澤縣。路氏、今山西潞城縣。及肥、今直隸藁城縣。鼓、今直隸晉縣。鮮虞今直隸定縣。等是也。萊夷滅於齊，赤、白狄皆滅於晉。惟鮮虞至戰國時稱中山，滅於趙。西戎之入居河南者，爲揚拒，今偃師縣附近。泉皋，今洛陽縣西南。伊洛之戎；伊洛二水閒。其後地皆入於周。又有蠻民，今臨汝縣。驪戎，今陝西臨潼縣。地亦入於晉。其在陝西境者，多爲秦所滅。《史記·秦本記》所謂秦穆公霸西戎，開國十二，闢地千里是也。以上略據顧棟高《春秋大事表》。

（四）案：五嶺以南之地，其人總稱曰越，亦作粵，如秦所開桂林、南海、象郡之地；其人稱南越。閩中郡之地稱閩越。漢時，東甌之地稱甌越。及三國時，今贛、皖、浙諸省之山越是也。桂林、南海、象郡，爲今廣東、西二省及越南北部地。閩中郡爲今福建省地。戰國時，楚南平百越。又越之滅，句踐之後，或爲王，或爲君，濱於江南海上，服朝於楚。蓋秦所開四郡之地，本皆楚屬。然建爲郡縣，則實始於秦。滇爲百濮之族所處，即今之猓玀，通滇者亦始於戰國時楚之莊蹻。然蹻既定其地，而秦取楚黔中，道阻不得歸報，遂留王滇，其置吏亦始於秦。故今南區五省，其入中國版圖，實可謂自秦時始。至漢武滅南越、閩越、東甌，開西南夷，而後竟其功也。

## 七　李斯助秦爲虐

（一）李斯者，楚上蔡人也。年少時，爲郡小吏。……從荀卿學帝王之術。學已成，度楚王不足事，而六國皆弱，無可爲建功者，欲西入秦，辭於荀卿。……至秦，會莊襄王卒，李斯乃求爲秦相文信侯吕不韋舍人。不韋賢之，任以爲郎。李斯因以得説；説秦王曰：“胥人者，去其幾也。成大功者，在因瑕釁而遂忍之。昔者秦穆公之霸，終不東并六國者，何也？諸侯尚衆，周德未衰，故五伯迭興，更尊周室。自秦孝公以來，周室卑微，諸侯相兼，關東爲六國，秦之乘勝役諸侯，蓋六世矣。今諸侯服秦，譬若郡縣。夫以秦之彊，大王之賢，由竈上騷除，足以滅諸侯，成帝業，爲一統。此萬世之一時也！今怠而不急就，諸侯復彊，相聚約從，雖有黃帝之賢，不能并也。”秦王乃拜斯爲長史，聽其計，陰遣謀士齎持金玉，以游說諸侯。諸侯名士，可下以財者，厚遺結之；不肯者，利劍刺之。離其君臣之計，秦王乃使其良將隨其後。……二十餘年，竟并天下。尊主爲皇帝，以斯爲丞相。夷郡縣城，銷其兵刃，示不復用。使秦無尺土之封，不立子弟爲王，功臣爲諸侯者，使後無戰攻之患。始皇三十四年，置酒咸陽宫，博士僕射周青臣等頌稱始皇威德。齊人淳于越進諫曰：“臣聞之：殷周之王千餘歲，封子弟功臣，自爲支輔；今陛下有海内，而子弟爲匹夫；卒有田常、六卿之患，臣無輔弼，何以相救哉？事不師古而能長久者，非所聞也！今青臣等又面諛以重陛下過，非忠臣也！”始皇下其議，丞相謬其説，絀其辭；乃上書曰：“古者天下散亂，莫能相一；是以諸侯並作，語皆道古以害今，飾虛言以亂實；人善其所私學，以非上所建立。今陛下并有天下，辨白黑而定一尊；而私學乃相與非法教之制。聞令下，即各以其私學議之，入則心非，出則巷議，非主以爲名，異趣以爲高，率羣下以造謗；如此不禁，則主勢降乎上，黨與成乎下。禁之便。臣請諸有文學詩書百家語者，蠲除去之。令到滿三十日弗去，黥爲城旦。所不去者，醫藥卜筮種樹之書。若有欲學者，以吏爲師。”

始皇可其議,收去詩書百家之語,以愚百姓,使天下無以古非今;明法度,定律令,皆以始皇起。同文書,治離宮別館,周徧天下;明年,又巡狩,外攘四夷;斯皆有力焉。斯長男由爲三川守,諸男皆尚秦公主,女悉嫁秦諸公子。……始皇三十七年十月,行出游會稽,並海上,北抵琅邪;丞相斯、中車府令趙高兼行,符璽令事皆從。始皇有二十餘子,長子扶蘇以數直諫上,上使監兵上郡,蒙恬爲將。少子胡亥愛,請從,上許之,餘子莫從。其年七月,始皇帝至沙丘,病甚,令趙高爲書賜公子扶蘇曰:"以兵屬蒙恬,與喪會咸陽而葬。"書已封,未授使者,始皇崩。書及璽皆在趙高所。獨子胡亥、丞相李斯、趙高及幸宦者五六人知始皇崩,餘羣臣皆莫知也。李斯以爲上在外崩,無真太子,故祕之。置始皇居輼輬車中,百官奏事上食如故,宦者輒從輼輬車中可諸奏事。趙高因留所賜扶蘇璽書,而謂公子胡亥曰:……"方今天下之權,存亡在子與高及丞相耳,願子圖之!且夫臣人與見臣於人,制人與見制於人,豈可同日道哉?"……胡亥喟然歎曰:"今大行未發,喪禮未終,豈宜以此事干丞相哉?"趙高曰:"時乎時乎!間不及謀,贏糧躍馬,唯恐後時!"胡亥既然高之言。高曰:"不與丞相謀,恐事不能成,臣請爲子與丞相謀之。"高乃謂丞相斯曰:"上崩,……未有知者也。所賜長子書及符璽,皆在胡亥所。定太子,在君侯與高之口耳。事將何如?"斯曰:"安得亡國之言!此非人臣所當議也。"高曰:"君侯自料,能孰與蒙恬?功高孰與蒙恬?謀遠不失孰與蒙恬?無怨於天下,孰與蒙恬?長子舊而信之,孰與蒙恬?"斯曰:"此五者,皆不及蒙恬,而君責之何深也?"高曰:"高固內官之廝役也,幸得以刀筆之文,進入秦宮,管事二十餘年,未嘗見秦免罷丞相、功臣,有封及二世者也,卒皆以誅亡。皇帝二十餘子,皆君之所知;長子剛毅而武勇,信人而奮士,即位必用蒙恬爲丞相;君侯終不懷通侯之印,歸於鄉里,明矣。高受詔,教習胡亥,使學以法,事數年矣,未嘗見過失。慈仁篤厚,輕財重士,辯於心而詘於口,盡禮敬士,秦之諸子,未有及此者。可以爲嗣,君計而定之!……方今天下之權命,懸於胡亥、高能得志焉。且夫從外制中謂之惑,從下制上謂之賊,故秋霜降者草花落,水搖動者萬物作,此必然之效也。……君聽臣之計,即長有封侯,世世稱孤,必有喬松之壽,孔墨之智。今釋此而不從,禍及子孫,足以爲寒心!善者因禍爲福,君何處焉?"斯乃仰天而歎,垂淚太息曰:"嗟乎!獨遭亂世,既以不能死,安託命哉!"於是斯乃聽高。高乃報胡亥曰:"臣請奉太子之明命,以報丞相。丞相斯敢不奉命!"於是乃相與謀,詐爲受始皇詔丞相,立子胡亥爲太子。更爲書賜長子扶蘇曰:"朕巡天下,禱祀名山諸神以延壽命。今扶蘇與將軍蒙恬,將師數十萬以屯邊，十有餘年矣，不能進而前，士卒多耗，無尺寸之功；乃反數上書，直言誹謗我所爲；以不得罷歸爲太子，日夜怨望。扶蘇爲人子不孝，其賜劍以自裁！將軍恬與扶蘇居外，不匡正，宜知其謀；爲人臣不忠，其賜死！以兵屬裨將王離。”封其書，以皇帝璽，遣胡亥客奉書賜扶蘇於上郡。使者至，發書，扶蘇泣，入內舍，欲自殺。蒙恬止扶蘇曰：“陛下居位，未立太子，使臣將三十萬衆守邊，公子爲監，此天下重任也。今一使者來，即自殺，安知共非詐？請復請，復請而後死，未暮也。”使者數趣之，扶蘇爲人仁，謂蒙恬曰：“父而賜子死，尚安復請？”即自殺。蒙恬不肯死，使者即以屬吏，繫於陽周。使者還報胡亥，斯、高大喜。至咸陽，發喪，太子立爲二世皇帝。以趙高爲郎中令，常侍中用事。二世燕居，……問李斯曰：“吾有私議，而有所聞於韓子也，曰：堯之有天下也，堂高三尺，采椽不斲，茅茨不翦；雖逆旅之宿，不勤於此矣！冬日鹿裘，夏日葛衣，粢糲之食，藜霍之羹，飯土匭，啜土鉶’；雖監門之養，不觳於此矣。禹鑿龍門，通大夏，疏九河，曲九防，決淳水，致之海而股無胈，脛無毛，手足胼胝，面目黎黑，遂以死於外，葬於會稽，臣虜之勞，不烈於此矣！然則夫所貴於有天下者，豈欲苦形勞神，身處逆旅之宿，口食監門之養，手持臣虜之作哉？此不肖人之所勉也，非賢者之所務也！彼賢人之有天下也，專用天下，適己而已矣，此所以貴於有天下也。夫所謂賢人者，必能安天下而治萬民，今身且不能利，將惡能治天下哉！故吾願肆志廣欲，長享天下而無害，爲之奈何？”李斯……乃阿二世意，欲求容，以書對曰：“夫賢主者，必且能全道而行督責之術者也。督責之，則臣不敢不竭能以徇其主矣。此臣主之分定，上下之義明，則天下賢不肖，莫敢不盡力竭任，以徇其君矣。是故主獨制於天下，而無所制也，能窮樂之極矣。賢明之主也，可不察焉。故申子曰‘有天下而不恣睢，命之曰，以天下爲桎梏’者，無他焉，不能督責，而顧以其身勞於天下之民，若堯、禹然，故謂之桎梏也。夫不能修申、韓之明術，行督責之道，專以天下自適也，而徒務苦形勞神，以身徇百姓，則是黔首之役，非畜天下者也，何足貴哉！夫以人徇己，則己貴而人賤；以己徇人，則己賤而人貴。故徇人者賤，而人所徇者貴，自古及今，未有不然者也。凡古之所爲尊賢者，爲其貴也；而所爲惡不肖者，爲其賤也。而堯、禹以身徇天下者也，因隨而尊之，則亦失所爲尊賢之心矣，夫可謂大繆矣！謂之爲桎梏，不亦宜乎？不能督責之過也。故韓子曰‘慈母有敗子，而嚴家無格虜’者，何也？則能罰之加焉，必也。故商君之法，刑棄灰於道。夫棄灰，薄罪也；而被刑，重罰也；彼唯明主爲能深督輕罪。夫罪輕且督深，而況有重罪乎？故民不敢犯也。是故韓子曰‘布帛尋常，庸人不釋；鑠金百鎰，盜跖不搏'者，非庸人之心重，尋常之利深，而盜跖之欲淺也；又不以盜跖之行，爲輕百鎰之重也；搏必隨手刑，則盜跖不搏百鎰，而罰不必行也，則庸人不釋尋常。是故城高五丈，而樓季不輕犯也，泰山之高百仞，而跛牂牧其上。夫樓季也而難五丈之限，豈跛牂也而易百仞之高哉？峭塹之勢異也。明主聖王之所以能久處尊位，長執重勢，而獨擅天下之利者，非有異道也；能獨斷而審，督責必深罰，故天下不敢犯也。今不務所以不犯，而事慈母之所以敗子也，則亦不察於聖人之論矣。夫不能行聖人之術，則舍爲天下役何事哉？可不哀耶！且夫儉節仁義之人立於朝，則荒肆之樂輟矣；諫說論理之臣閒於側，則流漫之志詘矣；烈士死節之行顯於世，則淫康之虞廢矣。故明主能外此三者，而獨操主術，以制聽從之臣，而修其明法，故身尊而勢重也。凡賢主者必將能拂世摩俗，而廢其所惡，立其所欲。故生則有尊重之勢，死則有賢明之謚也。是以明君獨斷，權不在臣也，然後能滅仁義之途，掩馳說之口，困烈士之行，塞聰揜明，内獨視聽。故外不可傾以仁義烈士之行，而内不可奪以諫說忿諍之辯，故能犖然獨行，恣睢之心，而莫之敢逆。若此，可謂能明申、韓之術，而修商君之法。法修術明而天下亂者，未之聞也。故曰'王道約而易操'也，唯明主爲能行之。若此，則謂督責之誠，則臣無邪；臣無邪，則天下安；天下安，則主嚴尊；主嚴尊，則督責必；督責必，則所求得；所求得，則國家富；國家富，則君樂豐。故督責之術設，則所欲無不得矣。羣臣百姓，救過不給，何變之敢圖？若此，則帝道備，而可謂能明君臣術矣。雖申、韓復生，不能加也。"書奏，二世悅，於是行督責益嚴，稅民深者爲明吏。二世曰："若此，則可謂督責矣。"刑者相半於道，而死人日成積於市，殺人衆者爲忠臣。二世曰："若此，則可謂能督矣。"……二世在甘泉，方作觳抵優俳之觀。李斯不得見，因上書言趙高之短。……二世已前信趙高，恐李斯殺之，乃私告趙高。高曰："丞相所患者獨高，高已死，丞相即欲爲田常所爲。"於是二世曰："其以李斯屬郎中令。"趙高案治李斯，李斯拘執束縛，居囹圄中。……二世乃使高案丞相獄治罪，責斯與子由謀反狀，皆收捕宗族賓客。趙高治斯，榜掠千餘，不勝痛，自誣服。斯所以不死者，自負其辯，有功，實無反心，幸得上書自陳，幸二世之寤而赦之。……趙高皆妄爲反辭。二世二年七月，具斯五刑，論腰斬咸陽市。斯出獄，與其中子俱執，顧謂其中子曰："吾欲與若復牽黃犬，俱出上蔡東門逐狡兔，豈可得乎！"遂父子相哭、而夷三族。《史記·李斯列傳》。

　　（二）荀卿，趙人。年五十，始來游學於齊；……髡田駢之屬皆已死。齊襄王時，而荀卿最爲老師。齊尚脩列大夫之缺，而荀卿三爲祭酒焉。齊人或讒荀卿，荀卿乃適楚；而春申君以爲蘭陵令。春申君死，而荀卿廢，因家蘭陵。李斯嘗爲弟子，已而相秦。荀卿嫉濁世之政，亡國亂君相屬，不遂大道，而營於巫祝，信機祥；鄙儒小拘，如莊周等又滑稽亂俗，於是推儒、墨、道德之行事興壞，序列著數萬言而卒。因葬蘭陵。《史記·荀卿列傳》。

按《荀子·正名篇》有云：“故王者之制名，名定而實辨，道行而志通，則慎率民而一焉。故析辭擅作名，以亂正名，使民疑惑，人多辨訟，則謂之大奸。其罪猶爲符節度量之罪也。故其民莫敢爲奇辭以亂正名。故其民慤，慤則勿使，易使則功。其民莫敢爲奇辭以亂正名，故一於道法，而謹於循令矣。如是，則其迹長矣。迹長功成，治之極也。是謹於守名約之功也。……今聖王没，名守慢，奇辭起，名實亂，是非之形不明；則雖守法之吏，誦數之儒，亦皆亂也。若有王者起，必將有循於舊名，有作於新名。”此其欲以王者一名之例，足以影響於燒詩書，令習秦法者也。荀卿言王道，要本孔子；而孔子疾當時諸侯之弊，慨然有王天下之志。其所謂“王天下”，亦不過師儒相傳之“誅少正卯”，“作春秋而亂臣賊子懼，……筆則筆之，削則削之。”及韓愈之所謂“人其人，火其書，……”而已。使孔子而王天下，或不如秦政之猛；然使韓愈而相秦，則必如李斯之行其所謂“帝王術”者矣。以此方之；荀卿，猶孔子也；李斯，猶得志之韓愈也；此儒之弊也。而儒者獨不知自咎，一若李斯非儒也者，詎不可笑乎？蘇子瞻論荀卿，以荀卿法後王，言性惡，爲開李斯助虐之原；所見甚小而隘。然謂李斯未受荀卿學説之影響，則又何可？

（三）……諸侯力政，不統於王。惡禮樂之害己，而皆去其典籍，分爲七國。田疇異畝，車異涂軌，律令異法，衣冠異制，言語異聲，文字異形。秦始皇帝初兼天下，丞相李斯乃奏同之，罷其不與秦文合者。許慎《説文記敍》。

（四）昔仲尼没而微言絶，七十子喪而大義乖：故《春秋》分爲五，《詩》分爲四，《易》有數家之傳。戰國縱橫，真僞分争，諸子之言，紛然殽亂。至秦患之，乃燔滅文章，以愚黔首。《前漢書·藝文志》。

# 八　漢武帝重儒術信神仙

（一）建元元年，冬十月，詔丞相、御史、列侯、中二千石、諸侯相，舉賢良方正直言切諫之士。丞相綰奏所舉賢良，或治申、商、韓非、蘇秦、張儀之言，亂國政，請皆罷。奏可。……議立明堂，遣使者安東蒲輪，束帛加璧，徵魯申公，……五年……置五經博士。《前漢書·武帝紀》。武帝初立，卓然罷黜百家，表章六經。《前漢書·武帝紀贊》。註：百家謂諸子雜說，違背六經。六經謂《易》、《詩》、《書》、《春秋》、《禮》、《樂》也。今上即位，趙綰、王臧之屬，明儒學；而上亦鄉之，於是招方正賢良文學之士。自是之後，言《詩》，於魯則申培公，於齊則轅固生，於燕則韓太傅。言《尚書》，自濟南伏生。言《禮》，自魯高堂生。言《易》，自菑川田生。言《春秋》，於齊魯自胡毋生，於趙自董仲舒。及竇太后崩，武安侯田蚡爲丞相，絀黃老、刑名百家之言，延文學儒者數百人；而公孫弘以《春秋》白衣爲天子三公，封以平津侯。天下之學士，靡然鄉風矣。《史記·儒林列傳》。

（二）董仲舒，廣川人也。少治《春秋》。孝景時，爲博士，下帷講誦，弟子傳以久次相授業，或莫見其面；蓋三年不窺園，其精如此。進退容止，非禮不行。學士皆師尊之。武帝即位，舉賢良文學之士，前後百數，而仲舒以賢良對策焉。……仲舒對曰："……《春秋》大一統者，天地之常經，古今之通誼也；今師異道，人異論，百家殊方，指意不同，是以上亡以持一統，法制數變；下不知所守。臣愚以爲諸不在六藝之科孔子之術者，皆絕其道，勿使並進。邪辟之說滅息，然後統紀可一，而法度可明，民知所從矣。"對既畢，天子以仲舒爲江都相。……自武帝初立，魏其、武安侯爲相，而隆儒矣。及仲舒對冊，推明孔氏，抑黜百家，立學校之官，州郡舉茂材孝廉，皆自仲舒發之。年老以壽終於家，家徙茂陵，子及孫，皆以學至大官。仲舒所著，皆明經術之意，……十餘萬言，皆傳於後世。《前漢書·董仲舒傳》。

（三）王莽字巨君，孝元皇后之弟子也。……莽羣兄弟皆爲將軍，五侯子乘時侈靡，……莽獨孤貧；因折節爲恭儉，受禮經，師事沛郡陳參，勤身博學，被服如儒生。……爵位益尊，節操愈謙。……收贍名士，交結將相卿大夫甚衆。……擢爲大司馬，……聘諸賢良，以爲掾史。……哀帝崩，……莽白太后，以舜按：莽從弟。爲車騎將軍，使迎中山王奉成帝後，是爲孝平皇帝。帝年九歲，太后臨朝稱制，委政於莽。……莽以大司徒孔光名儒，相三主，太后所敬，天下信之，於是盛尊事光，引光女婿甄邯爲侍中奉車騎尉。諸哀帝外戚，及大臣座位素所不悅者，莽皆傅致其罪，爲請奏，令邯持與光。光素畏慎，不敢不上之。莽白太后，輒可其奏。……於是附順者拔擢，忤恨者誅滅。……塞外蠻夷獻白雉，元始元年正月，莽白太后，下詔以白雉薦宗廟；……於是羣臣乃盛陳莽功德。……以莽爲太傅，幹四輔之事，號曰安漢公。……陳崇時爲大司徒司直，與張敞、孫竦善，竦者博通士，爲崇草奏，稱莽功德。按：崇奏詳《漢書·王莽傳上》，博引經義，稱莽當上與伯禹、周公等盛。……四年……四月丁未，莽女立爲皇后，大赦天下。……莽奏起明堂、辟雍、靈臺，爲學者築舍萬區，作市常滿倉，制度甚盛。立樂經，益博士員，經各五人。徵天下通一藝，教授十一人以上，及有逸《禮》、古《書》、《毛詩》、《周官》、《爾雅》、天文、圖讖、鐘律、月令、兵法、《史篇》文字，通知其意者，皆詣公車。網羅天下異能之士，至者前後千數，皆令記説廷中，將令正乖繆，壹異説云。……吏民以莽不受新野田，按：莽前封新都侯，不受新野賜田。而上書者，前後四十八萬七千五百七十二人；及諸侯王公列侯宗室，見者按：見太后也。皆叩頭言，宜亟加賞於安漢公。……五年……十二月，平帝崩。……選玄孫中最幼廣戚侯子嬰，年二歲，託以爲卜相最吉。……太后下詔，……令安漢公居攝踐祚，如周公故事。……郊祀天地宗祀明堂，共祀宗廟，享祭羣神。贊曰"假皇帝"；民臣謂之"攝皇帝"；自稱曰"予"。平決朝事，常以皇帝之詔稱制。……明年改元曰居攝。……三月己丑，立宣帝玄孫嬰爲皇太子，號曰孺子。……以居攝三年爲初始元年。……梓潼人哀章，學問長安，素無行，好爲大言。見莽居攝，即作銅匱，爲兩檢，署其一曰"天帝行璽金匱圖"，其一曰"赤帝行璽某按謂劉邦。傳予黃帝金策書"，……書言王莽爲真天子，皇太后如天命。圖書皆書莽大臣八人，又取令名王興、王盛，章因自竄姓名，凡爲十一人，皆署官爵，爲輔佐。……即日昏時，衣黃衣，持匱置高廟，以付僕射。僕射以聞。戊辰，莽至高廟，拜受金匱神嬗。……御王冠，即真天子位，定有天下之號曰新。……以十二月朔癸酉，爲建國元年正月之朔。……乃策命孺子。……爲定安公，……按金匱輔臣，皆封拜。……禁民不得挾弩鎧。……建國八年，……明年改元曰天鳳。……莽以爲制定則天下自平，按：當時天下已亂。故鋭思於地里，制禮作樂，講合六經之説。公卿旦入暮出，議論連年不決，不暇省獄訟冤結民之急務。縣宰缺者，數年守兼，一切貪殘日甚。……四方皆以饑寒，起爲盜賊，……遂不可制。《前漢書·王莽傳》。

　　按：劉秀等起兵討莽，京師亂，火及掖庭。莽避火宣室前殿，旋席隨斗柄而坐，曰："天生德於予，漢兵其如予何?"引孔子"天生德於予，桓魋其如予何"之言，蓋以孔子自居也。後被亂兵斬首漸臺。

　　（四）按：東漢光武帝初即位，即起太學，稽式古典，修明禮樂。晚年起辟雍明堂等，儒家稱之。蓋遠承孝武之宏謨，近續新莽之遺烈也。自是代有增益，西晉東晉，皆修治學舍，置諸經博士。梁亦置五經博士，後魏孝文修國子太學，四門小學，造明堂辟雍，獎勵經學，史稱其文化蓋彬彬焉。唐時雖以詩賦取士，而府州縣各學，皆以習經爲主；分大經中經小經，爲學生者多以之爲課目。宋至神宗，乃變法試進士，不用詩賦，專取經義。後以議者各執一見，乃分詩賦、經義爲兩。明太祖改科舉，以時文試士，時文者經義之變而爲八股者也。鄉會殿試多以四書義、五經義爲題。其後沿襲之,六百年始已。其尊孔之道,大抵建孔廟,封孔子後裔,以先儒配享孔廟,追封孔子爲文宣王大成至先師等。如此則史臣美之,儒者悅服而稱其治焉。實則皆僞術也,皆漢武、王莽之遺意也。暴如羯胡石虎而亦慕經學,黃巢不殺經師,張獻忠亦祭文昌,則假經以行罪惡,更可見矣。

（五）齊人徐市等上書,言:"海中有三神山,名曰蓬萊、方丈、瀛洲,僊人居之。請得齋戒,與童男女求之。"於是遣徐市發童男女數千人,入海求僊人。……盧生説始皇曰:"臣等求芝奇藥仙者,常弗遇,類物有害之者。方中,人主時爲微行以辟惡鬼,惡鬼辟,真人至。人主所居,而人臣知之,則害於神。真人者,入水不濡,入火不爇,陵雲氣,與天地久長。今上治天下未能恬惔,願上所居宮,毋令人知,然後不死之藥,殆可得也。"於是始皇曰:"吾慕真人。"自謂真人,不稱朕。乃令咸陽之旁二百里內宮觀二百七十,復道甬道相連,帷帳鐘鼓,美人充之。各案署,不移徙,行所幸,有言其處者,罪死。始皇帝幸梁山宮,從山上見丞相車騎衆,弗善也。中人或告丞相,丞相後損車騎,始皇怒曰:"此中人泄吾語!"案問莫服。當是時,詔捕諸時在旁者,皆殺之。自是後,莫知行之所在。聽事,羣臣受決事,悉於咸陽宮。侯生、盧生相與謀曰:"始皇爲人,天性剛戾自用;起諸侯,并天下,意得欲從,以爲自古莫及己;專任獄吏,獄吏得親幸。博士雖七十人,特備員弗用。丞相諸大臣,皆受成事,倚辨於上。上樂以刑殺爲威,天下畏罪持禄,莫敢盡忠。上不聞過而日驕,下懾伏謾欺以取容。秦法不得兼方,不驗輒死。然候星氣者,至三百人,皆良士,畏忌諱諛,不敢端言其過。天下之事,無大小,皆決於上;上至以衡石量書,日夜有呈,不中呈,不得休息,貪於權勢至如此,未可爲求仙藥。"於是乃亡去。始皇聞亡,乃大怒曰:"吾前收天下書,不中用者,盡去之。悉召文學方術士甚衆,欲以興太平,方士欲練以求奇藥。今聞韓衆去不報,徐市等費以巨萬計,終不得藥,徒姦利相告日聞。盧生等,吾尊賜之甚厚,今乃誹謗我,以重吾不德也,諸生在咸陽者,吾使人廉問,或爲妖言以亂黔首!"於是使御史悉案問諸生,諸生傳相告引,乃自除。犯禁者四百六十餘人,皆坑之咸陽。使天下知之以懲後。益發謫徙邊。《史記·秦始皇本紀》。

（六）……李少君亦以祠竈、穀道、卻老方見上,上尊之。少君者,故深澤侯舍人,主方。匿其年,及其生長,常自謂七十,能使物卻老。其游以方,徧諸侯,無妻子。人聞其能使物及不死,更饋遺之,常餘金錢帛衣食。人皆以爲不治產業而饒給,又不知其何所人,愈信,爭事之。少君資好方,善爲巧發奇中;

嘗從武安侯飲，坐中有年九十餘老人，少君乃言與其大父游射處。老人爲兒時，從其大父，識其處，一坐盡驚。少君見上，上有故銅器，問少君。少君曰："此器齊桓公十年，陳於柏寢。"已而案其刻，果齊桓公器。一宮盡駭，以爲少君神，數百歲人也。少君言上曰："祠竈則致物，致物而丹砂可化黃金，黃金成以爲飲食器則益壽，益壽而海中蓬萊僊者可見，見之以封禪，則不死，黃帝是也。臣嘗游海上，見安期生，安期生食巨棗，大如瓜。安期生僊者，通蓬萊中，合則見人，不合則隱。"於是天子始親祠竈，而遣方士入海，求蓬萊安期生之屬。而事化丹砂諸藥，齊爲黃金矣。居久之，李少君病死，天子以爲化去不死；而使黃錘、史寬舒受其方，求蓬萊安期生，莫能得。而海上燕齊怪迂之方士，多更來言神事矣。《史記·封禪書》。

　　（七）上幸雍，且郊；或曰："五帝，太一之佐也，宜立太一而上親郊之。"上疑未定，齊人公孫卿曰："今年得寶鼎。其冬，辛巳朔旦，冬至，與黃帝時等。"卿有札書曰："黃帝待寶鼎宛朐，問於鬼臾區，區對曰：黃帝得寶鼎神策，是歲巳酉朔旦，冬至，得天之紀，終而復始。於是黃帝迎日推策，後率二十歲，得朔旦冬至，凡二十推，三百八十年，黃帝僊登於天。"卿因所忠欲奏之。所忠視其書不經，疑其妄書，謝曰："寶鼎事已決矣，尚何以爲?"卿因嬖人奏之，上大悅，召問；卿對曰："受此書申公，申公已死。"上曰："申公何人也?"卿曰："申公，齊人也，與安期生通，受黃帝言，無書，獨有此鼎。書曰：'漢興，復當黃帝之時，漢之聖者，在高祖之孫，且曾孫也。寶鼎出而與神通，封禪。封禪七十二王，唯黃帝得上泰山封。'申公曰：'漢主亦當上封，上封則能僊登天矣。'黃帝時，萬諸侯，而神靈之封居七千。天下名山八，而三在蠻夷，五在中國。中國華山、首山、太室、泰山、東萊，此五山，黃帝之所常遊，與神會。黃帝且戰且學僊，患百姓非其道，乃斷斬非鬼神者。百餘歲，然後得與神通。黃帝郊雍上帝，宿三月，鬼臾區號大鴻，死葬雍，故鴻冢是也。其後，黃帝接萬靈明廷。明廷者，甘泉也。所謂寒門者，谷口也。黃帝采首山銅，鑄鼎於荆山下。鼎既成，有龍垂胡髯下迎黃帝，黃帝上騎，羣臣後宮從上者七千餘人，龍乃上去。餘小臣不得上，乃悉持龍髯，龍髯拔，墮，墮黃帝之弓。百姓仰望黃帝既上天，乃抱其弓與龍胡髯號，故後世因名其處曰鼎湖，其弓曰烏號。"於是天子曰："嗟乎! 吾誠得如黃帝，吾視去妻子如脫躧耳!"乃拜卿爲郎，東使候神於太室。上遂郊雍，至隴西，西登崆峒，幸甘泉。……其冬，公孫卿候神河南，言見僊人跡緱氏城上；有物若雉，往來城上。天子親幸緱氏城視跡，問卿："得無效文成五利乎?"卿曰："僊者非有求人主，人主求之；其道非少寬假，神不來。言神事,事如迂誕,積以歲乃可致也。"於是郡國各除道,繕治宮觀名山神祠,所以望幸也。……自得寶鼎,上與公卿諸生議封禪,……既聞公孫卿及方士之言,……欲放黄帝以上接神僊人蓬萊士,高世比德於九皇。……遂東幸緱氏,禮登中岳太室,從官在山下若聞有言萬歲云。……東上泰山,……乃令人上石,立之泰山巔。上遂東巡海上,行禮祀八神。……發船,令言海中神山者數千人求蓬萊神人。……天子既已封禪泰山,無風雨災,而方士更言蓬萊諸神山,若將可得,於是上欣然庶幾遇之。乃復東至海上,望冀遇蓬萊焉。……公孫卿言:"見神人東萊山,若云欲見天子。"天子於是幸緱氏城,拜卿爲中大夫,遂至東萊。宿留之,數日,無所見;見大人跡。復遣方士求神怪,采芝藥,以千數。是歲旱。於是天子既出無名,乃禱萬里沙,過祠泰山,還至瓠子,自臨塞決河,留二日,沈祠而去。使二卿將卒,塞決河,河徙二渠,復禹之故跡焉。是時既滅南越;越人勇之,乃言越人俗信鬼,而其祠皆見鬼,數有效。昔東甌王敬鬼,壽至百六十歲,後世謾怠,故衰耗。乃令越巫立越祝祠,安臺無壇,亦祠天神上帝百鬼,而以雞卜。上信之,越祠雞卜始用焉。……上郊雍,通回中道,巡之。春至鳴澤,從西河歸。其明年冬,上巡南郡,至江陵而東,登禮灊之天柱山,號曰南嶽。浮江,自尋陽,出樅陽,過彭蠡,禮其名山川。北至瑯邪,並海上。四月中至奉高修封焉。初,天子封泰山,泰山東北阯,古時有明堂處,處險不敞。上欲治明堂奉高旁,未曉其制度。濟南人公玉帶上黄帝時明堂圖。明堂圖中有一殿,四面無壁,以茅蓋,通水,圜宮垣,爲複道,上有樓,從西南入,命曰昆侖,天子從之入,以拜祠上帝焉。於是上令奉高作明堂汶上,如帶圖。及五年修封,則祠泰一、五帝於明堂,上坐,令高皇帝祠坐對之,祠后土於下房,以二十太牢。天子從昆侖道入,始拜明堂,如郊禮。禮畢,燎堂下。而上又上泰山,自有祕祠其顛。而泰山下祠五帝,各如其方。黄帝并赤帝,而有司侍祠焉。山上舉火,下悉應之。……今上封禪,其後十二歲而還,徧於五岳、四瀆矣。《史記·封禪書》。

(八) 作柏梁銅柱,承露僊人掌之屬。《索隱》。《三輔故事》云:臺高二十丈,用香柏爲殿梁,香聞十里。中建章宮承露盤,高三十丈,丈七圍,以銅爲之,有僊人掌承露,和玉屑飲之。故張衡賦曰:"立修莖之僊掌,承雲表之清露。"是也。……公孫卿曰:"僊人可見。而上往常遽,以故不見。今陛下可爲觀,如緱氏城,置脯棗,神人宜可致也。且僊人好樓居。"於是上令長安則作蜚廉桂觀,甘泉則作益延壽觀。使卿持節設具而候神人。乃作通天莖臺,置祠具其下,將招來神僊之屬。於是甘泉更置前殿,始廣諸宮室。……以柏梁栽故,朝受計甘泉。公孫卿曰:"黃帝就青靈臺,十二日燒。黃帝乃治明庭。明庭,甘泉也。"方士多言古帝王有都甘泉者,其後天子又朝諸侯甘泉,甘泉作諸侯邸。勇之乃曰:"越俗有火栽,復起屋,必以大,用勝服之!"於是作建章宮,度爲千門萬户,前殿度高未央。其東則鳳闕,高二十餘丈;其西則唐中,數十里虎圈;其北治大池,漸臺高二十餘丈,名曰泰液,池中有蓬萊、方丈、瀛洲、壺梁,象海中神山龜魚之屬;其南有玉堂、璧門、大鳥之屬。乃立神明臺,井幹樓,度五十丈,輦道相屬焉。《史記·封禪書》。

(九)三月,上耕於鉅定,還幸泰山,修封。庚寅,祀明堂。癸巳,禪石閭。見羣臣,上乃言曰:"朕即位以來,所爲狂悖,使天下愁苦,不可追悔。自今事有傷害百姓,靡費天下者,悉罷之。"田千秋曰:"方士言神僊者甚衆,而無顯功,臣請皆罷斥遣之!"上曰:"大鴻臚言是也。"於是悉罷諸方士、候神人者。是後上每對羣臣自歎,曩時愚惑,爲方士所欺;天下豈有僊人,盡妖妄耳。節食服藥,差可少病而已。《通鑑·武帝紀》。

## 九 漢和匈奴的關係

(一)匈奴,其先祖夏后氏之苗裔也,曰淳維。唐虞以上,有山戎、獫狁、葷粥,居於北蠻,隨畜牧而轉移。《史記·匈奴列傳》。

案:《史記》此文,蓋以獫狁、葷粥,即漢時之匈奴。《集解》引晉灼曰:"堯時曰葷粥。周曰獫狁。秦曰匈奴。"可見三者實一音之異譯。至淳維之説,則或古者其種族曾戴以爲酋長耳。居於北蠻,《漢書》作北荒,今從之。

(二)兒能騎羊,引弓射鳥鼠;少長,則射狐兔,用爲食。士力能彎弓,盡爲甲騎。……自君王以下,咸食畜肉,衣其皮革,被旃裘。《史記·匈奴列傳》。

案游牧之族,恒好侵略他國,固由其所居或爲瘠土,亦因其所事生業,適於戰爭;故恒舉國皆兵,而其兵又特强也。中國歷代異族之禍,多起自蒙古高原方面,職是之由。其事實始於匈奴。故本課略采《史記·匈奴列傳》,以爲課文;當以是爲例,推之其餘。

(三)是時漢兵與項羽相距,中國疲於兵革,以故冒頓得自彊,控弦之士三十餘萬。自淳維以至頭曼,千有餘歲,時大時小,別散分離,尚矣,其世傳不可得而次云。然至冒頓而匈奴最彊大,盡服從北夷,而南與中國爲敵國。《史記·匈奴列傳》。

(四)按:匈奴之根據,本在河南,今河套也。其爲中國所攘斥者凡二次:其一在秦時,《史記》所謂:"後秦滅六國,而始皇帝使蒙恬將十萬之衆北擊胡,悉收河南地。因河爲塞,築四十四縣,城臨河,徙適戍以充之。"……頭曼不勝秦,北徙者也。"十餘年而蒙恬死,諸侯畔秦,中國擾亂,諸秦所徙適戍邊者皆復去。於是匈奴得寬,復稍渡河南,與中國界於故塞。"是爲匈奴復據河南之始。迨漢武帝元朔二年,"衛青出雲中以西,至隴西,擊胡之樓煩白羊王於河南;得胡首虜數千,牛羊百餘萬。於是漢遂取河南地,築朔方,復繕故秦時蒙恬所爲塞,因河爲固"。此爲中國第二次取河南。自是以後,匈奴之根據地,乃移於漠北。《史記》所謂"信趙信。敝單于益北絕幕,以誘罷漢兵,徼極而取之"是也。然尚屢入寇略。迨元鼎二年,漢發十萬騎,負私從馬凡十四萬匹,令衛青、霍去病分軍絕漠擊匈奴。青出定襄,單于以精兵待漢北,接戰一日,自度不能如漢兵,遁走。青北至闐顏山趙信城。去病出代,與左賢王接戰,得胡首虜凡七萬餘級,封於狼居胥山,禪姑衍,臨瀚海而還。是爲漢兵絕漠擊匈奴之始。狼居胥山、瀚海,當皆在漠北,其地無可確指。諸家强爲之説者,皆無確實左證,不如闕疑爲是。如淳曰:"瀚海,北海名。"案蘇武牧羊之北海,似即今貝加爾湖。然其地爲丁令所居,非匈奴地。去病出代僅二千餘里,亦必不能至貝加爾湖。如淳所謂北海,猶言北方海子,與蘇武所居,非一地也。

（五）案:匈奴盛彊,始於冒頓。《史記》所謂"至冒頓而匈奴最彊大"也。冒頓單于死,子老上單于立;老上單于死,子軍臣單于立;老上軍臣二世,皆與漢時絕時和親。漢立朔方郡之年,軍臣單于死,弟伊稚斜自立爲單于。伊稚斜時,漢始絕漠擊匈奴,深入窮追二十餘年,匈奴人畜奔走,不得休息,疲極苦之。自單于以下,常懷和親計;然而未肯顯言也。伊稚斜五傳至狐鹿姑,昭帝立之明年,狐鹿姑單于死。初,狐鹿姑有異母弟,爲左大都尉;賢,國人嚮之。單于閼氏恐其子不得立,殺之。其同母兄左賢王由是怨。及狐鹿姑死,遺令立其弟右谷蠡王;而漢降人衛律與閼氏謀,廢遺命,立其子,爲壺衍鞮單于。右谷蠡王亦怨,與左賢王皆不肯會龍城,是爲匈奴分裂之始。壺衍鞮單于死,弟虛閭權渠單于立,死,握衍朐鞮單于繼之。暴虐,左地貴人叛之,共立虛閭權渠之子,爲呼韓邪單于。握衍朐鞮兵敗自殺。右賢王復立日逐王爲屠耆單于,襲敗呼韓邪;而屠耆之下復叛之,紛紛自立:爲呼揭、車犂、烏藉諸單于。於是五單于並立,後皆并於呼韓邪。而呼韓邪單于兄復自立,爲郅支單于;擊呼韓邪,敗之。呼韓邪遂款五原塞,以宣帝甘露三年,入朝於漢。郅支西走康居,至元帝建昭三年爲西域副校尉陳湯所襲殺。於是匈奴之存者,皆服於漢。呼韓邪四傳至烏珠留若鞮單于,當王莽時,始寇邊。烏珠留若鞮單于死,呼都而尸單于立。後漢光武建武二十二年死,子蒲奴立。初,呼韓邪單于約諸子以次立,故自呼韓邪至呼都而尸,皆兄弟相及;呼都而尸欲立其子,始殺其弟知牙斯。烏珠留之子比,領南邊八部,不自安,因自立爲呼韓邪單于,降漢。時建武二十四年也。自是匈奴分爲南北:南匈奴入居内地;至晉時,爲五胡之一。北匈奴連遭飢疫,南部及烏桓、鮮卑、丁令、西域,皆從而攻之,不能自立,遂日引而西;至晉宋間,其王曰阿提拉,Attila。始入歐洲,占據窩瓦河流域,進略來因地方,建布達而都之。其事詳於西史,即今匈牙利人之祖也。以上二節據《史記、前、後漢書·匈奴列傳》撮敍。

# 十　漢和西域的關係

（一）案:西域二字,義有廣狹。《漢書·西域傳》:"南北有大山,中央有河,東則接漢,阨以玉門陽關。西則限以蔥嶺。"此狹義也。所謂南北有大山者:北山,今天山之脈;南山,今昆侖之脈。新疆沙漠地方,與西藏高原之界山,入内地爲祁連之脈者也。中央有河者,于闐、蔥嶺二水合流之塔里木河;漢時以此爲黃河上源,故單稱河也。漢初通西域時,所謂西域者,義蓋如此。其後蔥嶺以西諸國,與漢交通者日益多,亦概稱之爲西域。於是西域二字之意義,遂日以廣漠。至魏時,分西域爲四域;而天山南路,遂不過占四域中之一域矣。見《北史》。此西域二字廣狹義之不同也。

（二）案:三十六國,衆說頗異;徐松《漢書·西域傳補注》所説校確,今從之。一婼羌,二樓蘭,三且末,四小宛,五精絶,六戎盧,七扜彌,八渠勒,九于闐,十皮山,十一烏秅,十二西夜,十三子合,十四蒲犂,十五依耐,十六無雷,十七難兜,十八大宛,十九桃槐,二十休循,二十一捐毒,二十二莎車,二十三疏勒,二十四尉頭,二十五姑墨,二十六温宿,二十七龜兹,二十八尉犂,二十九危須,三十焉耆,三十一姑師,三十二墨山,三十三劫,三十四狐胡,三十五渠犂,三十六烏壘,其稍分至五十餘者,如姑師分爲車師及山北六國;車師分爲前後二國;又分爲烏貪訾離;且彌分爲東西;蒲類、卑陸各分前後之類;不可悉考。

（三）案塞種,當即西史之 Semitic,《穆天子傳》所謂西膜人。《漢書》:"昔匈奴破大月氏,大月氏西君大夏,而塞王南君罽賓。塞種分散,往往爲數國;自疏勒以西北,休循、捐毒之屬,皆故塞種也。"又烏弋山離,"其草木,畜産,五穀,果菜,食飲,宮室,市列,紙貨,兵器,金珠之屬",皆與罽賓同。難兜,亦種五穀,葡萄,諸果。……與諸國同屬罽賓,蓋亦皆塞種也。《漢書》於安息曰:

"土地、風氣、物類所有，民俗與烏弋、罽賓同。"又總敍之曰："自宛以西，至安息國，雖頗異言；然大同，自相曉知也。其人皆深目高鼻，多鬚髯，善市賈，爭分銖，貴女子。女子所言，丈夫乃決正。"觀其容貌及其風俗，可以知其種族矣。

（四）案《漢書》："蒲犂與依耐、無雷，皆西夜類也；西夜與胡異，其種類氏羌，行國，隨畜逐水草。"又婼羌、鄯善，亦爲行國；溫宿則"土地物類所有，與鄯善諸國同"。《後漢書》又有德若，"俗與子合同"。又載車師、蒲類、移支、且彌亦均系行國。移支"俗勇敢善戰，以寇鈔爲事，皆被髮"。尤酷與羌類。

（五）案：漢通西域，發自張騫。騫使西域凡二次：第一次在建元中，以匈奴降者言匈奴破月氏王，以其頭爲飲器。月氏怨匈奴，無與共擊之。漢因欲通月氏，與共攻匈奴也。時河西四郡未開，使西域須道匈奴中。騫以郎應募往使，爲匈奴所留，十餘歲，乃得間亡走。西抵大宛；大宛爲發譯傳道，經康居以至大月氏。時月氏得沃土，無報胡心；騫不得要領而還。然騫身至大宛、大月氏、大夏、康居，而又傳聞其旁大國五六，具爲天子言其地形所有。武帝由是銳意欲通西域。會匈奴渾邪王殺休屠王，以河西地降漢；騫因建言，招烏孫使居之。天子以爲然，拜騫中郎將，將三百人，馬各二匹，牛羊以萬數，資金幣帛值數千鉅萬，多持節副使。道可使，使遣之旁國。騫既至烏孫，致賜諭指，未能得其決。而副使使旁近諸國者，頗與其人俱來；是爲西域諸國通漢之始。其後漢破樓蘭、車師，酒泉、亭障至玉門，又置田卒於輪臺、渠犂，而通西域之道始大開。及破大宛，則兵威益震；西域諸國，皆震恐願臣事漢。然諸國故屬匈奴；匈奴西邊日逐王，置僮僕都尉監之。賦稅諸國，取富給焉。漢雖致諸國朝貢，匈奴之威力，未盡墜也。迨匈奴内亂，其日逐王降漢；漢乃置都護，中西域而立幕府，并護南北兩道。元帝時，復置戊己校尉，屯田車師，以絕匈奴之窺伺，而通西域之局始大定焉。據《漢書·張騫》及《西域傳》撮敍。

（六）前漢之與匈奴爭，在漠南北；後漢之與匈奴爭，則恆在西域。蓋匈奴自爲漢所破，其根據地日移而西也。王莽時，都護但欽，爲焉耆所攻殺，諸國遂瓦解，復臣事匈奴。然匈奴之威力，實僅及今天山北路。於是莎車王賢，攻伐諸國。光武時，車師、鄯善等十八國，皆遣子入侍，願復遣都護，不許。及明帝時，竇固出兵匈奴，乃使班超以假司馬使鄯善。鄯善王廣，奉超禮甚恭；後數日，忽復懈息。超知有匈奴使者至，與所屬三十六人攻殺之。廣震恐，願臣。超還，固上其功，帝因以爲軍司馬，令復立功西域。時于闐王廣德，誘殺莎車王賢，攻破其國，雄張南道。而龜茲王建，襲殺疏勒王而立其臣兜題，倚恃匈奴,雄張北道。超復與前三十六人俱,至于闐,殺匈奴使者於坐,降之。從間道至疏勒,先遣吏田慮往縛兜題,而躬往,立故王兄子忠。於是諸國皆遣子入侍,西域與漢絕六十五年復通焉。時永平十六年也。是歲,竇固、耿秉擊破車師,復置西域都護戊己校尉。越二歲,明帝崩,焉耆、龜茲攻沒都護陳睦,圍校尉,朝議罷事西域,召超還。而超爲西域諸國所留,乃復還疏勒。疏勒兩城,自超去後,復降龜茲,與尉頭連兵,超還定之。章帝建初三年,上書請遂定西域,平陵人徐幹亦上疏願奮身佐超。帝乃使幹將弛刑及義從千餘人就之。明年,復遣假司馬和恭等四人將兵八百詣超。超於是并發諸國兵,平疏勒之叛,擊降莎車,并服焉耆、龜茲等國,西域盡平。超至和帝永元十四年乃還,任尚代爲都護,以峻急失諸國歡心。安帝永初元年,西域盡叛,復罷都護。北匈奴乘隙役使車師;時鄧太后秉政,復任超少子勇,綏定西域焉。據《後漢書·班超》及《西域傳》。

（七）肅宗初即位,……下詔徵超。超發還,疏勒舉國憂恐。其都尉黎弇曰:"漢使棄我,我必復龜茲所滅耳;誠不忍見漢使去。"因以刀自剄。超還,至于闐,王侯以下皆號泣曰:"依漢使如父母,誠不可去。"互抱超馬腳,不得行。超恐于闐終不聽其東,又欲遂其本志,乃更還疏勒。《後漢書·班超傳》。

（八）和帝永元九年,都護班超遣甘英使大秦,抵條支,臨大海。欲度,而安息西界船人謂英曰:"海水廣大,往來者逢善風,三月乃得度;若遇遲風,亦有二歲者。故入海人皆齎三歲糧,海中善使人思土戀慕,數有死亡者。"英聞之,乃止。……大秦國,一名犂鞬,以在海西,亦曰海西國。……其王常欲通使於漢,而安息欲以漢繒綵與之交市,故遮閡不得達。至桓帝延熹九子,大秦王安敦,遣使自日南徼外獻象牙、犀角、瑇瑁,始乃一通焉。《後漢書·西域傳》。

案:甘英所臨之大海,即今波斯灣;詳見《元史譯文證補》。安敦,以年代核之,即西史之 Marcus Aurelius Antoninus 也。

# 十一　佛教東來

（一）案:天竺,身毒,印度,皆一音之異譯。在梵語爲海之義,阿利安人初至印度河流域時,以其河流浩蕩似海,因以名之,其後遂以名其地;或謂在梵語爲月之義,非。

（二）印度阿利安族,本居阿母、錫爾兩河間。距今四千餘年,始南徙,渡印度河。當是時,其衆分爲無數小部落,各戴酋長;無事則耕,有事則戰。其酋長,於戰時爲之統帥,於祭時則爲其部下祈福,初無種姓之別也。迨後人口日繁,土地益廣,祭祀與戰争,各有專司其事者,久之遂生種姓之別。婆羅門爲僧族,掌祭祀;刹帝利爲王族,掌軍國事;吠舍爲平民,從事實業;三者皆阿利安人。其服賤役者戍陁,則非阿利安人之被征服者也。吠陀者,印度古來相傳之經典,阿利安族居五河時即有之。其所最尊之神曰梵天。婆羅門族乃附會其詞,謂己之種姓,自梵天之口生,故主宣布教化,最貴。刹帝利族自梵天之臂生,故主執干戈以禦外侮。吠舍自其腹生,故主力耕以給口實,戍陁自其足生,故最賤,當爲人所踐踏。久之,婆羅門自尊益甚,他種姓皆不平之;刹帝利族憤懣尤甚。即婆羅門族,亦有自疑其説者;甚至議及吠陀;於是婆羅門教之根柢漸動摇,而佛教乃乘之而興。以上二節,據日本坂本健一《世界史》、桑源隰藏《東洋史要》。案:婆羅門分民爲四族,見《阿舍四姓經》;《大唐西域記》,亦載其事。

　　(三)周昭王即位二十四年四月八日,江河泉池忽然泛漲,井水溢出,山川震動;有五色光,入貫太微,徧於西方,盡作青紅色。太史蘇由奏曰:"有大聖人生於西方,一千年外,聲教及此。"昭王即敕鑴石記之,埋於南郊天祠前,此即佛生之時也。穆王五十三年,二月十五日,暴風忽起,林木傷折,天地震動,西方有白虹十二道,南北通過,連夜不滅。穆王問太史扈多曰:"是何徵也?"對曰:"西方有大聖人滅度,衰相見耳。"此時佛涅槃也。《周書異記》。

　　案:佛之生年,經典亦無確説,此説中國治佛學者多宗之。又《普曜經》以釋迦四月八日降神母胎,而《華嚴》則云四月八日降誕,二説亦異。周昭王二十四年,爲民國紀元前二千九百四十年。

　　(四)或作迦比羅皤窣都,又稱迦毗羅施兜,又作劫比羅伐窣堵,皆音譯殊文,實一地也。地在今哥羅克堡附近。釋迦父净飯王,爲此國主,母曰摩耶夫人。案:迦維羅衛,從法顯《佛國記》,《大唐西域記》作劫比羅伐窣堵。

　　(五)釋迦自幼温粹恭敬,受學於國中之賢儒。稍長,聰明敏達,遠超衆師;軀幹雄壯,熟於武藝。年十七,取首布羅不馱王之女耶素陀羅爲妃。妃甚穎敏,釋迦亦深愛之。然其思想異乎常人,睹鳥啄傷蟲,念衆生可愍;互相吞食,又感人生不能離老病死亡之苦,常有出家之念。年十九,一夕,乘宫人眠熟,飄然乘馬出宫,入深山。行至阿羅尼河,以馬與衣服,悉授諸從者,徒步至無耶羅山林中,訪婆羅門教之隱士。久之,知其無益,去之孚馱迦那,入深林中,絶食者數年。然猶未能成道,乃再入山,坐菩提樹下,自誓曰:"道不成,誓不去此坐。"凡四十八日,卒發明哲學之極致,於是下山而施教化者四十五年。至八十歲,乃在拘尸那城,以五月之水曜日,天初明,圍繞其弟子而成佛。其所説之教,分五時四教,各異其主義。五時四教者,初成道時,於寂滅道場,數惟一大乘之法,名爲第一華嚴時。其後在波羅奈國鹿苑,説因緣所生之實理,示人類之平等,明有神説之謬妄,與四姓區分之非理。又説善因善果,惡因惡果,自業自得之理,破邪因緣無因果之説,其經甚多,皆爲小乘教,是爲第二鹿苑時。其後又合淨名室内所説之《淨名經》。夷提希獄中所説之《觀無量壽佛經》。楞山中所説之《楞伽經》。忉利天上所説之《大集經》,及祇陀園中八年所説之經,名第三方等時。此後二十二年,十六會上所説之經,名第四般若時。方等爲大小兼學之教,般若爲惟一大乘。於是佛門弟子,或信小乘,或信大乘,或信兼學;不免自是非他。釋迦乃説法華,以明本心;弟子始悉破迷夢,而入於一佛乘。一佛乘者,衆生心性所具之理,應於其所對之機根,而施利益之便宜主義也。小乘示外道以正見,大乘爲利他主義,聖人所行之大道也。方等兼有大小,自利爲先,利他爲後,對不能入大乘者之説法也。法華獨無所對,故爲最上第五時之教。其時分爲五,而爲教僅四者,以華嚴、般若,同爲大乘,故合爲一教也。此節署據日本北村三郎《印度史》。

　　案釋迦事迹,散見諸經典中,其文太繁,不能備引。且語涉荒怪,頗違俗理,雖曰大覺出世,不同凡人,究非普通教育所尚也。故此課所輯,多以近世史家之説爲根據。

　　（六）漢武元狩中,遣霍去病討匈奴,昆邪王殺休屠王來降;獲其金人,列於甘泉宫,不祭祀,但焚香禮拜而已。此則佛教流通之漸也。哀帝元壽元年,博士弟子秦景憲,受大月氏使伊存口授《浮屠經》,中土聞之,未之信了也。後明帝夜夢金人,頂有白光,飛行殿庭;乃訪羣臣,傅毅始以佛對。帝遣郎中蔡愔等使天竺,寫浮屠遺範,仍與沙門攝摩騰、竺法蘭東還洛陽。中國有沙門跪拜之法自此始。愔之還,以白馬負經而至。漢因立白馬寺於洛城雍關西。《魏書·釋老志》。

# 十二　我國的文字和文具

　　（一）黄帝之史倉頡,見鳥獸蹏迒之迹,知分理之可相别異也。初造書契,百工以乂,萬民以察。……倉頡之初作書,蓋依類象形,故謂之文。其後形聲相益,即謂之字。文者,物象之本。字者,言孳乳而寖多也。箸於竹帛謂之書;書者,如也。以迄五帝三王之世,改易殊體,封於泰山者七十有二代,靡有同焉。……及宣王太史籀,著《大篆》十五篇,與古文或異。至孔子書六經,左邱明述《春秋傳》,皆以古文,厥意可得而説。其後諸侯力政,不統於王,惡禮樂之害己,而皆去其典籍,分爲七國;田疇異晦,車涂異軌,律令異法,衣冠異制,言語異聲,文字異形。秦始皇初兼天下,丞相李斯乃奏同之;罷其不與秦文合者,斯作《倉頡篇》;中車府令趙高作《爰歷篇》;太史令胡毋敬作《博學篇》;皆取史籀大篆,或頗省改,所謂小篆者也。是時秦燒滅經書,滌除舊典,大發吏卒,興戍役,官獄職務繁,初有隸書,以趣約易;而古文由此絶矣。自爾秦書有八體:一曰大篆,二曰小篆,三曰刻符,四曰蟲書,五曰摹印,六曰署書,七曰殳書,八曰隸書。《説文·序》。行書者,後漢潁川劉德昇所作也。即正書之小譌;務從簡易,相間流行,故謂行書。章草者,漢黄門令史游所作也。衛恒、李誕並云:“漢初而有草法,不知其誰?”蕭子良云:“章草者,漢齊相杜操,始變稾法,非也。”王愔云:“漢元帝時史游作《急就章》,解散隸體麤書之;漢俗簡惰,漸以行之,是也。”《書斷》。

　　案:《書斷》所引王愔之語,蓋出於《文字志》。史游所作《急就章》,後世或稱《急就篇》。然《隋書·經籍志》實作章,《魏書·崔浩傳》同。《北齊書》始稱李鉉九歲入學,書《急就篇》,則改篇爲章,在魏以後。《漢志》作《急就》一篇,非以篇字爲其書名也。然則章草之稱,或因游作《急就》章,以所變草法書之。後人以其出於《急就》章,而以章草名之歟?

　　(二)虞舜造筆,以漆書於方簡。《物原》。古未有筆,以刀刻字於方策,謂之削。魯爲詩書之國,故《考工記》以魯之削爲良。《困學紀聞》。古者以縑帛,依書長短,隨事截之,名曰幡紙。故其字從系,貧者無之。或用蒲寫書,則路温舒截蒲是也。《初學記》。

　　(三)邢夷作墨,史籀始墨書於帛。《物原》。

　　(四)仲由作硯。《物原》。

　　(五)《曲禮》云:“史載筆,士載言。”此則秦之前已有筆矣。蓋諸國或未之名,而秦獨得其名,蒙恬更爲之損益耳。故《説文》曰:“筆所以書也;楚謂之聿,吳謂之不律,燕謂之弗,秦謂之筆。”《初學説》。牛亨問曰:“古有書契,便應有筆;世稱蒙恬造筆,何也?”答曰:“自蒙恬始作秦筆耳。”《中華古今注》。

　　(六)蔡倫,字敬仲,桂陽人也;以永平末始給事宫掖。建初中,爲小黄門。及和帝即位,轉中常侍,豫參帷幄。……後加位尚方令。永元九年,監作祕劍及諸器械,莫不精工堅密,爲後世法。自古書契多編以竹簡,其用縑帛者,謂之爲紙。縑貴而簡重,並不便於人。倫乃造意,用樹膚麻頭及敝布魚網以爲紙。元興元年,奏上之。帝善其能。自是莫不從用焉,故天下咸稱蔡侯紙。

《後漢書·宦者列傳》。

## 十三　五胡和華族的仇殺

（一）西北諸游牧族，本與中國雜居，不能詳其所自始。至戰國之末，諸侯力征，諸戎乃爲中國所滅。餘類奔迸，逸出塞外。其後族類稍繁，又復出爲中國患。兩漢之世，竭天下之力，歷百戰之苦，僅而克之。而後烏桓、鮮卑、匈奴、氐、羌，西域之衆，悉稽首漢廷，稱臣僕。漢之勢亦可謂盛矣！然漢人之所以處置之者，其法甚異！往往於異族請降之後，即遷之內地。宣帝時，納呼韓邪，居之亭鄣，委以候望。趙充國擊西羌，徙之於金城郡。光武時，亦以南庭數萬衆，徙入西河，後亦轉至五原，連延七郡。而煎當之亂，馬援遷之三輔。在漢人之意，以爲遷地之後，即不復爲患；不知其後之患，轉甚於未滅時。董卓之亂，汾、晉蕭然，已顯大亂之象。故其時深識之士，類能知之。晉武帝時，郭欽上疏，謂：若有風塵之警，胡騎自平陽、上黨，不三日而至孟津。北地、西河、太原、馮翊、安定、上郡，盡爲狄庭矣。宜盡徙內地雜胡於邊地，峻四夷入出之防，此萬世之長策也。惠帝時，江統作《徙戎論》，其略曰："關中土沃物豐，有涇、渭之流，溉其寫鹵；黍稷之饒，畝號一鍾；百姓謠詠其殷實，帝主之都，每以爲居。未聞戎狄宜在此土。而因其衰弊，遷之畿服，士庶翫習，侮其輕弱，使其怨恨之氣，毒於骨髓；至於蕃育衆盛，則坐生其心；以貪悍之性，挾憤怒之情，候隙乘便，輒爲橫逆。而居封域之內，無障塞之隔，掩不備之人，收散野之積；故能爲禍，滋擾暴害不測，此必然之勢矣。當今之時，宜及兵威力盛，衆事未罷，徙馮翊、北地、新平、安定界內諸羌，著先零、罕开、析支之地；著陰平、武都之界；稟其道路之糧，令足自致，各附本種，反其舊土。屬國撫夷，就安集之，戎晉不雜，並得其所。縱有猾夏之心，風塵之警，則絕遠中國，隔閡山河，雖爲寇盜，所害不廣矣。"當時皆不能用。

案：當時五胡雜居之區域，據郭欽、江統之論觀之，則匈奴所居者，爲平陽、西河、太原、新興、上黨、樂平諸郡。羌所居者，爲馮翊、北地、新平、安定諸郡。氐所居者，爲扶風、始平、京兆諸郡。羯本匈奴別種，以居上黨、武鄉之羯室得名；其所居實今陝、甘、山西三省地也。惟鮮卑部落分布最廣，自并、涼塞外，以迄遼東，處處有之。又按：五胡，見第二冊淝水之戰。

（二）按：晉自司馬炎簒魏稱帝，未幾即有八王之亂。匈奴劉淵乘機而起，遂立國號曰漢，後改稱趙。其子聰立，遣劉曜、石勒破晉洛陽，虜懷帝，帝姪愍帝即位長安，又爲劉曜所破，執之而去。於是北方太半爲五胡所據。瑯瑘王睿，司馬懿之曾孫也。時鎮建業，今南京。遂即帝位，是爲東晉元帝，僅有江淮以南之地。

　　（三）石季龍，勒之從子也，名犯太祖廟諱，故稱字焉。祖曰䍅邪，父曰寇覓，勒父朱，幼而子季龍，故或稱勒弟焉。……性殘忍，好馳獵，游蕩無度。尤善彈，數彈人，軍中以爲毒患。……年十八，稍折節。身長七尺五寸，趫捷便弓馬，勇冠當時。將佐親戚，莫不敬憚。勒深嘉之，拜征虜將軍。……所爲酷虐，軍中有勇幹策略，與己侔者，輒方便害之；前後所殺甚衆。至於降城陷壘，不復斷別善惡，坑斬士女，尠有遺類。勒雖屢加責誘，而行意自若。然御衆嚴而不煩，莫敢犯者。指授攻討，所向無前，故勒寵之，信任彌隆，仗以專征之任。……勒僭號，授太尉守尚書令。進封爲王，邑萬戶。季龍自以勳高一時，謂勒即位之後，大單于必在己，而更以授其子弘，季龍深恨之。……咸康元年，季龍廢勒子弘，羣臣已下，勸其稱尊號。……改年曰建武。……索頭郁鞠率衆三萬降於季龍。署鞠等一十三人，親通趙王，皆封列侯。散其部衆於冀、青等六州。時衆役煩興，軍旅不息，加以久旱，穀貴金一斤，直米二斗，百姓嗷然，無生賴矣。……起太武殿於鄴，……漆瓦金鐺，銀楹金柱，珠簾玉璧，窮極伎巧。又起靈風臺九殿於顯陽殿後，選士庶之女以充之，後庭服綺縠玩珍奇者萬餘人。内置女官十有八等。……咸康三年，僭稱大趙天王，即位於南郊。……季龍志在窮兵，以其國内少馬，乃禁畜馬；匿者腰斬。收百姓馬四萬餘匹，以入於公。兼盛興宮室，於鄴起臺觀四十餘所；營長安、洛陽二宮，作者四十餘萬人。又勅河南四州具南師之備，并、朔、秦、雍嚴西討之資，青、冀、幽州，三五發卒；諸州造甲者，五千餘人。兼公侯牧宰，競興私利，百姓失業十室而七。船夫十七萬人，爲水所没。猛獸所害，三分而一。……會青州言濟南平陵城北石獸，一夜中忽移在城東南善石溝上，有狐狼千餘迹隨之，迹皆成路。季龍大悦曰：“獸者，朕也。自平陵城北而東南者，天意將使朕平蕩江南之徵也。”……季龍雖昏虐無道，而頗慕經學；遣國子博士詣洛陽寫石經，校中經於祕書。國子祭酒聶熊注《穀梁春秋》列於學官。……季龍性既好獵，其後體重，不能跨鞍，乃造獵車千乘，轅長三丈，高一丈八尺；置高一丈七尺。格獸車四十乘，立三級行樓二層於其上。赳期將校獵，自靈昌津南至滎陽，東極陽都，使御史監察其中禽獸。有犯者，罪至大辟。御史因之擅作威福，百姓有美女好牛馬者，求之不得，便誣以犯獸論，死者百餘家。海岱、河濟間，人無寧志矣。又發諸州二十六萬人，修洛陽宮；發百姓牛二萬餘頭，配朔州牧官。增置女官二十四等,東宮十有二等,諸公侯七十餘國,皆爲置女官九等。先是大發百姓女二十已下,十三已上,三萬餘人。爲三等之第,以分配之。郡縣要媚其旨,務於美淑;奪人婦者,九千餘人。百姓妻有美色,豪勢因而脅之,率多自殺。石宣及諸公及私令采發者,亦垂一萬,總會鄴宮;季龍臨軒簡第諸女,大悅,封使者十二人皆爲列侯。自初發至鄴,諸殺其夫,及奪而遣之縊死者,三千餘人。荆楚、揚、徐間,流叛略盡。宰守坐不能綏懷下獄誅者,五十餘人。……季龍常以女騎一千爲鹵簿,皆著紫綸巾,熟錦袴,金銀鏤帶,五文織成靴游於戲馬觀。觀上安詔書,五色紙在木鳳之口,鹿盧迴轉,狀若飛翔焉。……尚書朱軌與中黃門嚴生不協;會大雨霖,道路陷滯不通,生因而譖軌不修道,又訕謗朝政;季龍遂殺之。於是立私論之條,偶語之律,聽吏告其君,奴告其主,威刑日濫。公卿已下,朝會以目。吉凶之問,自此而絕。軌之冤也,冠軍苻洪諫曰:"臣聞聖主之馭天下也,土階三尺,茅茨不翦,食不累味,刑措而不用。亡君之馭海内也,傾宮瓊樹,象箸玉杯,截脛剖心,脯賢刳孕,故其亡也忽焉。今襄國鄴宮,足康帝宇,長安、洛陽何爲者哉?盤於游田,耽於女德,三代之亡,恒必由此。而忽爲獵車千乘,養獸萬里,奪人妻女,十萬盈宮。尚書朱軌,納言大臣,以道路不修,將加酷法。……刑政如此,其如史筆何?其如四海何?……"季龍省之不悅。……勒及季龍,並貪而無禮,既王有十州之地,金帛珠玉,及外國珍奇異貨,不可勝紀;而猶以爲不足,曩代帝王,及先賢陵墓,靡不發掘而取其寶貨焉。……沙門吳進言於季龍曰:"胡運將衰,晉當復興,宜苦役晉人以厭其氣。"季龍於是使尚書張羣發近郡男女十六萬,車十萬乘,運土築華林苑及長墙於鄴北,廣長數十里。……促張羣以燭夜作,起三觀四門,三門通漳水,皆爲鐵扉;暴風大雨,死者數萬人。……命石宣祈於山川,因而游獵。……宣既馳逐無厭,所在陳列行宮,四面各以百里爲度,驅圍禽獸,皆暮集其所。……宣弓馬衣食,皆號爲御,有亂其間者,以冒禁罪罪之。所過三州十五郡,資儲靡有孑遺。季龍復命石韜亦如之,出自并州,游於秦晉。……季龍……立世爲皇太子。……季龍……以永和五年僭即皇帝位於南郊,大赦境内,建元曰大寧。……季龍死。季龍始以咸康元年僭位,至此太和六年,凡在位十五歲。於是世即僞位。《晉書·石季龍傳》。

（四）鑒乃僭位,大赦殊死以下,以石閔爲大將軍,封武德王;李農爲大司馬,並録尚書事。……張才等夜誅閔、農於琨華殿,不克。……石成……石啓……石暉謀誅閔、農,閔、農殺之。龍驤孫伏都、劉銖等結羯士三千,伏於胡天,亦欲誅閔等;……不剋,屯於鳳陽門。閔、農率衆數千,毀金明門而入。鑒懼閔之誅己也,馳招閔、農,開內門謂之曰:"孫伏都反,卿宜速討之!"閔、農攻斬伏都等,自鳳陽至琨華,橫屍相枕,流血成渠。宣令內外,六夷敢稱兵杖者,斬之。胡人或斬關,或踰城而出者,不可勝數。使尚書王簡、少府王鬱,帥衆數千,守鑒於御龍觀,懸食結之。令城內曰:"與官同心者住,不同心者各任所之。"勑城門不復相禁。於是趙人百里內,悉入城,胡羯去者填門。閔知胡之不爲己用也,班令內外趙人,斬一胡首送鳳陽門者,文官進位三等,武職悉拜牙門。一日之中,斬首數萬。閔躬率趙人,誅諸胡羯,無貴賤男女少長,皆斬之,死者二十餘萬。尸諸城外,悉爲野犬豺狼所食。屯據四方者,所在承閔書誅之。於時高鼻多鬚,至有濫死者半。……閔與李農率騎三萬,討張賀度於石瀆。鑒密遣宦者,齎書召張沉等,使承虛襲鄴。宦者以告閔、農,閔、農馳還,廢鑒,殺之。誅季龍孫三十八人,盡殪石氏。鑒在位一百三日。季龍小男混,永和八年將妻妾數人奔京師;勑收付廷尉,俄而斬之於建康市。季龍十三子,五人爲冉閔所殺,八人自相殘害,混至此又死。《晉書・石季龍傳》。

(五)閔字永曾,小字棘奴,季龍之養孫也。父瞻,字弘武,本姓冉,名良,魏郡內黃人也。其先,漢黎陽騎都督。……閔……身長八尺,善謀策,勇力絕人。……胡夏宿將,莫不憚之。永和六年,殺石鑒。其司徒申鍾、司空郎闓等四十八人,上尊號於閔。閔固讓李農,農以死固請。於是僭即皇帝位於南郊,大赦,改元曰永興,國號大魏,復姓冉氏。……清定九流,準才受任,儒學後門,多蒙顯進。於時翕然,方之爲魏晉之初。閔率步騎十萬,攻石祇於襄國;署其子太原王胤爲大單于驃騎大將軍,以降胡一千配爲麾下。……閔攻襄國……師大敗。閔潛於襄國行宮,與十餘騎奔鄴。降胡栗特康等執冉胤及左僕射劉琦等送於祇,盡殺之。司空石璞、尚書令徐機、車騎胡睦、侍中李綝、中書監盧諶、少府王鬱、尚書劉欽、劉休等及諸將士,死者十餘萬人。……自季龍末年,而閔盡散倉庫,以樹私恩。與羌胡相攻,無月不戰。青、雍、幽、荊州徙戶,及諸氐、羌、胡、蠻數百餘萬,各還本土,道路交錯,互相殺掠;且饑疫死亡,其能達者,十有二三。諸夏紛亂,無復農者。……慕容儁已克幽、薊,略地至於冀州。閔帥騎距之;與慕容恪相遇於魏昌城,……十戰皆敗之。恪乃以鐵鏁連馬,簡善射鮮卑勇而無剛者五千,方陣而前。閔所乘赤馬曰朱龍,日行千里,左杖雙刃矛,右執鉤戟,順風擊之,斬鮮卑三百餘級。俄而燕騎大至,圍之數周。閔衆寡不敵,躍馬潰圍東走。行二十餘里,馬無故而死,爲恪所擒,及董閔、張溫等,送之於薊。儁立閔而問之曰:"汝奴僕下才,何自妄稱天子!"閔曰:"天下大亂,爾曹夷狄,人面獸心,尚欲篡逆;我一時英雄,何爲不可作帝王邪!"儁怒,鞭之三百,送於龍城,……斬於遏陘山。《晉書·石季龍傳》。

(六)按:淝水戰後,符秦分裂。見第二冊淝水之戰。姚萇據長安,稱秦王。及其孫泓立,爲晉劉裕所滅。姚萇羌種。劉裕在晉功業既多,遂篡位稱帝。

(七)沮渠蒙遜,臨松盧水胡人也。其先世爲匈奴左沮渠,遂以官爲氏焉。……以義熙八年,僭即河西王位。大赦境內,改元玄始,置官僚。……蒙遜聞劉裕滅姚泓,怒甚。門下校郎劉祚,言事於蒙遜,蒙遜曰:"汝聞劉裕入關,敢研研然也!"遂殺之。其峻暴如此!……蒙遜以安帝隆安元年,自稱州牧,義熙八年僭立,後八年而宋氏受禪,以元嘉十年死。時年六十六,在僞位三十三年。子茂虔立,六年,爲魏所擒。合三十九載而滅。《晉書·沮渠蒙遜傳》。

(八)諸夷據彈丸黑子之地,而能抗衡大國至數十年者;以其人盡習兵,法令清簡;分晉人於諸城,專課農桑,以供軍國之用;而種人則專任攻戰軍旅之事,晉人不得與聞焉。迨傳世稍久,染華風而耽安逸,則精銳之氣盡,而又爲新興者之所乘;五胡興廢之由,具於此矣。《國史讀本》,按蓋引《晉書》者。

(九)拓跋氏世居北荒,其地有大鮮卑山,因以爲號。畜牧遷徙,射獵爲業。魏人自謂昌意少子受封北土,爲鮮卑君長;黃帝以土德王,種人謂土爲拓,謂后爲跋,其得姓之原如此。而中國人則謂漢將李陵降匈奴,其後爲索頭部,姓拓跋氏。兩說互異如此,然皆謂爲漢族之裔,殆皆非也。據錢唐夏氏説。

按:《宋書·索虜傳》,及《魏書》所紀,皆稱李陵後。

(十)按:魏自拓跋珪立國號魏,滅北燕,奄有塞外諸地。勢寖强盛,乃進窺塞內。珪死再傳至燾,於是滅南燕、北涼,逐吐谷渾,破柔然,奪宋、徐、兗等地,遂有江淮以北之地;是爲北朝。南朝則劉裕篡晉稱宋。其後,北朝內亂,分東、西魏,篡於齊、周,併於隋;南朝齊、梁、陳相繼篡奪,陳爲隋滅,中國復統於一。

(十一)魏人凡破南兗、徐、兗、豫、青、冀六州,殺傷不可勝計。丁壯者即加斬截,嬰兒貫於槊上,盤舞以爲戲,所過郡縣,赤地無餘。春燕歸巢於林木。《通鑑·宋紀太祖文皇帝下之上》。

按:魏主燾伐晉至江畔,後乃退兵,因大殺掠。

# 十四　天師道場

(一)張魯,字公祺,沛國豐人也。祖父陵,客蜀,學道鵠鳴山中,造作道書,以惑百姓;從受道者,出五斗米,故世號"米賊"。陵死,子衡行其道。衡死,魯復行之。……據漢中,以鬼道教民,自號師君。其來學道者,初皆名鬼卒,受本道已信,號祭酒,各領部衆,多者爲治頭大祭酒。皆教以誠信不欺詐,有病自首其過。……諸祭酒皆作義舍,如今之亭傳。又置義米肉,懸於義舍;行路者量腹取足,若過多,鬼道輒病之。……不置長吏,皆以祭酒爲治,民夷便樂之。《三國志·魏志·張魯傳》。又《張魯傳》註引《典略》曰……"光和中,東方有張角,漢中有張修。……角爲太平道,修爲五斗米道。太平道者,師持九節杖,爲符祝,教病人叩頭思過,因以符水飲之;得病或日淺而愈者,則云此人信道;其或不愈,則爲不信道。修法略與角同。加施静室,使病者處其中思過。又使人爲姦令祭酒,按:當如牧師。祭酒主以《老子》五千文使都習,號爲姦令,爲鬼吏,主爲病者請禱。請禱之法,書病人姓名,説服罪之意,作三通:其一上之天,著山上;其一埋之地,其一沈之水,謂之《三官手書》。……魯在漢中,因其民信行修業,遂增飾之。……松之謂:'張修應是張衡,非《典略》之失,則傳寫之誤。'"

（二）張道陵,後漢人,修五斗米道。俗所謂"天師"也。《通鑑·宋紀營陽王》"降命謙之繼道陵爲天師"句,胡注。

（三）王氏世事張氏五斗米道,凝之彌篤。孫恩之攻會稽,寮佐請爲之備;凝之不從。方入靖室請禱,出語諸將佐曰:"吾以請大道許鬼兵相助,賊自破矣。"既不設備,遂爲孫恩所害。《晉書·王羲之傳》。

按:凝之,羲之次子,王氏爲晉之大族,足代表江左士大夫者也。又《何克傳》亦言:"郄愔及弟曇奉天師道。"《孫恩傳》亦云"恩字靈秀,瑯玡人,孫秀之族也。世奉五斗米道。"則見當時士大夫信之者衆矣。

（四）世祖時,即魏拓拔燾。道士寇謙之,字輔真,南雍州刺史讚之弟;自云寇恂之十三世孫。早好仙道,有絶俗之心。少脩張魯之術,服食餌藥。歷年,……入嵩山。……守志嵩岳,精專不懈。以神瑞二年十月乙卯,忽遇大神,乘雲駕龍,導從百靈,仙人玉女,左右侍衛,集止山頂,稱太上老君。謂謙之曰:"往辛亥年,嵩岳鎮靈集仙宮主,表天曹,稱自天師張陵去世已來,地上曠誠修善之人,無所師授。嵩岳道士上谷寇謙之,立身直理,行合自然,才任軌範,宜處師位。吾故來觀汝,授汝天師之位。賜汝雲中音誦新科之誡二十卷,號曰並進言。吾此經誠,自天地開闢以來,不傳於世,今運數應出;汝宣吾新科,清整道教,除去三張僞法,租米錢税,及男女合氣之術。大道清虚,豈有斯事?專以禮度爲首,而加之以服食閉練。"使王九疑人長客之等十二人,授謙之服氣導引口訣之法;遂得辟穀。氣盛體輕,顏色殊麗。弟子十餘人,皆得其術。泰常八年十月,有牧土上師李譜文來臨嵩岳,云,老君之玄孫,昔居代郡桑乾，以漢武之世得道，爲牧土宫主。領治三十六土人鬼之政，地方十八萬里有奇。蓋歷術一章之數也。其中爲方萬里者，有三百六十萬。遣弟子宣教云：嵩岳所統，廣漢平土方萬里，以授謙之。作誥曰：吾處天宫，敷演真法，處汝道年二十二歲。除十年爲竟蒙，其餘十二年教化，雖無大功，且有百授之勞。今賜汝遷入内宫，太真太寶，九州真師，治鬼師，治民師，繼天師四録；修勤不懈，依勞復遷。賜汝天中三真太文録，劾召百神，以授弟子。文録有五等：一曰陰陽太官，二曰正府真官，三曰正房真官，四曰宿宫散官，五曰並進録主。壇位禮拜，衣冠儀式，各有差品。凡六十餘卷，號曰《録圖真經》。付汝奉持，轉佐北方泰平真君。出天宫静輪之法，能興造克就，則起真仙矣。又地上生民末劫垂及其中，行教甚難。但令男女立壇宇，朝夕禮拜，若家有嚴君，功及上世。其中能修身練藥，學長生之術，即爲真君種民。藥別授方，銷練金丹、雲英、八石、玉漿之法，皆有訣要。上師李君手筆有數篇，其餘皆正真書曹趙道覆所書。古文鳥迹，篆隸雜體，辭義約辯，婉而成章。大自與世禮相準，擇賢推德，信者爲先，勤者次之。又言二儀之間，有三十六天；中有三十宫，宫有一主；最高者無極至尊，次曰大至真尊，次天覆地載陰陽真尊。次供正真尊，姓趙名道隱，以殷時得道，牧土之師也。牧土之來，赤松、王喬之倫，及韓終、張安世、劉根、張陵，近世仙者，並爲翼從。牧土命謙之爲子，與羣仙結爲徒友。幽冥之事，世所不了，謙之具問，一一告焉。……始光初，奉其書而獻之，世祖乃命謙之止於張曜之所，供其食物。時朝野聞之，若存若亡，未全信也。崔浩獨異其言，因師事之，受具法術。於是上疏讚明其事，曰："臣聞聖王受命，則有天應。而《河圖》、《洛書》，皆寄言於蟲獸之文；未若今日人神接對，手筆燦然，辭旨深妙，自古無比。昔漢高雖復英聖，四皓猶或恥之，不爲屈節。今清德隱仙，不召自至，斯誠陛下俾蹤軒黄，應天之符也。豈可以世俗常談而忽上靈之命？臣竊懼之。"世祖欣然，乃使謁者奉玉帛牲牢，祭嵩岳，迎致其餘弟子在山中者。於是崇奉天師，顯揚新法，宣布天下，道業大行。浩事天師，禮拜甚謹；人或譏之，浩聞之曰："昔張釋之爲王生結襪，吾雖才非賢哲，今奉天師，足以不愧於古人矣！"及嵩高道士四十餘人至，遂起天師道場於京城之東南，重壇五層，遵其新經之制。給道士百二十人衣食，齊肅祈請，六時禮拜，月設廚會數千人。……真君三年，謙之奏曰："今陛下以真君御世，建静輪天宫之法；開古以來未之有也。應登受符書，以彰聖德。"世祖從之。於是親至道壇受符録。備法駕，旗幟盡青，以從道家之色也。自後諸帝每即位，皆如之。恭宗見謙之奏造静輪宫，必令其高不聞雞鳴狗吠之聲，欲上與天神交接，功役萬計,經年不成。乃言於世祖曰:"人天道殊,卑高定分;今謙之欲要以無成之期,説以不然之事,財力費損,百姓疲勞,無乃不可乎? 必如其言,未若因東山萬仞之上,爲功差易。"世祖深然恭宗之言,但以崔浩贊成,難違其意,沉吟者久之。乃曰:"吾亦知其無成,事既爾,何惜五三百功?"九年,謙之卒,葬以道士之禮。先於未亡,謂諸弟子曰:"及謙之在,汝曹可求遷録。吾去之後,天宮真難就。"復遇設會之日,更布二席於上,師坐前,弟子問其故;謙之曰:"仙官來。"是夜卒。前一日,忽言"吾氣息不接,腹中大痛",而行止如常。至明旦,便終。須臾,口中氣,狀若烟雲,上出窗中,至天半乃消。屍體引長,弟子量之,八尺三寸。三日已後,稍縮。至斂,量之長六寸。於是諸弟子以爲尸解變化而去,不死也。《魏書·釋老志》。

按:史書所紀,亦多迷離恍惝語,蓋作史者根據當時實録,未敢大爲異同;當時實録,則以政制所關,更不敢顯爲立異也。

(五)正一天師者,始自漢張道陵,其後四代日盛,來居信之龍虎山。相傳至三十六代宗演,當至元十三年,世祖已平江南,遣使召之至,……因命坐,錫宴,特賜玉芙蓉冠,組金無縫服,命主領江南道教。《元史·釋老列傳》。

按:張氏世稱天師,蓋至元而經國家承認。明降爲真人,秩視二品。清仍之,秩視五品。清亡乃廢。然江南俗信妖異仍有請張天師捉鬼者,蓋天師之號,至今存於世俗之口也。

## 十五　回族的來歷

(一)案:漢初,北方種族,大者有三:匈奴、東胡、月氏也。東胡、月氏皆爲匈奴所破。東胡之後,爲烏桓、鮮卑。烏桓處漢上谷、漁陽、右北平、遼東西五郡塞外。自魏武柳城一捷,不復見於史;蓋其餘衆皆并入鮮卑也。僅《新唐書》所載有一極小部落曰烏丸。鮮卑部落,涣而不聚;故契丹、蒙古,至五代之後乃漸强盛。月氏自爲匈奴所破,遠徙媯水濱;其興亡,與東方之歷史,更無關係。然則匈奴亡後,北方殆可謂無統一之大族。而其人數至多,散布至廣者,則當推丁令。丁令,南北朝以後,或稱勑勒,亦作鐵勒,皆一音之轉也。北史述其分布之地云:"自西海之東,依山據谷,往往不絶。"獨洛河北,伊吾以西,焉者之北,金山西南,得嶷海東西,拂菻東,北海南,皆有其部落;則此族之分布,實東至今土拉河,獨洛水。北至今貝加爾胡,西與羅馬屬地接壤矣。拂菻。然其分布實尚不止此;其在南而近中國者,當時稱之曰高車。北史以高車、鐵勒,分立兩傳；實則本系一族，特諸夏稱之有異名耳。當拓跋魏時，北方最大之族曰柔然。柔然爲拓跋氏之分支，僅一小部落；其所用者，皆鐵勒之衆也。故匈奴亡後，北方種族，實以鐵勒爲最大。突厥與鐵勒，實非二族。回紇爲唐書所載鐵勒十五部之一；其遺族，今處天山南路，及於葱嶺以西。突厥則又在其西，今譯作土耳其者是也。然葱嶺以西突厥部落，中國人統稱爲回部。而中國人所稱爲回族者，西人亦統稱曰突厥。二者在種族上實絕無分別；可知突厥之先，實亦鐵勒諸部之一也。但在中國歷史上，向來分析言之，未便遂爲改并；故本課亦仍分析言之耳。突厥、回紇本非二族，《元史譯文證補》論之最詳，可以參看。

　　（二）回紇，其先匈奴也；俗多乘高輪車。元魏時亦號高車部，或曰勑勒，譌爲鐵勒。其部落曰袁紇、薛延陀、契苾羽、都播、骨利幹、多覽葛、僕骨、拔野古、同羅、渾、思結、斛薛、奚結、阿跌、白霫，凡十有五種，皆散處磧北。袁紇者，亦曰烏護，曰烏紇，至隋曰韋紇。……突厥已亡，惟回紇與薛延陀爲最雄彊。菩薩死，回紇酋長。其酋胡祿俟利發吐迷渡與諸部攻薛延陀，殘之，并有其地。遂南踰賀蘭山境諸河，遣使者獻款。太宗爲幸靈州，次涇陽，受其功。於是鐵勒十一部皆來。……有詔張飲高會，引見渠長等，以唐官官之，凡數千人。明年，復入朝，乃以回紇部爲瀚海，多覽葛部爲燕然，僕骨部爲金微，拔野古部爲幽陵，同羅部爲龜林，思結部爲盧山，皆號都督府。以渾爲皋蘭州，斛薛爲高闕州，阿跌爲鷄田州，契苾明爲榆溪州，奚結爲鷄落州，思結爲蹄林州，白霫爲寘顏州；其西北結骨部爲堅昆府，北骨利幹爲玄闕州，東北俱羅勃爲燭龍州，皆以酋領爲都督刺史，長史司馬，即故單于臺置燕然都護府統之。……渠領共言：「生荒陋地，歸身聖化，天至尊賜官爵，與爲百姓，依唐若父母然。請於回紇、突厥部治大涂，號參天至尊道，世爲唐臣。」乃詔磧南鸊鵜泉之陽，置過郵六十八所，具羣馬、湩、肉待使客。《新唐書·回鶻列傳》。

　　（三）巴而术阿而忒的斤亦都護，亦都護者，高昌國主號也。先世居畏兀兒之地，有和林山，二水出焉：曰禿忽剌，曰薛靈哥。一夕，有神光降於樹，在兩河之間，人即其所而候之；樹乃生癭，若懷姙狀，自是光常見。越九月又十日，而樹癭裂，得嬰兒者五，土人收養之。其最稚者曰不可罕，既壯，遂能有其民人土田，而爲之君長。傳三十餘君，是爲玉倫的斤。數與唐人相攻戰；久之，議和親以息民罷兵。於是唐以金蓮公主妻的斤之子葛勵的斤，居和林別力跋力答，言婦所居山也。又有山曰天哥里于答哈，言天靈山也。南有石山曰胡力答哈，言福山也。唐使與相地者至其國，曰：「和林之盛强，以有此山也。盍壞其山，以弱其國。」乃告諸的斤曰：「既爲婚姻，將有求於爾！其與之乎？福山之石，予上國無所用；而唐人願見。"的斤遂與之。石大不能動，唐人以烈火焚之，沃以釀醋，其石碎，乃輦而去。國中鳥獸爲之悲號，後七日，至倫的斤卒，災異屢見，民弗安居，傳位者又數亡。乃遷於交州；交州，即火州也。《元史·巴而术阿而忒的斤傳》。

案：元史此傳，據虞集《高昌王世勳》碑，乃回紇人所傳之神話也。回族始居漠北，後遷西域，關系甚大。今采此入課文，俾知荒唐之傳説，不可盡據爲典要也。秃忽剌水，今土拉河；薛靈哥水，今色楞格河。

## 十六　藏族的開化

（一）案：吐蕃之蕃，當讀如播，今譯作圖伯特。特者，統類之詞。見《元史譯文證補》卷一。吐蕃、圖伯，一音之異譯也。其贊普居邏安川；邏娑，即拉薩之異譯。

（二）其俗謂彊雄曰贊，丈夫曰普，故號君長曰贊普。《新唐書·吐蕃傳》。

案：贊普，《蒙古源流考》，皆作贊博。

（三）其贊普居跋布川，或邏娑川；有城郭廬舍，不肯處，聯毳帳以居，號大拂廬；容數百人，其衛候嚴，而牙甚隘。部人處小拂廬。……衣率氈韋，以赭塗面。……重兵死，以累世戰殁爲甲門；敗懦者垂狐尾於首，示辱，不得列於人。《新唐書·吐蕃傳》。

（四）太宗貞觀八年，始遣使者來朝；帝遣行人馮德遐下書臨撫。弄贊聞突厥、吐谷渾並得尚公主，乃遣使齎幣求昏，帝不許。使者還，妄語曰："天子遇我厚，幾得公主。會吐谷渾王入朝，遂不許；殆有以間我乎！"弄贊怒，率羊同共擊吐谷渾。吐谷渾不能亢，走青海之陰，盡取其資畜。又攻黨項、白蘭羌，破之。勒兵二十萬，入寇松州；命使者貢金甲，具言迎公主。謂左右曰："公主不至，我且深入。"……乃詔吏部尚書侯君集爲行軍大總管，出當彌道；右領軍大將軍執失思力出白蘭道；右武衛大將軍牛進達出闊水道；右領軍將軍劉蘭出洮河道；並爲行軍總管，率步騎五萬進討。進達自松州，夜鏖其營，斬首千級。初東寇也，連歲不解，其大臣請返國，不聽；自殺者八人。至是弄贊始懼，引而去。以使者來謝罪，固請昏；許之，遣大倫薛祿東贊獻黃金五千兩，它寶稱是，以爲聘。十五年，妻以宗女文成公主，詔江夏王道宗持節護送。《新唐書·吐蕃傳》。

（五）弄贊率兵次柏海親迎。……歸國，自以其先世未有昏帝女者，乃爲公主築一城，以夸後世；遂立宮室以居。公主惡國人赭面，弄贊下令國中禁之。自褫氈罽，襲紈綃，爲華風；遣諸家子弟入國學，習詩書，又請儒者典書疏。<sub>同上。</sub>

　　案：棄宗弄贊，《蒙古源流考》作丹蘇隆贊，載其尚中國公主，遣人至中國及印度留學，事與《唐書》頗相符。唐代吐蕃爲患最深；然實始於弄贊死後，欽陵兄弟專國。弄贊自尚主後，事中國甚恭。西人研究西藏事者，謂西藏法律出於中國，文字倣之印度，皆起於弄贊之世。

# 高等小學校用　新法歷史參考書第四册

## 一　唐時中外文明的交換

（一）其地東極海，西至焉者，南盡林州南境，北接薛延陀界，東西九千五百一十一里，南北一萬六千九百一十八里。……然舉唐之盛時，開元、天寶之際，東至安東，西至安西，南至日南，北至單于府。蓋南北如漢之盛，東不及而西過之。《新唐書·地理志》。

（二）自天下初定，增築學舍，至千二百區。雖七營飛騎，亦置生，遣博士爲授經。四夷若高麗、百濟、新羅、高昌、吐蕃相繼遣子弟入學，遂至八千餘人。《新唐書·選舉志》。

案：東方諸國，文化出自我國者，朝鮮及日本，其最著者也。朝鮮半島，自後漢以來，高句麗、百濟、新羅，三國鼎立。南北朝時，此三國者，業已與中國交通。然其大輸入中國之文化，改革一切制度，以從之者，則唐時之新羅也。高句麗、百濟，當高宗時即爲唐所滅，故課文獨舉新羅。

（三）日本慕唐富盛，特置遣唐使。學生及僧侶，留學於唐者甚多。粟田真人、吉備真備、阿部仲麻吕等，修儒學；道昭、最澄、空海等，習佛學；間有仕於唐者。自是以後，一切制度文物，悉效中國。而日本之假名字母，亦留學生歸國後所造。及唐末喪亂，始罷遣唐使。據《日本史》撮敍。

（四）自太古起於巴克脱利亞，系僧侶亞斯太所創，以爲有陰陽二神：陽神清净，爲至善之本；陰神污穢，爲至惡之本。勸人就陽神避陰神，以火表陽神，崇拜之，故曰拜火。其名祆教者，以其又拜天日也。凤爲波斯國教，南北朝頃，稍傳至葱嶺以東。大食興，佔波斯、中央亞細亞。其地方之信祆教者，輒遇苛罰，故多移住東方。唐初已盛行於中國，朝廷爲置祆正等職。日本桑原隲

藏《東洋史要》

（五）耶穌教之一派，宋文帝元嘉中，東羅馬之耶穌教徒乃司脫唱新義，爲衆教徒所不容，謫居西方亞細亞，其地之耶教徒多從之，號乃司脫利安派。後得波斯尊信，其教頗行於中亞。南北朝末，已流入中國。唐太宗貞觀時，波斯人阿羅本齎其經典至長安，爲建波斯寺。其稱景教者，取教旨光輝發揚之義也。高宗時，更於諸州建波斯寺，其教大行。玄宗天寶四年，改爲大秦寺。蓋以當時波斯已爲摩訶末教國，而景教源於大秦故也。德宗之世，長安大秦寺僧景淨建大秦景教流行中國碑，其碑日久隱没；至明末始掘得之。《東洋史要》。

（六）案玄奘，陳姓，陳留人，自幼出家。貞觀初，自長安西行，經天山南路，逾克什米爾，而入印度。歷百二十八國，受法於戒賢律師之門，精窮佛典，十餘年始歸。經吐蕃，渡通天河今長江上源木魯烏蘇。而至長安。齎經六百五十餘部，與弟子等從事翻譯，自《菩薩戒》至《摩訶般若》，總七十四部，千三百三十八卷。太宗嘉之，爲作《三藏聖教序》。其入印度始末，詳見其徒所撰之《大唐西域記》；《新唐書・吐蕃傳》中，亦載其見尸羅逸多王之事。

（七）案：史載永徽二年，大食王徹密莫末膩，遣使由南海來貢。其後開元、長慶間，凡十四度來朝；是爲阿剌伯通中國之始。徹密莫末膩，日本白鳥庫吉，謂爲 Amir al-Mu'minin 之譯音，[1]即阿斯曼大王之稱號云。其時回教初興，國勢瞳瞳，若旭出海；而商業隨教力俱東，一集注於廣州。蘇哈巴者，摩訶末之母舅也，實始入中國傳教。在廣東省城建懷聖寺，遂卒於廣州，葬焉。而光塔寺之二石塔，矗立城中，巋然至今。初唐時代，廣東號稱極盛；及安史之亂，而其業一挫。乾元元年，大食人與波斯人共焚廣州城；蓋緣當時政府傭其人爲兵以平亂；事定後，賞賚不能滿其欲，故憤以出此。見《唐書・波斯傳》。自是稍衰息；至貞元八年而復盛。《唐書・李勉傳》：勉初爲嶺南節度使，夷舶至者歲僅四五。及勉至，寬待遠人。明年，至者四千餘柁。《通鑑》卷二百三十四云“貞元八年夏六月，嶺南節度使奏言近日海舶異多”云云是也。自兹以往，繼長增高，迄於唐末。及乾符六年，黃巢陷廣州，流寓之波斯、大食人十二萬餘，殺戮殆盡；見阿剌伯人《古旅行記》。此役以後，東航者始視爲畏途。據近人所著《世界史

___

① 即 Amir al-Mu'minin，今譯爲“埃米爾。”

上廣東之位置》。

## 二　印刷術的發明

（一）迄孝武世，書簡缺脱。於是建藏書之策，置寫書之官。《漢書·藝文志》。余同時佐郎官，有梁子初、楊子林，好學，所寫萬卷，至於白首。《新論》。齊衡王鈞，嘗親手書五經，都爲一卷，置巾箱中。侍讀賀玠曰："殿下家有墳書，復何細書別藏巾箱?"曰："巾箱中檢閲甚易；且更手寫，則永不忘矣。"諸王聞之，爭效爲巾箱。今謂書籍之細書小本者爲巾箱，始於此也。《事物紀原》。

案：古人寫書事，散見史傳者甚多；舉此之條，可見一斑。又案：寫書之風，自北宋以前，尚未盡泯。至南宋而印刷之術乃大盛。故朱子謂"今人讀書苟簡，緣書皆有印本。東坡作《李氏山房藏書記》，彼時書猶自難得。黽以道求得《公穀傳》，乃手寫之"是也。

（二）案：刻石之事，古代甚多；然其意非欲以流傳書籍也。惟後漢靈帝熹平四年之刻石經，實懲於賄改漆書之弊而然。當時摹拓者甚眾，實有頒諸天下之意。故以此爲印刷術之權輿。

（三）隋文帝開皇十三年，十二月，勅廢像遺經，悉令雕造。《河汾燕閒録》。唐末，益州始有墨版，多術數、小學、字書。《國史志》。唐末，益州始有墨版，《猗覺寮雜紀》。

案：《五代史》，後唐明宗長興三年，宰相馮道、李愚請令判國子監田敏，校正九經，刻板印賣。世人據此，遂多以印刷之術起於五代。觀上所引三條，則木版實起於隋世，唐時已有雕刻印賣者；惟監本則始於馮道耳。

又案：印刷之術，至北宋而大盛。除端拱時校刊《五經正義》，咸平中校刊《七經義疏》，自開寶至天聖，陸續完成周顯德中所刻《經典釋文》，淳化、咸平中校刻諸史，均稱官本巨籍外，以上均見《玉海》。太宗初年，又頒行書範，以爲天下刻書之式。見《雞窗叢話》。故其時家塾刻本及坊刻本，亦風起雲湧，日蒸月盛。其傳於今者尚頗多；較諸唐代刻本，宋人即無著録者，相去遠矣。又活字之法，始於宋慶曆中布衣畢昇。"用膠泥刻字，每字爲一印，火燒令堅。先設一鐵板，其上以松脂臘和紙灰之類冒之。欲印，則以一鐵範置鐵板上，乃密布字印滿鐵範爲一板，持就火煬之，藥稍鎔，以一平板按其面，則字平如砥。"見《夢溪筆談》。術雖未精，然實爲斯術之蓽路藍縷。我國印刷之術，可謂遠源於漢，近起於隋；至宋世，乃發達完備也。

（四）……後世有人，別生巧技，以鐵爲印盉，界行用稀瀝青澆滿，冷定取平，火上再行煨化，以燒熟瓦字，排於行內，作活字印版。爲其不便，又以泥爲盉，界行內用薄泥，將燒熟瓦字排之，再入窰內，燒爲一段，亦可爲活字版印之。近世又鑄錫作字，以鐵條貫之作行，嵌於盉內，介行印書。但上項字樣，難於使墨，率多印壞；所以不能久行。今又有巧便之法，造墨版作印盉，削竹片爲行，雕板木爲字，用小細鋸鎪開，各作一字；用小刀四面修之，比試大小高低一同，然後排字作行，削成竹片夾之。盉字既滿，用木楔楔之，使堅牢，字皆不動，然後用墨印刷之。元王楨《活字印書法》附乾隆武英殿《聚珍版書農書》後。按明世又有活字銅版，爲無錫華燧所製，見邵寶《容春堂‧會通君傳》。

（五）唐人藏書作卷軸，後有葉子，似今策子。凡文字有備檢用者，卷軸難數卷舒，故以葉子寫之。《歸田錄》。古竹簡之後，皆易楮書之，束而爲卷，故曰一卷二卷。自馮瀛王刻板後，卷變爲冊，猶曰卷者甚無謂。《偃曝談録》。

（六）案：近世印刷，約分四種：曰活版，曰石版，曰照相版，曰雕刻板。活版以銅爲陰文字模，入澆字爐，以鉛、鋅、銅之混合金澆入，即成陽文活體鉛字。字體大小不一，印刷時拾而排之，可分可合，甚便易也。排就之活版，欲永久可用，而省排工；則可以泥或層紙覆於版上，製爲陰文之泥型或紙型。用時以鉛澆入，即成鉛版，用以印刷，利兼木版矣。又有以蠟等壓原版而製成蠟型者，置電缸中鍍銅而成電鍍銅版；印刷耐久，可印至十餘萬張而始敝。石版用石版石，以油質雕畫或攝影其上，浸入鹽酸中，則未受油處，爲所侵蝕，可以印刷矣。此法爲奧人所發明，我國河南省亦產石版石。印時有單色及五彩兩種：單色純用一種墨油印成；五彩則用石版數塊，以濃淡不同之顏色套印者也。照相版於銅之表面塗感光藥品，置所欲印之照相乾片於其上，曝於日光中，使受光處變爲不融解性；後乃用藥腐蝕其未感光處，即可印刷；是謂照相銅版。照相鋅版、玻璃版即珂羅版。等，製法略同。雕刻版，以一種銅鍼或機器雕刻於銅版之上，敷蠟印刷，是爲雕刻銅版。雕刻鋼版略同，惟用伸縮機雕刻之。

## 三　宋　時　的　理　學

（一）韓愈，字退之，鄧州南陽人。通六經百家學。……才高，數黜官，……憲宗遣使者往鳳翔迎佛骨入禁中，愈上表曰：“……佛本夷狄之人，與中國言語不通，衣服殊製，口不道先王之法言，身不服先王之法服。……”貶潮州刺

史。……復爲吏部侍郎。長慶四年卒，年七十五。……諡曰文。愈……每言
文章自漢司馬相如、太史公、劉向、揚雄後，作者不世出。故愈探本窮源，卓然
樹立，成一家言。其《原道》、《原性》、《師說》等數十篇，皆奧衍宏深，與孟軻、
揚雄相表裏，而佐佑六經云。《新唐書‧韓愈傳》。

（二）按：見蘇子瞻《潮州韓文公廟碑》。蓋謂東漢、魏、晉、宋、齊、梁、陳、
隋八代，文體柔靡，不關經術政理；而韓文却能振起之也。愈爲人不無可取；
惟其學固而不化，《原道》篇痛疾釋老，至有"人其人，火其書"之語，其隘有如
此者。

（三）有宋一代，理學昌明，可與春秋戰國，並稱爲思想界活潑之時期。蓋
自兩漢以來，學者專業一經，師弟相傳，墨守舊說，無復創見。馬、鄭之徒，畢
生事業，止於箋注。至唐重加疏解，愈趨冗碎，使人生厭倦之心。中間揚雄、
王通、韓愈輩，自任甚重，藐薄諸儒；然究無甚發明。然則自漢至唐，專事講
習，鑽研故紙而已。有宋學者，苦漢唐之繁碎，不役心於文字，直闡發乎精神。
南北兩思潮，導源於先秦，並流於魏晉；經六朝李唐，又有身毒思想之混和。
至宋儒，乃融會貫通，發爲性理之學。故宋儒者，實能化儒、釋、道三元素，而
生一新元素者也。

（四）周敦頤，字茂叔，道州營道人，元名敦實。……以疾求知南康軍，因
家廬山蓮花峯下。前有溪，合於溢江，取營道所居濂溪以名之。……卒年五
十七。黃庭堅稱其人品甚高，胸懷灑落，如光風霽月；廉於取名，而銳於求志；
薄於徼福，而厚於得民；菲於奉身，而燕及煢嫠；陋於希世，而尚友千古。博學
力行，著《太極圖》，明天理之根源，究萬物之經始。其說曰："無極而太極，太
極動而生陽；動極而生靜，靜而生陰；靜極復動。一動一靜，互爲其根；分陰分
陽，兩儀立焉。陽變陰合，而生水、火、木、金、土；五氣順布，四時行焉。五行
一陰陽也，陰陽一太極也，太極本無極也。五行之生也，各一其性，無極之真，
二五之精，妙合而凝。乾道成男，坤道成女，二氣交感，化生萬物；萬物生生，
而變化無窮焉。惟人也得其秀而最靈；形既生矣，神發知矣；五性感動，而善
惡分，萬事出矣。聖人定之以中正仁義而主靜，立人極焉。故聖人與天地合
其德，日月合其明，四時合其序，鬼神合其吉凶：君子修之吉，小人悖之凶。故
曰立天之道，曰陰與陽；立地之道，曰柔與剛；立人之道，曰仁與義；又曰原始
反終，故知死生之說。大哉易也，斯其至矣。"又著《通書》四十篇，發明太極之
蘊。……嘉定十三年，從祀孔子廟庭。《宋史‧道學傳》。按：《太極圖說》牽合附
會，按之科學，不知所云。

（五）程顥，字伯淳，世居中山，後從開封徙河南。……哲宗立，召爲宗正丞，未行而卒，年五十四，顥資性過人，充養有道，和粹之氣，盎於面背。門人交友從之數十年，亦未嘗見其忿厲之容。遇事優爲，雖當倉卒，不動聲色。自十五六時，與弟頤聞汝南周敦頤論學，遂厭科舉之習，慨然有求道之志。泛濫於諸家，出入於老、釋者數十年。返求諸六經，而後得之。秦漢以來，未有臻斯理者。教人自致知至於知止，誠意至於平天下，洒掃應對至於窮理盡性，循循有序。……顥之死，士大夫識與不識，莫不哀傷焉。文彥博采衆論，題其墓曰“明道先生。”其弟頤序之曰：“周公没，聖人之道不行；孟軻死，聖人之學不傳。道不行，百世無善治；學不傳，千載無真儒。無善治，士猶得以明夫善治之道，以淑諸人，以傳後世；無真儒，則貿貿焉莫知所之；人欲肆，而天理滅矣。先生生於千四百年之後，得不傳之學於遺經，以興起斯文爲己任，辨異端，闢邪説，使聖人之道，焕然復明於世。蓋自孟子之後，一人而已。然學者於道不知所向，則孰知斯人之爲功；不知所至，則孰知斯名之稱情也哉。”嘉定十三年，賜諡曰純公。淳祐元年，封河南伯，從祀孔子廟庭。《宋史·道學傳》。

（六）程頤，字正叔，年十八，上書闕下，欲天子黜世俗之論，以正道爲心。治平、元豐間，……卒年七十五。頤於書無所不讀，其學本於誠，以《大學》、《語》、《孟》、《中庸》爲標指，而達於六經。動止語默，一以聖人爲師，其不至乎聖人不止也。張載稱其兄弟從十四五時，便脱然欲學聖人，故卒得孔孟不傳之學，以爲諸儒倡。其言之旨，若布帛菽粟；然知德者，尤尊崇之。嘗言：“今農夫祁寒暑雨，深耕易耨，播種五穀，吾得而食之；百工技藝，作爲器物，吾得而用之；介冑之士，披堅執鋭，以守土宇，吾得而安之。無功澤及人，而浪度歲月，晏然爲天地間一蠹；唯綴輯聖人遺書，庶幾有補爾。”於是著《易》、《春秋傳》，以傳於世。……平生誨人不倦，故學者出其門最多，淵源所漸，皆爲名士。涪人祠頤於北巖，世稱爲伊川先生。嘉定十三年，賜諡曰正公；淳祐元年，封伊湯伯，從祀孔子廟庭。門人劉絢、李籲、謝良佐、游酢、張繹、蘇昞，皆班班可書。《宋史·道學傳》。

（七）張載，字子厚，長安人。少喜談兵，至欲結客取洮西之地。年二十一，以書謁范仲淹，一見知其遠器。乃警之曰：“儒者自有名教可樂，何事於兵？”因勸讀《中庸》。載讀其書，猶以爲未足；又訪諸釋、老，累年究極其説，知無所得，反而求之六經。……屏居南山下，終日危坐一室，左右簡編，俯而讀，仰而思，有得則識之。或中夜起坐，取燭以書。其志道精思，未始須臾息，亦未嘗須臾忘也。敝衣蔬食，與諸生講學，每告以知禮成性，變化氣質之道，學必如聖人而後已。以爲知人而不知天，求爲賢人而不求爲聖人，此秦漢以來學者大蔽也。故其學尊禮貴德，樂天安命，以《易》爲宗，以《中庸》爲體，以孔孟爲法，黜怪妄，辨鬼神，其家昏喪葬祭，率用先王之意，而傳以今禮。又論定井田、宅里、發斂、學校之法，皆欲條理成書，使可舉而措諸事業。呂大防薦之，……乃詔知太常禮院，與有司議論不合，復以疾歸。中道疾甚，沐浴更衣而寢，旦而卒。貧無以斂，門人共買棺奉其喪還。翰林學士許將等，言其恬於進取，乞加贈恤，詔賜館職半賻。載學古力行，爲關中士人宗師，世稱爲橫渠先生。著書號《正蒙》，又作《西銘》曰："乾稱父，坤稱母，予茲藐焉，乃混然中處。故天地之塞吾其體，天地之帥吾其性，民吾同胞，物吾與也。大君者，吾父母宗子；其大臣，宗子之家相也。尊高年，所以長其長；慈孤幼，所以幼其幼；聖其合德，賢其秀也。凡天下疲癃殘疾，惸獨鰥寡，皆吾兄弟之顛連而無告者也；于時保之，子之翼也，樂且不憂，純乎孝者也。違德曰悖，害仁曰賊，濟惡者不才，其踐形惟肖者也。知化則善述其事，窮神則善繼其志，不愧屋漏爲無忝，存心養性爲匪懈。惡旨酒，崇伯子之顧養；育英才，穎封人之錫類；不弛勞而底豫，舜其功也；無所逃而待烹，申生其恭也；體其受而歸全者，參乎；勇於從而順令者，伯奇也；富貴福澤，將厚吾之生也；貧賤憂戚，庸玉女於成也；存吾順事，歿吾寧也。"程頤嘗言《西銘》明理一而分殊，擴前聖所未發，與孟子性善養氣之論同功。自孟子後，蓋未之見。嘉定十三年，賜諡曰明公；淳祐元年，封郿伯，從祀孔子廟庭。《宋史·道學傳》。

（八）朱熹，字元晦，一字仲晦，徽州婺源人。……熹少時，慨然有求道之志，父松，病亟，嘗屬熹曰："籍溪胡原仲，白水劉致中，屏山劉彥冲三人，學有淵源，吾所敬畏。吾即死，汝往事之，而惟其言之聽。"三人謂胡憲、劉勉之、劉子翬也。故熹之學，既博求之經傳，復徧交當世有識之士。延平李侗老矣，嘗學於羅從彥。熹歸自同安，不遠數百里，徒步往從之。按：侗之學受諸羅從彥，羅從彥受諸楊時，楊時則受諸程氏者。其爲學，大抵窮理以致其知，反躬以踐其實，而以居敬爲主。嘗謂聖賢道統之傳，散在方策；聖經之旨不明，而道統之傳始晦。於是竭其精力，以研窮聖賢之經訓。所著書，有《易》本義、啓蒙、《蓍卦考誤》、《詩集傳》、《大學》《中庸》章句、或問、《論語》《孟子》集註、《太極圖通書》、《西銘解》、《楚辭集註辨證》、《韓文考證》；所編次，有《論孟集議》、《孟子指要》、《中庸輯略》、《孝經刊誤》、《小學書》、《通鑑綱目》、《宋名臣言行錄》、《家禮》、《近思錄》、《河南程氏遺書》、《伊洛淵源錄》，皆行於世。《宋史·道學傳》。

（九）陸九淵，字子靜，生三四歲，問其父天地何所窮際？父笑而不答。遂深思，至忘寢食。及總角，舉止異凡兒，見者敬之。謂人曰："聞人誦伊川語，自覺若傷我者。"又曰："伊川之言，奚爲與孔子、孟子之言不類，近見其間多有不是處。"初讀《論語》，即疑有子之言支離。他日讀古書，至宇宙二字，解之者曰："四方上下曰宇，往古來今曰宙。"忽大省曰："宇宙內事，乃己分內事；己分內事，乃宇宙內事。"又嘗曰："東海有聖人出焉，此心同也，此理同也。至西海南海北海有聖人出，亦莫不然。千百世之上有聖人出焉，此心同也，此理同也。至於千百世之下有聖人出，此心此理，亦無不同也。"後登乾道八年進士第，至行在，士爭從之遊。言論感發，聞而興起者甚衆。教人不用學規；有小過，言中其情，或至流汗；有懷於中而不能自曉者，爲之條析其故，悉如其心。亦有相去千里，聞其大概而得其爲人。嘗曰："念慮之不正者，頃刻而知之，即可以正；念慮之正者，頃刻而失之，即爲不正。有可以形跡觀者，有不可以形跡觀人，則不足以知人；必以形跡繩人，則不足以救之。"……詔主管台州崇道觀，還鄉，學者輻湊。每開講席，戶外屨滿，耆老扶杖觀聽。自號象山翁，學者稱象山先生。嘗謂學者曰："汝耳自聰，目自明，事父母自能孝，事兄自能弟，本無欠闕，不必他求，在乎自立而已。"又曰："此道與溺於利欲之人言猶易，與溺於意見之人却難。"或勸九淵著書。曰："六經註我，我註六經。"又曰："學苟知道，六經皆我註腳。"……初，九淵嘗與朱熹會鵝湖，論辨所學多不合，及熹守南康，九淵訪之。熹與至白鹿洞。九淵爲講《君子小人喻義利》一章，聽者至有泣下。熹以爲切中學者隱微深錮之病，至於無極而太極之辨，則遺書往來，論難不置焉。門人楊簡、袁燮、舒璘、沈煥能傳其學云。《宋史・儒林傳》。

（十）仁宗皇慶二年……十一月乃下詔曰："……考試程式，蒙古、色目人，第一場經問五條。《大學》、《論語》、《孟子》、《中庸》內設問，用《朱氏章句集註》。……漢人、南人第一場明經、經疑二問。《大學》、《論語》、《孟子》、《中庸》內出題，並用《朱氏章句集註》。……經義一道，各治一經，《詩》以朱氏爲主，……《周易》以程氏朱氏爲主。"《元史・選舉志・科目》。頒科舉定式，初場《四書》義三道，經義四道；《四書》主朱子《集註》，《易》主程《傳》朱子《本義》，《書》主蔡氏《傳》及《古註》，《詩》主朱子《集傳》。《明史・選舉志》。按：科場經元明兩代，皆以朱註爲主，故至明末而朱學獨盛。當時士君子，既以熟誦朱註取功名，故亦多醉心朱說者也。清康熙五十一年，詔以朱子配享孔子廟，科舉主用朱註，一如元明。刊行朱著《性理大全》、《朱子全書》。湯斌、朱軾……等，奉朱學爲正宗，且皆以朱學榮顯。蓋以爲朱學在宋儒中最篤實平穩也。場屋文字，自元明迄清末廢科舉，六百年間，皆篤守朱註；故民間學塾，盡讀朱註《四書》等，幾不知古有鄭玄、孔穎達之流也。然究實學者，則不待科學之盛，已薄其空疏無用矣。

（十一）案：宋學道源甚遠，北宋時，如范仲淹、司馬光、孫復、胡瑗等，實皆爲宋學之先河。然後來嚴格之論，所認爲道學之正宗者，惟濂、洛、關、閩四派而已。《宋史·道學傳》，所列二十三人，周、程、張、朱而外，其非程、朱弟子者，惟邵雍、張栻二人。可見諸儒之中，實以朱子爲集大成。

（十二）王守仁，字伯安，餘姚人。……守仁天資異敏，年十七，謁上饒婁諒，與論朱子格物大指。還家，日端坐，講讀五經，不苟言笑。遊九華歸，築室陽明洞中，泛濫二氏學；數年，無所得，謫龍場，窮荒無書，日繹舊聞，忽悟格物致知，當自求諸心，不當求諸事物。喟然曰：“道在是矣。”遂篤信不疑。其爲教，專以致良知爲主。謂宋周、程二子後，唯象山陸氏，簡易直捷，有以接孟氏之傳。而朱子《集句》、《或問》之類，乃中年未定之説。學者翕然從之，世遂有陽明學云。《明史·王守仁傳》。

## 四　蒙古的興盛

（一）斡難河、克魯倫河之源，肯特山附近，蒙古族之根據地也。有室韋部者，世爲遼、金屬地，及合不勒爲部長。抗金。金兀朮屢征之，不勝，遂講和，册合不勒爲蒙輔國王。按：合不勒《續資治通鑑》稱鄂羅貝勒，事在宋紹興十七年，金皇統七年。是時，東自興安嶺，北沿貝加爾湖，南阻沙漠，接長城，西及色楞格河流域，有數部落，皆蒙古族，未相統一。及合不勒之孫也速該爲蒙輔國王，頻吞鄰近諸部，勢漸強。後爲興安嶺附近之塔塔兒部所殺，部衆分崩；長子鐵木真，糾合義衆，漸圖興復。會塔塔兒部叛金，助金伐之，以功爲察兀禿魯。即招討使。尋欲統一諸部，乃滅泰赤烏、克烈諸部，而與金山麓之乃滿部接壤。乃滿王太陽罕大恐，乃誘塔塔兒等，伐蒙古，鐵木真逆擊，敗之於杭愛山，斃太陽罕。按事在宋寧宗嘉泰四年。塔塔兒以下諸部，先後爲鐵木真所征服。內外蒙古之地，殆全爲鐵木真所有。宋開禧二年，鐵木真會諸部君長於斡難河源，即大汗之位，號成吉思汗，即元太祖也。據日本桑原氏《東洋史》，及《續資治通鑑》、《金史》、《元史》。

（二）……金納哈塔邁珠守北鄙，知蒙古將侵邊，奔告於金主。金主曰：“彼何敢然？且無釁，何能入犯？”邁珠曰：“近見其諸部，附從西夏，獻女而造箭製楯不休；凡行營，則令男子乘車，蓋欲惜民力也。非圖我而何？”……邊將築烏舍堡,欲以逼蒙古。蒙古主命哲別襲殺其衆,遂掠地而東。金承平日久,驟聞蒙古用兵,人情恇懼,流言四起。《續資治通鑑・宋紀》寧宗嘉定三年。

（三）初,中央亞細亞,本突厥地也;爲大食所滅。北宋中,突厥種人今之回族。復奪其地。遼亡時,爲金所滅。其皇族耶律大石來奔,建西遼國於此。三傳至直魯克,乃滿王太陽罕之子屈出律來奔,直魯克以女妻之。屈出律陰結西遼屬國花剌子模,共擊殺直魯克,滅西遼,……遂篡西遼王位。……謀東向擣蒙古之廬;成吉斯汗乃遣其將哲別擊之。屈出律嚴禁回教,突厥人向奉回教。國人不服。及蒙古軍至,皆降。屈出律被殺,蒙古遂滅其國。事在宋寧宗嘉定十一年。與花剌子模《元史》稱回回國,蓋突厥種人所建,在今基華之地。接境。花剌子模人殺蒙古商人百餘;成吉斯汗怒,以伐金之任委宿將木華黎。自將擊之。時花剌子模將士專橫不用命,其王謨哈美德遁,成吉斯汗逐之。謨哈美德窮蹙,竄死裏海島中。事在宋嘉定十五年。成吉斯汗與諸子分兵掠其地,擊逐謨哈美德子札蘭丁,札蘭丁亦遁。越二年,以暑盛,罷兵東還。據桑原氏《東洋史》及《元史》。

（四）西夏向臣於金,及蒙古來侵,怨金不出援兵,遂侵金西境。宋嘉定十六年,金宣宗卒,子哀宗嗣,與西夏約爲兄弟國,各罷兵。然以連年攻戰,國力已疲。蒙古主自西征還,伐西夏。宋理宗寶慶二年,夏主德旺憂悸而卒,從子晛立。三年,舉國以降。西夏自李元昊至是,凡百九十年而亡。據《續資治通鑑・宋紀》。

（五）宋嘉定六年,……蒙古主……分……兵三道:……右軍循太行而南,破保遂、中山、邢、洺、磁、相、衛輝、懷、孟諸郡,徑抵黃河,掠澤、潞、平陽、太平之間;……左軍遵海而東,破灤、薊,及遼西諸郡;蒙古主自將,……爲中軍,破雄、莫、清、滄、景、獻、河間、濱、棣、濟南等郡;三道兵還屯大口,以逼中都。……所至城邑皆下。凡破金九十餘郡,兩河山東數千里,人民殺戮幾盡。金帛子女,羊畜牛馬,席捲而去。屋廬焚燬,城郭坵墟。……嘉定八年,……蒙古兵入中都,……悉輦其府庫之實北去,……諸妃嬪皆淪沒。……是秋,蒙古取金城邑,凡八百六十有二。……嘉定十二年,……蒙使張柔帥兵南下,遂克雄、易、保、安諸州。……南掠鼓城深澤寧諸縣。由是深、冀以北,鎮、定以東,三十餘城,望風悉來降附。按:以上三事俱見《資治通鑑》,其散見而攻取金地者,不勝枚舉。至鐵木真死時,已得山東、河北、河西今直隸、山東、山西、陝西、甘肅諸省。諸地矣。嘉定十六年,蒙古將木華黎臨死,謂弟曰:"我爲國家助成大業,擐甲執銳,垂四十年,東征西討,無復遺恨;第恨汴京未下耳。汝其勉之!"

蓋當時金僅保河南地也。

（六）宋理宗寶慶三年，蒙古太祖二十二年，蒙古主崩於薩里川哈喇圖之行宮，……壽六十六歲。……帝深沈有大略，用兵如神；故能滅國四十，遂平西夏。據《元史·太祖本紀》。

（七）鐵木真没，蒙古太宗窩闊台即位；約宋夾攻金，宋人許之。時汴京糧盡援絕，金主哀宗。完顔守緒，遂棄汴出奔。蒙古將速不台聞之，進圍汴。宋理宗紹定六年，金人請降；遂虜金太后皇后妃嬪，及宗室男女五百餘人送蒙古軍。金主奔蔡州；蒙古將塔察爾會宋將孟珙圍之。孟珙以計決汝水，蒙古決練水灌城；端平元年城破，金主自經。金自太祖至是，凡百餘年而亡。據《宋史》、《金史》、《元史》、《續資治通鑑》等書。

（八）東方稍無事；乃於宋理宗端平三年，命拔都帥大軍五十萬征俄羅斯。太宗子貴由，拖雷子蒙哥等，從之；以速不台爲先鋒，沿按臺山麓，過也爾的石河源，經吉里吉斯荒原，降沿路諸部。宋理宗嘉熙元年，遂入俄羅斯，北向屠烈野贊，陷莫斯科，更南下取幾富。既而驅其餘勢以逼歐洲内地。一軍自馬札兒渡多腦河，一軍自孛烈兒侵西力西阿，所到輒殺掠，歐洲北部諸侯王大恐。宋理宗淳祐元年，合兵逆擊蒙古兵於利固尼資，反爲蒙古兵所敗。全歐震動；乃揑迷思諸部民，皆荷擔而遁。會窩闊台死，訃音至軍，蒙古兵乃還。據桑原氏《東洋史》。

（九）蒙古太宗窩闊台死，其后乃馬真氏稱制，不立君者六年。長子貴由西征還，乃立之，是爲定宗。貴由在位三年而卒，其后又稱制四年，始立貴由弟蒙哥，是爲憲宗。蒙哥既立，乃命其弟忽必烈，開府金蓮川，統治漠南。既而蒙哥以中原之地，大封宗室，命忽必烈於汴京、關中，自擇其一。忽必烈請關中；蒙哥以關中瘠，更以河南益之。蒙哥卒，忽必烈還燕即位，是爲元世祖；始改元中統。閱十二年，至至元八年，建國號曰大元，取易"大哉乾元"之義。據《元史》、《續資治通鑑·宋紀》等。

（十）宋理宗時，助蒙古連兵滅金，約和。嗣宋人欲復中原，遣兵入汴；汴已殘破，兵來無所得食。蒙古軍掩至，一戰而崩。蒙古責宋背約。自是蒙古兵力侵入江淮矣。賈似道等秉政亂國，宋益不振。其後元兵渡江而南，破臨安，今杭州，宋都。攜帝㬎及太后等北去。文天祥等圖興復；張世傑等奉益王昰即帝位於福州；復爲元兵所破。世傑奉帝航海至廣州；尋廣州又陷，世傑奉帝居碙州；帝以舟覆溺水，驚悸疾卒。陸秀夫等，乃立帝昺入厓山。元兵執天祥，攻厓山，張世傑等戰敗，陸秀夫抱帝投海，世傑亦覆舟歿。文天祥至燕，遇害；宋亡。據《宋史》、《元史》。

（十一）按元自世祖至順帝，凡九十餘年，爲明太祖朱元璋所逐。元自鐵木真至忽必烈，窮兵黷武，數十年中，無一歲無戰事。而元君臣復不解漢文，大抵輕孔孟而重番僧，用戎索而廢漢法。以蒙古族爲最尊，色目人次之，女真、契丹、回回之屬。漢人又次之，金之遺民。南人最下。故宋遺民。各地設兵，以蒙古及色目人治之，以防漢人、南人。元末君臣，又復酣恬不振，蒙古遂衰。及中原羣盜蜂起，國乃滅亡。

# 五　滿族和中國

（一）案：滿族見於我國歷史上者，最古稱肅慎，亦作息慎、稷慎；《逸周書·王會解》、《大戴禮·少閒》、《史記·五帝本紀》。兩漢時稱挹婁；《後漢書》。晉時又作肅慎；《晉書》。南北朝以後，則稱靺鞨，又作勿吉；《南》、《北史》、《新唐書》。宋以後稱女真；《宋史》。又避遼諱作女直；《遼史》。及明末則稱滿洲。今案肅慎、息慎、稷慎，本一音之異譯。《後漢書》雖祇有挹婁之名；然《晉書》云：“肅慎，一名挹婁。”則二者蓋同時互稱。《滿洲源流考》謂挹婁即今滿語“葉嚕”，義謂“穴居”，殆其種族本名肅慎，他人以其穴居，故稱之曰“挹婁”歟？南北朝至唐，雖皆名之曰靺鞨；然及渤海之亡，而女真之名復著。《大金國志》：“金國本名朱里真，後訛爲女真，或曰慮真。”宋劉忠恕亦稱金之姓爲朱里真。《滿洲源流考》云：“北音讀肅爲須，須朱同韻，里真二字，合呼之音近慎；蓋即肅慎轉音。國朝舊稱所屬曰珠申，亦即肅慎轉音也。”又案滿洲二字，本非種族之名，參觀第十四條。挹婁、靺鞨，殆皆他族稱之。此族之本名，則數千年來，實未嘗改；則肅慎而息慎、稷慎、朱里真、女真、慮真、珠申，皆其異譯也。

（二）渤海，本粟末靺鞨附高麗者，姓大氏。高麗滅，率衆保挹婁之東牟山；地直營州東二千里。……萬歲通天中，契丹盡忠殺營州都督趙翽反；有舍利乞乞仲象者，與靺鞨酋乞四比羽，及高麗餘衆東走，渡遼水，保太白山之東北，阻奧婁河，樹壁自固。武后封乞四比羽爲許國公，乞乞仲象爲震國公，赦其罪。比羽不受命，后詔玉鈐衛將軍李楷固，中郎將索仇擊斬之。是時仲象已死，其子祚榮，引殘痍遁去。楷固窮躡，度天門嶺，祚榮因高麗、靺鞨兵拒楷固；楷固敗還。於是契丹附突厥，王師道絶，不克討。祚榮即并比羽之衆，恃荒遠，乃建國，自號震國王。……睿宗先天中，遣使拜祚榮爲左驍衛大將軍渤海郡王，以所統爲忽汗州，領忽汗州都督。自是始去靺鞨號，專稱渤海。《新唐書・北狄傳》。

（三）案：渤海疆域，清人作《滿洲源流考》，始詳考之；然多舛誤不可據。近世朝鮮史家，考之最爲詳確。據其説，則《唐書》所謂十五府六十二州者，其遺址已不可悉考。而五京故地，則猶可考見。其上京龍泉府，在今寧安附近；中京顯德府，在今吉林東南；東京龍原府，在今海參崴附近；南京南海府，在今朝鮮咸興；西京鴨緑府，在今輯安縣境。蓋自松花江流域，北極黑龍江，東瀕日本海，實肅慎族本據之地也。然其封域之所及，尚不止此。以其諸府州所在，及當時四圍情勢，參互證之，今吉、黑二省，朝鮮咸鏡、平安二道之大部分，及俄領阿穆爾、東海濱二省，實皆在其封域之内也。

（四）案：《唐書》謂“其王數遣諸生詣京師太學，習識古今制度，遂爲海東盛國”。今據《唐書》本傳所載者觀之，其王之名謚，地方區畫之名稱，及官名等，悉與中國符。蓋實爲東方文明之國；惜其史籍蕩盡，中國、朝鮮，均未嘗有所得耳。

（五）女真始甚微弱，常役屬於契丹、高麗，及遼中葉而浸强。居塞内者入遼籍，爲熟女真；居塞外者，自爲部落，曰生女真。其酋姓完顏氏，世奉遼命，爲女真節度使。遼天祚時，生女真之酋長曰吳雅束；其下有阿蘇者，叛而奔遼。吳雅束索之，遼人不與；遂有異志。遼主淫酗怠於政事，每歲遣使市名鷹於海上，道出女真境。使者貪縱，徵求無藝，女真苦之。吳雅束之子阿骨打，姿貌雄傑，有大志。吳雅束卒，遂襲位；乃召其所屬，備衝要，建城堡，修器械。遼主使使者往詰之。阿骨打曰：“我小國也，事大國不敢廢禮。大國德澤不施，而逋逃是主。以此字小，能無望乎？若還阿蘇；朝貢如故。不然，城未已也。”使者還，遼主知其必叛；乃發渾河北岸諸軍，益東北路統軍司。阿骨打謂其下曰：“遼人疑我矣。我必先發制之，無爲人所乘。”乃徵集諸部兵得二千五百人，會於拉林水；時徽宗政和四年九月也。阿骨打以遼之罪，申告天地，傳梃而誓。遇遼軍，與戰，衆少却；遼兵直攻其中堅，大將耶律謝什忽墜馬；阿骨打射殺之。遼軍遂大奔，死者什七八。……阿骨打既屢勝，其弟吳乞買率將佐勸進，阿骨打不可。楊朴復言之，乃以政和五年正月朔，即皇位於愛新水上。阿骨打語其下曰：“遼以賓鐵爲號，取其堅也。賓鐵雖堅，終有變壞；唯金不變不壞。金之色白，而完顏部色尚白。”於是建國號曰金，改元收國，更名旻，是爲金太祖。據《續資治通鑑・宋紀》及《金史》撮要。

（六）遼蕭后在燕京主國事。宣和四年，金主自塞北三路進兵；遼人以勁兵守居庸。金兵至關下，厓石自崩，戍卒多壓死，遼人不戰而潰。金人度關南下,遼諸將相繼納款;金主至燕京,遼宰相大臣先後詣行營請罪。金主並釋之。宰相左企弓以下,咸復其職,使撫定諸羣縣之未下者。蕭后奔天德。於是遼之五京,悉爲金有矣。金人已定燕京,聞遼主出亡,在陰山青冢之間,乃以斡魯及斡離不爲都統,將兵追襲,至居庸,獲遼將耶律大石。斡離不等分道掩襲遼主,將近青冢,泥濘不能進,以繩繫大石,使爲嚮導。時遼主方在應州,諸子及妃嬪公主皆被執,得免者數人而已。遼主使人以龜紐金印,僞降於金,而西走雲內。既而大石亡歸。遼主既得大石,及諸部之兵,自謂得天助,再謀出兵,收復燕雲。大石諫曰:“向以全師,不謀戰備,使舉國皆爲金有;時勢至此,而方求戰,非計也。當養兵待時而動,不可輕舉!”遼主不從;進至武州,復大敗,走夾山。宋徽宗聞而欲誘致之,使一番僧齎御書往招。遼主知中國不可恃,復謀奔夏。會党項遣使奉迎遼主,將赴之,過沙漠,金兵忽至,遼主脫身走。中途絕食,齧水雪以濟饑。至夜,乃得民家,往借宿。民出迎,跪而大慟,潛匿其家,數日,始趨党項。至應州,卒爲金將婁室所獲以歸。大石西奔,據克埒木稱帝,是爲西遼;傳國百餘年,與金相終始。據《續資治通鑑·宋紀》及《金史》撮要。

　　(七)先是宋約金攻遼,宋不勝而遼爲金有。宣和七年,金兵日逼,宋徽宗下詔罪已,傳位於<sub>其子桓</sub>。欽宗,改元靖康元年。金主吳乞買,<sub>於宣和五年立。</sub>遣斡離不等,渡河攻汴京,索金幣而退。明年,金主復命粘沒喝、斡離不,分道南侵,破太原、真定諸城,渡河。恐宋主奔關中,乃先破洛陽,以絕其西行之道。斡離不自真定趨汴,粘沒喝自河陽會之,屯於青城。使使者邀宋主出盟。時勤王之師,無一人至者;城中守兵,僅行乞贏劣之人七萬耳。金兵登城,焚南薰門,四壁守兵悉潰,京師遂破。宋主使人請降。粘沒喝邀宋主親出;宋主不得已,至金營,遂留不遣。金主諭廢宋主及上皇<sub>徽宗</sub>。爲庶人,并逼上皇出城。上皇遂與太后,乘犢車出宮,諸王公主嬪妃三千人悉從。惟皇后太子未出;金帥又命上皇召之。金人遂掠法駕鹵簿,冠服禮器,法物大樂,教坊樂器,祭器,八寶,九鼎,圭璧,渾天儀,銅人刻漏,太清樓祕閣三館圖書,天下府州圖籍,及官吏、內人、官侍、伎藝、工匠、倡優,府庫積蓄,擁以北去。復册宋臣張邦昌爲楚帝留汴。自是北宋遂亡。宋徽宗第九子康王構即位,張邦昌迎之入汴。旋以避金南遷,幸江都,留宗澤守汴;金兵不敢犯。然宗澤卒以勤憤死。金主聞之,乃遣粘沒喝等,分兵南下,破山東,陷楚州,破天長,去維揚咫尺地耳。以黃潛善、汪伯彥壅蔽之故,宋主猶未知也。內侍報金兵至,始倉皇被甲乘騎馳瓜州,得小舟而渡;從者惟護卒數人耳。間行至鎮江,百官皆出走,儲胥器仗,委棄一空。宋自是不復能自振矣。宋主旋至臨安,<sub>杭縣。</sub>都焉;是爲南宋。建炎三年七月，金兀朮大起河朔兵馬南侵，分兵兩道：一自滁、和入江東，一自蘄、黃入江西。宋主在金陵，聞之，急歸臨安，甫數日，又如越州，江西諸州盡陷。兀朮亦自和南度，至金陵，宋主如明州治海州爲避敵計。兀朮乘勝入臨安，遣其將富埒渾，以精騎度浙，破明州，追宋主。宋主乘樓船入海，金兵以舟師追之，不及而還。其在江西者，并入湖南，屠潭州而去。是時宋諸將驕蹇不和，民不習武，故金兵勢如破竹云。四年二月，天氣漸暖，兀朮領兵焚略臨安而去。將渡江，宋將韓世忠遏其歸路，乘兀朮師老，破之於黃天蕩。兀朮從金陵渡江而去。岳飛以三千人又邀擊於新城，大破之。兀朮復趨淮西，韓世忠追之，卒敗退。兀朮從容北歸。自是金人不欲渡江，然淮以北亦非宋有矣。金主冊劉豫爲齊帝，使主中原。不久粘沒喝、兀朮，又會劉豫南侵，宋主親出至蘇州，欲渡江與金決戰，會韓世忠在維揚設伏敗金兵乃止。嗣岳飛遣間遺書劉豫，約同誅兀朮而故洩之。兀朮遂廢豫，置行省於汴。時宋上皇卒於五國城，宋主遣使如金，求返梓宮，并請和。紹興九年行成，金以河南、陝西地歸宋。既而金又敗盟，兀朮趨河南，撒離喝趨陝西，分兵略諸郡，兩京守臣皆以城降。岳飛遣王貴、牛皋等取西京，梁興等取河北、河東，自引兵圖中原。金兵已入汴，宋將劉錡進守順昌，金兵來攻，錡苦戰累日，積尸如山；兀朮復來攻，錡大敗之，金兵喪膽。岳飛亦破金兵於郾城，追軍朱仙鎮；兀朮還汴。會宋廷臣秦檜主和，恐飛等爲梗，召還殺之；韓世忠亦罷，而和議乃成。據《續資治通鑑·宋紀》及《金史》撮要。

（八）宋高宗紹興十一年十二月，金宋和議成；宋使何鑄奉表如金，兀朮亦遣使來議界務，京西割唐、鄧二州，陝西割商、秦之半，棄和尚、方山二原，東以淮水爲界，西以大散關爲界。同上。

（九）案：金官制、輿地、歷法、選舉等，悉仿唐宋制度，見《金史》。而歷代帝王卿相，亦頗通華文，習華風，女真人亦多染華人習俗者。時華人文弱殊甚，金人習之，故昔日勇悍之風替，不數十年而蒙古暴起，遂不守矣。

（十）案：宋理宗端平元年，蒙古將塔察爾會宋將孟珙，圍金主完顏守緒於蔡州；金主自殺，金亡。金自太祖阿骨打至是，凡九主，一百二十年。

（十一）案：滿洲起源，據《清實錄》所載，其始祖姓愛新覺羅，名布庫里雍順，爲天女佛固倫之子，定三姓之亂，居長白山東俄漠惠—自鄂謨輝。之野俄朵里城。一作鄂多里。數世，國亂，族被殘。有范察者得免，隱其身以終。又數傳至肇祖都督孟特穆，乃計誘先世讐人誅之，而定居於赫圖阿拉。詳見王氏《東華錄》卷一，文繁不備引。其肇祖以後之世次則如下：

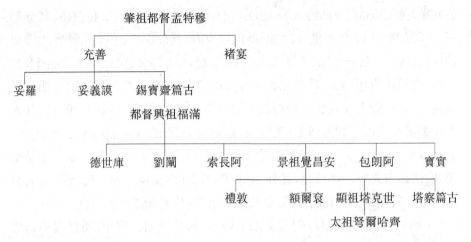

據近人所考證，則明代女真共分三種：曰建州，曰海西，曰野人，皆設衞以處之，而統以奴兒干都司。建州者，渤海之舊疆，《唐書》所謂率賓府，領華、益、建三州，而《元一統志》所謂故建州也；蓋自渤海設立建州以來，其地即恒以是爲名，故遼金時治所雖移，《元志》仍稱之曰故建州。地在今興京附近。海西者，元行政區域之名，即後來扈倫四部之地。野人衞，地在吉、黑二省之極東。……盛明時聲威遠及庫頁，而滿洲諸祖實爲建州都督，服屬於明。據《明實錄》及《朝鮮記錄》所載考之，則清太祖以前之世系如下。

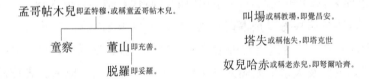

其語鑿鑿有據。惟所謂興祖福滿，則無相當之人可以適合，故上圖叫場之前脫之。仙女之說，本極荒唐；日本史家或謂雍順本無其人，而考據者，則謂雍順或爲元初在幹朶里受萬戶職者；所謂俄朶里，今無其地，或即幹朶里之異譯。其地當在今三姓附近，故《清實錄》謂定三姓之亂也。乾隆時，撰《吉林通志》，指敦化縣爲俄朶里所在地云。長白山東南，俄漠惠、俄朶里、三姓之人，共奉布庫里雍順爲主，定號滿洲；南朝誤名建州。南朝指明朝，滿洲誤爲建州，則欲蓋彌張，可反證也。清帝恥祖宗爲明屬，故隱諱之，而唱爲仙女之說。蓋亦中國史家之慣技，所爲姜嫄履跡，老媼哭蛇者也。明代關於女真之事，清修《明史》，刪削殆盡。本節所述，據日本稻葉君山《清朝全史》，及近人所著史料言之。

　　（十二）案：據《清實錄》所載清初女真部落大別爲四；曰滿洲，其分部五：

(1)蘇克蘇滸河,(2)渾河,(3)完顏,(4)棟鄂,(5)哲陳;曰長白山,其分部三:(1)訥殷,(2)珠舍里,(3)鴨綠江;曰東海,其分部二:(1)瓦爾喀,(2)庫爾哈:曰扈倫,其分部四:(1)葉赫,(2)哈達,(3)輝發,(4)烏拉。滿洲及長白山,均明建州地;東海爲野人衛地;扈倫則海西衛地。然其部族實非明初之海西女眞,乃野人女眞於正統時侵入者。故有之海西女眞,遂爲所逐。其人本在黑龍江支流忽剌溫河上;忽剌溫,即扈倫異譯也。此説亦據稻葉氏《清朝全史》,稻葉氏則本之《明實錄》也。凡此諸部,除東海相距最遠,至太宗時乃全服。葉赫哈達,明恃爲南北關。降哈達,遂伐明,與明啓釁;而後滅葉赫。餘皆早爲太祖所征服。蓋先統一女眞諸部落,然後與明啓釁,故其强遂不可制也。

（十三）案:清太祖以明萬曆四十四年,起兵伐明。明年,明以楊鎬爲經略,四路出師,敗績。熹宗天啓元年,清取遼、瀋,太祖移居遼陽。越五年,又移都瀋陽,自遼、瀋之陷,明熊廷弼、王在晉、孫承宗相繼爲經略,皆僅經營遼西。而承宗在職時,使袁崇煥經營寧遠,屹爲重鎮。迨高第代承宗,盡撤遼西守備入關;崇煥誓以死守寧遠不去。清太祖攻之不克,鬱鬱而殂。太宗既倂內蒙古,入居庸關,掠北京,縱間殺袁崇煥,大略而去。袁崇煥既死,清兵乃以崇禎十三年,破洪承疇之師,取寧遠、錦州。於是遼西藩籬盡撤,明僅恃山海關爲重鎮而已。要之自清太祖起兵以後,至世祖入關以前明清之兵爭,可分爲(1)爭遼東,(2)爭遼西,(3)爭山海關之時代。迨李自成入關,吳三桂舉山海關降清,然後清兵得以長驅直入也。可與《自習書本課演義》參看。

（十四）清太祖弩爾哈齊倂諸部後,建立國號,實稱爲金;自以爲完顏金之後,繼其業也。及太宗皇太極天聰十年,乃改爲清。太宗以對付各族關係,謂稱金不便,因諱爲滿洲。文書等書大金者,悉改滿洲,女眞二字,亦並撤之。滿洲者,太祖未立國號以前之尊稱。太祖尊稱滿珠,或滿住,滿洲其同音也。此尊稱,女眞、蒙古、西藏及朝鮮皆知之。而各族以信奉喇嘛之故,又最崇拜五臺山文殊師利菩薩,故太祖以滿住爲號。滿住與文殊同音,言己爲文殊化身也。有此種種關係,故太宗取滿洲以名舊部焉。今奉天瀋陽撫近門,爲天聰間所修造,其匾額猶有大金字樣。遼陽之喇嘛廟,大石橋之娘娘廟碑,亦有大金字樣,則其證據也。以上據日本稻葉君山《清朝全史》撮敍。

（十五）明末,陝西大饑,饑民聚而爲盜,國庫空虛,餉饋缺乏,饑軍和之於秦晉間,遂有所謂流寇。饑民王大梁自稱大梁王;馬賊高迎祥自稱闖王;米脂人李自成,迎祥甥,也往從之。延安人張獻忠,陰謀多智,自號八大王;以米脂縣之十八寨應闖王。於是流寇衆至二十餘萬。明遣洪承疇等討之,流寇四竄爲亂。崇禎八年，大會於滎陽，與會者有老回回、曹操、革裏眼、左金王、改世王、射塔天、橫天王、混十萬、過天星、九條龍、順天王，及迎祥、獻忠，共稱十三家七十二營。從自成計，分四川、湖北、河南、陝西東部爲五方，摽掠財帛均分。翌年，高迎祥被官軍捕殺；衆乃推自成爲闖王。十三年，舉人李信、牛金星輔之，勢乃益大，號奉天倡義大元帥。崇禎十六年，據漢水上流之襄陽，改爲襄京；修宮室而居之。時十三家諸頭目，死降殆盡；惟自成與張獻忠兩家稱雄耳。自成自稱新順王，以牛金星、顧君恩計入陝西，據西安，改國號曰大順。張獻忠亦據武昌，稱西王。嗣獻忠爲明將左良玉所敗，竄湖南，陷長沙，出没廣東西北各省，轉入四川，殺掠殊甚。崇禎十七年，自成掠大同、真定，撫北京之背，至北京城下。三月十八日，攻城益急，日暮，太監曹化淳開彰儀門納之。明帝倉皇聚家人自決，皇后自縊死；召公主至，公主年十五，帝歎曰："爾何爲生我家！"左手以袖掩面，右手操刀斷主左臂，未死；手慄而止。命袁貴妃自縊。擬出走，無路可出。十九日，天明，乃登煤山壽星亭而自縊；太監王承恩亦自縊死，全城皆陷。自成命以柳棺殮帝。乃自即位稱帝。吳三桂方守山海關拒清，以妾陳圓圓在北京被擄，乃請清兵入關討之。自成拒清兵，戰於關內北山沿海岸，大敗，歸北京，銷金數萬餅，每餅數千金，焚宮殿及城樓，還西安。清兵定河南、山西，追李自成；自成力竭走襄陽，又走武昌，部下潰散，僅率二十餘人，逃匿山中，或謂自縊死，或謂陷泥淖中，爲村民鉏擊而死；清順治二年也。時獻忠在蜀，國號大西，恣意殺戮，清肅王討之；爲肅王射死。餘黨散亡，流賊之局乃終。以上據《明史》、《清實錄》，稻葉君山《清朝全史》撮要。

（十六）清太宗皇太極崩，世祖福臨即位，年幼，睿親王多爾袞輔政。順治元年，以吳三桂之請，睿王將兵入關，敗李自成。五月二日至北京。九月，清帝從瀋陽遷都來此。是年四月，崇禎殉國之報到南京。明制，南京故有宗人府以下六部衙門；聞報，遂議繼大位者。文臣錢謙益等，主潞王；以潞王賢。鳳陽總督馬士英等，利福王闇弱，主福王。密約武人，致書兵部尚書史可法。可法恐得罪武人，勉應之。士英等遂擁立福王於南京。士英自爲宰相，進逆閹魏忠賢餘黨，一時清流盡去，朝政益棼。可法乃開府揚州，內避政潮，外以備敵，總制王得功、劉良佐、劉清澤、高傑四總兵。清睿王移書勸可法降，可法駁卻之。順治二年，清兵既平陝西流寇，奄有黃河流域；乃集全力南下。會高傑等四鎮，自相攻殺。王得功亦受馬士英之命，移師防蕪湖，堵左良玉東下；<sub>左在武昌，以兵無餉，移兵東下，且欲清君側。王得功拒之。左良玉在軍病故，其軍四散。</sub>撤淮上之防。可法扼守淮河下流，清兵由歸德從上流入皖，破泗州、盱眙各縣，進圍揚州。攻七晝夜，城下尸積如山。清兵乘尸登城，可法戰死；其部下劉肇基等，與清兵巷戰，盡爲清兵所殺。清兵屠十日，遂南。五月九日，乘大霧渡江，陷京口，南京大震。十日，福王得報，跨馬西奔，依王得功。清兵追之，得功部將田雄，射得功，擁福王出降；江南悉定。明年，福王被殺。明臣黃道周、劉宗周等，擁立唐王聿鍵於福州；張國維、張煌言等，擁立魯王於紹興，稱監國。閩浙各不相下。時清廷下薙髮令，華人不悅，江南民兵四起，江陰、嘉定尤激；清以明降將洪承疇等將兵平之。江陰死者十七萬餘人，嘉定則三次被屠。既而又定皖南，乃進圖浙、閩，戰於衢州；明黃道周死之。唐王走建寧，清兵執之，送詣北京被殺。清兵更逐魯王，魯王逃入舟山島固守。至順治八年，清兵攻四明，義士王翊兵敗死之。八月，舟山陷，大學士張肯堂，禮部尚書吳鍾巒等，死者甚衆，魯王遁入海，閩、浙悉爲清有。鄭成功據臺灣，東南頗爲牽動。成功死，至康熙二十二年，臺灣既平，東南乃定。先是順治三年，清兵殺唐王，明桂王子永明王即位於肇慶。清兵破江西、廣東，逼肇慶，永明王奔梧州；旋瞿式耜奉之走桂林。清兵圍之，式耜固守三月，明遺臣四起應之，清兵乃退。順治八年，清兵平廣東、湖南，又進圍桂林，瞿式耜、張同敞死之，永明王奔雲南。吳三桂既平四川，乃與洪承疇等，進兵雲南。順治十六年，入雲南，永明王奔緬甸；各省悉平。十八年，緬甸執永明王送吳三桂軍，翌年殺之。據清《聖武記》、稻葉君山《清朝全史》撮敍。

（十七）案：歷代稱中國者，指關內十八省地方言之。清時論者，又以十八省爲本部，餘則爲外藩，設理藩部處理之。東三省、新疆視爲例外。如此屏滿洲、蒙古、西藏、回疆於中國之外，且自分畛域也。今既同在一國，此疆彼界，亟宜消泯，故教科書敍述，力避入主中國等字。合全國而曰大中國，蓋欲不外十八省以外之地耳。

# 六　顧炎武和黃宗羲

（一）亭林先生，初名絳，字寧人，江南崑山人。乙酉，改名炎武，自署蔣山傭。本生父同應，有同祖弟曰同吉，早世。聘王氏，未婚守志，以先生爲之後。母夫人最孝，嘗斷指療姑疾。崇禎九年，旌於朝，丁亥夏，避兵常熟，年六十矣。謂先生曰："我雖婦人，受國恩矣。遇變，我必死之。"於是先生方應邑令楊永言之辟，與嘉定吳其沆、同里歸莊共起兵，奉故郎撫王永柞，以從夏文忠允彝於吳中。魯王監國，授先生兵部司務，事既不克，永言行遁去，其沆死之，先生與莊幸得脫。母夫人聞兩京皆破，不食卒。遺令誠先生勿事二姓。次年，唐王起閩中，以職方郎召，先生欲赴之，念母未葬，不果。次年，幾豫吳兆勝之禍；更欲赴海上，道梗，不前。庚寅，有怨家欲陷之，乃變衣冠作商賈，游京口，又游禾中。次年，之舊都，謁孝陵。癸丑，再謁。其冬，又謁而圖焉。丁酉，四謁孝陵。……五謁孝陵，乃東行，墾田於章邱，於長白山下以自給。戊戌，徧游北畿，出山海關，歸至昌平，拜謁長陵以下。次年，再謁。又念江南山水，有未盡者，復歸。六謁孝陵。東游，至會稽。次年，復北謁思陵。由太原、大同入關中，至榆林。……甲辰，四謁思陵。畢，墾田於雁門之北，五臺之東。……丁未，之淮上，次年，自山東入京師。……五謁思陵；自是往還諸邊塞者凡十年。丁巳，六謁思陵；始卜居陝之華陰。始，先生徧觀四方，心耿耿未下，謂秦人慕經學，重處士，持清議，實他邦所少。而華陰縮轂關河之口，雖足不出戶，而能見天下之人，聞天下之事。有警，入山守險，不過十里之遙，若志在四方，則一出關門，亦有建瓴之便，乃定居焉。王徵君宏撰，築室延之，先生置田五十畝於華下，供晨夕；而東西開墾所入，別貯之以備有事。……尋以乙未春出關，觀伊、洛，歷嵩、少。曰：“五嶽游其四矣。”會年饑，渡河，至代北，復還華下。先生既負用世之略，不得一遂，所至輒小試之，墾田度地，累致千金，故隨寓即饒足。……卒年六十有九，……於書無所不窺，尤留心經世學，歷觀二十一史，明《十三朝實錄》、《天下圖經說部》，以至公私邸鈔之屬，有關民生利害者，隨録之。又參以躬所聞見，曰《天下郡國利病書》。別一編曰《肇域志》。……其《日知録》三十卷，尤終身精詣之書，凡經史粹言皆具焉。自言有王者起，將以見諸行事，而躋斯世於古治之隆，而未敢爲近人道也。《國朝先正事略》。

（二）梨洲先生，名宗羲，字太沖，浙之餘姚人。父忠端公尊素，死閹難。莊烈即位，先生袖長錐，入都訟冤。至則魏奄已誅，即具疏請誅其黨。會庭鞫許顯純，先生出所袖錐，錐顯純，流血被體；又拔崔應元須，歸祭忠端。烈皇歎曰：“忠義孤兒，可念也！”大兵下南都，先生糾里中子弟數百人起義，以應江上之師。間關轉戰數年，江上師潰。先生奉魯王命，乞師日本，不得請而歸。幾罹禍者數矣；會天幸不死。既而宇內大定，先生知無可爲，乃一意講學。先生之學，由博而精，經史百家，無所不窺。嘗謂明儒講學，襲語録之糟粕，而不知導源於六經。故其教學者，必先窺經，而求事實於諸史。蓋其學雖以姚江爲宗，而實會諸家之所長。凡橫渠之禮教，康節之象數，東萊之文獻，艮齋、止齋之經術，水心之文章，莫不旁推交通，自來儒林所未有也。所著書數百卷，而尤以《明儒學案》一書，爲吾國言學史者之祖。卒年八十有六，學者尊曰南雷先生。《國史讀本》。

（三）古者以天下爲主，君爲客。凡君之所畢世而經營者，皆爲天下也。今也以君爲主，天下爲客，凡天下之無地而得安寧者，爲君也。是以其未得之也，屠毒天下之肝腦，離散天下之子女，以博我一人之產業，曾不慘然。曰："我固爲子孫創業也。"其既得之也，敲剝天下之骨髓，離散天下之子女，以奉我一人之淫樂，視爲當然。曰："此我產業之花息也。"然則，爲天下之大害者，唯君而已！向使無君，人各得自私也，人各得自利也。嗚呼！豈設君之道，固如是乎！古者天下之人，愛戴其君，比之如父，擬之如天，誠不爲過也。今也天下之人，怨惡其君，視之如寇讎，名之爲獨夫，固其所也。而小儒規規焉，以君臣之義，無可逃於天地之間，至桀紂之暴，猶謂湯式不當誅之；而妄傳伯夷、叔齊無稽之事。乃兆人萬姓崩潰之血肉，曾不異夫腐鼠；豈天地之大，於兆人萬姓之中，獨私其一人一姓乎！是故，武王，聖人也；孟子之言，聖人之言也；後世之君，欲以如天如父之空名，禁人之窺伺者，皆不便於其言。至廢孟子而不立，非導源於小儒乎？雖然，後之爲君者，果能保此產業傳之無窮，亦無怪乎其私之也。既以產業視之；人之欲得產業，誰不如我。攝緘縢，固扃鐍，一人之智力，不能勝天下欲得之者之衆，遠者數世，近者及身，其血肉之崩潰，在其子孫矣。昔人願世世無生帝王家，而毅宗語公主，亦曰："汝何爲生我家？"痛哉斯言！回思創業時，其欲得天下之心，有不廢然摧沮者乎？是故，明於爲君之職分，則唐虞之世，人人能讓；許由、務光，非絕塵也。不明爲君之職分，則市井之間，人人可欲；許由、務光，所以曠後世而不聞也。然君之職分難明，以俄頃之淫樂，不易無窮之悲，雖愚者亦明之矣。見《明夷待訪錄》黃黎洲所著。

（四）本朝學者，以實事求是爲學鵠，頗饒有科學的精神，而更輔以分業的組織。惜乎其用不廣，而僅寄諸瑣瑣之考據；所謂科學精神何也？善懷疑，善尋問，不肯妄徇古人之成說，與一己之臆見，而必力求眞是眞非之所存，一也。既治一科，則原始要終，縱說橫說，務盡其條理，而備其左證，二也。其學之發達，如一有機體，善能增高繼長；前人之發明者，啓其端緒，雖或有未盡，而能使後人因所啓者而竟其業，三也。善用比較法，臚舉多數之異說，而下正確之折衷，四也。所謂分業的組織，何也？輓近實學益昌，而學者亦益以專門爲貴。分科之中，又分科焉。碩儒大師，往往終身專執一科，以名其家。蓋昔之學者，其所研究博而淺；今之學者，其所研究狹而深。漢學家之治經，亦有類於是。夫考據學之支離破碎，汩沒性靈，此吾儕所排斥不遺餘力者也。雖然，平心論之，其研究之方法，實有不能不指爲學界進化之一徵兆者。按科學方法，例如唐玄宗讀《尚書·洪範》"無偏無頗，遵王之義。"以爲下文皆協韻，而此獨不，因勑改"頗"爲"陂"；亭林謂"義"，古音讀我，本協韻。引《禮記·表記》"仁者，右也，道者，左也；仁者人也，道者義也。"……等爲證明。又如《老子》"行於大道，唯施是畏"，舊注皆以"施"，作"施爲"解；王念孫謂"施"字當讀爲"迤"邪也。引《孟子》"施從良人之所之"……等爲證。他如錢大昕於古音學上發明古無輕脣音並無舌頭舌上之分；王念孫、王引之父子所著之《經傳釋辭》，釋明種種虛字；類皆證據昭然，發前人之所未發；皆與科學方法無誤者也。

## 七　五族的接近和同化

（一）自唐太宗以文成公主下嫁吐蕃贊普，好佛，立寺廟，西藏始通中國。元世祖封西蕃高僧八思巴爲帝師大寶法王，以領其地，後嗣世襲其號；而西藏始爲佛教宗主。……然皆紅教，非黃教。其黃教宗祖，則創於宗喀巴。以明永樂十五年，生於西寧衛，得道於西藏之甘丹寺；成化十四年圓寂。……紅教流弊，至以吞刀吐火炫俗，……盡失戒定慧宗旨。宗喀巴初習紅教，既深觀時數，當改立教，即會衆，自黃其衣冠，遺囑二弟子，世世以呼畢勒罕轉生，演大乘教。呼畢勒罕者，華言化身也。二弟子，一曰達賴剌麻，一曰班禪剌麻，剌麻者，華言無上也。皆死而不失其道，自知所往生，其弟子輒迎而立之。……達賴一世曰敦根珠巴者，……嗣宗喀巴法，傳衣鉢，始以法王兼藏王事。其二世曰根敦嘉穆錯者，自置第巴等，代理兵刑賦税；其弟子稱胡土克圖，分掌教法。……三世曰瑣南嘉穆錯。……名益著，青海河套諸蒙古，罔不嚮服。……紅教中大寶、大乘諸法王，亦皆俯首稱弟子，改從黃教。……東西數萬里，……視若天神，諸番王徒擁虛位，不復能施其號令。《聖武記》卷五。

案：剌麻教初祖，名巴特瑪撒巴斡，見《蒙古源流考》。其入藏之年代，不可確考，大約在五代末。《源流考》之年代，全不可據。清之平外蒙、西藏，頗利用喇嘛教；參看《自習書本課演義》。《自習書本課演義》撮稻葉君山《清朝全史》敍述者也。

（二）清之平定蒙回藏，實以喇嘛教爲其綱維。先是蒙古自坤帖木兒被弑後，大汗之統緒久絕。至明憲宗成化六年，成吉思汗十五世孫達延，嗣爲大汗，而勢乃復振。達延汗季子札賚爾，留居漠北，是爲喀爾喀四部之祖。中子巴爾色，轄漠南西半，而自與嫡孫卜赤，徙部近長城，是爲插漢部；今察哈爾也。巴爾色卒，子俺答嗣，明世宗時，爲患最甚。神宗以後，俺答信奉喇嘛教，而邊患始衰。及末年，察哈爾之林丹汗復強，侵陵諸部；諸部多歸滿洲。太宗乘機伐林丹汗。林丹汗欲拒戰，而下不爲用，走死青海，漠南蒙古，遂服於清。漠北亦致九白之貢，然其關係未深也。衛拉特者，即明時之瓦剌。清初，其衆分爲四部：曰和碩特，居烏魯木齊；曰準噶爾，居伊犁；曰杜爾伯特，居厄爾齊斯河；曰土爾扈特，居塔爾巴哈台。和碩特固始汗，始并青海喀木之地。時西藏達賴，但掌教事，別置第巴等官，以理賦稅；政權遂致旁落。第巴桑結招固始汗入藏，襲殺紅教護法藏巴汗，而奉班禪居札什倫布。於是和碩特部徙牧青海，遙制西藏，遂開衛拉特干涉西藏之端。是時準噶爾部亦逐土爾扈特，服杜伯爾特。固始汗卒，子達顏汗與桑結不協，桑結密召準噶爾噶爾丹襲殺之。於是準噶爾統一衛拉特四部，勢大張。自伊犁徙牧阿爾泰山，以窺外蒙古。康熙二十八年，出兵襲漠北；漠北三汗，土謝圖、車臣、札薩克圖。部衆數十萬，同時奔潰，皆走漠南降清。詔假以科爾心地，使之放牧。噶爾丹內犯，聖祖親征，破之。伊犁舊地，又爲兄子策妄阿布坦所據，窮蹙自殺，三汗乃還治漠北。雍正時，策妄子噶爾丹策零，復犯喀爾喀，札薩克圖部額駙策陵與戰，大敗之。乾隆二年，遂定以阿爾泰山爲準噶爾游牧之界。朝廷嘉策凌功，使獨立爲一部，是爲三音諾顏。喀爾喀始有四部焉。先是康熙二十一年，達賴五世卒，第巴桑結秘不發喪，嗾噶爾丹內犯。四十四年，固始汗曾孫拉藏汗殺之，奏廢其所立達賴，而別立達賴伊西堅錯。詔封拉藏爲翊法恭順汗。然青海諸蒙古，皆以爲僞，自奉裏塘之噶爾藏丹錯爲新達賴六世；詔暫居西寧之塔爾寺以調停之。五十五年，策妄阿布坦遣兵突入拉薩，襲殺拉藏汗，幽六世達賴，西安將軍額倫特援之，敗沒。詔以皇十四子允禵爲撫遠大將軍，駐西寧，與年羹堯治兵成都，將兩道並出。會藏人亦認青海所立達賴爲眞；五十七年，遂發兵兩道並進，準噶爾迎戰敗竄。詔以拉藏舊臣康濟鼐頗羅鼐分掌藏事；西南俶擾，至是粗定。及聖祖崩，固始汗嫡孫羅卜藏丹津，復煽誘青海諸部以叛；詔年羹堯、岳鍾琪討平之。羅卜藏丹津奔準噶爾，乃設大臣於西寧以治厄魯特。於是葱嶺以東，喜馬拉雅以北，梗化獨一準噶爾而已。乾隆十年，噶爾丹策零死，部衆內亂；策妄從孫達瓦齊，以輝特部長阿睦爾撒納之援，輝特爲土爾扈特屬部，居塔爾巴哈台。自立；已復相攻，阿睦爾撒納來降。二十年，詔永常、班第分兵兩路征之，以阿睦爾撒納等爲前導至伊犁，俘達瓦齊，并獲羅卜藏丹津。帝欲仍分其衆爲四部，各以降人爲之長。而阿睦爾撒納不欲，遂叛去。時永常兵已先退，班第敗死。二十三年，再令兆惠等分兵兩路討之；時準夷諸部內鬨，又痘疫盛行，阿睦爾撒納不能禦，走死俄羅斯。兆惠等留兵剿除餘黨，至二十四年乃平。於是設伊犂將軍,留滿兵駐防伊犂、烏魯木齊,及塔爾巴哈台諸地方,天山北路大定。其南路諸城,本多元太祖三子察合台之後;後摩訶末之裔,有和卓木者,來居喀什噶爾,甚得居民尊信。遂代察合台後裔,掌政教之權。準噶爾盛時,南路亦爲所羈縻;及亡,其酋布羅尼特,是爲大和卓木。霍集占是爲小和卓木。遂謀自立。兆惠既定北路,移師討之,以兵少,被圍葉爾羌;富德援之,亦被圍呼拉木;距葉爾羌二百餘里。援至乃解。後布羅尼特等賦斂重數,民心漸懈。二十六年,兆惠等卒克之。二和卓木走巴達克山,爲所殺,天山南路亦平。蓋當清室盛時,蒙、藏二族,皆以漸漬於喇嘛教而久弱;其真能與中國抗顏者,獨一準噶爾。至回部,則當準部盛時,爲所役屬,大小和卓木,皆留居伊犂;及準部亡,乃遁歸;故猝不能用其衆。而清之所以綏撫蒙、藏,使之內嚮,以孤準部之勢者,則又惟喇嘛教是賴。則信乎喇嘛教之盛行於蒙、藏,爲近世一大事也。據《聖武記》第三、四、五三卷撮敍。

　　(三) 案:漢、滿二族之關系,至清代而始密。前此遼東西雖爲中國郡縣,而吉、黑二省,則盛時亦僅羈縻。迨清人入關,三省乃同隸版圖;於是漢人之出關墾闢者日益衆。其往者,大抵山東登、萊二府,及直隸河間府人最多。自大沽登州泛海前往,沿奉、吉二省之官道,先從事於開闢,次乃及於內地。清初漢人出關開墾之禁,本甚嚴;然當康熙時,此禁已無形廢弛。至乾隆時,諭旨中遂亦明言之,言國家承平久,內地人口日繁,不得不藉此曠土,以圖調劑;至是而此禁遂不啻取消矣。漢族之移植於關外者既多,而滿族遂日趨於同化。至滿族之移居內地者,自金亡而後,幾乎絕跡;至清代乃復盛。且清代駐防及用兵,除內地外,又兼及於蒙、回、藏,益足促滿族與他族之同化。蒙、藏二族,在歷史上均屢與中國以干戈相見。自喇嘛教盛行後,乃一化其獷悍好殺之風,自明末迄今三百餘年,西北二邊,絕無干戈之患。平和之局既久,交通之事遂繁;故至清季,內蒙之地,漢人前往開墾者,業經不少;外蒙則山西及東三省商人,前往貿易者亦極多;而西藏與內地之貿易,亦日益發達。蓋五族之日相接近,而日趨於同化之途,至最近遂克同立於一共和政體之下,皆近三百年以來之新運也。推究其原因,則喇嘛教之盛行,及清代版圖之擴大,均不可謂無力焉。而漢族生計能力之發達,尤其根柢也。

# 八　西人東航和通商

　　(一) 自蒙古統一亞細亞,東西兩洋之交通日繁;黑海沿岸之哥里米、孔士但丁堡等，實爲重要貿易場。及元順帝時，土耳其帝國興，握黑海航權；於是赴東洋者，須別尋新航路。且當蒙古時，遠遊東方之旅客，頻言中國、印度之富庶；歐洲人聞之，注意東方者漸多。及創興羅盤針，歐人勇敢冒險之意氣，遂風靡一世，陸續航遊東洋，就中葡萄牙、西班牙、荷蘭、英吉利四國，以濱海故，長駕駛術，其東來實先於其他諸國云。明孝宗弘治三年，吉融二世爲葡國王，獎勵航海事業。十一年，國人滑士科、達軋摩，遂繞喜望峯，以達印度之馬拉巴爾；自是其國人遠航東洋者頗多。武宗正德五年，略印度西海岸之卧亞，以爲根據地，寖於錫崙及印度東海岸建商館，尋奪滿刺加、爪哇。自明成祖侵略南洋以來，中國人多商南洋者，故佔據滿刺加、爪哇之葡萄牙人，又東進開航路。正德九年，始入中國海。後三年，至廣東；尋於寧波、廈門建商館。世宗嘉靖四十三年，更佔澳門爲根據地。自明孝宗弘治至莊烈帝崇禎，凡百四十年間，葡萄牙人殆獨擅東洋貿易之全權焉。

　　方葡萄牙人取道喜望峯以航東洋也，西班牙亦同時航行西方，以冀達東洋。明世宗嘉靖元年，西班牙人馬瑞郎經非洲南端，始出太平洋，尋西班牙王非利布二世併葡萄牙，獎勵東洋貿易；嘉靖四十四年，佔菲律賓羣島，建馬尼刺爲根據地。神宗萬曆八年，西班牙遣使明廷，求許通商，爲先入之葡商所阻，不得要領；惟開商館於日本，與中國人貿易，亦頗盛行於馬尼刺云。荷蘭舊爲西班牙屬國，以宗教之紛爭，至明萬曆中，遂獨立，旋航行東洋，奪錫崙、滿刺加、蘇門答刺等西班牙所轄殖民地，驅逐葡萄牙商民，建巴達維阿於爪哇爲根據地。熹宗時，佔臺灣，於日本及中國，盛營貿易。英吉利人以萬曆時航印度，於印度、暹羅、爪哇等地開商館。崇禎時，赴中國，通商於廣東、廈門。然其貿易爲葡萄牙人所妨，不能大振；獨在印度之勢力，陵駕他國之上云。日本桑原氏《東洋史》。

　　按：滑士科或譯作華士戈，達軋摩或譯作達伽瑪，喜望峯即好望角，與第二册第九課參看。

　　（二）案：後印度半島及南洋羣島，皆馬來人種分布之地，自古與我交通極繁；其最著者，如扶南，在今瀾滄江下流，臨暹羅灣。真臘，柬埔寨。赤土地那悉林。等是也。此外諸國與我交通者尚繁。今據南北史、隋唐書，及宋元二史，撮要敍述於下。明時諸國，已見第二册第十課，不復舉焉。所述不盡南洋羣島，以諸史於前後印度及南洋羣島，向不分晰而非連類並舉，又無從考其所在故也。《南史》云：扶南南界三千餘里，有頓遜國，在海崎上，地方千里。城去海十里，有五王，並羈屬扶南。頓遜之外，大海洲中，有毗騫國，去扶南八千里。又傳扶南東界，即大漲海，海中有大洲，洲上有諸薄國。國東有馬五洲，復東行漲海，千餘里，至自然大洲。頓遜，當在今馬來半島南端；毗騫則似在今蘇門答剌境；諸薄國、馬五洲，當系今婆羅洲；自然大洲，或今巴布亞歟。里數系傳聞侈大之詞，不足爲據。凡此諸國，殆皆因扶南而傳聞者；史稱扶南王范蔓，嘗作大船，窮漲海，開國十餘，闢地千里，或即其地也。扶南爲後印度半島強盛最早之國，尚在三國已前。其南朝時來通朝貢者，則有訶羅陁、呵羅單、婆皇、婆達、闍婆達、槃槃、丹丹、干陁利、狼牙修、婆利諸國。呵羅單、都闍婆洲，與闍婆達當即一國。闍婆達東，水行四五日，至訶陵國，則當在今蘇門答臘之東南端。或曰闍婆，即爪哇，音譯小異也。槃槃，據《唐書》，在哥羅西北。哥羅在海峽北岸，則槃槃當在馬來半島南境。丹丹，《唐書》云：在南海北，距環王，限小海，與狼牙修接，亦當在馬來半島南端。狼牙修國，在南海中，其界東西三十日行，南北二十日行，證以隋使行程，當即今蘇門答臘。婆利國，在廣州東南海中洲上，《北史》自交阯浮海南，過赤土、丹丹乃至其國。《唐書》赤土西南入海，得婆羅。當即此也。國界東西五十日行，南北二十日行，《北史》東西四月行，南北四十五日行。似即今婆羅洲也。其見於《隋書》者，有流求，當建安郡東，水行五日而至；即今臺灣也。見於《唐書》者，有甘畢，在南海上。東距環王，有哥羅舍分，在南海南。東距墮和羅，有修羅分，在海北。東距真臘，又有僧高、武令、迦乍、鳩密四國。僧高，在水真臘西北。其餘三國，亦當在其附近。與鳩密同入貢者，又有富那。真臘之南有投和，自廣州西南海行，百日乃至。其西有墮和羅，亦曰獨和羅，南距槃槃，自廣州行五月乃至。有屬國二：曰曇陵，在海洲中；曰陀洹，一曰耨陀洹，在環王西南海中，與墮和羅接。有羅越，在海崎北岸。凡此皆在今越南、暹羅及馬來半島境。有瞻博，或曰瞻婆，北距兢伽河，則當在今阿薩密附近。其北爲東天竺，又東即驃國，今緬甸地。驃國之東，則陸真臘；其西南，則墮和羅也。其在海島上者，有墮婆登，在環王之南；東距訶陵，有室利佛逝，在海峽之南岸；皆在今蘇門答臘。婆利之東，有羅剎，與婆利同俗，則當在今婆羅洲。環王之南有殊奈，汎交阯海三月乃至。又有甘棠國，居大海南，則未能確指其爲今何島也。其在宋時，與我交通，以三佛齊爲最密，闍婆及渤泥次之。三佛齊，今蘇門答臘；渤泥，今婆羅洲也。元時，海外諸國，以俱藍、馬八兒爲綱維，馬八兒，今麻打拉薩之屬部馬拉巴爾；俱藍爲其後障，當在麻打拉薩附近。而元嘗一用兵於爪哇。此外以名見於《元史》者，尚有十餘國，核其名義，多系大食國人。蓋時大食航業方盛，所至皆有其部落，間或由海道入貢，既非自古相傳之部名，史亦不詳其道里及方向，無從考求其所在矣。要之自西力東漸以前，南洋諸島之形勢，固亘古無大變動也。

（三）利瑪竇，意大利人，於一五八〇年，即明萬曆九年，至澳門，布教於廣東之肇慶府。以其所學數學、地理等，授之華人。自附於華姓，改名利西泰，得粵督劉節齋爲教徒，遂建天主堂於韶州。與韶人某，結爲師弟，乃共譯由克德之幾何，名曰"《幾何原本》"。萬曆二十八年至北京，以耶穌聖像、寶嵌十字架、時表、西琴、《萬國圖志》等，具表進呈。明主賜以第宅，并給地建天主堂焉。不四五年，信徒二百餘，朝士徐光啓、李之藻、楊廷筠等，亦信奉之。一六一〇年，沒於北京。所著有《句股義》、《圜容較義》、《渾蓋通憲圖説》、《萬國輿圖》、《同文算指通篇》等，《幾何原本》則其首譯也。按稻葉君山《清朝全史》撮敍。

（四）湯若望，德人，一六二二年，即明天啓二年，入西安；天啓末年，至北京。時中國禁止傳教之令新解；乃與西人龍華民、鄧玉函，設曆局於首善書院，推步天文，兼製象限儀、紀限儀、平懸渾儀、交食儀、列宿經緯、天球、萬國經緯、地球儀、平面日晷、轉盤、星球、候時鐘、望遠鏡，并譯曆書。華人徐光啓等力贊之。崇禎十四年，曆書成。十五年進呈。十六年有日食，欽天監之推步，不及湯若望等所推步密合，於是上諭以新曆代《大統回回曆》。《大統回回曆》者，明洪武以來欽天監所遵奉者也。清入關，湯若望挾新曆説政府。順治二年，遂以西法製定之《時憲書》，頒行天下。十一月，賜湯若望掌欽天監印信，選任監員七十餘人；於是曆局欽天監，合而爲一。三年加太常寺少卿銜，八年敍通議大夫，十五年晉光録大夫；召對時，帝每稱瑪法不名。瑪法者，滿語"貴叟"也。康熙初朝，内外排斥耶教，并及曆法，殺遂監員三十餘人，湯若望等被拘，年七十五。康熙五年八月，客死北京。康熙八年，南懷仁復奉朝命主欽天監曆法，悉復湯若望舊。南懷仁與徐日昇等，共修曆政十三年，修造明末被李自成所壞之測天儀器於觀象臺。著《靈臺儀象志》十三卷；十七年又著《康熙永年曆法》三十三卷。

（五）南懷仁，比利時人，康熙八年，主欽天監。吳三桂亂，鑄大小礮百二十門，分布各省。二十年，製歐式神威礮三百二十門，授工部侍郎銜。二十一年帝幸盛京，謁祖陵；南懷仁奉命攜測量器扈從。二十二年北巡塞外；三十五年征噶爾丹；三十八年南巡至江南；南懷仁均隨行。在途中每與帝講西學，帝深信之。自四十七年以後，迭遣西教士往蒙古，及各行省測繪地圖。就其次序言之，四十七年費隱、雷孝思、杜德美三人，測蒙古地圖。四十年，又測直隸。四十九年又測黑龍江一帶。五十年雷孝思及加爾特測山東；杜德美、費隱、潘如、湯尚賢四人測山西、陜西、甘肅。五十一年馮秉正、德馬諾、雷孝思測河南、江西、浙江、福建。五十二年湯尚賢、費隱測江西、廣東、廣西；費隱、潘如測四川。五十四年雷孝思、費隱測雲南、貴州、湖南、湖北。五十五年始告成功，彙爲總圖。帝偉之，命爲《皇輿全覽圖》。帝曰此朕費時三十餘年之心力所成者也。

## 九　基督教的傳入

（一）基督教之教祖耶穌，當希律王時，我國西漢哀帝建平三年。生於猶太之伯利恒。基督者，猶太之邁西亞語，爲希臘所譯出，蓋即施恩澤之義也；亦呼爲救世主。父名約瑟，母名馬利亞，俱爲猶太教徒。據基督教徒所傳，耶穌之母馬利亞，未歸其夫約瑟時，即感聖靈而孕。孕時，約瑟亦感其夢。生後值希律虐殺小兒，逃往埃及。未幾王死，乃歸故鄉，居拿撒勒。顧耶穌雖生於猶太教徒之家庭，然恒不滿於猶太教。年三十，聞有約翰者，在猶太之野，倡爲道德界革命之説，因往從之，受洗禮於約但河。於是沈思冥想，達四十日，慨然有創立新教之意。既聞約翰被囚，乃奮起赴加利利，説天國福音，且操術爲人療病以博信。復遍歷猶太，欲弘布其教。猶太教徒以爲異端，或唾其面，或以葦擊其首，備受侮辱；終以羅馬代官之命，釘死於十字架上。據基督教徒所傳，是日正午，迄午後三時，天地慘暗，耶穌高呼“吾神曷救我”而絶。既葬，天震墓開，其神復活，與徒衆入愛爾遜，顯示於衆人之前，宣布教義，俾猶太之一神教，演爲世界之一神教。謂創造世界者，爲谷督，[①]博愛人類，如慈母之愛赤子；而人類當體神意，互相爲愛，尚家庭之和樂，重精神之平和。信基督爲慈愛之父，人類皆神之子，互爲兄弟姊妹。並謂自己亦神之子，奉神命自天而降以救世，故其徒謂之耶穌基督云。當基督教初演於猶太時，耶穌以救世濟民自任，至統轄歐洲之信仰界，建立一大宗教，不過僅三年耳。其間南北奔馳，席不暇暖，極力活動。而最初相從之弟子，爲安得烈、約翰、彼得、雅各、腓力五人；其後從者益衆，耶穌乃擢十二人，錫以使徒之號，宣布福音此十二人者，皆繼續鞏固耶穌之業，其功勳次於耶穌者也。耶穌没後，其教徒苦於猶太教法及政府之壓迫，而被慘殺者甚多。然布教者，不因是而氣沮，信念益篤，布教愈力，慘澹經營，亙三百年，終得空司吞慶帝之公許，尋爲羅馬之國教。於是江河日決，教勢以增。至固力谷尼大僧正時，權傾羅馬東帝，遂主張教權

---

①　谷督，疑爲基督。

獨立,自稱教皇,統轄西方諸教會;然猶未免政治之束縛也。及期奔三世興於西羅馬帝國,始完全脫離東帝之政治。由是教皇握政教全權,威勢奕赫,席捲歐洲矣。

(二) 按:"有害你們生命流你們血的,無論是獸是人,我必討他的罪。人與人是弟兄,人若害人的生命,我必討他的罪。……"此《舊約·創世記》之言,要其富於信愛之感情者也。其他類此之言甚多。"我是從天降下的活麵包,吃這麵包的人永生;爲了人的生命,我所貢獻的麵包就是我的肉",此《約翰傳》之言;"請你們滿飲此杯,因爲這是我的血,爲誓約爲衆人赦罪流的血",此《馬太傳》耶穌將被難前,向門徒舉杯之言;要其有犧牲精神者也。"賣你所有的東西,送給窮人,如此你將得著天國的財寶",此《馬太傳》之言,要其富有救世精神者也。基督教之教旨,可以見矣。

(三) 羅馬教王威權日張,歐洲諸國,悉隸其教權之下。各國帝王,至於視其顰笑爲喜憂。積弊既深,於是反抗之聲漸高。學者、法律家,或倡改良儀式,或主政教分離,無許僧侶干與政治。德意志人路德者,農家子也,一四八三年,生於薩克森之埃斯勒。習法學哲學,又入修道院研究神教;尋爲威丁堡大學神學教授,頗以神教革命自任。一五一七年,教皇曷烈十世,建立聖彼得寺,售贖罪狀;謂捐金者,可以免罪。路得反對之,乃揭教義於寺門,證僧侶之腐敗,及贖罪販賣之背戾,凡九十五條。於是切望教會改革者,風起從之。教皇怒削其教籍;路德亦舉教皇令狀焚之。旋爲神聖羅馬帝查理第五所壓迫,亦不屈。和之者日衆,薩克森公亦庇護之。乃退隱於華德堡,譯聖書爲德文,闡發新義。後復出任改革之事。由是新教勃興,革教權獨斷,崇思想自由,其分派之多,冠於諸教之上矣。路德沒於一五四六年,時我國明世宗嘉靖二十五年也。

(四) 先是十三世紀之末,意大利人若望高未諾,受羅馬教皇尼古拉司第四之命,經印度來華。得元世祖之許可,建教堂四所於北京,信教者數達三萬,惟皆限於蒙古人。明興,信教者幾絶。及一五八〇年,而利瑪竇始奉舊教來華,首以科學輸入,博華人之信仰。嗣朝明帝,得建天主堂於北京。不四五年,信徒二百餘,並著《天主實義》等書。據稻葉君山《清朝全史》等書撮敍。

(五) 清初,教士以傳教之故,率變其服裝習慣,學習中國言語文字。以流暢之華文,宣布教旨;以淺易之華語,講授福音。力避中西思想之衝突,許華教徒崇拜孔子,祭祀先祖。謂拜孔子所以尊仰其人格,祭先祖出於報本反始之禮,皆非以祈福佑之多神儀式也。故華人信奉不疑。十七世紀之末,教堂大增,廣東有七所,江南有百餘所,各省信徒約在二十萬人以上。康熙三十五年,在北京受洗禮者,凡六百三十人。據稻葉君山《清朝全史》等書撮敘。

（六）先是在印度舊教徒,依羅馬教皇教書之指定,受葡萄牙王之保護。中國教徒爲印度之一部,亦受葡王保護。法國欲破壞之,遣巴流教正爲中國傳教之總督。於中國教徒崇拜孔子祭祀先祖之習慣,頗持異議。於是結合新來中國之傳教師,向羅馬教皇誣舊在中國之宣教師爲賣教求榮。其後愈爭愈烈,至教皇克列門第十,遂派教長次魯囊,持教書東來,欲以廢絕華教徒拜孔祭祖之風。既至京,謁康熙帝。帝以教皇對於中國人,無制定法律之權;及華人祭祖之必要,詳爲解述。次魯囊所持教書,不敢發表。清政府且以中國人所崇拜者,與基督教並無違背之旨,諭告教徒;次魯囊則尋摘教書之旨相抵。帝怒,命捕送於澳門,使葡人監視之。葡人以次魯囊之來,未受葡王之許可也,亦樂助之。次魯囊遂瘐死獄中。一七一八年,教皇克列門第十一,復發表教書,謂教徒不從前次之教書,將處以破門之罪。並特命傳教總督墨沙巴拉者來京;知清廷難犯,無功而去。一七四二年乾隆七年,教皇伯納其克特第十四,發表教書,强華教徒廢棄祭祖之禮。於是紛擾愈甚。據稻葉君山《清朝全史》等書撮敘。

（七）中國人拜祀先祖,實爲東方家族主義宗法社會之根本。羅馬教皇既有禁止教徒祭祖之令,氏族嗣續問題以起。於是子孫分配先祖之遺産,士大夫有以教徒蔑棄祖宗而限奪之者;宣教師起而保護之。因此非難四起,養成仇教之風。據稻葉君山《清朝全史》等書撮敘。

（八）一八一四年,巴黎布教協會之鐵士力,被殺於四川;一八二〇年,拉札釐士特派之古力,被殺於湖北;一八四〇年,波爾波依又被殺於湖北;又凡受洗禮之中國人被殺者無算。清政府自雍正以後,屢有禁令。一七二三年,下令凡在北京之宣教師,除從事欽天監及其他職務者外,餘皆不得在内地居住。又改天主教堂爲公所,禁止人民信教。教士不得政府保護,故遭仇殺者甚衆。據稻葉君山《清朝全史》等書撮敘。

（九）一八五六年法國宣教師削普特倫,被捕於廣西,不堪苦刑而死。拿破侖第三,命公使特克綏,向清廷交涉,不得要領。會廣東官吏,以登揭英旗之中國船捕海盜,倒英國旗,英人大激昂;而人民又有焚燬歐人館舍,攻殺法國武弁之舉。於是英法聯軍,蹂躪中國,燬大沽口礮臺,掠北京,燒圓明園,而訂條約於天津。許法人以傳教特權。時一八五八年,即咸豐八年也。其關於布教者如下:

一切基督教會員，凡關於其身體，其財産，其宗教上慣例之自由執行，均受完全之保護。又發一種之旅行券，即照會。對於内地旅行之宣教師，與以有力之保證。清國國内人民或改宗基督教，或襲用基督教之典例，既公認有自由信仰之權利，則清國官吏對於此項權利，不得有絲毫之障礙。而向來清國政府所發之命令，凡反對基督教，或記述，或宣言，或印刷品，自今而後，清國國内無論何地，全然廢止。據稻葉君山《清朝全史》等書撮敍。

（十）天津條約後，凡在中國之基督教，悉受法國保護。德意志威廉第一、宰相俾斯麥，欲利用宣教師，使在中國運動，以爲殖民之先驅。一八八七年，命向在山東南部之牧師長安察耳，受德國之保護。於是法國在山東之宣教權，遂爲所奪。光緒二十三年，即一八九七年，山東省殺害宣教師二名，俾斯麥遂派軍艦來華，強迫租借爲軍港，訂九十九年交還之約。是地在山東膠縣南勞山之角，與西南靈山角犬牙相錯，玦抱而成者也。中有陰島、齊伯島，二島之間，水深廣，水底又有硬泥質，爲東方廣大之良港。港口有青島，膠濟鐵路發軔於此。民國三年，歐戰事起，爲日本轉據。據稻葉君山《清朝全史》等書撮敍。

（十一）按：德人據膠州灣，法人借廣州灣，二國在中國，已有海軍根據地。英人以香港爲不足，且欲抵制德人在山東之發展，乃乘甲午戰後，援德、法例，索借中國山東文登縣之威海衛，訂期二十五年。其地三面負山，前臨黃海，劉公島橫其前，分東西二口：西口水深，東口多礁，氣象雄偉。旅順口、大連灣，皆爲遼東良港。旅順在遼東半島之南，港口二山交抱，門户天成；港内水大而深，能泊多數軍艦。大連灣灣内廣二十里，可泊巨艦。小島擁護港口，形勢天然。甲午戰後，光緒二十四年，並租於俄，期以二十五年。其後日俄交戰，俄敗，又爲日本續租，南滿鐵路直達於此。此等租借，與仇殺教士不無關係也。

（十二）一八九八年，廣東教會之宣教師西雅奈，在北堂，教堂名。與教徒多人，爲暴徒所襲殺。法公使在北京交涉，廣東總督與法人又齟齬；於是法人占廣州灣。明年，光緒二十四年。遂訂約，租期亦九十九年；今直轄於安南總督。廣州灣在雷州半島之東，灣口有湛川島，分水口爲二，形勢天然。然港口狹隘，難容巨艦出入。據稻葉君山《清朝全史》等書撮敍。

（十三）新教傳入中國，約在清乾隆之後。

（十四）青年會係英國倫敦基督教徒於十七世紀之初所創；會中宗旨，爲開發青年之智德體三育，增進社會之福祉，以基督之福音爲基礎。會中有圖書館、閱報室、體操場、夜學校、講演會、祈禱會、聖書研究會等。女子青年會，係一八五五年美國教徒所創，今皆徧於五洲。

# 十　諒　山　之　戰

（一）案：越南，在秦時爲象郡地。漢時爲交阯、九眞、日南諸郡。唐時爲交州地；中葉後置靜海軍。五代時，受署南漢。宋太祖開寶元年，交州亂，有丁部領者，起而定之。太宗時，爲黎氏所篡。眞宗時，又見篡於李氏。李氏八傳無子，傳其婿陳日炬。明建文元年，陳氏爲其相黎季犛所篡。永樂四年，明成祖遣兵討定之，以其地設交阯布政司；於是安南復隸中國版圖。成祖末年，黎利作亂，宣宗宣德元年，遂棄之。安南乃復自立爲國，然仍服屬於我。

（二）法越之釁，實遠源於越南新舊阮之爭。先是安南黎氏，以明世宗時，爲其臣莫氏所篡。後賴其臣鄭氏、阮氏之力復國；故鄭、阮二氏，世執政權。已而阮氏南據順化，又以西貢之地，分封其同族。乾隆時，西貢形勢日強，其酋阮文惠，與兄文岳，弟文盧，皆有智勇；遂滅順化，入東京，覆鄭氏，安南王黎維祁遁去。其臣阮輝宿，扈其孥及王族來奔，時五十三年也。詔兩廣都督孫士毅爲之出師，敗其兵於富良江，入東京，復立黎維祁。明年正月朔，士毅爲文惠所襲敗，師還者不及半。文惠等亦請降，詔許之，是爲安南服屬於淸之始。舊阮之亡也，其遺族福映，藉教士之力，求援於法，得復國。法人在越南之勢力遂日增。越南既復國，仍受中國册封，且屢以事與法人齟齬；而滇回亂時，淸軍嘗使法商久辟酉，自元江泛海運餉械。法人因知越南水道，可通雲南。謀越之心益亟。同治元年，既割越西貢；十三年，復定條約二十二款，其第二款云："法國嗣後以越南國係操自主之權，並不遵服何國。越南若有內患外寇，國王有請援之舉，法國立即隨機相助。"第三款云："越南已約法國爲之保護，如此後越南與各國交通，則須合法國之意，事乃可行。今後越南與各外國立盟互市，則須預行照會法國。"第十一款云："越南國因欲便於各國通商互市，故特開平定省施耐汎、海陽省寧海汎，並該汎上泝哈尼河一帶，以達大淸國雲南邊境。凡一應外國商船，可以隨意往來。"蓋不特認越南爲自主國，并變爲受法保護矣。此約成後，越人舉國上下，莫不憤慨。至光緒九年，乃利用劉永福，欲驅法人於境外。劉永福者，洪氏餘黨，同治初，洪氏敗，永福退至越南邊境；越南不能禦，使招撫之。永福乃率黨數千，約爲開墾天府鎮一帶山中之地，限三年後起租。永福有膽識，能網羅人才，訓練壯士，其地遂成巨鎮。

其軍亦皆勇悍,所謂黑旗兵是也。時法國内閣議長苦於内訌,乃欲藉外征以洩之,乘機責越南不守條約之非,發軍往征;以利威爾爲司令官,至越南,入河内,陷之。永福悉鋭攻法軍,復河内。當時黑旗兵精悍善戰,中外交稱,越南王遂决意親中拒法。已而利威爾死,孤拔繼之,襲山西,黑旗軍退守北寧。越南王遣使告急,清政府使曾紀澤與法國交涉,勸阻其進兵,法不聽。乃派兵援越南,尋法國援軍大至,其將布里爾率阿爾塞兵分三路進發,陷北寧城,尋據山西,佔興化鎮,以北寧、太原爲本營,直至諒山鎮,全破之。東京之地,殆悉歸法人掌握。越南乃於光緒十年與法結條約,自認爲法蘭西保護國。清政府命曾紀澤與法相佛雷開議於巴黎,不認其約。至十年五月,李鴻章與法國司令官福禄爾締和約於天津,約我兵退出諒山,不問越南事,法亦不索兵費。約既定,我前敵將士,未知之也。法軍遽求我軍退出守地,我軍不允,遂相衝突,法軍頗有死傷。法人索償二千萬鎊,中國不允,而戰釁遂開。

(三)戰釁既啓,法水師攻臺灣,陷基隆,劉銘傳時督臺防,率兵猛攻其背。法軍不能守,仍棄基隆遁。法帥孤拔,以軍艦突入馬江。我軍艦九艘,以和戰未定,不敢先發,遂爲所襲,沈者七艘。礮臺及船政局皆被毁,統帥張佩綸遁去。而法艦亦退泊澎湖小島,或謂孤拔實已中礮死云。時法軍之在廣西邊外者,亦連戰連勝,突入鎮南關,守將楊玉科戰殁。玉科,宿將也,既死,廣西大震。法人又築礮臺於關外十餘里之文淵州,爲駐守計。總兵王孝祺率數營駐關外,未敢發。光緒十一年,正月朔,馮子材率兵至鎮南關,合孝祺兵前進。至二十七日,遂擊破法軍。法軍復圖攻鎮南關,子材、孝祺力遏之,相持至二月十二日,我軍分三路進攻,法軍大敗,棄諒山走。我師進規北寧,越南人民響應。蓋自與歐人戰以來,勝利者惟此一役而已。時法國議院,譁然責其政府,政府甚窘,乃令其駐我國公使巴特納,與我國議和。我國未知諒山之捷也,遂許之。是年四月,定中法新約十款。其第二款云:"凡有法國與越南自立之條約章程,或已定者,或續立者,現時並日後,均聽辦理。"而越南遂夷爲法人之保護國焉。

## 十一　日本朝鮮和中國的關係

(一)相傳當中國周惠王時,有神武天皇者,爲日本開國之祖。當是時,日本東北方,爲土蜘蛛族、蝦夷族,西南則熊襲人,與倭人雜居。倭族建國大倭,即所謂大和民族也。神武居於九州道之日向,以次服屬鄰部,移師東略,遂取山陽之地。進兵攻大倭，間道而進，襲而降之。因徙都大倭之橿原，是爲日本建國之始。據《日本史》撮敍。

（二）案朝鮮建國，實始箕子，新羅僧無極所作《東事古記》，謂當唐堯時，有檀君者，始立國於平壤。其後北徙而爲濊，濊之後爲天餘，天餘之後爲高句麗，高句麗之後爲百濟。是濊族建國，實在箕子之前也。朝鮮古籍，經衞滿之亂，悉亡失；彼國記載古事者，僅此一書。然非雅言，學者多不信之。

（三）案朝鮮自箕氏開國以來，即已彬彬進於文明，惜其古史盡佚，無徵焉。衞氏之亡，地入中國爲郡縣。其後濊人南侵而建高句麗，高句麗之支庶，又南走而興百濟。古朝鮮之南爲三韓，三韓者，馬韓、弁韓、辰韓也。秦時，中國人避苦役出塞，與辰韓雜居，是爲秦韓。其後亦通稱爲辰韓，而別故辰韓，曰辰韓本種焉。箕氏之滅於衞滿，嘗入馬韓爲之王。後亡於百濟。又有少昊氏之後，自今山東浮海適三韓，其後建國曰駕洛。《魏書》謂新羅附庸於迦羅即此。而秦韓之朴氏，亦始立國，是爲新羅。故朝鮮半島之北部，其開化實始於箕氏；其後爲漢之郡縣，高句麗、百濟之文明，實出於此。其南部之開化，則始於箕氏、金氏，及避役出塞之秦人。厥後新羅滅駕洛，統一三韓，實承襲之。故其文化，無一不與中國相類。南北朝、唐時，與中國交通極密，一切學術制度，亦無不取法於我，舉之實不勝枚舉。約而言之，則（1）與我同文，（2）崇尚儒術，（3）佛學傳之中國，（4）一切制度，取法於南北朝時之中國。至唐時，又參考唐制，加以改正是也。案以上二節，據朝鮮金于霖所著《韓國小史》、日本林泰輔《朝鮮通史》撮敍。又案：日本文化，自百濟輸入，故其對於中國之關係，略與朝鮮同。但未嘗有中國人爲之君，其地亦未嘗爲中國之郡縣耳。

（四）朝鮮與西人交通，亦始明末，當彼國仁祖時，有陳奏使鄭斗源者，至北京，利瑪竇之友陸若漢，贈以天文、地志、礮學等書。後觀象監提調金堉如北京，又購湯若望所著歷書以歸。清初，遂行其法；當時對於西學，實未嘗深閉固拒也。迨天主教傳入，輿論始反對之，政府亦戮其人，禁其書，然卒不能絕。後我國有熱河之狩，並失吉、黑二省邊境，朝鮮人乃大懼，鎖國之志漸堅。同治五年，俄艦始至元山津求通商，時朝鮮王李熙年幼，其父大院君昰應執政，或獻議，謂法遠俄近，不如聯法以拒俄。大院君韙之，使至中國，招向所竄逐之法教士。甫至，議復中變，殺之，并殺教民數千人。駐北京法使，以是詰責中國；中國答以向不干預朝鮮內政，法使乃自發兵六百，載以七艦，往問罪，陷江華，朝鮮大發兵禦之，法軍敗績。同治十年，美人復以軍艦五溯漢江，亦不克。大院君意得甚，排外益烈，十年之中，殺教徒至二十餘萬人。日本與西人交涉,始於後奈良帝時,葡萄牙人,始以艦至多襃島,國人始知有天主教及火器,時明嘉靖二十一年也。後陽成天皇時,始開長崎港通商;及德川氏執政,嚴布教之禁,教徒作亂,荷蘭人助幕府平之。於是各國通商,悉遭禁絕;惟荷蘭人仍得往來長崎,如是者幾百五十年。光格天皇時,俄人求互市,不許,遂侵樺太,英艦亦擾長崎,攘夷之論始起。孝明天皇時,英、俄、美三國,迭以兵艦來劫盟。時德川家康爲將軍,以力不敵,許其泊船於下田、箱阪、長崎。後又與美人定互市則十四條,荷、英、法、俄,亦均定草約,時咸豐八年也。然朝論頗主攘夷,時尊王之論方起,列藩處士,皆主之甚力。及是,遂并尊王與攘夷爲一譚,羣欲覆幕以攘夷,諸藩亦多願奉戴王室,幕府之勢大孤。及明治天皇立,德川慶喜遂奉還政權;旋朝議令其納土,慶喜走大阪拒令。朝廷發兵討敗之,慶喜遂降;諸藩亦相繼納土。於是千年之幕府,數百年之封建,皆以剗除。日本全國,遂復於統一之治。先是反對幕府者,皆以攘夷爲名,然特激於一時之意氣;及是,則外人之不可力拒,全國上下,亦漸知之。明治既復掌政權,遂延見各國使臣;旋以五事自誓於太廟,曰萬機決於公論,曰上下一心,曰朝幕一途,曰洗舊習從公道,曰求智識於寰宇。卒成維新之治焉。本節據《朝鮮通史》及《日本國志》。

　　（五）日本維新以後,欲與朝鮮通好;朝鮮人拒之。光緒元年,日本兵艦赴牛莊,道江華,爲守兵所擊。先是美國兵艦,被擊於朝鮮,美人以詰中國,中國亦以向不干預朝鮮内政答之。同治十一年,日本副島種臣使於我,問告美使之言確乎？總署應之曰然。及是,日本遂自遣使讓朝鮮。時朝鮮國王已親政,其妃閔氏之族執權,漸變鎖國之義。而我國李鴻章當外交之局,亦知鎖國非策,又欲利用各國之力,使互相牽制。乃勸朝鮮修好於日本。於是朝日定約十二條,申明朝鮮爲獨立之國,與日本往還,禮皆平等。英、美諸國遂從而繼之。光緒九年,朝鮮招新兵二營,聘日軍官爲教授,因裁汰舊兵。被裁之兵作亂,奉大院君爲主,攻日使館,李鴻章令吳長慶往定之,執大院君,幽諸保定,三年而後釋之。是役之結果,朝鮮復與日本定規約六條,修好續約二條,許誅亂黨,以五萬圓撫卹日人之被殺者,又償損失五十萬圓,且許日本兵駐紮京城。於是朝鮮人分爲事大、獨立二黨:事大黨欲倚中國,獨立黨則恃日人爲援。明年,獨立黨金玉均、洪英植等作亂,犯王宮,弒閔妃,時吳長慶尚留朝鮮,討定之。是役也,日本公使竹添進一郎,頗有嫌疑,外人囂然非之。日本不得已,召之歸,革其職。明年,日本使伊藤博文來使,與李鴻章定約天津,約兩國均撤駐朝鮮兵,後此如欲派兵,必彼此互相照會。於是中日二國,對於朝鮮,立於同等之地位矣。此節據《朝鮮通史》及日本稻葉君山《清朝全史》撮敍。

# 十二　中日之戰

（一）光緒二十年，朝鮮東學黨作亂。東學黨者，對於西學而言，蓋守舊黨之密會也。凡不得志於其政府者，多附之，勢猖獗不可制。乃乞援於我國；日本聞之，急遣大鳥圭介率海軍赴漢城，並檄艦隊兼程趨仁川，而陸軍由廣島陸續進發。及清政府命葉志超統陸軍航海往牙山，而日軍已占先著。未幾，東學黨敗，亂平。日本要我國共革朝鮮內政，清政府以朝鮮內政，非日本所當預聞，峻卻之，而促日本退兵。爭辯久之，清政府復申朝鮮爲中國藩屬之説。日本責我之背約，和局遂破。

（二）日本兵之至朝鮮也，先據仁川，清政府以英商船載援兵赴牙山，日本艦隊邀擊沈之，乃宣戰。日軍由漢京趨牙山，葉志超戰敗，繞越漢京，退入平壤。未幾，左寶貴、聶士成、衞汝貴之援軍至，相與共守平壤；日本陸軍大將山縣有朋，率第一軍入朝鮮，攻平壤。八月陷之，左寶貴戰歿，餘軍潰。日軍乘勝長驅，渡鴨綠江，入奉天境，聶士成退保連山關。日本第二軍大將大山巖，統兵由貔子窩上陸，陷金州，攻旅順，又陷之。日本第一軍亦連陷岫巖、蓋平各州縣。初，日本艦隊之邀擊我援兵也，我海軍護送艦爲日艦所敗，沈礮艦一，其一被虜。後陸軍退守平壤，復以海軍護援軍由鴨綠江口登岸。援軍既登岸，而海軍與日本艦隊遇於大東溝外之海洋島。時我艦隊有戰艦二，巡洋艦七，海防艦一；日本艦隊有巡洋艦八，海防艦三。交戰數時，我艦隊敗，燬巡洋艦四，而日艦負重傷者三，戰乃止。我艦隊遂退守劉公島，不能復出戰矣。及旅順陷，日軍乃渡海入山東，由榮城灣登岸，陷文登，迫威海衞之後，遂奪礮臺以夾攻我艦隊。海軍提督丁汝昌知不能免，舉戰艦一，海防艦一，礮艦七艘以降，而自殺。日軍乘勝進攻，第一軍、第二軍合力陷營口，復渡遼河，敗我兵於田莊臺。又分艦隊南行，陷澎湖島，進窺臺灣。我軍於遼東，僅守摩天嶺；於遼西，則僅以重兵衞山海關而已。據近人《東方兵事紀略》、《中東戰紀本末》等書。

（三）威海敗後，清廷大震，因美公使之調停，遣張蔭桓、邵友濂往日本議和，日本拒弗納。乃改派李鴻章爲議和全權大臣，二十一年二月，與日本伊藤博文、陸奧宗光議約於馬關，未就，李鴻章爲日人所狙擊，中彈受傷。各國輿論，多非難日本。乃於三月二十三日，定《中日馬關》條約十一款。節要如下：第一款，中國認明朝鮮國確爲完全無缺之獨立自主。第二款，中國將管理下開地方之權，永遠讓與日本：一奉天省南邊地方，二臺灣全島及所有附屬各島嶼,三澎湖列島。第四款,中國約將庫平銀二萬萬兩交與日本,作爲賠償軍費。第六款,添設下開各處,立爲通商口岸,以便日本臣民往來僑寓,從事商業工藝製作:一湖北省荆州府沙市,二四川省重慶府,三江蘇省蘇州府,四浙江省杭州府。四月十四日,在煙臺互換。此約定後,未及一月,俄國以妨害己所經營,糾合德、法二國,出而干涉。迫日本歸還遼東,俄艦隊且分泊長崎及遼海。日人懼,乃勉從之。於是中國復償銀三千萬兩,爲贖回遼東半島之價,餘如故。於九月二十二日,定交還奉天省南邊地方條約七款。此約外務部頒行本未載。日本由是深怨俄人。

## 十三　義和團的亂

（一）義和團者,白蓮教之支流也,夙行於山東、直隸、河南之間,爲政府所嚴禁;至是乘民教之爭而起。蓋自咸豐十年,天津條約定後,各國傳教士入內地者日多。民教爭端,官吏每左民而右教。奸人無賴,羣藉入教爲護符,魚肉鄉里無不至,民苦之而不敢與較。德人之謀山東也,藉口於二教士之被戕,殺數十人,賠巨款,株連甚衆,卒割膠州以去。山東人民,積憤尤甚。義和團乃乘其間,傳習拳棒,昌言仇教,假託神怪,以扶清滅洋爲名,愚民靡然響應。巡撫毓賢,尤信用之,於是徧於山東、直隸間。迨袁世凱巡撫山東,親試其術而破之,飭所部武衛軍,盡力痛勦。山東境內,一律肅清,餘黨遂悉竄入直隸焉。

（二）義和團潛入京師,事在光緒二十六年四月間。至五月,壞鐵路、毀電桿之事,遂日有所聞;而端郡王載漪、大學士徐桐、軍機大臣剛毅等,轉目之爲義民。及董福祥軍入京,義和團已集至十餘萬人。於是董軍與之合,亂民亂兵,縱橫輦轂下。載漪等欲盡殺洋人,令董福祥與義和團合攻使館,幸政府中有陰令緩攻者,使館乃得不破。而德公使克林德,日本使署書記官杉山彬皆被殺於途,亂勢既熾,政府亦無如之何,而外兵至矣。

（三）義和團之起也,駐京各國公使皆戒嚴,急徵衛隊,聯銜詰責政府,不得要領。五月,各國兵艦逼大沽,攻礮臺,總兵羅榮光死之,大沽遂陷。未幾,各國援兵陸續至,以日、英、俄三國爲最多。六月,大舉攻天津,提督馬玉崐、聶士成督所部苦戰三日,英軍以綠氣礮進擊,不能敵,天津遂陷,士成死戰。聯軍夾運河而進,連陷北倉,分道趨京師。日本軍帶各國兵由運河進陷楊村,直隸總督裕祿自殺,遂陷通州,逼京城之東南。英軍率各國兵由鐵路進,巡閱長江大臣李秉衡,以勤王軍迎戰於黃村,所統張春發、陳澤霖二軍,略戰即潰,李亦自盡。聯軍進逼京城之西南，七月二十日，遂陷京城，入崇文門，火朝陽門，燬肅端二王邸，俄、法兵縱掠尤酷，聯軍乃公舉德國陸軍大將伯爵瓦德西爲總統，劃界而守，各設民政廳。復分兵陷保定，以別隊趨張家口，又以一枝隊略山海關，直隸幾全境淪陷。德宗及孝欽后，以京城陷之前一日，輕車出西北門，王公大臣隨從者僅十餘人。遂出居庸關，至宣化府，詔慶親王奕劻留京辦事，而車駕趨山西。八月下旬，至太原，聞聯軍陷保定，復行；十月，至陝西，駐蹕西安府。

（四）清帝后既至太原，下詔罪己，命慶親王李鴻章爲全權大臣，與各國議和。李鴻章以閏八月抵京，各國使臣要中國懲辦罪魁，方允開議。於是處毓賢、趙舒翹等以死罪，端郡王載漪、莊親王載勛，及董福祥等永遠監禁，徐桐、剛毅先死得免，聯軍乃停止進兵，李鴻章向各國公使開議。鴻章卒，以王文韶代之。於二十七年七月二十五日，與德、奥、比、葡、美、法、英、意、日本、荷、俄十一國公使，定辛丑各國和約十二款。其第六款，允定付諸國償款海關銀四百五十兆兩，按年息四釐，分三十九年清還。第七款，允定各使館境界，中國人民概不准在界内居住，諸國常留軍隊分保。第八款，允定大沽礮臺及有礙京師至海通道之各礮臺，一律削平。約定，諸國兵隊始由京城撤退。明年四月，命醇親王載灃赴德，以表惋惜德使之遇害。五月，命侍郎那桐赴日本，以表惋惜日本書記生之遇害。皆諸國所要索，而載在約文者也。

# 十四　民國建元

（一）先是湖北、山東、福建、湖南、安徽、廣西、浙江、江蘇、直隸、河南各省，以江浙都督之電請，各派代表一人以上，集議於上海，各代表或以諮議局<sub>清省議會</sub>議員，或都督府代表充之。繼赴武昌議決臨時政府組織大綱。陰曆<sub>辛亥</sub>。十月二十一至二十三，齊集南京。有所議，未決。十一月初六日，孫文抵滬，遂公決於初十開選舉臨時大總統會，時奉天、山西、陝西、四川、雲南、江西、廣東各省代表，亦在是矣。十七省代表投票，每省一權，計十七票。結果孫文得十六票，滿三分之二以上，當選爲中華民國臨時大總統。元年一月三日，舉副總統，黎元洪以十七票當選。<sub>據谷鍾秀《中華民國開國史》撮要。</sub>

（二）民軍初起，以黃帝紀元，沿用陰曆。黃帝紀元者，其中含有種族之意義；蓋黃帝爲華族之祖，以激動排滿之熱誠也。種族之見甚隘，既建設臨時政府，將合華、滿、蒙、回、藏五族，鑄成大共和國，不宜留種族之跡。且各國皆用陽曆，中國獨用陰曆，於國際上交通往來，亦盛不便；並有背於世界漸趨大同之趨勢。適臨時大總統之選出，當西曆十二月二十九日，舊歲將除；逾三日就職，當西曆之新正月一日。遂以是日爲民國建元，改用陽曆，稱中華民國元年正月一日。

（三）五色旗者，蘇浙民軍定金陵後所擬之國旗也。武昌起義時，揭鐵血旗，旗地赤，中央色黑，外向有九角，角端及兩角之間，皆綴以黃星，共十有八。赤者，血也。黑者，鐵也。十八星者，十八省也。即誓以赤血黑鐵，光復十八省也。世人於其十八星易見，故俗謂之星旗。滇、黔、桂獨立後，襲用同盟會之青天白日旗，以祝革命之成功。然星旗取義病於狹，青天白日旗，非同盟會黨員主動之區，襲用則殊難。各省獨立時，率用白旗，以明滌去污染，光復故物之旨。茲大局略定，自應逾白旗時代，進而定齊一之章幟。於是江蘇都督程德全及宋教仁等，爲五色旗之創意。蓋根據中國文化用五數之習慣，表暴五族結合爲大共和國之至德，於義甚當。或目之爲虹旗，虹現而雨霽，虹旗出則一掃專制政治之陰霾，而可冀底於清明。此説出自西人，於義亦有取焉。是日元年元旦。臨時大總統就職，凡民軍勢力範圍內，所有都邑，皆高懸五色旗致慶祝。而中華民國之國徽，遂出現於世界。又以星旗爲陸軍旗，青天白日旗爲海軍旗。後皆經議院決定，正式公布，沿用至今。惟星旗則增至十九星，不取原定之義，直名之爲星旗云。谷鍾秀《中華民國開國史》。

（四）各省選派參議員，組織中華民國臨時參議院，以根本大法未立，乃修改臨時政府組織大綱，爲臨時約法。經二次起草會議，亘三十二日，自二月初七日開始，至三月初八日全案告終，即日宣布。三月十一日，臨時大總統時袁世凱爲總統矣。並公布之，凡七章，五十六條，舉其總綱及人民兩章於次：

中華民國臨時約法

**第一章　總　綱**

第一條　中華民國，由中華人民組織之。

第二條　中華民國之主權，屬於國民全體。

第三條　中華民國領土，爲二十二行省，內外蒙古、西藏、青海。

第四條　中華民國以參議院，臨時大總統，國務員，法院，行使其統治權。

**第二章　人　民**

第五條　中華民國人民，一律平等，無種族階級宗教之區別。

第六條　人民得享有下列各項之自由權：

一、人民之身體，非依法律，不得逮捕、拘禁、審問、處罰。

二、人民之家宅，非依法律，不得侵入，或搜索。

三、人民有保有財產及營業之自由。

四、人民有言論、著作、刊行，及集會，結社之自由。

五、人民有書信秘密之自由。

六、人民有居住遷徙之自由。

七、人民有信教之自由。

第七條　人民有請願於議會之權。

第八條　人民有陳訴於行政官署之權。

第九條　人民有訴訟於法院及其審判之權。

第十條　人民對於官吏違法損害權利之行爲，有陳訴於平政院之權。

第十一條　人民有應任官考試之權。

第十二條　人民有選舉及被選舉之權。

第十三條　人民依法律有納稅之義務。

第十四條　人民依法律有服兵之義務。

第十五條　本章所載人民之權利，有認爲增進公益，維持治安，或非常緊急必要時，得依法律限制之。

## 十五　蔡　鍔

（一）鍔字坡松，湖南寶慶人，年三十六歲。起義時。齠年喪父，侍母苦讀，十三入縣學，十五補廩，能文，善計謀，入時務學堂，并兼湘報館主撰。會戊戌變政，隻身赴滬，得某湘商之助，得赴日本東京。譯書著文以自給。梁任公嘉其志，收入新民報館。後由湘撫陳補予官費，學習陸軍，入士官學校。卒業後回國。六年中，未與人通函問，鄉人多謂其物故；其岳家送女過門守貞。及回湘，鄰里傳爲美談。歷充廣東、廣西、雲南邊防軍標協統，各級軍官學校等職。辛亥革命，爲雲南都督。爲人寡言笑，無疾言厲色。民國二年，二次革命時，有舉南五省以抗袁氏之謀。未發而民軍敗，袁氏忌之。三年，乃調入北京，以將軍府將軍用。滇、黔兩省人爲立生祠。以上據《護國軍紀事》。

（二）民國二年，袁世凱解散國會，以參政院爲國會之替代者。參政院皆由政府指派，修改《臨時約法》，旋議延總統任期爲終身總統。四年春，又使日顧問有賀長雄歸日，與日政府密謀所以助之爲帝者。日本固有五月七日提款五案之交涉。袁氏恐國人反對，承認四款，餘留爲即真時之承認，失日本歡心。八月十五日，北京有楊度、孫毓筠、嚴復、劉師培、李燮和、胡瑛諸人，承旨設籌安會以倡改革國體之議。五月十九日，梁士詒設立請願帝制聯合會，推沈雲霈爲正會長，張鎮芳、那彥圖爲副會長，向參政院遞請願書。時參政院已奉命爲代行立法院。二十日，代行立法院咨送建議書於政府，請國民會議爲解決國體機關，提前召集國民會議。袁即發教令，定於本年十一月二十日，舉行國民會議之覆選。沈雲霈等再請願由代行立法院建議之初選人爲基礎，選出國民代表，組織國民代表大會，解決國體問題。十月八日，袁遂公布。嗣各省舉行選舉，被選人皆由官署指定；蓋受中央密旨也。十一日，代行立法院以各省國民代表大會文電，報送決定國體票數，並公同委托該院爲國民代表大會總代表。是日上午九時，遂舉行全國國民代表大會，解決國體之總開票。計票數與人數相當，全國一致贊成君主立憲。乃繕書推戴袁氏爲皇帝；袁却之。同日下午，復爲第二次之推戴書上，袁氏受之，下令承認帝位。

（三）鍔知袁氏決心改國體，遣使密言於雲南將軍唐繼堯，準備實力，以俟時變。繼堯，鍔去都督時之繼代者也。得鍔書，乃蒐討軍實，廣儲將校以爲之備。鍔在京師，並與民黨要人，書函往還，袁微有所聞，遣人搜其宅，無所得，諉言誤搜，殺偵者一人以自謝。自是蔡沈緬酒色，不問政事；且聯絡軍人，上書勸進，以疏其防。以上據《護國軍紀事》。

（四）鍔乘袁不備，遁至津，託名養疴，馳書報政府，附輪赴日。實則轉道日本以適滇也。此次出京，大有破釜沈舟之概，其所有物件，預先變賣，二妾給錢遣散，妻令其回里。孑然一身，其志願頗爲堅決。蔡到日本後，特致書參謀次長，令其於主座前幹旋；且囑其購古玩字畫寄日養病。普遍發函於京內大僚，以表明其已到日本。豈意甫到日本，即發香港矣。迨法領事電文到京，京人始知之。人言蔡在京時，與雲吉班名鳳仙者最暱。此次出京，偕之赴津，迨詢鳳仙，鳳仙不認。據云：“蔡此次出走，實由某機關派有二探，尾隨多日；蔡知事不妙，遂日冶游於扶桑館。行之前一日，尚宿於該處。故探未及防，卒爲逃脫。至津後，復招集京妓往津，行緩兵計以迷探目，故始終不及防察。”以上據《護國軍紀事》。按鍔之出走，言者不一。自習書所云則小說家言耳。

（五）按雲南軍原有二師一旅，及警備隊新募兵等，不過二萬一千四百人。除唐繼堯留兵鎮守外；分兩路進發：第一軍即鍔所率；第二軍乃李烈鈞所率：其兵單可知也。袁氏之調入川者，則有曹錕之第三師，及湖北之第一師等；張敬堯之第七師、第十師等；其餘第六師、第八師、第二十師，奉鄂軍、贛軍、皖軍、湘軍、川軍、粵軍，一時調動者，可十倍於雲南軍。

（六）鍔爲護國第一軍總司令，率兵向川邊：一路由昭通進攻敍州；一路由畢節進攻瀘州；一路由遵義取重慶。五年一月二十一日，佔領敍州並南溪、自流井等處，川軍潰走。二月六日克瀘州，袁軍敗走。張敬堯等陸續至，以死力爭瀘、敍；鍔退守永寧。三月十七日，再進攻，取江安、南川、納溪、彭水、綦江。張敬堯、馮玉祥等所部，死傷太半，幾不成軍。袁檄王汝勤援瀘，不敢進。三月二十三日，川督陳宧派代表赴鍔軍議停戰。自是鍔屯兵以待各省發展。

（七）五年一月十八日，貴州宣布獨立，以劉顯世爲都督。三月十五日，廣西獨立，陸榮廷爲都督。滇軍桂軍攻廣東，而廣東各縣已有民軍蜂起，粤督龍濟光見勢不佳，於四月五日，不得已宣告獨立，爲緩兵之計。滇軍攻之至事平乃已。

（八）雲南既舉義，貴州、廣西相繼獨立。三月二十二日，袁乃申令取消帝制。先是袁承認帝制後，即於五年一月一日，改爲洪憲元年元旦，國務卿陸徵祥等，朝賀稱臣，改總統府爲新華宮，稱中華帝國。各外國政府，自帝制發生以來，即令駐京公使勸告，凡行文使館稱帝國洪憲者皆却之。各省將軍，又有聯名請取消帝制者。至是不得已，乃取消帝制。計改元至是，僅八十三日。取消後，乃以徐世昌名義，與護國軍謀和，欲仍爲總統，護國軍不可。四川、湖南、浙江又宣告獨立。向之爲袁氏爪牙者，多有倒戈之勢。五年五月八日，西南以無統一機關，組織軍務院於廣東，以唐繼堯爲撫軍長，岑春煊副之；岑主持院務。各省請袁退位，以黎副總統元洪繼任，袁大憤，積憂成疾，六月六日没。黎元洪遂於翌日就大總統職。二十九日，以明令恢復元年約法，召集二年被袁氏解散之國會。

（九）鍔本有疾，及事平，爲四川督軍，積勞益劇。未幾，舉羅佩金爲代理，乃挈眷赴日本養病。十一月八日，遂卒於日，國人哀之。時黃克強興。亦先期没；國會議決，並舉國葬典禮。

# 高等小學校用　新法歷史參考書第五冊

## 一　農工商的原起

（一）《堯典》：春言東作，夏言南爲，皆是耕作營爲勸農之事。《史記·索隱》。帝曰，棄！黎民阻饑，汝后稷播時百穀。《書·舜典》。按：后稷，農官之名，足見當時之重農也。

（二）是月也，孟春之月。天子乃以元日，祈穀于上帝。乃擇元辰，天子親載耒耜，措之於參保介之御間；帥三公、九卿、諸侯、大夫躬耕帝藉：天子三推，三公五推，卿、諸侯九推。反，執爵於大寢；三公、九卿、諸侯、大夫皆御，命曰勞酒。《禮記·月令》。內宰，……中春，詔后帥外內命婦始蠶於北郊。《周禮·天官》。古者天子諸侯，必有公桑蠶室，近川而爲之，築宮仞有三尺，棘牆而外閉之。及大昕之朝，君皮弁素積，卜三宮之夫人、世婦之吉者，使入蠶于蠶室，奉種浴於川，桑於公桑，風戾以食之。歲既單矣，世婦卒蠶，奉繭以示于君，遂獻繭于夫人。夫人曰，“此所以爲君服與？”遂副褘而受之，因少牢以禮之。古之獻繭者，其率用此與？及良日，夫人繅，三盆手，遂布于三宮夫人、世婦之吉者，使繅。遂朱綠之，玄黃之，以爲黼黻文章。服既成，君服以祀先王先公，敬之至也。《禮記·祭義》。

（三）按：近世地質學家，考太古人民進化之度，謂必經過石器時代，而後入金屬時代。我國太古時，亦必先有石器，神農氏時，尚無金屬，故《易》云“神農氏削木爲耜，揉木爲耒”，耒耜以木爲之，可知其尚無銅鐵也。而所以削之之者，殆亦石斧之屬耳。黃帝時蚩尤作亂，始采礦銅爲兵器。其後兵器多以鍊銅爲之。春秋以後，始有冶鐵爲器者；《吳越春秋》干將、莫邪鑄劍於莫干山，相傳以爲寶劍；蓋以鐵爲劍，利非銅比，故爲當時所寶也。秦始皇收天下兵器，鑄爲金人鐘鐻；所謂金人鐘鐻，蓋皆銅器，則秦漢以前所盛行之兵器，其爲銅可知矣。陶、窯字,古止作匋,外从匚,象形;内从缶,指事也。《說文》古者昆吾作陶。昆吾國名,即春秋衛地,所謂昆吾之墟也。衛地濱河,舜陶於河濱,殆即此地。據高誘《呂覽》注、韋昭《國語》注,昆吾爲己始封之君,吳回禄之孫,陸終之子,時代實在舜前,作陶者當即其人。

（四）天子之六工,曰土工、金工、石工、木工、獸工、草工,典制六材。<small>《禮記·曲禮》下。</small>

（五）凡攻木之工七;攻金之工六;攻皮之工五;設色之工五;刮摩之工五;搏埴之工二。攻木之工:輪、輿、弓、廬、匠、車、梓。攻金之工:築、冶、鳧、栗、段、桃。攻皮之工:函、鮑、韗、韋、裘。設色之工:畫、繢、鍾、慌。刮摩之工:玉、櫛、雕、矢、磬。搏埴之工:陶、旊。<small>《考工記》。</small>

（六）狩獵時代,全社會衣食相同,無所謂有無,即無所謂交易。至由狩獵而畜牧,由畜牧而耕稼;耕稼時代,不能遽廢狩獵牧畜之事,狩獵畜牧者不必耕稼,則於粒食常不足;耕稼者不必狩獵畜牧,則於肉食常不足;既不足矣,於是有無不得不交通,而貿易之事以起。《易·繫辭》:“神農日中爲市,致天下之民,集天下之貨,交易而退,各得其所。”是也。然當時貨幣未興,除以物交易外,大概山居之民,交易以皮;水居之民,交易以貝。<small>近人張亮采《中國風俗史》。</small>

## 二　階級制度的破壞

（一）黃帝者,少典之子,<small>《集解》譙周曰,有熊國君,少典之子也。</small>姓公孫,名曰軒轅。……嫘祖爲黃帝正妃,生二子,其後皆有天下:其一曰玄囂,是爲青陽,青陽降居江水;其二曰昌意,降居若水。昌意娶蜀山氏,曰昌僕,生高陽,高陽有聖德焉。黃帝崩,葬橋山,其孫昌意之子高陽立,是爲帝顓頊也。帝顓頊高陽者,黃帝之孫而昌意之子也。……生子曰窮蟬;顓頊崩而玄囂之孫高辛立,是爲帝嚳。帝嚳高辛者,黃帝之曾孫也。高辛父曰蟜極,蟜極父曰玄囂,玄囂父曰黃帝。自玄囂與蟜極皆不得在位,至高辛即帝位;高辛於顓頊爲族子。……娶陳鋒氏女,生放勳,娶娵訾氏女,生摯。帝嚳崩,而摯代立,帝摯立,不善,崩;而弟放勳立,是爲帝堯。帝堯者放勳。……堯立七十年得舜,二十年而老,令舜攝行天子之政,薦之於天。堯辟位二十八年而崩。……堯知子丹朱之不肖,不足授天下,於是乃權授舜。……虞舜者,名曰重華。重華父曰瞽叟,瞽叟父曰橋牛,橋牛父曰句望,句望父曰敬康,敬康父曰窮蟬,窮蟬父曰帝顓頊,顓頊父曰昌意,以至舜,七世矣。……舜年二十以孝聞,年三十,堯舉之，年五十，攝行天子事，年五十八，堯崩，年六十一代堯踐帝位。踐帝位三十九年，南巡狩，崩於蒼梧之野。……子商均亦不肖，舜乃豫薦禹於天，十七年而崩。……禹踐天子位。……自黃帝至舜禹，皆同姓而異其國號，以章明德。故黃帝爲有熊，帝顓頊爲高陽，帝嚳爲高辛，帝堯爲陶唐，帝舜爲有虞；帝禹爲夏后而別氏，姓姒氏。契爲商，姓子氏，棄爲周，姓姬氏。以上俱見《史記·五帝本紀》。

夏禹，名曰文命；禹之父曰鯀，鯀之父曰帝顓頊，顓頊之父曰昌意，昌意之父曰黃帝；禹者，黃帝之玄孫而帝顓頊之孫也。……帝舜薦禹於天，爲嗣，十七年而帝舜崩。……禹於是遂即天子位。南面朝天下，國號曰夏后，姓姒氏。……禹子啓賢，天下屬意焉。及禹崩，……啓遂即天子位，……帝啓崩，子太康立，……太康崩，弟中康立，……中康崩，子帝相立，帝相立，子帝少康立，帝少康崩，子帝予立，帝予崩，子帝槐立，帝槐崩，子帝芒立，帝芒崩，子帝泄崩，帝泄立，子帝不降立，帝不降崩，弟帝扃立，帝扃崩，子帝廑立，帝廑崩，立帝不降之子孔甲；帝孔甲立，好方鬼神，事淫亂，夏后氏德衰，諸侯畔之。……孔甲崩，子帝皋立，帝皋崩，子帝發立，帝發崩，子帝癸立，是爲桀。……桀不務德而武，傷百姓，百姓弗堪；……湯修德，諸侯皆歸湯，湯遂率兵以伐夏桀，桀走鳴條，遂放而死。湯乃踐天子位，代夏朝天下。《史記·夏本紀》。按：《集解》引《汲冢紀年》夏傳四百七十一年。

殷契，母曰簡狄，……爲帝嚳次妃。……生契，契長而佐禹治水有功，舜乃命……爲司徒，……封於商，賜姓子氏。……凡十四代至天乙，是爲成湯。……敗桀於有娀之墟，桀奔於鳴條。……湯乃踐天子位。《史記·殷本紀》。按：湯革命後都亳。今河南商丘縣。有今黃河、揚子江兩流域及奉天西部地。十六傳，至盤庚遷殷。今河南偃師縣。改國號曰殷。故兼稱殷商。及紂爲周武王所滅。凡二十八主，六百六十一年。

周后稷，名棄。其母有邰氏女，曰姜原。姜原爲帝嚳元妃。……棄……爲成人，遂好耕農，相地之宜，宜穀者稼穡焉，民皆法則之。帝堯聞之，舉棄爲農師。舜……封於邰，號曰后稷，別姓姬氏。……后稷卒，子不窋立。不窋末年，……奔戎狄之間；不窋卒，子鞠立。鞠卒，子公劉立。……百姓懷之，多徙而保歸焉，周道之興，自此始。公劉卒，子慶節立，國於豳。慶節卒，子皇僕立。皇僕卒，子差弗立。差弗卒，子毀隃立。毀隃卒，子公非立。公非卒，子高圉立。高圉卒，子亞圉立。亞圉卒，子公叔祖類立。公叔祖類卒，子古公亶父立。……去豳，……止於歧下，……古公卒，季歷古公少子。立，是爲公季。……公季卒，子昌立，是爲西伯，西伯曰文王。……自歧下而徙都豐。明年西伯崩，太子發立，是爲武王。……九年……東觀兵，至於盟津。……還師，歸居二年，……率戎車三百乘，虎賁三千人，甲士四萬五千人以東，伐紂。……陳師牧野。紂聞武王來，亦發兵……距武王。……紂兵皆崩畔紂。紂走反入登于鹿臺之上，蒙衣其珠玉，自燔于火以死。……封諸侯。《史記·周本紀》。按：武王都鎬，今陝西長安縣西南。奄有黃河、揚子江兩流域，及奉天西部之地。傳至幽王，爲犬戎所滅，是爲西周。幽王子平王，遷都洛陽，傳至赧王，爲秦所滅，是爲東周。凡三十八主，八百六十七年而亡。

秦之先，帝顓頊之苗裔，……大費……佐舜調馴鳥獸，……是爲柏翳，賜姓嬴氏。……費昌當夏桀之時，去夏歸商，爲湯御，以敗桀於鳴條。……嬴姓多顯，遂爲諸侯。非子居犬丘，好馬及畜，善養息之；犬丘人言之周孝王。孝王召使主馬於汧渭之間，……孝王……使復續嬴氏祀，號曰秦嬴。《史記·秦本紀》。按：柏翳即伯益。數十傳至始皇，乃滅六國，稱皇帝。傳三帝凡十五年，爲楚漢所滅。

按：以上黃帝至秦，爲天子者皆貴族之證，未有平民爲天子者也。課文兼五帝相傳，三代與秦之興亡，故不厭詳備。錢塘夏氏之說云：“商、周、秦未有天下時，其先世皆爲諸侯；蓋自黃帝至秦，從未見有平民而爲天子之事。”

（二）按：舜相堯，禹相舜，舜、禹皆貴族，不必言矣。舜所舉之八元、八愷，乃高辛、高陽之後；所殺逐之渾沌、窮奇、檮杌、饕餮，亦帝鴻、少皞、顓頊、縉雲之孫。自黃帝至東周，蓋亦鮮有以平民爲卿相者。惟商之伊尹、傅說，周之太公望，似爲平民。然《史記·殷本紀》“集解”引皇甫謐曰：“伊尹，力牧之後。”《史記》稱“阿衡欲干湯而無由，乃爲有莘氏媵臣，負鼎俎以滋味說湯，致於王道。或曰伊尹處士。”《史記·齊太公世家》稱其先祖嘗爲四嶽，封於呂，呂尚以魚釣干西伯，或曰嘗事紂，或曰處士，皆不一其說；究之不能斷定其爲平民也。

（三）周代階級之制甚嚴，至孔子作《春秋》始譏世卿。……自是用人亦漸不拘資格，如楚舉申鮮虞於僕賃，晉舉屠蒯於庖廚，管仲之舉盜，晏子之舉囚，趙文子舉管庫之士，公叔文子舉家臣，是也。至于寧戚以飯牛歌干齊桓，已開戰國策士之漸焉。戰國則門閥之風，蕩然掃地。……不論新舊，不問親疏，苟有奇才異能，雖仇必用，雖姦必薦。《中國風俗史》。

（四）平原君趙勝者，趙之諸公子也。諸子中，勝最賢，喜賓客，賓客蓋至者數千人。平原君家樓臨民家，民家有躄者，槃散行汲。平原君美人居樓上，臨見，大笑之。明日，躄者至平原君門，請曰："臣聞君之喜士，士不遠千里而至者，以君能貴士而賤妾也。臣不幸有罷癃之病，而君之後宮，臨而笑臣，臣願得笑臣者頭！"平原君笑應曰"諾！"躄者去，平原君笑曰："觀此豎子，乃欲以一笑之故，殺吾美人，不亦甚乎？"終不殺。居歲餘，賓客門下舍人，稍稍引去者過半；……平原君乃斬笑躄者美人頭，自造門進躄者，因謝焉，其後門下乃復稍稍來。是時齊有孟嘗，魏有信陵，楚有春申，故爭相傾以待士。……平原君以趙孝成王十五年卒，子孫代後，竟與趙俱亡。《史記·平原君虞卿列傳》。

（五）魏公子無忌者，魏昭王少子，而魏安釐王異母弟也。……公子爲人，仁而下士，士無賢不肖，皆謙而禮交之，不敢以其富貴驕士，士以此方數千里爭往歸之，致食客三千人。……魏有隱士曰侯嬴，年七十，家貧，爲大梁夷門監者。公子聞之，往請，欲厚遺之；不肯受，曰："臣修身潔行數十年，終不以監門困故而受公子財。"公子於是乃置酒大會賓客，坐定，公子從車騎，虛左，自迎夷門侯生。侯生攝敝衣冠，直上載公子上坐不讓，欲以觀公子。公子執轡愈恭。侯生又謂公子曰："臣有客在市屠中，願枉車騎過之。"公子引車入市，侯生下見其客朱亥，俾倪，故久立，與其客語。微察公子，公子顏色愈和。當是時，魏將相宗室，賓客滿堂，待公子舉酒。市人皆觀公子執轡，從騎皆竊罵侯生。侯生視公子色終不變，乃謝客，就車至家。公子引侯生上坐，徧贊賓客，賓客皆驚。……酒罷，侯生遂爲上客。……公子自知……以毀廢，乃謝病不朝，……日夜爲飲樂者四歲，竟卒。……秦聞公子死，使蒙驁攻魏，拔二十城。《史記·信陵君列傳》。

（六）春申君者，楚人也。名歇，姓黃氏。游學博聞，事楚頃襄王。……頃襄王卒，子完立，是爲考烈王。考烈王元年，以黃歇爲相，封爲春申君。……趙平原君使人於春申君，春申君舍之於上舍。趙使欲夸楚，爲瑇瑁簪，刀劍室以珠玉飾之，請命春申君客。春申君客三千人，其上客，皆躡珠履以見趙使，趙使大慚。《史記·春申君列傳》。

（七）孟嘗君名文，姓田氏，文之父曰靖郭君田嬰。田嬰者，齊威王少子，而齊宣王庶弟也。……嬰卒而文……代立於薛，是爲孟嘗君。孟嘗君在薛，招致諸侯賓客及亡人；有罪者皆歸孟嘗君，孟嘗君舍業厚遇之；以故傾天下之士，食客數千人，無貴賤，一與文等。孟嘗君待客坐語，而屏風後常有侍史主記君所與客語，問親戚居處。客去，孟嘗君已使使存問，獻遺其親戚。孟嘗君曾待客夜食，有一人蔽火光，客怒以飯不等，輟食辭去；孟嘗君起，自持其飯比之，客慚自剄。士以此多歸孟嘗君。孟嘗君客無所擇，皆善遇之，人人各自以爲孟嘗君親己。《史記·孟嘗君列傳》。

（八）文侯受子夏經藝，客段干木，過其廬未嘗不軾也。秦嘗欲代魏，或曰"魏君賢人是禮，國人稱仁，上下和合，未可圖也。"文侯由此得譽於諸侯。《史記·魏世家》。

（九）燕昭王於破燕之後，即位。卑身厚幣以招賢者。謂郭隗曰："齊因孤之國亂而襲破燕；孤極知燕小力少，不足以報。然誠得賢士以共國，以雪先王之恥，孤之願也。先生視可者，得身事之。"郭隗曰："王必欲致士，先從隗始。況賢於隗者，豈遠千里哉？"於是昭王爲隗改築宮而師事之。樂毅自魏往，鄒衍自齊往，劇辛自趙往，士爭趨燕。《史記·燕召公世家》。

昭王時，燕人郭隗謂王："昔有以千金買駿骨者，期年而千里馬至者三。"《長安客話》。

燕昭王置千金於臺上，以延天下之士，謂之黃金臺。先禮郭隗，於是樂毅自魏往，鄒衍自齊往，劇辛自趙往。《新序》。

（十）陳勝，陽城在河南。人也，字涉。吳廣者，陽夏人也，字叔。陳涉少時，嘗與人傭耕。輟耕之壟上，悵恨久之，曰："苟富貴，無相忘！"傭者笑而應曰："若爲傭耕，何富貴也！"陳涉太息曰："嗟乎！燕雀安知鴻鵠之志哉！"二世元年七月，發閭左適戍漁陽九百人，屯大澤鄉。陳勝、吳廣皆次當行，爲屯長。會天大雨不通，度已失期；失期法皆斬。陳勝、吳廣乃謀曰："今亡亦死，舉大計亦死；等死，死國可乎？"……吳廣素愛人，士卒多爲用者；將尉醉，廣故數言欲亡，忿恚尉，令辱之以激怒其衆。尉果笞廣。尉劍挺，廣起奪而殺尉。陳勝佐之，並殺兩尉。召令徒屬曰："公等遇雨，皆已失期，失期當斬。藉第令毋斬，而戍死者固十六七。且壯士不死即已，死即舉大名耳。王侯將相，寧有種乎？"徒屬皆曰："敬受命。"乃詐稱公子扶蘇、項燕，從民欲也。袒右，稱大楚。爲壇而盟，祭以尉首。陳勝自立爲將軍，吳廣爲都尉，攻大澤鄉，收而攻蘄，蘄下。……行收兵，北至陳，車六七百乘，騎千餘，卒數萬人，攻陳。……入據陳。……陳涉乃立爲王，號張楚。當此時，諸郡縣苦秦吏者，皆刑其長吏，殺之以應陳涉，乃以吳叔爲假王，監諸將，以西擊滎陽。……秦令少府章邯，免酈山奴產子，悉發以擊楚大軍，盡敗之。……田臧矯王令，殺吳叔。……章邯又進兵。……陳王之汝陰，還至下城父，其御莊賈，殺以降秦。陳勝葬碭。……會項梁立懷王孫心爲楚王。……陳勝雖已死，其所置遣侯王將相竟亡秦，由涉首事也。《史記·陳涉世家》。

項籍，下相人也，字羽。初起時，年二十四。其季父項梁；梁父即楚將項燕，爲秦將王翦所戮者也。項氏世世爲楚將，封於項，故姓項氏。……項梁殺人，與籍避仇於吳中。……籍長八尺餘，力能扛鼎，才氣過人；雖吳中子弟，皆已憚籍矣。……陳涉等起大澤中。……會稽守通謂梁曰："江西皆反，此亦天亡秦之時也。吾聞先即制人，後則爲人所制。吾欲發兵使公及桓楚將。"是時桓楚亡在澤中。梁曰："桓楚亡人，莫知其處，獨籍知之耳。"梁乃出誡籍，持劍居外待。梁後入，與守坐曰："請召籍，使受命召桓楚。"守曰："諾。"梁召籍入。須臾，梁眴籍曰："可行矣。"於是籍遂拔劍斬守頭；項梁持守頭，佩其印綬，門下大驚擾亂。籍所擊殺數十百人，一府中皆慴伏，莫敢起。梁乃召故所知豪吏，諭以所爲起大事，遂舉吳中兵。同上《項羽本紀》。

高祖，沛豐邑中陽里人，姓劉氏，字季。父曰太公，母曰劉媼。……高祖爲人，隆準而龍顏。……常有大度，不事家人生產作業；及壯，試爲吏，爲泗水亭長。廷中吏無所不狎侮。……高祖以亭長爲縣送徒酈山，徒多道亡，自度比至皆亡之。到豐西澤中，止飲，夜乃解縱所送徒曰："公等皆去，吾亦從此逝矣。"徒中壯士願從者十餘人。……亡匿，隱於芒碭山澤巖石之間。……陳勝等起蘄。……沛令恐，欲以沛應涉。掾、主吏蕭何、曹參乃曰："君爲秦吏，今欲背之，率沛子弟，恐不聽。願君召諸亡在外者，可得數百人。"因劫衆，衆不敢不聽。乃令樊噲召劉季；劉季之衆已數十百人矣。於是樊噲從劉季來，沛令後悔，恐其有變，乃閉城。城守欲誅蕭、曹；蕭、曹恐，踰城保劉季。劉季乃書帛射城上，謂沛父老曰："天下苦秦久矣，今父老雖爲沛令守；諸侯並起，今屠沛。沛今共誅令，擇子弟可立者立之，以應諸侯；則家室完。不然，父子俱屠，無爲也。"父老乃率子弟共殺沛令，開城門迎劉季。……乃立季爲沛公。同上《高祖本紀》。

（十一）漢初諸臣，惟張良出身最貴，韓相之子也。其次則張蒼，秦御史；叔孫通，秦待詔博士。次則蕭何，沛主吏掾；曹參，獄掾；任敖，獄吏；周苛，泗水卒史；傅寬，魏騎將；申屠嘉，材官。其餘陳平、王陵、陸賈、酈商、酈食其、夏侯嬰等，皆白徒；樊噲則屠狗者；周勃則織薄曲吹簫給喪事者；灌嬰則販繒者；婁敬則輓車者。一時人才，皆出其中，致身將相，前此所未有也。蓋秦漢間爲天地一大變局。自古皆封建諸侯，各君其國；卿大夫亦世其官。成例相沿，視爲固然。其後積弊日甚，暴君荒主，既虐用其民，無有底止。強臣大族，又弑篡相仍，禍亂不已。再并而爲七國，益務戰爭，肝腦塗地，其勢不得不變。而數千年世侯、世卿之局，一時亦難遽變。於是先從在下者起；游說則范雎、蔡澤、蘇秦、張儀等，徒步而爲相；征戰則孫臏、白起、樂毅、廉頗、王翦等，白身而爲將；此已開後世布衣將相之例。……秦皇盡滅六國，以開一統之局。使秦皇當日發政施仁，與民休息，則禍亂不興。下雖無世祿之臣，而上猶是繼體之主也。惟其威虐毒痛，人人思亂，四海鼎沸，草澤競奮。於是漢祖以匹夫起事，角羣雄而定一尊。其君既起自布衣，其臣亦自多亡命無賴之徒，立功以取將相。……天之變局，至是始定。然楚漢之際，六國各立後，尚有楚懷王心，趙王歇，魏王咎，魏王豹，韓王成，韓王信，齊王田儋、田榮、田廣、田安、田市等。即漢所封功臣，亦先裂地以王彭、韓等；繼分國以侯絳、灌等。蓋人情習見前世封建故事，不得而遽易之也。乃不數年而六國諸王皆敗滅；漢所封異姓王八人，其七人亦皆敗滅。則知人情猶狃於故見，而天意已另換新局；故除之易易耳。而是時尚有分封子弟諸國。迨至七國反後，又嚴諸侯王禁制，除吏皆自天朝，諸侯王惟得食租衣稅，又多以事失侯。於是三代世侯世卿之遺法，始蕩然淨盡，而成後世徵辟、選舉、科目、雜流之天下矣。《廿二史劄記》。

　　（十二）叔孫通者，薛人也。秦時以文學徵，待詔博士數歲。……亡去之薛，薛已降楚矣。及項梁之薛，叔孫通從之，敗於定陶，從懷王；懷王爲義帝，徙長沙。叔孫通留事項王。漢二年，漢王從五諸侯入彭城，叔孫通降漢王。漢王敗而西，因竟從漢。叔孫通儒服，漢王憎之；迺變其服，服短衣，楚製，漢王喜。叔孫通之降漢，從儒生弟子百餘人，然通無所言進，專言諸故郡盜壯士進之。弟子皆竊罵曰：“事先生數歲，幸得從降漢。今不能進臣等，專言大猾，何也？”叔孫通聞之，迺謂曰：“漢王方蒙矢石爭天下，諸生寧能鬭乎？故先言斬將搴旂之士。諸生且待我，我不忘矣。”漢王拜叔孫通爲博士，號稷嗣君。漢五年，已并天下，諸侯共尊漢王爲皇帝於定陶，叔孫通就其儀，號高帝。悉去秦苛儀，法爲簡易。羣臣飲酒爭功，醉或妄呼，拔劍擊柱，高帝患之。叔孫通知上益厭之也，説上曰：“夫儒者難與進取，可與守成；臣願徵魯諸生與臣弟子共起朝儀。”高帝曰：“得無難乎？”叔孫通曰：“五帝異樂，三王不同禮。禮者，因時世人情爲之節文者也。故夏、殷、周之禮所因損益可知者，謂不相復也。臣願頗采古禮與秦儀雜就之。”上曰：“可。試爲之，令易知，度吾所能行爲之。”於是叔孫通使徵魯諸生三十餘人；魯有兩生不肯行曰：“公所事者且十主，皆面諛以得親貴。今天下初定，死者未葬，傷者未起，又欲起禮樂。禮樂所由起，積德百年而後可興也，吾不忍爲公所爲。公所爲不合古，吾不行。公往矣，無汙我。”叔孫通笑曰：“若真鄙儒也，不知時變。”遂與所徵三十人西。及上左右爲學者與其弟子百餘人，爲綿蕝野外習之。月餘，叔孫通曰：“上可試觀。”上即觀，使行禮，曰：“吾能爲此。”迺令羣臣習隸，會十月。漢七年長樂宮成，諸侯羣臣皆朝十月，儀先平明，謁者治禮，引以次入殿門，廷中陳車騎，步卒衛宮，設兵張旗志。傳言趨，殿下郎中俠陛，陛數百人，功臣列侯諸將軍軍吏以次陳西方東鄉，文官丞相以下陳東方西鄉，大行設九賓臚句傳。於是皇帝輦出房，百官執職傳警，引諸侯王以下至吏六百石以次奉賀。自諸侯王以下，莫不振恐肅敬。至禮畢，復置法酒，諸侍坐殿上，皆伏抑首，以尊卑次起上壽觴。九行，謁者言罷酒。御史執法，舉不如儀者，輒引去。竟朝置酒，無敢讙譁失體者。於是高帝曰："吾迺今日知爲皇帝之貴也。"迺拜叔孫通爲太常，賜金五百斤，叔孫通引進曰："諸弟子儒生，隨臣久矣，與臣共爲儀。願陛下官之！"高帝悉以爲郎。叔孫通出，皆以五百斤金賜諸生。諸生迺皆喜曰："叔孫通誠聖人也，知當世之要務。"據《史記·劉敬叔孫通傳》。

## 三　家族制度的來歷

（一）儿蘧氏之有天下也，天下之人，惟知有母不知有父。《亢倉子》。古之時，未有三綱六紀，民人但知其母，不知其父。《白虎通》。按：古史稱伏犧氏之母，居於華胥之渚，履巨人迹，而意有所動；虹且繞之，因而始娠，實則不知有父，托爲此説也。有婚姻制後，尚有不知有父者，如有娀氏吞鳥卵而生契，有邰氏踐巨人之跡以孕而生棄，蓋婚姻制至唐虞而猶未普及焉。

（二）男女構精，以女生爲姓始。《三墳》。按：《説文》"姓从女生"，可見古人因生以爲姓。"妻"古文作"宴"，"肖"即古文"貴"，殆古人以重母故，故以妻爲貴。《大戴禮》曰："陸終子有子六人，安爲曹姓，曹姓者邾氏也；季連爲羋姓，季連者楚氏也。"足見同父異母，得姓即殊。又按：以母得姓，知有父時仍沿其習，幾至于三代。堯初生時，其母在三阿之南，寄於伊長孺之家，故從母所居爲姓。神農、黃帝同爲少典後裔，而神農姓姜，黃帝姓姬，則以母姓異也。禹爲顓頊之後，顓頊姓姬。而禹母吞薏苡以生禹，故姓姒，從母姓也。

（三）上古之時，人民無別，羣物不殊。未有三綱六紀，衣食器用之利。民人但知母，不知其父。伏犧制嫁娶，以儷皮爲禮。《通鑑外紀》注引《儀禮》昏禮玄纁束帛儷皮，鄭注，儷兩也。按：婚姻制度，起於自然；始則以男從女，謂之母系時代；繼則以男女雜婚，其於婦女也，往往搶掠而來，故視如奴婢；其搶掠，必以昏夜，乘婦家之不備；故"婚"字從"昏"。今以舊婚禮觀之，旗仗金鼓，似凱旋者，蓋其遺風也。至庖犧氏以儷皮爲禮，皮乃貨幣，所以酬女之值；則易摽掠爲買賣，易強奪爲媒説，且少有儀式矣。後世婚姻從媒妁之言，妁媒實貿易中之中人；今俗禮所謂聘金等，亦貿易之變相。

（四）黃帝有合宮。《管子》。黃帝作宮室，避寒濕。《白虎通》。按宮室之制，不必始於黃帝時，蓋至黃帝而廣之耳。《帝王世紀》"黃帝之時，鳳凰巢於阿閣。"漢武帝時方士言："黃帝爲五城十二樓。"如初築宮室，安能即有樓閣等完備之制？

（五）立適以長，不以賢。《公羊》。適子，庶子，祇事宗子宗婦。雖貴富，不敢以貴富入宗子之家；雖衆車徒，舍於外，以寡約入；子弟猶歸器、衣服、裘裘、車馬，則必獻其上，而后敢服用其次也；若非所獻，則不敢以入於宗子之門，不敢以貴富加於父兄宗族。若富，則具二牲，獻其賢者於宗子，夫婦皆齊而敬宗，終事，而後敢私祭。《內則》。按宗子，即一宗承繼之適子也，或稱"冢子"。古時蓋因重嗣續而衍爲宗法主義，其源實出于夏后氏世爲天子之制。

（六）家人有嚴君焉，父母之謂也。《易》。

（七）按：古代以君臣擬父子者，其例甚多。父子君臣，往往並稱。後世俗語"家有主，國有王。""君要臣死，不得不死；父要子亡，不得不亡。"則舉世所知者也。

（八）見第三冊"《孔孟》"課。

（九）按：曾子名參，乃孔子弟子。與子夏、有子輩皆主張孝道。《史記》"孔子以曾參爲能通孝道"，蓋曾子輩自孔子後，以專倡孝道承師門之一派者也。《孝經》曾子所述，俱陳孔子說孝之義，有"天子之孝"，"諸侯之孝"，"卿大夫之孝"，"士之孝"，"庶人之孝"等方；門分類別，實足以代表若輩之議論者。

（十）古者三年之喪：有斬衰、疏衰按：即齊衰。之別。斬衰三年之喪：子爲父，諸侯爲天子，臣爲君，父爲長子，按：以長子承嗣，爲祖宗所以血食者，父不得私焉，故有反服之禮。爲人後者按：如嗣立承重等。爲其所後，若妻爲夫，妾爲君，女子子按：女子而爲子者即女兒。在室爲父，則髽衰。疏衰三年之喪：父歿爲母爲繼母爲慈母，母爲長子。《儀禮》。按《禮記》有《三年問》，所以明三年喪之由來者。後世三年之喪，父在爲母齊衰三年，蓋始於武后之請於高宗，開元中著爲定例者。五代後唐，定婦爲舅姑三年。明太祖定制，子爲父母，庶子爲其母，皆斬衰三年。

（十一）子婦無私貨，無私蓄，無私器，不敢私假，不敢私與。婦或賜之飲食、衣服、布帛、佩帨、茞蘭，則受而獻諸舅姑。舅姑受之則喜。《禮‧內則》。子甚宜其妻，父母不悅，出妻。不宜其妻，父母曰："是善事我。"子行夫婦之禮焉，沒身不衰。同上。按：家人同居之後，集權於家長一人，故有尊父之習。子婦不有人格，不有財產，不能自由婚姻，而儒家復以孝爲"天之經也，地之義也,民之行也,……德之本也,教之所由生也。"見《孝經》。於是成中國數千年家族制度之特殊式矣。

（十二）婦人有三從之義,無專制之道,故未嫁從父,既嫁從夫,夫死從子。《儀禮》。

（十三）按:多妻之俗,起於父系家庭;女從父從夫,賴父若夫以生活,故男尊女卑。而後視如奴婢,不足齒數;並有摽掠婦女之俗。強者多掠多蓄,故有多妻之制。古天子有六宮:前一宮後五宮,五者后一,夫人三,嬪九,世婦二十七,御妻八十一。見《周禮·六宮》注。實足爲多妻之代表。

（十四）一與之齊,終生不改,故夫死不嫁。《注》齊謂共牢而食。《禮記》。

（十五）按:漢時以同居爲善,分居爲惡。《漢書·賈誼傳》賈誼言:"秦人家富子壯則出分,家貧子壯則出贅。"《地理志》:"河內薄恩禮,好生分。潁川好爭訟生分。"皆以分居爲敝俗也。《後漢書·蔡邕傳》:"邕與叔父同居,三世不分財,鄉黨高其義。"

（十六）按:螽斯,蟲名,形如蚱蜢,能發聲。古人以爲蝗類之總稱。《詩·周南》有《螽斯》篇,云"螽斯羽莘莘兮,宜爾子孫振振兮。"《毛傳》以爲宮后妃不妬忌,則子孫衆多,以螽斯爲喻也。

## 四　周以後的社會生活

（一）理民之道,地著爲本,故必建步立畝,正其經界。六尺爲步,步百爲畝,畝百爲夫,夫三爲屋,屋三爲井,井方一里,是爲九夫。八家共之,各受私田百畝,公田十畝,是爲八百八十畝。餘二十畝,以爲廬舍。出入相友,守望相助,疾病則救,民是以和睦。而教化齊同,力役生產,可得而平也。《漢書·食貨志》。

（二）種穀必雜五種,以備災害;田中不得有樹,用妨五穀。力耕數耘,收穫如寇盜之至。還廬樹桑,菜茹有畦,瓜瓠果蓏,殖於疆場,雞豚狗彘,毋失其時,女修蠶織;則五十可以衣帛,七十可以食肉。《漢書·食貨志》。

（三）有賦有稅,稅謂公田十一及工商衡虞之入也;賦共車馬甲兵士徒之役,充實府庫賜予之用;稅給郊社宗廟百神之祀,天子奉養百官禄食庶事之費。《漢書·食貨志》。

（四）周室既衰,暴君污吏,慢其經界,繇役橫作,政令不信,上下相詐,公田不治,故魯宣公初稅畝,《春秋》譏焉。於是上貪民怨,災害生而禍亂作;陵夷至於戰國，貴詐力而賤仁義，先富有而後禮讓。是時李悝為魏文侯作盡地力之教。……行之魏國，國以富彊。及秦孝公用商君，壞井田，開阡陌，急耕戰之賞；雖非古道，猶以務本之故，傾鄰國而雄諸侯。《漢書·食貨志》。

案井田之廢，一由於經界之壞。蓋古代本有貴族平民兩階級：貴族為地主，平民為隸農，井田之制，乃授田極公平之法；暴君污吏，欲多取於民，非慢其經界不可。經界既壞，則井田之制，名存而實亡矣。商君之廢井田開阡陌，乃并去其僅存之名，非舉古昔井田之制，一朝廢之，而改為阡陌也。此事朱子論之最詳，其文亦見《文獻通考·田賦門》。一由於人口之增多，人既增多，地力有限，舊有之井田，勢不能均分於衆民；故其制遂亦自然而廢。

（五）昔先王之制，自天子公侯卿大夫士，至於皂隸抱關擊柝者，其爵祿、奉養、宮室、車服、棺椁、祭祀，死生之制，各有差品。小不得僭大，賤不得踰貴。夫然，故上下序而民志定。……及周室衰，禮法墮，諸侯刻桷丹楹，大夫山節藻梲，八佾舞於庭，雍徹於堂，其流至於士庶人，莫不離制而棄本。稼穡之民少，商旅之民多，穀不足而貨有餘；陵夷至乎桓、文之後，禮誼大壞，上下相冒，國異政，家殊俗，嗜欲不制，僭差亡極。於是商通難得之貨，工作亡用之器。《漢書·貨殖傳序》。

（六）王制遂滅，僭差無度，庶人之富者累鉅萬，而貧者食糟糠。《漢書·食貨志》。“用貧求富，農不如工，工不如商，刺繡文，不如倚市門。”此言末業，貧者之資也。《史記·貨殖列傳》。

案：我國社會生計，西周以前，及春秋戰國以後，截然不同。其間實經一大變遷。《史記·貨殖列傳》，及《漢書·食貨志》，敍之最詳。而《食貨志》、《貨殖傳序》所言，歸本於王制廢滅，不言自然之勢，則所謂儒家言也。

（七）仲舒又說上曰：“秦用商鞅之法，改帝王之制，除井田；民得賣買；富者田連阡陌，貧者無立錐之地。漢興，循而未改。古井田法雖難猝行，宜少近古。限民名田，以贍不足，塞并兼之路，然後可善治也。”竟不能用。《通考》。

（八）今農夫五口之家，其服役者，不下二人。其能耕者，不過百畝，百畝之收，不過百石。春耕夏耘，秋穫冬藏，伐薪樵，治官府，給徭役。春不得避風塵，夏不得避暑熱，秋不得避陰雨，冬不得避寒凍。四時之間，亡日休息，又私自送往迎來，弔死問疾，養孤長幼在其中。勤苦如此，尚復被水旱之災；急政暴虐，賦斂不時，朝令而暮改。當其有者，半賈而賣，亡者取倍稱之息。於是有賣田宅，鬻子孫以償債者矣。而商賈，大者積貯倍息，小者坐列販賣，採其奇贏，日游都市，乘上之急，所賣必倍。故其男不耕耘，女不蠶織，衣必文采，食必粱肉。亡農夫之苦,有阡陌之得。因其富厚,交通王侯。力過吏執,以利相傾。千里游敖,冠蓋相望。乘堅策肥,履絲曳縞。此商人所以兼并農人,農人所以流亡者也。今法律賤商人,商人已富貴矣;尊農人,農人已貧賤矣。《漢書‧食貨志》晁錯説文帝語。案:漢代商人富有,而農夫困苦,蓋猶戰國時代之餘習。

(九)漢興,天下既定,高祖約法省禁,輕田租,十五而稅一。惠帝即位,減田租,復十五稅一。漢初十五稅一,中間廢,今復之也。文帝十三年,除民之田租。景帝二年,令民半出田租,三十而稅一。《通考》。案:此西漢田租之沿革也;自此以後,三十稅一,遂沿爲定制。

(十)漢高祖接秦之弊,諸侯並起,民失作業,而大飢饉。凡米一石,五千。乃約法,省禁,量吏祿,度官用,以賦於民;而山川園池市肆租稅之人,自天子至於封君湯沐邑,皆各自爲私奉養,不領於天下經費。又令賈人不得衣絲乘車,重租稅以困辱之。石林葉氏曰:"高祖禁賈人,毋得衣錦繡綺縠絺紵罽,操兵乘,騎馬;其後又禁毋得爲吏與名田。凡民一等,商賈獨倍,其賤之至矣。凡賈皆有籍。謫以戍邊者七科;吏有罪一,亡命二,贅壻三,而賈人四,故有市籍五,父母有市籍六,大父母有市籍七。雖非先王之政,然敦本抑末,亦後世所不能行也。"孝惠高后時,爲天下初定,復弛商賈之律。然市井子孫,亦不得仕官爲吏。《通考》。

(十一)王莽篡位下令曰:"古者設井田,則國給人富而頌聲作。秦爲無道,壞聖制,廢井田。是以兼并起,貪鄙生。強者規田以千數,弱者曾無立錐之居。漢氏減輕田租,三十而稅一。而豪民侵淩,分田劫假,厥名三十,實什稅五也。富者驕而爲邪,貧者窮而爲姦,俱陷於辜,刑用不錯。今更名天下田曰王田,奴婢曰私屬,皆不得買賣。其男口不過八,而田滿一井者,分餘田與九族鄉黨。"犯令法至死;制度又不定,吏緣爲姦,天下譬譬然,陷刑者衆。後三歲,莽知民愁,下詔諸食王田及私屬,皆得賣,勿拘以法。然刑罰深刻,他政誖亂,用度不足,數賦橫斂,民愈貧困。荀悦論曰:"古者什一而稅,以爲天下之中正。今漢氏或百一而稅,可謂鮮矣!然豪強人占田逾侈,輸其賦大半。官家之惠,優於三代;豪強之暴,酷於亡秦;是上惠不通,威福分於豪強也。文帝不正其本,而務除租稅,適足以資豪強也!且夫井田之制,不宜於人衆之時;田廣人寡,苟爲可也;然欲廢之於寡,立之於衆;土地布列在豪強,卒而革之,並有怨心,則生紛亂,制度難行。由是觀之:若高祖初定天下,光武中興之後,人衆稀少,立之易矣。既未悉備井田之法,宜以口數占田,爲之立限,人得耕種,不得買賣,以贍貧弱,以防兼并,且爲制度張本,不亦善乎?"《通考》。

## 五　兩漢外戚之禍

（一）按：高祖劉邦滅秦、楚，稱帝，國號漢，都長安。奄有今黃河、長江、粵江三流域地。分封子弟爲王。景帝時有吳楚七國之亂，蓋其宗室之爭也。武帝騖遠征，逐匈奴益地有今內蒙古、新疆、安南及朝鮮北部。哀、平衰亂，王莽簒之。傳十二帝，二百二十年而亡。是爲前漢，亦稱西漢。劉秀以景帝子長沙王發之後，乘王莽之敝起兵滅之，稱帝，都洛陽。傳十二帝，至獻帝爲曹丕所簒，凡一百九十六年。是爲後漢，又稱東漢。

（二）兩漢以外戚輔政，國家既受其禍；而外戚之受禍，亦莫如兩漢者。崔駰疏言，漢興以後，至於哀、平，外家二十餘，保全者四家而已。章懷註，謂高帝呂后，產、祿謀反誅，惠帝張后廢，文帝母薄太后弟昭被殺，文帝竇后弟子嬰誅，景帝薄后、武帝陳后俱廢，武帝衛后自殺，昭帝母趙太后賜死，昭帝上官后家族誅，宣帝祖母史良娣以巫蠱死，宣帝母王夫人弟子商下獄死，霍后廢，家亦破，元帝王后弟子莽簒位伏誅，成帝許后賜死，趙后廢自殺，哀帝祖母傅太后家屬徙合浦，平帝母衛姬家屬誅。其四家者，景帝王后，宣帝許后、王后，哀帝母丁姬家，皆保全也。《廿二史劄記》。

（三）高祖微時，單父人呂公好相人，奇高祖貌，以女妻之，即高后也。后爲人剛毅，佐高祖定天下。生孝惠，高祖以爲不類己。所幸姬戚夫人，有子曰如意，封趙王。高祖愛之，常欲以易太子。孝惠賴叔孫通、張良故，得毋易，以故呂后怨戚夫人。太子既即位，太后囚戚夫人，髡鉗衣赭衣，令舂。戚夫人舂且歌曰：“子爲王，母爲虜，終日舂薄暮，與死爲伍；相離三千里，當誰使告女。”太后聞之，大怒曰：“乃欲倚汝子耶？”乃召趙王欲殺之，帝謂惠帝。知太后欲殺趙王，召王入宮，自挾與起居飲食，太后不得間。元年冬十二月，帝晨出射，趙王年少，不能蚤起。太后酖殺之。帝還，趙王已死，太后遂斷戚夫人手足去眼煇耳，飲瘖藥，使居廁中，命曰人彘。居數日，乃召帝觀人彘。帝見問知其戚夫人，乃大哭。因病，歲餘不能起。七年秋，帝崩。初，太后命張后取他人子養之，而殺其母，以爲太子。帝崩，太子即位，年幼。太后遂臨朝稱制，欲王諸呂，追尊父呂公兄呂澤爲王，封魯元公主子張偃爲魯王，兄子呂台爲呂王，女弟呂嬃爲臨光侯，以呂台弟呂產爲梁王，兄子呂祿爲趙王；又封諸呂六人爲侯，持天下凡八年。及疾甚，乃令呂祿爲上將軍，居北軍，呂產居南軍。太后誡產、祿曰：“我崩，必據兵衛宮，慎毋送喪，爲人所制！”辛巳，太后崩，諸呂欲爲亂,畏大臣絳灌等,未敢發。朱虚侯章以吕禄女爲婦,知其謀,以告齊王。齊王遂舉兵西攻濟南,遺諸侯書,數諸吕之罪。吕産等聞之,乃遣灌嬰將兵擊之。嬰至滎陽,謀曰:"諸吕欲謀劉氏,今我破齊,此益吕氏之資也。"乃留屯滎陽,使使諭齊王及諸侯與連和,以待吕氏變。是時中外相持,列侯羣臣,莫自堅其命。太尉周勃不得主兵,曲周侯酈商老病,其子寄與吕禄善。太尉乃與丞相陳平謀,使人劫酈商,令其子寄往紿吕禄,説禄歸相國印,而之國,齊兵必罷。吕禄信然其計,時與出遊獵,過其姑吕嬃。嬃大怒曰:"若爲將而棄軍,吕氏今無處矣。"八月庚申旦,平陽侯窋見吕産計事,適郎中令賈壽。從齊來,具以灌嬰與齊楚合縱之謀告産,且趣産急入宮。平陽侯頗聞其語,馳告丞相太尉。太尉欲入北軍,不得入。襄平侯紀通尚符節,乃令持節矯内太尉北軍。太尉復使酈寄、劉揭説吕禄,禄乃以印屬揭,而以兵授太尉,太尉入軍門,行令曰:"爲吕氏右袒,爲劉氏左袒。"軍中皆左袒,太尉遂將北軍。然尚有南軍,太尉令朱虚侯告衛尉,毋入吕産殿門。朱虚侯請卒,太尉與以千餘人,入未央宮門,見産廷中,日晡,遂擊産,殺之郎中府吏厠中。太尉遂遣人分捕諸吕男女,無少長皆斬之。辛酉,斬吕禄,而笞殺吕嬃,誅吕通,廢張偃,使朱虚侯以誅諸吕事告齊王及灌嬰,使罷兵。迎孝文於代而立之。據《史記·吕后本紀》。

（四）宣帝始立,微時許妃爲皇后。顯按霍光夫人也。愛小女成君,欲貴之;私使乳醫淳于衍,行毒藥殺許后。因勸光内成君,代立爲后。……顯恐事敗,即具以實語光;光大驚,欲自舉發,不忍,猶與。……光薨後,語稍泄。於是上始聞之而未察,迺徙光女壻度遼將軍未央衛尉平陵侯范明友爲光禄勳,次壻諸吏中郎將羽林監任勝出爲安定太守。數月,復出光姊壻給事中光禄大夫張朔爲蜀郡太守,羣孫壻中郎將王漢爲武威太守。頃之,復徙光長女壻長樂衛尉鄧廣漢爲少府。更以禹按光子。爲大司馬,冠小冠,亡印綬;罷其右將軍屯兵官屬,特使禹官名與光俱大司馬者。又收范明友度遼將軍印綬,但爲光禄勳。及光中女壻趙平爲散騎都尉,光禄大夫將屯兵。又收平騎都尉印綬。諸領胡越騎羽林及兩宮衛將屯兵,悉易以所親信許、史子弟代之。禹爲大司馬,稱病。禹故長史任宣候問,禹曰:"我何病,縣官按:稱天子也。非我家將軍,不得至是;今將軍墳墓未乾,盡外我家。反任許、史,奪我印綬,令人不省死。"……顯及禹、山、雲按:山、雲並光兄去病孫。自見日侵削,數相對啼泣,自怨。……山曰:"我家昆弟諸壻,多不謹。又聞民間讙言霍氏毒殺許皇后,寧有是邪?"顯恐,急即具以實告山、雲、禹。山、雲、禹驚曰:"如是何不早告禹等,縣官離散斥逐諸壻,用是故也。此大事,誅罰不小,奈何?"於是始有邪謀矣。……雲舅李竟所善張赦，見雲家卒卒，謂竟曰："今丞相與平恩侯用事，可令太夫人言太后，先誅此兩人。移徙陛下，在太后耳。"長安男子張章告之，事下廷尉，執金吾捕張赦……等。後有詔止勿捕。山等愈恐，相謂曰："此縣官重太后，故不竟也。然惡端已見；又有弒許后事，陛下雖寬仁，恐左右不聽；久之猶發，發即族矣，不如先也。"遂令諸女各歸報其夫，皆曰："安所相避？"會李竟坐與諸侯王交通，辭語及霍氏；有詔雲、山不宜宿衞，免就第。光諸女遇太后無禮，馮子都數犯法，上并以爲讓，山、禹等甚恐。……舉家憂愁。山曰："丞相擅滅宗廟羔、菟、鼉，可以此罪也。"謀令太后爲博平君置酒，召丞相、平恩侯以下，使范明友、鄧廣漢承太后制引斬之，因廢天子而立禹。約定未發，雲拜爲玄菟太守，太中大夫任宣爲代郡太守。山又坐寫秘書，顯爲上書獻城西第，入馬千匹以贖山罪。書報聞，會事發覺，雲、山、明友自殺，顯、禹、廣漢等捕得，禹要斬，顯及女昆弟皆棄市。諸霍獨霍后廢處昭臺宮。與霍氏相連坐誅滅者數千家。……宣帝始立，謁見高廟。大將軍光從驂乘，上內嚴憚之，若有芒刺在背。後車騎將軍張安世代光驂乘，天子從容肆體，甚安近焉。及光身死，而宗族竟誅。故俗傳之曰："威震主者不畜。霍氏之禍，萌於驂乘。"《前漢書·霍光傳》。

（五）按：王鳳，孝元皇后兄也。元帝崩，成帝即位，尊母王氏爲皇太后，以元舅王鳳爲大將軍，領尚書事。鳳弟五人，同日封侯，世謂之五侯。鳳卒，弟音代輔政，音卒，商代之，商卒，根代之。見《漢書·王鳳傳》等。

（六）王莽，字巨君，孝元皇后之弟子也。元后父及兄弟，皆以元、成世封侯，居位輔政，家凡九侯、五大司馬。……惟莽父曼早死不侯。……莽獨孤貧，因折節爲恭儉，受《禮》經師，……外交英俊，內事諸父，曲盡禮意。……當世名士，咸爲莽言，上由是賢莽。永始元年，封莽爲新都侯。……是時太后姊子淳于長以材能爲九卿，先進在莽右。莽因求其罪過，因大司馬曲陽侯根白之；長伏誅。莽以獲忠直。……根因乞骸骨，薦莽自代。上遂擢爲大司馬。按：漢大司馬宰輔而兼有兵柄者也。是歲綏和元年也。……成帝崩，哀帝即位，……莽上疏乞骸骨。……哀帝崩，無子，……太皇太后……拜莽爲大司馬。……迎中山王奉成帝後，是爲孝平皇帝。帝年九歲。太后臨朝稱制，委政於莽。莽白趙氏前害皇子，傅氏驕僭，遂廢孝成趙皇后、孝哀傅皇后，皆令自殺。……羣臣乃陳莽功德，……宜賜號曰安漢公，……太后下詔，……莽爲惶恐，不得已而起受。……初莽欲擅權，白太后，"前哀帝立，背恩義，自貴外家丁、傅，撓亂國家，幾危社稷；今帝幼年，復奉大宗，爲成帝後，宜明一統之義，以戒前事，爲後代法。"於是遣甄豐奉璽綬，即拜帝母衞姬爲中山孝皇后；帝舅衞寶，寶弟玄爵關內侯。皆留中山,不得至京師。莽子宇,非莽隔絕衛氏,恐帝長大後見怨。宇即私遣人與寶等通書,教令帝母上書求入。……莽不聽。宇與師吳章及婦兄呂寬議其故,章以爲莽不可諫而好鬼神,可爲變怪以驚懼之;章因推類說令歸政於衛氏。宇即使寬夜持血灑莽第。門吏發覺之,莽執宇送獄,飲藥死。宇妻焉懷子,繫獄,須產子已,殺之。……莽因是誅滅衛氏,窮治呂寬之獄;連引郡國豪桀素非議己者,內及敬武公主,按:平帝妹。梁王立、紅陽侯立、平阿侯仁,使者迫守皆自殺。死者以百數,海內震焉。《前漢書・王莽傳》。

（七）莽女立爲皇后,大赦天下。……吏民以莽不受新野田,而上書者前後四十八萬七千五百七十二人。及諸侯王公列侯宗室見者,皆叩頭言,宜亟加賞於安漢公。甄邯等白太后詔曰:"……唯公功德,光於天下,是以諸侯王公列侯宗室諸生吏民翕然同辭,連守闕庭;……雖曉喻罷遣,猶不肯去。告以孟夏將行厥賞,莫不懽悅,稱萬歲而退。"《前漢書・王莽傳》。

（八）平帝崩,……元帝世絕,而宣帝曾孫有見王五人,列侯廣戚侯顯等四十八人,莽惡其長大,曰:"兄弟不得相爲後。"乃選玄孫中最幼,廣戚侯子嬰,年二歲,託以爲卜最吉。……令安漢公居攝踐阼,如周公故事。……明年改元曰居攝。……三月己丑,立宣帝玄孫嬰爲皇太子,號曰孺子。……五月甲辰太后詔莽朝見太后,稱假皇帝。……二年……九月東郡太守翟義……移檄郡國,言莽毒殺平帝,攝天子位,欲絕漢室。今共行天討誅莽。……莽惶懼……遣王邑、孫建等八將軍擊義。……破義於圉。……三年……大赦天下。……以居攝三年爲初始元年。……御王冠,即真天子位。定有天下之號曰新。……去漢號,……策命孺子……爲定安公。《前漢書・王莽傳》。

（九）按:莽狼顧豺聲,實無他材能。既竊位,自以周、孔復生,變易漢制,更改名號;比附經義,制作禮樂;又用古井田法,俾民田皆統於官;託名古制,設五均六筦以奪民利;屢改鑄銀幣,增減其價,民之以私鑄抵法者,不可勝數;法令煩苛,朝下夕改;農桑失業,食貨俱廢,於是羣盜四起,天下大亂矣。俱詳《王莽傳》,不可悉記。

（十）冀字伯卓,爲人鳶肩豺目,洞精矔盱,口吟舌言,裁能書計。……永和元年,拜河南尹,冀居職暴恣,多非法。父商……薨,未及葬,順帝乃拜冀爲大將軍,弟侍中不疑爲河南尹。及帝崩,沖帝始在襁褓,太后臨朝;詔冀與太傅趙峻、太尉李固參錄尚書事。冀雖辭不肯當,而侈暴滋甚。沖帝又崩,冀立質帝。帝少而聰慧,知冀驕橫,嘗朝羣臣,目冀曰:"此跋扈將軍也!"冀聞,深惡之。遂令左右進鴆加煮餅,帝即日崩。復立桓帝,而枉害李固,及前太尉杜喬,海內嗟懼。……弘農人宰宣,素性佞邪,欲取媚於冀,乃上言大將軍有周公之功,今既封諸子,則其妻宜爲邑君。詔遂封冀妻孫壽爲襄城君,兼食陽翟租,歲入五千萬。加賜赤紱,比長公主。……冀用壽言,多斥奪諸梁在位者。外以謙讓,而實崇孫氏,宗親冒名而爲侍中、卿、校尉、郡守、長吏者十餘人,皆貪叨凶淫,各遣私客,籍屬縣富人,被以它罪,閉獄掠拷,使出錢自贖;貲物少者,至於死徙。扶風人士孫奮,居富而性吝,冀因以馬乘遺之,從貸錢五千萬。奮以三千萬與之,冀大怒,乃告郡縣,認奮母爲其守臧婢,云盜白珠十斛,紫金千斤以叛;遂收考奮兄弟,死於獄中,悉没貲財億七千餘萬。其四方調發,歲時貢獻,皆先輸上第於冀,乘輿乃其次焉。吏人齎貨求官請罪者,道路相望。……冀乃大起第舍,而壽亦對街爲宅,殫極土木,互相誇競。……第內多從倡伎,鳴鐘吹管,酣謳竟路。或連繼日夜,以騁娛恣。客到門,不得通,皆請謝門者,門者累千金。又多拓林苑,禁同王家。……周旋封域,殆將千里。又起菟苑於河南城西,經亘數十里,發屬縣卒徒,繕修樓觀,數年乃成。移檄所在,調發生菟,刻其毛以爲識,人有犯者,罪至刑死。當有西域賈胡,不知禁忌,誤殺一菟,轉相告言,坐死者十餘人。冀二弟,嘗私遣人出獵上黨;冀聞而捕其賓客,一時殺三十餘人,無生還者。冀又起別第於城西,以納姦亡,或取良人悉爲奴婢,至數千人,名曰自賣人。……冀一門前後七封侯,三皇后,六貴人,二大將軍;夫人、女食邑稱君者,七人;尚公主三人;其餘卿、將、尹、校,五十七人。在位二十餘年,窮極滿盛,威行內外,百僚側目,莫敢違命。天子恭已而不得有所親豫。《後漢書·梁冀傳》。

　　(十一)單超,河南人;徐璜,下邳良城人;具瑗,魏郡元城人;左悺,河南平陰人;唐衡,潁川郾人也。桓帝初,超、璜、瑗爲中常侍,悺、衡爲小黃門史。初,梁冀兩妹爲順、桓二帝皇后,冀代父商爲大將軍,再世權戚,威震天下。冀自誅太尉李固、杜喬等,驕橫益甚。皇后乘勢忌恣,多所鴆毒。上下鉗口,莫有言者。帝逼畏久,恒有不平。恐言泄,不敢謀之。延熹二年,皇后崩,帝因如廁,獨呼衡,問左右與外舍不相得者,皆誰乎?衡對曰:"單超、左悺,前詣河南尹不疑,禮敬小簡,不疑收其兄弟送洛陽獄;二人詣門謝,乃得解。徐璜、具瑗常私忿疾外舍放橫,口不敢道。"於是帝呼超、悺入室,謂曰:"梁將軍兄弟,專固國朝,迫脅外內,公卿以下,從其風旨。今欲誅之,於常侍意何如?"超等對曰:"誠國姦賊,當誅日久。臣等弱劣,未知聖意何如耳?"帝曰:"審然者,當侍密圖之。"對曰:"圖之不難,但恐陛下復中狐疑!"帝曰:"姦臣脅國,當伏其罪,何疑乎?"於是更召璜、瑗等五人,遂定其議;帝齧超臂出血爲盟。於是詔收冀及宗親黨與,悉誅之。惲、衡遷中常侍,封超新豐侯,二萬户;璜武原侯,瑗東武陽侯,各萬五千户,賜錢各千五百萬;惲上蔡侯衡汝陽侯,各萬三千户,賜錢各千三百萬;五人同日封,故世謂之五侯。又封小黄門劉普、趙忠等八人爲鄉侯。自是權歸宦官,朝廷日亂矣。《後漢書·宦者列傳》。

## 六　晉宗室之亂

（一）赤壁戰後,操殺馬騰;并涼州,三分之局定。操圖篡之謀遂急。建安十八年,自立爲魏公,受九錫。二十一年,自進爲魏王。二十五年春正月,卒。子丕立,是爲文帝。改建安二十五年爲延康元年。是年篡漢。改元黄初,以漢帝爲山陽公,尊操爲武帝。在位七年崩,子叡立,是爲明帝。在位十二年崩,無子,養子齊王芳立。以曹爽與司馬懿輔政。正始九年,司馬懿殺大將軍曹爽,遂盜大權。嘉平三年,司馬懿卒。是爲宣王。司馬師輔政,是爲景王。六年,帝爲師所廢。文帝曾孫高貴鄉公髦立。正元二年,司馬師卒。弟司馬昭輔政,是爲文王。甘露五年,高貴鄉公欲誅昭,爲昭所弑。昭立武帝孫陳留王奐。景元元年,司馬昭位相國,封晉公,加九錫。咸熙元年,進爵晉王。二年,司馬昭卒,子炎立,是爲晉武帝。是年十二月,篡魏,以奐爲陳留王。魏亡。據《三國志·魏志》。

（二）蜀先主劉備既大破曹操於赤壁下,遂有荆州地。十九年,破劉璋,據蜀,并益州。二十五年,魏文帝篡漢,傳聞獻帝見害,先主乃自立爲皇帝,是爲昭烈皇帝。以諸葛亮爲丞相。改元章武。章武元年,吴入荆州,殺關羽。先主自將伐吴,大敗。二年崩,子禪立。建興十二年,丞相諸葛亮卒。景耀六年,魏師入蜀,帝降於魏,蜀亡。禪在位四十一年。魏封禪爲安樂公。至晉太始七年,卒於洛陽。據《三國志·蜀志》。

（三）孫權既敗曹操,建安二十三年,與操和。操表權爲驃騎將軍,假節領荆州牧,封南昌侯。二十五年,魏代漢,魏帝以權爲大將軍。使持節督交州領荆州牧事,封吴王,加九錫。黄龍元年,權自立爲皇帝,國號吴,是爲吴大帝,在位二十八年崩。少子亮即位,在位七年崩,爲孫綝所廢。孫綝迎權子休立之,是爲景皇帝。永安元年,誅綝。在位七年薨。權孫皓立。甘露元年,晉篡魏。天紀四年,晉師大至,皓降於晉。吴亡。皓在位十三年,晉封皓爲歸命侯。至晉太康五年,卒於洛陽。據《三國志·吴志》。

（四）泰始元年……封皇叔祖父孚爲安平王;皇叔父幹爲平原王,亮爲扶風王,仙爲東莞王,駿爲汝陰王,肜爲梁王,倫爲瑯琊王;皇弟攸爲齊王,鑒爲樂安王,幾爲燕王;皇從伯父望爲義陽王;皇從叔父輔爲渤海王,晃爲下邳王,瓌爲太原王,珪爲高陽王,衡爲當山王,子文爲沛王,泰爲隴西王,權爲彭城王,綏爲范陽王,遂爲濟南王,遜爲譙王,睦爲中山王,陵爲北海王,斌爲陳王;皇從父兄洪爲河間王,皇從父弟楙爲東平王。《晉書·武帝本紀》。

（五）太熙元年……帝崩於含章殿,時年五十五。……爰至末年,知惠帝不克負荷,然恃皇孫聰睿,故無廢立之心。復慮非賈后所生,終致危敗,遂與心腹,共圖後事。……竟用王佑之謀,遣太子母弟秦王柬,都督關中,楚王瑋、淮南王允,並鎮守要害,以彊帝室。……中朝之亂,實始於斯矣。同上。孝惠皇帝諱衷,字正度,武帝第二子也。……太熙元年四月己酉,武帝崩,是日皇太子即皇帝位,大赦,改元爲永熙,尊皇后楊氏曰皇太后,立妃賈氏爲皇后。……八月……立廣陵王通爲皇太子。《晉書·惠帝本紀》。

（六）趙王倫者,懿第九子也。初封瑯邪王,後改封趙王,於諸王最爲疏遠。初諂事賈后。太子之廢也,倫知賈后失人心,乃謀圖之。其黨孫秀爲倫畫策,先説后早殺太子以絶民望,然後藉口爲太子復仇而誅賈氏。太子果被害。倫、秀遂起兵作亂,廢賈后爲庶人,盡誅賈氏宗戚,並及張華、裴頠等。倫自爲相國,百官總己,以聽於倫。倫性本駑下,既得志,則反受制於秀。秀威權振朝廷,天下皆事秀而無求倫者。秀亦庸劣無才識,惟多殺忠良以樹威而逞欲。於是京洛之士,不聊生矣。淮南王允,起兵討倫,不克而死。倫更謀篡位,以諸王在京握兵柄,深忌之;乃出齊王冏鎮許昌,成都王穎鎮鄴,冏,攸之子,穎,帝母弟也。未幾,倫遂篡立,尊惠帝爲太上皇,幽之金墉。倫、秀並崇信巫鬼,惑妖邪之説;奴僕廝役,皆超加爵位;每朝會,貂蟬盈廷。時人爲之語曰:"貂不足,狗尾續。"政以賄成,紀綱大壞。洛中百姓皆知其不終矣。於是冏、穎傳檄四方,起兵討倫。河間王顒,自長安應之。倫、秀始大懼,使孫輔、張泓、閭和等帥兵南拒冏,秀子會及劉琨、士漪、許超等帥兵北拒穎。穎大敗會軍於溴水,遂長驅濟河,軍於洛北。自三王兵起,百官軍士爭謀反正;穎軍至,左將軍王輿,帥所部入宮誅秀,勒倫還第;迎惠帝於金墉;既而賜倫死。據《晉書·諸王傳》。

（七）齊王冏既入洛陽,甲士數十萬,威震京師。詔以冏爲大司馬,留輔朝政。長沙王乂勸穎圖冏,聞者憂懼。盧志謂穎曰:"兩雄不並立,大王宜請還鎮,委重齊王,以收四海之心。"穎從之,即辭歸鄴。由是士民之譽,咸歸於穎。冏既得政,漸恃功驕奢,中外失望。河間王顒,本附趙王,冏意頗恨之,顒不自安,因人心怨冏,遂起兵表冏罪狀,請廢冏而以穎代之。長沙王乂承穎檄邀以所部奉帝攻冏。大戰三日,矢集御前。冏衆大敗,執冏斬之,穎軍亦退。穎在鄴,遙執朝政,事無大小咸咨焉。穎終嫌乂在朝,不便其所爲;復與顒連兵反。乂奉帝討之,雖屢破穎、顒兵,而都中糧食漸匱。東海王越慮事不濟,潛與諸將謀,襲殺乂,開城迎外兵。穎入洛陽,廢皇后太子而自爲太弟,仍還鎮鄴,以京師事委之於越。既而復與越不協,越又挾帝以討穎。戰於蕩陰,王師敗績,嵇紹死焉,血濺御衣。越走歸國。穎以帝入於鄴,四方征鎮,皆起兵討穎。穎軍數敗,鄴中奔潰。穎乃挾帝還洛,倉卒未齎錢帛,途中帝無所得食,餓甚;有小黃門被囊中有錢二千,帝從而貸之,始得食。時洛中已殘破,顒將張方,又劫帝赴長安。越自徐州復起兵討方,顒恐懼,殺方以解。越乃迎帝東還,自爲太傅,專制朝政。穎旋爲其下所殺,顒亦爲南陽王模所誅。蓋至是而八王止存其一矣。未幾,帝食餅中毒而崩,莫得其主名,疑越之鴆也。太子覃已廢,太弟熾即位,是爲懷帝。據《晉書・諸王傳》。

（八）南匈奴自降漢後,入居於西河美稷。自以爲其先曾與漢約爲兄弟,遂冒姓劉氏。魏分其衆爲五部,皆以劉氏爲部帥。太康中,改置都尉。雖分屬五部,皆家於汾晉之間。劉淵於武帝時爲左部帥。惠帝時,太弟穎,表淵爲左賢王,監五部軍事,使將兵在鄴。太安中,惠帝失政,諸王迭相殘廢。匈奴種人立淵爲大單于,國號曰漢。永興元年,晉將軍聶玄討之,大敗。淵遣劉曜寇太原諸郡,皆陷之。永嘉二年,即皇帝位,遷都平陽。四年,淵死,子聰立。命呼延晏、王彌、劉曜南寇。據《晉書載記》第一、第二。

永嘉五年……六月丁酉,劉曜、王彌入京師;帝開華林園門,出河陰藕池,欲幸長安,爲曜等所追及。曜等遂焚燒宮廟,逼辱后妃,……百官士庶死者三萬餘人。帝蒙塵於平陽,劉聰以帝爲會稽公。……七年春正月,聰大會,使帝著青衣行酒。侍中庾珉號哭,聰惡之。丁未,帝遇弒,年三十。《晉書・孝懷帝紀》。

建興四年……八月,劉曜逼京師,內外斷絕。……十一月乙未,使侍中宋敞送牋於曜,帝……出降。……辛丑,帝蒙塵於平陽。……五年冬十月……,劉聰出獵,令帝行車騎將軍戎服執戟爲導。百姓聚而觀之,故老或欷歔流涕,聰聞而惡之。後因大會,使帝行酒洗爵;反而更衣,又使帝執蓋。晉臣在坐者,多失聲而泣。尚書郎辛賓,抱帝慟哭,爲聰所害。十二月戊戌,帝遇弒,年十八。《晉書・孝愍帝紀》。

（九）宋文帝元嘉七年十一月,夏主及魏人戰,敗走上邽;魏取安定、隴西。十二月,魏人克平涼。八年夏六月,夏主定擊涼,吐谷渾襲敗之,執定以歸。

十三年夏,魏伐燕,<sub>北燕。</sub>燕王弘奔高麗。十六年夏六月,魏主伐涼。<sub>北涼。</sub>秋九月,姑臧潰,涼王牧犍降。《通鑑綱目》。宋文帝元嘉二十三年,魏人侵宋。二十七年二月;魏主侵宋,圍懸瓠。秋,宋人大舉侵魏,取碻磝,圍滑台。冬十月,魏主自將救之。宋將軍王玄謨退走。十二月,魏主引兵南下,攻盱眙,不克。進次瓜步。宋人戒嚴守江,魏及宋平。《通鑑綱目》。

　　按:魏起北方,種稱索虜;自拓拔珪自立爲代王,尋稱帝,國號魏。更稱北魏,所以別於曹魏也。傳至孝文帝,自平城<sub>今山西大同。</sub>遷洛,改姓元氏,故又稱元魏。凡十二主,一百四十九年,乃分裂爲東、西魏。

　　(十)按:劉裕彭城人,小字寄奴。初仕晉爲下邳太守,討孫恩、盧循、桓玄等有功,封晉公。又滅南燕、後秦、後燕、蜀、秦諸國,遂自爲相國。進王爵,裕信讖語;急欲篡晉;乃弒晉安帝立恭帝。才一年即篡位。定有天下之號曰宋。既封恭帝爲零陵王,尋復弒之。其後齊、梁、陳互篡弒焉。

# 七　晉時的風俗習慣

　　(一)建武五年……冬十月還幸魯,使大司空祀孔子。……初起太學。車駕還宮,幸太學,賜博士弟子各有差。……十四年……封孔子後志爲襃成侯。……中元元年……初起明堂,靈臺,辟雍。……數引公卿郎將,講論經理,夜分乃寐。《後漢書·光武帝紀》。

　　按:光武帝既定天下,明慎政體,度力量時,動無過舉,故能敦崇禮教,美掩西京。故人嚴光矯傲不臣,光武屈己下之,以全其志;譙玄獨行不屈,幾死於公孫述,光武美之,以成其名;其獎勵德行,類如此也。東京二百年間,清介之士,所以前後相望者,殆皆光武有以激厲之耳。

　　(二)清談起於魏正始中,何晏、王弼,祖述老莊,謂"天地萬物,皆以無爲本,無也者,開物成務,無往而不存者也"。《王衍傳》。是時阮籍亦素有高名,口談浮虛,不遵禮法。《裴頠傳》。籍嘗作《大人先生傳》,謂"世之禮法君子,如蝨之處褌。"《阮籍傳》。其後王衍、樂廣慕之,俱宅心事外,名重於時。天下言風流者,以王、樂爲稱首,《樂廣傳》。後進莫不競爲浮誕,遂成風俗。《王衍傳》。學者以老莊爲宗,而黜六經;談者以虛蕩爲辨,而賤名檢;行身者以放濁爲通,而狹節信;仕進者,以苟得爲貴,而鄙居正;當官者,以望空爲高,而笑勤恪。《愍帝紀論》。其時未嘗無斥其非者,如劉頌屢言治道,傅咸每糾邪正,世反謂之俗吏。……其中未嘗無好學者,然所學亦止以供談資。向秀好老莊之學,嘗註解之,讀者超然心悟。郭象又從而廣之,儒墨之迹見鄙,道家之風遂盛。《秀傳》。潘京與樂廣談,廣深嘆之,謂曰:"君天才過人,若加以學,必爲一代談宗。"京遂勤學不倦。《京傳》。……是當時父兄師友之所講求,專推究老莊,以爲口舌之助。五經中,惟崇《易》理,其他盡閣束也。至梁武帝,始崇尚經學,儒術由之稍振。然談議之習已成,所謂經學者,亦皆以爲談辯之資。……風氣所趨,積重難返。直至隋平陳之後,始掃除之。蓋關陝樸厚,本無此風,魏周以來,初未漸染。陳人之遷於長安者,又已衰荼不振,故不禁而自消滅也。《廿二史劄記》。

(三)佛教自漢入中國,迨後諸教東漸,佛教勢力,不但不爲之減殺,且經魏晉南北朝至唐,反極隆盛。其原因蓋有數端:(1)東晉以來,印度及中央亞細亞佛教徒,或遵陸經天山南路;或航海過南洋諸國;遠游中國者頗多,皆委身於布教及譯經。(2)老莊之學,與佛教宗旨相似。(3)魏晉六朝君主,多皈依佛法。(4)中國僧侶,亦多。遠游西域印度,以求佛法。佛法始入中國無派別。其後經年既久,諸家所見多異,乃漸分數派。自西晉至唐初,前後有十三宗。十三宗者,涅槃、地論、攝論、成實、俱舍、律、三論、净土、禪、天台、華嚴、法相、真言是也。涅槃、地論、攝論、成實、俱舍,或多合於他宗,或其勢力不大,實按之僅得八派。八派在唐代,流傳皆盛。唐以後,律、禪、净土三宗外,先後皆衰。日本桑原隲藏《東洋史要》。

(四)世人皆知唐人極重氏族之學,然氏族之學,不始於唐。唐特氏族之習之餘響耳。氏族之習,蓋萌芽於魏之九品中正,而殄滅於隋之進士科。其始也,行乎其所不得不行;其終也,止乎其所不得不止;皆出於其政治上必然之果效,非空言所能爲也。溯中國自黃帝以來,以貴族爲立國之基,直至春秋,其制未改。至於戰國,則因社會進化,貴族之制不足以自存;於是乎易世守之法,而爲游説之法。上書求見,抵掌前席者,二百餘年,其勢顧不可以久。漢興,而用徵辟之法。其士大夫大率先受業於國學之博士,卒業後,就公卿方岳之聘,試爲其椽屬;久之,累官而上。其制獨與今歐美諸國相近。漢行之四百年,其人材最盛,其流弊亦最少,非倖致也。使循其途而不改,則中國今日,其現象必不若是。而改之者則亦由於曹魏。魏之於中國,其關係亦大矣。案魏文延康元年,以陳羣之議,立九品官人之法。其法於州郡縣俱置大小中正,各取本處人在諸府公卿及臺省郎吏有才德者充之。區別所官人物,定爲九等。吏部不復審定,但委中正銓第等級,憑之授受。其弊也,惟能知其閥閲,非復辨其賢愚。所謂"下品無高門,上品無寒士"也。南朝至於梁、陳,北朝至於周、隋,選舉之法雖互相損益,而九品及中正,終爲定制。又因其時匈奴、羯、胡、鮮卑、氐、羌諸族,深入禹域,與諸夏雜處,婚嫁不禁,種族混淆;衣冠之族,不能不自標異。積此諸因,遂不得不由徵辟之世,倒演而歸於門閥之世。其所以與三代不同者,三代與政治相連,此不必與政治相連耳。然其時士庶之見,深入人心,若天經地義然。今所聞見於史傳者,事實甚顯。大抵其時士庶不得通婚,故司馬休之之數宋武曰:"裕以庶孽,與德文嫡婚,致茲非偶,實由威逼。"沈約之彈王源曰:"風聞東海王源嫁女與富陽滿氏,王滿聯姻,實駭物聽。此風勿翦,其源遂開。……宜眞以明科,黜之流伍。"可以見其界之嚴矣。其有不幸而通婚者,則爲士族之玷。如楊佺期自以楊震之後,門戶承藉,江表莫比。有以其門地比王珣者,猶恚恨。而時人以其過江晚,婚宦失類,每排抑之。然其庶族之求儷於士族者,則仍不已,不必其通婚也。一起居動作之微,亦以偕偶士族爲榮幸,而終不能得。如紀僧眞嘗啓齊武曰:"臣小人,出自本州武吏,他無所須,惟就陛下乞作士大夫。"帝曰:"此事由江斆、謝瀹,我不得措意,可自詣之。"僧眞承旨詣斆,登榻坐定,斆命左右移吾牀讓客,僧眞喪氣而退。告帝曰:"士大夫固非天子所命也。"其有幸而得者,則以爲畢生之慶,……甚至以極凶狡之夫,乘百戰之勢,亦不能力求。如侯景請娶於王、謝。梁武曰:"王、謝高門非偶,當朱、張以下訪之。"積此諸端觀之,則當時士庶界限之嚴,可以想見。然此皆南朝之例耳。若夫北朝,則其例更嚴。南朝之望族曰琅邪王氏,陳國謝氏;北朝之望族曰范陽盧氏,滎陽鄭氏,清和、博陵二崔氏。南朝之望族,皆與皇族聯姻。其皇族,如彭城之劉,蘭陵之二蕭,吳興之陳,不必本屬清門,惟既爲天子,則望族即與聯姻,亦不爲恥。王、謝二家之在南朝,女爲皇后,男尚公主,其事殆數十見也。而北朝大姓則與皇室聯姻者絶少。案魏朝共二十五皇后,漢人居十一,而無一士族焉。……此殆由種族之觀念而成。故惟庶族,乃有與別族聯姻者。

(五)魏主欲變易舊風,齊建武元年十一月,詔禁士民胡服。《資治通鑑・齊紀》。

齊建武三年春正月,魏主下詔以爲北人謂土爲拓,后爲跋;魏之先,出於黃帝,以土德王,故爲拓跋氏。夫土者黃中之色,萬物之元也,宜改姓元氏。諸功臣舊族自代來者,姓或重複,皆改之。於是始改拓跋氏爲長孫氏;達奚氏爲奚氏;乙旃氏爲叔孫氏;丘穆陵氏爲穆氏;步六孤氏爲陸氏;賀賴氏爲賀氏;獨孤氏爲劉氏;賀樓氏爲樓氏;勿忸于氏爲于氏;尉遲氏爲尉氏。其餘所改不可勝紀。《資治通鑑・齊紀》。

## 八　唐武人之禍

（一）後魏孝武帝修，爲高歡所立，復欲圖歡，不勝，奔於宇文泰。時泰在長安，奉之，是爲西魏。歡別立孝靜帝，是爲東魏。

（二）高歡號齊王，專魏政十七年，殂，子高澄襲齊王位，執政三年，爲梁降人蘭京所刺。歡次子高洋立，洋字子進。武定八年，受東魏禪。是爲文宣帝。自歡以下，傳七帝凡四十九年。爲宇文氏所滅。據《北史》。

（三）宇文泰執朝政，凡二十三年，殂，後追尊爲文帝。子宇文覺襲位。覺字陁羅尼，受魏禪。在位一年，爲叔父宇文護所殺，是爲孝閔帝。傳至宣帝，帝窮侈極奢，國政遂爲皇后父楊堅所盜。子宇文衍即位，在位一年，禪於隋。帝遇弑，年九歲。周亡。凡六帝，共四十八年。據《北史》。

（四）宋武帝以義熙十三年北伐，年六十一矣，滅姚秦。後三年而篡，又三年而殂。長子劉義符即位。傳至順帝，爲蕭道成所篡，尋弑之，宋亡。凡八帝，共六十年。據《南史》。

（五）蕭道成，爲漢相國蕭何二十四世孫，父承之，仕宋至南泰山太守。承之久爲宋將，與北朝相攻戰。道成亦屢與征討。宋明帝之世，漸見信用。及平桂陽王休範之亂，威望始隆。受禪之歲，已在暮年。在位四年，殂，是爲高帝。長子蕭賾即位。傳至明帝第八子蕭寶融，爲蕭衍所弑，齊亡。凡七帝，二十四年。據《南史》。

（六）蕭衍在齊明帝時，爲雍州刺史，鎮襄陽。知天下將亂，潛造器械，密爲之備。及兄懿被殺，遂起兵。後受齊禪，爲侯景所弑，是爲武帝。第三子蕭綱立，又爲侯景所弑，是爲簡文帝。弟蕭繹立，爲周人所執，遂殺之，是爲元帝。其弟蕭方智立，爲陳霸先所弑，梁亡。凡四帝，五十六年。據《南史》。

（七）陳霸先，漢太丘長陳寔之後。初仕梁，爲廣州刺史蕭映中直兵參軍。以高要太守起兵討侯景，與王僧辯同有大功。既而襲殺王僧辯，遂專朝政，尋受梁禪，是爲武帝。傳至叔寶，爲隋所滅，降於隋。仁壽四年，爲隋所殺。陳五帝，三十三年。據《南史》。

（八）隋文帝姓楊氏，諱堅，弘農郡華陰人也。漢太尉楊震之後。世仕北朝，至楊忠，爲宇文泰之元勳，位上柱國、大司空、隋國公。堅，忠之子也。周大象二年五月，宣帝崩，堅自稱爲隋王，備殊禮。明年二月，遂受周禪，改元開皇。開皇八年，命楊素、王世積、韓擒虎、賀若弼伐陳。九年，平陳。中國再爲統一。仁壽四年七月丁未，爲太子廣所弑，在位二十四年。廣即煬帝，荒淫無度，天下大亂，被弑於江都。唐公李淵立其孫侑，尋篡之。凡三主，二十九年。據《隋書》。

（九）初唐公李淵娶於神武蕭公竇毅，生四男，建成、世民、玄霸、元吉，一女適太子千牛備身臨汾柴紹。世民聰明勇決，識量過人。見隋室方亂，陰有安天下之志，傾身下士，散財結客，咸得其歡心。晉陽宮監猗氏裴寂，晉陽令武功劉文靜，相與同宿；見城上烽火，寂嘆曰：“貧賤如此，復逢亂離，將何以自存。”文靜笑曰：“時事可知，吾二人相得，何憂貧賤。”文靜見李世民而異之，深自結納；謂寂曰：“此非常人，豁達類漢高，神武同魏祖，年雖少，命世才也。”寂初未然之。文靜坐與李密連昏，繫太原獄，世民就省之。文靜曰：“天下大亂，非高、光之才，不能定也。”世民曰：“安知其無，但人不識耳。我來相省，非兒女子之情，欲與君議大事也，計將安出？”文靜曰：“今主上南巡江淮，李密圍逼東都，羣盜殆以萬數；當此之際，有真主驅駕而用之，取天下如反掌耳。太原百姓，皆避盜入城，文靜爲令數年，知其豪傑；一旦收拾，可得十萬人。尊公所將之兵，復且數萬，一言出口，誰敢不從？以此乘虛入關，號令天下，不過半年，帝業成矣。”世民笑曰：“君言正合吾意！”乃陰部署賓客，淵未之知也。世民恐淵不從，猶豫久之，不敢言。淵與裴寂有舊，每相與宴語，或連日夜。文靜欲因寂關說，乃引寂與世民交。世民出私錢數百萬，使龍山令高斌廉與寂博，稍以輸之。寂大喜，由是日從世民遊，情款益狎。世民乃以其謀告之，寂許諾。會突厥寇馬邑，淵遣高君雅將兵，與馬邑太守王仁恭并力拒之。仁恭、君雅戰不利，淵恐并獲罪，甚憂之。世民乘間屏人説淵曰：“今主上無道，百姓窮困，晉陽城外，皆爲戰場。大人若守小節，下有寇盜，上有嚴刑，危亡無日！不若順民心，興義兵，轉禍爲福，此天授之賜也。”淵大驚曰：“汝安得爲此言！吾今執汝以告縣官。”因取紙筆欲爲表，世民徐曰：“世民觀天時人事如此，故敢發言。必欲執告，不敢辭死。”淵曰：“吾豈忍告汝，汝慎勿出口。”世民復説淵曰：“今盜賊日繁，遍於天下。大人受詔討賊，賊可盡乎？要之，終不免罪。且世人皆傳李氏當應圖讖，故李金才無罪，一朝族滅。大人設能盡賊，則功高不賞，身益危矣。惟昨日之言，可以救禍；此萬全之策也。願大人勿疑！”淵乃嘆曰：“吾一夕思汝言，亦大有理。今日破家亡軀亦由汝，化家爲國亦由汝矣。”先是裴寂私以晉陽宮人侍淵，淵從寂飲酒酣，從容言曰：“二郎陰養士馬，欲舉大事，正爲寂以宮人侍公，恐事覺并誅，爲此急計耳。衆情已協，公意如何？”淵曰：“吾兒誠有此謀。事已如此，當復奈何？正須從之耳。”帝以淵與王仁恭不能禦寇,遣使者執詣江都。淵大懼,世民與寂等復説淵曰:"今主昏國亂,盡忠無益,偏裨失律,而罪及明公,事已迫矣,宜早定計。且晉陽士馬精強,宮監蓄積巨萬;以兹舉事,何患無成。代王幼沖,關中豪傑並起,未知所附。公若鼓行而西,撫而有之,如探囊中之物耳。奈何授單使之囚,坐取夷滅乎?"淵然之。密部勒將發;會帝繼遣使者馳驛赦淵及仁恭,使復舊任;淵謀亦緩行。軍司鎧文水武士彠,前太子左勳衛唐憲,憲弟儉,皆勸淵舉兵。時建成、元吉尚在河東,故淵遷延未發。劉文靜謂裴寂曰:"先發制人,後發制於人,何不早勸唐公舉兵? 而推遷不已! 且公爲宮監,而以宮人侍客,公死可爾,何誤唐公也?"寂甚懼,屢趣淵起兵。淵乃使文靜詐爲敕書,發太原、西河、雁門、馬邑民,年二十以上,五十以下,悉爲兵。期歲暮集涿郡,擊高麗。由是人情恟恟,思亂者益衆。劉武周據汾陽宮,世民言於淵曰:"大人爲留守,而盜賊竊據離宮;不早建大計,禍今至矣。"淵乃集將佐謂之曰:"武周據汾陽宮,吾輩不能制,罪當族。若之何?"王威等皆懼,再拜請計。淵曰:"朝廷用兵,動止皆禀節度;今賊在數百里内,江都在三千里外,加以道路險要,復有他賊據之。進退維谷,何爲而可?"威等皆曰:"公地兼親賢,同國休戚,若俟奏報,豈及事機? 要在平賊,專之可也。"淵陽若不得已而從之者曰:"然則先當集兵。"乃命世民與劉文靜、長孫順德、劉弘基等各募兵,遠近赴集,旬日間,近萬人。仍密遣使召建成、元吉於河東,柴紹於長安。劉文靜勸李淵與突厥相結,資其士馬,以益兵勢;淵從之,自爲手啓,卑辭厚禮,遺始畢可汗云:"欲大舉義兵,遠迎主上;復與突厥和親,如開皇之時。若能與我俱南,願勿侵暴百姓;若但和親坐受寶貨,亦惟可汗所擇。"始得啓,謂其大臣曰:"隋主爲人,我所知也。若迎以來,必害唐公而擊我無疑矣。苟唐公自爲天子,我當不避盛暑,以兵馬助之。"即命以此意爲復書,使者七日而返。將佐皆喜從突厥之言。淵不可。劉文靜等皆曰:"今義兵雖集,而戎馬殊乏。胡兵非所須,而馬不可失。若復稽回,恐其有悔。"淵曰:"諸君宜更思其次。"寂等乃請尊天子爲太上皇,立代王爲帝,以安隋室。移檄郡縣,改易旗幟,雜用絳白,以示突厥。淵曰:"是可謂'掩耳盜鈴',然逼於時事,不得不爾。"乃許之。遣使以此議告突厥,突厥遣其柱國康鞘利等,送馬千匹,詣李淵爲互市;許發兵送李淵入關,多少隨所欲。丁酉,淵引見康鞘利等,受可汗書,禮容盡恭;贈遺康鞘利等甚厚。擇其馬之善者,止市其半,義士請以私錢市其餘。淵曰:"虜饒馬而貪利,其來將不已,恐汝不能市也。吾所以少取者,示貧,且不以爲急故也。當爲汝貰之,不足爲汝費。"康鞘利北還,淵命劉文靜使於突厥,以請兵。私謂文靜曰:"胡騎入中國,生民之大蠹也。吾所以欲得之者,恐劉武周引之,共爲邊患。又胡馬行牧,不費芻粟,聊欲藉之以爲聲勢耳。數百人之外,無所用之。"據《資治通鑑·唐紀》。

（十）長樂王竇建德取河北諸州,改國號曰夏。明年,擊破許主宇文化及於聊城,執而殺之。與王世充結好,奉表於隋。隋仍封爲夏王。隋帝侗立一年,世充廢之,而自稱鄭帝。尋殺侗,諡曰恭帝。及鄅公楊侑卒,唐亦諡恭帝。故隋末有二恭帝。隋凡四帝,三十九年而亡。夏王建德,聞世充自立,乃絕之;始用帝制。唐帝遣人詐仕涼主李軌,襲執以歸,殺之,河西平。定陽可汗劉武周遣其將宋金剛取唐河東諸州;唐武德三年,秦王世民擊金剛,大破之。金剛及武周皆走死。世民擊鄭,鄭主世充求救於夏;四年,世民圍洛陽,夏王建德救鄭,世民大破之,世充出降。世民還長安,獻俘太廟,斬建德於市,赦世充,尋爲人所殺。帝又遣族子趙郡王孝恭及李靖擊江陵;梁主蕭銑出降。送長安,殺之。李靖度南嶺,悉平嶺南。建德故將劉黑闥,起兵漳南,復夏舊境,稱漢東王。爲世民所破,後其將執降於唐,殺之。先是武康沈法興據毗陵,稱梁王;李子通取江都,稱吳帝;杜伏威以歷陽附於唐,唐封爲吳王。子通敗梁兵取其地,伏威使輔公祏攻之。子通敗走,襲法興,法興走死。伏威後又擊子通,執送長安。五年,入朝,留公輔祏守丹陽。是時楚主林士弘已衰;及死,其衆自散。六年公祏反,稱宋帝。七年,趙郡王孝恭討斬之,江南平。於是僭僞皆亡。惟梁師都猶存;至太宗皇帝貞觀二年,乃爲唐所滅。據《資治通鑑·唐紀》。

（十一）東漢及前明宦官之禍烈矣,然猶竊主權以肆虐天下。至唐則宦官之權,反在人主之上。立君弒君廢君,有同兒戲,實古來未有之變也。推原禍始,總由於使之掌禁兵筦樞密,所謂倒持太阿而授之以柄。及其勢已成,雖有英君察相,亦無如之何矣。身在禁闈,社鼠城狐,本易竊弄威福。此即不典兵不承旨,而燕間深密之地,單詞片語,偶能移動主意,軒輊事端,天下已靡然趨之。如高力士貴幸時,徼倖者願一見如天人。肅宗在東宮,亦以兄事之。諸王公主呼爲翁,戚里諸家尊曰爹,將相大臣皆由之以進。嘗建佛寺道觀各一所,鍾成宴公卿,一扣者納禮錢十萬,有至二十扣者。李輔國貴幸時,人不敢斥其官,直呼爲五郎。李揆當國,以子姓事之,嘗矯詔遷上皇於西內,至憂鬱以崩。他如魚朝恩忌郭子儀功高,譖罷其兵柄。程元振譖來瑱賜死,李光弼遂不敢入朝。又譖裴冕罷相,貶施州,以致方鎮解體,吐蕃入寇;代宗倉皇出奔,徵諸道兵,無一至者。此猶是未掌兵權未筦樞要以前事也。自德宗懲涇師之變,禁軍倉卒不及徵集。還京後,不欲以武臣典重兵,乃以神策、天威等軍置護軍中尉、中護軍等官,以內官竇文場、霍仙鳴等主之;於是禁軍全歸宦寺。其後又有樞密之職,凡承受詔旨,出納王命,多委之。於是機務之重,又爲所參預。是二者極重要之地,有一已足攬權樹威,挾制中外,況二者盡爲其所操乎!《廿二史劄記》。

　　唐自憲宗以後,人主生死廢立之權,多操之宦官。計爲宦官所弑者二,爲宦官所立者七。憲宗之崩也,陳宏志弑之;敬宗之崩也,劉克明弑之;此爲宦官所弑者也。穆宗之立,由於陳宏志等;文宗之立,由於王守澄等;武宗之立,由於仇士良等;宣宗之立,由於馬元贄等;懿宗之立,由於王宗實等;僖宗之立,由於劉行深等;昭宗之立,由於楊復恭等;此爲宦官所立者也。若昭宗而又爲劉季述所幽;近侍之凶悖,至斯而極矣。據《舊唐書·本紀》。

　　(十二)按:高宗崩,武后既得志,追封武氏三代爲王,並立七廟。其兄子承嗣僞造寶圖,鑿白石爲文,以藥物填之,俾成五色;其文曰:"聖母臨人,永昌帝業。"使人獻之。武氏大喜,旋乃改元受禪,命國曰周。諸兄子弟,皆封爲王。姪承嗣、三思並構睿宗,欲奪爲太子。賴狄仁傑等之言,得免。既而中宗復辟,廢武七廟。武三思通於韋后,譖殺諸王。後爲太子重俊等所殺。重俊亦死。據《唐書·則天皇后本紀》、《后妃傳》等。

　　玄宗寵楊貴妃,妃兄釗出入禁闈,言多見聽。專典詔獄,因以報私怨,所誅夷數百家。釗後改名國忠,繼李林甫執政。安祿山蔑視之,由是有隙。國忠挑祿山反,而又弛武備,以太平悅上意。祿山反,潼關陷,玄宗幸蜀;將軍陳元禮等邀殺國忠,貴妃亦賜死。據《唐書·楊國忠傳》等。

　　(十三)太宗,諱世民,高祖次子也。高祖起太原,非其本意,而事出太宗。及取天下,破宋金剛、王世充、竇建德等。太宗功益高,而高祖屢許以爲太子;太子建成懼廢,與齊王元吉謀害太宗。未發,太宗以兵入玄武門,殺太子建成及齊王元吉。高祖大驚,乃以太宗爲皇太子。《唐書·太宗本紀》。

　　(十四)安祿山,營州柳城雜種胡人也。……冒姓爲安。……以驍勇聞;……爲平盧兵馬使。性巧黠,人多譽之。授營州都督平盧軍使。厚賂往來者,乞爲好言,玄宗益信嚮之。天寶元年,以平盧爲節度,以祿山攝中丞爲使,入朝奏事,玄宗益寵之。三載,代裴寬爲范陽節度、河北採訪,平盧軍等使如故。採訪使張利貞,常受其賂,數載之後,黜陟使席建侯,又言其公正無私。裴寬受代,及李林甫順旨,並言其美。……玄宗意益堅不搖矣。後請爲貴妃養兒。……十載入朝。又求爲河東節度,因拜之。……祿山陰有逆謀,於范陽北築雄武城,外示禦寇,按:契丹也。內貯兵器,積穀爲保守之計。戰馬萬五千匹,牛羊稱是。兼三道節度,進奏無不允。……楊國忠屢奏禄山必反。……玄宗益親厚之。……十四載……十一月反於范陽。矯稱奉恩命以兵討逆賊楊國忠,以諸蕃馬步十五萬,夜半行,平明食,日六十里。……天下承平日久,人不知戰,聞其兵起,朝廷震驚。……以高仙芝、封常清等相次爲大將以擊之。禄山令嚴肅,得士死力,無不一當百,遇之必敗。十二月度河至陳留郡。……遂入陳留。……入東京。按即洛陽。……常清旣敗,唯與數騎走至陝郡;高仙芝率兵守陝郡,皆棄甲西走潼關。……十五年正月賊竊號燕國。立年聖武。……六月李光弼、郭子儀出土門路大破賊衆於常山郡東嘉山。河北諸郡歸降者十餘。禄山窘急,圖欲却投范陽。會哥舒翰自潼關,領馬步八萬,與賊將崔乾祐戰于靈寶西,爲賊覆敗,翰西奔潼關,爲其帳下執送于賊。關門不守;玄宗幸蜀,太子收兵靈武。賊乃遣張通儒爲西京留守,田乾真爲京兆尹,安守忠屯兵苑中。……禄山以體肥,長帶瘡,及造逆後而眼漸昏,至是不見物;又着疽疾。……至德二年,正月朔,受朝,瘡甚而中罷。以疾加躁急,動用斧鉞;嚴莊亦被捶撻。莊乃日夜謀之,立慶緒於戶外;莊持刀領豎李豬兒同入禄山帳内,豬兒以大刀斫其腹;禄山眼無所見,牀頭常有一刀,及覺難作,捫牀頭不得;但撼幄帳大呼曰:“是我家賊!”腹腸已數斗,流在牀上,言訖氣絕。因掘牀下深數尺爲坑,以氊罽包其屍,埋之又無哭泣之儀。莊即宣言於外,言禄山傳位於晉王慶緒。……二月,肅宗南幸鳳翔郡,始知禄山死。使僕固懷恩使于迴紇,結婚,請兵討逆。其月,郭子儀拔河東郡,崔乾祐南遁;八月迴紇三千騎至。九月,廣平王領蕃漢之衆,收西京,走安守忠,賊之死者積如山阜。……王師乘勝至陝郡,賊懼,令嚴莊傾其驍勇而來拒;廣平王遣副元帥郭子儀等與賊戰于陝西曲沃,大破之於新店。逐北二十里,斬首十餘萬,伏屍三十里。嚴莊奔至東京,告慶緒;慶緒率其餘衆,奔河北,保鄴郡。……九月,肅宗遣郭子儀等九節度,率步騎二十萬攻之;至魚朝恩爲軍容使。初子儀之列陣也,使善射者三千人伏於壘垣内;明日接戰,子儀麾其屬僞奔;慶緒逐之,伏者齊發,賊黨大潰。使薛嵩求救於史思明,言禪讓之禮。思明先遣李歸仁以步卒一萬,馬軍三千,先往滏陽以應。及至滏陽,子儀之圍已固,築城穿壕,各三重,樓櫓之盛,古所未有。又引水以灌城下,城中水泉大上,井皆滿溢。……思明南攻魏州,節度使崔光遠南走;思明據其城。數日,即乾元二年正月一日也。思明僞稱燕王,立年號。慶緒自十月被圍至二月,城中人相食,米斗錢七萬餘,鼠一頭直數千;馬食隔牆麥麩,及馬糞,濯而飼之。思明引衆來救,三月六日,子儀等戰敗,遂解圍而南,斷河陽橋以守穀水。思明領其衆,營於鄴縣南。……慶緒不獲已，以三百騎詣思明；思明引入，令三軍擐甲執兵待之；及諸弟，領至于庭，再拜稽首曰："臣不克負荷，棄失兩都，久陷重圍，不意大王以太上皇故，將兵遠救！"思明曰："棄失兩都，用兵不利，亦何事也？爾爲人子，殺汝父以求位，庸非大逆乎？吾爲太上皇討賊！"即牽出，并其四弟，及高尚、孫孝哲、崔乾祐皆縊殺之。禄山父子僭逆三年而滅。《舊唐書·逆臣傳》。

（十五）史思明，本名窣干，營州寧夷州突厥雜種胡人也。……與安禄山同鄉里，先禄山一日生，思明除日生，禄山歲日生；及長，相善，俱以驍勇聞。……天寶初，頻立戰功，至將軍知平盧軍事。……十一載，禄山奏授平盧節度，都知兵馬使。十四載，安禄山反，命思明討饒陽等諸郡，陷之。十五載，……潼關失守。……常山趙郡……河北悉陷。……二年正月，思明與蔡希德合范陽、上黨兵馬十萬，圍李光弼於太原。……留十月，會安禄山死，慶緒令歸范陽；希德留百餘日，皆不能拔而歸。……思明轉驕，不用慶緒之命。安慶緒爲王師所敗，投鄴郡；其下蕃、漢兵三萬人，初不知所從；思明擊殺三千人，然後降之。……乾元元年，……十月，郭子儀領九節度圍相州。安慶緒偷道求救於思明，思明懼軍威之盛，不敢進。……二年正月一日，思明於魏州北，設壇，僭稱爲大聖燕王，以周贄爲行軍司馬。三月引衆救相州。官軍敗而引退。思明召慶緒等殺之，併有其衆。四月僭稱大號。……九月寇汴州，節度使許叔冀合於思明，思明益振，又陷洛陽，與太尉光弼相拒。思明恣行兇暴，下無聊矣。上元二年……河陽、懷州，盡陷於賊。思明至陝州，爲官軍所拒於姜子坂，戰不利，退歸永寧。築三角城，約一月内畢，以貯軍糧。朝義築城畢，未泥，思明至，……曰："待收陝州，斬却此賊！"朝義大懼。思明居驛，朝義在店中；思明令腹心曹將軍總中軍兵，嚴衛。朝義將駱悦并許叔冀男季常等言："主上欲害王，悦與王死無日矣！"因言："廢興之事，古來有之；欲唤取曹將軍舉大事，可乎？"朝義迴而不應，悦曰："若不應，悦等即歸李家，王亦不全矣！"朝義然之，令許季常命曹將軍至，悦等告之，不敢拒。……駱悦入，問思明所在，未及對，殺數人；因指在廁。思明覺變，踰牆出，至馬槽備馬騎之。悦等至，令傔人周子俊射中其臂，落馬，曰："是何事！"悦等告以懷王。思明曰："我朝來語錯，今有此事！然汝殺我大疾，何不待我收長安？終事不成矣！"因急呼懷王者三，曰："莫殺我！"却罵曹將軍曰："這胡誤我！這胡誤我！"悦遂令心腹擒思明，赴柳泉驛，……縊殺之。朝義便僭偽位；朝義，思明孽子也。……時洛陽四面數百里，人相食，州縣爲墟；諸節度使皆禄山舊將，與思明等夷；朝義徵召不至。寶應元年十月，遣元帥雍王領河東、朔方諸節度、迴紇兵馬赴陝；僕固懷恩與迴紇左殺爲先鋒，魚朝恩、郭英乂爲後殿，自澠池入；李抱玉自河陽入；副元帥李光弼自陳留入。雍王留陝州，二十九日，與朝義戰于邙山之下，逆賊敗績，走渡河，……北投幽州。二年正月，賊僞范陽節度李懷仙於莫州生擒之，送款來降。梟首至闕下。思明乾元二年僭號，至朝義寶應元年滅，凡四年。《舊唐書・逆臣傳》。

（十六）唐之官制，莫不善於節度使。其始察刺史善惡者有都督，後以其權重，改置十道按察使。開元中，或加採訪、觀察、處置、黜陟等號，此文官之統州郡者也。其武臣掌兵，有事出征，則設大總管。無事時，鎮守邊要者，曰大都督。自高宗永徽以後，都督帶使持節者，謂之節度使；然猶未以名官。景雲二年，以賀拔延嗣爲涼州都督、河南節度使，節度使之官由此始。然猶第統兵，而州郡自有按察等使，司其殿最。至開元中，朔方、隴右、河東、河西諸鎮，皆置節度使。每以數州爲一鎮，節度使能統此數州，州刺史盡爲其所屬，故節度使多有兼按察使、安撫使、支度使者。既有其土地，又有其人民，又有其甲兵，又有其財賦，於是方鎮之勢日強。安禄山以節度使起兵，幾覆天下。及安、史既平，武夫戰將，以功起行陣爲侯王者，皆除節度。大者連州十數，小者猶兼三四，所屬文武官，悉自置署，未嘗請命於朝。力大勢盛，遂成尾大不掉之勢。或父死，子握其兵，而不肯代。或取舍由於士卒，往往自擇將吏，號爲留後，以邀命於朝。天子力不能制，則含羞忍恥，因而撫之。姑息愈盛，方鎮愈驕。其始爲朝廷患者，祇河朔三鎮。其後淄青、淮蔡，無不據地倔強。甚至同華逼近京邑，而周智光以之反。澤潞亦連畿甸，而盧從史、劉積等以之叛。迨至末年，天下盡分裂於方鎮。而朱全忠遂以梁兵移唐祚矣。推原禍始，皆由於節度使掌兵民之故也。《廿二史劄記》。

（十七）唐代藩鎮之禍，糾紛複雜，非詳細舉之，不易明悉。茲據《資治通鑑・唐紀》、《唐書・藩鎮傳》，參互考訂，述如下：安禄山之反也，平盧諸將劉客奴、董秦、王玄志等，舉鎮歸朝。玄宗以客奴爲節度使，賜名正臣。已而玄志酖正臣代之。玄志卒，肅宗遣中使往撫將士，察軍中所欲立者，以旌節授侯希逸。自是諸軍驕橫，動輒殺逐主帥，朝廷亦不治其罪也。董秦入朝，賜姓名李忠臣，後爲淮西節度使。希逸移鎮淄青，仍兼平盧之稱。僕固懷恩敗史朝義，賊將薛嵩、張忠志、田承嗣、李懷僊皆降；懷恩恐賊平寵衰，奏留嵩等分帥河北，自爲黨援。朝廷亦厭苦兵革，苟冀無事，即以忠志鎮成德軍，賜姓名李寶臣。嵩鎮相衛；承嗣鎮魏博；懷僊鎮盧龍。永泰元年，平盧將朱懷玉逐侯希逸，代宗因以懷玉知留後，賜名正己。正己與河北諸鎮，皆結爲婚姻，互相表裏,收安史餘黨,治兵完城,不供貢賦,代宗不能制。

大曆三年,幽州將李希彩,殺李懷僊,自稱留後。七年,將吏又殺希彩,推朱泚爲帥。八年,相衞薛嵩卒,叔父崿代之,朝廷皆因授旌節。九年,朱泚入朝,使弟滔領鎮。十年,魏博田承嗣襲取相衞。十四年,承嗣卒,姪悦代之。淮西將李希烈逐李忠臣,詔以希烈爲留後。是歲代宗崩,太子适立,是爲德宗。

成德李寶臣卒,子惟岳代之;平盧李正己亦卒,子納代之。魏博田悦與納、惟岳,連兵拒朝命,德宗遣馬燧等討之。三年,燧大破悦等,成德將王武臣殺惟岳代之,與幽州朱滔共發兵救悦。悦等推滔爲盟主,滔乃自稱冀王,悦稱魏王,武俊稱趙王,納稱齊王,各置百官,仍用唐年號,如古諸侯奉周正朔。淮西李希烈亦舉兵應四鎮。

德宗用兵兩河,府庫不支,先括富商錢,又增諸道稅,竟行稅間架、除陌錢法。稅間架者,計民屋廣狹課稅;除陌錢者,公私給與及賣買,每百官留五錢。敢隱匿有罰,告者賞錢,使坐者出之。於是愁怨之聲,盈於遠近。帝發涇原等道兵討李希烈,涇原兵過京師,詔犒師,惟糲食菜餕。衆怒,作亂入城,帝出奔奉天,亂兵奉太尉朱泚爲主。司農卿段秀實謀朱泚,不克而死。泚稱秦帝,急攻奉天,渾瑊力拒。李懷光、李晟率衆赴援,泚敗歸長安。懷光至奉天,欲入白盧杞之姦。杞隔之,不得入見而行,意殊怏怏,上表暴杞罪惡,衆論亦喧騰咎杞,帝不得已貶之。

德宗使人説田悦、王武俊、李納,赦其罪,賂以官爵,悦等皆密歸款。陸贄勸帝罪己以謝國人;故奉天所下書詔,雖驕將悍卒,聞之感泣。興元元年,大赦,罷間架、除陌等稅,武俊、悦、納皆去王號,上表謝罪。惟李希烈恃富強,遂僭號楚帝。

李懷光反於咸陽,與朱泚連兵,帝奔梁州。懷光東據河中,李晟督神策兵,克復長安。泚西走,其將斬之以降,帝還長安。貞元元年,馬燧等平河中,懷光縊死。二年,淮西將陳僊奇殺希烈以降,吳少誠又殺僊奇,帝因以少誠領鎮。

是時藩鎮布列四方,凡四十餘道,兵強則逐帥,帥強則叛君,兩河諸鎮,驕傲最甚,殆同化外。吳少誠侵掠鄰州,十六年,命韓全義統十七道兵討之,官軍不戰而潰。明年,詔赦少誠。

德宗性多猜忌,用賢不終,寵任閹宦及貪吏,末年秕政益多,其處藩鎮也,姑息而已。在位二十六年崩,太子誦立,是爲順宗。

順宗有風疾失音,即位僅八月,傳位太子純,是爲憲宗。憲宗初立,與同平章事杜黃裳論及藩鎮。黃裳陳姑息之弊，欲以法度裁制諸鎮，帝深然之。元和元年，西川節度使劉闢侵東川，黃裳薦高崇文討之。崇文克成都，擒闢送京師斬之。夏綏留後楊惠琳拒命，詔討之，惠琳爲兵馬使所斬。二年，鎮海節度使李錡反，亦討之，兵馬使執錡送京師斬之。

初，淮西節度使吳少誠卒，其將吳少陽自領軍府，陰聚亡命。少陽卒，子元濟代之，縱兵侵掠及東畿。十年，詔發十六道兵討之。平盧節度使李師道、成德節度使王承宗，皆請赦元濟，不許。裴度宣慰淮西行營還，言淮西可決取，帝悉以兵事委武元衡。師道率養刺客數人，客請曰：“密往刺元衡，則他相必爭勸天子罷兵矣。”師道遣之，元衡入朝，賊暗射殺之；又擊裴度傷首。帝怒，討賊愈急曰：“吾以度一人，足破二賊。”以度同平章事，委以兵事，諸軍久不克。十二年，度兼淮西宣慰招討使，督諸將進討，唐鄧節度使李愬先擒賊將李祐，釋而用其計，雪夜引兵襲蔡州城，擒元濟，檻送京師斬之。

淮西已平，諸鎮皆懼。十三年，王承宗納質請吏，且獻二州。幽州節度使劉總，亦專意歸朝。惟李師道依違不服，諸道討之。十四年，田弘正、李愬敗平盧兵，平盧將執師道斬之。代宗以來，兩河跋扈，垂六十年，至是盡遵朝命矣。自淮西平，帝浸驕侈，度支使皇甫鎛，鹽鐵使程异，以聚斂有寵，並同平章事；朝野駭笑，元和之政非矣。鎛黨擠裴度，罷其政，出爲節度使。度自此無意世事，治園池，與詩人觴詠自娛。穆宗、敬宗時，皆一入輔政。至文宗之世，亦平章軍國重事，與時浮沈而已。然四朝將相，威望遠達四夷。四夷見唐使，輒問度安否？以身繫國家輕重如郭汾陽者，二十餘年。

（十八）中和二年，黃巢所署同州刺史朱溫，屢請益兵以捍河中，知右軍事孟楷抑之，不報。溫見巢兵勢日蹙，知其將亡，親將胡真、謝瞳勸溫歸國。九月丙戌，溫殺其監軍嚴實，舉州降王重榮。溫以舅事重榮，王鐸承制，以溫爲同華節度使，使瞳奉表詣行在，詔以朱溫爲右金吾大將軍，河中行營招討副使，賜名全忠。《資治通鑑‧唐紀》。

昭宗光化三年，帝與宰相崔胤謀殺兩樞密使，宦者皆懼。中尉劉季述勒兵幽帝，迎太子裕立之。胤說神策將討季述；天復元年，季述等伏誅，帝復位，黜裕爲德王。胤欲盡誅宦官，知謀泄事急，遺朱全忠書，令以兵迎駕。是時，全忠既并兩河諸鎮，取河中、晉絳，有挾天子令諸侯之意。得胤書，速舉兵來。中尉韓全誨等劫帝如鳳翔，二年，全忠圍之。三年，李茂貞殺全誨等，與全忠和解，奉帝還長安。全忠以兵驅宦官，殺數百人，其出使外方者，詔所在誅之。存黃衣幼弱者數十人，以便灑掃。全忠晉爵梁王，還汴。據《資治通鑑·唐紀》。

## 九　唐時的社會風俗

（一）唐興以詩賦取士，海內聰秀之士，咸殫精聲律，以爲干祿之計。流風所扇，遠及海外，詩學之盛，獨冠於古今。清咸陽李岳瑞所輯《國史讀本》卷六。

（二）合一羣而立國，所不可缺之原質有二：一則尚武之精神；一則美術之觀念也。吾中國尚武之風亡於宋；美術之風亡於元；國之不競，其所由來漸矣。六朝以來，南北分疆，南朝尚文，北朝尚武；南卒見并於北。唐之立國也，實承周隋之餘烈，而澤以南朝之文教；蓋本吾民族舊有之特質，而兼取鮮卑之所長以輔之，陶鎔化合，別成一偉大國民之氣象；遺迹俱存，不可誣也。其時將帥公卿，貴族子弟，以至閭閻豪右，學校生徒，皆有慨慷俠烈之風，倜儻不羈之氣。以故三百年中，異族雖日事侵陵，而終歸劣敗，同化於我。則以吾之氣，實足制之而有餘耳。非特此也，即一二遊戲之事，亦具有武士技擊之風；若競渡，若握槊，若拔河，若劍器渾脫諸舞，皆一時風尚所崇，人人習之。《國史讀本》卷六《唐一代之風俗》。

（三）唐興已百年，諸儒爭自名家。大曆正元間，美才輩出，擩嚌道真，涵泳聖涯。於是韓愈倡之，柳宗元、李翱、皇甫湜等和之，排逐百家，法度森嚴。……若侍從酬奉，則李嶠、宋之問、沈佺期、王維；制冊則常袞、楊炎、陸贄、權德輿、王仲舒、李德裕；言詩則杜甫、李白、元稹、白居易、劉禹錫；譎怪則李賀、杜牧、李商隱。皆卓然以所長，爲一世冠，其可尚已。《新唐書·列傳文藝上》。

書學博士掌教文武官八品以下，及庶人子之爲生者，以《石經》、《説文》、《字林》爲專業，餘字書亦兼習之。《唐六典》。

按：唐之書家，有虞世南、歐陽詢、褚遂良、李邕、顏真卿、柳公權諸家；畫家則唐初有閻立本、吳道元；其後王維開南宗，李思訓開北宗；南宗重渲染，而少鉤勒；北宗善金碧山水，山石峭拔，設色濃重。南北分派，各擅其長，散見史書，及《佩文齋書畫譜》等，不及備載。

（四）按：唐時長安外城周六十餘里，有十門，東西兩市，南北十四街，東北十一街，街共一百零八坊，坊各三百餘步；內城在其內；宮復在內城中。又有禁苑，接京城之北，周一百二十里，地甚廣，有離宮亭館二十四所。洛陽外城周五十二里許，亦有十門；內城在外城內之西北部；宮城在內城內之西北部。外城西北有禁苑，周一百二十六里，中有離宮亭館十四所。各道之首州，如河東道之并州今山西陽曲。曾置爲北都，亦有外城宮城；外城周四十里。淮南道之揚州，今江蘇江都縣。山南道之荆州，今湖北江陵縣。亦皆繁盛。以上散見新舊《唐書・地理志》及《讀史方輿紀要》等書。

（五）按：晉以來，國內多佛寺，南朝尤甚；梁武帝崇尚佛教，南朝佛寺，多至一萬三千餘寺。唐時佛寺亦多，江寧一區，至有四百八十寺。杜牧詩："南朝四百八十寺，多少樓臺煙雨中。"可想見其景象也。其散見諸家題詠及史書者，不勝備錄。

（六）已未如亳州，祀老子，追號太上元元皇帝。《唐書・高宗紀》。

……追尊老子母爲先天太后。《唐書・武后紀》。

……丁酉，立玄元皇帝廟。《唐書・明皇紀》。

凡天下觀總一千六百八十七所。《唐六典》。

（七）武德唐高祖年號。已來，始有巾子：文官名流，上平頭小樣者。……開元已來，文官士伍多以紫皁官絁爲頭巾，平頭巾子，相效爲雅製。開元十九年十月，賜供奉官及諸司長官羅頭巾，及官樣巾子，迄今服之也。《舊唐書・輿服志》。

按巾子蓋常用之服；至公服等，則天子至于庶人，又各有等差，不可通用也。

（八）三代已前人皆跣足；三代已後，始服木屐。伊尹以草爲之，名曰履。秦世參用絲革。鞾本胡服，趙靈王好之，制有司衣袍者，宜穿皁鞾。唐代宗令宮人侍左右者，穿紅錦鞠鞾。郭若虛《圖畫見聞記》。

按：鞾履亦爲唐人常服，公服等亦有等差，不可通用。

（九）大業元年煬帝……憲章古則，創造衣冠，自天子逮于胥吏，章服皆有等差，始令五品以上，通服朱紫。……六年，復詔……貴賤異等，雜用五色；五品以上，通用紫袍；六品以下，兼用緋綠；胥吏以青；庶人以白；屠商以皁；士卒以黃。武德初，因隋舊制，天子讌服，亦名常服；唯以黃袍及衫，後漸用赤黃，遂禁士庶不得以赤黃爲衣服雜飾。四年八月，勒三品已上大科紬綾及羅，其色紫，飾用玉；五品已上小科紬綾及羅，其色朱，飾用金；六品已上服絲布，雜小綾，交梭雙紃，其色黃；六品七品飾銀；八品九品鍮石；流外及庶人服紬絁布，其色通用黃，飾用銅鐵。……折上巾，烏皮六合靴，貴賤通用。貞觀四年，又置三品已上服紫；五品已上服緋；六品七品服綠；八品九品服以青；帶以鍮石。婦人從夫色，雖有令，仍許通著黃。五年八月，勒七品已上服龜甲雙巨十花綾，其色綠；九品已上服絲布及雜小綾其色青。……龍朔二年，司禮少常伯孫茂道奏……請改八品九品著碧;朝參之處,聽兼服黃;從之。總章元年,始一切不許著黃。上元元年八月,又制……文武三品已上服紫,金玉帶;四品服深緋;五品服淺緋,並金帶;六品服深綠;七品服淺綠,並銀帶;八品服深青,九品服淺青,並鍮石帶;庶人並銅鐵帶。文明元年,……八品已下舊服者,並改以碧。京文官五品以上,六品以下,七品清官,每日入朝,常服袴褶。諸州縣長官在公衙,亦準此。《舊唐書·輿服制》。

按:上所舉,大抵常服也。至祭服等,則品類繁多,不及備載。

熙寧初,洛陽老人黨翁者,載卷脚,幞頭,衣黃衫,繫革帶,猶唐裝也。邵伯溫《聞見前錄》。

## 十　宋時的黨争

(一)梁、唐、晉、漢、周,是謂五代。據《五代史》撮敍如下:

(1)梁　朱溫起家盜賊,降唐爲節度使,後乃篡唐稱帝,是爲梁太祖。有今河南、陝西、山東三省地。荒淫無度,爲其子友珪所弑。友珪弟友貞起兵討友珪,殺之,即位於汴。後唐李存勗滅之,梁亡,凡二主,十六年。

(2)唐　朱溫盛時,沙陀人李克用與爲仇敵;克用以功封晉王,雄據河北。克用死,子存勗嗣。旋即皇帝位於魏州,自以中興唐室,紹昭宗之統,仍號大唐。是爲唐莊宗。伐梁,滅之。都汴,又滅蜀,有今直隸、山西、河南、山東、陝西、四川各省地。諸將奉克用義子李嗣源反,盡殺克用子孫,即帝位,是爲明宗。明宗崩,閔帝從厚嗣。潞王從珂本姓王氏,明宗之養子也;篡之自立,是爲廢帝。後晉滅之而亡。凡三姓四主,共十四年。

(3)晉　石敬瑭借契丹兵滅後唐,國號晉,都汴。有今河南、山東、陝西、甘肅及直隸、山西南部、安徽北部之地。敬瑭死,子重貴立,失歡於契丹,爲契丹所滅。凡二主,十一年。

(4)漢　晉將劉知遠利契丹滅晉,不救。契丹既去,中原無主,知遠乃代晉自立,國號漢。有今河南、山東、陝西、甘肅、湖北及山西長城以南安徽北部、直隸南部之地。知遠死,子承祐嗣。謀誅驕將,郭威遂反,弑承祐,漢亡。凡二主,四年。

(5)周　郭威滅漢,自以爲文王子虢叔之後,建國曰周。威死,養子柴榮立。頗能經營天下,是爲世宗。世宗崩,子恭帝宗訓立。旋爲趙匡胤所篡,周亡。凡三主,七年。

（二）

| 國名 | 始祖 | 傳世 | 所　有　地 | 滅之者 |
|---|---|---|---|---|
| 吳 | 楊行密 | 四世 | 今安徽、江西、江蘇除蘇州。及湖北東半。 | 南唐篡之 |
| 南唐 | 李昇 | 三世 | 有楊氏全境，又得湖南、福建兩省地，旋復失之。 | 宋 |
| 前蜀 | 王建 | 二世 | 有今四川一省地。 | 後唐 |
| 後蜀 | 孟知祥 | 二世 | 同上。 | 宋 |
| 南漢 | 劉隱 | 五世 | 今兩廣。 | 宋 |
| 北漢 | 劉崇 | 四世 | 今山西北部地。 | 宋 |
| 吳越 | 錢鏐 | 四世 | 今浙江全省，及江蘇、蘇州。 | 宋 |
| 閩 | 王審知 | 五世 | 今福建全省。 | 南唐 |
| 楚 | 馬殷 | 六世 | 今湖南全省。 | 南唐 |
| 南平 | 高季興 | 四世 | 今湖北西北部。 | 宋 |

（三）太祖諱匡胤，姓趙氏，涿郡人也。……周祖以樞密使征李守真，應募居帳下。世宗即位，復典禁兵。拜檢校大傅殿前都檢點。恭帝即位，改歸德軍節度檢校太尉。七年春，北漢結契丹入寇，命出師禦之。次陳橋驛，……夜五鼓，軍士集驛門，宣言策點檢爲天子。或止之，衆不聽。遲明，逼寢所，太宗入白，太祖起，諸校露刃列於庭曰：“諸軍無主，願策太尉爲天子。”未及對，有以黃衣加太祖身，衆皆羅拜呼萬歲，即擁太祖乘馬。據《宋史·太祖本紀》。

（四）宋太祖建隆三年十二月，湖南將張文表，襲潭州據之。乾德元年，遣慕容延釗、李處樞假道荊南討張文表。二月，周保權執文表誅之。處樞襲江陵，高繼沖以荊南降。延昭進克潭州，遂入朗，執保權以歸。二年十一月，蜀約北漢伐宋，宋遣忠武節度使王全斌等伐之。三年正月，蜀主昶降。開寶三年九月，遣潘美將兵伐南漢；四年二月，克廣州，南漢主鋹降。七年九月，遣曹彬將兵伐江南；八年十一月，克金陵，江南主煜降。太宗太祖弟光義。太平興國三年，吳越錢氏國除，四年，帝自將伐漢，劉繼元降。《通鑑綱目續編》。

（五）五代諸侯強盛，朝廷不能制，每移鎮受代，先命近臣諭旨，且發兵備之。尚有不奉詔者。宋初異姓王及帶相印者，不下數十人；宋主用趙普謀，漸削其權。或因其卒，或因遷徙致仕，或因遙領他職，皆以文臣代之。《通鑑綱目續編》。

（六）王安石，字介甫，撫州臨川人。……安石議論高奇，能以辨博濟其説。果于自用，慨然有矯世變俗之志。于是上萬言書，以爲“今天下之財力日以困窮，風俗日以衰壞，患在不知法度，不法先王之政故也。法先王之政者，法其意而已。法其意，則吾所改易更革，不至乎傾駭天下之耳目，囂天下之口，而固已合先王之政矣。因天下之力，以生天下之財，取天下之財，以供天下之費，自古治世，未嘗以財不足爲公患也；患在治財無其道爾。在位之人才既不足，而閭巷草野之間，亦少可用之才；社稷之託，封疆之守，陛下其能久以天幸爲常，而無一旦之變乎”。……後安石當國，其所注措，大抵皆祖此書。……神宗在藩邸，韓維爲記室，每講説見稱，維曰：“此非維之説，維之友王安石之説也。”及爲太子庶子，又薦自代，帝由是想見其爲人。甫即位，命知江寧府；數月，召爲翰林學士，兼侍講。……熙寧二年二月，拜參知政事。……三年十二月，拜同中書門下平章事。……七年，罷爲觀文殿大學士。八年二月，復拜相。……明年，罷爲鎮南軍節度使同平章事，判江寧府。據《宋史·王安石傳》。

（七）按：北宋之世，至神宗而貧弱已甚。安石欲以振之，故從事於改革。其下手之方，在先總天下之財賦，而盡地力通商賈以開其源；抑豪強之兼并，而均貧富以瀹其流。於是制爲農田、水利、青苗、均輸、保甲、免役、市易、保馬、方田諸法，號爲新法，施行天下。其行之有效者，據《宋史》及《文獻通考》敍一二如下：

（1）整理財政　安石理財，其總機關爲制置三司條例司。三司者，户部、度支、鹽鐵。蓋唐以三省爲宰相，尚書六曹，分掌各職，國計實司于户部。迨中葉以後，則度支、鹽鐵二使，皆掌財政之實權。宋因其制，遂合三者爲一司，中書治民，樞密主兵，三司理財，皆中央政府之最高機關也。安石既設制置三司條例司，以後一切變革，皆自此議行之。至于神宗末年，中央政府，財計頗有盈餘，即州郡亦皆有一二年之畜，見《宋史·食貨志》。不可謂非理財之有效也。元祐諸臣，務反安石所爲，督責不加，散失不問。至紹聖初，乃復以空乏爲患矣。亦見《宋史·食貨志》。

（2）興水利　《宋史》稱新法既行，“四方争言農田水利，古陂廢堰，悉務興復。”

（3）仗量農田　“以東西南北各千步，當四十一頃六十六畝一百六十步爲一方；歲以九月令佐分田計量，驗土地肥瘠，定其色號，分爲五等。以地之等均定税額。”此《宋史》所載方田法也。此法當使天下農田，狡黠不得隱匿，豪強不得兼并。且税各有差。實整理財政之一法也。

（4）練兵　藉鄉村之民，二丁取一，十家爲保，皆授之弓弩，教以戰陣，是謂"保甲法"。凡五路義兵，願養馬者，戶得一匹。以監牧現馬給之；或官與之直，使自市。歲一閱肥瘠，死病者責以補償，是謂"保馬法"。蓋皆寓兵於民之意，所以爲國家整頓軍馬者也。

（5）救濟貧民　"青苗法"者，始于陝西轉運使李參。令民當春播種時，自度麥粟之贏，貸之以錢，穀熟還官。安石知鄞縣，即行其法。及爲相乃下其法于諸路，以常平、廣惠倉所儲錢穀充貸本，取意二分。蓋所以救農民播種無資，稱貸豪強，邀息逾倍之弊也。

（6）寬免徭役　職役之説，自古有之；唐時里正、坊正等職，乃以貧富科差，而責之以官中之事務。又以力役之征之性質，強迫平民以充任，而差役遂爲厲民之舉矣。安石有"免役"之法，令鄉戶各以等第輸免役錢，舊無役者輸助役錢。其所輸之額，則視一地方須用之額均敷之；又額外增取二分，謂之免役寬剩錢，即以此錢募人充役。蓋使人民負擔租税；而從事公務者，則由國家給以相當之報酬也。

按：安石新法，體精思深，欲詳述之，累萬言不盡，兹不過概舉而已。法行之後，衆論嚣然。爲是爲非，至今聚訟。然以實效言之，史稱"賦斂愈重，天下騷然"，當亦實情。蓋當時士大夫狃於結習，昌言反對者有人；官吏藉以漁利，轉失本意者又大有人；兼以不教之民，庸愚駑駭，與行新法，適以爲怪。猶民國以來，言翦髮者，實有百利而無一害；然鄉僻士民，方相率實之，以翦髮爲可怪焉。總之，安石儒者，在國民無教育不能自治之時，欲以"迪克推多"之道，"中央集權"之策厲行其法，實違"德謨克拉西"之意，此其所以失耳。舊史斥其姦邪，清季以來，論者激于變法之説，又盛稱之，均其偏激之言，未足與論安石也。

（八）熙寧三年，神宗策試進士，賜葉祖洽等以下三百人及第出身。祖洽策言祖宗多因循苟簡之政，陛下即位，革而新之。其意在投合也，考官呂惠卿推之爲第一。蘇軾謂祖洽詆祖宗以媚時君，而魁多士，何以正風化？乃擬《進士策》一篇獻之，旋被黜。帝又親策賢良呂陶、孔文仲，力詆新法皆報罷。翰林學士范鎮嘗薦蘇軾、孔文仲，且素忤安石，遂致仕。是時在朝名士，如文彥博、呂公著、呂公弼、張方平、孫覺、程顥、韓維、李常、蘇頌、劉摯等，皆以議新法被貶；或自求去者，先後相繼。外官亦多以沮格新法得罪，安石更置京城邏卒，察謗議時政者，收罪之。據《續資治通鑑・宋紀》。

安石執政六年，老成正士，廢黜殆盡，儇慧少年，超進用事，舉國怨之。而帝委任益專。……會大旱歲饑，東北窮民流入京城，累累不絕。……帝以天災憂形於色，詔求直言；言者皆咎新法。安石不自安，求去位；乃知江寧府。安石薦韓絳代己，呂惠卿參政。二人守其成規，不少失。時號絳爲傳法沙門，惠卿爲護法善神。惠卿既得勢，忌安石復用，又數與絳忤。絳白帝，復相安石。安石罷不一年，再入。聞命不辭，疾走至京。後數月，絳與惠卿相繼罷。安石再相二年，屢謝病請罷。帝亦厭其所爲，出判江寧府，遂不復召。據《續資治通鑑·宋紀》。

（九）神宗崩，太子煦即位，是爲哲宗，生十年矣；神宗母宣仁聖烈高后爲太皇太后，臨朝同聽政。……免行錢，廢濬河司，蠲逋賦。時仁宗名臣韓琦、富弼、歐陽修等已没於神宗世，文彥博、司馬光猶存。光居洛十五年，人皆以爲真宰相。……起爲門下侍郎。是時天下之民，拭目以觀新政。而議者謂三年無改於父之道。光曰：“先帝之法，其善者，雖百世不可變也。若安石、惠卿所建，爲天下害者，當如救焚拯溺。況太皇太后以母改子，非子改父。”衆議少止。乃罷保甲、方田、市易、保馬法。元祐元年，諫官王覿極言蔡確、韓縝、章惇等朋邪，章數十上。臺諫劉摯、呂陶、孫覺、蘇轍、王巖叟、朱光庭等，連章論劾。太后先黜確，以光爲左僕射。尋罷縝，以呂公著代之。光言文彥博宿德元老，起平章軍國重事，班宰相上，時年八十餘矣。章惇、呂惠卿等皆貶竄。光執政，兩宮虛己以聽。……凡王、呂所建新法青苗助役之類，剗革略盡。或曰：“熙豐舊臣，多憸巧小人，他日有以父子之義間上，則禍作矣。”光正色曰：“天若祚宋，必無此事。”遂改之不疑。安石每聞朝廷變其法，夷然不以爲意，及聞罷助役，復差役，愕然失聲曰：“亦罷至是乎？”良久曰：“此法終不可罷。”安石尋卒，光爲相八閱月而卒。據《續資治通鑑·宋紀》。

（十）新法之罷也，爲期五日；同列病其太迫。蔡京知開封府，獨如約悉改。畿縣無一違者。詣政事堂言之，光喜曰：“使人人奉法如君，何不可行之有？”據《宋史·蔡京傳》。

（十一）程頤爲崇政殿說書，蘇軾爲翰林學士。軾喜諧謔，而頤以禮法自持。軾謂其不近人情，每嘲侮之，二人遂成隙。門人賈易、朱光庭等爲言官，力攻軾。呂陶言易等徇私，胡宗憲、孔文仲又連章詆頤。是時熙豐用事之臣，退休散地，皆唧怨入骨，陰伺間隙。而諸賢不悟，方自分黨相攻，有洛黨、蜀黨、朔黨之目：洛黨以頤爲首，易光庭爲輔；蜀黨以軾爲首，陶等爲輔；朔黨以劉摯、梁燾、王巖叟、劉安世爲首，而輔之者尤衆。頤罷，不復召。久之，軾亦罷。後再入，三入，皆不久而出。據《續資治通鑑·宋紀》。

（十二）宣仁太后聽政九年，朝廷清明，華夏綏定，力行故事，抑絕外家私恩，人以爲女中堯舜。后崩，哲宗始親政，羣小力排垂簾時事。禮部侍郎楊畏首上疏，乞紹述神宗之政，且勸相章惇。紹聖元年，呂大防、范純仁皆罷，召章惇爲左僕射。惇既至，引其黨蔡京，京弟卞等居要地，以漸盡復熙豐之政。治元祐諸臣之罪無虛日。司馬光、呂公著、王巖叟、傅堯俞等已死者，皆奪其贈謚。貶大防、純仁官，劉摯、梁燾、范祖禹、劉安世、韓維、蘇轍、王覿、呂陶、孔文仲、程頤、賈易、朱光庭、孫覺等三十餘人，皆連貶竄。文彥博已以太師致仕，亦降爲太子太保，尋卒。據《續資治通鑑·宋紀》。

（十三）惇既得政，引其黨蔡卞等，布列要地，任以言責，協謀報復。惇嘗言：「元祐初，司馬光作相，用蘇軾掌制；文章閎美，所以能鼓動四方，今安得斯人而用之？」或曰：「林希可。」會希知成都，赴任過闕，惇欲使知制誥，逞毒於元祐諸臣，且啗以爲執政。希久不得志，請甘心焉。凡元祐名臣，貶黜之制，皆希爲之，極其醜詆；至以「老姦擅國」之語，陰斥宣仁太后。讀者無不憤嘆。一日草制罷，擲筆於地曰：「今日壞盡名節矣。」據《續資治通鑑·宋紀》。

（十四）哲宗在位十五年崩，無子，弟端王佶立，是爲徽宗。欽聖憲肅向太后權同聽政，擢韓忠彥爲右僕射，敍復范純仁、蘇軾，追復司馬光、文彥博、呂公著等三十三人官。太后垂簾半年而還政，未幾崩。章惇、蔡京、蔡卞等，爲臺諫所攻，相繼貶竄，韓忠彥、曾布爲左右僕射。布初附惇，已而叛之。然知聖意在紹述熙豐，漸排元祐諸臣，正議之士，不容於朝。遂罷忠彥職，追奪司馬光等官，籍記元祐黨人。蔡京入相，陽託紹述之名，箝制天下，而陰實自便其私。與其黨籍宰執侍從餘官内臣武臣等得百二十人，列其罪狀，謂之「元祐姦黨。」請御書刻石於端禮門。京復自書之，頒諸郡縣，令監司長吏廳皆刻石。蘇氏兄弟按：軾、轍也。及黃庭堅之詩文，皆禁人誦讀；隻字片紙，有收庋者，輒至破家。黨人後裔，悉禁其仕宦，并不得至京師。其禁至南渡後始弛。據《續資治通鑑》及《宋史》。

（十五）按：秦檜，字會之，初陷虜中，逃歸，遂見信於高宗，參知政事。力主與金媾和解仇。岳飛，字鵬舉，與韓世忠等諸將，力排和議。由是官僚武人分爲主和、主戰二派。張俊附秦檜傾飛，檜以飛梗和議，陰有殺飛之志。乃嗾万俟卨等構成飛罪而殺之。和議始成。韓世忠退隱西湖，得免。

## 十一　南　方　發　達

（一）黄帝乃徵師諸侯，與蚩尤戰於涿鹿之阿，遂擒殺蚩尤。而諸侯咸尊軒轅爲天子，代神農氏。而邑於涿鹿之阿。《史記·五帝本紀》。按：在今直隸涿鹿縣東南。或云宣化縣東南，有雞鳴山，即古涿鹿山。堯都平陽。《帝王世紀》。按：在今山西臨汾縣治。舜所都或言蒲阪，或言平陽，或言潘。《史記·五帝本紀集解》。

按：蒲阪，今山西永濟縣，亦曰虞都城。舜都或以蒲阪爲上京，餘則其別都耳。禹都平陽，或在安邑，或在晉陽。《史記·夏本紀集解》。按：安邑，今山西夏縣安邑縣之地。晉陽，今山西太原縣治。湯始居亳，《史記·殷本紀》。按：皇甫謐說："穀熟爲南亳即湯都；蒙爲北亳，即景亳，湯所受命；偃師爲西亳，盤庚所徙。"南亳、北亳皆今河南商邱縣；西亳今河南偃師。西伯……自岐下而徙都豐。……武王至于周。《正義》"周鎬京也，武王伐紂，還至鎬京。"《史記·周本紀》。按：豐在今陝西鄠縣東，鎬在今陝西長安縣西。"犬戎攻幽王，……殺幽王驪山下。……於是諸侯……共立幽王太子宜臼，是爲平王。……平王立，東遷于雒邑，辟戎寇。"《史記·周本紀》按雒邑今河南洛陽縣治，"雒"與"洛"通。孝公……十年，衛鞅爲大良造，將兵圍魏安邑降之；十二年作爲冀闕，秦徙都之。《史記·秦本紀》。按：咸陽，今陝西長安縣東，有渭城故址，即其地。"漢……七年……二月，高祖自平城過趙雒陽，至長安。長樂宮成，丞相已下，徙治長安。"《史記·高祖本紀》。按：今陝西長安縣西北。建武元年……冬十月癸丑，車駕入洛陽幸南宮却非殿，遂定都焉。《後漢書·光武帝紀》。洛陽殘破，董昭等勸太祖都許，……車駕出轘轅而東。《三國志·魏志·武帝紀》。黄初……二年……改許縣爲許昌縣。《三國志·魏志·文帝紀》。按：在今河南。

按：三國時蜀漢都今四川成都；吳始都建業，今江寧。三國後，西晉都洛陽。元魏、東魏都平城，今山西大同。西魏都長安，北周因之。北齊都鄴，在今河南臨漳縣境。隋因之。唐以前除吳、蜀外，所都率在山西、陝西、河南也。

（二）詳第三册《五胡和華族的仇殺》。

（三）建武元年，……乃備百官立宗廟社稷於建康。《晉書·元帝紀》。按今江寧，戰國楚置金陵，秦改秣陵，三國吳都於此改稱建業，晉避愍帝諱改稱建康。隋改江寧。宋、齊、梁、陳皆都於此，合吳、晉故稱六朝。

（四）肅宗即位，籍江淮富商訾。時第五琦以錢穀得見，請於江淮置租庸使。《通考》。

唐代宗時，劉晏領江淮轉運，及租庸鹽鐵等使。時大兵甫罷，京師斗米千錢，晏乃按行淮、泗，達汴入河，循抵柱、三門，觀前代遺迹，盡得其利病所在。乃移書宰相元載言漕運利害。載以漕事委之，乃轉運江淮之粟，至于京師。天子大悅，以鼓吹迓諸東渭橋，曰"卿，朕之蕭侯也。"第五琦始榷鹽佐軍興，晏代之，法益密。其始江淮鹽利不過四十萬緡，後乃增至六百萬緡。據《唐書・劉晏傳》。按：觀此可見江淮財賦之盛也。

唐都長安，而關中號稱沃野，然其土地狹，所出不足以給京師，備水旱；故常轉漕東南之粟。《唐書・食貨志》。

（五）隋義寧二年……唐國置丞相以下；立皇高祖以下四廟於長安。……五月……隋帝遜于舊邸，……甲子高祖即皇帝位。……改隋義寧二年爲唐武德元年。《舊唐書・高祖本紀》。梁開平元年，梁祖初開國，升汴州爲開封府，建名東京。……後唐復降爲汴州。……晉天福中，復升爲東京。……漢周並因之。《舊五代史・郡縣志》。東京，汴之開封也。梁爲東都，後唐罷，晉復爲東京；宋因周之舊爲都。《宋史・地理志》。按：汴，今河南開封也。五代至宋，惟後唐都洛陽。紹興八年……是歲始定都於杭。《宋史・高宗本紀》。按高宗南渡至杭，升爲臨安府。唐幽州范陽郡，遼改燕京，金遷都爲大興府。……世祖至元元年……燕京……改中都；……四年，始於中都之東北置今城而遷都焉。《元史・地理志》。應天府……洪武元年八月建都曰南京，十一月曰京師，永樂元年仍曰南京。《明史・地理志》。順天府洪武元年改爲北平府，……三年四月建燕王府。永樂元年正月升爲北京，改府爲順天府。《明史・地理志》。按：明太祖始都南京，成祖乃遷都北京也。按：清順治元年五月二日睿親王由朝陽門入北京。九月世祖自瀋陽遷都焉。蓋由明將吳三桂招之也。

（六）中國歷朝以來，凡承平日久，則人口益繁；而新墾之地亦廣。康熙郅治六十年；雍正帝立，更整頓吏治；及乾隆年間，國庫存款，不下五六千萬。此不獨吏治之效，實清朝入關以來，百餘年生聚，恢復東南各省富力，有以致之。最著者爲江蘇、浙江二省；查乾隆時戶口冊，直隸一省之數，不足當揚州一府；山西一省之數，不足當松江一府；陝西、河南、甘肅三省亦然。概言之：江蘇、浙江之戶口，可以七八倍於北方諸省。即湖南、湖北、四川、山東諸省，亦不過其二分之一。江浙戶口增加，即富力增加。富力增加，即促起文運之發達。明季浙江，黃宗羲有言："當秦漢之際，關中田野闢，人物殷；江南方脫蠻夷之號；故金陵不能與之爭勝。今乃不然，關中人物，久矣不及吳會。萬曆六年，調查戶口，時全國總計六千六十九萬餘口；金陵所轄，一千五十萬。天下之有吳會，猶富室之有倉庫。但戰爭之餘，都城村落，不免失其十之二三耳。"信如所言，清朝盛時，可謂復萬曆極盛時代之狀矣。蓋中國文運，近古以來，江浙爲之中心，其所以促進之故，可以灼見。據日本稻葉君山《清朝全史》。

## 十二　明宦官和官僚

（一）太祖姓朱氏，諱元璋，字國瑞，濠州之鍾離人；年十七，父母兄相繼歿。孤無所依，乃入皇覺寺爲僧。元末，郭子興等在濠起兵。太祖時年二十四，投軍爲子興親兵。度子興不足與謀，乃與徐達、湯和等，南略定遠，擊元將於橫澗山，收其卒二萬，衆始盛。既破和州，乃集舟師渡江破采石，進取金陵，自稱吳國公。及定江、淮、湖、廣，乃即皇帝位，建國曰明。據《明史·太祖本紀》。

（二）陳友諒陳兵江南，號爲最強。與太祖爭池州，數相攻擊。未幾，友諒即帝位，國號漢，盡有江西、湖廣地。太祖患之，乃以計誘之東來，大敗之於龍灣。友諒走江州，奔武昌，大治水軍，與太祖戰於鄱陽湖之康郎山，大敗。友諒中流矢死，太祖進征武昌取之。時張士誠據江浙，稱吳王，都於平江，今蘇州。太祖既平武昌，乃遣徐達規取淮東，定淮北地。渡江自太湖陷湖州、杭州，進攻平江，擒士誠，至金陵縊死。太祖又遣朱亮祖等攻方國珍於台州，進克溫州，降國珍。明玉珍據川、陝，稱帝，國號夏。玉珍死，子昇嗣。洪武四年，命湯和等征之，降昇。元末羣雄至是盡殲。據《明史》。

（三）徐達、常遇春，帥師北伐，取山東、河南。渡河下長蘆，扼直沽，與元軍戰於河西務，大破之，進克通州。元主知勢不可支，乃率三宮后妃、皇太子夜半開健德門北奔。據《明史》。

（四）明太祖既定江左，鑒前代之失，置宦者不及百人。迨末年，……乃定爲十有二監及各司局，稍稱備員矣。然定制不得兼外臣文武銜，不得御外臣冠服，官無過四品。……嘗鑴鐵牌置宮門曰："內臣不得干預政事，預者斬。"敕諸司不得與文移往來。《明史·宦官傳敍》。

（五）成祖，諱棣，太祖第四子也。洪武三年，封燕王。十三年，之藩北平。王智勇有大略，能推誠任人。三十一年，太祖崩，皇太孫即位；遺詔諸王臨國中，毋得至京師。王自北平入奔喪，聞詔乃止。時諸王以尊屬擁重兵，多不

法。帝納齊泰、黃子澄謀，欲因事以次削除之。憚燕王強，未發。乃先廢周王
橚，欲以牽引燕。於是告訐四起，湘、代、齊、岷皆以罪廢。王內自危，佯狂稱
疾。泰、子澄密勸帝除王，帝未決。建文元年夏六月，燕山百戶倪諒告變，逮
官校於諒、周鐸等伏誅，下詔讓王，并遣中官逮王府僚。王遂稱疾篤，都指揮
使謝貴、布政使張昺以兵守王宮。王密與僧道衍謀，令指揮張玉、朱能潛納勇
士八百人入府守衛。秋七月癸酉，匿壯士端履門，紿貴、昺入殺之，遂奪九門。
上書天子，指泰、子澄爲奸臣。并援祖訓，朝無正臣，內有奸惡，則親王訓兵待
命。天子密詔諸王統領鎮兵討平之。書既發，遂舉兵。自署官屬，稱其師曰
靖難。……四年五月己亥，徇揚州，駐軍江北，天子遣慶成郡主至軍中許割地
以和，不聽。六月……戊午，下鎮江，庚申次龍潭，辛酉，天子復遣大臣議割
地，諸王繼至，皆不聽。乙丑，至金川門，谷王橞、李景隆等，開門納王，都城遂
陷。大索齊泰、黃子澄、方孝孺等五十餘人，榜其姓名曰奸臣。……己
巳，……丁丑，殺齊泰、黃子澄、方孝孺，並夷其族，坐奸黨死者甚眾。《明史・成
祖本紀》。

（六）建文帝嗣位，御內臣益嚴。……及燕師逼江北，內臣多逃入其軍，漏
朝廷虛實，文皇以爲忠於己；而狗兒輩復以軍功得幸；即位後，遂多所委任。
永樂元年，內官監李興奉勅往勞暹羅國王，三年遣太監鄭和帥舟師下西
洋，……十八年置東廠，令刺事。蓋明世宦官出使專征、監軍、分鎮、刺臣民隱
事諸大權，皆自永樂間始。《明史・宦官傳敍》。

（七）按：明宦官，有十二監：四司、八局等。成祖時置東廠。有貼刑二
員，掌刺緝刑獄之事。其貼刑官，則用錦衣衛千百戶爲之。錦衣衛掌侍衛、緝
捕、刑獄之事。權在東廠，故宦官得有司法之權，任意緝捕矣。見《明史・職
官志》。

（八）顧憲成，字叔時，無錫人。……廷推閣臣，……憲成舉故大學士王家
屏，忤帝意，削籍歸。……萬曆四十年卒於家。……憲成資性絕人，幼即有志
聖學。暨削籍里居，益殫精研究，力闢王守仁無善無惡心之體之説。邑故有
東林書院，宋楊時講道處也。憲成與弟允成倡修之。常州知府歐陽東鳳，與
無錫知縣林宰，爲之營構。落成，偕同志高攀龍、錢一本、薛敷教、史孟麟、于
孔兼輩講學其中，學者稱涇陽先生。當是時士大夫抱道忤時者，率退處林野，
聞風響附，學舍竟不能容。憲成嘗曰："官輦轂，志不在君父；官封疆，志不在
民生；居水邊林下，志不在世道；君子無取焉。"故其講習之餘，往往諷議朝政，
裁量人物。朝士慕其風者，多遙相應和。由是東林之名大著，而忌者亦多。

《明史・顧憲成傳》。

（九）神宗在位久，怠於政事，章奏多不省。廷臣漸立門戶，以危言激論相尚。國本之爭，指斥宮禁。宰輔大臣爲言者所彈擊，輒引疾避去。吏部郎顧憲成講學東林書院，海內士大夫多附之。東林之名自是始。……及忠賢勢成，其黨果謀倚之以傾東林。……正人去國，紛紛若振槁。……崔呈秀爲御史，乃造《天鑒》、《同志》諸録，王紹徽亦造《點將録》，皆以鄒元標、顧憲成、葉向高、劉一燝等爲魁，盡羅入不附忠賢者，號曰東林黨人。獻於忠賢；忠賢喜。於是羣小益求媚忠賢，攘臂攻東林矣。……御史張訥、倪文焕、給事中李魯生、工部主事曹欽程等，競搏擊善類爲報復。而御史梁夢環，復興汪文言獄，下鎮撫司拷死。許顯純具爰書，詞連趙南星、楊漣等二十餘人，削籍遣戍有差。逮漣及左光斗、魏大中、周朝瑞、袁化中、顧大中等六人至，牽入熊廷弼案中，掠治死於獄。……六年二月，……逮治前應天巡撫周起元，及江浙里居諸臣高攀龍、周宗建、繆昌期、周順昌、黃尊素、李應昇等。攀龍赴水死，順昌等六人死獄中。……刑部尚書徐兆魁治獄，視忠賢所怒，即坐大辟。又從霍維華言，命顧秉謙等修《三朝要典》，極意詆諸黨人惡。御史徐復陽，請毀講學書院，以絕黨根。御史盧承欽，又請立東林黨碑，海內皆屛息喪氣。《明史・魏忠賢傳》。

（十）浙江巡撫奏請爲忠賢建祠；倉場總督薛貞，言草場火，以忠賢救，得無害。於是頌功德者相繼，諸祠皆自此始矣。……內外大權，一歸忠賢。內豎……三十餘人爲左右擁護；外廷文臣則崔呈秀……主謀議，號五虎；武臣則田爾耕……主殺僇，號五彪；又吏部尚書周應秋……等號十狗；又有十孩兒、四十孫之號。而爲呈秀輩門下者，又不可數計。……海內爭望風獻諂，諸督撫大吏，……爭頌德立祠，洶洶若不及。下及武夫賈豎，諸無賴子，亦各建祠。窮極工巧，攘奪民田廬，斬伐墓木，莫敢控愬。而監生陸萬齡至請以忠賢配孔子，以忠賢父配啓聖公。初潘汝楨首上疏，御史劉之待會稿遲一日，即削籍，而薊州道胡士容以不具建祠文，遵化道耿如杞入祠不拜；皆下獄論死。《明史・魏忠賢傳》。

生祠之建，始於潘汝楨，……六年六月疏聞於朝，詔賜名普德。自是諸方效尤，幾遍天下。……每一祠之費，多者數十萬，少者數萬，剝民財，侵公帑，伐樹木無算。……而都城數十里間，祠宇相望。……凡疏詞揄揚，一如頌聖，稱以"堯天帝德，至聖至神"。而閣臣輒以駢語褒答，中外若響應。黃運泰迎忠賢像，五拜三稽首。……祝稱某事賴九千歲扶植，……荷九千歲拔擢。《明史·閹黨傳》。

（十一）熹宗崩，信王立。王素稔忠賢惡，深自儆備，其黨自危。……於是嘉興貢生錢嘉徵劾忠賢十大罪：一並帝，二蔑后，三弄兵，四無二祖列宗，五尅削藩封，六無聖，七濫爵，八掩邊功，九朘民，十通關節。疏上，帝召忠賢，使內侍讀之，忠賢大懼，亟以重寶啗信邸太監徐應元求解。應元，故忠賢博徒也。帝知之，斥應元。十一月遂安置忠賢於鳳陽。尋命逮治，忠賢行至阜城聞之，與李朝欽偕縊死。詔磔其屍，懸首河間。……崇禎二年命大學士韓爌等定逆案，始盡逐忠賢黨。東林諸人復進用，諸麗逆案者日夜圖報復。其後溫體仁、薛國觀輩相繼柄政，潛傾正人，爲翻逆案地，帝亦厭廷臣黨比，復委用中璫。而逆案中阮大鋮等卒肆毒江左，至於滅亡。《明史·魏忠賢傳》。

# 十三　科舉制度

（一）漢制：凡國口二十萬以上，歲察一人，四十萬以上二人，六十萬三人，八十萬四人，百萬五人，百二十萬六人。不滿二十萬，二歲一人。不滿十萬，三歲一人。限以四科：一曰德行高妙，志節清白。二曰學通行修，經中博士。三曰明習法令，足以決疑，能按章覆問，文中御史。四曰剛毅多略，遭事不惑，明定決斷，材任三輔縣令。《通考》。

東漢舉士多以孝廉。《文獻通考·學校考》。陽嘉元年，尚書令左雄改察舉之制。《文獻通考·學校考》。黃瓊爲尚書令，以雄前上孝廉之選，專用儒學文吏；於取士之義，猶有所違。乃奏增孝悌及能從政者爲四科。《通典·選舉典》。

九品官人，魏官置九品。《通典·職官典》。魏延康元年，陳羣以爲天朝選用，不盡人才，乃立九品官人之法。州郡皆置中正，以定其選。擇州郡之賢有識鑒者，爲之區別人物，第其高下。《文獻通考·選舉考》。

（二）隋文帝開皇七年，制諸州歲貢三人，工商不得入仕。《文獻通考·選舉考》。

隋大業二年，秋七年，始建進士科。《通鑑綱目》。

（三）唐制，取士之科，多因隋舊。然其大要有三：由學館者曰生徒；由州縣者曰鄉貢；皆升於有司而進退之。其科之目，有秀才，有明經，有俊士，有進士，有明法，有明字，有明算，有一史，有三史，有開元禮，有道舉，有童子。而明經之別，有五經，有三經，有二經，有學究一經，有三禮，有三傳，有史科，此歲舉之常選也。其天子自詔者曰制舉，所以待非常之才焉。《唐書·

選舉志》。

按：唐有六學：國子學，太學，四門學，律學，書學，算學，皆隸國子監。餘有京都學，都督府學，州學，縣學等。諸學生徒，以次升補。每歲仲冬，舉其成者，送之尚書省與試，此由館學者也。其不由館學者謂之鄉貢，由州縣校試，州長重覆，歲隨方物，貢於京師。既至者，由考功員外郎試之。其試法或策或詩賦，或帖經問大義。及第者與出身，試於吏部；或爲人所論薦，或爲藩方辟舉，乃釋褐授官焉。此所謂貢舉也。制舉無常科，猶古之賢良。試之日，天子親臨觀之。試已糊其名，授之考官，第其文策，高者特受美官，其次與出身。實猶明以後之廷試，特無定期者耳。科舉既盛，學館生徒，每歲及第者不過一二十人，故學校雖多，而人情不注重矣。至各科目，進士一科，實爲當世豔稱。縉紳雖位極人臣，而不由進士出身者，終不爲美。詳《唐書·選舉志》等。

（四）明太祖初定金陵，以元集慶路儒學爲國子學。至洪武，……改學爲國子監。《續通考·學校考》。入國學者，通謂之監生，……品官子弟曰廕監，捐資曰例監。……洪武元年，令品官子弟及民俊秀通文義者並充學生。……永樂元年始設北京國子監，十八年遷都，乃以京師國子監爲南京國子監，而太學生有南北監之分矣。……例監始於景泰元年，以邊事孔棘，令天下納粟納馬者入監讀書。《明史·選舉志》。

（五）洪武二年，……令郡縣皆立學校。……府設教授，州設學正，縣設教諭各一；俱設訓導，府四，州三，縣二。生員之數：府學四十人，州縣以次減十。……未幾即命增廣。……成化中，……士官子弟，許入附近儒學。……於是初設廩膳者謂之廩膳生員，增廣者謂之增廣生員。及其既入，人才愈多，又於額外增取，附於諸生之末，謂之附學生員。凡初入學者止謂之附學，而廩膳、增廣，以歲科兩試等第高者補充之。……士子未入學者，通謂之童生。……候提學官歲試，合格乃准入學。提學官三歲兩試諸生優劣，謂之歲考。一等前列者視廩膳生，有缺依次充補，……繼取一二等爲科舉生員，俾應鄉試，謂之科考。《明史·選舉志》。

（六）科目者，沿唐宋之舊而稍變；其試士之法，專取《四子書》，及《易》、《書》、《詩》、《春秋》、《禮記》五經，命題試士；蓋太祖與劉基所定。其文略仿宋經義，然代古人語氣爲之，體用排偶，謂之八股，通謂之制義。三年大比，以諸生試之直省，曰鄉試。中式者，爲舉人。次年，以舉人試之京師，曰會試。中式者，天子親策於廷，曰廷試，亦曰殿試。分一二三甲，以爲名第之次。一甲止三人,曰狀元、榜眼、探花,賜進士及第。二甲若干人,賜進士出身。三甲若干人,賜同進士出身。狀元、榜眼、探花之名,制所定也。而士大夫又通以鄉試第一爲解元,會試第一爲會元,二三甲第一爲傳臚云。子、午、卯、酉年鄉試,丑、未、辰、戌年會試。鄉試以八月,會試以二月;皆初九日爲第一場,又三日第二場,又三日爲第三場。初設科舉時,初場試經義二道,四書義一道;二場論一道,三場策一道。中式後十日,復以騎、射、書、算、律五事試之。後頒定科舉定式,初場試四書義三道,經義四道。……二場試論一道,判五道,詔誥表內科一道。三場試經、史、時務策五道。廷試以三月朔。鄉試直隸於京府,各省於布政司。會試於禮部。……舉子則國子生及府州縣學生員之學成者,儒士之未仕者,官之未入流者,皆由有司申舉性資敦厚,文行可稱者應之。……狀元授修撰,榜眼、探花授編修;二三甲考選庶吉士者,皆爲翰林官。其他或授給事、御史、主事、中書、行人、評事、太常、國子博士;或授府推官,知州知縣等官。……此明一代取士之大略也。……洪武……十七年始定科舉之式,命禮部頒行各省,後遂以爲永制。《明史・選舉志》。

(七) 按:明時世家役民,庇盜,奪民田者,不一而足。《明史・焦芳傳》:"芳治第宏麗,治作勞數郡。"《琅琊漫鈔》:"松江鐵尚書治第,多役鄉人,甎瓦亦取給於役者。"《馮元颺傳》:"溫體仁當國,唐世濟爲都御史,皆烏程人,其鄉人盜太湖者以兩家爲奧主。"天順中,曾翬爲山東布政使,民墾田無賦者,姦民指爲閒田,獻諸戚畹。翬斷還民。見《李棠傳》。其餘不可勝紀。

# 十四　清和民國交替的遠因

(一) 按:滿洲人成丁者,初皆任戰;故其戶口皆以兵籍編制。以旗統人,有正黃、正白、正紅、正藍、鑲黃、鑲白、鑲紅、鑲藍八旗。鑲黃、正黃、正白,爲上三旗,亦曰內府三旗。餘爲下五旗。蒙古人、漢人降附者,又分設蒙古八旗、漢軍八旗。

(二) 按:八旗之制,創自太祖。世祖入關以後,乃有禁旅及駐防之分。禁旅以任京師守衛;駐防則分守各省要害。如西安、江寧、杭州、荊州、成都、神州、廣州諸將軍,及各副都統是也。

(三) 按:旗民不耕而食,不織而衣,蓋皆就養於漢人;清政府官人之法,凡要缺優差,都用滿員。太平軍亂以前,漢人雖建立殊勳者,首功輒與滿員。而滿員旗兵驕橫特甚,漢人之遭其凌虐以死者,不可勝紀。《研堂見聞雜記》

云：“祖大將軍鎮吳，凡吳之不法者，悉鬻身於其曲部，謂之投旗；既投之後，平日小嫌細忿，以片紙上之幕府；即率數十組練，以一鋃鐺鎖其人去，非破産不已。”可見待遇之不平等矣。

（四）按：漢學之興，始於顧炎武、黃宗羲等之倡率。與顧、黃同時者：有衡陽王夫之船山，博野顏元習齋。其門人弟子，轉輾宗承，行於南北，實開康乾漢學之門焉。康熙獎勵宋學，然漢學大起於東南；説者或以東南之士，謂講宋學者爲屈事北廷，故相率從事於漢學之考證云。漢學有吳、皖二派，吳派起於吳縣惠周惕，其子士奇、孫棟，皆博通經藝，著作宏富；同縣余蕭客、江聲、江藩，皆出其門。皖派起自婺源江永，一傳休寧戴震，再傳金壇段玉裁，此派專重考據古音，故謂“小學專門家”。高郵王懷祖、引之父子，亦爲此派。漢學絶者千五百年，至此復燦然彰焉。餘詳第四册《顧炎武與黃宗羲》。

（五）康熙十七年，詔舉博學鴻儒，備顧問著作之選。令在京三品以上及科道，在外督、撫、布、按，及學政，各舉所知以應。明年三月集諸被舉者於體仁閣，試以詩賦，得士五十人，俱授爲翰林院官，編纂《明史》。二十五年，詔各省督撫學政，購求經學史乘；由是宏獎理學，表章程、朱。李光地、湯斌等，皆以理學碩儒躋治。乾隆元年，循康熙故事，開第二次博學鴻詞科，明年又補考；前後得劉綸、萬松齡等二十人。十四年特旨令大學士九卿督撫舉潛經學之士。車駕巡幸江南，前後六次，所至輒召諸生試詩賦，與以科目。此皆康乾獎勵學術之舉也。

（六）康熙帝，命内閣學士蔣廷錫等，纂輯經史百家，名《古今圖書集成》，凡一萬卷。其内容之浩瀚，古今不見其比。雍正帝立，始印行之。《圖書集成》之材料，及其編纂之次序，雖未詳其梗概；但知其出自《永樂大典》者甚多。《圖書集成》一大類書也。類書者，將散見於諸書之事實，載於一類之謂；要不離乎簡便之旨。類書之出於中國已久；如唐之《藝文類聚》、《北堂書鈔》，宋之《太平御覽》、《册府元龜》皆是。《永樂大典》又可謂廣義之類書。雖然，人文進步，篤學之士，甘拔他人之萃與否，甚屬疑問；其兆早見於明代之原書彙刻。帝之事業，……不得謂非失策也。《清朝全史》。

（七）聖祖在位六十餘年，頗著勤慎。後雖老耄，手不釋卷，上自天象、地輿、歷算、音樂、法律、戰術；下至騎射、醫藥、蒙古、西域、拉丁文書字母，無所不覽。覽必撮取大義，命文學諸臣，編撰巨籍，都數十種。今舉其尤著者列表如下：

| 書　　名 | 卷　　數 | 編纂年代 |
|---|---|---|
| 《佩文韻府》 | 一〇六 | 康熙一五 |
| 《淵鑑類函》 | 四五〇 | 康熙四九 |
| 《數理精蘊》 | 五三 | 康熙五二 |
| 《曆象考成》 | 四二 | 康熙五二 |
| 《音韻闡微》 | 一八 | 康熙五四 |
| 《康熙字典》 | 四二 | 康熙五五 |
| 《韻府拾遺》 | 一一二 | 康熙五五 |
| 《駢字類編》 | 二四〇 | 康熙五八 |
| 《分類字錦》 | 六四 | 康熙六一 |
| 《子史精華》 | 一六〇 | 康熙六一 |

據《清史講義》。

（八）乾隆三十七年，清廷發表《四庫全書》之諭旨。四庫者，謂經、史、子、集之四部。帝之意志，可於其諭旨而得之；曰："御極之初，即詔中外搜訪遺書，並令儒臣校勘十三經、二十一史。後開館纂修《綱目》三編，《通鑑輯覽》及三通諸書。惟蒐羅益廣，則研討愈精。如康熙年間，所修《圖書集成》全部，極方策之大觀；引用諸編，率屬因類取裁，勢不能悉載全文；使閱者沿流溯源，一一徵其來處"云。可知帝之意，以學者不能滿足於類書，故別圖編纂一大叢書。於是自乾隆三十八年，開設四庫全書館。任皇室郡王及大學士爲大總裁，六部尚書及侍郎爲副總裁。然實際任編纂者，乃爲總纂官孫士毅、陸錫熊、紀昀三人，而紀昀之力尤多。分任編纂之事者，不少著名學者：如校勘《永樂大典》纂修官有戴震、邵晉涵；校辨各省送到遺書纂修官有姚鼐、朱筠；篆隸分校官有王念孫；總目協勘官有任大椿；副總裁以下，無慮三百餘名。該書至乾隆四十七年告竣，總計存書三千四百五十七部，七萬九千七十卷；存目六千七百六十六部，九萬三千五百五十六卷云。所謂存書，乃著錄於四庫者；存目，乃僅錄其書目而已。……四庫館編纂之主旨，採六種方法：第一，爲勅撰本，自清初以至乾隆時，依勅旨所編纂者，舉其例如下：

《周易述義》十卷　　　　　　　《周易折中》二十卷
《周官義疏》四十八卷　　　　　《儀禮義疏》四十八卷
《禮記義疏》八十二卷　　　　　《春秋直解》十五卷
《律呂正義後編》百二十卷　　　《詩經樂譜》三十卷

《同文韻統》六卷　　　　　　　　《叶韻彙輯》五十八卷

《音韻述微》三十卷　　　　　　　《明史》三百三十六卷

《遼金元三史國語解》四十六卷　　《皇清開國方略》三十二卷

《御批通鑑輯覽》百十六卷附唐桂二王本末三卷。

《通鑑綱目三編》四十卷　　　　　《續通典》百四十四卷

《續通志》五百二十七卷　　　　　《續通考》二百六十卷

《皇朝通典》百卷　　　　　　　　《皇朝通考》二百卷

《滿洲氏族通譜》八十卷　　　　　《皇朝通志》二百卷

《宗室王公功績表傳》十二卷　　　《蒙古王公功績表傳》十二卷

《勝朝殉節諸臣錄》十二卷　　　　《臺灣紀略》七十卷

《大清一統志》五百卷　　　　　　《日下舊文考》百二十卷

《熱河志》八十卷　　　　　　　　《滿洲源流考》二十卷

《平定準噶爾方略前編》五十四卷、《正編》八十五卷、《續編》三十三卷

《平定兩金川方略》百五十二卷　　《蘭州紀略》二十卷

《皇輿西域圖志》五十二卷　　　　《盛京通志》百二十卷外各省通志

《國子監志》六十二卷　　　　　　《歷代職官表》六十三卷

《大清通禮》五十卷　　　　　　　《皇朝禮器圖式》二十八卷

《國朝宮史》三十六卷　　　　　　《滿洲祭神祭天典禮》六卷

《康濟錄》六卷　　　　　　　　　《淳化閣帖釋文》十卷

《經史講義》三十一卷　　　　　　《儀象考成》三十二卷

《曆象考成後編》十卷　　　　　　《協記辨方書》三十六卷

《石渠寶笈》四十四卷　　　　　　《秘殿珠林》二十四卷

《唐宋文醇》五十八卷　　　　　　《唐宋詩醇》四十七卷

《皇清文穎》百二十卷

　　此種勅撰本，與對於他書者異，皆列各門例之前。第二，內府本，乃康熙以來，自宮廷收藏者。凡經、史、子、集，存書約三百二十六部；存目凡三百六十七部。第三，永樂大典，明成祖時所編纂，一萬餘册，貯藏於翰林院者。就其中拔出，存書存目凡五百餘種。今揭其著名於當時者：如《舊五代史》、《續資治通鑑長篇》、《建炎以來繫年要錄》、《嶺外代答》、《諸蕃志》、《宋朝事實》等，案採取《大典》本之說，乃尚書徐乾學之宿案；彼死於康熙中，不得行其志，至是安徽學政使朱筠主上此議。第四，爲各省採進本，命總督巡撫等，進獻其地方遺書；採書最多者爲浙江，最少者爲廣東，湖北、湖南、山西、陝西次之。

據浙江採集遺書總錄,總數四千五百二十三種,五萬六千九百五十五卷。別分卷者二千九十二册。第五,私人進獻本,係當時著名之藏書家所進獻。知名於清初者：如浙江寧波范氏之天一閣,慈谿鄭氏之二老閣,杭州趙氏之小山堂,嘉興項氏之天籟閣,朱氏之曝書亭,江蘇常熟錢氏之述古樓,崑山徐氏之傳是樓等;至乾隆時,已歸他姓者不少;四庫館令此等藏書家之子孫進獻之。約以進獻之書,謄寫後即付還,因之地方藏書家進獻頗多。一人送到五百餘種以上者不少。朝廷各賞《圖書集成》一部。百種以上者,賜以初印之《佩文韻府》一部。第六,通行本,乃世間流行之書籍。約以上各端,乾隆之編纂《四庫全書》,在中國書籍之蒐集史上,實爲空前之偉觀。所可惜者,當時四庫之館臣,採《永樂大典》時,殊不盡職。據傳聞云：彼大抵取其卷帙略少者,宏編巨册,措而不問。後來徐伯星所輯《宋中興禮書》、《政和五禮新儀》等,皆從《大典》錄出者;即此可見。咸豐中張穆語以此事,謂《永樂大典》,尚有祕本甚多;《大典》自明代即失其副本。翰林藏本稱爲獨一無二者,館臣草率了事,實爲缺憾。光緒二十六年,當拳匪之亂,翰林院罹於兵火,其卷帙多散佚或燒失,殊可惜也。"《清朝全史》。

（九）按：清康、雍、乾三朝,屢興文字之獄,今舉其著者如下：

莊廷鑨之獄　初,明相國烏程朱文恪公,嘗著《明史》,刊行於世。國變後,朱氏家中落,以稿本質千金於莊廷鑨。廷鑨家故富,因竄名己作刻之。補崇禎一朝事,中多指斥清朝語。事發,廷鑨已死,戮其屍,並殺其弟廷鉞。李令曾爲之作序,亦被坐,并及其四子。凡購書者及校對、刻工、販賣,同日受刑,死者七十餘人。

戴名世之獄　桐城方孝標,嘗受吳三桂官,著《鈍齋文集》,及《滇黔紀聞》,中多忌諱語。戴名世好之,所著《南山集》,多採錄孝標所紀事。尤雲鍔、方正玉爲之刊行,板藏於方苞家。事發,寸磔名世,族皆棄市,尤雲鍔等皆坐罪。時孝標已卒,剉其屍,族屬皆謫黑龍江。方苞編入旗下。

曾靜、呂留良之獄　呂留良,字晚村,浙人。嘗以博學鴻詞薦,誓死不就。以山林隱逸薦,乃薙髮爲僧。湖南曾靜,得其遺書,好之。雍正時,岳鍾琪督川陝,靜遣其徒張熙貽書,勸以舉兵。鍾琪執之以聞。奉旨,差刑部侍郎杭奕祿,正白旗副都統覺羅海蘭,至湖南,會同巡撫王國棟,拘提曾靜審訊。隨將曾靜、張熙提京,命浙江總督李衛,搜查呂留良家藏書籍,所獲日記等逆書,並案內人犯,一併拏解赴部。命內閣九卿等,先將曾靜反覆研訊;並發看呂留良日記等書。雍正七年九月癸未,以曾靜等口供及歷次所降諭旨,刊刻《大義覺迷録》,頒行天下。曾静、張熙免罪釋放,吕留良、吕葆中,剉屍梟示,留良子吕毅中斬決。其所著文集、詩集、日記及他書已經刊刻印刷暨鈔録者,盡行燔燬。

胡中藻之獄　胡中藻者,鄂爾泰門生。乾隆時,張廷玉爲大學士,與鄂爾泰相齟齬。朝官依附門户者,頗彼此互訐。已而鄂爾泰卒,廷玉亦乞休;而其門下在朝列者尚相傾不已。高宗惡之,乃摘中藻詩中字句若干條,指爲悖謬詆毁,並以鄂爾泰姪鄂昌與之唱和,均逮問論死,並撤鄂爾泰出賢良祠。據近人所輯《近世中國祕史》撮敍。

（十）在編纂《四庫全書》諭旨前後,又布一禁書令,甚可注意。禁書者,即明代關於滿洲祖先之著述。據帝之諭旨,此等逆書,不合於本朝一統之旨,勿使行於世。蓋文弱之漢人,被北人驅逐,時藉文學以發抒不平之氣,爲唯一之武器;其著述之數極多。帝此時不僅欲一掃此種明末之記録,并思將其正史一切付諸銷毁。其處置殊不公允。此種命令,始於乾隆三十九年;至四十三年,再加二年之期限;至四十六年,又展限一年。據兵部報告,當時銷燬之次數,二十四回;書五百三十八種,共一萬三千八百六十二部云。然猶以爲未足,至乾隆五十三年,尚嚴諭遵行。從大體而言,在北方諸省,較完全遵行;其東南各省,未能禁絶。時諭中有江西、江蘇、浙江等,省分較大,素稱文人之淵藪,民間書籍繁多;所以不能禁絶者,皆由督撫等視此事爲等閒云。後流傳於日本之錢謙益詩文集,亦被銷燬於此時。乾隆帝一方誇蒐集《四庫全書》之功於漢人,他方立文字之禁;貽後世排滿口實,殊爲可惜!《清朝全史》。

## 十五　近代社會狀况

（一）按辮髮,原係蒙古、滿洲相沿之習俗。滿洲之辮髮,亦非一時所創。其直接者,即自其祖先金國所流傳者也。金國之辮髮,與後之蒙古人,亦稍有差異。究其起原,則金人爲承蒙古方面風俗可知。蓋中國南北朝之時代,有稱爲索虜者,又有稱爲索頭虜者;北部拓跋魏之種類,因其一般之辮髮似索,常爲南人所吐罵,但拓跋魏之版圖廣大,國祚永久;其種族對於在己國領土内之他種族,强行辮髮之令與否,不得其詳。其施行此令者,則自金國始。據金國之記録,太宗天會七年,有削髮令,"不如式者處死"。蓋此法令,原非一時虚飾之言。凡爲金國之公人,皆須遵此法度;故其施行之範圍,對於一般人民,則不拘之,而惟限於國家主要之階級之官吏爲之。蒙古則不然,彼則實爲擴張此制度,凡國內臣民無論爲公人爲私人,皆一般強行辮髮。綜合宋代之記事,則蒙古人之辮髮,前頭與左右兩側頭皆留髮,他盡開薙;其前頭所留之髮,如今中國南方婦人之前髮,仍然垂下;其兩側頭所留者,則辮之;其餘端則使垂下。《清朝全史》。

(二) 清朝對於從來投降之漢人,強行辮髮者,在五月三日;即以占領北京之翌日,早出布告,有"凡投誠之軍民人等,皆使薙髮,衣冠悉遵本朝制度"云云。……已而順治二年,江南略定,屬行辮髮之制。其當時之諭文如下:"向來薙髮之制未即畫一;而姑聽其自便者,因欲待天下大定,而始行之也。今中外一家,君猶如父,民猶如子,天下一體,豈可違異。若不畫一,終屬異心,不幾爲異國之人乎? 自今布告之後,京城內外,限旬日;直隸各省地方,自部文所到之日,亦限旬日;盡使薙髮。遵依者爲我國之民,遲疑者同逆命之寇,必置重典。若巧辭爭辯,決不輕貸。該地方文武各官,嚴行察驗;若復爲此事瀆進奏章,致使已定地方之人民,仍存明制,不隨本朝之制度者,殺毋赦。"在南方更有"留頭不留髮,留髮不留頭"之令。於是江南各縣羣起抗令者,有江陰、嘉定等處。殺僇之慘,不忍卒述。

(三) 按:清以暖帽、涼帽爲禮帽,帽皆飾紅纓。受命者帽上有翎頂,頂則寶石、珊瑚、金、晶,翎則雙眼、單眼,各以品級分等。瓜皮小帽,據《豫章漫鈔》云:"今人戴小帽,以六瓣合縫,下綴以簷,如箝。閆憲、副宏謂予言,亦太祖所製,若曰六合一統云爾。"蓋明已有之。特士人則戴方巾。《研堂見聞》云:"士在明朝多方巾大袖,雍容儒雅;至本朝定鼎,亂離之後,士多戴平頭小帽,以自晦匿。而功令嚴敕,方巾爲世大禁,士遂無平頂帽者。"可見小帽爲士人常服,實自清始也。馬褂、外套皆滿裝,馬褂如外套而短,蓋爲馬上所用,外套或云外褂,則套之衫袍之外者也。滿人女子長衣,不用裙;一字髻,橫首上;漢人則不然。蓋清令漢人改服裝,惟婦孺寬假之不苛。

(四) 按民國制服,分大禮服、大禮帽,常禮服、常禮帽二種,式與西人服裝大同小異也。

(五) 按:據《本草綱目拾遺》草棉本蕃種,宋時由黃始傳入。某筆記云:"木棉本印度産,南宋時始入中國。由粵傳閩,而猶未著。至元初,松江人黃道婆乃移之江南,而植棉始盛。或云黃道婆廣東崖州人。"惟近人所輯《詞源》云是唐時由印度傳入。當有所據,姑從之。

(六) 按:中國唐時飲食已甚講究,有韋巨源《食譜》、陸羽《茶經》可考。宋時有虞悰《食珍錄》。清則袁枚《隨園食譜》,亦甚著名也。今通都大邑,往往有京館、蘇館、福建館、廣東館等，爲行旅宴集之所。京館以濃重勝，穌魚烤鴨湯魚肚，流黃菜等，其普通可口者也；蘇館以清甜勝，閩館多海味，以汁類爲勝，廣東館則有各種肉生，用炭鍋燙食焉。餘如徽館、川館，亦各不同。

（七）按：番菜，即西菜也。西菜食用刀叉，味取魚肉；牛羊醒羶之味較多，是猶游牧時代之食品也。

（八）按：中菜多油膩，不易消化。而且量分必多，不如西菜之能恰如分際也。

（九）按：據近人陶履恭等所輯《中外地理大全》，載中國人居留外國者，約達一千萬。在法領印度支那、暹羅、爪哇、新嘉坡等處最多。大抵皆由沿海諸省航赴各地者爲盛，尤以廣東、福建二省之勞動者居其大半。

（十）外國人之居留我國者，在光緒三十一年及宣統二年時，約達十四五萬人。以日、俄、英、美、朝鮮人爲多。據《中外地理大全》。

# 高等小學校用　新法歷史參考書第六冊

## 一　古代的歐洲(一)

(一)埃及 Egypt。爲世界上最古之國；其勢力最大之時，猶太、Judea。腓尼基 Phoenicia。等，皆入其版圖，遂成古代文明國之中心；及其勢力既衰，猶太及腓尼基等，各脫其羈絆以自立。又底格里斯、Tigris。幼發拉的 Euphrates。河邊之地，本埃及及卡爾提亞 Chaldaia。王國所有之地，後亦立爲亞西利亞 Assyria。帝國，亞西利亞帝國，又爲巴比倫 Babylonia。王國所滅；當此之時，波斯 Persia。之勢力漸大，遂滅巴比倫王國，盡吞古代諸國而擴大其版圖。然東洋諸國之政治，以壓制侵略爲主，美術雖不甚佳而甚重，文字大抵皆象形簡單者也。考此等諸國之特質：埃及人爲建築性之人民；猶太人爲宗教之人民；腓尼基人以商業爲事；亞西利亞及巴比倫等，以侵略爲務；至於波斯，則以創建統一大帝國爲目的者也。作新社《萬國歷史》。

(二)埃及地勢，居尼羅河 Nile。下流，歲得灌溉之利，時和土沃，適於農業，其民得棄遊牧而事耕稼，故開化最早。說者謂在希臘 Greece。數千年前云。埃及以代紀年，凡三十代，分爲三季：首季十代，都孟非司，Memphis。在濱地中海之下埃及；次季遷西勃司，在上埃及，去海較遠；此季後分爲二，曰中季，曰新季，新季之末，都台爾太。埃及首出之君曰孟尼司，都孟非司，統一埃及，傳至第四代，大興營造，今所有諸金字塔，均以是時落成，其至大者，相傳爲王卡甫 Khufu。所建。其他事蹟皆不傳；至次季，乃有史。當次季中葉，內政修明，土木興盛，稱爲郅治。第十二代有王亞姆納海第三者，潴木里司湖以受尼羅河水，農民便之。既而非格索司內侵，國爲游牧之君統治者五百年，迨新季拖失姆司 Thothmes。第一、第三，來姆第二、第三，日闢疆土，南至尼羅河上游，北至幼發拉的河旁近，武功震鑠，軼於前代。越十九代而希伯來 Hebrew。日相侵

311

逼,遂以不振。埃及自二十代始衰,厥後外患紛乘,亞西利亞、波斯,迭君其國。耶穌紀元前七百年,埃及君洒美鐵克司第一,藉希臘兵力,恢復舊業,遷都瑞斯城;後敗於波斯,自此不復能自立,始降亞力山大;Alexander。繼屬羅馬;Rome。又爲阿剌伯人所敗;尋又敗於突厥,爲土耳其之藩屬;及十九世紀,乃爲英吉利所取,名義上猶屬土也。一九一九年,歐戰告終,乃全屬英矣。本館《西洋歷史教科書》。

（三）猶太……係西米底種族,國土甚小,其地在埃及之東北,濱於地中海,北連腓尼基及敍利亞,東界敍利亞沙漠。此國之祖先,稱爲亞普拉黑摩,Abraham。信仰一神,子孫世居加南 Canaan。之地,後移住於埃及,以牧羊爲業。數百年之後,……有名摩西者,甚見寵於埃及王,……於紀元前一三二〇年之頃,自率猶太人以脫於埃及,四十年之後,乃得歸本國加南之地,……其後猶太人漸次統一而成一王國,始爲王者名沙羅,Saul。大鬪 David。繼之,時紀元前一〇五〇年之頃也。大鬪王取耶路撒冷,Jerusalem。其子沙羅門 Solomon。立,建築耶路撒冷之神殿,極爲壯麗;又營造王宮,蒐集財寶器物而藏之於其中,其富有華麗,後人至擬之爲百合花。與敍利亞、腓尼基、埃及交通,沙羅門爲有名之賢王,修一世之學术,善於詩文,嘗作有益之箴言。然榮華過甚,國勢頹衰,種族亦遂分裂。國力疲憊,卒分爲以色列 Israel。及猶太二王國。此後以色列爲亞西利亞王所滅;猶太爲巴比倫所滅。猶太之未滅也,人民大半被虜,遂移居於巴比倫,此紀元前五六八年事也。至紀元前五三八年,波斯王西利基,Cyrus。滅巴比倫,猶太人遂得放歸本國。自是以後,猶太遂爲波斯之領地;紀元前三三二年,又入亞力山大之版圖;紀元前六三年,爲羅馬大將朋攀Pompeius。所征;卒於紀元七十年,爲羅馬大將提脫司 Titus。所滅,國土荒蕪,國民離散,猶太人從此無託足之地;至於今日,歐戰告終,劃爲希臘所有。作新社《萬國歷史》。

（四）腓尼基在黎巴嫩山及地中海之間,土地狹小,有多數之都市,各市均有王以自治,一旦有事,則同盟而禦敵。人種係西米底種族,而以通商航海有名於歷史。其各都市中最繁盛者,爲推羅 Tyros。及西頓 Sidon。等,乃世界上商業都市之最古者也。紀元前一〇〇〇年之頃,推羅最繁盛之時,即係腓尼基最興隆之時,而正值猶太王沙羅門極盛之時也。此時推羅之王名哈拉摩Hiram。者,起土木,開港,築隄防,計通商上一切之便利;又通紅海而試探索,遠征印度,其後人民益熱心於商業殖民。紀元前七二二年,亞西利亞王撒空來侵,腓尼基人據島部推羅以拒之,至於五年之久;其後至紀元前七世紀,巴比

倫王奈普卡特奈撒 Nebuchadnezzar。來侵，腓尼基再據海島，以海軍拒之，經十三
年之久，而終爲巴比倫所征服。及巴比倫滅，則入於波斯之版圖，西頓仍爲商
工業之大都府；此後希臘、加塞其等，漸次强盛，腓尼基之繁華，因之稍減。後
爲亞力山大所征，腓尼基國乃滅。其後亞力山大利亞港雖開，而此地仍爲商
業地，至中世而衰微，變爲漁村。作新社《萬國歷史》。

　　(五)埃及人以天陽以下諸天體爲神而崇拜之，又禮拜禽獸；信靈魂不滅
之説，因作"木乃伊"Mummy。冀保存肉體，俾有甦生之一日；營造雄大之金字
塔，Pyramids。詳後。石造神殿、獅身人面像、Sphinx。方尖碑 Obelisk。等建築物；
發明象形之表音文字與拍批爾斯紙。Papyrus。巴比倫崇拜天體，有星學智識，
用楔狀文字；建築雕刻，多有可觀。猶太人於多神教國之間，獨固執一神教，詳
後。爲後世基督教及回教之起源。腓尼基人盛營貿易，詳後。又發明簡單之表
音文字，爲現今西洋文字之基礎。波斯平定諸國，分大版圖爲二十餘縣，知事
與將軍，兵民分治，設按察使以檢非違，開軍道，置驛傳，定幣制，經營大帝國
之規模也。近人《西洋史講義》。

　　(六)埃及國王及貴族等，皆有役使小民之權利，故得利用其權利而爲大
事業。其事業中之最大者，莫如建築，不但壯麗而已也；即其偉大之觀，實有
以聳炫心目。如技殘 Grxh。之金字塔，爲世界最大之建築，高四五〇尺，塔之
基址有七六四方尺，形狀則四角而錐式。積大石而造之，其石材皆取於數百
里之外，有時費三年之日月，役二千人以運一石。至其基礎之石，各長三十
尺，高五尺。附着於各石間者，其薄如紙，而堅固則與大石無異。塔中列室甚
多，中央爲國王之墓，用磨礪之花崗石爲之，其石之平滑，如以今世之精良器
械爲之者；其他歷代諸王之建築，無一不宏大，如拉美沙司二世之時，其所建
之卡路那克大宮殿，實爲埃及建築力之極點。有大石柱百三十四，一柱之高，
至少有六十二尺，周圍凡三十三尺。各柱之中，雖有傾側而偏倚於他柱者，然
兩柱毫無損害。庭中各柱，皆設大石板於其間，其宏大有出人意外者。又在
奴比亞山腹之岩石上，雕一大神像，其高凡七十尺。其他之尖柱碑及殿堂等，
皆足以表埃及人富於建築力之天性。故雖謂埃及人爲建築人種，亦無不可。
按：金字塔云者，以塔形似中文之金字也。作新社《萬國歷史》。

　　(七)猶太之歷史，於萬國史上，絶無政治之關係；所可注意者，惟其國之
宗教而已。猶太人祇信一神，摩西爲建國之英雄，而授宗教教義及法律於人
民之大僧侶也。猶太又有大文學，大抵無不含宗教及道德之精神。……諸國
宗教上經典之中，其可稱爲偉大者，以猶太之經典爲最。迨紀元前四年，耶穌

出，而宗教上之新運動起，其門弟子加新經典，以成統轄歐羅巴之精神，爲世界之一大動力。作新社《萬國歷史》。

（八）腓尼基在巴勒士登海岸，地勢縣長，前海後山，天然形勢之區也。其人民爲西米底種，散處各城，彼此不相併合；然能保自主之權，與希臘各城無異。地既近海，便於通商，故腓尼基人首握商權。希臘尚未興盛時，腓尼基商舶，已往來地中海、黑海之東，展其能力，開礦立埠，而不與列強兵爭。故首服埃及，次屬波斯，專以開通商業爲主。厥後貿易漸至地中海西岸，達大西洋，復拓地於非洲。其最大藩屬，曰迦太基，在非洲北境，即後與羅馬爭雄者也。腓尼基科學工藝，爲希臘之祖，希人傳之，遍於寰宇。近時所用羅馬字母，相傳爲腓人所創；即一切造舟、航海、製造、美術，希臘所傳諸後世者，亦皆受之腓人也。本館《西洋歷史教科書》。

（九）波斯之先，亦東方諸部落之一，其後寖肆吞併，勢日強大，紀元前五百餘年，大戡羅斯，據有西亞細亞，始立國。其子康毘西嗣立，又併埃及，至大流士 Drius。跨印度斯河，東據印度；西入歐洲，敗色勒司，討服馬其頓，收爲藩屬；涉多惱河擊俄羅斯；復以雅典人助小亞細亞、希臘諸城而叛也，怒而伐之；腓尼基以水師來會，達利亞司第一，遂進逼雅典，戰於馬來遜，爲雅典所敗，時紀元前四百九十年。波斯國勢，時稱極盛，自此役後，日就衰敝，雖尚傳襲百五十年，然已無爭城略地與他國爭雄之事。至紀元前四世紀末，與亞力山大一戰而遂踣矣。本館《西洋歷史教科書》。

（十）希臘小國也，而其事業則甚爲可觀，偉人輩出，以成文學美術之國。……今總括其史綱：起源於斯巴達 Sparta。及雅典 Athens。之興；其後勝波斯而成雅典極盛之時代；未幾，國內分離，雅典失勢，斯巴達起握其權；又一轉而成塞拜斯 Thebes。之主權。內亂如此，希臘遂不競，馬其頓乃得乘機而取之。亞力山大東征，滅波斯帝國，合東西以立一大王國，總結埃及、卡爾提亞以來之東方古代史。其後羅馬起，此等古代史上之諸國及其文明，又皆注入於羅馬之版圖，而羅馬亦遂爲古代史之結末者矣。作新社《萬國歷史》。

（十一）雅典自紀元前十一世紀之頃，廢除王政，而選貴族中之有力者，代王行政，名之謂"雅康"。Archon。初係一人終身獨任之官，後改爲專務分業者九人，以一年爲期限；"雅康"之下，置評議官，終身任之，是爲貴族政治：人民不得干預國政，上官專弄其權，人民不甘屈服，……國內紛擾無已。及紀元前五九四年，沙隆 Solon。出而改革雅典之法制，人心稍定。沙隆之主義，以爲平等可以無事，其憲法之精神，以廢壓制之貴族政治爲主，而代以溫和之政府，使雅典之人民,得與聞一切政治。沙隆又定各種法制,以行改革,寓道德勤儉於法律之中。……雅典人之理想,專注意於康健、自由、正義、善良之名譽,及完全之美事,沙隆因其有此理想而利導之,故雅典人在沙隆之時,最得幸福。及沙隆晚年去職,遂起紛擾,……至克來司偷内司 Kleisthenes。爲理事,乃定。克來司偷内司,純乎民權主義之人也,與投票權於自由公民,以固人民之自由,及平等之權利。其結果則喚起國民之愛國心,養成雅典之文明力,遂使雅典成爲中部希臘之主導者。薩拉米司 Salamis。之役,雅典戰勝波斯,此後五十年間,係雅典歷史中最有光榮之時代,……人民皆意氣軒昂,一事一物,無不躍然有生氣。而善導其勢,政事得宜,使雅典達文化之極點者,又不得不歸功於明達之政治家攀利克來司。Perikles。攀利克來司者,民權主義之愛國者也,身通文武,善於音樂、體操、雄辯等事,其友多哲學者,其精神甚高,言行甚正。……攀利克來司又獎勵文學、哲學及美術,建築雅典女神之宮殿於亞克洛罷利司 Akropolis。丘上,壯麗爲全都冠。又雕刻蘇斯 Zeus。神之像,亦極精美。此時希臘之智力、文學、美術,咸爲極盛之時;實業、農業,亦大有進步。當時希臘人之理想,其最要之目有十二:一、秀才之士;二、快活之氣象;三、自立;四、不畏艱難;五、注意於教育;六、愛美;七、不失勇氣;八、重富;九、戒怠惰;十、合家國而爲一;十一、思己國之盛大;十二、勉爲英雄。作新社《萬國歷史》。

　　(十二)希臘人好議論,詭辯派固不少;而以演説家名於世者亦多。特摩士的伲 Demosthenes。特著,世稱爲古今獨步之雄辯家。當馬其頓王腓立第二 Philip。欲吞併希臘時,特摩士的伲窺知其野心,常演説激起同盟軍以抗之,不幸終爲腓立第二所破;及亞力山大大王殂後,再圖希臘獨立,復敗,終不得遂其志而死。同時有安提勒士 Aeschines。者,黨腓立第二,與特摩士的伲抗,亦雄辯家也。日本本多淺治郎《西洋史》。希臘人之建築力,觀於神殿之美而知之,其建築效法東洋諸國,而整齊優美過之。初尚"鐸利亞式";繼尚"以阿尼式";其後"哥林多式"盛行,以"哥林多式"爲最優。所建女神之殿,柱頭飾以花形及樹葉之雕刻,其模型今尚存各國博物館中也。雕刻亦取法埃及等國,非狄亞司、Phidias。其阿都、Giotto。米啓蘭珠兒,Michaelangelo。後世稱爲三大雕刻家。作新社《萬國歷史》。

　　(十三)希臘爲文學、技藝之淵藪,而尤以文學爲最盛,蓋在太古之時,已有和美耳 Homer。之《脱洛亞戰争歌》,足爲希臘美與力之發表。其歌表示道德理想,而以理想教育希臘人,亞力山大乃愛讀此歌而實行者也。和美耳係紀元前九○○年時人；其後有海西瓦鐸司 Hesiodos。之《神學詩》；又有鐵爾達伊瓦司，Tgrtaios。以作軍歌得名。自紀元前七世紀至五世紀之間，有《利立克詩》。《利立克詩》者，合音樂而歌之歌也。其他如薩罷、Sapyho。阿爾卡伊瓦司，Arkaios。亞那克來洪、Anakreon。及拼大洛司，皆有名之人也。作新社《萬國歷史》。

（十四）哲學起於希臘，蘇格拉底 Socrates。專論人生及倫理之問題，斥高遠空疏之學，其倫理上之主義，詳於知德同一論。其言曰："凡人必爲善事，人之所以行不善者，由於未知善惡之故。故人而能知善惡，即爲德義。"後人推爲道德上、思想上之聖哲，困於國法，飲毒而死。柏拉圖 Plato。其門弟子也，學説甚有理想，唱真善美之一致，智識賅博，想像豐富。亞里士多德，Aristotle。乃柏拉圖之門弟子，爲亞力山大之師，亦係著名之大哲學者，由實驗以研究政治、文學、倫理、博物等。其後司脱亞派之查諾 Zeno。出，唱硬情克己主義；愛披克洛司 Epikouros。反之，唱快樂主義；希罷克拉偷司，Hypokrates。基於生理之實驗，除關於古來人身之迷信，以成醫學之基礎。作新社《萬國歷史》。

（十五）沙隆者，希臘七賢之一，壯時嘗於瓦林披亞競技會，得一等賞，漸知名。後周遊各國，調查法律制度，歸國後，謀恢復撒拉米島，兼革内政，遂被舉爲執政，治績大舉。其要爲施行救濟貧民法，定貧富階級 Timocracy。之制，改定家制刑法，及獎勵實業教育是也。救濟貧民法，紀元前五九四年沙隆初執政時所施行，大要爲：一、借貸不許以身作抵，免使人民墮爲奴隸；二、發行新幣，以新幣七十三分當舊幣百分，使負債者易償，已償還之利金，由本金中減去；沙隆既行此法，益洽人望，翌年，復被選爲執政。乃定貧富階級制，依資產分國民爲四等，資產愈富者，義務愈大，權利亦愈高。是後沙隆復定家制；改刑法；崇儉，重農，勸民栽培橄欖；又設學校三所，教養少年，世所謂"希臘派"教育者，蓋從此時起也。沙隆後有克來司偷内司，生於閥閲家，雖身爲貴胄，恆抱平民主義。及紀元前五○九年秉政，乃大行改革，擴張民權，故雅典民主政治，實自此始。其改革大要：一、改正國土區劃，分全國爲十郡，Phylae。更小別爲百村，Demoi。村之與郡，錯落相隔，恐有人壟斷也；二、改革憲法，高等議員額，自四百人增至五百人，每郡各選五十人充之，更促議會選出執政者；三、設保安條例，Ostracism。置投票箱於雅典市，凡有害國家之人，羣記其名而票劾之，定期開票，凡票達六千以上者，則逐之國境之外。然有功於國者，往往爲怨家陷於法云。日本本多淺治郎《西洋史》。

（十六）雅典既極盛，遂起諸邦之嫉妬。紀元前四三一年，雅典同盟與斯巴達同盟搆釁，其始十年之間，兩軍勝負相等；媾和未久，又開戰端，雅典軍大敗於西拉克來司，Syrakrace。損害甚大；未幾，即恢復其勢力。此後數戰於海上，斯巴達擊破雅典海軍於希來司拍特，Aigos Potamos。雅典遂降，此紀元前四〇四年也。斯巴達遂爲希臘之長。作新社《萬國歷史》。

（十七）斯巴達人對於其征服之人民，用野蠻之壓制，而人民思叛，斯巴達人更以壓力禦之。立法者利嘎掛司，Lycurgus。又制定法律，謂戰勝者之權利，至大至廣。敗者不得不惟命是從，或荒其國土，奪其貨物，盜其婦女，殺其男子，或役之如牛馬。且當時之戰爭，體力之戰爭也，故以強體、養膽，爲其法律之精神。利嘎掛司，又設公共之會食法，除婦人、女子及六十歲以上之老人，與七歲以下之小兒外，每食必聚於一處，蓋欲養成其公共之一致心也。……會食之時，雖國王亦必與焉；會食後夜歸時，不准携燈，將以養成其黑夜進軍之勇。居屋不許華裝，男女同爲奔走角力之戲，以冀生強健之兒。小兒初生，則由市邑之長老驗之，弱者投之於深窖。小兒常爲兵戲，其臥牀係葦蘆所做，且必自採者，使耐飢渴寒暑之苦。又使小兒習聞長者之言論，以評判其國民之品性及事業。不但此也，又教以秘密謀略及竊盜之術，使爲之不怠。至若文藝、美術、哲學等，皆擯而勿治；商業亦禁爲；農業則委之於奴役：此主義之結果，惟使人民變爲頑固、狹量、猛惡之民，而大不利於人類之開化，及增進人民之幸福也。作新社《萬國歷史》。

（十八）雅典衰弱之後，斯巴達已無敵國，遂跋扈於希臘全國，行其壓制之實力。人民初以雅典法律爲苦，至是乃益難堪於斯巴達之虐政，於是人皆轉思雅典。此時塞拜斯有英雄二人，一曰意巴米嫩達，Epameinondas。一曰彼羅比達司，Pelopidas。憤斯巴達之壓制，舉兵以反，苦戰無已，必欲恢復權利。紀元前三七一年，意巴米嫩達大破斯巴達軍於劉克脫拉，斯巴達之權勢掃地；塞拜斯遂取而代之。紀元前三六一年，與雅典及斯巴達之聯合軍交戰，意巴米嫩達死，塞拜斯遂亡。後馬其頓 Macedonia。起而握希臘之主權。作新社《萬國歷史》。

（十九）馬其頓在希臘之北，衣真海之西北。王腓立欲用兵南方，包舉希臘，深謀遠慮。當意巴米嫩達時，入質於塞拜斯者有年，覩希臘政治衰廢，不相統攝，慨然有吞併之志；既歸國，即位，年尚幼，羣敵蠭起，置不問，壹意練兵，卒成大軍，四鄰蠻族，悉被蠶食，疆宇日廓。即位期年，其權力已南至希臘焉。近人《西洋史講義》。腓立聘亞里士多德爲嗣子亞力山大師，盡力教育，國勢大振。腓立嘗曰："余得遭茲良時，實深喜悅，以能得如亞里士多德者爲我嗣子師也！"亞力山大亦曰："生我者，父也；使我得爲人者，師也。"是足以知其父子之尊重亞里士多德矣。日本本多淺治郎《西洋史》。

（二十）腓立既知希臘政治上之情狀，欲逞其雄心，以求掌握希臘之政權。此時有政治家兼雄辯家特摩士的倪者，窺破其心事，暴之於公衆之前，希臘人不之信；腓立益用其計略，或以武力強大其勢，雅典人漸知之，舉兵以與之抗，卒爲腓立所破，於是腓立之勢力益大。腓立長於武略及政略，凡足以達其目的者，無不竭力以爲之。乘當時諸邦之分裂，遂以計離間之，或用賄賂，或用約束，或用脅迫，以固己國之權勢，而謀統一希臘全國。腓立與雅典戰後，招集全國之議會，擬征波斯，其事未成，而被臣下所弒，年僅四十有七，時紀元前三三六年也。腓立既死，其子亞力山大繼位，年僅二十，才略過於其父，以強壯活潑敏捷稱，有無窮之能動力，武略蓋世；又有文學、美術之思想，學哲學於大哲學家亞里士多德，然欲望甚奢，每欲吞併天下；優待當時之學者及美術家等，然時或暴橫無度。故亞力山大，兼一世之文明與一世之野蠻於一身者也，又好讀和美耳之書，二十歲時，即平定國內之反亂。紀元前三三四年，由馬其頓就道，將以遠征東方之亞細亞，率兵士僅四萬，然皆訓練精銳之兵，號令如一，蓋亞力山大之武略，史册中實罕見其比也。亞力山大率兵破波斯軍於小亞細亞之格拉尼夸司，Granikes。入波斯所領之敍利亞，與波斯王達利亞司三世會戰於伊沙司而走之。轉而征服腓尼基，降埃及，開亞力山大利亞海港，以爲永遠之計，此實亞力山大莫大之功也。亞力山大既占波斯之海岸，又轉向內地，衝波斯帝國之心腹。時波斯王復以二十倍以上之大軍來會戰，擊破之於安攀拉納，Aabela。遂滅波斯帝國，時紀元前三三一年也。此後巴比倫、蘇薩、Susa。潘山罷利司、Persepolis。柏薩格達伊、Pasargadai。等都府，悉爲亞力山大所得。然其志甚大，絕不以此自足，故復進於東方，創建都府於各地。北至白克脫利亞那、Boktriona。沙格其亞那 Sogdiana。等；東入印度，欲得其無窮之財物，探險遠征。紀元前三二六年，北抵因特司、希拍其司，Hypais。兵士均不欲再進，遂命還軍，至巴比倫府。巴比倫府，亞力山大嘗欲以爲首府者也，思於此融合希臘、馬其頓及東洋諸國而建立一大帝國。服波斯人之服，行波斯人之儀式：與波斯前王達利亞司三世之女成婚，日夜沉溺於酒色；加以土地不良，遂罹熱病而死，治世十二年，年僅三十有一，時紀元前三二三年也。作新社《萬國歷史》。

（二十一）羅馬歷史，一都府擴大之歷史也：初集合羅馬之七都府；次征服近郊；又次服意大利；勢力益大，遂征服阿非利加、希臘、西部歐羅巴、小亞細亞等地，咸感化之而建成一大帝國，此其外政也。至其內治，則初時擴大平民之權利，後乃以羅馬人權與領地人民，其次序自近而至遠，自小而及大，強固其基礎，以建立帝國；故其權威甚大，衰弱甚緩。至北方野蠻人侵入，遂爲所滅。作新社《萬國歷史》。

（二十二）亞力山大既死，部下之大將，分領其國：沙留夸司，Seleukos。領敍利亞及其東部；突勒密 Ptolemy。領埃及；卡生特洛司，Cassandros。領馬其頓；利西麥夸司，Lysimachos。領脫來開。Toreke（Threce）。其中吾人所當注意者，突勒密之於埃及而已。突勒密家三代，皆明君也，以亞力山大爲首府，獎勵商工業，振興學術、技藝，優待數學者及詩家、批評家等。書庫所藏，多至五十萬卷。結合猶太、埃及及希臘，而成一種之文明，振興於尼羅河畔。突勒密三世，係最有爲之主，能使埃及達於繁盛之極點。其後突勒密家之爲埃及王者，合共有九代，至女王枯留巴多拉 Kleopatra。之世，而爲羅馬之將滅，其地遂入於羅馬之版圖。作新社《萬國歷史》。

（二十三）羅馬人富堅忍不拔之氣象，以勇武之精神，運巧妙之政治，藉軍隊之力，開拓國境；遂統一宇內，建立大帝國。至文藝、美術，非其所長，初時專學希臘文藝；國民文學，至後乃起。奧古士都帝時，詩人有府極爾、Virgil。霍拉起，Horatine。史家有李維梧，Livins。稱文運最隆時代。羅馬人爲重實際之人民，共和政體時代，爭參政權極烈，法律思想之進步，前古無比，其法典永爲後世模範。又長於土木事業，開貫通帝國之軍道，多設水道，修築港灣；因此交通發達，商業繁盛，其所吸收之希臘文明，得普及於大版圖中。故稱羅馬爲希臘文明之傳播者，實非過言也。近人《西洋史講義》。

## 二　古代的歐洲（二）

（一）羅馬初行王政，但國王非世襲，以元老院選之。政治機關有三：一、元老院；Senate。二、貴族會；Comitia Curiata。三、軍隊會。Comitea Centuriata。元老院議員，初定百人，後增爲三百人，爲各族姓名之長，威權僅亞於國王一等，爲國家最上之府。貴族會即上流民族之議會也，權力不如元老院。軍隊會者，第六代王塞爾彪所創設，因平民常與貴族相傾軋，乃設此會，與平民以參與政事之機，然相怨既久，階級難平也。

紀元前五一〇年，羅馬人放逐達爾葵紐王，Tarquinius。建設共和政府，革新官制，置執政官、Consuls。總指揮官、Dictator。財政監督官。Questor。執政官二人，處理國務，由軍隊會選舉，平時充元老院議長，戰時總督軍隊，有可否法案之權，總攬萬機，與王權無異。總指揮官，由元老院臨時選出，係非常職，當國家有事時，有無限之權力。當其在職時，雖執政官亦停止其職務，受總指揮官命令，及事平則即臨時廢止；縱事未平，亦不得任職過六個月，必須更選他人以代之。財政監督官，監督國庫之出納，與軍隊之會計，其權與執政官等，始置二人，後增至數人。日本本多淺治郎《西洋史》。

（二）羅馬法律，向由貴族意思所定，故民黨無法律知識，而政權悉握於貴族。平民惟盡力疆場，出兵器軍服之常費，艱苦萬狀，於是不平之聲高矣。此後貴族平民之爭，亙二百餘年，結果貴族乃以平民會議爲立法府之一，與元老院勢力相等，爲共和政府之二大機關。嗣是而後，平民之權，益漸伸張。紀元前三六七年，始發表有名之里士尼法，蓋護民官里士尼士達羅 Licinius Stolo。所提出，經十年而始論定者也。其大要如下：一、必選平民一人爲執政官；二、一人不得有五百埃格爾 500 Jugera。以上之土地；三、已償之利息，必須由本金中扣減。厥後紀元前三三七年，平民取得爲百官之資格。紀元前三〇〇年，取得爲僧官之資格。二八四年，禁債主不得以人身爲抵當。由是國民威權，始與貴族平等。日本本多淺治郎《西洋史》。

（三）羅馬內部，既上下和睦，乃膨脹其勢力於外部。先平定四鄰諸國，得行其自由動作，或與愛脫爾利亞人戰，或與拉丁人戰，或與薩摩尼亞摩 Samnium。人戰，或與高盧人戰，或與數國之連合軍戰，而總名之爲拉丁戰爭及薩摩尼亞摩戰爭。此等大戰爭，始於紀元前三百四十三年，終於二百九十年。於是羅馬遂爲中央意大利之主權者。時意大利南部中，有希臘人殖民之都府，見羅馬勢盛，懼而請援於本國愛披洛司 Epeiros。王比魯，比魯率大軍，與羅馬人戰三次，全軍敗北，於是南部意大利，又入於羅馬之版圖。羅馬既統治意大利，又與當時之強國加塞其即迦太基。互相衝突，加塞其係腓尼基殖民地之至要者，而當時握海上霸權者也。羅馬欲與之戰，而毫無海軍，乃以加塞其之破壞軍艦爲模範，日夜製造，二年之後，即成強大之海軍，用以勝當時之海軍國，稱第一次步尼卡 Punica。戰爭。羅馬既勝，加塞其割細細利及其他羣島以請和，羅馬人稱此地爲領地。所謂領地者，羅馬所領意大利以外之地之謂也。加塞其雖因第一次戰爭而失細細利等地，然西班牙之加塞其領地，則由於哈米加 Hamilcar。之經營而盛。哈米加之子曰漢尼拔，Hannibal。有不世出之武略，以爲兩雄不可並立，非我死即彼斃，遂以大軍越拔列尼斯山 Pyrenaei。攻入意大利，是爲第二次步尼卡戰爭。漢尼拔連戰連勝，羅馬有一名將，名泡帛利司西披瓦，Bublius Scipio。攜兵渡海，攻加塞其本國，漢尼拔急引兵歸國以救之，全軍敗北，乃以阿非利加以外之領地，盡與羅馬以媾和。加塞其由此益弱。後五十年，又啓第三次步尼卡戰爭，先是羅馬之泡西亞司卡特 Porcius Cato。等，欲以全力滅加塞其，加塞其盡獻其武器軍艦，約定納五十年租稅，更立極謙遜之條件以請和，泡西亞司卡特等堅拒不許，以爲非滅之，終不免後日之患。加塞其既大失望，遂不得不盡全力以抵抗羅馬。被圍四年，勢孤力薄，而勇力不衰，婦女則斷頭髮以爲弓弦；男子則注心血與敵戰；終不能支，城遂陷。羅馬人燒之，城壁盡壞，此亦可爲羅馬人之虐舉矣！作新社《萬國歷史》。

（四）羅馬以西方無與抗衡者，遂有事於東方。初，馬其頓王腓立第五，當第二次步尼卡戰爭時，與漢尼拔締結同盟，爲羅馬所偵破。元老院擬興師東征，會希臘人謀脫馬其頓羈絆，乞援於羅馬。乃以克因多弗拉米 Quintus Flaminius. 爲總督，大伐馬其頓；而腓立率兵迎戰，大敗，乞和。弗拉米進入希臘哥林多市，公布希臘《獨立宣言書》而歸。然公布希臘獨立者，全爲羅馬人一時之權謀，其實視爲屬國，希臘人大悔，圖報復。會漢尼拔亦未絕報復念，奔敍利亞，勸其王合希臘，共抗羅馬，羅馬又破之，漢尼拔仰藥死。腓立第五王子百爾修，Persseus. 嗣父遺志，銳意軍備，興師抗羅馬，勢甚振，及與羅馬大將耶密流保路 L. Aemilius Paulus. 戰於比突那，大敗，馬其頓遂爲羅馬領土。二十四年後，馬其頓人再叛，然以亡國之餘，欲伸螳臂，宜其不旋踵即滅也。後希臘諸州又起同盟軍於哥林多，謀復祖國，又敗，於是希臘全土，亦終爲羅馬領土矣。日本本多淺治郎《西洋史》。

（五）羅馬都城，豐富甲天下，上自朝政，下至公共事業，莫不舉辦裕如。觀其政府以公費建劇場、設浴所、通大道、鑿水路，雖圖公私之便利，要亦財政充實有以致之。即輸入希臘文學、美術，以爲羅馬文物之助，亦領域擴張之效也。然天下事，不能有利無弊，羅馬人原爲質樸勇猛之人種，自領地擴大後，漸趨奢侈；加以希臘文學、美術、奴隸等輸入，人咸以聘學者、奴奴隸相尚。至評論人物之際，則以從屬之多寡，定其高下，搢紳遊惰成習，庶民不事實務，徒喋喋政論，奔走於官吏之選舉買賣，投票以糊口食，道德焉得不墜地？社會焉得不紊亂者乎？日本本多淺治郎《西洋史》。又參考第一課第二十三節。

（六）羅馬之強大已極，而貧富之爭益盛。蓋富者益富，可以不耕而食，不織而衣，終日無所事；貧者益貧，勞働苦役，粗食布衣，尚不能足，窮苦貧困，有非言語可以形容者。紀元前一三三年，唱平民主義之提比略格拉克 Tiberius Gracchus. 爲平民保護官，限土地之所有，使下等平民亦得有土地；富人大爲激怒，陰殺提比略格拉克及其徒黨。嗣後貧人黨與富人黨，爭擾不已。提比略格拉克之弟曰愷雅格拉克 Caius Gracchus. 者，於其兄死後之十年，又爲平民保護官，繼兄之志，亦被殺。格拉克兄弟既死，而爭擾尚未有已。富人黨之代表

者,名蘇拉,Sulla。平民黨之代表者,名馬略,Marius。相爭益烈。馬略曾破北方
蠻民之來襲者,戰功甚大;蘇拉亦曾平定同盟諸國之内亂,勢凌馬略,馬略之
黨遂全敗。蘇拉任終身總統,其黨跋扈益甚。蘇拉死後,羅馬分爲四黨:朋攀
Pompeius。黨,革拉蘇 Crassus。黨,馬略之甥凱撒 Julius Caesar。黨,及卡鐵利那
Catiline。黨是也。然卡鐵利那以謀反被殺;朋攀則見疎於己黨,而投入凱撒黨;
革拉蘇又加入其中;其三人聯合專政,世人稱爲第一次三頭政治,時紀元前六
〇年也。當紀元前五九年,凱撒被選爲統領,期滿而任高盧太守,在任八年
中,嘗征服開爾脱人,又征服日耳曼人,極愛撫之,又善待兵士,士卒咸用命。
時革拉蘇已爲征戰而死,三頭政治家之存者,祇朋攀及凱撒二人而已。兩雄
並立,各不相讓。既而凱撒高盧太守之任期將滿,欲要求爲統領;朋攀隱使元
老拒之,凱撒乃率精兵至羅披夸河,Rubicon。與共和政府相抗。既進軍,朋攀逃
往希臘,凱撒遂自立爲統領。而朋攀在希臘已集成軍隊,凱撒討之,大破之。
朋攀走至埃及,爲突勒密所殺,使者檻首而至,凱撒乃慟哭而厚葬之。凱撒更
殲滅阿非利加、西班牙等處之朋攀餘黨,紀元前四六年,還羅馬。作新社《萬國
歷史》。

　(七)凱撒之意,以爲今之羅馬,尚未至共和國之時代,須有無限主權之統
治者。欲自爲之,而恐破其舊習慣,致令人民起與爲難;乃使元老院選己爲十
年之統領,其後乃爲終身之統領。後又爲主權者,登王位,行帝王之儀。自是
羅馬之共和政體遂絶。凱撒於歷史、法律、政治、文學、雄辯等,無所不通;善
於建築,又長於收攬人心之術。人民敬凱撒如神,兵士莫不悦服。其主羅馬
也,勵商業,興農業,建築殿堂、劇場及公會堂等。又如改曆,治水,及其他有
益民生之事,不可勝數。人民之喜凱撒者固多;而因其滅棄自由共和而憾之
者,亦正不少。其謀主即凱撒最愛之親友布盧多 Brutus。及加修亞司 Cassius。
是也,凱撒爲二人所弒,其偉大之目的,亦遂中止,時紀元前四四年也。有安
敦 Marcus Antonius。者,當凱撒葬日,演其追悼之辭,大贊凱撒之功業,論殺害凱
撒之無理,市民大爲激動,皆惜凱撒。布盧多及加修亞司,遂不得復居於羅
馬。作新社《萬國歷史》。

　(八)安敦之爲統領,得來披特司之同意,握凱撒身後之主權。而凱撒之
甥名俄克達非亞司 Octavius。者,年僅十九,亦偉傑人也,與安敦之志望反對,故
不能相和,遂成第二次之三頭政治,三分羅馬之領土。來披特司人極庸弱,故
俄克達非亞司與安敦共收其權,而分羅馬爲二:俄克達非亞司取其西部,而居
於羅馬;安敦取其東部,而居於埃及之亞力山大利亞。安敦惑於埃及女王枯

留巴多拉之色,又與俄克達非亞司不和,俄克達非亞司起兵滅之,時紀元前三一年也。作新社《萬國歷史》。

（九）俄克達非亞司君羅馬,其所建專制政體,爲歷史之所未有,而實不能出凱撒之範圍。其變民主爲專制也,潛移默化,緩而不急,循自然之形式,行之數十年而民不知;國中官吏,選舉如舊,法律由議會議設,國中要政,亦秉之國會。所異者,疇昔羅馬平民,能馭理其選舉之事,而今無之耳。雖經此改革,而政黨弭争,國内安謐。然民主政體隳,而君權無限之專制政體成矣。羅馬肇興,政法粗備,前已言之詳矣。及俄克達非亞司即位,雖未更易國中官吏,而實則躬握大權,凡選舉、監察等事,無不自爲,故有目之爲“額外行政官”者。且自爲都城軍隊主帥,權力所至,人争榮之,其職名遂爲專制君主之稱;而“凱撒”二字,後人遂相沿以爲帝號,如今之德皇稱“凱賽”,Kaiser。俄皇稱“撒阿”,Czar。蓋皆“凱撒”之轉音也。俄克達非亞司,亦稱“奧古斯都”,Augustus。後羅馬諸帝,皆沿其名。“奧古斯都”治國之才,最著者爲轄治屬地,其法分羅馬屬地爲二等:一、内地臣服已久者,使議會統轄之,然其地方官頗有自治之權;一、邊境初入版圖,未經組織者,則直轄於國皇,國皇命官治之。此制既行,屬民咸受其益,無昔時壓制之弊。雖後來故習復萌,而羅馬宗旨已變,視屬民與疇昔凱旋時不同,而謂其亦當有政治之權利,於是均得爲羅馬國民,而宰制者之名稱,亦惟散見於辭令條教之中耳。本館《西洋歷史教科書》。

（十）狄奧多西 Theodosius。一世,係君臨全羅馬帝國最後之帝王,死於紀元三九五年。其二子鄂那利、Honorius。及安愷第 Archadius。分馬帝國爲東、西二國:東羅馬包有巴爾幹半島、希臘、小亞細亞、敍利亞、埃及;西羅馬包有萊因河、丹牛波河以西之地,意大利、西班牙半島,及北部阿非利加。鄂那利得西羅馬,即以羅馬爲首府;安愷第得東羅馬,即以君士坦丁 Constantinople。爲首府,東羅馬至十五世紀,爲土耳其人所滅;西羅馬滅於紀元四七六年。作新社《萬國歷史》。

（十一）亞利安人種,雖分希臘、拉丁種族,開爾脱種族,條頓種族,及斯拉夫種族四大派,而從來活動於歷史上者,惟希臘、拉丁種族而已。至紀元五世紀之頃,條頓人漸發達於歷史上,而羅馬人初稱之爲野蠻種族。條頓人者,即日耳曼人,歐羅巴中央部之一大民族也。其主要之種族:一、峨特 Goth。人,二、法蘭克 Frank。人,三、温轄爾 Vandal。人,四、白根特 Burgund。人,五、倫巴德 Lombard。人,六、薩克遜 Saxon。人,七、益格爾 Angle。人,八、斯康提奈維亞 Scandinavia。人是也。峨特人初住於斯康提奈維亞,不肯安於己國森林沼澤之中;紀元二百年之頃,漸次南下,而移居於中央歐羅巴;後遂分爲東峨特、西峨特、緩漫峨特三族。而一種之移動,必延及於四方,從前住於此地之種族,亦不得不隨之而他移,於是歐羅巴國民遂有大移動之勢。法蘭克人、温韃爾人,及斯拉夫人,初居於德意志之東部者,此時之德意志即今之德意志、奧大利、匈牙利、丹麥等地皆是也。亦遂漸西行,移居於高盧及西班牙半島,莪特及其他德意志種族,尚西行無已。紀元四世紀之末,匈奴人種見逐於亞細亞之極東,而進行於西方,其勢大張,遂入歐羅巴,建一大王國於今之匈牙利之地。置莪特人等於其部下。彼等初入之時,莪特人之一部,移居羅馬境内以避之;旋因羅馬人相待之苛,怒殺東羅馬帝滑連司,更擴其權至意大利及亞德利亞海 Adriatic sea。邊,寢不可制。羅馬自俄克達非亞司時,已慮北方人種之侵入,至此果張其勢力以危羅馬;加以羅馬驕奢已久,人心漸弱,道德腐敗,遂失統一國家之力,諸蠻族或侵,或占,無有已時。西羅馬帝徒擁虚位,國家之實權,歸於野蠻人之手。遂由元老院之議決,以爲羅馬有一帝已足,乃使東羅馬之殘諾 Zeno。統治全帝國;以德意志人俄多亞撒 Odoacer。爲意大利之知事。紀元四七六年,俄多亞撒廢西羅馬帝洛墨勒司,瓦格司脱勒司 Remulus Augustulus。而自爲意大利王,於是西羅馬遂滅。西羅馬帝國既潰裂,各種民族,互相雜處,而言語因之以變:羅馬語與亞利安種族語相雜,而成"羅門司語",即今之意大利、法蘭西、西班牙等語是也;又成"德意志日耳曼。語",即今之德意志、荷蘭、瑞典、挪威、丹麥等語是也;"羅門司語",與"德意志語",合成今之"英語";"開爾脱語"行於愛爾蘭及蘇格蘭;"斯拉夫語",則行於俄羅斯及波蘭。作新社《萬國歷史》。

　　(十二)日耳曼人種大移轉之結果,雖有種種;然最宜注意者,則自西羅馬帝國瓦解後,日耳曼人種建設諸王國是也。兹列舉其重要者如下:一、由意大利至多腦河岸之東莪特王國;二、在法蘭西之法蘭克王國;三、在英吉利之盎格爾薩克遜王國;四、在西班牙之西莪特王國;五、由德意志西南跨法蘭克東部之不爾艮王國;六、在阿非利加之法德羅王國。近世歐羅巴諸國之萌芽,皆發生於此時,雖不敢遽謂今日英、法、意、西等諸國民,悉爲德意志人種;然此等諸國之血統,毫不與德意志混雜者,亦不然也。日本本多淺治郎《西洋史》。西羅馬滅亡之時,西莪特人及法蘭克人等,均住於高盧地方,而其中法蘭克人之勢力最大,漸成强大之國民,信奉耶穌教,至克洛維司之時,尊都巴黎,爲今日法蘭西國之基礎。時東羅馬皇帝,常欲恢復其本有之東、西兩帝國之版圖,及法蘭克之勢力漸大,東羅馬亦在其權力之下,東羅馬欲保其友誼,乃以金冠紫衣,贈克洛維司。克洛維司之後,諸王暗弱,紛争不絶,王室遂衰,實權歸於宰相。宰相中最有名者,爲卡爾爾,Charlemaghe。其子披賓,亦爲宰相,紀元七五三年,廢法蘭克王而自立,創卡洛林格 Karolingia。家。當時耶穌教會中,有偶像禮拜之爭論,而羅馬教皇詳後。反對東帝國之説,故羅馬中之帝權大衰。加以倫巴德人南侵而入意大利,披賓乃援羅馬教皇,逐倫巴德人,又救羅馬。其勢力已有帝王之實,而尚以憚東帝國;故未敢稱尊號,祇稱爲“羅馬之知事”。披賓之子,亦名卡爾爾,承廣大之王國,應羅馬教皇之請,以拒倫巴德人之暴橫,遂全滅之,自稱法蘭克及倫巴德王、羅馬知事,而戴有名之“倫巴德鐵冠”於頭上。卡爾爾目的,甚爲遠大,欲再建羅馬帝國於德意志地,故利用國民之愛國心及條頓人宗教心,以實行其目的。與他國民戰爭數十次,征服南德意志及高盧,勝薩克遜人,北與談痕人戰,東與斯拉夫人及其他之國民戰,西與阿剌伯軍戰,以擴大法蘭克國之境域,其版圖之大,西至西班牙之愛白洛 Eblo。河;東北至愛來白 Elbe。河;東南至匈牙利之太伊司河;包有意大利之大半及科西加,Casica。奠首府於國之中央亞亨。Aachen。作新社《萬國歷史》。

(十三) 東羅馬之國勢甚衰,西歐羅巴之蠻族,尚未建立强大之國。當此之時,有威迫歐羅巴而轉變世局之大勢力,起於西米底人種,以與亞利安人種角逐者,阿剌伯種族之勃興是也。此種族之所以得大勢力者,其原因實由於信奉回回教。此教之始祖爲穆罕默德,Mahomet。紀元五七〇年,生於阿剌伯之麥加府。Mecco。幼孤,年四十而業商。正直勤勉,富有敢爲,雖不讀書習字,然常因商業而遊於敍利亞、巴勒斯坦等處,故有普通之智識,常以阿剌伯之習慣,而退隱於幽處,默念以度日;時或視聽幻象,且謂已乃受神託之預言者,今雖有耶穌等教而尚未完全,故排斥當時阿剌伯之多神偶像教,又反對耶穌教之三位一體説之三神教,而唱純然一神之教。欲使全國皆信其説,並欲統一阿剌伯國中諸族,其勢情之甚,有似狂者。其始惟親近之人信之,他人非特不信,且欲迫而害之,故穆罕默德,不能居於麥加,而避之於美地拿,Medina。信徒甚衆,一變從前之夢想,用武力以宣傳教理。穆罕默德之言曰:“神惟一而萬能者也! 人有信我之教者福之! 否者皆敵也! 人若得現在及未來之幸福,祇須畏神而爲神作戰!”穆罕默德之徒,皆體此精神,剛强敏捷,視死如歸,其心祇知與他教徒戰而已。其宣傳教理也,常使於經典、租税及劍,三者之中選取其一。其意欲使其信經典;若不信,則當納租税以買其所欲之宗教信仰權;兩者皆不取,則必以劍決勝敗矣。其意志之激烈如此,以此主義,不出十年,而阿剌伯全國,盡信奉其教。又進而擴其勢力於國外,當時最大之敵,即羅馬及波斯是也。然未與交戰,紀元六三二年,穆罕默德死,其權力愈增大。穆罕默德死後僅五十年,東至印度,西至大西洋之濱,皆爲回教統治權之所及矣。作新<br>社《萬國歷史》。

（十四）穆罕默德既死,其繼起者,謂之卡利夫,有政教上之權力。初代之<br>卡利夫,爲穆罕默德之義父亞白敗堪, AbuBeky。繼穆罕默德之志,以傳播教理<br>及戰爭攻伐爲事。其次之卡利夫,名瓦摩, Omar。亦賢良之君主也,嘗遣使於<br>君士坦丁,君士坦丁帝問使者曰:"卡利夫所住之宮殿如何?"答曰:"泥土之室<br>也。"問曰:"侍從之人如何?"答曰:"乞食者及貧民也。"問曰:"席如何?"答曰:<br>"正與義也。"問曰:"財寶如何?"答曰:"可以見信於神也。"問曰:"王坐如何?"<br>答曰:"質朴及堅固之智識也。"即此可以觀瓦摩之爲人矣。亞白敗堪與瓦摩<br>之時,征服敍利亞及埃及諸國,時在紀元六三二年,至六三九年之間也。此等<br>之地,既未漸被希臘之文化,言語皆從,故抵抗阿剌伯之勢力甚少。然太何爾<br>司 Taurus。山以西,則言語及文明,皆得之於希臘,故阿剌伯不能全勝。其後東<br>征波斯,滅其宗教,進而入於印度,又西攻君士坦丁,至八世紀之初,爲東羅馬<br>帝勒奧三世所敗,遂不能成功,而阿非利加之北岸,則盡爲所征服。紀元七一<br>〇年,太利克盆若伊特, Trrikdenzaib。率勇敢之阿剌伯人,渡海峽而入西班牙,數<br>年之間,盡占西班牙半島。其志欲併吞西歐而征法蘭克,法蘭克王卡爾爾擊<br>破之,阿剌伯軍由是絕東征之念,取久居西班牙之策,建王國於其地,存七百<br>年而亡。當時阿剌伯之版圖,包有印度以西,阿非利加之全北岸,及西班牙半<br>島。作新社《萬國歷史》。

（十五）卡爾爾拒倫巴德人以救護羅馬教皇,教皇德之。此時西歐惟羅馬<br>教皇與卡爾爾二人而已。且當時東羅馬女子執政,登君士坦丁之帝位。於是<br>舊西羅馬人,選羅馬知事卡爾爾爲羅馬帝。紀元八〇〇年二月,卡爾爾在羅<br>馬受教皇加冠,而稱羅馬知事;尋又宣言爲正統之羅馬皇帝。於是東西兩帝<br>國,判然分列爲二,互爭正統,自此以後,東帝國永不能恢復羅馬及北意大利<br>矣。卡爾爾帝性質朴直,粗食而不飲酒,就食之時,必讀歷史及宗教書;衣服<br>亦樸素,常服羊皮之法蘭克服,服羅馬服之時甚少,遇宮官之服美衣者,則使<br>其伴己遊獵,奔走於荆棘之中,以裂其美衣而戒奢侈。帝又好學問,招賢納<br>士,國中文事大興。卡爾爾帝時,歷史上諸國之大者,爲東羅馬、西羅馬、東卡<br>利夫按:阿剌伯君主之通稱。國及西卡利夫國四大國。最可異者:東羅馬與其鄰<br>近之東卡利夫國及西羅馬不和,而親於西卡利夫國;西羅馬亦與其鄰近之東<br>羅馬及西卡利夫國不和,而親於東卡利夫國;與近者爭,而與遠者親;與同宗<br>教者不和,而與異宗教者和。卡爾爾帝亦與西班牙之阿剌伯人戰,而與白格達特之阿剌伯人互結友誼。當時東卡利夫之哈龍亞爾拉西特，<sub>Maroun-al-Raschid。</sub>亦卡爾爾帝親密之友也。作新社《萬國歷史》。

　　(十六)阿剌伯帝國如此廣大，而紀元七五五年，因"卡利夫"相續之紛爭，遂分爲東、西二國：東則領亞細亞阿非利加，而以底格里斯河之上，白格達特 Bagdad。爲首府；西則以西班牙之高特滑爲首府。東國之最有名者，爲哈龍亞爾拉西特，紀元前七八六年，立爲"卡利夫"，其治世爲阿拉伯最盛之時也。當時白格達特京城之繁榮，已達極點：其市街圍以堅固之城壁，飾家屋以金碧；郭外樹木繁茂，園中植以亞細亞爛縵之花；從底格里斯河及幼發拉的河，通無數之水道，設噴水器，高揚於空中，映日光如紅霓；庭園中培養葡萄，及其他之果物。底格里斯河之西岸，王城屹立，有高塔、浴場、宮殿及勸商場等，自中國輸來之陶器，最爲廣行。河之兩岸，皆泊軍艦，河中有大小船舶往來，頗有中國及亞西利亞之風。又有嵌飾金銀之遊興船，其式甚佳。工藝商業，皆極繁盛，蓋集東西各國之文物，而萃於一隅也。哈龍之左右：有法律家、語學家，及詩人等，英才如雲，各售其術。哈龍又多興學校，以帝室之費用，派遣學生三百人，游於諸國，以擴其學識，文學、美術、學問等事，獎勵不息，真全盛時代也！哈龍死後，國內分裂，至十二世紀，遂爲其部下之土耳其人所取。西國創於紀元七五五年，存立二百八十三年。與白格達特競爭，技藝學術，互相研磨，十世紀之頃，西班牙殆爲歐羅巴學藝之淵藪，且爲歐羅巴中世紀文明之一大樞紐，即播傳近世科學之種子也。至紀元十一世紀，乃分爲數小國，於是回教之勢力日衰；國土漸削，至十五世紀之末而亡。作新社《萬國歷史》。

　　(十七)紀元八一四年，卡爾爾帝死，年七十二。其子路易即位，爲人柔弱，父子兄弟之間，紛爭國土。紀元八四三年，以佛耳丹 Verdun。之條約，三分境域：路易<sub>路易之子</sub>取東部德意志之地；卡爾爾取西部法蘭西之地；長兄羅賽爾 Lother。取北海至地中海之間及意大利北部之地。羅賽爾雖以長子繼帝號，而無實權。法蘭克王國卒分爲德意志、法蘭西、意大利三王國。作新社《萬國歷史》。

　　(十八)英倫之初現於史上，係在凱撒征服之時，而當時居住於此者，實爲開爾脫種族。至五世紀之中葉，北德意志之盎格爾人與薩克遜人等來滅之，或逐之於北方山地，而自爲其地之領主，發生混合之言語，謂之"盎格爾·薩克遜語"。變不列顛之國名，而爲英倫。又建數小王國，互相戰爭，至九世紀之初；此等小國，遂爲愛格白脫王所合併，而爲英倫王國。愛格白脫者，卡爾爾大帝之友也。愛格白脫雖漸能統一國內，而海賊北人來侵，大爲困累。其孫愛爾勿來特，Alfred。明君也，造軍艦以拒北人；又制定法律，興寺院，建學校，教讀書、習字及神學等，以謀智識之普及。時九世紀之末也。愛爾勿來特死後，北人之勢益强。一一〇七年，英倫之王位，遂爲北人卡奴脱所得，而英倫王實兼瑞典、挪威、丹麥三國之王位。作新社《萬國歷史》。

（十九）土耳其人初居於阿爾泰山之斜面；其後移於阿拉爾湖之東土耳其斯坦 Turkistan. 之地；紀元一〇〇〇年頃，酋長山爾謝克，Seljuk. 率之而移居布哈爾，奉回回教，是爲土耳其之起原。由是勢力漸張，其版圖自中國國境至亞伊格思海之濱。十二世紀之頃，攻東羅馬，於是歐洲之耶教徒破之。至十三世紀之末，又見敗於東方侵來之蒙古人。旋有士爾其人安託格拉爾 Ertoghrul. 者，勝蒙古人，漸次强盛，遂成大帝國。其子白全殘脱 Bajazet. 繼之，益擴大土耳其之勢力，於是匈牙利王西技司門特，Sigismund. 慮國境之逼，而乞援於姿爾瓜尼侯瓜安 Jean. 以抗之；白全殘脱盡擊破之，以戰勝耶穌教國之强軍，其雄心益大，眼中無敵，遂攻意大利。一四〇〇年，圍君士坦丁，有驅使其帝王朝貢之勢。此時蒙古來自東方，其將即帖木兒也，兩雄相角，白全殘脱被擒而死。未幾，帖木兒亦死，蒙古之勢遂衰。白全殘脱死後，國内分裂，明君穆罕默德出而統一之，再建瓦門司帝國。其子亞母拉特二世，剛勇而温和，大破北境匈牙利之軍，顯揚瓦司門帝國之威武。其子摩西二世繼之，亦剛勇果敢，而富於進取之氣象。攻取老朽之東羅馬，尤彼之素志也，一四五三年，遂圍擊君士坦丁，歐羅巴中用火藥及大礮之戰爭，當始於此。東羅馬帝力抗之，相持至五十三日之久，城陷，帝死，東羅馬亡。君士坦丁爲土耳其人所得，奠爲首都，耶穌教會堂聖沙飛亞寺之塔上，揭其國旗。由是征服希臘全土，正欲西征全歐，不幸而死；其子非長於兵事者，征伐歐羅巴之志遂中止。穆罕默德二世之孫沙利母 Selim. 一世，長於用兵，善政治，嗜文學，又有有爲之勢力。懷大志，征伐四方，東勝波斯，西征匈牙利，南取埃及，得回回教統繼續者"卡利夫"之稱號，爲政教之元首。以此大國及尊號，遺於其子沙利門，Soliman. 爲土耳其全盛之時代，威勢壓歐羅巴全土，嘗攻奥大利之伊痕；又於國中制法律，起建築，設貧民院，造圖書館，通水道。而沙利門以後，土耳其之勢力，日就衰弱矣。作新社《萬國歷史》。

（二十）西班牙初爲温轄爾人及斯拉夫人所居，後西莪特人入而征服之。或逐之於外，以建耶穌教王國。而八世紀之初，穆罕默德教徒又征服之，滅耶穌教王國，而立回回教王國。其後回回教國内分裂而爲數小國，耶穌教小王國乃漸興。西班牙王國，因一四六九年，亞拉昆小國之發迭南特，與卡司地爾小國之伊薩伯拉 Isabel. 結婚，而合併兩國以成立者也。當時回回教之勢大衰，發迭南特與伊薩伯拉攻而取之。女王伊薩伯拉,以發見亞美利加之資,給與意大利之航海者哥侖布,實爲攻破回教地三日後之事,明決果斷,成如此之大業,可謂英明之女王矣!一千五百十二年,發迭南特又取那代拉王國。除葡萄牙之外,西班牙半島盡歸其所有。此後國運益赴隆盛,至近世史之初,成歐羅巴第一強國。作新社《萬國歷史》。

## 三　古代的歐洲(三)

(一)歐洲中世封建之制,起於法蘭克。初、法蘭克王之服加里亞也,王領其大部;餘盡與功臣,封爲諸侯。及墨羅彬 Merovingians。朝,阿剌伯人侵西班牙,是時王權式微,宮宰沙馬的兒專政權,思預爲之防,乃用日耳曼羅馬北方之習慣,割王領以益功臣,以申君臣之義,是稱封土。受封土之諸侯,有常養兵馬,有事之日,則率之從王出征。封土初以一世爲限,王權既衰,遂變爲世襲,紀元八七七年以後,王亦明許之。自是有封土者,復割其若干,與之臣下,以結君臣之義。國內大諸侯效之,僧徒亦效之;小侯介在大侯間,不能保其獨立者,或獻土地於大侯,更爲封土,拜領之,以新結君臣關係。故封建制度,日益發達;至十世紀而其組織完備;十一、十二、十三世紀最盛行,不惟法蘭克、德意志、意大利、西班牙等,大陸國如是,即英吉利亦效之。十字軍以後,由種種原因漸衰,至十五世紀殆滅。日本瀨川秀雄《西洋通史》。

(二)法王之權伸張,與皇帝格不相容,致起衝突,是中世史之特色也。初,耶穌教重平等主義,無僧侶之階級;然其後傳播於四方,而此階級仍生。大都有大僧正,市町有僧正,村落有僧侶。管轄各異,就中羅馬、君士但丁、亞歷山大、安都四都,爲之中樞。此等地方之大僧正,威權最盛;而羅馬大僧正,歷世俊傑相踵,且羅馬舊帝都也,其尊非三都之比,是以格勒革力一世 Gregcry。自五百九十年至六百四年。竟至戴法王之尊號。日本瀨川秀雄《西洋通史》。

(三)紀元七二六年,東羅馬發布禁止偶像令,法王不從,教會遂分爲二:東曰希臘正教;西曰羅馬正教。法王知東羅馬皇帝不足恃,乃結法蘭克宮宰披賓,以圖伸張權力。紀元七五一年,使披賓廢法蘭克王而自立,披賓以倫巴德、拉威那兩地酬之,是爲法王領有土地之始。披賓子卡爾爾,亦與法王結託,法王勒阿三世,授以西羅馬皇帝之冠,是爲法王行授冠式之始。參看第二課第十五節。自是法皇教權之外,更掌任命國王之權,勢威日熾。十世紀頃,法皇暴行無德,且失法蘭克之援,法權大衰。然自十一世紀以來,歷世法皇,勵精圖治,以除教會之積弊,形勢又一變。至伊諾森三世,Innocent。遂昌言曰:"聖彼得授法王以政、教兩權,故皇帝權者,法王所授之國王者也。譬之日月:法皇,日也;諸帝王,月也。帝王隸屬法皇,是以法皇處決諸帝王之紛爭,責其不德,掌其廢立;然未有聞之而憤慨者。"法王權之盛,亦可見矣。遂至政治、工藝、學術之大,個人婚姻之小,悉皆教會監之。如藉法王之權,則盟約可得而破,誓言可得而棄,結婚離婚,亦莫不從法皇之意。十字軍一役,法皇一呼,數十萬眾立集,其盛可想見一班。日本瀨川秀雄《西洋通史》。

(四)希臘、羅馬文藝,至羅馬帝國晚年,寂然衰敝;其得以少存者,惟僧徒而已。然教會雖專心致力,其範圍惟關宗教之智職;其餘或以為無用,或以為有害,悉棄之。加以日耳曼民族侵入,學藝之衰,達於其極。如東峩特王帖疴多力,至不能自書其名;其宰臣欲使庶民就學,而王不許,亦可見其一班矣。當時活版術、製紙法猶未發明,書籍專用革皮,是以得書甚難,而著書亦頗不易,社會率蒙昧無智,妄說迷信大行,嘗有說者曰:"至紀元一千年,則世界滅亡矣!"世人悉信之。又阿都特大帝之軍兵,見日食,乃以為世界滅亡,即在頃刻,懼而散之四方。又如以探得法為裁判法,皆足證其無智也。日本瀨川秀雄《西洋通史》。

(五)中古時代,風俗頹廢,人民茫昧,故近人稱曰黑暗時代。中古文明既遜於近今;而亦不如上古,以其時日耳曼人種西遷,而其人皆未開化之民也。西遷之後,師法希臘、羅馬,以漸進於開明。久之,始知文化學術之可貴。至十四世紀中,學識大長,而遂成十五世紀之"連納生司"。本館《西洋歷史》。按"連納生司"Renaissance。為再造之意,本課末節之"文藝復興",即 Renaissance。又黑暗時代,一稱信仰時代,偏於迷信,當時證書類,往往起筆即書世界將終"As the world is now drawing to its close"。等語。日本本多淺治郎《西洋史》。

(六)中世紀之文明,所當注意者,為阿剌伯之文明。蒙古侵略之前,阿剌伯之文明,實遠勝於歐羅巴,無耶穌教學者之司夸拉空想,詳後第十五節。而富於科學之精神,故阿剌伯之哲學,皆兼研究植物學、化學、理學及醫學等。各處興大學,建觀測所,設圖書館及博物館,聚希臘及亞力山大利亞之遺學,而獎勵科學之研究及發明。白格達特、亞歷山大利亞、以司拍亨 Ispahan。及高特滑等,其最盛大者也;而其研究之方法,則皆從實驗。當時西班牙屬於阿剌伯之治下,高特滑係其首府,為歐羅巴之學術及文明之中心,與白格達特相競爭,而今日歐羅巴之科學,實淵源於阿剌伯。化學、數學、數字、十位法、三角法、天文學、醫術、物理學等,皆係從阿剌伯輸入者。阿剌伯人又修詩文,獎勵美術,西班牙之安亨白拉 Alhambura。宫殿,即代表阿剌伯人優美之趣味者也。阿剌伯之文明如此,當時與之相反者,則耶穌教及其神學之司夸拉哲學,毫無擴充智識之益,而有害於學術之進步也。作新社《萬國歷史》。

(七)耶穌基督於紀元前四年,生於猶太國耶路撒冷 Jerusalem。郊外拜德力罕。Bethleherm。死後墓即在耶路撒冷,故信徒稱耶路撒冷爲聖地。厥後基督教之中樞都市有六:曰亞力山大利亞;曰加爾達額;曰君士坦丁;曰羅馬;曰安都;又其一則耶路撒冷是也。據日本本多淺治郎《西洋史》。

(八)自紀元八〇〇年以後,西歐羅巴諸國之人,信奉耶穌教者日多,漸行巡禮於聖地耶路撒冷。自紀元千年頃,世界滅亡之說傳布以來,迷信益盛,巡禮之地,倍增繁華,經濟界藉受其利益云。據日本本多淺治郎《西洋史》。

(九)穆罕默德以後,阿剌伯全境歸回教徒統治之下;然以耶穌教徒聖地巡禮,經濟上頗受利益,因待巡禮者頗獻慇懃云。據日本本多淺治郎《西洋史》。

(十)自聖地爲土耳其人所領,乃絶不如以前回教徒之優遇巡禮者。土耳其人成羣結隊,亂入禮拜堂,毆擊教士;又置兵於府門,強索禮拜者金錢,教民萬里冒險,受此虐待,痛不可言,其反響遂致十字軍興起矣。據日本本多淺治郎《西洋史》。

(十一)有彼得者,法蘭西狂僧也,往耶路撒冷行巡禮,亦備受土耳其人之凌虐,大憤,歸而游說各地,得羅馬法王鳥爾胖第二 Urban。贊助,以恢復聖地奔走國中爲事。鳥爾胖久欲教權統一,於是飛檄四方,聲土耳其之罪。一〇九五年,開格來蒙 Clerment。大會,議決軍事,準備東征,衆感奮激昂,爭請効力。乃以十字架徽章,懸於胸前,以與異教軍士識別,是十字軍之名所由起也,遂期以翌年八月出師。按:十字軍者,耶穌教徒與回回教徒第二次之衝突也,其第一次即阿剌伯軍東征而爲卡爾爾大帝所敗也。據日本本多淺治郎《西洋史》。

(十二)十字軍自十一世紀末至十三世紀末,前後亙二百年,所起本軍凡七次;本軍之外,尚有所謂小兒十字軍、匈牙利十字軍、西班牙十字軍、擬十字軍,北歐十字軍。西班牙十字軍者,所以驅西班牙半島之回教徒也。擬十字軍者,對不屬羅馬正教會之基督教徒敵視羅馬法王者,加以攻擊也。北歐十字軍者,對於波羅的海岸,普魯士 Prussians。人、立陶宛 Lithuauia。人之尚未奉基督教者討伐之軍也。小兒十字軍,爲法蘭克、德意志之小兒三萬人所組織,亦欲恢復耶路撒冷,起於一二一二年,蓋當時異說紛騰,有謂神愛清净無垢,若集清潔純白之少年,起小兒十字軍,必適神意,得恢復聖地;故集小兒成軍,亦足以見當時人智程度及迷信之一斑矣。出軍之結果無功。匈牙利十字軍,係匈牙利王安得烈第二所起，擬征服敍利亞而亦無功。其七次之本軍，略述如下：第一次十字軍，始於一〇九六年，其前軍專係下等人民，彼得等率之先發；然皆所謂烏合之衆，素無規律秩序，循陸路進軍，沿路暴亂擾殺，匈牙利人怒而殺其多數；所餘之少數，雖得渡伯斯破拉司 Posporus。海峽，而爲土耳其人所破。其後軍則皆係武人，軍裝整然，格德福禮 Godfrey。侯率之，土耳其帝迎擊之，與之苦戰；然十字軍卒陷耶路撒冷，殺戮回回教徒甚酷，遂收復聖地，時一〇九九年也。耶路撒冷爲回回教徒所得，已四百五十年，至此乃歸於耶穌教徒，達十字軍之目的，遂建耶路撒冷王國，而選格德福禮爲王。格德福禮甚良善，回回教徒及耶穌教徒皆服之，此後一千一百八十七年，耶路撒冷王國，爲東方之回回教主薩拉丁 Saracens。所取。第一次十字軍之後五十年，土耳其人取耶穌教所管之愛鐵薩府，Edessa。於是起第二次之十字軍。德意志帝空拉特、法蘭西王路易七世，親率軍赴聖地，而未成功。此後四十年，薩拉丁統一回教國，攻巴勒斯坦而取耶路撒冷，時一一八七年也。於是起第三次十字軍。英倫王理查脱、Richard。法蘭西王腓立·瓦格斯脱司率之，從海路而至聖地。法蘭西王與英倫王不和，引軍先歸；英倫王獨與薩拉丁戰，互有勝負。理查脱遂與議和，結耶穌教徒利益之約而歸。其後薩拉丁與理查脱互相稱道，由是巴勒斯坦之耶穌教徒，不似從前之受虐矣。第四次十字軍，因法王伊諾森第三欲振權力，游説諸國而起。不向耶路撒冷；直占君士坦丁。滅東羅馬，改設拉丁帝國，即以其總督發蘭德侯巴爾威 Baldwin of Frander。踐帝位。延至五十餘年，一二〇四年——二六一年。凡歷四代，因東羅馬帝國有皇族再興，遂被擊退。第五次十字軍，係德意志帝弗勒得力第二欲回復聖地而起。一二二八年出征，結果開通耶路撒冷行路。第六、第七兩次十字軍，一起於一二四八年；一起於一二七〇年。係法蘭西王路易第九欲征服阿非利加回回教國。侵埃及、突尼斯，不得志歸。於是基督教徒，全失東方根據矣。據日本本多淺治郎《西洋史》及作新社《萬國歷史》。

（十三）十字軍之役，殆縣亘二百年，雖未成功；而歐羅巴所得之利益甚大。地理、人情、學藝、商業，皆得利益。十字軍之初至巴勒斯坦也，見有橙、柘、榴等樹，及其他未經習見美麗之植物而大喜；其入達麥司科司 Damascus。也，見其花園之美麗、建築之壯大而大驚；其至安鐵瓦卡斯 Antiochus。也，見其以巖石所作之城堡，橫亘數里而大懼；其他塔沙司 Tarsos。中金、銀、珠、玉、繡箔、硝子、紫色布等，皆足以眩十字軍之眼。至君士坦丁之時，堂塔之金色，燦然奪目；其他建築之壯大美麗，皆爲目所未覩；故其得君士坦丁也，皆以爲天地創造以來未有之大喜。當是時，東洋諸國之進步如此，其文明遠出於歐羅巴之上。而歐羅巴因十字軍所得之結果：一、擴大地理之眼界；二、觀東洋文化之美，自知不如，而得其知識以歸。……人心大爲發揚，學問、藝術、商業、政治，盡生活潑新鮮之空氣。蓋阿剌伯文明西傳，而開近世史之基礎也。作新社《萬國歷史》。參看本課第六節。

　　（十四）封建制度之衰，其原因甚多；而十字軍之影響，亦其一也。十字軍爲宗教之戰爭，故無論平民、貴族，同一爲神而戰，因此漸去隔膜，而階級漸平矣。且十字軍之役，資本家之破產者不少，社會之貧富懸殊既近，階級自亦易除。十字軍影響之外，若國家思想之漸次發達，而人民知國家統一之必要；自由都府詳第五課。之發達，則人民漸具獨立自治之精神；教王之權力漸大，而結人民以抗僧侶；人民學問之進步，加以耶穌教唱萬民一體之說。凡此種種，俱足以破封建制度，彼時君之謀統一，特其一端耳。封建既廢，而舊日諸侯，惟列名貴族以自表異；其他如尊號，如階級，如特權，亦猶有相沿以至於今者。據日本本多淺治郎《西洋史》、作新社《萬國歷史》等書。

　　（十五）大學校者，文明之淵藪也。歐洲中世之時，各國興大學校，實爲文明之前驅。巴黎之大學校，創於十二世紀，最爲有名，而模範於古代之亞力山大利亞大學者也。其他英倫、法蘭西、德意志、意大利及西班牙等，亦興各種大學。十五世紀之中，新起四十大學，而授文學、科學、醫學及法學等。當時有稱“司夸拉哲學”者，係合併亞里士多德之哲學與耶穌教以鬭空漠狹隘之議論，而謂之“司夸拉學問”。其有名之學者，爲司夸特、洛白脫司、脫麥司、亞克內司、洛司沙利內司、以及安沙爾母 Anselm。諸人。此外受阿剌伯之文明，以着實之方法，開實驗科學之端緒，而爲有益之研究者，則英倫人洛加培根 Roger Bacon。及麥克內司，其有名者也。作新社《萬國歷史》。

　　（十六）歐洲中世，耶穌教腐敗極矣，其結果遂致改革宗教。宗教之改革，雖由馬丁路德 Martin Luther。爲始；然推其源，十二世紀之頃，法蘭西之南方亞爾伯漸司 Albigenses。派，與羅馬教皇反對；十四世紀，英倫有威克列夫 Wy-ckliff。出；十五世紀攀海米亞 Bohemia。之赫斯 Huss。出；皆反對教皇，惟尚未表示改革耳。十六世紀之初，當學問隆盛之時，知識擴大，言論自由，精神活潑；而羅馬教會，正值腐敗，妄用教權。唱不頌聖書而行儀式之說者不鮮。勒奧 Leo。十世，即羅馬教皇位，府庫匱乏，遂發行教皇贖罪符，意欲賣此以得金。所謂贖罪符者，得贖宗教上一切既遂及將來罪惡之符，實爲妄用教權，與東方之賣官鬻爵，同爲惡濫之行爲。當此之時，澳斯的安派僧之馬丁路德，爲威顚堡

Wittenberg。大學教神學之教授，見羅馬教皇之此舉，憤甚，即草檄數教皇九十五罪，揭於教會之門，且斥此舉之無理，而爲聖書之所不許，此紀元一五一七年事也。於是世論多感動，贊美路德不置。德意志之貴族等，贊此說者亦不少。然而教皇習於剛愎，傲慢之心，曾不少悛，以爲路德一賤僧耳，何能爲！乃告其屬下毋信之。路德固熱心改革宗教者，不服教皇之宣告，而大數其罪於公衆之前，燒其宣告書。於是德意志全國多感動響應，薩克遜侯贊成改革之最初者；其他貴族贊成者亦甚多。美朗克敦 Melanchton。富於學識，路德因得其助力，甚不鮮也。西班牙主查爾斯五世，即德意志帝位後，教皇遂請查爾斯處置改革宗教之事。查爾斯乃自西班牙至德意志，於紀元一五二一年，開議會於俄路姆士，Worms。命路德不許有言論之權。路德毅然不從，立於帝王諸侯高僧等之前，神色自若，昌言曰：“若反我所說之言，而從彼之無證據，我決不爲也。逆我良心，以屈於權勢之下，非善事也。我立於此，不知有他，惟助神去害民之惡賊而已。”路德此一言，如空山霹靂，崖石洞開，實爲近世歷史民權自由之大轉機。而宗教界亦由是一變其趨向，以博愛爲宗旨矣。路德理直氣壯，教皇不敢加害，得免於俄路姆士。然德帝每欲施其壓制手段而禁新教矣。路德得薩克遜侯保護，因在瓦頓堡城內翻譯聖書，其譯語純潔明瞭，而且頗有能力，德意志言語，因得以一新。紀元一五二九年，開斯貝哀 Speyer。府之議會，議防遏改良宗教之事，新教徒不受壓服，抗論之，死爭不已。翌年，卒定信仰自便之條約，是爲澳斯堡 Augusberg。信仰之告白。又明年，新教之都市斯摩爾卡敦，Schmalkalben。更同盟立約，有害改良者，必互相救援。查爾斯五世，以兵力箝制之，同盟之勢不敵，遂解散。當是時，又有反對新教者起，欲使凡在世界之人民，皆信耶穌舊教，而以宣教於世界各方爲目的。其宣教師於世界，殆無不到之地，來印度、中國、日本者甚多。在日本名之曰“切支丹”。一五四六年，路德卒；新舊兩教之諸侯，遂起戰爭。一五五五年，漸即和平，由澳斯堡之條約，而定新舊兩教有平等之權利；於是新教始得自由。雖然，是時新教實力，猶未充足，僅有外形之權利，非能全得自由也。當改革宗教，非德意志一國然也；瑞士有資因固利、Zwingli。加爾音 Calvin。等，別唱新教。此二人之改革，較路德又勝一着。其改革之法，傳播四方，德意志、法蘭西、英倫、蘇格蘭、瑞士、及瑞典、挪威等各國，皆深信其改良之益。作新社《萬國歷史》。

（十七）文藝復興參看本課第五節。之運動，爲近代思想之源泉，於人文歷史上，最可注目。文藝復興以前，政尚封建，諸侯橫行，人人甘爲所制，思想家則爲基督教所壟斷。羅馬法王，教權無上，足以宰制天下；一切學問，皆爲證明基督教教旨而設，教育、文藝，悉爲教會所左右。强行此不合理之教旨，真正學問，自然全無發達之理。其人既皆爲明神之僕、教會之奴，絕無人類之自覺，故其人頗有非人類的之譏。然人人既有目能視，有耳能聽，有腦可以察理，有情可以感物，則誰與能久囿於此不自然之狀態中乎，於是乎時會遞嬗，而有文藝復興。一四五三年，首府君士坦丁，爲土耳其所陷，東羅馬以亡。身通古代拉丁文學者，羣避居於意大利，傳播絕學。拉丁文學者，爲希羅文學之別稱，活潑而有生氣，言論思想，皆極自由，絕無拘束屈縛之苦，最足以發揮人類之特性，涵養人類之興味者也。自此學傳於意大利，人皆感前此局促之苦，思欲脫基督教之桎梏，拒教會之抑壓，自由研究之精神，因以漸盛。於時法王之威光少衰，封建之毒燄亦寢息矣；自由研究之精神，乃如洪水氾濫而來，與人類之欲望，相需相長，而有種種之發明：一曰印刷之發明，輔知識之普及；二曰羅盤之發明，促航海之進步；三曰火藥及其他武器之發明，乃影響於戰術，促封建之消亡；四曰生理學、解剖學之發明，令人曉然於人類生活之基礎。人類生活，於是一變；人人心中，始有脫離基督教特立獨行之志矣。時路德之宗教改革運動起，奔走號呼，人心響應，基督教卒裂爲新、舊兩派：舊教以宗教爲本位；而新教則有以人類爲本位之傾向。不唯宗教也，一切學術，亦駸駸以人類爲本位矣。人類本位之新思潮，文藝復興之淵源也。其發源地爲意大利，尤以弗洛倫司爲中心。詩人披梯拉卡、Frances Petrarca。阿利渥斯妥、Ariosto。他瑣、Tasso。小説家波卡息、Gisvanui Boccaccio。美術家雷渥那德、Leonardo da Vinci。或譯略那多。密凱蘭忌羅、Michelangelo。或譯彌啓蘭。拉斐爾，Raphael Santi。皆此派大師也。其藝術之特色，在一反前此之非人類的，非現實的，而爲人類的，現實的，如密凱蘭忌羅所繪之聖母馬利亞像，其晚年所作，人類之趣味，遠勝於宗教之趣味。神也而近於人矣。文藝復興期中，博學異能之士，不勝指屈，人類久鬱未宣之才，能一一賴此輩而傳，猶之陽春一轉，萬芽齊放矣。過耀根譯日本新潮社《近代思想》。

## 四　民治主義之來源及其影響

（一）文藝復興之結果，人人皆有自覺之心，以爲人者，人也，非明神之僕也，非教會之奴也；於是前此所拘攣桎梏之知識，乃有自由之樂。顧自由則自由矣，其弊乃復爲知識所囿。蓋文藝復興前之思想界，知識悉被抹殺；擬古主義起，知識始得自由，而感情又倍受抑勒。彼其人雖已有人類之自覺，而個人之自覺，則猶有所不足，不能自脱於古來之慣習，以爲非踐古人之跡，無由自進。脱基督教之束縛，又入於希臘之牢籠。藝術方面，亦以模倣希臘典型爲美，故其重形式也，甚於内容，不惟藝術然也，一切生活，無不皆然，是爲擬古主義。文藝復興以還，擬古主義大盛，其人爲一種模型所束縛，任所縱橫馳驟，皆不出於此區區之模型者也。<small>過耀根譯日本新潮社《近代思想》。</small>

（二）人類自覺之隄，既已潰決，則決不以擬古自足。既得知識之自由，乃更求感情之自由；既得人類之自覺，乃更求個人之自覺；此理想主義之所由起也。擬古主義，重形式，重知識；而理想主義則重内容，重感情。内容之充實，尤重於形式之整齊；藝術然，生活亦然。以爲爲繁文縟禮所拘，足以自殺其固有之天真。因力言自然之要，盧騷 Rouseau。者，此派之導師也。吾人之生活，因文藝復興而進於人類的；因理想主義而更進。擬古之與理想，一見似冰炭之不相容，實則其所趨向者一而已。<small>過耀根譯日本新潮社《近代思想》。</small>

（三）約翰·約克·盧騷，以一七一二年，生於瑞士之熱内亞。其父伊沙克，鐘錶匠也；母爲倍那爾牧師之女。兩親皆偏於感情，氏之多恨多情，實由遺傳而來。其母以產後發熱而亡；其父善感，嘗語其亡母之軼事，相與共泣。而此枯寂之父子二人，每晚必就其母之文庫中，擇其十七世紀之感情小説，百讀不厭。盧氏本偏於感情，至此遂益增其感情之度。氏好讀甚，八歲時已徧讀其母所有之小説，則更旁及其外祖之文庫。尤愛坡琉他克 Plutarch。之《英雄傳》，空想的傾向以是益强；而自由平等之思想，亦實涵育於此時矣。及九歲，與其叔父之弟同就學於蘭倍希牧師，教育頗順適；會以事被寃，受嚴譴，氏大憤，決去，放浪生涯，自此始矣。氏十四歲時，爲一雕刻匠之徒，匠遇之虐，其性質益放僻。十六歲，遁至沙白亞，爲舊教牧師白恩倍兒所拯，氏因暫皈依舊教，依華倫斯夫人。旋又去，復返其放浪之生涯。嘗爲白爾基利伯爵夫人之侍者，盜主人之珍飾，事覺，被逐，此事遂爲其終身之玷。此後氏又爲古部恩伯爵之侍者，伯爵愛其才氣，欲其以外交官自顯，至親執教育之勞。爲損友所誘，遁至他；旋又詣華倫斯夫人，學音樂，不成。與夫人同居者八年，爲彼一生最樂之時，逍遥田園，樂自然之風光，而亦善於修養，研究希、羅古文，且好宗教、戲曲之書，好學過度，體氣大傷。遂療養於法國莫倍利浴場，歸而離夫人之家，再爲放浪生涯。一七三四年，赴巴黎。翌年，以其所創之新樂譜，提出於學士會，終見擯。出居兩年，又回巴黎，與當時名人狄迫盧、Diderot。霍耳巴、Holbach。哈葛利母 Grimm。等相晉接。越二十五年，與所嬖之無知識少女泰雷慈舉行正式婚禮焉。一七四九年，奇約恩中學以"科學美術將使道德破壞乎？

抑使道德進化乎？”徵文。氏年二十八矣，應之，遂當選。氏於《懺悔錄》中，述其起草之情形曰：“此亦與他種著述同，於每晚睡眠之暇爲之。奄臥之際，閉目凝神，一心轉輾於句節之推敲，自以爲是，乃儲於腦中，以備伸紙揮毫。及朝，離牀而起，而夜來苦思力索之結果，乃忘諸無何有之鄉，伸紙視之，亦復空無所有。”又自稱此文之劣；然彼之文名，以是而振。但終不樂爲文士生涯，僅恃填寫樂譜以爲生耳。一七五三年，又應奇約恩中學之徵文，發表《人類不平等之原因論》，而其文名大定。翌年，歸其故鄉熱内亞，大爲市人所歡迎。自是以後，氏嘗自稱爲熱内亞之市民，重入新教。一七五五年，去之巴黎郊外。二年，又移居莫路伊。翌年，草演劇編，盛攻達蘭貝耳 D'alembert。及福禄特爾。Voltaire。一七五九年至一七六二年，其名著小説《新愛洛伊斯》、《愛米蘭》及《民約論》相繼出版，罹文字之禍，遁走瑞士，始免於難。一七六三年，在瑞士之莫氣埃，刊一辯論之書，名曰《由山而下》。翌年又見放逐，移聖彼得島。又翌年，赴英，依休謨 Hume。以居，作自傳，即所謂《懺悔錄》也。一七六七年，遁歸法國，飄流累年。一七七○年，復歸巴黎，留居者數年。後人即以其名，名其所居之地，曰約翰約克盧騷市。氏之晚年，以憤恚及奮鬭而終。文名日高，而說過奇矯，遂不能相安於世。其爲人亦狷介拔俗，落落不與世合，嘗與當世名人相結納，終致兇終隙末；於是氏之幻想，遂以爲世人無不重苦吾身。終以一七七八年之七月二日，憂鬱而亡於巴黎郊外之愛姆能基。其日午前五時尚散步户外，七時歸，八時左右，體忽劇變，僵臥於枕石之上；其妻聞聲急出，扶之，則已血流滿額，緊握其妻之手，默然而逝。其病，中風也；其血，傷於石也；其妻及醫士等皆證明之，一時嘗盛傳以槍自擊，及服毒自盡之説，今已漸知其非。然自殺説亦有由來，氏蓋承認自殺爲是者也；其言曰：“凡人不堪其生之苦，藉自殺以自解其重荷，此決非不合理，亦決非不自然！”其一例也。以上所述，爲氏一生之大略也。過耀根譯日本新潮社《近代思想》。

　　（四）《民約論》所以述其理想中之社會制度，其卷首即曰：“人之始生，皆極自由；然在在處處皆有桎梏以苦之。”此可見其旨趣矣！其言曰：“自然之世，人人獨立，以自全其生；及後，互相締結契約，始有所謂社會。蓋人之初，本皆平等；欲對人行使正當之權利，勢非根據契約不可。以個人言，固可捧自由於他人，而受其保護、撫養，一聽客之所爲。國民則不能以一切權利，任之他人。然無契約，則人人獨立，不勝天然之抑迫，於是不得已而結契約，人皆根據契約以爲生；此所以有社會也。故吾人之社會，實成於契約即民約。之上。締結民約之結果，不惟無損於固有之平等關係；且藉法律而益安全，足以防止不平等之傾向。惟有民約而後有社會、國家、政府，故國家主權，必屬之人民，政府不過實行人民主權所規定者之機關而已。"盧騷説以自由平等爲根據，以爲離人民無所謂主權，人民決非隸屬於國家者也。人民各以其自由而訂契約；以其契約而制法律；以其法律而爲生活：決非放棄其自由，而服從於國家或政府之絶對權威。故其説最重法律，……一切法律之中，其尤重要者，非鑄銅刻石之謂，爲深入於人心形成國家之真正憲法，而日日加以新勢力之一物。法或陳腐、消滅，而使之復活或更張者，此也；使人民順於其制度之精神，以習慣之力，代官吏之力者，亦此也。然則此深入於人心之法律，果何物乎？亦曰，道德而已！盧氏之論自由，有曰："人民之制法設官，將以保其自由，保其權利也；非爲壓迫其自由也，……今世之所謂顯達，不惜奉百主以蓄十從，真可慨歎！惟有此輩而平等乃傷，法乃失效。夫人而放棄其自由，即不啻放棄人格，放棄人道之權利，放棄個人之權利。人至並此種種，而一切放棄之，此實大背人之天性，人而放棄其自由，何異於行爲之中，去除道義？古哲有言：'奴隸之子，必生奴隸！'若此者，殆人而不能爲人者也。夫所謂文明人者，在有道德之自由，從吾所定之法律，即所謂自主之道德而已。"又曰："所謂從屬者，可大別爲二：一爲屬於自然之事物從屬；一爲屬於社會之人類從屬。屬於自然之從屬，無傷自由，故亦無流弊；屬於社會，從屬於人，其弊寖滋，從人者與從於人者，皆不能免。欲去其弊，則惟有以法代人，保護公衆之意志，不以私人之意，而以法律之力。設法律之力，能與自然律等，不屈不撓，不爲人所勝；則人之從屬，即物之從屬也，自由與道義，庶乎其一致矣！"盧騷之法律論如此；《民約論》之精意，略具於是矣。過耀根譯日本新潮社《近代思想》。

（五）法蘭西於十八世紀，思想一變，爲當時之文藝中樞。蓋當時政治腐敗，紊亂已極，希望革新政治，改造社會者，無非抱激發人民政治思想之宗旨，發爲文章，披靡風行。其最著者，爲孟德斯鳩、Montesquieu。福禄特爾及盧騷……等。孟德斯鳩生於貴族，幼好學，性溫厚，人咸尊敬之。後頗主張民權，其傑作之《法律精神論》，取論各種政體之利害，而所著之《羅馬盛衰考》，攻擊暴君最烈。是以影響於民權自由者甚大。福禄特爾生富豪家，幼穎悟，長以文章震名全歐。路易第十四王將殂時，論者多痛罵王，以其死爲國民福。福禄特爾亦其一人也，故被投於獄。時年甫十九，在獄作敍事詩，述顯理第四王事，Henrriade。過半。翌年，得出獄。後又藉戲本小説，痛攻上流社會，戲侮貴族僧侶，因以鼓吹民權，最爲普魯士勿勒得力王所推服。一七五〇年，至柏林，居三年，與大王友。一七五五年，定居日内瓦，Geneva。專事著作。一七七八年,游巴黎,市人歡迎之。福禄特爾語人曰:"歡極死將至!"其年遂歿。歿後一月,盧騷亦死。又經濟學之研究盛行,於民權自由之思想,亦不無影響。其研究經濟學者,分兩大派:一起於路易第十五侍醫披司來,Quesnay。稱土地學派,以土地豐饒爲惟一之富源。凡農業、牧畜、漁業、獸獵、鑛業……等之關於土地事業者,爲國富之根本。痛攻商工業之複雜課税,及政府之干涉。而與土地學派相抗峙者,有英吉利經濟鉅子亞丹斯密,Adam Smith。倡英吉利學派。以所著《富國論》行於世,名大顯,其論以勞力爲旨,説明"分業",尤極精密。主張自由貿易,唱政府不可左右需要供給之原理;與土地學派,其歸一也。日本本多淺治郎《西洋史》。

（六）自孟德斯鳩、福禄特爾、盧騷等,唱革新文學;而民權自由之新思想,徧布歐羅巴洲。顧福禄特爾等,特從小説戲本入手;而福禄特爾之戲本小説,雖淺學者亦易通曉。故下流社會,多愛讀之,使民權自由主義,普及一般,其力尤大。彼等之小説戲本中,翻弄舊慣,侮蔑王侯、貴族,罵倒社會秩序,於是人人知所謂民權自由。人心受刺激益甚,不復畏敬國王,尊重貴族,薄僧侶,賤秩序。是時北亞美利加,建美利堅合衆國,見第六課。即新思想之實現者也。其人民同心協力,苦戰七年而獨立,以新思想爲建國之基礎。持極端自由平等主義,無門閥、無特權,無爵位,官職不世襲,於是歐羅巴洲,引爲新思想實例,心醉其制度文物,欲踵其後。而法蘭西人以援助殖民地獨立,尤爲熱心。且欲以新思想行之本國,視漸進爲迂闊,以極端之破壞爲精神。讀史至此,知法蘭西革命未起之前,其人民早具大革命之思想矣。日本本多淺治郎《西洋史》。

# 五　英　國　的　政　變

（一）日耳曼民族侵入,所向披靡,都市頹廢。然及其定居,漸次建設都市於海岸及河口,盡力於通商貿易,於是都市漸盛。封建制度行,都市隨之,貢獻於諸侯,盡其忠誠。有事之日則從軍,以結君臣之關係,受其保護。然君侯之貪婪漸盛,都市大憤,遂與之衝突。或賂以金幣,以購自治之權;或舉兵以殺君侯之勢,卒成自由都市,如意大利之威尼斯、Venice。熱内亞、Genoa。佛稜斯,Florence。及德意志北部諸市之漢撒同盟是也。日本瀨川秀雄《西洋通史》。漢撒同盟 Hanseatic league。者,商社同盟之意也。當意大利諸市貿易隆盛時,全歐之西北中部,亦次第發達。然封建制度之弊,往往妨害平和事業。中央政府威令,不行於封土;而王侯又暴奪都府私産,以爲己有。於是諸都府互通氣脈,組織鄰保,以謀商業安全發達。德意志人在葛蘭島之維斯比市,英吉利之倫敦市經商者,及本國盧卑各、Lubeck。翰堡 Haruburg。先結防禦同盟。其後他市府加入者,次第增加,共組一大同盟,盟市之數,幾達九十。其主旨在使內外商業,以同盟之力,獨占利益。於貿易要港,備軍艦,置軍隊,儼如大國,勢臻極盛。至十七世紀而漸衰。日本本多淺治郎《西洋史》。

(二)紀元一一九九年,約翰即位,昏昧不德。法蘭西王惡之,沒收其法蘭西封土。蓋約翰雖爲英吉利王,然對於法蘭西,以封土關係,仍爲臣屬,故法蘭西王得以擅斷處分之。約翰既失封土,又肆虐政,國人失望。適根德堡 Canterbury。大僧正瓦爾多歿,法王任教士郎登繼之;約翰欲另舉他人,與羅馬法王伊諾森第三爭。法王怒,宣布王之破門罪;驅逐出教也。且命法蘭西王率師討英。約翰狼狽謝罪,誓爲從屬,納歲貢以和。時英吉利已財政匱乏,歷來慣例,由殷富者承諾自擔,約翰乃益重其賦斂,對於諸侯及豪族之有資産者,苟徵強奪之,於是人盡憤怨。日本本多淺治郎《西洋史》。

(三)紀元一二一三年,根德堡大僧正郎登,倡議改革弊政。一二一五年,諸侯及僧侶,大會於俞尼米,Runny me。逼王裁可大憲章六十三條。其大要爲:一、國家大事,必諮詢諸侯行之;二、徵收貨財,須得諸侯之贊成;三、國王不得以非法拘禁臣民。此雖非完全憲法,然君民間之契約,實始於此,是爲英吉利憲法之起原。日本本多淺治郎《西洋史》。

(四)諸侯憤約翰失政,謀迎法太子路易爲英吉利王。一二一六年,路易擁兵越海峽入英,與約翰戰,相持之際,而約翰死。諸侯悔迎外人失策,協力驅路易,乃奉約翰王嗣子即位,是爲顯理第三。Henry。日本本多淺治郎《西洋史》。

(五)顯理三世,雖不如乃父之暴虐;然優柔寡斷,無制御從屬之略。貴族西門蒙哈爾 Simon de Montfort。等,伐王,擒之,而奪其權;下令各都府,選代議士二人,於從來之貴族、僧侶等上院議會之外,已隱然加設下院議會。及愛德華第二 Edward。之世,始確立兩院之制。日本本多淺治郎《西洋史》。又據作新社《萬國歷史》。

(六)英王惹姆斯 James。甚暴虐,其子沙耳第一 Charles。或譯查理。立,較其父益頑固,與國會之爭益激烈。時英倫與西班牙交戰,王請發軍資,國會不決;王遂不與國會議,而強徵之於國民。人民因之憤怒,於是上書言古來人民及君主之權利義務,苟無國會之允許,不得徵集金錢,又不得妄自逮捕人民。謂此舉爲權利之請願。王雖迫於公理加以裁可,而屢畔之不召集國會,至十一年之久,益施暴政。以一己之私慾,厚徵租稅,違其意者,盡投於獄。前此所謂權利之請願,視之蔑如也!且以國教主義,壓制蘇格蘭,民不能堪,於是大亂起於國境。當此之時，王之計窮，乃於一六四〇年，不得已重行招集國會。此國會互十三年，因謂之長期國會。至是議員不聽王之請，且重責王十一年間，不開國會而行暴政，及招集延期之事。於是與之議決曰：“自今而後，苟無國會之同意，不得集散國會。”沙耳大怒，欲捕議員五人，而以兵臨國會。事未果，人民遂抗之以兵，守衛議院。沙耳至是乃衆畔親離矣。乃奔於約克，York。決意欲以兵力殘害國會，國會亦以兵應之，於是國內大亂。作新社《萬國歷史》。

（七）自沙耳第一與國會衝突後，國內遂分兩大黨：一曰王黨；一曰國會黨。所謂王黨者，即合貴族、紳士、僧侶而成者也；所謂國會黨者，即合商人、農夫、紳士、或明兵理之貴族而成者也。王黨之人，稱之爲騎馬黨；國會黨之人，稱之爲圓顱黨。作新社《萬國歷史》

（八）初戰時，王黨連戰連捷，國會黨幾不能敵；忽有阿力弗·克林威爾 Oliver Cromwell。出，形勢爲之一變。克林威爾者，田間縉紳，有文武才，憤國會黨連敗，自組鐵騎隊。一六四四年，破王軍於馬斯敦慕爾，Marstom Moor。王后出奔法國。繼又破王軍於紐斯伯里，Newsbury。克林威爾遂臨國會，説以軍制之改革，國會從之。遂新編軍隊，以肥爾法斯 Thomas Fairfax 爲改革軍總督；克林威爾爲騎兵總督。一六四五年，大破王軍於納斯卑，Naseby。俘獲甚多。王軍走保阿斯福，國會軍圍之甚急，王懼，翌年三月，微服出走至蘇格蘭軍而降。時蘇格蘭軍，以援國會由北方來者也。日本本多淺治郎《西洋史》。

（九）蘇格蘭軍檻送沙耳第一於國會時，國會已裂爲二派：一由克林威爾指揮，而人數不過五十人；一爲其敵黨，而人數甚衆。至是沙耳欲利用其分裂，敵黨亦與之結納。克林威爾乃率軍逐敵黨，以五十餘人之國會，組織臨時法院，判沙耳第一爲叛逆，宣告死刑，頒布共和制。自一六四九年後，行之凡十一年；然徒有共和之名而已。蓋憲法全被蹂躪，勿論國無元首，即國會議員，亦僅有此五十餘人，且實權均歸武人掌握。則謂爲克林威爾之獨裁政治，亦無不可也。日本本多淺治郎《西洋史》。

（十）五十餘人之國會，亦忌克林威爾之權勢，欲剪除之。克林威爾知之，一日臨國會，怒聲號曰：“汝等去，使正道之人當事！”即令侍從之兵士，闖入議院，命衆解散，閉議場，自持鍵去。於是五十餘人之議會解散。克林威爾乃以適意之人，開新議院，謂之“佩爾朋”國會云。作新社《萬國歷史》。

（十一）“佩爾朋”國會，肯解其權利，奉於克林威爾一人，且尊稱爲保護共和政治者。當是時，克林威爾握一國之全權，名雖非王，實則共和政治已廢除矣。克林威爾無論内治外交,一切均以兵力處之。凡與之反對者,無不排除之。逆其意即投之於獄,或科罰金,或流遠島。且欲使英倫有古羅馬之榮譽,遂破西班牙之海陸軍,欲一致新教諸國,而與羅馬教皇對立,以去其迷信頑固。當時之英倫,實克林威爾之英倫也。作新社《萬國歷史》。

(十二) 紀元一六五八年,克林威爾卒,時年六十,遺言以其子理查德 Richard。繼位,不勝其任,數月退職。國民議迎沙耳二世爲國王,然而沙耳懦弱而耽娛樂,下民傚之,道德遂頹廢。且受法蘭西王路易十四世之賄賂,而與荷蘭戰,人民困苦,政治不得其宜,人望盡失。國會内分王黨及民黨,互相紛爭。然沙耳二世之治國,於英倫之航海商業,則大有裨益者也。於各方建設製造所,茶及珈琲等,均允許其輸入。一六六〇年,創立王立學會,以益科學及數學之進步。

(十三) 紀元一六八五年,沙耳第二死,弟惹迷斯王繼之。王固篤信舊教,且固執王權神授説,與國民不相容,其治績無足觀者。一六八六年,發免赦令,廢止課罰金於舊教及不贊同派;其壓制專斷之處甚多也。日本本多淺治郎《西洋史》。

(十四) 惹迷斯雖專制,而國民猶忍息於酷烈政治之下者,以惹迷斯無子,嗣其位者,必其長女馬利;而馬利之夫,爲荷蘭大統領威廉,威廉固熱心於新教者也。若惹迷斯死,則英國之舊教衰亡,可立而待;故反動未起。迨一六八六年,王妃生男,英國國法,王位之承繼,男先於女;則所生之男,應嗣王位。且妃又素奉舊教者,國人因之失望。於是憂國之士相謀,以國會多數之議決,廢惹迷斯,迎威廉及馬利焉。日本本多淺治郎《西洋史》。

(十五) 一六八八年,英倫以海陸之兵,迎威廉及馬利,將登岸,惹迷斯以兵擊之,軍士皆倒戈。惹迷斯乃投印璽於的莫斯河,Thames。出奔法國,威廉、馬利,乃不煩一兵,直入倫敦,即王位,故謂之無血名譽革命。日本本多淺治郎《西洋史》。

(十六) 威廉未即位之先,即予人民以保護民權之證書。即位後,國會即議決民權案,打破王權神授説,奏請威廉批准。於是英國之立憲政治,又增一段進步。蓋此舉實英國人民與民主爭權利而得勝利者也。自此而後,君主專制之主義破,而國家之根本固矣。日本本多淺治郎《西洋史》,又據作新社《萬國歷史》。

# 六　美　國　獨　立

(一) 自意大利熱内亞人基利布哥侖布,Christpher Columbus。發見亞美利加新大陸後,歐洲各國,往殖民者頗多,各據數地。英吉利所領,僅北美大西洋岸一帶,版圖狹小;然其殖民,則攜家族,傾資產而來,視此新世界爲無上之樂土。至則構宅、拓地、立教會,爲久遠計;而目前之利弗顧也。蓋此等移民,多係新教徒;而英吉利自沙耳第一以後,暴君迭出,見前。舊教勢張。彼等以不能容於本國,憤往新世界,其志不在一攫千金即歸本國,坐享安樂,實欲得信仰自由也。據日本本多淺治郎《西洋史》。

(二)第十七世紀,新世界殖民事業,西班牙領地最大;法蘭西次之;葡萄牙又次之;而英吉利最小,僅北亞美利加東岸一帶十三州而已。然地雖狹小,氣候温和,地味豐沃,交通近便,且種種設施,實駕各國而上之焉。據日本本多淺治郎《西洋史》。

(三)英、法兩國,各行其海外殖民,於是因邊界等關係,往往發生衝突。紀元一七五五年,兩國因爭北美殖民地境界,遂開兵端;適奥、普兩國,亦起戰事,英助普,法援奧,兩戰并爲一戰,繼續七年,曰七年戰爭。亞美利加之兩國殖民地,相争亦烈,結果法割北美殖民地坎拿大 Canada。全部及密士失必河 Mississippi。以東與英吉利,於是英之海上勢力,愈凌全歐矣。據日本本多淺治郎《西洋史》。

(四)英國政府,欲於殖民地收種種利益:先已發布航海條例,凡殖民地人民與他國貿易,必經本國人之手,則其利益多爲本國所吸收,殖民地人民頗苦之。及七年戰爭後,國帑空虛,更發行印花税於十三州領地。於是勿吉尼人巴的力克顯理,Patrick Henry。首唱曰:"課税於無代議士之殖民地,是爲國會之越權!"一般之激論漸盛,英政府因不能行。據作新社《萬國歷史》。

(五)英政府廢印花税,但收殖民地輸入品,如茶、紙、玻璃、鉛、藥料等税,殖民又謂税額不論多寡,惟不納違法税,民心激昂,堅拒如故。國會知課税難行,乃藉口關於殖民地之軍隊費用,及官吏俸金,當歸殖民負擔;殖民仍謂不當,請廢止。英遣四聯隊於波士敦 Boston。威懾之,殖民益騷擾。據日本本多淺治郎《西洋史》。

(六)英政府知殖民騷擾,遂廢止諸税,唯收茶之印紙税,殖民猶憤怒,時毆管理印花税之官吏,毀其官署,更相約抵制英貨。一七七三年,有英國茶船至波士敦港,其地壯士五十人,佯爲土人運送貨物行李者,登船,投茶三百四十箱於海,世稱之曰波斯敦茶黨。英政府聞之,派遣軍艦;翌年,封鎖波士敦港,除燃料及食品外,嚴禁出入。律殖民以軍政,奪其自由權,殖民志士益憤慨,大聲疾呼,謂當恃武力以圖挽回。而約翰・亞特士、John Adams。多馬・傑弗孫、Thomos Jeffersan。巴的力克顯理等，奔走尤力，獨立之機日迫矣。<sub>據日本本多</sub><sub>淺治郎《西洋史》。</sub>

（七）美國獨立戰爭，其領袖爲喬治・華盛頓。George Washington。華盛頓不啻美國人之祖，亦不啻世界愛自由共和者之所最可崇拜者也。其先爲英國之移民，居勿爾吉尼阿州。華盛頓生於一七三二年，殖民地無高等教育，故華盛頓僅得卒業於小學校。然彼勤勉好學，爲學喜切於實用，於測量之學甚精，後爲測量家者數年。秉性誠實，世所傳斫櫻之故事，可見一斑。又富博愛思想，嘗冒險救一溺兒，爲人所稱道。然亦活潑好游戲，更好作軍事之游戲，故能領袖獨立軍，措美國於鞏固也。當英、法殖民地戰爭時，華盛頓任大將，戰功甚偉。殖民與英政府糾葛時，華盛頓爲郡會之議長，素以寡言稱，至是以英國政府如此壓制，實屬無理已甚，殖民不可不與之抵抗，遂創獨立之議。挾此議案，布告於衆，衆咸深表同情。各州代表，開會議於費拉地費，Philadelphia。決定反抗。<sub>詳後。</sub>組織軍隊，與英宣戰，<sub>詳後。</sub>舉華盛頓爲領袖之一。厥後百折不回，卒開美利堅合衆國之始基焉。<sub>據林萬里"少年叢書"《華盛頓》。</sub>

（八）費拉地費會議之結果，恐孤掌難鳴，乃使卑給敏富蘭克林，Benjamin Franklin。遊說法國求援；又遣密使於歐洲其他諸國，乞爲贊助。然當時諸國，財政困難，無以甲兵相濟者；惟志士私募義兵赴援者多。法貴族刺華葉，Lafayette。德勇將斯多布，Steuben。波蘭愛國者哥修士孤，Kosciusko。其最著者也。洎乎美國漸占勝利之時，法蘭西遣兵與美同盟，對英宣戰。而英國又恣搜各國船舶。一七八〇年，俄羅斯帝首唱兵備中立條約，欲以保護商船；丹麥、瑞典應之，起武裝中立同盟。普魯士、奧大利亦相繼加盟；葡萄牙、西班牙、法蘭西皆與之。蓋各國素忌英，故於美之獨立，極爲贊成，彼等名爲中立，實則皆隱然祖美也。<sub>據日本本多淺治郎《西洋史》。</sub>

（九）一七七四年，殖民地開諸州總會於費拉地費府，決議反抗之策如下：一、本國<sub>指英國政府</sub>，不能以寬大處置，調和殖民之不平，則拒絕與之通商；二、諸州政治，各任其議會，故議會關於行政，須有最上特權；三、獻書本國王及國會，請撤駐兵，許殖民陳訴情理。一面派員向歐洲各國求援，<sub>詳前。</sub>并組織義勇隊，以華盛頓爲訓導者。英王聞殖民地將起兵，大怒，目殖民爲叛徒，因遣精兵來剿。殖民於一七七五年，再開總會於費拉地費府，決議迎敵，舉華盛頓爲總督，公布開戰。翌年，總會議決多馬傑弗孫所草之獨立宣言書，通告歐洲各國。一七七六年，各州復開會議，結十三州同盟，建號曰北亞美利加合衆國，以十三星及紅白十三線爲旗章，以表示由十三州而組織者也。按：獨立宣言，由富蘭克林提議，七月四日公布，故是日爲合衆國創立紀念，永尊爲大祭日。又按：宣言文本歐洲民權自由之新思想，出以傑弗孫雄偉之筆，故其文情真語摯，讀之令人奮發，追想其巨業不置。今節錄其原文如下："We hold these truths to be self-evident; that all men are created equal; that they are endowed by their Creator with certain unalienable rights; that among these are life, liberty and the pursuit of happiness; that to secure these rights, governments are instituted among men, deriving their just powers from the consent of the governed; that whenever any form of government becomes destructive of these ends, it is the rights of the people to alter or to abolish it."據日本本多淺治郎《西洋史》。

（十）獨立戰爭，自一七七五年孔哥爾、Concord。勒星頓、Lexington。本希爾 Banker Hill。等之小爭鬪始；但不能如殖民所預期，以短時日終局。連戰亘七年之久，獨立偉業，始克告成。當其初，殖民軍連戰連敗，一七七六年，英將軍霍烏、Generol Howe。以破竹之勢，長驅直入，陷紐約、New York。欲取費拉地費；翌年春，由基撒比克 Chesapeake。灣登陸，九月，與華盛頓軍遇，大戰於不蘭地華因、Brandywine。擊破之，取費拉地費，勢甚銳。殖民慮功不成，而華盛頓以不撓之氣，愈敗愈奮。十月英將波峨義、Burgoyne。率大軍六千，自坎拿大來侵撒拉德額、Saratoga。美守將額的、Cates。率兵逆戰，大破之，波峨義率其士卒盡降，戰局大勢，實決於此。時法蘭西認合衆國獨立，與之同盟，對英宣戰，見前。美軍大振。一七八一年，美將那薩拿耶格利、Nathanael Greene。率兵追英將閣龍華理斯、Coruwallis。至約克墩；York Town。時法蘭西海軍來援，與華盛頓軍合，凡一萬二千，三面進攻，拔約克墩，英將率其士卒七千降。自此戰後，各國皆認合衆國獨立，而英亦知不能征服矣。據日本本多淺治郎《西洋史》。

（十一）英軍既敗，美民遂要求承認獨立；更嚴張軍備，以爲後盾。一七八三年，開媾和會議於巴黎，英廷卒許合衆國獨立，尋又讓與密士失必河以東領土。當使者報書返，十三州市民羣集市街，歡呼萬歲，公會堂鐘聲鏗鏗，報自由之勝利，祝火徹夜，亞美利加十三州，自是永爲獨立不羈之國民矣。據林萬里"少年叢書"《華盛頓》。

（十二）合衆國以自由、平等、民權主義，爲建國之根本；若設政府，反起壓制束縛之漸；故十三州各自獨立，立法、司法、行政皆各州議會任之；然於合衆國全國之外交、財政、海陸軍備等事，每無統一處分之法，經驗二三年後，識者唱制定統一諸州憲法，及設立中央政府之必要。然當時反對設立中央政府者,亦不少。歷三年,而十三州悉贊同之。其憲法綱要如下：一、諸州各自由定憲法,設政府,開議會,執行州內政務。二、中央政府由大統領與國會組織之,分立法、行政、司法三部。三、立法部即元老院與衆議院組成之;元老院議員,由各州議會各選二人,任期六年,代表各州,以副大統領爲議長;衆議院議員,凡四萬公民選出一人,任期二年。兩院有議決各法令之權,其議決之件,必經大統領許可,然後施行。四、行政部以大統領總監之;其下有副統領,備大統領有事故時代之。大統領及副統領,由各州會公選,任期四年。大統領執行政務,任免文武官及兵政大權。五、司法部設高等法院,其院長由大統領任命,終身其職,若國會與州議會爭議時,有裁決權。六、宗教信仰自由,不加束縛於政治法律上。日本本多淺治郎《西洋史》。

（十三）一七八九年,準議定之憲法,選喬治華盛頓爲第一任大統領。受任之日,儀式甚盛。其就職之誓語,極簡單：先謝衆人推舉之德;繼言今後行事,必合於正義、公道云云。四年後任滿,然當時政局,紛如亂絲,國民又選華盛頓連任。再越四年,決意退隱,瀟灑自如,若不自知其榮華者。國人念其功績,稱都城哥倫米市曰華盛頓,以誌不忘。其地有白宮,即美國總統府,質樸無華,亦平等思想表現之一斑也。據林萬里"少年叢書"《華盛頓》。

（十四）當華盛頓去任之時,別國人曰："宗教、教育,當以正義爲本,以生厚利用之事業,與歐羅巴列國交,決不可加入其政爭,惟專講合衆國自强之道,俾卓然獨立於舊世界外;是余所切望於合衆國國民者也!"合衆國國民,服此教訓,極力經營殖產、工業、教育,以補獨立戰爭之創痍,建立鞏固之國基。以千百萬佛郎,法幣名。向法國購魯西安納州,Louisiana State。其東部置密蘇爾納郡,Missouri Territory。而合衆國版圖,殆三倍於舊矣。十九世紀初,內無政爭,乃大振威勢,與歐洲列强相抗衡,以五百萬佛郎向西班牙收買佛囉里達,Florida。其地蓋北美最古之殖民地也。又以七百萬金,向墨西哥購入得撒、Texas。新墨西哥、New Mexico。加利佛尼亞 California。諸地,於加利佛尼亞大施開闢,使荒地盡成錦繡之區。一八六六年,更向俄羅斯購入亞拉斯加,其地在北美西北隅,爲廣漠寒地。初僅產皮革,購入後,陸續發現金礦,一年產額,即超越買價,爲合衆國一大富源焉。據日本本多淺治郎《西洋史》。

（十五）十九世紀之初,亞美利加之各國殖民地,多有離其母國而獨立者,歐洲諸國,欲乘機侵略;美國反對之,宣布孟禄主義,不許他國干涉美洲之事。詳後。厥後法帝拿破崙第三,侵略墨西哥,美國迫其撤兵。西班牙壓制古巴島民及菲律濱人,美國又干涉之。近年,列强侵略我國,美國又提出"保全領土,開放門户"之意見；俾列强成均勢之局。歐洲大戰，美國更以人道而反抗德國。凡此種種，皆可見美國人之反對侵略也。近人《西洋史講義》。

（十六）二十世紀之初，日、俄戰爭，美國調停之。詳後。

# 七　法國大革命

（一）十七世紀之後半，法國路易第十四在位，以威權自殖。一七一五年，路易第十五王繼之，優柔寡斷，專事遊獵宴樂，國事一任貪婪無厭之近臣侍女而已。酖於淫佚，外飾太平，貴紳污行時聞，王臨死嘆息曰："我死後，洪水必至!"洪水，謂大亂也。路易第十六嗣其業，性溫和，常以利國福民爲心；然缺乏剛氣，無相機應變之勇斷，竟至釀成大禍，身死人手，爲天下笑。其后馬利安兑尼，奥大利帝室之女也，奢侈逸樂，國民心莫之仰。蓋奥、法宿怨，國民因而深惡之，呼之爲敵國皇女云。日本本多淺治郎《西洋史》。

（二）法蘭西國民，分爲三階級：僧侶爲首；次貴族；又次爲平民。僧侶、貴族，皆中代封建之遺物，其祖先各有封土，以治其地之人民，即寺院及諸侯是也。及封建制度破壞，而土地所有權，與種種特權，依然世襲，故僧侶、貴族，擁廣大土地，不納租税；以文武顯官爲專有物，如舊也。合全國計之，僧侶、貴族之家，約計五六萬户，其人口至多不出三十萬，僅國民百分之一；而其土地，殆達全國之半，國家經濟之不平均，未有甚於此者也。然法蘭西俗尚奢侈，僧侶、貴族，亦常陷於窮境，乃不得不仰給朝廷，朝廷遂爲上流破産者之逋逃藪，而國庫爲上流生活之源泉。年俸出數百萬，皆剥取自汗血營生之農民，故下流社會，怨久待發，於是乎革命興矣。日本本多淺治郎《西洋史》。

（三）全級議會者，國民共組之一種議會也。其議員由第一級僧侶，第二級貴族，第三級平民選出，法蘭西中葉曾行之，故有是名。第此議會，必值國家有大事，非國王專斷所可處行時，乃以無定期臨時召集。路易十六，欲商酌財政諸務，乃於一七八八年，令於翌年五月，開全級議會，計未開者，將二百年矣。是時王欲振興國家，廣開言路，六月之内，新出雜誌凡二千五百餘種，無一非鼓吹平民主義，攻擊上流社會之腐敗，蓋已感受盧騒等諸人民治主義之影響矣。其時昌言之最力者，爲亞伯西耶士，Abbe Sieyes。彼以爲全級議員，必由第三級選出，方能代表全國；若僅出半數，不過代表人民之半。全國爲之鼓動。王亦欲藉第三級力，殺貴族勢。翌年，開會時，定僧侶三一八人，貴族二八五人，平民一二一四人，蓋平民已過半數，勢力大盛矣。日本本多淺治郎《西洋史》。

（四）當此全級議會開會之初，第一大問題，有謂總議員會於一堂議事，從多數取決進行，取一院制者；有謂僧侶、貴族爲上院，平民爲下院，取二院制者；有謂各依級別爲三院制者。聚訟紛紜，莫衷一是，蓋貴族等不悦與人民同集一堂議事，而人民不之許也。日本本多淺治郎《西洋史》。

（五）議會騷擾無定，王乃下令閉會，而平民議員不奉命，集於王宮附屬之庭球室。米拉巴建議，以國民議會，號令於衆，期六月二十日開會，誓非議定新憲法，伸張平民權利，除僧侶等特權，則此議會不解散。王以爲衆怒難犯，下詔自罪，收回閉會成命，許平民議員集會，且使僧侶、貴族，亦參與之。此王第一次屈讓，而第三級平民，所以得優勢者也。日本本多淺治郎《西洋史》。

（六）王雖許國民會開會，然恐嗣後更有不利，以近衛兵爲不足，自德意志及瑞士募兵，屯於巴黎附近。於是巴黎人民，大憤怒曰：“此欲恃兵力以解散人民之議會也。”一夫大呼，應者千萬，直襲巴士的 Bastile。之獄破之。巴士的獄者，凡王不悦之人，皆投於此獄以拘囚之，實法蘭西暴虐政府行壓制政治之大機關也。愛國之士刺華葉，即前援助美國者，乃組織護國軍以保守人民議會。巴黎外之都府，亦皆追傚巴黎之舉動，農民蜂起於各地，以叛貴族，荒其土地，破壞其家屋，甚或焚燬之，舉所載封建制度之典籍，付之一炬。貴族大恐，多遁至外國以避難。此所謂貴族之移徙也。紀元一七八九年八月，貴族等遂於議會放棄其封建所得特別之權利，且使貴族、教徒亦納租稅，人心於是稍平。雖然，法王愚暗不明，尚從事於酣嬉淫佚。一日，王宴饗新來之士官於凡爾賽 Versailies。之宮，酒酣，王及后皆臨席，士官等感之，唱忠君之歌，歡呼萬歲，以革命黨三色標之表記，蹂躪於足下，而切責人民。此事一旦傳於巴黎，失職之民大怒。忽聚男女及狂亂婦人等呼曰：“來食，來食！”蜂擁而向凡爾賽，闖入王宮，恣所欲爲，以洩其忿。王及后倉皇莫知所措，賴刺華葉之護國軍救護，始得倖免。翌日，人民等强要王歸巴黎曰：“市內麪包缺乏，由國王深匿九重，安處離宮，極奢華美麗所致也！我等迎王居巴黎市，當不復飢餓，蓋王爲供給麪包者，又爲製造麪包者也。”國民議會亦移至巴黎，以寺院以議場焉。作新社《萬國歷史》。

（七）自王入巴黎後，國民軍總督刺華葉，與大政治家米拉巴，同心共濟，力復平和。一七九〇年，以自由、平等主義，制定新憲法，定爲君主立憲，削減國王權力，其要如下：一、國會爲一院制，握國家全權，國王但有停止權；二、選舉資格，全國民皆有之，不以資產制限；三、廢僧侶、貴族之特權，使僧侶、官吏，悉由公選就職；四、許言論、集會、出版、宗教之自由。又本新憲法，改革行政如下：一、廢各地之國王任吏，換以公選官吏；二、没收教會領地；三、設立貧民工場；此其大要也。一七九〇年七月十四日，卒行發布憲法，舉行宣誓大祭禮於巴黎，僧侶三百人，著白衣，整列式場；國民軍總督剌華葉，首誓擁護憲法；次國會議長倍流，Bailly。代表全國國民宣誓；後國王誓不違犯憲法；王后馬利亦抱太子宣誓，永遠遵守。一時人民相應，歡呼之聲震天地。翌年，米拉巴忽没，王悶鬱不安，有逃意。六月二十二日夜，率后及太子私逃，爲亂民所迫歸。是時巴黎政界分二派：一、剌華葉派，主君主立憲；二、羅伯卑爾段敦派，主過激。兩方争鬪極烈，然王黨勢盛，過激黨一時不得逞。九月十四日，王批准制定之新憲法發布之，祝賀之聲，充巴黎市矣。日本本多淺治郎《西洋史》。

（八）歐羅巴諸國，蒙法蘭西革命影響，人心頗動搖。英吉利人巴克，Edmund Burke。著《法蘭西革命論》，有曰："革命之名詞一倡，其禍將永傳於後世。"當是時也，法貴族等逃外國者，謀恢正統，欲起諸國聯合軍以定亂。德意志與法蘭西，關係最密，故蒙法革命之影響亦甚，諸國均持援王之説，於是普、奥構宿怨，一七九一年，協議竭力戡法亂。日本本多淺治郎《西洋史》。

（九）德意志軍隊，既壓法蘭西國境，法以革命軍，當擊退之責。然紀律不嚴，將士無鬪志。聯合軍宣言曰："聯合軍惟助路易王及温和黨殲滅過激黨，凡望恢復秩序平和者，宜速集聯合軍旗下，但有加危害於王族者，嚴罰之。"此宣言反挑發法蘭西人愛國熱情。過激黨躍起鼓動，遂攻擊王宮。八月十日，武裝之黨人六百，集於巴黎府官廳，自稱巴黎團，鳴號鐘，集壯士一萬五千，進攻王宮；王率王族，倉皇出走，無處避難，赴立法議會。時方議王之處分，議長辨匿奥，Vergniaud。首先提議曰："不廢王，暫停其權力。"衆從之，議遂決。三日後，乃交王族於巴黎團，投之於獄。凡王政黨及其有關係者，悉投之獄。九月間，凡所捕在獄中者，悉處死刑。即稍温和者，無論男女老幼，悉慘殺之。自九月二日至六日，殺無辜男女千二百人，謂之九月殺戮。時巴黎代議士，有義羅丁 Guillotin. 者，創斷頭機，自是過激黨置機於各地，以供執死刑之用，稱爲義羅丁斷頭機云。當法蘭西内部過激黨勢盛時，而革命軍對外敵之狀態一變，士氣大振。一七九二年，革命軍司令官克勒爾曼，Kellerman。與德意志聯軍戰於瓦爾美，Valmy。大破之。蓋聯合軍兵糧雖足，然以此戰無關得失，故兵氣多不振；且陰雨連綿，卒至毫無所得而退。於是革命軍聲氣振厲，大破奥軍於熱麥陌，Jemappes。乘勝攻入各地，遂大平定，擴法境於北方。日本本多淺治郎《西洋史》。

（十）一七九二年九月二十一日，立法議會期滿，國民集會繼之。握政權者多貧乏無學之民，丹頓、馬拉、羅伯斯比爾等之過激黨統率之，乃廢國王，並廢路易十六世所裁可之憲法，以成共和政體。向各國宣言曰："苟有傾覆王政伸張民權者，法蘭西必傾力助之。"又廢從來之宗教及禮拜，以道理爲眞神，而於奴特爾達母 Notre Dame。寺院中，令娼婦居神座，稱道理之神而禮拜之，蓋深詆崇拜之舊俗也。更改舊曆，以王政傾覆之日爲新紀年，即所謂共和曆是也。是年十二月，引路易至國民集會之法庭，數其奪人民自由連結外國之罪，處以極刑。翌年正月，以義羅丁所創之斷頭機，馘路易。自義羅丁創此機械，罹罪之人，用此刑以致死者，不知其數矣；路易昏暴之王，承累世殘酷之政治，遂受如此慘報，可謂"出爾反爾"者矣。作新社《萬國歷史》。

（十一）路易十六處刑時，歐洲諸國，對法蘭西革命，遂成第一次大同盟。其聯合主力，爲德意志之奧大利、普魯士；英吉利、西班牙、荷蘭三國，次第加入；意大利諸國亦贊同之。以法國革命黨爲叛逆，謀四面合攻之，欲一舉撲滅共和政府。當是時也，法以一國當五國之敵，陷於危地矣。日本本多淺治郎《西洋史》。

（十二）過激黨有革命法庭，與國防委員之設。凡有疑爲通敵及謀害共和政府，私藏貨糧，不供給軍用，與不肯入兵籍者，國防委員皆可拘留之，可投之獄；再由革命法庭裁判之。於是抱溫和主義者，咸遭殺戮。嘗殺名士三十一人，其中之最著者，爲羅蘭夫人。夫人幼好義俠，長主平民主義，讀盧騷著作而感之，決意捨身救世。夫羅蘭亦好俠，爲溫和黨首領，黨人皆敬仰夫人。至是亦遭斷頭之禍，時年四十，臨刑呼曰："嗚呼！自由！世間借汝名行罪惡者，不可勝計也！""Oh! Liberty! how many crimes are committed by your name."溫和黨既滅，過激黨遂思抗外，策劃軍備，不遺餘力；但皆出以嚴酷，苟力能堪者，不斟酌事情，不許人代，悉徵收之。以三十萬人向敵軍，猛力攻擊，且厚集糧食，軍勢大振，連戰連捷，屢退勁敵。一七九三年末，法蘭西境内，已無敵人隻影矣。翌年，更併比利時、荷蘭。日本本多淺治郎《西洋史》。

（十三）外敵既退，過激黨之首領，亦逐漸死亡，人心亦漸厭流血。溫和黨死灰復燃，漸得勢，巴黎中流以上市民子弟，組織美裝青年團，當市内警戒之任；與國民公會，協謀殄滅過激黨；溫和派勢力大振。然人民苦戰亂，思復王政，國民公會又殲滅之。遂訂新憲法，即第二次憲法，然亦稱第三次憲法，蓋過激黨亦曾訂絕對平等之憲法而未行耳。組織理事政府，時歐洲同盟已破壞矣。理事政府以一七九五年十月二十六日組成，其組織方法，初由全國行總選舉，選出年齡三十以上者七百五十人，總稱國會議員。再由國會議員中，互選年齡四十以上者二百五十人，組織上院，即以其餘五百人，組織下院。又自國會議員，選理事五人，總攬政綱，有進退官吏之權。任期五年，每年改選一人，以防一時交替或起大變也。日本本多淺治郎《西洋史》。

（十四）一七六九年，拿破崙 Napoleon Bonaparte。生於哥爾塞牙 Corsica。島。幼歧嶷超衆，十歲時，即入陸軍幼年兵學校，後爲礮兵士官。初亦贊成平民主義，屢從革命軍立戰功，理事政府之殲滅王政黨，亦拿破崙之功也。一七九六年，理事政府議決外征，拿破崙將一軍，進攻意大利，時年僅二十有七。日本本多淺治郎《西洋史》。

（十五）理事政府，以奧、英等國，尚與法爲難，乃發三軍宣戰。拿破崙率軍，向意大利，越阿爾俾斯 Alps。之險，直入其境，平之。轉侵入日耳曼境，破奧大利之軍，割其地以講和。拿破崙凱旋歸國，聲威漸甚，政府亦忌之。拿破崙自請征伐埃及，以爲討印度之階梯，政府允之。拿破崙遂至埃及，征服其全境。而法蘭西海軍之在尼羅河河口者，爲英吉利大將納爾遜 Nelson。所擊敗。於是英、俄、土、奧諸國，結同盟，從意大利境內，逐法蘭西之軍，以恢復其所略取之地。作新社《萬國歷史》。

（十六）拿破崙在埃及時，本國有動搖之危，知政府微弱無力，忽生專恣之心，不待政府之命，急歸國。聲勢煊赫，入元老院，難其憲法；又入衆議院，呵叱議員等之失政無能。於是衆人激怒曰："彼乃國賊也！宜擊斃之。"拿破崙出，乘馬領兵入議會，逐議員，理事政府之命運，至此而終，時一七九九年十一月也。拿破崙傾覆理事政府，立新憲法，以成統領政治。拿破崙遂爲統領，以十年爲任期。拿破崙圖鞏固一己之權勢，嚴定檢閱新聞，及立會談議政事之禁；整飭財政，剔除舊日之弊；組織國家之教育法，以博將士歡心，期樂爲己用；大擴軍備，募集二十五萬人，以成無敵之勁旅。作新社《萬國歷史》。

（十七）拿破崙既粗定內事，乃命一軍，侵日耳曼；而己自將他軍入意大利，欲報奧大利之夙怨。一八○○年，率兵四萬，復越阿爾俾斯山，壓意大利境，破奧大利之軍。侵日耳曼之師，亦獲勝，得尼柔蘭及萊因左岸之地，遂講和。法蘭西之四境已平定。惟英吉利恃其海上之權力，堅抗不服，拿破崙與俄羅斯、瑞典、丹麥等同盟，欲假其海軍之力，以共禦英吉利。納爾遜聞之，先襲其同盟中至強之海軍於哥本哈根 Kopenhagen。之港，擊破之。會俄帝死，新嗣位之君，與英吉利締約，前此之同盟遂解。法蘭西亦與英結和，然外雖輯睦，內實交相忌也。及外事稍稍安輯，乃盡力國內之事，興宗教，廣教育，修道路海港，興建築，務期人民便利，成一國之美舉。又編集法律，謂之曰《拿破崙律》。一八〇二年,以元老院投票之眾,得終身任統領之職。時英吉利有意開釁於法,發捕拿敵船之文,稽查法之商船,悉禁押之。拿破崙遂率其民,以征討英吉利。時俄、奧兩國,與英吉利訂約同盟。拿破崙乘此之時,欲更統領之名爲皇帝,示其意於元老院。一八〇四年,遂由投票得爲皇帝。不贊成者二五六九票,贊成者三五七二三二九票。是年十二月,受羅馬教王之加冠;翌年,兼冠意大利王之鐵冠。作新社《萬國歷史》。

(十八) 拿破崙欲破英、俄、奧三國之同盟,大儲征討之軍備。乃先征英;奧、俄兩國之軍來援,拿破崙大破之。奧王親謁拿破崙於軍中,割地求和。於是日耳曼之小諸侯等,結爲萊因同盟,奉拿破崙爲保護之主。然此時在西班牙之法國艦隊,復爲納爾遜所擊没,法之海軍,從此不能復振。拿破崙征服英吉利之念,亦至此始絶。一八〇六年,拿破崙迫普魯士威廉三世與之戰,大破之。脅普魯士服從拿破崙,復進入柏林,又破俄羅斯軍。一八〇七年,割普魯士土地之大半。拿破崙又合併葡萄牙及西班牙於法蘭西,立其弟爲王。英吉利之大將惠靈吞援西班牙,驅法蘭西之兵,拿破崙親率兵來援,復恢復舊日所已得之疆土。拿破崙雖具戰必勝攻必取之材能,然此邦旋定,而彼邦復叛,奧大利乘拿破崙援西班牙之際,慫慂日耳曼脫拿破崙之羈絆,起兵相抗。拿破崙聞之,急從西班牙歸,向奧大利進發。一八〇九年,與奧大利軍戰,大破之。奧大利帝復割地求和;締維也納之條約。拿破崙娶奧大利帝之女爲皇后;兩國乃連合。是時西歐羅巴諸國,皆居拿破崙權力之下。諸國之王,非其弟兄,即其將校,移置轉封,一任其意之可否。當一八一一年,實拿破崙全盛之時也。時法蘭西疆土廣大,附近小邦弱國,皆爲所吞,或爲剪滅。如意大利之大部,萊因河西及西北之日耳曼全尼柔蘭之地,及伊利利亞等,皆爲所有。又如奧大利姻族也;那普爾斯及西班牙之王,皆其弟也,丹麥又爲同盟連合之國也;日耳曼各小諸侯,亦屬從而不敢叛者。獨英吉利恃其海軍,抗拒不服,蔑視拿破崙。拿破崙以海軍不敵,亦無可如何。乃糾合歐羅巴諸國,令悉禁英吉利之商業。俄羅斯不奉命,致激其怒。於是拿破崙起征討俄羅斯之師,是即拿破崙所以敗裂,以致放流錮禁之基也。作新社《萬國歷史》。

(十九) 一八一二年,拿破崙以五十萬精兵,向俄羅斯之莫斯科而進。俄人焚其都而走;拿破崙軍於殘燼之地,衣服飲食之需,悉無所得,俄地寒荒,困於凍餒,不堪其苦,不得已命退軍。時值十月,寒冷益甚,資用匱乏。加以哥薩克騎兵之出没,時相鏖戰,死於戰者十二萬,死於凍餒者十三萬,爲俘虜十九萬。十二月,拿破崙遂棄其軍隊,隻身乘橇而歸。各國乘此之時,結約同盟,共禦拿破崙。敵兵之至者,如激潮怒流,悉注於巴黎,於是奧大利及排哀倫亦叛,而與聯軍同盟,拿破崙益孤立無援,一八一三年十月,戰大敗,列國之兵,由四境突入,拿破崙戰皆不利,敵軍遂環攻巴黎。翌年三月,巴黎之守者,舉城降敵,元老院乃廢拿破崙,流之於地中海之愛來巴 Elba。島,立路易十六世之弟路易十八世爲王。各國公使,會於維也納,議定各國之疆界。然拿破崙居愛來巴島十月,潛逃歸法蘭西,人民兵士,皆歡迎之,奏凱歌入巴黎。路易十八世遁,拿破崙再即皇帝位。各國聞之大驚,復同盟以抗禦之,舉英將惠靈吞爲總督。一八一五年六月,與拿破崙戰於滑鐵盧,Waterloo。大敗之,長驅入巴黎,再流拿破崙於阿非利加西岸之聖海拉納 St. Helena。島,島地甚遼遠,蓋懼其復歸也。作新社《萬國歷史》。

（二十）拿破崙居島中六年,憂鬱以死,年五十二。拿破崙一生之目的,僅圖得一己之權力功名,雖能一時滿意,恣所欲爲;而卒歸於敗。蘇子瞻所謂"固一世之雄也,而今安在哉?"近人《西洋史講義》。

（二十一）滑鐵盧戰後,拿破崙放逐,同盟軍强立路易十六之子路易十八爲主,復行王政。各國又遣使臣,會議於維也納,由英、法、奧、俄、普五國議定,盡收法所侵略之地,復還各國,一如革命以前之疆界。歐洲二十餘年之干戈,擾攘至今,始得安息。近人《西洋史講義》。

（二十二）法蘭西路易十八時,自由主義甚盛。及其歿後,弟沙耳第十立,違反時勢,重用貴族、僧侶,行保守政治,大失民心。一八三〇年,以勅令解散未召集之議會,大肆束縛民權之手段,於是七月間巴黎市民蜂起,廢王,迎立其宗室路易腓力,Louis Philip。謂之七月革命。因此七月革命,各國受其影響,起自由獨立之運動者不少,最著者,比利時人叛荷蘭而獨力也。法蘭西王路易腓力即位以來,共和黨、社會黨,時起擾亂,謀顚覆王政,兩黨遂相結托,屢開宴會,討議時政,政府抑制之,一八四八年二月,禁止此種宴會。於是黨人忽起,全市鼎沸,王乃出奔;共和黨設臨時政府,宣布共和政治,是謂二月革命。尋依新憲法,拿破崙第一之姪路易·拿破崙當選爲任期四年之大統領。二月革命之影響,殆遍及全歐,到處起革命運動,然均未有所成就也。作新社《萬國歷史》。

（二十三）拿破崙一世之從子路易·拿破崙者,以其諸父拿破崙之理想自勵,期勿負其一己之名。前後謀革命者再,卒不就,爲世人所非。當初謀革命時,事不成,逃至亞美利加,後歸國仍謀之,事發就捕,居獄中六年,遂脫出遁至英吉利,以期乘隙而起。及腓力失政,人民離叛,咸懷怨心。二月革命既起，法蘭西傾覆王政，遂成共和政治，定憲法，置大統領，以四年爲任期，期滿更舉人嗣任。適路易·拿破崙由英吉利歸，以投票之多數，得舉爲大統領，宣誓守共和國之精神，永久不替；然其心中之隱謀，無非求如其諸父拿破崙之所爲，擴張一己之權勢而已。作新社《萬國歷史》。

（二十四）一八五一年十二月，爲四年任期之終，忽違其初昔之誓，握攬政權，以暴力遏抑反對者。其不附己而自樹黨派以相抗拒者，捕而繫之於獄，或誣以罪名而殺之，或流之於遠地。蔑視憲法，鎭壓叛亂，解散國會，令人民投票更舉，時路易·拿破崙亦由投票得任爲十年大統領。遂放逐與己爲敵者，奪報紙之自由，以行專制之政治，一仿其諸父拿破崙之所爲。翌年，更由投票而爲皇帝，稱拿破崙三世，一如其諸父拿破崙之所爲。於是法蘭西復爲帝國，奧大利、普魯士及俄羅斯諸國，皆驚其舉動。拿破崙三世，宣言以平和主義，維持法蘭西，各國之異議乃息。作新社《萬國歷史》。

（二十五）拿破崙三世，雖自言守平和之義；然於列國之事，必干涉之。當俄羅斯與土耳其啓釁，即援土耳其，與英吉利聯結以共禦俄羅斯。意大利獨立之時，復以兵援之。此事雖非平和之義，然頗合於公理。又與奧大利戰；其戰爭之尤著，兵禍之尤烈者，則爲普、法之役，亦今世戰事之至大者矣。其原因及結果，述之如下：普魯士自敗奧大利之後，國力益强，法蘭西之光榮，漸有傾覆之勢。法蘭西忌其强，又蔑視之，以爲彼兵力非己之敵。會西班牙王薨，舉列阿波爾特 Leopold。爲王，乃普魯士王之親屬。拿破崙三世，以爲此破國力之平均也，拒之。一八七〇年七月，列阿波爾特恐，自辭其職。然拿破崙三世，乃以爲未足，必令普魯士王自今以後，使列阿波爾特宣決不爲西班牙王之誓。普魯士王以法凌侮太甚，拒之。拿破崙三世，加以非禮，遂開戰釁。自拿破崙宣告戰意，普魯士軍備整肅，爲夙昔所不料，法蘭西之軍，儲備既少，兵額亦寡，故連戰皆不利。一敗於維伊山堡；Weissenburg。再敗於耶爾特；三敗於綏丹。Sedan。拿破崙三世，在綏丹城中，力屈，降普魯士。普魯士軍，遂進圍巴黎，陷曼芝。Meta。法人幹培塔，在巴黎重圍之中，乘輕氣球脫圍而出，募新軍，援巴黎，無功。巴黎圍百三十日而降。一八七一年五月，在佛郎克佛特，Frankturt。立條約，戰事遂息。法蘭西之損失甚繁。三年間償五十億佛郎之賠款；且割亞爾薩司 Alsace。及洛倫 Lorraine。二州於普魯士。作新社《萬國歷史》。

（二十六）一八七一年，普人既班師；法人乃移其議會政府於伯爾塞悠，暫行共和政治。巴黎市社會黨與共產黨，互相聯絡，欲乘機悉改社會面目，一時勞働界多附之，別設政府，與伯爾塞悠政府相抗。伯爾塞悠政府，使麥馬韓剿巴黎社會黨,盡燒市中宮殿,慘淡不堪名狀;麥馬韓軍入市,巷戰七日,亂以平。巴黎之亂既平,政府乃募國債,冀速退普軍,應之者竟十倍其額。又行徵兵制,將士奮勉,大有臥薪嘗膽之概。然政體尚未確定,議會分王政、共和兩黨,争執不已。共和黨勝利,一八七二年,始由議會制憲法,越三年而成。一八七五年,一月三十日,議會宣布共和政府成立;二月十五日,發布新憲法;大要爲:一、大統領總理政務,代表國家,由元老、衆議兩院舉之,任期七年。二、元老、衆議兩院,爲立法機關;元老院議員三百名,任期終身;衆議員七百三十三名,任期四年。嗣後雖屢經改正,然今日大概,亦無以異此,蓋當時始確立共和之基矣。至其國民復仇之念,磅礴鬱積,近年世界大戰,此亦其一兆乎。據日本本多淺治郎《西洋史》。

## 八　學術和發明

（一）案歐洲中世,科學之衰頹,既至萬分;其時所藉以延學術一線之緒者,僅煩瑣哲學之研究而已。紀元七九二年,巴黎始設大學,於是英國之牛津,意大利之波隆亞大學等,亦繼之而起。其時大學所授者,凡分四科:曰神學;曰宗教;曰醫學;曰文學。而文學中包含文法學、修詞學、哲學、算學、幾何學、天文學、音樂七科。時阿剌伯人文化頗盛。十字軍興而後,頗藉之傳入歐洲。而此役以後,意大利市府益盛,乃圖改革市制;因之而研究及於羅馬法,學者始求通知羅馬文,務蒐集古書,創設圖書館。希臘學者,亦多因避難入意大利,於是又漸知希臘學藝之可貴。至十四世紀,羅馬、希臘之學術,遂燦然復興,是稱復古時代。就中德國學者,因研究宗教故,又肄習希伯來文,始得聖經之原書。乃知當時教會之所說,多不合於古教義。故改革宗教之論,獨盛於德。要之復古時代之學派,雖不免以古人爲中心,缺於自由研究之法;然能使歐洲古代之學術文藝,燦然復明,於黑暗世界,開一曙光,遂有以祛宗教固陋之義,支配思想界之弊,固不可謂無大功也。迨十六世紀以後,研求日精,與真理日相接近,而復古之學風遂絶。於是於哲學上,則有倍根之經驗派,與笛卡兒之推理派對立。至孔德,乃調和之,而創批判哲學。在科學界,則有歌白尼,以一五三○年,發明地動之理,而創太陽中心說,盡破前此教會派之地球中心說;於是人人知宗教之說,非盡真理,思想益覺自由。又有奈端發明重力之原則,達爾文發明進化之理;於是一切學術,皆燦然而興。蓋自十八世紀之末,以迄十九世紀之終,歐洲之社會,實呈顯著之進化。其所以然,

皆由學術發達,而又能應用之於實際也。<small>日本瀨川秀雄《西洋通史》。</small>

(二)十六世紀末,雕刻、美術之衰,不獨意大利然;歐洲各國無不皆然。至十七世紀之美術,日進一日;於是棄從來之原則,致力於精密之寫實,與華麗纖巧之裝飾,務欲使人目眩其美。其有名巨匠,在意大利則貝尼尼,<small>即建築家及其門下亞歷山大阿牙爾的 Alessandro Algadi。也。阿牙爾的一六五四年死。</small>法蘭西國在十七世十八世之前半,不過模擬意大利貝尼尼派之雕刻耳。此模擬家中有名者,爲披哀比傑、<small>Purre Puget,(1622—1664)。</small>弗蘭遜・什拉頓。<small>Francois-Girardon,(1628—1715)。</small>約而言之:當時之雕刻塑造,外觀極華麗而少神致與生氣,蓋以供娛樂之玩具也。<small>日本大橋新太郎《最新世界歷史》。</small>

(三)當文藝復興之末年,意大利有建築家曰羅靈沙貝尼尼。<small>Rorenzo Bernini,(1598—1680)。</small>羅靈沙貝尼尼多用曲線,其裝飾極華麗,此建築法,謂之"巴洛克"式。法蘭西路易第十二之時,意大利有"復活"式者興,於是與"哉特"式折衷長短,爲一種建築術,謂之法蘭西式,世多用之。德意志國,初"復活"式之建築法盛行,諸州都市之中,澳斯堡 <small>Augsburg。</small>及紐倫堡 <small>Nurnberg。</small>等南部爲最。蓋此諸州,在中世史之時,盛與意大利威尼斯 <small>Venice＝Venezia。</small>近傍貿易,來往交通,此其所由起也。至十八世紀,漸爲法蘭西習俗所移,其建築亦用"洛古古"<small>Rococo。</small>式,舉國喜倣其式。其式多用曲線,其内部飾以黄金,奇麗鬱縟,光彩眩目,此式在法蘭西路易十五世時盛行。<small>日本大橋新太郎《最新世界歷史》。</small>

(四)凡器具之足以增進文運者,則活版尤爲有功也。其初之創製者不一人,孰爲先後,聚訟紛如,要不外荷蘭人格斯達,<small>Laurent Costar。木板發明。</small>及德意志人約翰哥丁、<small>John Gutenberg。木製活字發明。</small>佛斯達、<small>Faust。</small>修斐 <small>Schoeffer。金屬活字發明。</small>等之精心結撰所成。一四五〇年,遍天下皆利用之矣。是時木皮麻布製紙法亦發明。宗教哲學,復古學大興,而宗教書籍及希臘、羅馬古學,遂概付剞劂。迄一五五〇年間,奧古斯丁 <small>St. Augustine。</small>《神都》<small>City of God。</small>一書,印至二十版;拉丁語《聖書》百版;拉丁語《詩集》三十版;價廉製精,閱者稱便宜焉。<small>日本本多淺治郎《西洋史》。</small>

(五)地質學者,在十八世紀之初,猶未發達;乃自十八世紀之末,斯學漸盛,遂列爲科學。蘇格蘭人哈頓,<small>Hutton,(1726—1797)。</small>倡主火説,曰:"凡地上之山岳河川等,其變狀皆火山之所爲;而火山則自地心噴出者也。因此噴出,有此變狀。"德意志人威爾納 <small>Werner,(1750—1817)。</small>與此説相反,倡主水説,其要曰:"凡地球面上所現出之千態萬狀,皆爲水之作用。"二説對峙,互相争論,而正理所在,莫與抗衡;於是主水説敗,而主火説勝矣。主火説之後,始倡地球進化論者，爲來伊兒。Lyell。來氏英吉利人也。其論曰："地球亦與其地殼及地上所棲息之動植物，其趣相同；乃多經歲月，種種作用，使之錯綜。"此論一出，不可復動，近世就地震而研鑽其理者頗多。十九世紀，實歐、美列强國，行所謂殖民侵略主義之時也。故地理學者，爲功名之士所悉心探討，非徒索諸杳冥，抑且徵諸實踐。今則廣漠而炎熱之亞非利加，最寒冷之南北極，無不印其足跡焉。斯學之盛，於是乎達其極！日本大橋新太郎《最新世界歷史》。

（六）生物學，近世所精心研究者也。法蘭西博物學者拉馬克，Lamarck。謂生物機官發達，視其使用多少爲比例。使用多者發達顯，其機官遺傳於子孫之事亦顯，此一説也。嗣後英吉利達爾文，Darwin。於一八五九年著《生物起原論》，詳論世間各種生物所以繁殖之故，言今之生物，雖千差萬別，推原其始，皆由極少之生物，逢種種之境遇而遞變其形，宜者乃得生存，由優勝劣敗之理，緜延以至於今。主此説者，謂之進化論。又罕巴達•斯賓塞爾，Herbert Spencer。以哲學説廣衍生物進化論，説明宇宙萬般現象，即無生物界亦適用，集進化論大成。後哈克斯里 Huksley。著《比較解剖學》，論生物發生及其身心組織。黑智爾 Haeckel。著《基礎進化論》，摘出生物分類，剴切詳明，毫無餘蘊。日本本多淺治郎《西洋史》。

（七）牛頓者，物理學家，亦數學家也。在園中見蘋菓落地，因悟地心吸力之理。其於數學，與萊布尼 Leibnitz。共發明微分法。奈比阿 Napier，（一七〇七一一七八三）。欲簡易數學之計算，發明函數法。日本本多淺治郎《西洋史》。

（八）科學、哲學，既盛極一時，文學亦復鋭進。詞章家、歷史家、小説家，人才輩出。自第十九世紀前期以後，學理漸臻精密，各種科學，顯奏實效，以故研究益殷，應用日盛。數十年間，抽奇逞異，古人所未能發者，一旦視爲故常，夢幻無此神速，鬼神亦無此變化也。如物理、化學，發明機器及改良，大功尤其卓著，有稱爲機械世紀 The Century of Mechanics。者。而精神進步，亦不讓於物質，哲學、文學、慈善、教育等，極從古未有之盛，美不勝書也。據日本本多淺治郎《西洋史》。

（九）紡績機，發明於英人力查•阿克來多。Sir Richard Arkwright。力查•阿克來多，弱冠爲薙髮匠，後發明紡織機。一七六八年，在不列斯脱，Breston。營紡績業。翌年，得政府特許，其業頓盛。一七七一年，設紡績公司，引水力運轉機，獲利甚巨。一七八六年，喬治第三王授以男爵，自是力查•阿克來多，擅名於實業界，而此紡績機，後世應用無窮。又亞美利加人斐迭南，Eli Whitney。於一七九三年，發明彈棉機，俾木棉製造事業，日益盛大焉。據日本本多淺治郎《西洋史》。

（十）擴張視力者，則造望遠鏡，比吾人尋常之視力，益遠且大；又有顯微鏡，闡物體之精微，比吾人之視力，益密且精。意大利人卡利利 Galileo，（一五六四—一六四二）。研究物理學而得最好之結果者也，與英吉利之物理學者牛頓齊名。精數學，通天文，所發明者甚多。紀元一五六八年，發見振子之理。一五八九年，爲比塞 Pisa。大學教授，悟物體墜落之速度法。一五九二年，轉任巴底亞 Padua。大學，作寒暑表，製望遠鏡，名轟一時。據日本本多淺治郎《西洋史》。遜斯，Sense。荷蘭國人，一五六五年生於卜倫脫國之密的爾平克，與其父亨斯遜斯共爲製造眼鏡，發明凹形鏡，即顯微鏡也。一六一七年，倫敦市之數學家皆用之。《海國名人類類韻編》。

（十一）荷蘭學者霍亨士 Huygens。發明振十點自鳴鐘。今之時計製造，瑞士爲最精。近人《西洋史講義》。

（十二）瓦特 James Watt，（1738—1816）。生於蘇格蘭，初好實驗理學，並留意機械。一七五六年，爲克剌斯哥 Grasgow。大學器械製造師。餘暇，研究理化學、語學等，而學業大進。一七六四年，該大學命修理紐哥勉 Newcomen。蒸氣機關，因發見其缺點；於是專用力於蒸氣機關之構造。沸水成汽，算定爲千八百倍之容量。一七六九年，得政府特許，更積數年實驗，製成蒸氣機關，應用於哥奴瓦 Cornwall。鑛山及其他諸鑛山。日本本多淺治郎《西洋史》。

（十三）亞美利加人福爾敦，Robert Fulton。初嗜畫。十七歲時，入費拉地費市，業手民。一七八六年，遊英國倫敦，就伯查敏·威士多 Benjamin West。學畫。未幾，棄之，專心於機械。一七九三年，思用蒸氣機於船舶。後四年，移居法國巴黎，始創拔諾拉馬；Panorama。回轉畫之類又發明水雷。一八〇四年，應英政府之聘。經二年，歸紐約。一八〇七年，初試航汽船於哈多孫 Hudson。河，往來於紐約、亞巴尼 Albany。之間，一時間之速力，約五英里，定期航行。其後益加研究，其沒未久，大船皆用汽力；而今海上汽舶，往來如織矣。日本本多淺治郎《西洋史》。

（十四）西曆紀元一八〇二年而後，有人在英吉利國，用蒸氣之力於陸，數次試之，不成。威林頓公乃因蒸氣用新動力於陸，又不成。一八一二年，喬治斯·梯芬遜 George Stephenson，（一七八一—一八四八）。苦心經營，以製汽車，遂奏其功。一八二五年，自立勿浦 Liverpool。至馬車斯坦 Manchester。間，設鐵路，是爲天下有鐵路之始。於是用汽車者甚多，惟研究尚未精深；故十九世紀時，天下鐵路，綿亘不過五千英里。近世研究日精，往昔之缺陷，悉改而修之。故世界各國,相競以設鐵路。於是汽車、輪舶、水陸相需,互助其交通與運轉之便,人智日益開,文化亦日益盛。日本大橋新太郎《最新世界歷史》。

（十五）十九世紀之初,莫爾斯 Morse。製電信機以通信。莫爾斯者,亞美利加人,初學畫,嘗遊英吉利,歸次遇船客就電信談話,異之,遂棄畫研究此術。一八三七年,清道光十七年。始造電信機,閱七年而成。歐、美兩洲陸地,布設始遍。又七年,英、法海底電線設。又七年,敷設於大西洋海底,尋蘇格蘭人亞歷山大俾爾 Alexander Bell。於一八七八年頃,積數年鑽研,始發明電話機。同時又有蘇格蘭人達比德森、Davidson。英吉利人亨利賓司克、Henry Pinskus。及亞美利加人模塞斯 Prof. Moses G。等,精心研究,製電車,一八七九年,柏林開工藝博覽會時施用之。自是電氣力應用愈廣。近時有意大利人馬柯尼 Marconi。更發明無線電信,及無線電話,蓋益奇矣。日本本多淺治郎《西洋史》。

（十六）自火藥發明以來,兵器之製造,日益精巧。凡兵器之最重最銳者爲大礮,種類甚多：有野礮、山礮、重礮、攻城礮、速射礮、機關礮等,皆以新學理製成之。礮身内劃螺線,用猛烈火藥,從後裝速射式,一分間可數十發。重礮,攻城礮之巨彈,能達六英里;機關礮則一分間可數百發。彈丸有爆烈彈、榴撒彈、曳火彈等。若攻守勢迫,兩軍近接,不便施銃礮,則爭投爆藥,劍戟相鬭,慘酷不堪言狀。據日本本多淺治郎《西洋史》。

（十七）初有輕氣球之發明,乘輕氣球,可以下瞰敵情。近則發明愈精,有飛艇,歐洲大戰時,飛艇之功不少。軍艦初無鐵甲者,一轉而爲木製蒸氣船,再轉而爲鐵板船,後復有鐵甲艦之製出焉。嗣後更有魚雷、潛艇等之製造,於是海戰愈酷矣。據日本本多淺治郎《西洋史》。

## 九　各國海外侵略

（一）歐洲自文藝復興、宗教改革以後,民權自由之思想,逐漸發達。且逐漸推廣於下流社會,卒至下流社會與上流社會,起絕大之衝突。上流社會,欲以正統主義 Ancien Rogime。維持從來地位;下流社會,欲以第三級主義 Ters Etat,即平民主義。覆滅正統。此人類組織社會以來,未有之大波瀾,殆悉打破於公有之秩序習慣,而成一民主新組織者也。欲求自由平等最切者,法國人,蓋法國誠爲新思想之發祥地。自法蘭西大革命以後,各國受其影響甚大。據日本本多淺治郎《西洋史》。

（二）白人雖知自由平等,而國際之關係,仍不恤出於詐術武力,寧損人利己,其口頭之和平皆僞也。歐洲之人,其慾望之大,不知所止。各國競擴其勢於歐洲全土,已互相分割,無有伸其手足之隙地矣;而以無厭之求,分逞其欲於外洋,於是乎世界之上,幾無不有白人之足跡;白人以外之人種,殆大多處白人權威之下矣。據作新社《萬國歷史》。

(三)自哥侖布發見亞美利加,華斯哥·德噶馬繞阿非利加達印度以來,歐羅巴列國,盛開海外航路,貿易殖民,互相競爭,以求新財源。葡萄牙人及西班牙人是其創始者,英吉利、荷蘭、法蘭西等國繼之。美國獨立後,各國南北美洲之勢力,尚相競不已。然諸國之於美洲與對於東洋諸國,頗異其趣,彼等在東洋,惟冀互市,以獲利益,不欲妄起兵戎,疲民傷財,苟獲二三通商要地,則汲汲壟斷網利已耳。彼亞美利加則純爲未開之地,除小農産物、獸皮外,別無他産,而工業製作品亦乏,欲獲大利,非征服土人,採掘其地,不爲功也!據日本本多淺治郎《西洋史》。

(四)各國之於美洲,爭以墾殖爲事,葡、西等國之領域,竟超過本國二十餘倍,拓殖經營,事業頗盛,其金、銀、銅脈諸鑛最富,採取輸送,舳艫相望。其開採非躬操斧鋤,親入礦穴。專奴隸土人,使服勞務,極其虐待,未曙而作,日入而息,故土人終身坑內,有不克見天日之慘,喪明夭軀,疲癃殘疾者,難更僕數,人口逐年減少。今試披美洲地圖,有紅人之跡者,實已難覯矣。據日本本多淺治郎《西洋史》。

(五)當十七世紀,美國未獨立時,法蘭西之新世界領地,僅亞於西班牙。坎拿大亦係法蘭西地,包英領西北二部,每相爭擾。當歐洲七年戰爭時,英吉利援普魯士,法蘭西援奧地利,故兩國美洲殖民之爭鬬亦烈,是謂亞美利加法蘭西戰爭。Old Franch war of America。當兩國殖民地境界未決,法人侵略阿海啊Ohio。河邊,英人大憤,使華盛頓將百五十人禦之,戰敗而退,時一七五五年也。翌年,本國雙方宣戰,而殖民地戰鬬愈烈;英人連捷。最著者,爲給卑克 Quebec。之役。都城臨聖羅綾 St. Lawrence。河口,爲法人最著名之殖民地,人稱爲亞美利加直布羅陀,Gibraltar。蓋交通衝要地也。一七五九年,法將軍瞞德鑒 Montcalm。率兵駐此,守之。英勇將烏爾弗 Wolfe。誓滅此朝食,黑夜率死隊,由河上流疾駛舟下暗出城背,攀斷崖襲敵,乘其不意而攻之。瞞德鑒中飛彈死,烏爾弗亦負傷仆,部兵擁至後營而没。未幾,城陷。自是英人所向無前;翌年,殆佔領坎拿大 Canada。全州。一七六三年,巴黎媾和,法國割讓坎拿大,及魯西安納州内密士失必河以東與英,而殖民鬬爭始息。據日本本多淺治郎《西洋史》。

(六)中美、南美本大都爲西班牙領地。自合衆國獨立後,乘西班牙本國衰弱之時，相繼獨立。先有巴西、智利、墨西哥等國產生，西班牙無如之何也。嗣後復有厄瓜多、委內瑞辣、巴拉圭、烏拉乖等，亦離西班牙而建獨立共和國。西班牙所領南亞美利加地，雖悉脫離覊絆；然佔有勢力者，大率白人種及白人與其土人所生之雜種。若純粹土人建獨立國者，殆未之有！且各地尚有英吉利、法蘭西、荷蘭領土，故白人種之勢力，所在隆盛，有蒸蒸日上之勢也。墨西哥有內亂，國內分民主黨、寺院黨；兩黨爭論甚烈。寺院黨敗，遁走法蘭西，求救於拿破崙第三。拿破崙起兵擊墨西哥，欲建新帝國於此，以抑制合衆國勢力。並誘英吉利、西班牙逼墨西哥政府，責還其所負歐洲之債，進兵於威勞克爾士。未幾，英吉利、西班牙憾拿破崙背其約，各收兵而退，拿破崙喜，謂是吾獨可乘之機也，乃取墨西哥，授王冠於奧地利王之弟馬克西米安。Maximilian。會合衆國內亂已平，求拿破崙撤其兵。拿破崙不得已，召兵回國。一八六六年，馬克西米安被獨立軍捕死，墨西哥乃復舊。據日本大橋新太郎《最新世界歷史》。

（七）一八二三年，北美合衆國大統領爲惹米斯・孟禄，James Monroe。機警而長於外交，知維持墨西哥及南美諸國獨立，較爲西班牙所管轄，其利於合衆國者多。因與英相加寧協謀，排斥當時歐陸諸軍閥之所謂神聖同盟。於十二月二日，發公書曰："合衆國與葡萄牙、西班牙殖民地，關係密接，該殖民地之變遷，我合衆國利害之所係也。我合衆國人民，甚願大西洋東岸同胞，咸得享此自由之福。其於歐洲諸國戰爭，我合衆國未嘗出而干涉；故我之對美洲政策，亦不願歐洲各國之過問也。復仇自衛，唯對於侵我權利，擾我平和者耳。嗣後歐洲諸國領土，合衆國毫不相干，唯既成獨立國，實行獨立政治者，既經我合衆國之承認，倘有向該國肆其威力，侵入版圖；與夫東半球人，向西半球擴張勢力者，即擾我平和，害我安全，以仇敵視之，不得不以兵戎相見也！"此即所謂"孟禄主義"也。不特爲救當時亞美利加諸國，與加寧政策相應；實暗妨神聖同盟之波及新世界耳。自後合衆國外交，亦以此爲根本焉！據日本本多淺治郎《西洋史》。

（八）埃及初爲東羅馬帝國領域；自帝國滅亡後，屬於土耳其，土設總督鎮撫之。至第十九世紀初，土耳其衰弱，埃及之民，遂謀獨立。既而法蘭西企業家雷塞布，Lesseps。募資開蘇彝士運河；自一八五九年開始，閱十年而成。由是埃及遂成世界交通咽喉，爲商業重要地，英、法等國，伸張爪牙，卒羅搏噬。據日本本多淺治郎《西洋史》。

（九）初，埃及政府爲蘇彝士運河最大股東，英吉利窺其財政困難，先購股票十七萬。及工竣，遣其臣爲埃及顧問官。慮法蘭西非難，亦使派顧問官協助，以整理埃及財政爲名。埃及民甚憤憾，志士亞拉比巴沙 Arabi Pasha。尤甚。一八八一年，舉兵亂，殺在亞力山大利亞之外國人，迫總督悉逐他國來住者。英乃約法平亂；時法有安南之役，軍費不充，不應。英始獨力出兵，翌年而亂平。於是法在埃及勢力消滅，英得掌握實權，乃益有事於西南，命大將戈登侵入巽達，Soudan。一八八五年，戈登戰没於加冬，Khartoum。然英人權力自是益張矣。據日本本多淺治郎《西洋史》。

（十）紀元一八一四年，英自得荷蘭海峽 Cape。殖民地按：在南非。後，多數之荷蘭人，不欲受英人羈治，北徙而建杜蘭斯哇、Transval。奧倫治、Orange。兩共和國後，其地大出金與金剛石，英人欲取之，要求其居留民之參政權，遂與兩共和國開戰。紀元一九〇二年，滅之，以爲殖民地。紀元一九一〇年，南阿聯邦成。今南阿與埃及間聯結之阿非利加縱貫鐵路將完成矣。法於紀元一八三〇年，取阿爾及利亞；Algeria。紀元一八八一年，以突尼思 Tunis。爲保護國，漸次南下，收撒哈拉 Sahara。沙漠之大部；後更以馬達加思加 Madagascal。島爲保護國。德意志於紀元一八八四年以後，始經營阿非利加，得德領西南阿非利加加美隆、Camorun。拓古蘭、Tagoland。德領東阿非利加等。紀元一九〇六年，以磨六哥 Morocco。事，開列國會議，蓋恐其入於法之勢力範圍也。然紀元一九一一年，得法領孔戈 Congo。之一部，承認法人對於磨六哥之保護權。自大戰起，在非洲之德國殖民地，全爲英、法、比所佔領。近人《西洋史講義》。

（十一）歐洲諸國，屬行非、亞殖民政策。自十八世紀英人可克 Cook。探得澳洲後，十九世紀時，歐人又從事於大洋洲諸島之佔領。大洋洲即澳洲，爲太平洋、印度洋中星散島嶼之總稱，地勢分爲澳大利亞、馬來西亞、波利尼西亞三大部，其中以澳大利亞爲最大，面積無慮三百萬方英里，約當歐洲四分之一。一八五〇年，金礦發見，英人逐漸東來，披草萊，斬荆棘，區劃澳陸爲五州，許其獨立自治。但其統治權，則仍操自英皇簡命之總督。傅嶽棻《西洋歷史教科書》。

（十二）巴布亞島 Balboa。橫亙澳陸北，面積三十萬方英里，爲英、德、荷蘭三國之所分割。婆羅洲 Borneo。爲世界第三大島，一八三六年以來，英人移居者，日以增加，初設墾荒公司，歲納租金於島王，久則不歸矣。今島之北部屬英，南部屬葡。新西蘭島，在澳陸之東南，面積十萬方英里，亦英領地。蘇門答臘、Sumatra。爪哇、Java。小巽他羣島，合計四十萬方英里，大部分屬於荷蘭、葡萄牙兩國。菲律濱 Philippine。由千二百島組織而成，面積共十二萬方英里；一五二一年，爲麥哲倫所發見。一五六五年，西班牙領之；至十九世紀之末，合衆國奪菲律濱於西班牙人，是年又合併夏威夷羣島。太平洋中散布諸島，大小無慮數千，爲英、德、法三國所分佔。是太平洋中之窮崖峭壁，殆皆爲歐、美强國之附屬地。惟友愛島、三毛亞之鄂普路，及西薩歪伊二島，尚歸土人自主；然亦爲英、法、德之保護國。—案歐戰以後，德領地都爲日人所佔矣。傅嶽棻《西洋歷史教科書》。

（十三）英國"耶斯伊答"Jesuits。教徒德麥士的威，Thomas Stiphens。於紀元一五七九年始達印度；其後英人亦知東洋貿易之有利。一六〇〇年請女王耶里撒別創英國東洋印度公司；於是公司與阿珍 Achin。王國，始爲通商。阿珍王國，當時在馬來羣島中而稱雄者也。尋請莫臥兒 Mugal。帝傑亨基爾 Jehangil。置商館於蘇臘答，Surat。又至日本平戶行貿易。初，英人與荷人，各貿易於東洋，互爭雄長；而其於日本，爲荷人所奪而止。又於阿姆薄奈，亦爲荷人所暴殺，一時姑廢東印度經營之計。未幾，公司再據奔德，Bantam。又稍得志於印度，勢力益隆，遂獲舉印度全國而有之。日本大橋新太郎《最新世界歷史》。

（十四）英之東印度公司，實抱侵略主義。法蘭西亦設會社於印度，亦懷吞併之志；爲英人所敗。嗣法又助印人叛英，英人又大破之。於是東印度公司，漸漸收買各地，征服印度之大半。一八五七年，孟加拉之印度兵作亂，英將哥林幹布伯等攻克之，遂以印度全國爲政府直隸，置印度事務大臣爲總監，別任總督理民事，懷土人，修舉一切新政。一八七七年，女王維多利亞兼稱印度皇帝，於是百七十六餘萬方英里，皆入英之版圖。英總督臨馭土酋，凌侮蹂躪；又禁其人民習政治、武備、藏軍械。才智之士，至僅得小裁判官及警察吏而已。英既全據印度，乃以爲經略東洋之中心地，乘間四出，攻取緬甸之郎昆，及其阿臘干、徹地密二郡，且侵俾路芝，陷其首府；尋又取紅海口阿剌伯之亞丁島。據傅嶽棻《西洋歷史教科書》等。

（十五）法人之越印度洋而至安南也，始於一六六四年，哭兒倍兒創立會社，開通廣南貿易，是爲法人東侵之嚆矢。尋演革命慘劇，不暇關涉外事。至一八五八年，拿破崙三世遣將自化南港上陸，佔領西貢。一八六二年款議成，安南割地償金以和。一八七三年，海軍中佐爲安南戕斃，法以威脅之，立保護安南條約，承認安南爲獨立國，不得爲中國藩屬，併禁其與他國交通。我國乃起而干涉。一八八三年，法與安南戰，我軍助安南不勝，後雖有諒山之捷，但福州、臺灣又爲所破，遂允撤東京軍隊，以安南爲法之保護國。據傅嶽棻《西洋歷史教科書》等。

（十六）一六八九年，俄羅斯以尼布楚條約，勘定西伯利亞與中國之境界。

至尼古拉一世擢繆拉維夫 Muravef。經營西伯利亞；繆拉維夫於一八五〇年開尼古拉斯克 Nicolaievsk。軍港於黑龍江口。以一八五八年之愛琿條約，得中國黑龍江地方。越二年，英吉利、法蘭西聯軍陷北京，俄羅斯伊納底輔將軍，以調停之功，索報於中國；割烏蘇里江爲境，而獲達於日本海之地數處。一八七二年，移尼古拉斯克軍港於海參威，以千島與日本之樺太島互換。至亞歷山大三世，欲延長西伯利亞鐵道，以達於海參威。中、日戰後，俄與德、法，共迫日本還遼東半島，俄國自租借之，西伯利亞鐵道，遂延長於此。日、俄戰後，局面又變，然北滿洲俄人之勢力，固已根深蒂固矣。據日本有賀長雄《西洋史》。

## 十　列強和我國

（一）中、日戰爭後，中國之弱點，悉暴於外，有識之士，昌言變法，蓋鑒於日本之强盛，亦由變法使然也。德宗亦頗知變法之必要，康有爲、梁啓超等，均被擢用，然守舊派舉國皆是，人民漠然無所知；官僚則以爲法不師古，終致衰亡；且疑世界强國，多係新黨所僞造者。西太后又爲守舊派之領袖，至羣信義和團牛鬼蛇神之伎倆，以貫澈其排外之志。以故變法不能成，而志士亡於海外。然革新派中，又分爲保皇黨與革命黨。前者主君主立憲；後者主改建共和；兩方意見，亦不能相容也。厥後義和團事敗，復主革新，然借端斂財者有之，奉行故事者亦有之，其眞能達於改造乎？據近人《清史講義》。

（二）西藏與英領印度之間，向以廓爾喀、哲孟雄、不丹三部爲屛障，於外交上無所糾葛。既而英人收取哲孟雄，開鐵路至大吉嶺；於是印、藏始有界務之交涉。光緒十六年及十九年，與英立約，開亞東爲商埠，設關互市。是時俄人謀擴利權於中國西部，乃特遣某員入藏與達賴喇嘛相款洽，並僞奉喇嘛教，務博達賴歡心，誘使從俄。俄又續派探險隊赴藏調查，達賴漸知俄之强大，有倚俄心；且以俄員之崇拜喇嘛也，誤以俄爲同教國，遂親俄而遠英。英人所定之約，迄未實行。俄員又爲達賴劃策，購置軍火，意圖抗英；英雖偵知之，而無如何也。會達賴殺弟穆呼圖克圖，沒收其財産，藏人怨之；而俄人又於遠東方面，爲日本所困，不及謀西藏；英遂藉事稱兵，時光緒三十一年也。政府遣駐藏大臣裕網往解之，達賴恃俄員爲謀主，不欲和，思與英人一戰。乃止裕網行，並調集各路土兵，開往前敵，未交綏均潰變退走。嗣是藏兵屢敗，英禍日迫。乃褫裕網職，以有泰代之，復與達賴商出兵，達賴又尼之；然亦無他籌策，惟日令箭頭寺護法、誦經，詛咒英兵速死而已。未幾，英兵長驅直入，達賴遁英將與藏官,直接議約於春丕,暫留駐藏兵,俟應償兵費二百五十萬盧比繳清,再行撤退。並開江孜、噶大克及前約所訂之亞東,爲印藏互市場。政府以藏約蔑我主權太甚,遣唐紹儀爲全權大臣,與英使薩道義磋商,將藏約作廢。英人不允,乃另訂正約六條,以救嚮約之失。英國承認西藏爲我國領土;藏人應償兵費,由政府代還。英人始無辭,遂於一九〇六年,在北京簽押。旋以聯豫代有泰,開學堂,設報館,建商品陳列所,官印書局,施醫局,將以開通風氣,藥藏人之錮疾而醒之。其後又遣張蔭棠赴印度,議商約,一九〇八年始議定。於是藏中交涉,日漸繁難,民國以來,仍常處驚風慘浪之中也。據陳慶年《中國歷史》。

（三）法之經營滇、粵,非一朝夕矣。自甲午後,與清廷訂約,要求雲南數處爲通商口岸,以擴張安南、東京商業之利益;又於雲南、安南交界之地,變動其邊境;又於廣西之鎮南關,築直達龍州之鐵路;此皆經營滇、粵之事也。雄心逐逐,絕不肯讓人一步,豈料英之窺覦於後? 蓋英人既據九龍,自九龍輪運貨物,即可直達廣西,再運雲南,較法國由安南入境,其利便不可以道里計;物美價廉,商人趨購之如不及;而法國於經濟上遂遇一大勁敵。因借英租威海衛爲名,突以軍艦入廣州灣,交涉結果,除租借廣州灣外,雷州府所屬,准其敷設鐵路,且劃定雲南、廣西二省,不得割讓於他國。今試入雲南境,各大埠悉通行法語,法人所建之鐵路,已直達省城矣。據沈文濬《國恥小史》。

（四）中、日戰役後,我國遂啓列强之侮蔑,國人心理,漸有刺激。至千九百年,列國聯軍因義和團事陷北京時,俄羅斯以鎮定馬賊爲名,垂涎滿洲,起而據黑龍江畔愛琿,北占琿春、哈爾濱、三姓;南領金州、海城,既而北清事息,八月二十五日,宣言恢復秩序,各國當次第撤兵;而俄極東總督亞力休夫,Alexiev. 乃私説奉天將軍增祺,結密約,謀獨得滿洲鐵道礦山土地權。翌年二月,俄外務大臣蘭斯德夫,Lansdorf. 與我國駐俄公使楊儒有所謀,列國聞而抗議。四月五日,俄乃宣言撤回密約,別爲他圖。適李鴻章於十一月五日病没,斡旋乏人,事遂寢。千九百二年,俄始與我結還復滿洲條約,允撤兵,然仍延宕,且有附帶條件,各國皆不直俄。俄殊不置意! 七月二十日,又使其北京公使勒薩爾 Lessar. 語慶親王、王文韶、李經義、增祺等,欲結密約,以握滿洲之主權,而改稱極東總督亞力休夫爲極東太守。翌年,日、俄戰事起。一八五一年,俄中佐哥巴列布斯克 Kovalevski. 與清伊犁將軍弈山,定伊犁通商規約十七條。一八六〇年,北京條約亦許於喀什葛爾通商。既而兩處人民,乘洪、楊之變,突起騷擾,俄藉口鎮亂,出兵伊犁,乘間佔庫爾監及天山北路。我師欲出討而未果，及洪、楊亂平，乃以左宗棠爲征討喀什葛爾總督，年餘亂平，時一八七八年也。然俄尚不撤兵，時曾國藩子曾紀澤，爲駐英公使，銜命赴聖彼得堡，與俄全權委員多吉爾、De Girs。勃土，Butzow。折衝抗議，一八八一年二月，乃以伊犁西端地割讓於俄，事始定。俄國與外蒙，壤地相接者，東西亘二千里，通商互市者，歷二百年，輪舶未通以前，俄與中國通聘盟，皆取道於是。於是對於蒙人之內情，較爲稔習。三十年來，則以關係密切之故，漸懷窺伺之心；於其地之形勢、風土、人情、測繪調查，不遺餘力。嗣復遣派熟悉外蒙情形，及通曉蒙語蒙文者，分佈各地，聯絡感情；刊發蒙文報紙，聳動觀聽；藉宗教相同之説，優待教徒，以資籠絡。外蒙人之信賴俄人也，非一日矣！清末，蒙人竟宣佈獨立，迨近年而取消，然暗中之權利，爲俄人攫得不知凡幾矣。據日本本多淺治郎《西洋史》及趙玉森《國恥小史續編》。

（五）俄、德、法三國干涉遼東之結果，均得清廷之酬報，而德獨少於二國；且甲午之後，各國經營我國，皆有根據地，以維持其勢力，德獨無之。而是時德國東亞商業，正勃興之時，商船來者日衆，不得不於我國佔一良港。乃借山東曹州人殺害德國宣教師之事，佔領膠州灣。然其志不僅膠州灣一隅，實欲攫山東而有之也。一八九八年，清廷與德締結租借膠州灣條約，其要略如下：

一、德國租借膠州灣以九十九年爲期。

二、准德國於山東全省敷設鐵路。

三、准德國設立德華公司。

四、准德國在山東有開採煤礦及其他諸礦權。

夫山東爲我國要省，北通京師，南接江、淮，德人謀之，其用心深矣！據沈文濬《國恥小史》。

（六）日本既得臺灣，則自臺灣海峽至福建，僅一衣帶水耳，故其垂涎於福建者久矣。自德據膠州灣，英、法、俄仿效之後，日本亦要求福建省沿海一帶，永不租借割讓於他國，清總理衙門備文承認之。近人《清史講義》。

（七）各國租借軍港，每以該港所在地附近之路權、礦權，劃爲己國勢力範圍之下，誠以鐵路係地方交通之生命，礦產則尤爲富源之所出焉。如俄之於滿，德之於魯，法之於滇，均若此也。中、日戰敗之後，中國自悟交通之不靈，致軍事上、政治上多生缺憾；而認南北貫通之略爲尤急。於是築造京漢鐵道之議起，然該鐵道造費，共須五千萬兩，本國僅籌得一千三百萬兩，其餘不可不仰資外國。一八九八年，鐵道督辦盛宣懷與比公司訂約，規定自保定至漢口之鐵道築路費，由華俄道勝銀行出資，而該銀行即得承辦鐵路之權。於是江北大幹線之鐵道權,歸俄國所有。同年,山西正太鐵道,亦借道勝銀行資築辦。俄既得京漢鐵道,復擴其勢力於山西,政略上之計劃,乃轉覺完美矣。又英人亦要求津鎮、滬寧等鐵道之築路權;並結關外鐵道借款契約。英、俄衝突甚急,卒由兩國協商,規定揚子江流域,爲英國鐵道築造範圍;長城以北,爲俄國鐵道築造範圍;互相承認。同上。

（八）各國競擴其勢力於中國,各據一方地以爲商務、軍事之根據,因而瓜分中國之議,沸騰衆口。然英、俄兩國,勢力最大,其餘則均不過得一臠之割,勢力範圍,不能相等,在在有衝突之機會。是以繼瓜分之說而代之者,厥惟均勢主義矣。近人《清史講義》。

（九）反對勢力範圍主義者,厥惟美國國務卿葉赫氏,以保全領土,開放門户,機會均等之旨,通牒於列强;列强表面皆贊同之,然無如何之效力。迨拳匪事起,八國聯軍入京,而外交之形勢一變。俄國首先提議撤兵,唱保全領土之說;然一面乘東三省之騷亂,驅兵入據,英人與俄人,在我國本處於競爭地位,時以用兵南非,不暇東顧;俄人乘機聯結清廷,伸展勢力,實爲英人之所忌。日本以還遼之故,尤切齒於俄。德人則主張嚴辦罪魁,重索賠款,亦與俄人之主張不同。於是英、德協商,守開放門户,保全領土,機會均等之主義。且將此主義,勸告列强承認。葉赫氏之提議,至此稍有聲色。然和議成後,俄據東三省如故;德則宣言滿洲在德國商業範圍以外,英、德協商與滿洲無關係,對於俄在三省之舉動,既表容許之意,俄乃以交還東三省政權爲由,屢要清廷訂立密約;因英、日抗議,不克成立。李鴻章既歿,清廷聯俄之外交政策,失主持之人。英、日同盟又成,以尊重中國及朝鮮之獨立,抑制侵略,擁護自國之權利爲主旨,陰以牽制俄國;俄乃發布俄、法宣言書,表示贊成保全領土,開放門户主義,若他國妨害兩國利益時,兩國協力保護,以與英、日同盟對抗。一面允於東三省定期撤兵,及期不果,而日、俄乃宣戰矣。近人《清史講義》。

# 十一　日　俄　戰　争

（一）俄羅斯屬斯拉夫 Slav。種族。其始見於史,在紀元前九世紀初,諾爾曼 Normans。之一族,自瑞典遷芬蘭,Finland。土人呼爲羅斯 Russ。族,與斯拉夫人協力擊而却之。其後羅斯酋長禄利哥 Rurik。者,乘斯拉夫人內訌,侵之,取諾弗哥羅 Novgorod。居之,遂肇國於此。邇來數百年,子孫繼承,至第十三世紀,爲蒙古所侵。其後至第十五世紀間,服事之。紀元一千四百八十年,至伊萬第三，Ivan。始脫其羈絆，俄羅斯國之基礎，實建於此。一千五百三十三年，伊萬第四立，始稱帝，南出兵取突厥之喀散、Kazan。及亞的辣，Arakhan。益擴疆域，窮於高加索、窩瓦 Volga。一帶之地，盡歸所有。又征服董、Don。第矗珀爾 Dnie Per。兩河地方，及高加索山麓之哥薩克人，Cossack。以供驅使。哥薩克驃悍驍勇，所向無前，尋又東向征西比利亞。其後歷世東征，至彼得大帝時益強盛。日本大橋新太郎《最新世界歷史》。

（二）西曆紀元一千六百八十二年，彼得 Pyotr Petor。帝即位，帝爲人豪邁闊達，欲使俄國爲宇内最強之國，意謂當先立其根本；根本無他，在學西歐文明事物。又謂俄國之不能強大，以無海洋。於是紀元一六九六年，取突厥之亞速 Azov。地，始與黑海接。又謂已有海洋，不可無船艦，乃舉國政委二三重臣，一六九七年，親遊荷蘭，假作學生，習造船術。躬絢索織帆，或鍛冶，或塗漆油，孜孜勉勵；於第六禮拜日，每出其雇直，傮屋自炊；後遊英倫，尤諦察造船廠及船塢事；既成，一六九八年，多聘學士、工匠及水手之屬，相率歸國，乃大造船艦，改兵制。凡政事禮俗，悉爲更張，以圖其國内之富強焉。日本大橋新太郎《最新世界歷史》。

（三）十九世紀中葉，拿破崙事已平，俄羅斯娛樂承平，其勢力較他邦爲強大。其帝尼古拉 Nicholas。自謂不世出之英主，乃欲併吞列國，爲拓展版圖之計，先將取巴爾幹半島，尼古拉以爲英、法必生異議，不爲同盟，乃遣綿西果夫 Mensikov。於土耳其，以保護希臘教徒於土耳其領地爲言，言辭傲慢，土耳其怒而擯之，綿西果夫怒歸俄羅斯，時西紀一八五三年正月也。日本大橋新太郎《最新世界歷史》。

（四）土耳其既拒俄國之請，俄人於一八五三年，進兵多惱河畔，又擊破土國艦隊於西諾普。Sinape。拿破崙第三見之，與英國同盟援土。翌年，進兵於克利米半島，Crimea。攻圍其要塞塞拔斯托普，Sebastopol。成克利米戰役。聯軍包圍約一年，破之。俄與諸國媾和於巴黎，南下之志頓挫。然俄人侵略之念仍不絕。土耳其財政紊亂，負債如山，賦斂與年俱增，國内耶教徒，且常被迫害。一八七五年以來，巴爾幹半島各民族，相繼背叛，於是德、奧、英、俄四國相提攜，迫土改革内政，然仍無效。俄以救同種同教之人民爲名，一八七七年進兵土耳其，其軍分兩道：本軍取西道；攻圍樸雷德那 Plevna。要塞，五月陷之，遂長驅佔領阿獨利也諾堡；Adrianople。另一軍取東道，侵入羅馬尼亞。Rumania。俄恐列強干涉，乃結條約以和。然英、奧兩國，皆以條約中俄人之要求過大，共伸抗議，欲與俄開戰；德國俾斯麥 Pismark。居中調停，開列國會議於柏林，結果，巴爾幹諸小國獨立,而俄約作廢。南下之志,又遭失敗。近人《西洋史講義》。

（五）俄本建國於窮北之野,半爲冰雪所封,人民艱於生活,必須南下爭一溫暖之地,肥沃之土,直達於四季不冰之海,以得出入自由者,勢使然也。乃一出地中海,而爲西歐同盟國所禁遏;再欲於中亞細亞出印度洋,又爲英吉利所阻撓。因改變其方針,涉萬里不毛之地,直向遠東進發;欲於太平洋沿岸,得一良好之不凍軍港。於是我國之滿洲首當其衝矣。據沈文濬《國恥小史》。

（六）一八九一年,俄帝亞歷山大,欲大拓版圖,決計設鐵路於亞細亞。算自歐羅巴、俄羅斯鐵路之車爾賓斯克 Teheliabinsk。爲四千七百四十哩之鐵道,橫斷西比利亞並黑龍江之北岸,出烏蘇里江所匯流之哈巴魯弗喀 Khabarovka。市,南折、沿江抵海參崴。而自海參崴至哈巴魯弗喀間,並時起工。因此觀之,俄欲席捲滿洲之意,亦非一日。適馬關條約成;俄人乃代索遼東,急接路線,橫斷滿洲,以達旅順、大連灣。據日本大橋新太郎《最新世界歷史》。

（七）甲午戰事之前,清廷要求英、俄調停,此實導人以干涉之漸也。戰事既成,清方蓄恨日本,積久愈深,又欲嗾使俄人以陰爲復仇地。迨乙未三月,李鴻章將使日本,俄使喀希尼語之曰:“吾俄能以大力拒日本。不使中國有大陸尺地之失;惟中國必須以軍防上及鐵路交通上之利益爲報酬。”而張之洞又自江督署電奏,請以賂日者賂俄,令脅日盡廢全約。俄乃窺見政府諸公之用心,遂聯合德、法,迫日本退還遼東。三國致言於日本曰:“遼東割歸日本一款:足使中國京畿危險;朝鮮獨立阻礙;東洋和平破壞;友邦之親善滅裂。”日皇雖英明,然衆怒難犯,苦無謝絕之良策,乃從友邦忠告;清廷遂酬日人三千萬兩。沈文濬《國恥小史》。

（八）當德據膠州灣時,俄國任調停之責,反對德國之舉動。然未幾而海參崴艦隊,忽佔旅順、大連灣,援德爲例,亦要求租借此兩港,及鄰近相連之海面,以二十五年爲期。其用意將建新俄羅斯於滿洲,租借未閱百日,即定旅順爲第二軍港;翌年,忽改置關東省於遼東半島,頒行民律,稱哈爾濱爲首府,沿鐵路皆置哥薩克兵。毀居室,掠牲畜,奪種植,搜鐵器,皆屬尋常見慣之事矣。同上。

（九）俄羅斯迫日本,使還遼東半島於中國,日本國民,以百戰得之,一旦得而復失,其恨可知也!一八七五年,日、俄互換千島、樺太一事,日人已深憾俄,蓋千島本日本地,先爲俄人之所強佔者耳,斯時日本已敢怒而不敢言,至是而更憤。俄人既得志於滿洲,益欲肆其力於朝鮮,日本人乃愈形切齒。學校教師之訓其徒也,無一不勉以自強復仇,一面并力擴其軍備;蓋戰爭之機,蓄之已久矣。據日本大橋新太郎《最新世界歷史》。

（十）英吉利以中國變局，與其勢力範圍，隱相關係。愛德華七世，夙以遠交日本及北美合衆國，近結歐陸諸邦，開闢五洲之新世界爲目的。及見俄將有事於亞東，懼己國之失勢，遂於一九〇二年，與日本訂英、日同盟之約。據傅嶽棻《西洋歷史》。

（十一）義和團之變，結果訂《辛丑和約》，約成，俄人駐在滿洲之兵，允分三次撤退。一九〇二年十月八日，俄人第一次撤兵，實將甲處之兵，調至乙處，未嘗撤也。翌年四月八日，應爲第二期撤兵之期，俄兵反各據要害，軍陣嚴肅，列國怒之。日本以積怨深，怒尤甚。時俄更於旅順，置東方太守，寖假而蹂躪朝鮮；日本移書勸之，俄人不爲動。更以大軍陸續壓韓境，海陸加兵，其意蓋欲乘日人之無備。日本愈憤，召駐俄公使栗野慎一郎歸國。一九〇四年二月六日，日、俄兩國，實行絕交。先是日本已下動員令；——動員令者，謂常備軍之外，召集豫備後備之兵也。——至此乃更宣戰。據日本大橋新太郎《最新世界歷史》。

（十二）日、俄宣戰後，各國宣告中立，我國雖以戰爭地在本國，然亦守此例。英、美兩國，聲明戰地宜劃定界限，不許侵入中立地。日、俄兩國，公認除滿洲外，尊重中國之中立。我政府頒示中立條件於各省，使馬玉崑駐守遼河；戰地則限於遼河以東。戰事既定，東三省仍歸我國。近人《清史講義》。

（十三）日本之宣戰，已爲先發制人之計，擊敗俄艦隊於仁川，又敗之於旅順。俄之海軍，厚集於旅順，而分駐海參崴。開戰後，旅順艦隊屢受重傷，退入港中，爲自衛固守計。其海參崴艦隊，出擾日本之北海道，亦受重創，退回海參崴，不能出戰。日本海軍，遂封旅順口，另以陸軍自金州絕其後路，攻圍數月，旅順陷，俄海軍全没，提督馬加羅夫 Makaroff。死。俄之陸軍，以哈爾濱爲總樞，而厚集於奉天，分布於韓之北境，及滿洲之南部。迨海軍既没，陸軍亦節節敗退，俄主召還陸軍總司令阿力克西夫，Alexief。以古魯巴金 Kouropatkin。代之，旅順既陷，日本以陸軍大力攻奉天，劇戰數月，奉天亦陷。俄陸軍又盡覆。近人《清史講義》。

（十四）旅順被圍時，俄主大發波羅的海艦隊，遠道來援；比至，而旅順陷已數月，日本海軍邀襲之於朝鮮海峽，一戰而覆之。近人《清史講義》。

（十五）日、俄之役，俄人以道途遼遠，日人又因積怨太深，勇氣百倍；故一經交綏，俄之海陸軍完全失敗。兩方方欲再戰，北美合衆國大總統羅斯福 Roosevelt。勸日、俄兩國曰："請體人道，止戰復和！"兩國聽之，各遣其全權委員，會於合衆國霍什孟，Portsmouth。相議訂約，於是日、俄之戰終。此戰亙一年又八月。據日本大橋新太郎《最新世界歷史》。

（十六）霍什孟議和之結果，大要條件如下：

一、承認日本對於韓國有優越權。

二、割讓樺太島南半部。

三、旅順、大連灣租借權之讓與。

四、俄撤退滿洲兵。

五、承認保全中國領土及開放門户。

六、哈爾濱以南之鐵道、礦權讓與。

七、海參崴幹線，作爲非軍事鐵道，俄國保管之。

八、沿海州漁業權之許與，及其他項。

此條約雖俄人不償金，而權利之喪失良多。至我國於東三省名義上雖仍如故，然遼東半島，隱爲日本之勢力範圍地；吉林、黑龍江兩省，仍不能脫俄羅斯之關係。奉天南部，自遭兵燹元氣虧矣！沈文濬《國恥小史》。

（十七）自此戰後，日人遂得伸張權力於南滿洲，而合併朝鮮之結果，至是乃實行焉。沈文濬《國恥小史》。

# 十二　近世列强的外交

（一）德意志爲拿破崙所蹂躪，土地割裂，侯國紛争。及拿破崙敗，各國會於維也納，組織德意志聯邦，推奧帝爲盟主。傅嶽棻《西洋歷史》。

（二）是時，普魯士於維也納會議後，已盡復舊疆，併益之新地，凡十萬方里。遂雄視北方，與奧争短長，謀奪三十九聯邦盟主之權。一八三三年，普王弗勒得力·威廉第三，知聯邦人民，惡專制政體，力求自由，因結關稅同盟。關稅同盟云者，即許各國人民運貨物於彼此區域內者，不納稅也。此同盟擯奧帝於局外，而普爲之長。自是與奧争權，勢不相下。傅嶽棻《西洋歷史》。

（三）俾斯麥 Pismark。以紀元一八一五年，生於新哈塞市。其祖爲中世騎士，一八四七年，舉爲聯邦議會議員，以雄辯而著名於政府黨中。紀元一八四八年，革命之變，從軍，尋爲保守黨總理。自紀元一八五一年至五八年，其間代普國政府而蒞於馬茵河畔佛朗渡聯邦議會。自紀元一八五九年至六二年，以普國公使，駐紮俄都聖彼得堡。尋使法國，遷巴黎。紀元一八六二年九月，擢爲普國內閣大臣，兼大臣會議議長，爲外務部大臣。一八五六年，敍伯爵；

普、法戰興,以功臣敍侯爵。一八六六年,普、奧之戰,位居外務大臣,而頗竭力。德國之大日耳曼黷武鐵血主義,俾斯麥實造成之。及威廉第二嗣位,俾氏以政見不合,而退隱焉。<small>據日本大橋新太郎《最新世界歷史》。</small>

（四）北方有休列斯威、<small>Schleswig。</small>疴斯丁<small>Holstein。</small>二國,屬丹麥國,而其居民大半爲德意志國人。普、奧與丹麥,爭兩國王位之所屬;聯軍攻丹麥,普軍以蘭辯爾爲將;奧軍則加富侖率之;所向奮戰,破丹麥軍。一八六五年,普、奧協議,休列斯威屬普國;疴斯丁屬奧國;一時弛爭端。未幾,奧國欲使澳斯丁堡公王於兩國,普魯士以兵權挾之,兩國又爭議。普相俾斯麥,知事不諧,陰說意大利援己,一八六六年六月十四日,與奧宣戰。普王威廉第一,自爲元帥,將軍毛奇爲總統。一八六六年七月三日,與奧軍決戰於克約尼古拉克之近地塞佗瓦,大破之;更進陷巴拉克城,將大舉直逼奧京維也納。奧帝窮蹙,求法帝拿破崙第三調停。八月二十三日,兩國盟於巴拉克,奧國棄休列斯威、疴斯丁二國之主權,且納普國之言,以威尼斯<small>Venice。</small>與意大利。又諾奧國不與於德意志聯邦之列,割馬茵河以北諸州予普國。於是普國更與諸州約成北德意志聯邦。一八六七年,始開第一次聯邦議會,制定憲法,普國握聯邦之主權,俾斯麥爲總裁。於是普國得稱雄於世界,以逞其野心。奧國脫聯邦以來,亦制憲法,整理財政,獎勵教育。<small>日本大橋新太郎《最新世界歷史》。</small>

（五）普、法戰爭時,德意志諸州公侯及自由都府委員,共推普王,奉以德意志皇帝尊號。於是紀元一八七一年一月十八日,普魯士王威廉第一,即德意志皇帝之位於凡爾賽之宮,德意志帝國再興。三月二十一日,開第一次帝國議會於柏林府,制定憲法,其略曰:"德意志帝國歷世,普王掌其主權,其於外國和戰大權,普王實掌握之。德意志聯邦,內政一任聯邦自治。聯邦議會以二十五聯邦政府共組,德意志帝國大宰相總裁之;帝國議會,以國民代議士而成,議帝國之立法。如兵制、郵政、電報、貨幣、度、量、衡,皆用帝國一定之制。"於是俾斯麥爲德意志帝國大宰相。<small>日本大橋新太郎《最新世界歷史》。</small>

（六）柏林會議之開也,俄以俾斯麥當無不利於俄,及英、俄衝突起,俾斯麥乃助英而不與俄。蓋俾斯麥曾勸奧派兵巴爾幹半島,若與俄,奧必憤,奧憤,則奧、法、英三國同盟成。故寧受俄一國之怨,用以破三國之盟。且英素親奧,欲提攜以防俄南下者,市恩於奧,間接即無殊市恩於英,奧恩德,則德、奧間之溝渠以掃;英恩德,則法國孤立之策助成。故俾斯麥於一八七九年八月,與奧外相安特羅士會於駕斯丹,九月,結攻守同盟之約於維也納。先是意大利賴拿破崙力,用以恢復舊有,故多親法。自一八七八年,排法派漸起,越二年，法人征突尼斯 Tunis。占之，意大利憤甚，兩國之衝突，於是益烈。馬耳塞人之工作於意大利者，多爲意工所虐。然二國之平和猶依然也！一八八一年秋，國王與妃赴維也納，而意大利抗法之策以決。越年，加入德、奧同盟，是爲三國同盟。日本本多淺治郎《西洋史》。

（七）威廉二世者，腓特烈三世 Trederick。之子也，以一八五九年一月二十七日生。生時以侍醫不良，致左腕麻木，至今未愈。性柔和，望之如女子。然好運動，以求强健其身體。幼有大志，自其在中學時，向其家庭牧師，屢作帝王之訓語；其後卒業於柏林大學，在社交中輒自言御極後之設施，故社會多評隲之。其演説中又往往授人以隙，使得各施其擬議。彼以美術家自許。年二十九，即帝位。時威廉一世，享壽九十歲而終；腓特烈三世即位四月，又復殂落；故帝嗣統，而稱威廉二世。帝雄才大略，即位後，即去俾斯麥，凡百政事，皆專斷行之，卒爲世界大戰之原動者。惟此時已身敗名裂，爲天下笑，可慨也已！據亞洲文明協會《歐戰全史》。

（八）威廉第二，好獎勵武術，彼時德國大學中，盛行決鬪之風。考德國人所行之決鬪，至爲猛烈，輒有殺傷之事。然德帝極獎掖之，嘗臨柏林大學之學生會，詔其衆曰：“世人於決鬪之事，每多誤會；實則無傷者也！中古騎士，嘗以決鬪養其勇氣。今之德意志學生，於此詎宜忽視？願我諸生，咸自勉勵，各以武術養其堅忍剛毅之精神，朕之望也！”據亞洲文明協會《歐戰全史》。

（九）一八八九年，即威廉即位之第二年，發改革教育之勅令，廢拉丁、希臘語之教授，而代以國語。且以本國歷史爲重要之課目。其關於宗教者，則以道德之訓誡爲主，使德人咸曉然於教育之主旨，而因之爲德國一切之中心。今日德意志之教育制度，實基於此。且國家思想，由是發達；愛國之心，亦且益摯。重規律、守秩序，堅忍沉毅，遂以造成軍國主義之基礎。其大學教育，亦以涵養愛國精神爲主，使得精確之知識。夫德人之富於愛國精神，自拿破崙稱霸時，已肇其端，大學生徒，多投筆請纓，以赴國難。邇來德意志大學中，所創之學生團，多以愛祖國，揚國光爲主義，而更含日耳曼民族之統一思想。其高等中學，則專治科學，使凡近世戰争中所不可缺之軍備材用，咸得而改良之，以裨於德國之作戰。其產業之發達，既足以富國；而武器之精巧，彈藥之猛烈，以逮航空機關、製艦事業、驛道、郵電，靡不日在發展之中。而作戰之規劃，乃益覺其便利。蓋從精神、物質觀之，德意志之高等教育，罔不本於軍國主義者也。據亞洲文明協會《歐戰全史》。

（十）自俾斯麥罷相後，大權悉操於德帝，帝既盡反俾斯麥之所爲，予智自雄,以爲欲建强大之德意志帝國,必利用大日耳曼主義,以排斥大斯拉夫主義。故德國報紙中,常主與奧並合之説,謂非是無由使德意志臻於强盛也,帝之意亦可見矣。雖然,帝之爲此,與謂其謀日耳曼主義之實施,毋寧謂爲防斯拉夫主義之優越。蓋斯拉夫民族之勃興,德人實引以爲大戚,方思所以制之之術,適大日耳曼主義之説方盛,遂以一八九四年,創全德同盟之偉舉焉。奧國之倡大日耳曼主義也,遠在德國之後。一八七一年,始發其端,而主之者,則米氏也。一八七八年,米氏在議會中,嘗言奧國境内之德意志民族,漸有與德併合之希望,當時附和之者,衹少數青年而已,初無何等之勢力也。及一八九〇年以後,德國之倡大日耳曼主義者,鼓吹甚力,而奧國之和之者,勢日益張,一時持大德意志主義者,著書立説,闐溢市肆,雖所言各有同異,要皆爲日耳曼民族與德意志帝國之發展計也。及一八九四年,遂有德、奧訂立同盟之舉。主大日耳曼主義者之言曰:"昔年之普、法戰争,非所以鞏固德意志之地位,爲國家長久計也!今不早爲之所,則德意志帝國,且不免於覆亡!德國於奧、荷、比、瑞諸國,經濟上之關係既切,而每年六十萬人口之增加,又不可不别求容納之所,則其對於外國,欲爲經濟之發展,不可不先固其基礎,亦勢使然也。"全德同盟之聲勢,漸及於各地之德僑,且賴其力以傳之。奧國議會贊其議,而此同盟遂益擴張。德人之主其事者,謀同盟之發達也;乃以基督誕日,饋鉅金於奧人,或縢以美畫,更無時不施其籠絡之方。卒使大德意志主義,傳布益廣,每歲中入此同盟者,實繁有徒。迄一九〇一年,爲數達二萬人,世界各地,咸設支部,即奧國境内,已達八十五處;奧議會中,持大德意志主義者,議員凡二十人;各報亦多師承其説,播爲輿論焉。據亞洲文明協會《歐戰全史》。

（十一）一八八八年,威廉二世始即位時,陸軍兵不過十八軍團,四十八萬七千餘人而已。而帝所計劃,則將使一九一一年,進爲二十五師團,六十二萬人;一九一五年,進爲八十二萬人。當拿破崙侵入德國之日,結迺爾錫 Jilsit. 之約,其常備軍僅四萬耳;今乃二十倍而强。百餘年間人口之增殖幾何?而軍備之擴充,一至於此!即謂其軍國主義有繼長增高之勢,蔑不可也。德人夙懈於海軍,一八九七年,帝提案於議會,有海軍擴張之計畫,謂將於一九〇四年以内,造戰艦七,大巡洋艦二,小巡洋艦七。一八九九年四月,帝布新艦隊法案,擬在一九二四年内,造成戰艦三十八,大巡洋艦二十,小巡洋艦三十八,水雷艇一百四十四。一九〇〇年一月一日,乃告於國民曰:"吾國今日之陸軍,雖有可恃之兵方;而海軍猶因陋就簡,非吾人所望也!朕欲合吾全力,使海軍之規模,足與陸軍相髣髴。"於是帝之海軍擴張案,乃通過於議會。一九一二年復有新艦隊法案,將於六年間每歲投資一千萬鎊以供造艦之用。據亞洲文明協會《歐戰全史》。

（十二）德之擴充海軍既如此,其西鄰英國忌之,英國自負爲海軍先進之國者也,然其國自由黨,方得政,盡減海軍軍費,而德人乃轉從事擴張,以謀爲海上霸王。英、德海軍,漸有並峙之勢;遲之數年,英國或更瞠乎其後,未可知也! 於是英國人士,更責政府加軍費。其明年,德國復有新艦隊法案,將於六年間,每歲投資一千萬鎊,以供造艦之用;而英國亦有臨時軍費一百萬鎊之議。一九一三年,英人請德國中止造艦,德人弗應;由是英國海軍預算,亦歲增五十萬鎊。據亞洲文明協會《歐戰全史》。

（十三）英海軍爲各國冠,夙有海王之稱號。商務之盛,遍於全球,倫敦爲全球交易集中之地。然政治素腐敗,十九世紀之末,始一新焉。當時政黨之派別,顯分爲二:一則注重於國內之改革;一則注重於國外之發展。一八七四年,格蘭斯頓當國,其精神全注於内政,愛爾蘭改革案等,其最著者也。及保守黨繼起執政,始移其眼光於國外,欲實行所謂大不列顛主義。自一八七四年至一八八〇年,内閣總理低斯銳利爾、Benjamin Disraeli。比康斯菲爾得,Lord Beaconsfield。皆屬於保守黨者也。當一八七五年,收買蘇彝士運河股票,此事與英國聯絡東方屬地之策,關繫極重;又於南非歸併杜蘭斯哇國,此英國實行帝國主義之開始也。陳冷汰《世界第一大戰》。

（十四）拿破崙第一時,嘗蹂躪德意志境;及普勝奥後,拿破崙第三,又嫉普之强,以兵侵普境。普國立集軍八十五萬,擊退侵入軍,反兵攻入法境,進圍巴黎。一八七一年一月,巴黎以糧盡降。媾和結果,割讓亞爾薩斯、Alsace。洛倫 Lorraine。二州,償金五十億法郎。近人《西洋史講義》。

（十五）一九〇八年九月,土耳其起革命,廢專制而行立憲。時則政體方更,邦基未奠,列强苟肆其侈心,以來逞於巴爾幹半島,則兵禍必且立見。俄人方敗於日,遠東之計頓挫;更以巴爾幹有腹心之關係,思所以豫防之。亞洲文明協會《歐戰全史》。

（十六）俄外務大臣伊氏,以九月中旬,躬赴奥國,對於土耳其事,豫爲要約。既抵奥,與其外相密談,微聞其將并勃、黑兩州之事,大驚;然苦無制止之術,不得已而正告之曰:"貴國之欲撫有二州,敬聞命矣! 其敢有異議? 惟是敝國自再興黑海艦隊,六十年於玆矣,而不得出達但諾爾海峽,何痛如之! 若以君之惠,俾我俄國克解前約,敢不惟命是聽?"奥外相急於見功,乃允俄人。伊氏復請奥政府於合并兩州時,先期通告俄國,奥外相遽應之。伊氏私自歡幸,以爲達但諾爾問題,乃俄國夙昔所期望者,何意今日而得之也? 方欲歷説諸國,遂聘於法。十月初,始入巴黎;不數日,而奧地利合并勃、黑二州之事聞於世。蓋俄艦之出達但諾爾也,非西歐諸國所喜,奧外相私念,果如俄請,則合併二州之擧,且受其牽掣;乃乘伊氏赴巴黎時,突爲合并之宣言。亞州文明協會《歐戰全史》。

(十七) 一八七一年,拿破崙敗滅以來,法人改共和政治,勵精圖治,德人患之。柏林會議後,德、俄失和,法人乃乘機與俄親。惟俄因專制君主國,而法則民主共和也;且德、俄密約猶在,亦不克驟與法善,法亦以内閣迭更,終不果於親俄。一八九〇年三月,德、俄密約消滅,於是俄始應法,於一八九一年,結俄、法同盟密約。是年七月,法艦隊訪俄之庫倫斯達多 Cronstadt。軍港,俄亦募債於法。一八九四年,俄帝亞歷山大第一崩,尼古拉第二即位,益親密,新訂盟約焉。英於日、俄戰爭之際,與法蘭西頗接近,締爲協商。一九〇四年,日本與法、俄兩國締協商。英、俄間之協商亦成。一九〇六年,俄、日訂新約。一九一〇年,此等同盟及協商,於列國間維持武裝和平,爲有力之連鎖。日本本多淺治郎《西洋史》及近人《西洋史講義》。

## 十三　世界大戰(一)

(一) 巴爾幹之地,當歐、亞交通之衢,歐、亞、非三洲文明所薈萃者也。各種文化磅礴雜至,劃分諸國,言語、種族,各自不同。所謂巴爾幹諸國者:塞爾維亞、黑山國、亞爾巴尼亞、希臘、勃牙利、羅馬尼亞、歐洲土耳其是也。塞爾維亞 Servia。與俄羅斯同爲斯拉夫種,十四世紀之間,嘗稱雄於巴爾幹半島。其後爲土耳其所併,困於虐政者且數百年。迄俄、土戰役後,柏林會議,遂成今日之獨立小國。然國民方欲逞其雄心,再造古代之大塞爾維亞。而勃斯尼亞、Bosnia。黑塞哥維那 Herzegovina。二州,亦斯拉夫民族,而昔日塞國之一部也;塞人欲復先業,必自二州始焉。亞洲文明協會《歐戰全史》。

(二) 勃、黑二州,雖土耳其之領地;而依一八七八年之《柏林條約》,已移其保護之權於奧國。——名義上猶屬諸土者,特避列國之紛議耳。——塞人以土國易與,苟名義仍屬於土,他日以兵力逼土耳其而取之,固非難事,故居恆自慰。乃及一九〇八年一月,奧帝竟以一宣言而併此二州之地,塞人大失望,怨之不已;而東歐大國之俄羅斯,坐視同種土地兼併於奧,恆引爲大辱。亞洲文明協會《歐戰全史》。

(三) 斐迪南者,老皇之弟卡爾路易 Carl Louis。之子也。生於一八六四年;

一九〇〇年，娶斯拉夫族波希米人家之女爲妃。妃名蘇斐亞秋特克，Sophiachotek。後得賀翰曰克，Hohenberg。公爵夫人之徽號。斐迪南聲明其子不得繼統皇位，以其妃非貴族之苗裔也。斐迪南性情剛强，默默寡言，若有隱憂；然接人又極寬和；春秋已富，辦事穩練，奧地利之拓張政策，多其主謀。喜與教會中人來往，故有守舊家之稱焉。陳冷汰譯《世界第一大戰》。

（四）一九一四年六月二十三日，奧國大公爵斐迪南由維也納啓程，至勃斯尼亞閱操；二十八日星期日，同其夫人至塞賴郛 Serajaro。市政廳。其地爲一繁富膏腴之區，米爾傑克 Miljacka。河道，經流其間，有四萬五千餘之回教民。城郭之内，異族櫛比，而居民房屋款式之不同，謠俗起居之殊異，若會東西於一室。觀其市場、街衢、回教禮拜寺與尖塔，不知此間乃發生一暗殺重案，開歐洲大戰之機！當公爵夫婦至市政廳時，即有人擲一炸彈，不中，傷十三人，發彈者名開敷靈路菲克。Nedeljko Cabrinovic。是晚雖得幸免；而自市政廳歸時，復爲人狙擊，與其夫人俱罹於難。此刺客名善靈的布，Gavrils Prinzip。乃一青年之學生也。此政治罪犯，或云奧合併勃、黑二州，實太子主謀，欲以報此仇也；或云欲以破壞建設斯拉夫王國之計畫也。獲同謀者二十一人，牽涉於塞爾維亞之秘密黨會；即在塞賴郛審訊罪犯，將及一月，而奧政府之態度，冷靜幽寂，不可測度，於是謠言大起。及至七月二十三日，忽如青天霹靂，奧政府遞一哀的美敦書於塞，限四十八句鐘，覆一美滿之回答。此哀的美敦書，詞氣嚴厲，條件苛刻，指定暗殺與塞相關，頗有開戰之勢焉。陳冷汰譯《世界第一大戰》。

（五）暗殺之事既出，奧國憤激之情，勃爾不可收拾。審訊凶手之後，知塞之“國民共屬協會”，實居主使之地，並牽連於塞國高級官吏不少；而往事又有可以爲奧之口實者，塞之歷史，弑君之案層見也。在塞國一面：謂暗殺奧太子之凶手，及其同黨，皆係青年，且在奧境；當此事發生前六日，駐奧塞使，又曾通告奧政府，言太子至勃斯尼亞，恐有危險，故塞政府可告無罪。奧人謂凶手供證甚明，塞政府不能辭其咎。因致通牒，頗有損於塞之獨立資格。最苛刻者，如奧國有隨時要求黜免塞國官吏之權；奧國監督塞國之司法等等。且限以四十八小時之考慮。此牒於七月二十三日發出；次日始通告列强，蓋故靡商量之期也。奧政府對於此通牒，並不希望塞國承允，實有意挑戰也。德國對於此事，隱與爲謀，當奧牒未照會列强之前，德已通知英、法、俄三國，相約不干預此事云。塞政府得此通牒，倉卒集議，如期答覆，關於妨害獨立之條文以外，概予承受；且言如奧國不滿意，應由列强會議或海牙平和會公斷之。然奧政府觀之，甚爲不慊，且亦不願交海牙平和會；但言塞國無和好之誠心，拒絕不收。是夜，奧國駐塞使臣，聲明回國；塞亦遷都，雙方備戰，他國調停無效。七月二十八日，奧遂向塞宣戰。世界奇禍，從此肇矣！ <small>陳冷汰譯《世界第一大戰》。</small>

（六）俄與塞同種，故助塞；而奧之後援爲德意志，德固素以侵略爲心者也。然陽主調停，實欲以戰端諉於人耳。七月二十八日德政府向其人民宣言備戰，且聞俄國將助塞，乃致俄皇電曰："朕與陛下以及歐洲各國之元首，對於奧太子之破殺，應無不悲悼；而凶人之肆虐，想皆欲嚴究……"云云。俄皇復電，則謂將從民意，作鋤暴扶弱之舉。自是兩國交換意見者數次；且均備戰。最後俄政府致德皇電曰："如奧國承認其對塞宣戰，關繫歐洲全局，而撤消其妨礙塞國主權之條文，則俄國願中止其軍事行動；如奧政府不允此請，則俄將下全體動員令矣。"德皇不理之。厥後俄國再讓步，又無效果。乃於七月三十一日下全體動員令；德國亦決宣戰。戰前德詢法政府，設德、俄不幸而戰，法是否守中立。旋法使答言，法國將視其權利所在而行事云。 <small>陳冷汰譯《世界第一大戰》。</small>

（七）俄、法兩國，深知德意志有意挑釁，因遂置其牒文於不顧。八月一日，德向俄宣戰；又以哀的美敦書下於法，通知拘留德國境內之法蘭西商船。八月三日，又向法宣戰。距奧、塞決裂，僅四五日耳。 <small>陳冷汰譯《世界第一大戰》。</small>

（八）比利時 Belgium。當十九世紀初葉，荷蘭屬邑也，蓋其始亦獨立國而合併於荷者。其後比民得英人之後援，得以獨立。一八三一年《倫敦條約》，列強公認爲永久中立之獨立國；惟以保全領土及其他不可侵權之關係，對於他國之侵犯，得設防自衛焉。比境介德、法之間，當戰事初起時，德政府忽致牒於比政府，署其函曰"極秘"，其內容如下："德軍今將道比利時以攻法，比人苟篤邦交，請十二時內見答。吾與比國，友也，非敵也。第苟迫於不得已，則棄好崇讎，咎有所歸，不敢避也！"比政府既得牒，震駭失措；然其民崇信而尚勇，詎肯受人迫脅？於是舉國一心，寧使比利時玉碎，以抗不義之暴王。遂致覆牒於德國曰："貴國之命，弗敢與聞！比有中立，貴國則破壞之；國際有公法，貴國則蹂躪之。吾比雖羸，猶自愛其名譽；抑不敢忘其義務。苟有侵我權利者，惟力是視，豈敢怠防？"於是德、比之交絕，而比利時境上，彌望皆德兵矣。比利時之國勢，固不能蓄多數之軍旅也；故其國防規劃，唯於重要地點，設堅固之要塞耳。其東境要塞有三，里愛巨最著名。維時守里愛巨者，步兵僅四聯隊，要塞礮兵僅四大隊，野戰軍僅四中隊，凡十二萬五千人。德軍精銳三軍團圍之，殊輕敵不屑意，攻城礮車未至，猝起薄城；比軍諸礮並發，德軍大創。

里愛巨市民,又勇敢萬分,德人知不可猝陷,乃於八月九日,由間道入;二十日,陷之。計德軍之攻里愛巨,凡十五日,始克奏功,——守兵殉者五之四。亞洲文明協會《歐戰全史》。

（九）德、奧之强,英國實嫉視之,故與俄、法聯盟,以圖共抗德、奧。比利時之中立,英陰爲其援助。德之侵比中立,於英有切膚之利害。八月三日英外相葛雷蒞議院,曰:"比利時若失其中立,則荷蘭且繼之,比、荷二國既不保其獨立,吾國一衣帶水耳,危險寧可言狀? 德之侵比,非徒比人受其害也;吾國國基且自此搖矣。今日之事,姑無論三國協商之誼,與英、法舊好之情;第爲英國國家生死存亡計,吾國人豈能晏然而已耶?"於是愛重平和之英國,乃竟向德宣戰。八月五日,告德人曰:"英與法國,既有協商之誼,法若有難,英必救之。比利時中立,既遭蹂躪;吾英忝負保護之責,兵革之事,不敢避也。唯貴國其圖之!"方英之未宣戰也,國內內亂迭起:若愛爾蘭自治案,女子參政權,資本家與工人之衝突,歷歲以來,爭持不已。及夫宣戰之議起,內訌頓息,一致禦外。八月四日下午十二時,英國正式向德宣戰。傳令北海、地中海各艦隊,同力並進。復遣遠征軍於大陸,於法之加萊,比之奧斯丹登陸,遂與法國會師,並向比之拿默爾而進。據亞洲文明協會《歐戰全史》。

（十）德軍兵勢日盛,比政府知比京終不能守,八月十七日,遷都之議遂決。是日王后及王族咸徙於盎維爾,Anvers。百官市民隨而去者,相屬於道;比王留京指揮,其後戰況日非,則亦往盎維爾。二十日里愛巨陷,德軍勢如怒潮。二十一日,德軍四萬,以騎兵爲前驅,壓比京不魯捨拉 Brussels。而陣。方是之時,留比京者,僅少數民兵而已,守備空虛,勢難相抗。德之司令官下令曰:"不魯捨拉若降於我,我軍其撫此殘黎,勿得有所危害! ……"比政府既不能抗,則聽德人之所爲。於是德軍入城,以次各就屯所。不魯捨拉城市華麗,有"小巴黎"之稱。風俗與法國相髣髴,且以建築宏麗聞於世界。比國盛產花,比京附近某市,名花尤冠絕。每歲五月,比人舉行花祭,飾花艸爲雜式之戲,以犬曳之,遊揚市中,恣人品評,以定甲乙。今則嫣紅姹紫,都遭蹂躪;德兵所過,閭里爲墟矣。據亞洲文明協會《歐戰全史》。

（十一）德軍之襲比也,挾虎入羊羣之勢,向日所保證之中立條約,棄如敝屣。且其慘暴之行,凡稍具人心者,不能出也。今以其待比國軍士者言之:德軍之入也,慮兵力薄弱,市民乘虛復仇。每獲俘虜,必嬲殺之以爲快。或聚而餓之;或提而蹴之;或以沸湯澆其手足;或以兩馬礫其尸;或捕看護婦而碎以槍柄;或捕站長而曳以奔馬。其陷拿默爾也,焚傷軍醫院,凡待療院中者,一舉而斃之。師行所至,遇紅十字醫院則破壞之,而己則假紅十字以施其暴行。又濫用比利時之國旗,或竊襲比兵制服。比人往往受紿;而德人方以爲得計,雖違公法,弗恤也!今更以德軍之待農民者言之:方德軍之入也,野外農民,有憑窗觀者,皆餉之以鎗火,以爲笑樂。其隊長則召村正而發徵調之令;不移時,而兵士已入村中;促人啓門,稍緩則破牆而入,民莫敢不供億者。或劫質富豪,勒出贖金,不滿所欲輒殺之。僧侶、公證人、醫師等,無幸免者。而德兵猶不足,甚至聚全村男子而囚之。或偶聞礮聲,則藉口防衛,搜索擄掠。所捕村民,或載以囚車,或以爲射的,暴行殆靡不至也。德軍又大殺比國牧師,牧師有舉家殲者。又每以比國之民當前敵,以苦比兵,不魯捨拉之役,即嘗用此制勝者也。八月二十五日,里華橋 Riva。之戰,悉捕比國兒女使立前方,比軍爲之奪氣。凡德軍師行所過,捕獲婦女,逞其獸慾者,不可勝數。兒童之受害者,情狀尤酷。或削其手,或抉其眼,或注以石油而焚之;甚至兩三歲之嬰孩,亦遭荼毒。十月之初,比軍某排長,嘗至一民家,有德兵宿焉,檢其行囊,得兒手兩三具。十月二十日伊塞河 Yser。之戰,俘德軍六人,身中各藏兒手二具。殘暴情形,非筆墨所能罄也。據亞洲文明協會《歐戰全史》。

(十二)德軍既據不魯捨拉,遂北向而壓比軍,以斷法、比之聯絡。同時分主軍爲三部,陣於法、比之界,以進擊聯合軍。其第一隊,當不魯捨拉之西北,自根德市 Ghent。轉向奧斯丹,Ostende。及法之里爾。Lille。第二隊自里愛巨與拿默爾之間,進攻法國之麥貝。第三隊從拿默爾之背,向法、德界上進攻。自八月二十日,里愛巨陷後,德軍以全力攻拿默爾,八月二十四日陷之。而比軍之在盎維爾者,猶乘隙思逞,德軍卒以飛艇進攻,擲炸彈於宮殿附近,市民大駭,王室亦失措,遂航海向英倫而去。於是比利時全境,殆悉入德軍之手。德軍所過,恣其殺掠,比人死者無算。據亞洲文明協會《歐戰全史》。

(十三)英、法聯軍蒐討軍實,以與德軍相見於比利時也,雖速猶在八月二十以後。而德軍已陷里愛巨;二十三日破拿默爾,陷不魯捨拉,追亡逐北,更圍盎維爾。而英、法軍候騎之在法、比境上者,且受逼而退。時德軍七道並進,自第一軍至第五軍,皆向法、比國境;其第六、第七兩軍,則與法之第一軍相對峙。其右翼之軍,則自卑爾方面,由迪南市之南,經凡爾登之北,合於左翼,以制聯軍。於是八月二十四日,英軍始合法、比聯軍,與德第一軍苦戰久之。大敗而退。是役也:英軍死者二千人,法軍損傷尤衆。據亞洲文明協會《歐戰全史》。

(十四)自八月二十五日以後,德軍右翼之精銳,咸集於法、比間之孔道,勢足以吞巴黎。各軍乘勝進迫，軍鋒銳甚；聯軍屢次敗北，巴黎乃戒嚴。陸軍部以沙夫 Soffre。將軍爲總司令，遷政府於波爾多。Bordeaux。巴黎位置偏於北方，北距德境僅五十五哩，東面僅八十哩，敵軍一越境，則形勢孤露，立見危迫。波爾多之遷，勢不容已，蓋使巴黎不爲政治中心而爲要塞，則以其城壘之堅固，雖德軍之勇猛，臨以四十萬之大敵，然非期以三四月不能破也。巴黎苟破，爲利固大，而兵力與時間二者，恐非德人所能勝者矣。據亞洲文明協會《歐戰全史》。

（十五）法國既遷都，則巴黎頓成要塞，聯軍之作戰，轉可進退自如。聯軍以德軍方銳，因即斂鋒遠遁，全師而退，扼險而守，固將乘敵之困，一舉而覆之也。德軍之進雖猛；而聯軍之退，亦能以巧服人。九月一日，聯軍已於巴黎、凡爾登 Verdun。一帶，立直綫之陣形。德軍利於速戰，堅陣而進；聯軍則避不與戰。九月四日，法國沙夫將軍，以迅雷不及掩耳之手段，下令反擊，且曰：“今茲之役，國家存亡所係，諸軍當有進無退，違者死無赦！”諸軍聞之，皆大感奮。於是回軍苦戰數日，九月九日爲決勝之期。巴黎衛戍總督亟夜在巴黎集全數汽車，載新兵助戰。德兵漸不能支；法國速射礮隊，又連聲不已，午後八時，德兵乃退。時德軍以力，法軍以智，再接再厲。九月九日之戰，德兵既北；十日，法軍追襲之；十一日，夜襲法壘，屢進皆北，喪師七千，野礮數十尊，而法軍亦疲極矣。於是兩軍始稍有休息，五十年來德人規取巴黎之雄圖遂屈。天也；抑人謀也！使巴黎而竟爲德軍所有，則法軍全敗，戰事從此告終，豈非德人快意事哉？德國某教授嘗語人云：“德軍作戰方略，於此役悉歸隳敗。”允矣！而法人則因此勝利，愛國之心乃益熾。據亞洲文明協會《歐戰全史》。

（十六）德軍方舉全力以進攻比、法，勢飄忽不可當。俄軍之近於德國東境者以牽制德軍之故亟取攻勢，而後西歐之聯軍乃得以從容布置焉！俄國既出兵以制德，乃集大軍百萬於瓦薩 Warsaw。之西，以列廉 Ronenkampf。將軍統之。八月二十日，俄軍四面入東普，德軍大潰，死傷甚多，乃請於俄軍，休戰數小時以殮戰士。德方竭力於西，故東普之守兵微而力寡，非俄敵也。俄之軍鋒銳甚，駸駸迫柏林。德軍總司令部知不能不假西軍之力，以解東普之急，乃於盎維爾及蓮堡 Lemberg。軍中各調一隊，載車百六十列，迴兵東趨，力退俄軍。然俄兵之在加里細亞 Calicia。者大捷。加里細亞介於德、奧、俄三國國境間，俄既大舉進軍，德國名塞多被奪。時德人委奧軍以防守之任，顧一遇俄軍，如摧枯朽，奧兵死傷逾二萬人，退守蓮堡，俄兵更奪之。益移軍西進，斷奧軍而兩之，自東南右翼三面夾攻之，於是奧軍皆大奔，死傷二十五萬，俘虜十萬，大礮四百尊,軍需品山積,損失之巨,抑可知已。俄軍乘破竹之勢,再入東普。德皇既知奧軍不足恃,乃自將東征。然軍氣阻喪,且與俄軍衆寡不敵,亦敗而退焉。據亞洲文明協會《歐戰全史》。

(十七)一九一五年四月中旬,俄國兵氣漸衰,稍事休息;而德、奧則方以是時移其大隊於加里亞細西部。五月一日以後,自尼達河下流以東屢有戰事,俄軍不能敵,遂退。其在中部加里細亞及嘉巴典山地者,受德、奧聯軍之攻,亦不支而却。兩方又決戰累旬,德軍以毒氣襲俄軍,俄軍不能敵,乃以六月三日,退守蓮堡。俄軍旋又敗退,德、奧乘勝追之,勢且長驅入俄。七月上旬,攻擊最烈,十五日撤第一綫,八月四日,又撤第二綫,瓦薩陷落。波羅的海沿岸之德軍,自八月初旬起,迭破俄軍,屢陷要塞。迫俄軍於多威那河,Dwina。九月中旬,奪多溫斯克至維利那間鐵路,且以騎兵攻俄軍,環攻維利那,俄軍棄城而遁,後以得生力軍援,始稍稍振軍勢。南部俄軍,初亦甚振,俘虜二千。及十月下旬,德、奧援軍大集,却俄軍於斯迪巴左岸;於是俄之南部戰綫,不復能固守矣。其中部戰綫自瓦薩陷後,尚據諾保格要塞以拒德軍,爲己軍掩護。然八月二十日亦陷於敵,喪大礮七百,將士八萬五千。諾保格夙稱完固,而乃不旋踵而陷者,則以德、奧軍乘銳進攻,其勢不可猝禦故也。據亞洲文明協會《歐戰全史》。

(十八)俄之西接德、奧者,厥爲波蘭一州。北接東普魯士,南擁嘉巴典山脈,突出於二國間,故俄軍由波蘭西進,則德軍自東普魯士擊其右,奧軍自嘉巴典山脈掣其左,勢甚險也!一九一四年九月二十八日,德、奧大軍自細利西亞東境進趨俄領波蘭,全軍分五縱隊,相繼入波蘭平原,後以俄軍回援,遂即退出。十一月中旬,德集大軍於波蘭平原,將與俄一戰,興登堡等統率之,屢破俄軍,獲俘虜無算,軍勢大振。復利用鐵道網之便,於十二月初旬,自西歐及東普得援兵四五軍團,更略取拉司克而進規洛支 Lodz。之背。俄大將尼古拉公命諸將退守勃河。自尼達河 Nida。至維斯杜拉河間樹塞爲守,修繕頗完固。時歲已將暮,冬期行軍多不便,兩軍乃各立塹壕爲持久計,成相拒之勢。據亞洲文明協會《歐戰全史》。

(十九)自奧、塞戰端既啓,奧人之於塞,將一舉而滅之;而塞人亦悉力相拒。巴爾幹諸國,遂各顧其利害,爭出兵境外;而半島幾無完土矣!奧軍之侵塞也,分其軍爲兩路,自一八一四年八月迄一九一五年,入塞境凡三次。第一二次復得德軍爲援,兼師而進,塞人合全國之師不及其半,迫河而陳,德、奧方面則必欲剪滅此而後快,蓋不若是無由逞其東出波斯灣之夙望也。

故合二國之力,猶以爲未足,必嗾勃牙利爲之援,塞爾維亞,於是乎不能自保矣。勃牙利 Bulgaria。之參戰,蓋欲藉德、奧爲援以併馬其頓,且爲巴爾幹將來盟主也。十月初旬,德軍陰嗾勃牙利使略馬其頓,勃牙利乃於十月十日出兵。塞國壤地褊小,無險可扼,委豐饒之平野而自竄於山谷,又非其所甘,塞人挺而走險,則決以一死殉國:國中男子悉出戰;其女子亦合爲女軍二十五萬以服役於後方。士氣激揚,舉國同慨。當此危急存亡之秋,英、法聯軍已至巴爾幹,然德、奧氣勢銳甚,英、法不能抗,累戰輒却。十二月二日,塞軍二十五萬,奉國王彼得一世退至亞爾巴尼亞,以斯庫台里爲行都,尋遷於塞羅尼加。王初抱大塞爾維亞之雄圖,今則全國淪陷,身爲寓公,蓋已爲第二比利時矣。

(二十) 德、奧軍之南征,爲時甚少,而巴爾幹之大勢已定,其後更進迫希臘,於是與塞之同種同盟之黑山國,Montenegro。亦遭傾覆。黑山國者,地多山險,形勢可守,歷史家每稱爲歐洲世外之桃源。然國民怠於軍備,而德、奧軍隊驍勇,所以不能免於兵禍;而首府錫訂雅 Cetinje。亦至殘破,國王幾及於自殺。羅馬尼亞 Rumania。初持"首鼠兩端"之態,一九一六年夏,俄軍大捷,德、奧頓挫,羅人乃合於協商諸國,以八月二十七日下全軍動員令,對奧宣戰。羅馬尼亞有兵十五師團,俄人又助之,奧軍以衆寡不敵,決計退守。無何,援軍大集,勢燄驟張,與勃牙利三面夾攻,羅軍進退失據,英、法、俄諸軍,皆相顧束手;十二月六日,羅人棄其都而遁。於是德、奧得羅馬尼亞之大半,糧秣山積,又擁有廣大之油田,潛艇鎖海之政策,遂仰資焉。羅馬尼亞既敗,而俄羅斯南方之藩籬撤矣。據亞洲文明協會《歐戰全史》。

(二十一) 德意志之籠絡土耳其,三十年於玆矣。土人大聘德國將校以教其軍隊,雖有海陸軍百萬,罔不聽命於德人。大戰既起,德人在土之勢力益增。英、法諸國,嘗極力游說使土耳其中立,迄無效果。一九一四年十月二十九日,土耳其竟助德開戰,距德國宣戰,時三月耳。土耳其與俄世爲敵國,故其宣戰也,俄實首當其衝。俄、土之戰地有三:其一爲黑海沿岸;其二爲耶路撒冷地方;其三爲波斯國境。然德人之誘土出戰,不過欲以分俄人之勢,俄人亦知之;故其於土耳其也,僅以少數軍隊防之,未嘗大舉侵土也。數月間兩軍勝負相當,形勢未嘗變。據亞洲文明協會《歐戰全史》。

(二十二) 一九一五年一月,土耳其遠征隊萬二千人,從陸路進窺蘇彝士,數道並進,橫越沙漠,炎風如燒,黃沙蔽天,土軍謀以宵濟。英軍偵知之,悉虜以去,土軍大敗。二月三日,全師退却。是役死傷三千,爲虜六百,喪機關鎗三梃,軍需品無算,駱駝九千頭云。黑海、地中海之間有馬謨拉海,Mamara。其左右皆土耳其地也。海之西南爲達但諾爾峽,其東北爲博斯破魯斯峽,Bosphorous。此兩峽者實扼俄軍西出之路。當俄羅斯勢力方張之日,英、法以達但諾爾之守託諸土耳其,防俄人之擴其勢力於地中海也。今土助德、奧,則黑海、地中海之路遂梗,而英、法有匱食之憂,聯軍因遂進攻達但諾爾。達但諾爾之戰,有海戰,有陸戰,戰鬪之猛烈,爲古今所罕見,前後亘一年,然竟徒勞無功;而其間接之效果亦大矣。蓋巴爾幹諸國,漸多歸心於聯軍,意大利亦從此加入協商方面矣。據亞洲文明協會《歐戰全史》。

（二十三）意大利與德、奧爲同盟,然因欲得特里斯特及亞德里亞海沿岸亦已有年,此兩地不與奧戰,不可得也。大戰初啓,意遽守中立,徒以有德故,不敢向奧宣戰。然國民之意,均以對塞通牒爲無禮,主戰之說甚熾。先向奧索中立之報償,奧國請於戰後再商。然未足以饜意人之望。意人竟提出割上述兩地之條件,奧、意境上軍隊又小有衝突。一九一五年五月三日,意政府乃致最後通牒於奧。據亞洲文明協會《歐戰全史》。

（二十四）一九一五年五月,意致通牒於奧,責其對塞宣戰,未徵同意;同時議會開幕,決定參加協商。奧政府既得通牒,立予拒絕,五月二十三日,遂以對奧宣戰,布告天下;更以破棄同盟條約之旨,通告德國政府。意大利既參戰,悉師北發,數與奧軍戰,皆無所獲。一九一六年春,意軍方深溝固壘,奧軍忽大至,意軍措手不及,悉遁,奧軍南下,意軍陷於危地。幸俄軍來援,始得轉敗爲勝。自一九一七年九月以後,俄羅斯有單獨媾和之說;於是德國乃移其攻俄之師以伐意;全軍兵力凡三十八師團,突破意軍戰線,意軍大潰,迨十一月,英、法援軍始至,戰況復成持久之態。然意軍創巨痛深,喪將士二十五萬,大礮二千尊以上云。據亞洲文明協會《歐戰全史》。

（二十五）德國之地,非甚廣也;而加以同盟之奧,則擁有中歐大部,與英、法及巴爾幹諸國,面積相等;故以一國而敵英、法、俄三國,東西奔馳,軍力曾不稍衰。再以德、奧之人口計之,稠密遠過於俄,即此亦足以制協商。且德、奧國於中歐,壤地相接,人種相同,二千年來又有共同之歷史,同盟之精神,要爲協商所不及。德、奧政府交通更形聯絡,緩急可相救,聲氣可相聞,軍隊之在東西戰場者得以惟所欲爲:東之則東;西之則西。故德軍自法入俄;自俄移法;自來因河徵匈牙利騎兵;自柏林運兵加里細亞;其間往返不過三四日。歷來交戰,未有如此之便者也。是故德人以一國而兼制東西,驟觀似覺其不利;而考其實則東西之交通既便,而多腦河之畔溪谷,與波羅的沿岸之平野,行軍進退,甚爲自由。

然則德軍入後之不利,與謂其由於地理,毋寧謂其由於政略也。據亞洲文明協會《歐戰全史》。

(二十六) 俄與英、法東西隔絶,而德、奥位於其間,兩國併力,其勢也聚;三國分列,其勢也渙;以聚制渙,利鈍自殊。英國壤地四散,接濟不靈,糧儲易斷,最感不便;法、俄邊疆廣閣,設防難周,地利上亦形不良。然英之艦隊,既足以制海上之權,凡德國軍儲之轉輸,則盡力杜絶之。德之軍需及日用品,仰給於他國,至是亦不免漸窘。且聯合國方面,多擁有廣大之殖民地,徵調之事,不若德、奥之限於國内,此亦優於德、奥者也。俄國國境,綿延於中歐者凡千餘里:北自波羅的海,南至羅馬尼亞界上,窺利乘便,此出彼没,其勢不勝防也。故使俄國以素練之軍,嚴裝向敵,則德國且罷於奔命矣。是故同盟軍利在速戰;而協商軍利在緩圖。速則易挫,緩則持久。厥後德、奥糧匱,未始非協商軍包圍之效也。據亞洲文明協會《歐戰全史》。

## 十四　世　界　大　戰 (二)

(一) 自戰事既開,列國殖民地迭有變動;而阿非利加一洲,爲各國殖民所萃,壤地毗連,犬牙相錯,尤當交戰國之衝。德國殖民地之在非洲者,介居英、法之間,故戰事始起、英、法聯軍已進攻德領多哥蘭,Togoland。一九一四年八月二十六日取之。其後一九一五年五六月間,德領加美隆,Camerons。復爲英軍所奪;而法、比殖民軍,亦於一九一五年春,取德領摩倫達,復取羅特黎。英領南非之殖民軍,不待國軍之赴援,輒以獨力當略地之任。然南非殖民地間,頗有反對出征者,歷月餘而平息。一九一五年七月,德領西南非洲,悉歸英屬。時德國東非殖民軍欲略英地;英軍以印度兵合白人軍、土人軍協攻之,越十月之久,而德領東非洲亦歸於英。據亞洲文明協會《歐戰全史》。

(二) 德國非洲之屬地,既盡淪於英;南洋之德領土,復爲日人攫去。奥國之屬地,更無論矣。然德人殊不介意,蓋德帝方欲藉此一戰,以逞其鞭笞宇宙之野心,雖暫喪其殖民地,曾何足置念。所惜者,辛苦經營數十年之久,一旦而盡棄之,不能不使人歎息也。據亞洲文明協會《歐戰全史》。

(三) 近百年來,列强之戰爭,皆志在擴張殖民地者也。故其於所得領土,莫不設特殊之制度,經營締造,以保其安全,而爲祖國之助。彼素主軍國主義之德國,不待論矣。即如英國,固素行召募之制者,而其於殖民地也,則採徵兵制度,軍備施設,悉如他國。故今兹之戰,英國所恃於殖民地者,其功效至爲顯著。方開戰時，德人之意，以爲英國殖民地中，且起變亂，必有瓦解之虞；初不料澳洲、印度、南非、加拿大諸軍，咸相率以赴祖國之急。凡德人之所推測者，於是乃大誤矣。澳洲於英國各殖民地中，軍制最爲完備，於開戰時，即遣其常備軍參戰：或往埃及助防；或赴非洲助戰；其艦隊更往來巡緝，海上之戰績，尤非他殖民地所及。印度方戰事初開，名人演說，多勗殖民助戰，故從征歐陸者頗多。加拿大於開戰之日，議會決議，釀金五千萬弗郎，募兵三萬以佐英國；無何，又益一萬人，皆東赴法國助戰。其婦人或自赴戰地，任看護之事；或編草爲屨，輸軍中給用。英國殖民地人之盡力於祖國者，類若此。夫殖民之於祖國，如此忠愛，不知其何以然也。據亞洲文明協會《歐戰全史》。

（四）自英國參戰後，其軍艦常出沒於南洋一帶。日本恐德領利益，且悉歸英有也，乃起而參戰。一九一四年八月七日，英政府以德國艦隊之在東洋者，且妨及英國貿易，乞日本爲之援。日本固素抱野心者也，遂藉英、日同盟之名，起而向德國發最後通牒。德人置不答，日本遂宣告參戰。同時遂執三種行動：第一、略取膠州灣；詳後。第二、覆滅德國東洋艦隊；第三、攫取南洋德領諸島。據亞洲文明協會《歐戰全史》。

（五）一九一四年八月十五日，日本以最後通牒致德國，勸將軍艦及武裝商船，退出中、日領海；並於九月十五日以前，將膠澳租地全境，移交日本，以備他日交還中國；且要求於八月廿三日正午以前，對於此項勸告，爲無條件之承認。德人置不答。日本乃以八月二十三日，頒宣戰之勅令。第一艦隊司令長官加藤友三郎，司令官土山哲三及藤本秀四郎，率軍艦西發，自黃海至東海之北，以搜索敵艦，且爲警備焉。第二艦隊司令長官加藤定吉，司令官栃内曾次郎等，率各艦隊直搗膠州灣，施攻擊焉。八月二十七日，封鎖膠州灣；英國亦使其軍艦來助。當是時，德國東洋艦隊之主力，悉出入於南洋方面；其支部則據青島不出，以待戰機。八月之末，日軍始爲第一次之運輸，以第一艦隊與第二艦隊之一部爲掩護。九月中旬，又爲第二次之運輸。九月廿八日以後，日軍集於膠州灣，累攻德軍礮壘。十月十四以後，礮擊灣內敵艦。三十一日，爲攻城之總攻擊。至十一月七日，德軍降；膠灣遂爲日人所有。計此次之戰，德艦被擊沉而又破壞者八只；日軍艦之損失者三，戰死者將校士卒三百有餘人，負傷者六十六人耳。日軍之進攻青島也，以龍口爲登陸之地。龍口處山東北部海濱，日軍登陸後，橫貫山東半島，以達於膠灣。沿途佔據城鎮，收管中國郵電機關，徵收人工物料，居民苦之。其先鋒隊於九月十四日，始抵青島。而會攻青島之英軍，則以九月二十三日，在勞山灣登陸。勞山灣距青島既近，沿途少阻，故與德軍交綏之第一役，猶及與焉。龍口既有日軍，我國宣布局部中立，所定行軍區域，以膠濟鐵路濰縣車站以東爲限，距青島約三百里。詎九月廿六日，突有日軍據濰縣車站，且進至濟南，路權、礦權，悉被所佔，雖抗議不恤也；日人真驕橫哉！據亞洲文明協會《歐戰全史》。

（六）日本既然對德宣戰，就應該實心實意的，做一個協商國的忠實朋友。却是當法國戰線十分危急的時候，英、法都極力希望日本出兵。在瓦薩陷落之後，俄國政府，也苦求日本援助。對德、奧宣了戰的日本，就應該和歐洲的協約國保持共同行動，尊重共同的利害，或東西戰場，同時出兵，或對於東西兩戰場之一方，出兵協助。却是日本通同不管。一面就逼着一個可憐的中國，定割讓權利的條約。中國人不答應，就以武力來恫嚇。一面逼着手足無所措的英、法、俄，要求承認日本在東方所得的權利。一面以後方接濟做香餌，要俄國給你們在遠東沿海州、北滿、蒙古的利權。一面更利用歐洲軍事上需要孔急，在供給軍需品的美名下面，以極騰貴的價格，剝削交戰國的厚利。在國裏面，造出幾千幾萬的“暴富者”來。當時充滿日本全國的“戰時景氣”，日本人是舉國若狂的歡笑，我只覺得滿地都是他人的血腥。一面又派出艦隊，掛起“援助協約國，保持海上安寧”的旗子來，抄掠南洋德領諸島。在地中海、紅海、亞剌伯海方面呢？便壓迫幾百年爲亞洲做第一防線的土耳其。在印度洋方面呢？便壓迫熱心民族自治的印度人。賓加爾州事件，新加坡事件，香港事件，和日本有甚麼相干，也要勞煩他們的海軍陸戰隊效死！這樣一件一件的數起來，我們就可以曉得，日本在歐戰當中的舉動，從協商國看來，從中歐同盟看來，都說日本是趁火打劫的強盜。從亞洲各民族看來，日本就是阻止亞洲民族自決的魔鬼；是侵略同文同種國的殘忍者；是歐洲世界征服主義的幫兇。從日本平民本身看來呢？日本在歐戰中所擴張的勢力，只是掠奪者階級的勢力，只是平民的痛苦。所以日本在今天，不單是被中國全國國民咀咒，實在是被全世界咀咒，並且也被日本的平民咀咒。一個國家，受了這許多咀咒，總是不能幸免的。戴季陶《和一個日本記者的談話》。

（七）英國，世界第一海軍國也。自英、法協約成，而地中海之警備，悉委之於法；北海及英倫海峽，則英自任之。於是德國之海軍，大被封鎖，不能出大西洋矣。其後以意大利之參戰，而聯合方面之海軍愈盛。雖德國海軍，亦可成對峙之勢；然制海權者聯合國也。故德國之海外殖民地，一聽敵之蹂躪。海上之貿易既斷，則經濟上固深蒙其不利，而軍用物品，尤有匱乏之虞；其困難蓋可見矣。亞洲文明協會《歐戰全史》。

（八）英國自開戰後，欲以封鎖政策坐困德國，故其於戰時禁制品之輸運，取嚴格之解釋。德人憾之，乃亦對英爲極端之報復。二月四日，發表宣言如下：一、圍繞大不列巓及愛爾蘭之海面，以及英吉利海峽之全部，皆認爲交戰區域，自二月十八日以後，凡駛入此區域內之商船，悉有破壞之危險。二、中立國船舶，亦宜守此限制。自宣告後，北海方面及重要海面，皆置水雷，且有使之浮流者。於是英國船舶及中立國汽船，被擊者無數。美國商船，亦受其不利，迭向德國抗議，德人弗顧；且獎勵潛駛人士，使擊沉英國之商船。凡擊破敵國船隻，或捕獲其商船者，皆次第酬之。自是不但北海方面，德國之潛艇出沒，即大西洋方面亦然。自開戰十三月，英船之被潛艇擊沉者，凡百三十八隻；中立國之損失，亦不知凡幾矣。亞洲文明協會《歐戰全史》。

（九）威爾遜，Woodrow Wilson。美國第二十八任總統也。一八五六年二月二十八日，生於斯湯吞。Staunton。父爲長老會牧師。幼時受教育於南省，長入潑林斯吞 Princeton. 大學，於一八七九年畢業。在校時以長辯才、善文章著。後在伐菫尼 Virginia. 大學習法律；復入約翰哈潑經 Johns Hopking. 大學院習政治。一八八六年，得博士學位，應潑林斯吞大學聘，任政治經濟教授，著作甚富，均風行一時。一九〇二年，被選爲大學校長，多所改革。一九一〇年辭職，旋被舉爲紐久碎 New Jercey. 省長，盡滌省中積弊，人以革新家稱之。一九一二年，被舉爲美國大總統；一九一六年，當選續任。時歐戰方殷，先生竭其所能，使美國不爲牽動。厥後爲正義人道計，不得已而加入戰團，盡瘁戰事，遂爲世界之領袖。先生之爲人也，道德高尚，思想敏捷，擅長文學，言必有中；故其主張，足以代表協商國共同之宗旨。卜舫濟著《威爾遜總統小傳》。

（十）一九一五年五月四日，德潛艇擊沉一英國船，美人死者甚衆。德國向美道歉，威爾遜卒抗議之，適意大利亦加入戰爭，德人對美頗示讓步，邦交得以暫維。嗣後德、奧兩國僑美之民，忽有煽惑美國工人罷工之事；同時德潛艇又擊沉法船，中死美人數名，德國態度強硬，不致歉意。美國更通牒詰問德國，稍示限制而已。一九一七年一月三十日，德國忽又決行潛艇戰，對美發通牒，併前此約束而不承認之。凡戰爭繼續之責，皆嫁諸協約國，是實蔑視人道之宣言也。美大總統威爾遜，知已無交涉餘地，二月三日聲明美、德絕交。然意猶平和，而德國亦不樂與美國干戈相見。曾托駐美瑞士公使，轉達美政府。關於潛艇一節，猶有轉旋之望。美人以其無誠意之虛與委蛇，拒之。自是以後，德國既無悛心，其潛艇戰日益增大；美國政府乃以二月二十六日行武裝中立。四月六日宣布對德宣戰。據亞洲文明協會《歐戰全史》。

（十一）美、德既宣戰，美政府遂於各港灣，捕德國船舶九十一隻，載重凡六千萬噸。四月十五日，美總統威爾遜布告其國民曰：“凡我國民，無男女老幼，皆宜以國爲體；我國家將於世界戰爭中，求民本主義之勝利，不可不先謀舉國之一致也。今我國家，方將歷試諸艱，以赴吾的。吾人其敢不竭誠奉公，以效忠於我國家？”由是美國遂參戰。而中美、南美諸國之與德宣戰者，靡然相繼矣。美國之始參戰也，初無豐功偉烈可言，其參戰第一年方從事於整理軍備，不過時遣新兵赴法助戰；外此則以軍費與軍需品，援助諸協約國而已。至一九一八年三月之頃，美國參戰之效漸著，其兵數日有增加，屢加入法軍，以與德軍對壘。於是美軍之勢力，乃確然爲衆所共認者矣。據亞洲文明協會《歐戰全史》。

（十二）我國於歐洲大戰，初未預聞。日本奪膠州灣時，我猶嚴守中立。及德國宣布潛艇政策，而德、美國交，因之斷絕。我國內外上下，方籌對外之策。忽於一九一七年二月四日，美國通告我國，勸我與彼持同一態度，朝野議論紛起，主從美者頗多。然官僚方面，猶欲親德。在華德人，隱慫恿之。越數日，始提出對德抗議，并通告美利堅政府，協商國方面極贊美之，謂爲中國對外政策之誕生云。對德抗議實行，於是參戰之疑問復起，主維持中立者，以慎重省察爲辭；主加入協商方面者，則以參與列國會議利益爲解。二者爭論甚烈，國會內亦分爲兩派：一、組織國民外交後援會，以加入協商爲宗旨；一、組織外交商榷會，以維持中立爲宗旨：各欲貫澈其主張焉。協商國方面，極力揶揄，蓋欲取得糧食、工人之接濟。德國公使，則以抗議爲無益，面謁總統黎元洪，勸中國嚴守中立。然政府中頗有加入協商之傾向。三月六日，國務總理段祺瑞，邀兩院議員百有八人於國務院，發表外交方針，陳述加入協商之種種利益；并謂加入後，可有稅率改正，賠款延期等權利。而加人之義務，則一爲工人之供給；二爲原料之供給而已。議員贊成者頗多。十日、十一日兩日，兩院均開會，投票結果贊成者居多數。乃於十四日正午，宣布與德斷交，兩國之公使各撤回，作參戰之準備。對於德人之旅華者，以敵國僑民看待。并解除德國軍艦軍隊之武裝，收回租界，没收産業。其他不能解決者，由荷蘭公使暫保管之。國交既斷矣，參戰之醞釀復甚久。政府與國會，意見相左。宵小乘之，起復辟之變，詳後。國本幾搖。難平後，下宣戰令，時馮國璋代任總統，段祺瑞爲總理也。所謂宣戰者，不僅指德，凡同盟國皆與焉。當中國參戰之日，德國方在西戰場肆其兵力。協約國軍勢頗危急，咸盼中國出師，謠傳中國將起兵四萬，赴歐助戰，實則未有此預備也。時歐、美各國既缺於船舶，中國嘗乞其以巨艦運兵，竟不可得，雖欲實行參戰，亦不可得也。近人《歐戰講義》。

（十三）協約國之誘中國以參戰也，不盡望其爲出兵之計劃，而最望其爲工人及原料之提供。故自宣戰以後，華工之渡歐者，踵趾相接於道，事業卓然可觀。其中十之八九，皆山東人也。年齡在二十四之間，大多赴法國，凡十萬餘人。或服務於丹克廠；或在丹恩維莫及安伯爾、提司、加來，成績較在他國者爲特著。其赴法時行程所出，或由威海、青島登舟，繞加拿大而至法，爲時約三十九日；或繞非洲好望角至法，則爲時三月，到法後，先在海口驗病，約一星期，乃分赴各廠工作。工作甚佳；故各廠華工之數，日有增加，與外國工人雜處，亦頗能相安也。華工工作之種類，分機匠及普通工人。機匠多係上海、漢陽製造匠及鐵路匠目，亦有嘗在各洋行公司機器房備工多年者。普通工人則僅任苦力而已。華工所受之資給，有工資，有飲食之費，有住所之費，有衣履之費，有疾病之費。每日凡五佛郎，別有旅行之費及賞金。工頭則每日所受凡八佛郎，二十五仙。機匠則五佛郎又五十仙。旅行之費及賞金，則皆無定數，所謂特別費者也。華工之在法，衣履、飲食、住所、臥具、消遣，均覺便適，休息日之待遇，悉視法國工人。遇雙十節亦休假。偶犯規則，法政府輒寬容之。華工頗富於冒險精神，當其作工時，以工廠迫近敵線，每飛機來襲，炸彈下投，輒由軍隊先期傳令避匿；丹克工廠，有華工數人，聞警露立弗去，遂及於難。當巴黎被德國新式巨礮轟擊時，華工之執役於附近工廠者，竟無恙也。某日有中國調查員赴戰地，方講演間，有炸彈自空下墜。英國軍官傳令散隊避匿，華工多大聲呼曰：“請君終其演說，吾儕不畏炸彈也。”華工之赴法者，皆訂立合同，以三年爲期，期滿護送返國，往來用費，悉英國任之。亞洲文明協會《歐戰全史》。

（十四）歐戰自一九一四年迄一九一八年，前後互五十二月。始於奧、塞開戰；德、俄兩國加入後，法、英又繼之。自是而往，意也、美也、日本也，更相繼參加；即局外如我國，亦牽入漩渦中，以近世兵器凶利之時代，而戰爭達四週年，可謂酷矣。近人《歐戰講義》。

（十五）此次大戰所犧牲者，合各交戰國全部計之，死傷者約有二千萬左右，寡婦孤子由是衆多，救濟之費用亦日增。即以英國論之，戰爭初期，每日需三千萬元；至於末期，每日需七千萬元；而戰死者遺族之周卹費亦甚巨。又以美國論之，其戰費每日平均約一億元，同時振卹戰死者之遺族，亦需巨金。又就德國論之，孤寡亦數百萬。總之：合交戰各國所發行五六百萬億之公債而計之，即救濟費用一項，且將耗國家富力三分之一；如欲瘡痍回復，非百年

以後不可。兵燹之爲害,亦烈矣哉。<small>亞洲文明協會《歐戰全史》。</small>

（十六）一九一七年三月八日之晨,莫斯科市上貧民羣集,皆求麪包而不可得者也。於是市中交通斷絕,警吏往來彈壓,人民與之衝突者,到處皆是。其所以成此風潮者,因俄之首都,素仰給於外縣,而輸送機關,實不整備;且開戰以後,都會勞工不足。曾移集農民於都會,高其傭金;而從軍之家,又多予以慰助之費,貧民階級一時少康。穀價漸漸騰貴,農民所入驟增,囤之者多,斯鬻之者少也。於是麪包問題,頗形危急。然不僅麪包問題已也,燃料問題,亦至告急。而是年之嚴寒,乃爲十年來所未有。其寒度每在零下二〇度,積雪盈尺,各鐵道火車,不通者凡兩週,莫斯科市民,冒苦寒而環聚於麪包肆,一時市中麪包肆,悉閉市。別創麪包票以示限制。同時因燃料缺乏,電力亦受限制。市中幾成黑暗世界。且各工場多停工,工人與貧民合,風潮益見擴張。莫斯科爲俄國腹地,國民主力在焉,莫斯科之紛擾,實俄國之重大問題也。迄一月、三月,有求買一片麪包而不可得者矣。時則全國職工,亦爲同盟罷工之舉。彼等餓不可忍,乞與麪包之聲,徧傳國中,每四五百人互相擁擠,終日鵠立,猶餓鬼也。一九一六年之春,開戰亘十二月,德意志糧食,漸告匱乏。政府於每人食料,輒與以限制,慘淡經營,復出於平糶之策。更組織委員會,調查全國糧額,復考查生理上之糧食額。再進而研究不毛之地,將如何開拓?何種穀物,宜於耕作? 設強制之規則,以謀生產之增加,並務減其消費之額。凡所以節食之道,如改馬鈴薯爲人之食品,製火腿、香腸等耐久食品,殆於無微不至也。德軍既深入敵地,力求其糧食之供給,在波蘭、在法蘭西等,均取其可穫之稻,輸己國。凡此種種,皆未足以十分困窮。洎乎聯軍封鎖後,窮迫日甚,肉類尤爲不足,國民常枵其腹;政府雖設爲種種調和之策,然未可信也。<small>亞洲文明協會《歐戰全史》。</small>

（十七）德人於開戰之初,醉心戰捷,每日高揚國旗,沉湎遊市,自以爲鎧袖一觸,世界風靡,英、法諸國,寧足我敵? 而至開戰第三年,外深困於聯軍之封鎖;內則缺糧日甚,是己國之命運日蹙,乃始反躬自悔,漸知戰爭之可憎矣。俄人久苦戰役,望和之心甚切,故過激派之煽動,漸次奏效,軍隊亦漸傾向之。敵愾之心,漸即銷磨。厥後之大革命,其基實開於糧食之問題也。<small>亞洲文明協會《歐戰全史》。</small>

（十八）自一九一七年三月以來,俄人饑寒日迫,於是暴動時起,同盟罷工者,日有所聞,皆大書揭諸市曰:"嗟! 吾儕餒矣! 其速拯我!"當三月五、六日之傾,市中幾於絕糧,即製造麪包之麥粉,亦經告匱。政府欲籌一救濟之法而不可得，馴至置機關鎗於通衢。然挺而走險，人情之常，死於饑寒與死於礮火，等死也。故政府任何壓制，效於何有哉？當時礮兵工廠之職工，已悉加入於暴動；危機既成，殆不可挽。莫斯科市中，幾爲流血之場。政府對於人民，竟出格殺勿論之令。由是羣情憤急，遂如星火燎原，不可嚮邇矣。三月十一日，下院於糧食問題，爭議不休。民黨議員首領臬芝氏，極激烈，和之者衆。政府急請俄皇下解散議會之令。詔勅雖下，議員充耳未聞。且相與立誓，欲以羣策羣力，撲此萬惡政府。政府不仆，誓不閉會。隨又議決實行人民爲基礎之政治，宣告政府諸大臣，皆爲國民蟊賊。是夜俄都革命軍起，步兵與之敵，人民死於亂軍中者，不可勝計。已而礮聲中止，革命黨人，游説軍隊，勸以反正。革命軍維持秩序，極有條理，凡饑不可忍之難民，悉聚之一處，以麪包分給之；於是軍隊倒戈相向者，不知凡幾。十二日，革命黨委員，電奏尼古拉帝。帝在戰地。曰：「政府既不能維持秩序，當由革命黨委員，組織新政府，以恢復秩序。」奏上，於是俄國積年來之大革命，告厥成功矣。革命軍組織行政委員會，旋改爲臨時政府。政府成立時，尼古拉在戰地大本營，下詔遜位，以皇弟繼帝位。革命軍移帝別居，以兵衞之。凡諸官吏，悉行屏斥。已而又遷廢帝於克利密。新帝宣言曰：「……朕雖繼皇位，攝耳！異日立法府制定政體，新皇其將辭位，從國民議會所創臨時政府也！」俄自是遂爲共和國矣。革命告成，俄舊制度多被破壞，凡國內之統治，悉依共和原理而行。維時尤足憂慮，在戰場之軍隊，未知其向背何如耳。詎意三月二十日，各軍賀電，陸續而至，誓服從新政府；海軍全部，亦表示贊成，由是俄國共和之基立矣。據亞洲文明協會《歐戰全史》。

（十九）自聯軍軍勢日盛，德國民心益動搖，十月下旬，則皇帝負責退位之輿論，幾徧全國。十一月三日，幾爾軍港內之水兵，遂起革命。自是錫勒瑞克、好斯敦地方，及其他北方德境，相繼而起。久之，南方德境，亦捲入革命運動之中。十一月七日，石德曼 Scheidemann。一派之社會民主黨，公然致書德相，有五款之要求曰：「如不得請，則屬於社會民主黨之閣員，將連袂辭職。」考其要求條件，大要如下：一、恢復自由集會之權利；二、對於軍人及警官，應訓令其保持謹愼態度；三、應依議會多數意見，即時改革德國政府；四、應鞏固社會黨之勢力於德國議會之多數中；五、十一月九日正午以前，皇帝應即退位，皇太子亦棄其承嗣之權。九日晨，德以宰相馬克斯公之名，布告德帝威廉第二退位並普魯士王位；且布告德皇太子，亦放棄其承嗣之權。十日晨，德帝威廉二世，自斯巴 Spa。大本營出奔荷蘭，旋入居邦登克伯爵別莊。斯時宰相馬

克斯公,亦讓位於社會民主黨之愛勃爾脱。Ebert。愛勃爾脱乃與同黨及獨立
社會黨相提攜,殆組織純粹社會黨內閣也,並附以國民執行委員之名。於是
德國民主的革命,乘戰敗之餘,而告厥成功矣。據亞洲文明協會《歐戰全史》。

　　(二十)奧京維也納,物價奇昂;當一九一八年,小餐一次,前值四角,至是
二十元;常服一套,價四百元;小白裳一件,至一百元。較戰前咸貴五十倍。
午餐僅得蘋果兩枚,值四元。糧食窘蹙,舉國嗷嗷。報紙上皆題糧食二字,作
大字徵求解決之法。十月間,奧帝如匈牙利,撫慰人民,匈牙利人倡獨立,求
脱奧人之軛軋。帝知大勢已去,不能挽回,亟逃歸維也納,駐蹕孫布連宮。
Schonbrun Castle。宮爲老皇帝晏駕之地,帝倉皇暫駐,警報不輟。奧政府亦不受
皇帝之命,朝廷卿士,不復入朝。新政府組成,特使求覲,帝不能拒;而前敵敗
報,絡繹而至,遜位之議,喧騰衆口,直逼皇帝出天位之外。十一月十一日,政
府宣布組織共和。帝知國勢已去,傳諭遜位,一聽國人之部署政局。奧國革
命,從此成矣。《新教育雜誌》。

　　(二十一)俄、德、奧三國,向均處專制政體之下,大戰以來乃均起革命,成
爲共和國。然內狀乃各紛如亂絲,如奧國已分裂:奧地利種擬北與日耳曼種,
合組日耳曼共和國;匈牙利種獨立,捷克斯拉夫亦獨立,皆創共和國。其南部
四省,折而合於塞爾維亞。俄羅斯尤不可測,波蘭、芬蘭、烏蘭皆稱獨立;而俄
羅斯之斯拉夫種,尚爲過激黨主義所窘,成無政府云。據《新教育雜誌》。

　　(二十二)俄國革命後,與德意志單獨議和。於是德國遂撤其駐俄之兵,
而轉輸於西部戰線,以博最後之勝利。初,德將興登堡,謂一九一八年四月一
日,必在巴黎舉戰勝之觴,悉力進攻。一方宣言用潛艇戰,以挫聯軍之鋒。於
戰線上作最堅固之防備,稱興登堡線。至此乃轉守爲攻,長驅而進,獲俘虜無
算。然聯軍防禦益固,法之福煦將軍,被推爲英、法、美聯軍總司令,初猶屢守
屢退,迨美國援軍,迭次增加,轉取攻勢。六月二十日之夜,德軍總退却,聯軍
大捷,捕虜二萬五千人。自七月十五日至八月三十一日,聯軍更大捷於西戰
場,捕虜十二萬人。德軍不能支,乃棄興登堡線而去。時東方戰爭,聯軍亦大
勝。勃牙利乞降;土耳其提議休戰;同時奧國,亦爲議和之提議。諸國於德,
相繼離盟;德國遂孤立矣。國內革命軍崛起,新建諸聯邦共和國。全國形勢,
不可收拾。十一月初,各軍並進,寖入國境。新政府乃急與協商國結休戰條
約。十一月十一日,條約成立,大概爲棄地、撤兵、繳械、歸虜諸項云。據亞洲文
明協會《歐戰全史》。

　　(二十三)休戰之後,繼以起者,其和議問題乎。和會於一九一九年一月十

八號始開於巴黎,然上而溯之,和議鼓吹,已匪朝夕;其形形色色,頗足生歷史上之興趣焉。美總統威爾遜,當中立時,曾屢為和平之運動,一九一四年十月四日,慶禱上帝以祈和平;一九一七年一月廿二號,又曾遞敦促和平公文於交戰各邦,大意謂現既兩不相下,所苦者仍屬平民。若各存不忍之心,圖永久和平,祇有各返侵地與俘虜,不索戰費與賠償;釋仇去怨,言歸於好耳! 當時雙方尚無大挫,對於威氏建言,不之顧也。泊乎德、俄媾和,即公然以威氏之主張為樣本,不割地,不賠款,然不過紙上談耳。俄既和矣,脫俄獨立之烏克蘭繼之,與俄毗連之羅馬尼亞又繼之。是大和會未開以前,和平小影,已建議者再,試演者再,惟均成曇花泡影,未足為後此典要。故吾人論此次和會,當自一九一八年十月五日德、奧請休戰始。斯會也,泛言之,為人類苦戰後共同之希望;實言之,則敵人之力窮勢倡,迫而行成耳,無他道也! 據閻一士《巴黎和會之經過》。

## 十五　大戰中的中華民國

（一）一九一三年,袁世凱解散國會,力謀中央集權,使二三親信左右掌之。觀乎德之雄視歐陸,日之雄視亞洲,於是對於帝制及一種武力之傾向,强於共和,因有恢復帝制之動議。楊度著有《君憲救國論》一書,盛流行於一九一五年八月間,其中詳言提議改革之理由。書為對辯體,述一客與一共和國民之辯論,摘錄其一段如下:共和國民,習聽平等、自由等言,此與政治及軍政,大有影響。……然觀德、日兩國之軍隊,訓練綦嚴,而極服從其長官之命令,此所以得為世界上最良之軍隊也。法、美與之情形不同,故雖富而不能强。其絕對不同之處,則因德、日為君憲,而法、美為民主;故吾儕可知共和國之必不能强。……我人至所宜為者,乃制憲時之半採取德制,而半採取日制。據美國吳惠津《世界戰爭與中國》。

（二）案帝制之謀,蓄之已久,而其明見諸運動者,則自民國四年——一九一五。始。先是袁世凱既藉南方革命黨之力,以覆清廷;民國二年,又盡鋤民黨。於是解散國會,而以參政院代行立法院之職權,改訂民國元年所公布之約法,已不啻帝制自為矣。及是歲八月,公府憲法顧問古德諾,始著論登諸報紙,謂中國行共和制,不若君主立憲之適宜。楊度之《君憲救國論》,亦以小冊刊於是時。旋楊度、孫毓筠、嚴復、劉師培、李燮和、胡瑛等六人,發起《籌安會》,藉從學理上研究君主、民主二者孰為適宜為名,通電各省將軍、巡按使,派代表到會。旋復由各省旅京人士,組織公民請願團,請願於參政院,求改變國體。參政院據以建議,請政府召集國民會議,或別籌他種方法,徵求民意。政府咨覆,准用前項辦法,國民會議之覆選舉,定於十一月二十日舉行,時九月二十五日也。而帝制派人,猶嫌其遲緩,乃又組織請願聯合會,九月十九日成立。聯合各機關,再請於參政院;參政院又據以建議,十月二日。別定國民代表大會組織法,由政府於十月八日公布施行。以根據該法選出之國民代表,投票表決國體,至十二月十二日而畢事,凡千九百九十三人,無一反對者。並於決定國體外,申明推袁總統爲皇帝,而以總代表委參政院,參政院據以推戴。十二月十一日。總統咨復,謂中華民國主權,在於國民全體,國民代表大會,既決定變更國體,自無討論之餘地;惟自念對於清室及前此誓言,不無漸德,望另行推戴云云。參政院於即日復爲第二次之推戴,咨復乃許,並以申令宣布。十三日。於是設立大典籌備處,十九日。改元洪憲,三十一日。内外各官皆稱臣,改呈爲奏,改總統府爲新華宮,共和國體,不絶如縷矣。近人《中國史講義》。

（三）日本對德宣戰,既以膠州交還中國爲前提;然當一九一四年十二月之時,日政府乃頓改其初志,其外交總長加藤男爵,在國會中,人問以日本是否須將膠州交還中國? 乃云:"日後之問題,目前所不能決,然日本實無交還膠州灣之必要。"次年五月間,日本逼迫中國承認廿一條件之最後通牒,遂以永遠佔據膠州爲藉口,通牒有云:"膠州爲軍事及商業上必爭之地,日本犧牲無限生命財産以得之,故今日實無以膠州交還之必要;然中國若能承認此次之條件,則前此四月間日本交還膠州之言,仍可實踐"云。換言之:日本實欲以交還青島爲交換條件,以迫中國承認其廿一條件耳。關於山東問題之第一類及廿一條件之原文如下:

第一類

第一條　中國政府,允諾日後日政府,與德國協定之所有德國山東省内依據條約或其他關係,對於中國享有一切權利、利益、讓與等項之處分,概行承認。

第二條　中國政府,允諾凡山東省内並其沿海一帶土地及各島嶼,無論用何名義,概不讓與或租與他國。

第三條　中國政府,允許日本建造由烟臺或龍口接連膠州路線之鐵路。

第四條　中國政府,允諾爲外人之居住及貿易起見,從速自開山東省内各主要城鎮,作爲商埠;其應開地方,另行協定。

第二類條件,爲日本經營滿洲及蒙古問題。日、俄戰爭之結果,日本得租旅順二十五年,並管轄近傍鐵路之權;俄人在南滿種種利權,悉歸日本。其於東部内蒙古,垂涎已久,惟事權未屬耳。第二類中,其弁言曰:"中國政府,曾允日本得於南滿及内蒙古東部,享有特殊之地位。"故要求租借旅順口及近旁緊要鐵道九十九年。對於商業、礦產、住居之權,滿洲與蒙古相似;此等權利之在滿、蒙者,當駕乎内地各省之上。此類條件,蓋欲使南滿及内蒙古東部,移屬日本也。其詳細條件如下:

第二類　日本政府與中國政府,因中國政府已知日本在南滿洲及内蒙古東部享有特殊之地位,協定以下條件:

第一條　兩訂約國,互相約定,將旅順、大連租借期限,並南滿及安奉二路期限,均展至九十九年爲期。

第二條　日本臣民在南滿及東部内蒙古,爲蓋造工商業應用之房屋,或爲工作,可得其需要土地之租借權或所有權。

第三條　日本臣民,得在南滿及東部内蒙古任便居住往來,並任便營工商業等各項生意。

第四條　中國政府,允許將在南滿及東部内蒙古各礦開採權,授於日本臣民;至於擬開各礦,另行商訂。

第五條　中國政府,應允關於下列各項,先經日本同意,而後辦理。

(甲)在南滿洲及東部内蒙古,允准他國人建築鐵路;或因建築鐵路,向他國借款時。

(乙)以該地各項稅賦作抵,向他國借款時。

第六條　中國政府,在南滿或東部内蒙古,聘用財政、軍事各顧問、或教習,必須先向日本政府商議。

第七條　中國政府,允將吉長鐵路管理經營事宜,委任日本政府,以九十九年爲期。

日本無豐美之鐵礦,所產不敷所用,而中國則富此種礦產,質又純粹;條件第三類中,日本欲合辦中國最大之鐵廠,使長江流域將來礦務,均歸日人管轄。其文云:

第三類　日本政府及中國政府,因見日本理財家與漢冶萍公司,在目前彼此有密切之關係,並希望促進兩國之公共利益,協定以下各種條件:

第一條　兩締約國,互相訂定,俟將來相當機會,將漢冶萍公司,作爲相當合辦事業;並允如未經日本政府同意,所有屬於該公司一切權利,中國政府,不得自行處分,亦不得由該公司任意處分。

第二條　中國政府,允許所有屬於漢冶萍公司名下附近之各礦山,如未經該公司同意,該公司以外之人,一概不得開採。並允此外凡欲措辦礦務,無論直接、間接,對該公司恐有影響之舉,必經該公司同意。

第四類中,日本欲管轄中國海岸線,以防止他國之軍事行動。其文云:

第四類　日本政府與中國政府欲保存中國完全之領土,協定以下特別條件:

第一條　中國政府,允准所有中國海岸、港灣及島嶼,概不讓與或租與他國。

日本無限之野心,顯著於第五類;在此類中,日人欲擴張新勢力於福建省內,要求自海岸線以至揚子江流域,造一軍事鐵道;又欲中國政治上、財政上、軍事上,均聘用日本顧問;各大城鎮之警察,須日人管理;中國兵工廠及各種軍需,須由日人管轄;此類條件,如或承認,則中國決為日本之屬國,與前高麗未屬日本時之情形似也。其内容如下:

第五類

第一條　中國中央政府,對於政治上、財政上、軍事上,須雇用有力之日本顧問。

第二條　日人在中國內部之醫院、教堂及學校,尤其有保有土地之權。

第三條　日本政府與中國政府,既屢以警務而起齟齬,自後中國各要地之警察,須由中日共同管理;或於此種地方,聘用多數日人,以籌劃改良中國警務。

第四條　中國政府必要軍需,須向日本購買百分之五十以上,或建設一中日合辦之兵工廠,聘用日本學術專家,購買日本原料。

第五條　中國允諾日本,建設一聯絡武昌、九江、南昌之鐵路,並南昌與杭州間之支路,及南昌與潮州間之支路。

第六條　若中國募洋股以開礦、建設鐵路,及經營港灣事業。船塢在內。在福建省內者,首當諮詢日本。

第七條　中國允許日本臣民,在中國境内,有遣使傳道之權。關於佛教。

最奇者,條件之開端,乃云"日本政府與中國政府,為東亞和平及彼此親善起見,協定下列各條件"。此為日內閣直接與袁氏提出者;提出以後,兩方均秘而不宣;迨後物議沸騰,日本仍不承認為事實;一月之後,乃云,條件衹有十一條,而第五類全類,與此外數條,均不宣布;至四月二十六日,又易二十一條為二十四條,其措辭亦略有不同;五月七日,日本致最後通牒於中國,以武力迫其從速承認,第五類一類,則允其為懸案;五月九日,中國不得已允之。

惟約各條件中,有違背各國通商條約者,則中國槪不負責。此次交涉,日本獲最後勝利,中國之不即屬於日本者,特時間問題耳。東方記者斯頓來博士 Stanley K, Hornbeck。嘗論此事云:此次交涉,日本所得之於中國者有五:(1)鞏固南滿基址;(2)承襲德人山東境内利權;(3)擴張日本福建省内勢力;(4)潛奪英人在華勢力;(5)操縱北京政府。披覽中國北部地圖,此即可見北京已入日人掌中。蓋日本既得旅順及山東半島,則爲天津及牛莊咽喉之渤海,遂在日本勢力範圍之内;既得青島、大連及安東、牛莊,而揚子江流域各種港灣,亦在日人手中。日本既用南滿鐵道以穿入滿洲腹心,膠濟鐵道以入濟南境,且可聯結津浦鐵道,通至京漢鐵道;而北京形勢,遂如累卵。自此中國北部商業、政治、軍事之權,盡在日人之手。美國吳惠津《世界戰爭與中國》。

(四)民國四年十二月二十五日,蔡鍔、唐繼堯等,起兵於雲南。五年一月二十七日,貴州亦獨立,舉劉顯世爲都督,出兵攻川湘;袁氏命張敬堯率師入川,龍覲光以粤桂軍自廣西攻滇之後路,皆不利。先是袁氏之謀帝制,英、俄、日三國,嘗遣公使詣外交部勸告,後法、意二國亦聲明加入焉,不聽;及雲南兵起,外人責問,謾言此非民意,且謂六個月内,可以蕩平;戰既不利,外人責言日至,外交形勢益迫。不得已,於二月二十三日,明令登極之舉,展緩舉行,並裁大典籌備處。三月十五日,陸榮廷亦獨立於廣西,二十二日遂取消帝制。帝制之起,黎副總統方任參政院長,既辭職,不許;然黎氏自此迄未出席。國務卿徐世昌,陸軍總長段祺瑞,亦以不贊成辭職。及是,乃由黎、徐、段三人,電南方求停戰,商善後。而南方復電,要求袁氏退位。其後四川方面,雖由陳宦請於蔡鍔,暫時停戰;而廣東於五月四日,宣布獨立。浙江將軍朱瑞,亦爲民軍所攻,以四月十一日遁走。陝北鎮守使陳樹藩,以秦軍獨立於三原,三路攻長安;將軍陸建章遣子承武逆之,敗績,承武被擒,五月十七日,建章遂棄西安走。四川將軍陳宦爲紳民所迫,以五月二十二日,宣告與政府斷絕關係。黔桂軍攻湘,湘不能抗,零陵鎮守使望雲亭,湘西鎮守使田應詔,相繼獨立;二十九日,將軍湯薌銘亦改稱都督。後湯、陳皆被攻,卒出走。山東雖未全失,然居正以五月四日起兵攻周郙,進占長山、濰縣。南方前已宣言,依法恭奉副總統黎元洪爲大總統,五月八日,滇、黔、桂、粤四省,合組護國軍。軍務院:唐繼堯爲撫軍長;岑春煊副之;劉顯世、陸榮廷、龍濟光、岑春煊、梁啓超、蔡鍔、李烈鈞、陳炳焜皆爲撫軍;啓超又兼政務委員長。對外交涉,以軍務院名義行之,聲勢益盛。袁氏内外交迫,以六月六日上午十時卒。副總統黎元洪,依法就任,而帝制之局,乃於此告終焉。近人《中國史講義》。

（五）一九一七年，美國既對德絕交，乃於二月四日，通告中國及其他中立國，華人與華政府，始猶猶疑。二月九日，乃決然繼美國後與德國抗議；此蓋共和國之新氣象，華人參預世界事業之第一聲也。初美、德絕交後，北京政府，嚴重討論中國此後之舉動；青年派極端主張繼美前型，而其較老者及守舊領袖數人，則主張謹慎小心，維持中立地位。中國有經驗之政治家，如梁啓超輩，爲政府所推崇者，均召至京師，集議一切。最後於二月九日，聚會終日。遂一致議定以照會遞交美、德。其致德國者如下：

本年二月一日，中國政府由柏林駐使，遞到德國照會；具悉德國政府，將於二月一日以降，採用海上封鎖策；對於中立國商船航行於一定禁止區域之內者，概與危險等。查德國前所行之潛艇戰術，已使中國喪失生命不少，今德國所規定之潛艇新戰術，其危及中國人民之生命財產，必更劇烈；與現行國際公法之主義，實相違背。茲若任其施行，隱忍緘默，則其結果，將使國際公法，儘可任人專斷。而發生往來中立國間，及中立國與交戰國間商務極相抵觸之主義。是以中國政府，特向德國政府切實抗議，反對其二月一日所宣布之新戰策。切望德國政府，爲尊重中立國權利，保全兩國友誼計，勿實行此新戰策。若事出望外，抗議竟歸無效，則中國政府，不勝惋惜，將不得已而斷絕兩國現有之邦交。至於中國政府之取此態度，純爲增進世界和平，保全國際公法神聖，則又不待煩言矣。

同日中國外交總長，又以下列文書，托駐京美使遞交美政府：

奉到本年二月四日美國照會，備悉美國政府因德國政府二月一日以後，將採用潛艇新戰術，決取認爲必要之行動等。中國政府亦如美大總統不願遽信德政府果將實行其辦法，致令中立國人民生命財產，受其危險；往來於中立國間及中立國與交戰國間之合法商務，受其損害。此種辦法，若容其實行，不加阻止，則將使國際公法中，發生一新主義。中國政府，對於閣下所遞照會中所載之主義，全表贊同。今已取同一之行動，對於德國封鎖新辦法，切實抗議；並擬於將來採用維持國際公法主義所必要之行動。

自中國通牒致德後，數星期中，寂然無聞。迨法船阿脱拉斯 Atlas。被沉事發生，華工之死者五千餘人；中國內閣，素主絕德，三月十日，遂以該問題提交國會議決，首經衆院通過；翌日，參院隨之。

久候不至之德國覆書，至衆院表決之日始至，其內容摘録如下：

中華民國政府，對於德國近所布告之封鎖政策，提出抗議，附以恫嚇語等；帝政府閱之，良用異詫；他國不過抗議而已，乃德國向與敦篤友誼之中國，竟爲各國中之唯一國，而以恫嚇語加諸抗議；……德國之敵人，先宣布封鎖戰策，且悍然不顧而實行之。德國礙難取消其封鎖戰略；但仍願依照中華民國政府特願，而商議保護中國人民生命財產辦法，俾盡力顧及中國航業利益。德國向中國用此通牒態度，實因確知倘至與德國絕交，中國不但失一真實良友，且中國冒不堪設想之轇葛云。

此書來時已晚，不能使國會贊助內閣之解決，受其影響矣。

惟答書之和平，使多數華人，稱異不止。更使之回憶當日德人之佔據青島，與德教士被殺後德人在山東境內之各種動作，及拳匪亂時德國軍隊之殘忍。中國法律家某氏，評論德人態度之變遷，謂爲中國在政治世界中之勝利，其言云：

維爾台爾西伯爵，Count Waldersee。率軍離德，以救援北京德人時，戰時主宰德皇曾諭以弗寬待華人，弗使華人敢正眼視德等語。乃時過勢遷，報施不爽，僅隔十七年，遂聞辛慈氏之論中、德絕交，而歉弱如中國，且敢輕視德國矣。

三月十四日，德奧公使團接領護照，由荷蘭收管其在華利益；而中國聯合協約之第一步遂畢。美國吳惠津《世界戰爭與中國》。

（六）對德絕交之舉，曾引起段總理與黎總統間之不和。段爲軍閥首領，曾仕滿清政府，不免沾染專制舊習；黎爲有真正共和精神之一人，主張國內當事事依照現行憲法而行。故段欲不經國會通過，即行絕交；而黎拒之。迨段離京，出赴天津，以辭職劫黎，黎乃使人勸段返京，並將該問題提交國會解決。十日及十一日，眾議院、參議院先後通過對德絕交。絕交後，當繼以宣戰之問題，主張宣戰者理由有四：一、爲有識華人，表同情於協約國；二、爲中國欲於和平會議，佔有一席；三、因美國之友誼；四、則欲加高中國之聲望及能力也。軍閥派亦利用此等論調，以冀操縱政權也。美國吳惠津《世界戰爭與中國》。

（七）反對宣戰者，亦振振有詞，蓋於協約國所公布之目的，不能十分明瞭；且猶懼德人之兵力；而恐軍閥派在戰時增加其權力，以操縱政府，如一九一三年袁世凱之借五國財力以壓迫共和國內平民主義之傾向，此亦其一要因也。美國吳惠津《世界戰爭與中國》。

（八）五月一日，內閣決議無條件宣戰；七日，大總統正式將該問題交國會通過，國會擱置不議。五月十日，眾議院開全院委員會審查，有自稱五族公民團者，集數千人，立國會門前，散有印刷品，強迫國會通過，議員有被毆者，自上午十時迄下午十一時而未散。翌日，有數家報紙，均詆總理爲暴動幕中人物，國內各處，羣電反對；閣員全體辭職，留段一人，不顧而去。是時諸事進行極速,軍閥與民黨間,已公然發難:一方要段解職;一方段之僚友則留之。五月十九日,國會中多數決定宣戰;惟段氏一日在職,則此問題一日不與解決。美國吳惠津《世界戰爭與中國》。

（九）時政府召集軍事會議,吉林督軍孟恩遠、湖北王占元、山東張懷芝、福建李厚基、河南趙倜、江西李純、山西閻錫山,及安徽省長倪嗣冲、察哈爾都統田中玉、綏遠都統蔣雁行皆在京師;其浙江督軍楊善德、奉天張作霖、陝西陳樹藩、甘肅張廣建、黑龍江畢桂芳、湖南譚延闓、新疆楊增新、江蘇馮國璋、貴州劉顯世、雲南唐繼堯,及熱河都統姜桂題,則皆派代表來京,與北洋派代表呈請改正國會所議決之憲法;如不能改正,則請政府將兩院解散。呈請後,遂先後出京。二十三日,大總統令免國務總理段祺瑞職,以外交總長伍廷芳代理;旋提出李經羲於國會,兩院皆通過。二十八日,明令任爲國務總理。二十六日安徽省長倪嗣冲宣告與中央脫離關係,扣留津浦鐵路火車,運兵赴津。二十七日,奉天張作霖;二十八日,陝西陳樹藩、河南趙倜;二十九日,浙江楊善德;三十日,山東張懷芝、黑龍江畢桂芳;三十一日,直隸曹錕、福建李厚基等,先後繼之。近人《中國史講義》。

（十）六月一日,大總統令張勳來京,共商國是。八日,勳以五千人抵天津,更自天津提出通牒,以攻擊北京,脅總統,限四十八小時內,解散國會。時總統與議員及民黨,已隔離不能相見,乃邀外國顧問英人莫利遜、日人有賀長雄等研究解散國會,是否違法。莫氏勸總統勿作此舉,有賀氏則反之。代理總理伍廷芳,不允副署解散命令。最後於六月十二日,黎不得已仍下此令,而以京師步軍統領江朝宗上將副署。次日,黎總統聲明解散之令,實違背其本意;惟爲救護北京及中國,以免除戰爭與擾亂計,故不得不爾。俟一有機會,即當引退云。六月十五日,張勳偕李經羲抵京。八省以其要求條件已達,取消獨立。國會議員,紛紛就道,有改裝易服而出者,均集會於上海,發出通告,國事紛歧,張勳遂乘機迅謀復辟。據美國吳惠津《世界戰爭與中國》。

（十一）六月三十日,康有爲抵京,首謁張勳,與梁鼎芬等密謀復辟。七月一日晨四時,張勳及其黨擁滿清幼主宣統復位,迫請黎總統退位。黎拒之,遂被禁錮。復辟既成,發出清庭之諭旨甚多;而副署者,爲"軍機大臣張勳"數字。七月三日,馮國璋通電否認與復辟各種關係。蓋彼之名,曾現於復辟請願書中也。廣東督軍通電,謂粵人當力戰以維持共和,各省相同之電甚多。日本軍隊,入禁城護送黎總統,出居日使館。七月四日,總統通電各省,維持共和。七月五日,段祺瑞等所召集之討逆軍,與張勳軍隊,在京津鐵路間之廊房開戰。各國公使，乃通告兩方當局，謂當遵守一九零一年之議定書，不可破壞山海關與北京間之交通。是日華人之乘車逃往天津者，擁擠異常。時全國除吉林等三省以外，均已宣布反對復辟行動；段祺瑞起爲討逆軍總指揮，梁啓超更力主聲討。據美國吳惠津《世界戰爭與中國》。

（十二）七月七日，討逆軍進逼北京，美、英、日三國後援隊亦抵京。一飛機自豐台張軍兵站，拋擲炸彈，燬其居。張軍之在跑馬廠者，均不戰而退。入城後，集中於天壇。又一飛機，盤旋於紫禁城上，拋擲炸彈。七月八日，張勳懼，辭職。惟清帝之退位，因其監護者冀得優越條件，仍未發表。副總統馮國璋，履代理總統任於南京，宣布即以其地爲臨時政府都城。伍廷芳博士，攜外交總長印抵上海。滿政府內閣總長數人，謀遁未果，被逮。張勳猶不退讓，討逆軍五萬人，遂圍北京，七月十二日晨四時，開始奮攻，外人之受傷者數人；禁城火發，張勳逃入荷蘭使館，共和旗遂遍插紫禁城頭矣。七月十四日，段祺瑞抵京；蓋七月四日而各省宣布與滿清政府脫離，十四日而共和軍主將入都；反對滿清之日，與中華共和國戰勝之日，適美利堅與法蘭西二共和國獨立之日，趣事亦奇事也。七月十五日，段就總理職，南方諸省，表示反對。是日黎總統通電以後不願與聞政治，而代理總統馮國璋，則表示願繼黎任之意。八月一日，馮氏就總統任，當就任前一星期，宣戰問題，已復提出，至此反對解決者已寡矣。一九一七年，八月十四日，中華民國政府，遂正式對德、奧宣戰。據美國吳惠津《世界戰爭與中國》。

（十三）復辟之舉，雖屬泡幻，然北京政府，仍操於軍閥家之掌握。代理總統馮國璋，與總理段祺瑞同爲軍閥之領袖。馮氏爲北洋派之直系前輩；段則皖系所推尊者也。雜據報紙。

（十四）安徽等省之宣告與中央脫離關係也，廣東督軍陳炳焜、廣西譚浩明，亦宣告國會未復以前，兩省軍民政務，暫由自主，不受非法內閣之干涉。其後滇、黔繼之，海軍第一艦隊亦加入焉。孫文等設臨時政府於廣州，召集國會開會，是爲西南護法之始。迄一九一八年十月，廣東之急進派與北洋之軍閥派，猶相爭未已。後徐世昌在八月十二日臨時召集之國會中，被選爲總統，以繼馮氏。西南既不承認國會爲合法，亦不承認其選舉爲有效。十月六日，遂宣布反對徐氏爲總統。此種不滿意之情形，皆因一九一七年六月二日段氏之解散正式國會而起。解散後，乃組織一參議院，以修改約法中之總統及國會選舉法。一九一八年二月，修改告竣，遂公布之。總統選舉，定於春夏之間實行。八月十二日，召集新國會於北京，前次國會八百七十人之定額，則減至五百七十三人。參議員二百七十四人，衆議員四百〇五人。中惟三數留學生，餘皆舊官僚黨也。參議院長梁士詒，衆議院長王揖唐，皆袁世凱之重臣；梁爲袁氏秘書長及代理財政總長，王則軍事顧問及吉林督軍也。袁氏稱帝，梁實預其謀焉。九月四日，按新選舉法舉定繼任總統。新總統受任之期，爲十月十日。西南五省，不與聞此舉，亦不派代表於新國會。新總統在滿清時代，歷膺重任。一九〇七年，爲東三省總督及軍機大臣。溥儀立時，徐與袁氏，同爲顧命輔弼之臣。及共和成立，袁氏爲總統，徐爲客卿；與袁交最厚，爲袁氏四異姓弟兄之一。當膺總統之選時，彼方在野，故雖爲武人領袖之繼續人，然非絕對之軍閥派可比，當可望其容納西南政府，以組織一共和國家也。徐被選後，即通電西南之有政治經驗者，請其相助，以解決各種難解問題。最要者，如約法不完備，府庫不充實，內爭及軍事問題；與歐戰定後，中國將爲世界商戰之中心等。新總統之好意，乃不見諒於西南政府；雖經累次疏通，而西南仍反對不已。自段氏解散國會，張勳復辟之後，西南意旨，主在反對非法之行動。其政府中如孫逸仙、伍廷芳、唐紹儀、陸榮廷、岑春萱等，皆中國要人。舊國會聚於廣東，兩院皆足法定人數，方從事於修改約法及起草國會選舉法。參院副議長及約法起草會長王正廷氏，在舊國會解散之前，確已起草完畢。至此遂爲代理參議院長。故西南之主要條件，爲恢復舊國會，及在正式約法未定之前，使用孫氏所訂之臨時約法。美國吳惠津《世界戰爭與中國》。

（十五）軍事協定，提議於一九一七年春；成於一九一八年五月。一九二一年初取消。關於協定之詳情，並無一定之記載，而考察此事者，則皆注意於詳情。聞代理總統馮國璋，曾一度以協定示抗議協定之學生代表團。報紙所載，非官的譯述甚多，茲得其一半官的傳述如下：

第一條　中日兩國陸軍，因敵國實力之日見蔓延於俄國境內，其結果將使遠東全局之和平及安寧，受侵迫之危險。爲適應此項情勢及實行兩國參加此次戰爭之義務起見，取共同防敵之行動。

第二條　關於協同軍事行動。彼此兩國所處之地位與利害，互相尊重其平等。

第三條　中日兩國當局，屆基於協定開始行動之時，對於各自本國軍隊及官民在軍事行動區域之內，當命或訓告使彼此推誠親善，同心協力，以期達成共同防敵之目的。凡在軍事行動區域之內，中國地方官吏，對於該區域內之日本軍隊，須盡力協助，使不生軍事上之窒礙。日本軍隊，須尊重中國主權及地方習慣，使人民不感受不便。

第四條　爲共同防敵在中國境内之日本軍隊，俟戰事終了時，即由中國境内，一律撤退。

第五條　中國境内派遣軍隊時，若有必要，兩國協同派遣之。

第六條　作戰區域及作戰上之任務，適應於共同防敵之目的，由兩國軍事當局，量各自本國之兵力，另協定之。

第七條　中日兩國軍事當局，在協同作戰期間，爲圖協同動作之便利起見，應行下記事項：

（1）爲圖謀軍事運動及輸運補充敏活確實起見，陸軍輸運、通信諸事，須彼此共謀便利。

（2）關於作戰上必要之建設，例如行軍鐵路、電話、電信等項，應如何設備，由兩國總司令官，臨時協定之。俟戰事終了，凡臨時建設工程，均臨時撤廢之。

（3）關於共同防敵所需之兵器及軍需品并其原料，兩國應互相供給，其數量以不害各自本國所需要之範圍爲限。

（4）在作戰區域之内，關於軍事衛生上事項，應互相輔助，使無遺憾。

（5）關於直接作戰上之軍事技術人員，如有輔助之必要時；經一方之請求，應由他方輔助之。以供任使。

（6）軍事行動區域之内，設置諜報機關，並互相交換軍事所要之地圖及情報；關於敵報機關之通信聯絡，彼此互相輔助，圖其便利。

第八條　爲軍事輸送使用東清鐵路之時，關於該鐵路之指揮、保護、管理等，應尊重原來之條約。其輸送方法，臨時協定之。

第九條　本協定實行上所要詳細事項，由中日兩國軍事當局指定各當事者協定之。

第十條　本協定及附屬本協定之詳細事項，中日兩國，均不公布，按照軍事之秘密事項辦理。

第十一條　本協定由中日兩國陸軍代表者簽名蓋印，經各自本國之政府承認時，發生效力。其作戰行動，俟適當之時機，經兩國最高統率部商定開始之。本協定及基於本協定所發生之各種細則，俟中日兩國對於德奧敵國之戰爭狀態終了時，即失其效力。

第十二條　本協定以漢文及日本文各繕二份，彼此對照簽名蓋印，各保有一份爲證據。中華民國七年五月十六日，大正七年五月十六日，於北京中華民國陸軍軍事協商委員委員長果威將軍靳雲鵬印，委員陸軍中將童煥文印,委員陸軍中將曲同豐印,委員陸軍少將田書年印,委員陸軍少將劉嗣榮印,委員陸軍少將江壽祺印,委員陸軍少將丁錦印,委員督辦參戰處參謀劉宋傑印,委員陸軍少將張濟元印,委員陸軍步兵上校陳洪逵印,委員陸軍步兵上校秦華印,日本帝國陸軍軍事協約委員委員長陸軍少將齋籐季治郎印,委員陸軍少將宇垣成一印,委員陸軍步兵中佐本莊繁印,委員陸軍礮兵少佐川崎吉五郎印,委員陸軍步兵大尉山田建山郎印。美國吳惠津《世界戰爭與中國》。

（十六）中國之對德絕交,以至宣戰,無可非難者。雖然,吾人於此,不能不抱無涯之痛也。莊子有言,"不龜手之藥,或以霸,或不免於絣澼絖"。夫絣澼絖,特用之小焉者而已,固未至於無用;即使無用,固未至於有害也。干將莫邪,不以之自衛,而以之自戕。高城深池,不以之自固,而以之自囚。其大愚不靈耶? 抑喪心病狂耶? 中國政府對德絕交,曾無幾時,即有與日本秘密締結軍械同盟之事。爲英文京報所舉發,坐是之故,黑幕驟揭,主筆被捕,由是而議院對於政府不能信任,由是而政治上之風潮掀天而至。督軍團之叛逆,武人政治之繼續不絕,益使軍國主義張其毒燄。而所謂"日本遣姦人豎子,與中國之敗類,陰相勾結,而政府親爲操縱於其間"者,至此而盛極於一時,於是參戰之目的完全消失;不僅消失,且對於原來之目的,倒戈以相向噫! 悠悠蒼天,謂之何哉? 對德宣戰之後,北京之非法政府所持之決心,曰"宣而不戰";曰"對外宣而不戰,對內戰而不宣。"而所以行此決心之手段,曰"賣國"。故對德宣戰之後,北京之非法政府,吾人無以名之,名之曰賣國政府。今揭賣國政府與日本所締結之買賣條約如下:

（甲）關於山東者

爲山東之存亡安危所繫者,不僅在膠州灣租借地,而尤在膠濟鐵路,此人所能知者也。而民國七年九月二十四日,日本外務大臣後藤新平致中國駐日本公使章宗祥文,所聲明者,如下:

（1）膠濟鐵路沿線之日本國軍隊,除濟南留一部隊外,全部均調集於青島。

（2）膠濟鐵路之警備,可由中國政府組成巡警隊任之。

（3）上列巡警隊之經費,由膠濟鐵路提供相當之金額充之。

（4）上列巡警隊本部及樞要驛、並巡警養成所內,應聘用日本人。

（5）膠濟鐵路從業員中,應採用中國人。

（6）膠濟所屬確證以後,歸中日兩國合辦經營。

（7）現在施行之民政,撤廢之。

而章宗祥復文,附以"欣然同意"四字。

膠濟鐵路如此規定,已足以斷送山東而有餘,然而賣國政府,猶以爲未足。於民國七年九月二十四日,駐日公使章宗祥,致日本外務大臣後藤新平文有曰:"中國決定向日本國資本家借歎,速行建築下列各地點間之鐵路。"

（1）濟南順德間。

（2）高密徐州間。

而後藤新平復文,亦附以"欣然承認"四字。於是濟順、高徐鐵路借款合同,遂以同年月二十八日,訂定於駐日公使章宗祥與日本興業銀行總裁小野英二郎之手。此爲豫備合同,所以爲正式借款合同之準備者也。依此合同,債務者爲中國政府,債權者爲日本興業、臺灣、朝鮮三銀行,其大要如下:

（1）政府認准此兩鐵路建設所需一切費用,由銀行發行兩鐵路金幣公債。

（2）政府對於銀行,提供現在及將來兩鐵路所屬之一切財產,并其收入,爲兩鐵路公債付還本息之擔保。非得銀行之承諾,不得以之作爲擔保及保證物提供於他人。

（3）銀行於此豫備合同成立,同時對於政府墊借日金二千萬元。

（4）此墊款以政府所發行國庫證券貼現之方法,交付之。

（乙）關於參戰借款及軍械借款

夫既曰宣而不戰,則參戰借款,果何爲者?然賣國政府,將質直以答之曰,此以供戰而不宣之用也。關於參戰借款,亦成於七年九月二十八日,訂立合同者,爲駐日公使章宗祥,與朝鮮銀行總裁美濃部俊吉。債務者爲中國政府,債權者爲日本朝鮮、興業、臺灣三銀行。借款金額爲日幣二千萬元。以中華民國國庫證券交銀行承受。其特可注意者,則合同之末附約如下:

依照本日簽字之中華民國政府參戰借款合同第四條,未借款金應交付於直接主管國防軍隊機關所屬之經理主任。

軍械借款,則以中國政府爲債務者,以泰平公司爲債權者。第一次所交爲日金一千七百十八萬六千四百六十一元九十二錢,六年十一月事也。第二次所交爲日金二千二百四十二萬零七百零二元二十三錢,七年七月事也。皆以國庫證券爲擔保品。張作霖何以能橫行於東三省,及直隸、河南一帶乎?參戰軍隊何以能蹂躪陝西、福建、湖南、湖北、四川諸省,所至殺人如麻,流血成渠,使中國人民死傷枕藉於槍林礮雨之下乎?曰軍械借款之賜也。

（丙）其他零星借款

據今年財政部所布告者，列表如下，於此有當注意者，此僅爲中央之借款，而各省不計也。此僅爲公開之借款，而秘密者不計也。

六年九月，日本銀行團第一次墊款日金一千萬元。擔保品國庫證券。

六年十一月，日本銀行團水災借款日金五百萬元。擔保品，臨清、多倫廳、殺虎口三處常關收入。

七年一月，財政部借日本三井洋行日金二百萬元。擔保品，印刷局所有一切財産。

七年一月，日本銀行團第二次墊款日金一千萬元。擔保品，國庫證券。

七年四月，日本銀行團電信借款日金二千萬元。擔保品，全國有線電報之一切財産及收入。

七年六月，日本銀行團吉會鐵路墊款日金一千萬元。擔保品，國庫證券。

七年七月，日本銀行團第三次墊款日金一千萬元。擔保品，國庫證券。

七年八月，日本銀行團吉、黑兩省金鑛及森林借款日金三千萬元。擔保品，吉、黑兩省金鑛、森林及其收入。

七年九月，日本銀行團滿、蒙四鐵路墊款日金二千萬元。擔保品，國庫證券。

案所謂滿、蒙四鐵路者：（1）開原、海龍、吉林間，（2）長春、洮南間，（3）洮南、熱河間，（4）洮南、熱河間之一地點起，至某海港間。

七年十月，中日實業公司電話借款日金一千萬元。擔保品，電話産業及國庫券五百萬元。

七年十二月，久原洋行墊款銀元三十萬元。擔保品無。

八年一月，正金銀行遣送敵僑借款銀元六萬二千五百元。擔保品，鹽稅餘款。

八年二月，海軍部與三井洋行訂立無線電臺合同，豫算資本金須五十三萬六千二百六十七鎊。由該行出資在中國建造無線電臺，以電臺收入爲擔保，三十年内承辦人有管理全權，限滿無價授與中國收管。

上列借款，賣國政府能證明某種目的之借款，果用於某種目的乎？例如滿、蒙四路，墊款二千萬元，固未嘗以之爲滿、蒙四路之用；而滿、蒙四路，則已斷送於日本。電信借款二千萬元，固未嘗以之爲電信之用；而全國有線鐵路，則已斷送於日本。此非所謂萬劫不復者耶？至其用途，與其決算，固不能公之於世，欲尋其迹兆，惟有於賣國者之囊橐；與西南戰場荒煙、蔓草、青燐、碧血之中，求之而已。據汪精衛《巴黎和議與中日問題》。

## 十六　巴黎和會和世界新潮

（一）巴黎和會開會五月，所有世界重大問題，將依次解決；此次和會，實爲歷史上空前之舉，茲將内部組織詳情，紀之如下：

| | 代表總數 | 全權大使 | 專家 | 祕書 |
|---|---|---|---|---|
| 美國 | 一〇八 | 五 | 六二 | 四一 |
| 英國 | 一七六 | 五 | 一三八 | 三三 |
| 法國 | 一三七 | 五 | 一一七 | 一五 |
| 意國 | 一二五 | 五 | 八六 | 三四 |
| 日本 | 六三 | 五 | 三七 | 二一 |
| 比國 | 七一 | 三 | 五一 | 一七 |
| 波利維亞 | 二 | 一 | | 一 |
| 巴西 | 二四 | 三 | 四 | 一七 |
| 中國 | 六二 | 二 | 二五 | 三五 |
| 古巴 | 八 | 一 | 一 | 六 |
| 厄瓜多 | 三 | 一 | 一 | 一 |
| 希臘 | 三二 | 二 | 一八 | 一二 |
| 危地馬拉 | 四 | 一 | | 三 |
| 海地 | 三 | 一 | | 二 |
| 漢志國 | 九 | 二 | 五 | 二 |
| 闒都拉斯 | 一 | 一 | | |
| 里比利亞 | 四 | 一 | 二 | 一 |
| 尼加拉瓜 | 五 | 一 | | 四 |
| 巴拿馬 | 五 | 一 | 二 | 二 |
| 祕魯 | 五 | 一 | 二 | 二 |
| 波蘭 | 六六 | 二 | 五九 | 五 |
| 葡萄牙 | 二三 | 二 | 一三 | 八 |
| 羅馬尼亞 | 三七 | 二 | 三二 | 三 |
| 塞爾維亞 | 一一一 | 三 | 八八 | 二〇 |
| 暹羅 | 一一 | 二 | 三 | 六 |
| 捷克斯拉夫 | 四六 | 二 | 四〇 | 四 |
| 烏拉乖 | 九 | 一 | 四 | 四 |

　　（甲）和會之正副會長　會長　克勒孟索　副會長　藍辛、勞合・喬治、歐蘭都、西園寺。

　　（乙）各國代表之領袖　美國威爾遜總統，英國勞合・喬治，法國克勒孟索，意國歐蘭都，日本西園寺侯爵，比國希芒，波利維亞孟脫，巴西貝沙，中國陸徵祥，古巴斐斯塔芒脫，厄瓜多亞斯那氏，希臘威尼士洛，危地馬拉孟台，海地奇巴，漢志國法沙，閩都拉斯巴尼拉，里比利亞金格，尼加拉瓜沙滿洛，巴拿馬皮古，祕魯剛達馬，波蘭特摩斯基，葡萄牙苛斯德，羅馬尼亞勃拉西亞諾，塞爾維亞巴希溪，暹羅夏龍親王，捷克斯拉夫克拉瑪，烏拉乖勃朗加。

　　（丙）協約國最高議會，會所：法國外交部總長室。會長：克勒孟索。會員：美國威爾遜總統、藍辛，英國勞合・喬治、貝爾福，法國克勒孟索、畢勛，意國歐蘭都、沙尼諾，日本西園寺侯爵、牧野男爵。

　　（丁）和會祕書廳：法國迪丹書達，美國克拉開羅，英國馬立師恆奇，意國亞特洛文第，日本姓名未詳。

　　（戊）和會委員會

　　［一］國際聯盟委員會會長威爾遜。

　　［二］戰事責任委員會會長藍辛。

　　［三］賠償委員會會長克羅資。

　　［四］國際勞動立法委員會會長公班。

　　［五］國際河港鐵道委員會會長克蘭斯比。

　　［六］財政委員會會長蒙塔古。

　　［七］經濟委員會會長克蘭孟丹。

　　［八］航空委員會會長台愛中將。

　　［九］疆土問題委員會會長達爾第氏。

　　［十］協約國國際陸海軍委員會會長福煦上將。

　　［十一］檢查德國軍需及解除德軍武裝委員會。協約國最高會議。

　　［十二］鑒定軍需品使德國不能再啓戰端委員會。協約國最高會議。

　　［十三］迫令德國承認休戰條約研究會。協約國最高會議。

　　［十四］編纂陸海軍及空中休戰約文委員會會長台俄德大將。

　　［十五］摩洛哥問題委員會會長羅加氏。

　　［十六］海底電線委員會會長福洛馬園。

　　［十七］最高經濟會議。協約國最高會議。

法國無線電社《巴黎通信》。

（二）巴黎和會，於我國關係，亦頗重要；北京政府，特任外交總長陸徵祥氏爲全權總代表，並擇國內外之有經驗外交家佐之，如顧維鈞、王正廷、魏宸組等是，南方政府亦派伍朝樞爲代表，先後赴歐。赴歐之人，除代表外，尚有新聞家、法學家等，偕行者不下數十人，梁啓超其最著者也。雜據報紙。

（三）依國際集會慣例，其開議大要，必臨時由雙方提出，抑由仲裁擬議，莫或先者。此次竟先有一物焉，出自交戰國之一員，始焉自敵人稱引，繼焉得兩造同認，卒爲和會要旨；而野心家隱視爲眼中之釘，不克大逞厥慾者，胥賴乎是。此物爲何？ 即甚著聲譽之"威爾遜君十四條"也，取譯如下：

（1）和約公開談判後，列邦不復有密約，而外交亦應相見以誠，可公諸衆。

（2）除各邦管領之航路外，無論平時、戰時海上航行，取絕端的自由、惟國際的行爲必需時，不在此例。

（3）除去經濟的障礙，各邦同享貿易均等。

（4）各國兵額須減至極小限制，取足保內安而止。

（5）對於屬地人民之請求，當視如通常政府之請求，本寬厚公正之心，與之商妥，即關於宗主權問題，亦須謹遵利益均等之原則。

（6）退還俄羅斯全境，解決關於彼一切問題；世界民族，當許以良好而極自由之協助，俾他免受障礙。本完全獨立之自由，以決定發展其政治，及國家的組織。爲保證彼以誠實仁愛的待遇，於將來萬國聯盟中，彼得自由擇定合宜的國度。充量言之，若彼有需要時，亦許以各種助力，庶乎此等待遇，出自彼等善意，與俄之必需。更進而言之，即彼等明惠而公正的情感。

（7）比利時應當重振，不妨害彼國家無上權，盡人皆知。因彼當與其他國家，享彼同等名號。此所以維繫民族的信仰，及遵守彼等製定之相互關係的法律。若此先決問題闕如，凡國際法之能力，與一切價值，皆從根本推翻。

（8）法蘭西被佔地方，亟應退還。其一八七一年受普魯士之損害，如亞爾薩司、洛倫二州，已擾亂世界和平將五十年，宜速補償，使公衆和平，得從新保障。

（9）意大利之疆界，當照民族主義，從新勘定。

（10）奧地利各民族，吾人甚願彼等亦得佔一席於世界民族中。因此，則應許彼等以自由發展之能力。

（11）羅馬尼亞、塞爾維亞、門的內哥羅，應當重振，其被佔之領土，亦應退還。對於塞爾維亞，應與自由及確實的海權。巴爾幹各邦，應從友誼的交換意見，而計及宣誓之件，與歷史上成立之民族。至於國際上保證政治經濟獨立,及領土完全,應從惠好巴爾幹各邦決定。

（12）土耳其帝國現有疆宇,應當保障其國家無上權及安寧。但別種民族現屬土耳其治權下者,亦須與以安寧之存在,與自由發展之完全能力,俾無妨礙。至於達但海峽,當永久開放,聽各民族之船舶及貿易,自由往還,而受國際保障。

（13）波蘭獨立國,應當復活,其土宇包含確係波民居住之地方。對此民族,並應與以海權。至於政治、經濟獨立,與領土完全問題,應受國際公同保障。

（14）萬國聯盟,應由一特別契約組織,其目的即國無大小,均與以政治獨立,及領土完全之相互保障。

細繹前文,就世界言,允爲公理人道之靈光,無可非難;就敵國言,實足爲德、奧之大不便,極難承受。何則? 波蘭恢復,並與以海權,是德、奧之東部喪地;亞、洛二州返於法,與意同種之奧民屬於意,則德、奧之西南部又縮小;至若奧國內部各種族,得自由組織國家,則德意志之與國,更等於無疾而終。彼日耳曼民族豈能心服者? 故此條件提出於一九一八年正月八號,德意志外相赫特林公爵,大起駁議,理雖遜而詞仍强。曾幾何時,而同年十月五號,德意志之請求休戰書,仍以威氏所擬爲談判之依據,兢兢焉若恐不踐履者,又何也? 此無他,敗北之國,得完故土,已屬極幸,烏得不返而求諸陳議耶? 自德、奧申請後,威氏即徵求意見於英、法,觀英、法之答覆書,除第二條航海極端自由一節,應有磋商外,其餘均一律贊同。此十四條文,昔者各各漠視,今則成爲和會之金科玉律矣。

按:威氏十四條外,更有同年二月十一號之補足條件四項,七月四號之目前戰爭之四種目的,及九月二十七號之追加五種新條件。以上三者,均爲德意志講和時所援引,認爲開議之根據者。惟其內容,與前十四條,無甚出入處;不過概括言之,辭更激切耳。故不具錄。閻一士《巴黎和會之經過》。

（四）中國要求膠澳租借地、膠濟鐵路、暨其他關於山東省之德國權利,直接歸還中國。

（甲）德國租借權、暨其他關於山東省權利之緣起及範圍。

一、初,德國亞東艦隊,欲於遠東得適宜之地爲海軍根據及商港,曾遊弋於中國沿海一帶,竭力搜求。德政府調查員嘗以膠澳地方最爲相宜之說進。適一八九七年十一月,有德國教士二人,在山東內地之曹州被害。論厥情形,本爲地方官防範不及。而德政府方欲以武力遂其素志,久思有所藉詞;至是即挾爲口實,遣軍艦四艘,至膠澳派兵登岸,聲言佔領。中國政府見德兵入境,事勢危急,迫不得已,乃與德國訂立一八九八年三月六日之約。見附件一。

二、該約規定膠澳海面潮平周圍一百里內,准許德國官兵過調,惟主權仍歸中國。復以膠澳之口南北兩面及島嶼若干處,租與德國,以九十九年爲限。

三、該約復准德國在山東省築造鐵路二道,並於鐵路附近之處相距三十里內開挖鑛產。此項路鑛事業,由專設之德華合股公司舉辦,華、德商人,均得投入股本,選派董事。中國政府又勉力允從在山東省內,如有開辦各項事務,需外國幫助,或用外國人,或用外國資本,或用外國料物,應先問該德國商人等願否承辦。膠濟鐵路及支線共長四百三十四基羅米突,爲山東鐵路公司投資建築兩路之一,該公司於一八九九年六月一日,奉德政府特許,於是年六月十四日成立。一九〇〇年三月廿一日,該公司與山東巡撫訂立中德膠濟鐵路章程,一九〇四年六月,路工告竣,開車營業。一八九八年三月六日之約,所准之開採鑛產權利,由山東鑛務公司承辦,該公司於一八九九年十月一日奉德政府特許,於是年十月十日成立。其已經開辦及正在開辦之鑛產,爲溜川坊子之煤鑛,及金嶺鎮附近之鐵鑛。一九一三年二月五日,山東鑛務公司復將所有權利負擔,讓與山東鐵路公司營業,於是路鑛兩權均爲鐵路公司所有。

四、保護膠濟鐵路之權,屬於中國。一九〇〇年三月二十一日訂定之膠濟鐵路章程,見附件二。第十六款云:"倘在百里環界外,有須兵保護鐵路之處,由山東巡撫派兵前往,不准派用外國兵隊。"又第二十六款云:"該公司在查路時及行車時,儻因事稟請山東巡撫派兵保護,應立即准如所請。"至保護山東鑛產一層,則有同日訂定之山東華德煤鑛公司章程,其第十款云:"或在勘查鑛苗,或在開採時,在百里環界以外,倘須稟請山東巡撫派兵前往保護一切,屆時查度情形,見稟隨即照准,不准請用外國兵隊。"一九〇〇年有德國軍隊,派往租借地以外百里環界以內之高密、膠州二處屯駐,嗣經中國山東巡撫與德國青島總督,於一九〇五年十一月二十八日,訂立中德膠、高撤兵善後條款,見附件三。德國將該項軍隊撤回青島;並承認百里環界以內中國之鐵路警察權,與環界以外之鐵路無異。又承認環界以內中國有施行山東省警察章程之權。中國隨於膠州設立警署,接管環界內鐵路警察事務。

五、此外德國尚有關於山東省之鐵路借款優先權,按一九一三年十二月三十一日之換文,中國一面以兩鐵路投資建築,並供給物料之優先權畀德國。此二路者:一自高密至津浦路路線之某點,暫時擇定爲韓莊。一自濟南至京漢線上順德新鄉之間。德國一面則讓還其德州正定間及兗州、開封間兩路之優先權，以及一八九八年三月六日專約所准之山東南部鐵路之優先權。此外並允批准一九一一年七月二十四日山東巡撫與山東鑛務公司所訂之收回鑛權合同。嗣因一九一四年六月十日中德換文，德國又獲得濟順鐵路，向西續展路線與煙、濰、濟寧、開封線之優先權。

按：一八九八年三月六日之約，德國在山東省本有附近鐵路相距三十里即十英里內之鑛權；嗣因訂立上述一九一一年七月二十四日之收回鑛權合同，其權遂大爲縮減。按照該合同所訂，山東鑛務公司除仍自留辦溜川坊子煤鑛及金嶺鎮鐵鑛外，其餘鑛權，均行取消。其所留辦之三處，則劃清鑛界而讓還。鑛界內如有開鑛所需，應借用德國資本，購用德國所產機器材料，聘用德國工師。

（乙）日本在山東軍事佔領之緣起及範圍。

一、歐戰初起，中國即於一九一四年八月六日以大總統命令宣告中立。兩星期後，日使通知中國政府，稱日本曾於八月十五日以最後通牒遞交德國，勸將該國軍艦及一切武裝船隻，立即退出中日兩國之領海，並於九月十五日以前，將膠澳租借地全境移交日本，以備日後交還中國。且要求於一九一四年八月二十三日正午以前，對於此項勸告，爲無條件之承認。按該最後通牒所稱，此舉之用意，乃在除去遠東和局擾亂之根，且爲保衛英日同盟之公共利益計。中國政府雖未見商於前，然對於所擬關於膠澳租借地之辦法，亦曾表示願爲同袍之意。旋以未見嘉納，始不堅持。嗣日本以最後通牒未見答覆，乃於一九一四年八月二十三日向德國宣戰。

二、日軍首隊二萬餘人，本係派往攻擊青島，不意竟擇龍口爲登陸之處。龍口處山東北部海濱，南距青島一百五十英里，日軍於九月三日登陸，橫穿山東半島以達膠州，沿途佔據城鎮，收管中國郵電機關，徵收人工物料，困苦居民，皆視爲必要之舉。其先鋒隊於九月十四日，始抵該處，而會攻青島之英軍，則於九月二十三日在德國租借地以內之勞山灣登陸，勞山灣距青島較近，沿途所遇之障礙，自亦較日軍前進時爲少；故與德軍交綏之第一役，猶及與焉。

三、龍口既有日軍行動，中國政府爲較易保障中立起見，不獲已於九月三日宣告參照日俄戰爭先例，所有在龍口、萊州及接近膠州灣附近地方交戰國軍隊行用，本政府不負責任。此外各處，仍嚴守中立，同日將此項宣告照會各國駐北京公使。見附件四。是時復與日本政府約定，該特別行軍區域，係從至膠濟鐵路之濰縣車站以東爲限，約距青島一百英里，日軍遵守界限，不得侵越而西。

四、詎於九月二十六日，有日軍四百名，突至濰縣佔據車站；十月三日，復迫中國軍隊退出鐵路附近地方。三日後即十月六日，又不顧中國政府之抗議，見附件五、六、七、八。進至濟南。將車站三處悉行佔據，於是膠濟全線，皆爲所佔；沿路分駐日軍，路員亦漸易日人。鐵路附近之鑛産，亦於是時均被佔據，賡續開採。時圍攻靑島之舉，方在進行；迨十一月八日，德人以靑島降於英、日聯軍。是月十六日，聯軍入城，次年一月一日，復開港貿易。

五、中國政府，以德人既以靑島完全投降，戰爭已畢，交戰兩方之軍事設備，業已解除，遂請將山東内地之日軍，撤回靑島，並卸除龍口至張店之輕便鐵道，以及附掛於中國電稈之電線。而日本政府，無可理喻。中國政府，以昔日不得已而宣告劃定特別行軍區域之理由，今既不復存在，遂取消當日之宣告，復於一九一五年一月七日，將取消之舉，照會駐京英、日公使。見附件九。旋於一月九日，據日使照覆，見附件十、十一。謂奉本國訓令，此項取消之舉，實屬獨斷處置，輕視國際信義，不顧邦交，措置誠有未當；並謂日本政府，決不使山東帝國軍隊之設施行動，受此等取消之影響及拘束云云。

六、日本佔據靑島及膠澳之後，要求自派日本人約四十名充當海關人員之權。所謂海關，乃一八九九年四月十七日中德靑島設關條約所訂設，復經一九〇五年修訂者而言。中國政府覺此等提議，無可允許。蓋一從其請，恐海關組織將因之而紛亂。且在德人管理之日，靑島海關人員，亦全由中國自派也。此事磋議未畢，而日本神尾總司令，已奉命將靑島海關之文件財産，逕行押收矣。

七、山東省之情形如是，而日本駐北京公使，於一九一五年一月十八日，向中國大總統提出二十一款之要求，見附件十二。頗令中國寒心。此項要求，現已膾炙人口，計分五號；其第一號即涉於山東省問題磋商之事。延至五月，日本政府，逕於是月七日，以最後通牒見附件十三、十四。送達中國政府，限四十八小時以内，爲滿意之答覆。同時有滿洲、山東，日軍增多之消息，傳至北京。中國政府，實逼處此，舍屈從日本外，他無可擇。見附件十五。不得已於一九一五年五月二十五日，與日本簽訂關於山東省之條約，附以三項換文曁其他各約。見附件十六。雖非所願，祇以欲維持遠東之和局，使中國人民免受無端之痛苦，而諸友邦爲伸張正義自由公道之故，方與中歐强國爲空前之戰爭，尤不欲見其遠東利益之受損，不得不委曲求全；且深信此項問題，與二十一款要求所發生之其他問題，正能於平和會議中爲最後之解決也。

八、日本政府復以一九一七年之第一百七十五號上諭，設民政署於青島；復設分署於坊子、張店、濟南，此三處者，皆沿膠濟鐵路而在百里環界之外者也。三處中以坊子距青島爲最近，然亦九十英里之譜。坊子民政分署，竟有擅理華人詞訟、徵收華人賦稅之舉，而膠濟鐵路與各鑛，則置諸民政署鐵路股管理之下。

九、山東鐵路深入腹地，詎沿路日軍逗留不去，而民政各署之設，在中國人民視之，似有久踞山東之意。山東本中國人民所深愛，於是舉國惶恐，而山東爲尤甚。政府迫於衆議，不得不思所以安心，以俟戰事告終和會召集，以解決一切關於世界將來和局之問題也，乃與日本開始磋商，一九一八年，與日本訂立草合同，見附件十七。借款築鐵路二道。此二路者，即一自膠濟線至徐州連接津浦、滬寧鐵路；一連接京漢鐵路者也。日本政府以此合同之故，乃於同日即一九一八年九月二十四日換文中，附件十八。允將膠濟沿路日軍，除濟南留一支隊外，餘均撤回青島，並裁撤山東省內之日本民政各署，借款已墊交日金二千萬元，惟正合同尚未畫押。

（丙）中國何以要求歸還。

一、膠州租借地包括膠澳及其島嶼而言之，素爲中國領土中不可分拆之一部分，其地之屬於何國，從未發生問題。且膠澳租借條約中，本有主權仍歸中國之明文。一八九八年之租與德國，實肇始於德國侵略之行爲，中國刦於威力，不得已而允之，其情形已詳本説帖之甲段。德國在戰事前所有在山東省內之路鑛權利，亦即此次讓與之一部分。此項權利及租地之歸還，中國實不過依據公認之領土完整原則，爲公道之一舉。若仍舉以畀德，或轉給他國，是不予中國以公道矣。

二、膠州租借地爲山東省之一部分，昔日德人所造，今爲日本所據之鐵路，自青島入內地，綿亙二百五十四英里有餘者，亦在該省。該省人口三千八百萬，皆志節高尚，熱心愛國之民，爲純粹中華人種，其語言、文字及尊奉孔教，與他省人民，咸無以異。不特於國籍之原則，毫無欠缺，抑亦爲備具此項原則之模範；而其志願殷切，欲其桑梓之得免於德國或他國之凌迫，尤無疑焉。

三、以歷史言之，山東爲中國兩大聖賢孔子、孟子所誕生，中國文化所肇始，實人民之聖域。中國崇奉孔教之文儒，每歲跋涉至此省謁聖蹟於曲阜者，數以千計，全國人民之目光，胥集於此。蓋中國之發展，此省之力爲多，今猶然也。

四、山東省人民稠密，致經濟競爭頗爲劇烈，以三千八百二十四萬七千之人口,聚集於三萬五千九百七十六方英里之地面。衣食之源,不外農業,謀生自非易事。蓋人口之多,幾與法國相埒,而地面之廣,不過四分之一,其不能容納他國羡餘人民,亦已明甚。此地而創立他國特殊勢力範圍,或特別利益關係,則除居民橫被朘削外,無他結果也。

五、不寧惟是! 山東一省,備具中國北部經濟集權之要則,其人民之衆,可增外貨之暢銷;鑛產之饒,亦利於實業之發展。抑尤有重於此者,則將來膠州一灣,必成爲中國北部外貨輸入、土貨輸出之第一要路是也。數百年來,膠州久爲山東省之重要商港,該省貨物取道於十二世紀所關之運河,而至此處,與內地最重要之商場曰濰縣者相聯絡。雖膠澳北部,爲積淤所塞,膠州今不復爲海市之城;然青島今爲山東省之海口,其所坐落之沿岸地位,正與膠州相同,復爲新關商務孔道,如青濰、膠濟鐵路者所抱注;而此路又與京津寧滬鐵路會於濟南,且處於膠澳之邊。膠澳地勢屛蔽,爲寒風所不及,經年不凍,非天津之北河可比;故此新立商場,實足以邀截中國北部全境之商務。職是之故,植立外國勢力範圍,足以危害國際商務及實業者,莫甚於山東。維持門戶開放主義,以普益各國者,亦莫利於山東。而最能維持之者,則莫過於中國也。

六、以形勢言之:膠澳爲中國北部門戶之一,膠濟鐵路至濟南而接津浦,可以直達北京。實足以扼自海至京最捷之一途。尚有一途,即自旅順、大連至奉天而達北京之鐵路是也。中國政府爲鞏固國防計,益以他項理由,久欲杜絕德人之盤踞青島。今幸得英、日聯軍驅而出之,中國深願留此重地於自己掌握也。

七、就各方面審察之:膠澳租借地以及附屬權利之問題,止有一法,可以滿意解決。苟平和會議以此地及鐵路等權,歸還中國,則不特德國肆意橫行之罪惡,藉以矯正;且各國在遠東之公共利益,亦藉以維護。山東人民,感覺靈敏,其於外人之侵入桑梓,以圖政治經濟之集權,乃所厭惡。且不憚表示其厭惡之意;德人之盤踞膠澳侵入山東,固其所痛惡;即今日共戰之友邦,暫時佔據該租界地與鐵路,亦其所不喜。觀省議會、商會之抗議,可知也! 他省人民,亦同此感,政府防範人民,使其表示反對止於抗議,不進而爲更劇烈之行動,頗非易事;可見其於此問題感情之深矣。設不歸還,則不特中國與將來掌握該租借地及鐵路暨他項德國權利之國,必生齟齬;而山東人民與該國人民之間,必且尤甚。既與攻擊青島時宣言鞏固東亞長久穩固和局之用意,難以相容;亦與英日同盟之宗旨,所謂護中國之獨立完整,守各國在華商工業機會均等之原則,以全各國在華之公共利益者,亦不相符合矣!

（丁）何以應直接歸還。

中國政府陳說各項理由，以明膠州租借地、膠濟鐵路及附屬權利應完全歸還中國，既不含有日本向德國索得租借權及鐵路權之後，將不肯交還中國之意，尤無疑慮之心。中國對於日本保證之聲明，固深信不疑；所以注重於完全歸還中國一節者，不過欲引人注意於此舉之爲根本上之公道而已。

一、抑歸還之法，厥有二途：即直接歸還中國；與間接由日本歸還是也。於此二途，中國願擇其直接者。其理之一，即取其程序簡單，不致滋生枝節；蓋一步所可達者，自較分作兩步爲易也。且中國從諸聯盟國與共戰國之後，得與於克捷之光榮，若向德國逕直收回青島及山東權利，則足以增我國家之威信；而聯盟國與共戰國敵愾同仇以維持之正義與公道之原則，亦從此而益彰矣。

二、中國之請求直接歸還，非不知日本將德國驅出青島時，所受之犧牲與其所損失之生命帑款；中國政府人民，於日本海陸軍隊英勇慷慨以助鄰國之舉，實深銘感。而英國於歐洲戰事危急之時，仍能力助此舉，亦所深荷。即其他聯盟國與共戰國之軍隊，與敵人相持，使不得分兵以援遠東，而延長是處之戰事；中國政府人民，亦不能忘其惠中國。鑒於山東人民當攻陷青島時，因聯軍之行動，受種種苦楚犧牲，愈覺此等援助舉動之可感。然感激雖深，中國終不能承認其領土之權利，可因他國之戰爭，彼時身處局外而輒受影響也。且日本固宣言戰爭之目的，在使遠東和局，不爲德人所危害，目的既完全達到，則其雖有所犧牲，而食報之豐已無以加矣。

三、中國政府亦非不了然於日本四年以來對於此項租借地及鐵路等項權利，處於軍事佔領者之地位。然徒因戰事期内之佔領，不能遂獲得所佔土地或產業之主權；總之不過暫時辦法，必須經平和會議綜計諸聯盟國與共戰國之普通利益，而追認或取消之。此次日本軍事佔領租借地與鐵路，自中國對德奧宣戰之日起，即爲反對共戰國權利之舉；而其佔據鐵路，則自最初之時，即已不顧中國之抗議矣。

四、中國固曾於一九一五年五月二十五日，與日本訂立關於山東省之條約，其第一條云：“中國政府允諾，日後日本國政府擬向德國協定之所有德國關於山東省依據條約或其他國關係對中國政府享有一切權利、利益、讓與等項處分，概行承認。”然應憶此約與此外關於滿洲、東内蒙之一約、暨多數之換文，皆發生於一九一五年一月十八日日本無故向中國提出之二十一款要求。中國政府本所不願，經日本送遞最後通牒，限四十八小時以内爲滿意之答復，始勉强允之。無論當時訂約情形，在中國極爲痛苦；總之中國政府，視之至多不過爲暫時之辦法，必須經平和會議爲最後之修正。因其所涉首要問題，本爲戰事所發生；故舍最後之平和會議外，不能爲滿意之解決也。即較近所訂關於膠濟鐵路、暨昔日讓與德國他項路權之合同，中國對之，亦同一看法。不特此也！就以上所引條文而細審之，可見日本並未獲得關於山東租借地與鐵路暨他項德國權利，不過得有保證，謂所有關於德國權利、利益、讓與之處分，倘經日本與德國協定，中國即從而承認之耳。此項保證，自係設想中國始終中立，不能參與最後之平和會議而言。若加以他項解釋，則勢必指日本爲另有用意。與其所明白宣告如英日同盟條約所謂願保中國之獨立等事者，不能無悖。蓋苟不認中國有宣戰及列席平和會議之權，即不啻不認其政治獨立所發生最要權利之一也。中國即入戰局，則該約所設想之情形，即已根本改變；故依據事變境遷之法理，此約已不復有效。

五、進而言之：中國既於宣戰布告中顯然聲明，所有中、德兩國從前所訂一切條約合同協約，皆因兩國立於戰争地位，一律廢止。則一八九八年三月六日之約，德國因之而得據有租借地、暨鐵路以及他項權利者，當然在廢止之列。而德人所享之租借權利，按法律言之，即業已回復於領土之主權國，即出租該地之主權國。易言之，即德人業已喪失其租借地等各項權利，故已不復享有所謂關於山東省之權利可以讓與他國者也即謂租借之約，不因戰事而廢絕，然該約中本有不准轉租之明文，亦未見德國能轉租其地與他國也。至鐵路一節，則按一九○○年三月二十一日之中德膠濟鐵路章程，本有中國國家可以收回之規定，即含有不准轉讓與他國之意。中國鑒於上列各理由，深信平和會議對於中國要求膠澳租借地、膠濟鐵路、暨關於山東省之他項德國權利之直接歸還，必能認爲合於法律公道之舉。苟完全承認此項要求，則中國政府人民，對於諸國秉公好義之精神，必永永感激於無涯；而對於日本，必且尤甚。此一舉也，不特日本與諸友邦所願維持之中國政治之獨立與領土之完整，藉以鞏固；而遠東之長久和局，亦藉此新保證而益堅矣！

［一］附件目録

一、一八九八年三月六日，中德膠澳租借條約。

二、一九○○年三月二十一日，中德膠濟鐵路章程。

三、一九○五年十一月二十八日，中德高膠撤兵善後條款。

四、一九一四年九月三日，中國外交部，照會北京各國公使，爲宣告劃出行軍區域事由。

五、一九一四年九月二十七日，中國外交部，照會北京日本公使，爲抗議違犯中立事由。

六、一九一四年九月三十日，中國外交部，照會北京日本公使，爲抗議佔據膠濟鐵路事由。

七、一九一四年十月二日，北京日本公使，照會中國外交部，關於佔據膠濟鐵路之抗議事由。

八、一九一四年十月九日，中國外交部，照會北京日本公使，爲再行抗議佔據膠濟鐵路事由。

九、一九一五年一月七日，中國外交部，照會北京英日兩國公使，爲通知取消行軍區域事由。

十、一九一五年一月九日，北京日本公使照會外交部，聲明不能承認取消行軍區域之通知事由。

十一、一九一五年一月十六日，中國外交部，照會北京日本公使，爲關於取消行軍區域事由。

十二、一九一五年一月十八日，日本之二十一款要求。

十三、一九一五年五月七日，日本送致中國之最後通牒。

十四、一九一五年五月七日，日本最後通牒之説明書。

十五、一九一五年五月八日，中國答復日本最後通牒。

十六、一九一五年五月二十五日，關於山東、南滿、東部內蒙之條約及各換文。

十七、一九一八年九月二十四日，中國與日本所訂關於濟順及高徐兩鐵路之草合同。

十八、一九一八年九月二十四日，中國駐日公使，照會日本外部，爲處理山東省各問題事由。

十九、一九一八年九月二十四日，中國駐日公使，與日本政府換文，附滿蒙四鐵路草合同。

[二] 地圖

第一圖，青島、山東省鐵路形勢之重要。

第二圖，山東省及中國沿海。雜據報紙。

（五）一千九百十九年一月十八日，巴黎和會在法國外交部鐘廳開全體大會。下午閉會之後，美國總統威爾遜，周旋於各國議和代表之間，因與中國代表王君正廷握手爲禮，狀極懇摯；顧見陸君徵祥，報以一笑。問王君曰，顧博士何在？渠今日不蒞此乎？王君遂告以顧君下次始能列席，因中國代表在和會祇得二席，陸、伍、王、顧、施、魏諸代表，祇可按班與會耳。威總統遂曰，甚善！察其色，蓋於己身親善中國與關切中國代表及顧君之意，絕無掩飾。十日之後，和會開十人會議時，威爾遜總統於顧君維鈞所提出請求由德國直接將青島交還中國之建議，極表贊佩之忱；蓋威總統於中國提案，固深知其爲正當者。惟自彼寒冷陰晦之一月十八日午後，以至晴春和暖之四月二十八日，和會中對於山東問題情況，他無變更；所變更者，氣候及威總統之意耳。方威總統二次來法，重列議席之日，吾嘗見其在 Gare de Moalides。登岸，乘車馳驟於萬衆歡迎之巴黎市中，維時人民崇拜若迷，聆其片言隻語，直奉爲金科玉律，歐洲新聞界，至頌之爲不爲威爾遜必爲李寧，不爲民主必爲過激派云。距兹未久，威總統於其所主張，已不能保持向有之態度，即昔之奉若神明者，亦且誚其爲易受刺激之徒，以彼之事事受困，致疲於所事，窮於應付，固顯然可見。然使常人工作竟日，猶且煩憊難支，而威總統身當此時，轉若新發於硎，鋒鋭莫攖，吾與威總統晤非一面，復常得望見顏色，以吾之所觀察，其人固能堅忍者也。方威總統《國際聯盟草案》脱稿時，已在子夜一時，迨日出而治事如故。余嘗謂之曰："爲政者，不當亦如工人組合之限定工作時間乎？"彼乃莞爾答曰："吾體之壯，固足以當總統之組合者！"意蓋謂限時治事，非身爲總統者所得而享也。居巴黎之人，治事勤勞，無一足與威總統比。即和會中之重要人物，亦何一不時息而時作？然而威總統固無一刻息也。威總統在法之日，無日不有二敵與之頡頏，二敵維何，則過激派與舊式之外交，皆欲得威而甘心，而卒傾敗之者也。及匈牙利、加羅里政府失陷，過激派越喀爾巴阡山而佔據全匈險要之消息抵巴黎之日，羣以爲和會之權力，轉瞬即成蓳粉。時意大利議和代表，又爲阜姆問題，以退出和會爲要挾；而和會之情形，遂愈趨於險惡。卒賴威氏有對於亞得利亞海問題宣言之公布，稍復和會之信仰，藉以壓服反對之論調，而平和之希望，於是乃復見曙光。遠東人士，由威氏亞得利亞海宣言觀察，每以爲威總統能本同一宗旨，以爲膠州問題之解決。蓋以中國與自奧、匈灰燼中新造之小國比，形勢强弱，相去固形遠甚；彼既可獲正當之解決於和會，中國更何不可取正當之解決於和會，斯時吾固嘗聞日本使者對於此事，憂慮關切之言矣。

　　日本使臣中某重要分子曾曰，倘美國日近而與日本立於相對之地位，一如日、俄戰前，俄國爲滿洲之故之所爲，是誠不幸云云。數日後，日人有示余以在巴黎發行之新聞紙，内載美國將在太平洋下海陸軍動員令以抗日云云。

又天津兩國駐軍衝突，及西伯利亞聯合軍中之齟齬，亦皆爲故事張皇之報紙所撕拾，鋪張揚厲，以爲危言聳聽之資料。消息險惡，空氣爲之瀰漫。於是英國議和代表中之穩健一派，乃利用機會，造作詭謀，以促成威總統在和會之失敗，而以中國供其犧牲。此事發始，固不連及膠州，然膠州問題之解決，實基於此。日本代表中，以牧野男爵爲巨擘。此君蓋當世精幹之政治家，彼嘗語余，謂厭棄政治生活；顧言雖如是，而彼乃主張人種及民族平等，以取盛名於日本政治社會者。彼之膺命蒞法，人皆知其爲東方平等一事，取西方諸國之認可而來。乃美國代表，庸愼無能，甘爲人給。自立於反對此等公正要求之地位。彼日人者，於所提出之平等問題，早已預計終始，逆知其結果；而美國代表侯司，則不明其然。故雖迭經寅僚糾正，猶一再誤爲殖民事件，以致日人之反抗。侯司人固可喜，特不盡諳世事，以愛爾蘭一事，又嘗獲忤英人，卒爲英國代表中穩健派所利用，以爲傾陷威總統之具。美國代表對於牧野，有種種原因，應予以贊助，而無絲毫可以反對之理由。蓋此案之性質，事實上極難得英國之贊可，況復有充耳無聞之澳洲代表許賜氏，作梗其間。許賜嘗宣言，如和會對於日本此項提議有所退讓，縱屬無關輕重，彼亦當以退出和會爲對待云云。曾記威氏某日嘗憤然曰：“既不能言；又不能聽，何需此人？”許病重聽，性復剛愎，威氏之言，蓋有所指，可見其人之不可化也！假使侯司爲政治家者，則於牧野弩列戟張，從事於人種及民族平等問題以遷和會之注意，離開膠州問題之際，宜知其爲難得之機會，圖所以利用之。彼日人於布置此次外交之程序，直同百戰大將之於戰陣，先據其優勝地位於無懈可擊之平等提議，虛張聲勢；而外人對於情詞俱曲之山東問題，所有猛烈之攻擊，遂以潛移。蓋牧野深知英國於平等建議加入聯盟條約，反對至烈；而以兩國同盟之關係，必能於山東問題多所輔益。顧君維鈞洞見其覆，於是竭力演說，主張將孟祿主義，重新加以公認，以免國際間復有不良之協定。一面於日本所提平等建議，表示贊成，意蓋欲拯美國代表於困難也。日本自一千九百零二年以後，與英國爲同盟。故自上年十二月和議開始以還，英、美人士，咸以爲欲維持美國之平和，實不出下列二策：[一]則繼續從前與世隔絕爾不我侵我不爾爭之政策；[一]則與英國聯合利益取一致之行動。有識者更多以次策爲然。乃威氏不察，偏聽侯司一人之言，舍此二者，別務高深，日馳騖於迷離惝恍之國際聯盟，以爲此盟一成，平和即可立致，事事遷讓，以利其成。英人更從旁鼓贊，表示聯盟草案合乎彼國之趨向；於是奸人環起，各逞狡謀，動以聯盟破壞，來相恫嚇。即以日本平等提議一事爲證，已可見彼舊式外交之英國穩健派，玩弄威氏於掌上,直如漁之於魚矣。結局既定,吾數得與牧野會談,更就各方觀察,因知日本之阱,原爲英國代表勞勃色昔路爵士而設,不圖威氏當之。英人不欲種族及民族平等之成立,其理由蓋有二端:[一]則恐其牽涉英國統治問題;[一]則英國穩健政派,於膠州一案,已決予日本以協助,同時又欲使日本所提之他項提議,失敗於威總統之手。而此平等提議,適因其會而生,使英人得償所願。牧野諗其然,特於修正該提議之時,刪削務求妥貼,俾不致再遭拒絕,終之雖所獲爲一簡單之公認,亦以爲滿足也。當斯時也,侯司與威總統,均得忠告,述其事之所以然。更有謂有某英人者,外託排英之名,陰行排美之實,欲圖日美決裂,以破壞美國在中國已得之優勢云云。英國穩健政派,復廣其說,謂中國竟因得美之助力,在和會戰勝日本,則英國在華優勢,將不勝其打擊,以惑英國代表巴爾福及其總理喬治兩氏。故中國使節中,雖有英國留學出身,與英人友善之伍朝樞氏,折衝其間,而在巴黎之英國政界某要人,卒計使威總統自行放棄其所主張之遠東政策,同時并誘引威氏,任其黨人代爲剖說,其與中國要人所作何以背信之解釋,於其困難之處,描摹盡致。個中某氏,曾私語余友華人某君,謂美之所約,爲事至多,而按之事實,曾無一踐;出爾反爾,美實尸之! 坎拿大代表波頓君,謹厚人也。其所主張,則異乎是! 當膠州問題發生之日,此君嘗語余曰:"我國之活動區域,亦猶貴國,不僅限於大西洋,兼在將來爲世界活動中心之太平洋;而我國之於太平洋,爲尤注重,蓋以連合兩大洋之航道,關係於我國至鉅。使我國西部,如英屬哥崙比亞省,户口日益繁殖,則太平洋之爲重要,其程度亦日以增長。兩國對於兩大洋之關係,既屬相同,吾人亟欲於涉及北美利益一切事件,與美國合力從事。"威總統之於和議,始終略無休息,以涵養其寧靜之心思,以維持其個人在議會所佔之優勝;彼英國代表首相喬治,則異乎是! 雖巴黎和議之大錯,全由此公鑄成;而彼於進退躊躇徬徨無措之際,能翩然遠引,以圖將全英福利之重責,遺之巴爾福諸人;及其既返,仍得執坫壇牛耳,以保持英國之利益,與其個人政治上之地位,此人可謂善自處者,威總統不能也! 美國對於遠東問題之失敗,實由於威總統過信侯司,及其少與國内熟悉遠東情形者接洽。雖威氏嘗與深諳中國情形無與倫比之維廉氏,作三刻鐘之討論,而於其他,則未聞其顧問。侯司之受色昔路鼓惑,亦爲威氏所以不能達其目的之一原因。侯司既以平等提案,擾威心曲;復以權術策其謙讓,其實吾人對於日本,何事用其攻擊,今竟攻擊一如英國穩健派所爲,果何益哉? 國際聯盟,卒於四月二十八日下午,產生於巴黎外交部,而意人未與會。威總統於宣讀聯盟草案請求贊認之後,更將平等問題酌予修正，以順日人之要求。於時牧野起立，以英語口述日本提案所遭聯盟發起者蔑棄之經歷，而其結語，尤爲注意世界和平者所當記憶，其語曰："余以爲余之職務，應於此時宣布，日本政府及其人民因審查會於其所提出公平正當之建議，不能核准，深致憾惜！然日本政府及其人民，仍將堅持主張，以待聯盟將來之採納。"以侯司之謬誤，益以威總統之偏信，遂使牧野爲世界有色種族仗義之先河。一日，有黑且頗之人，謁牧野於茂利司旅館，進而謂之曰："男爵乎！吾亞非利加將不問艱難困阻，終與君偕；吾人於此重大事件，得從日本之後，實爲榮幸！"可見其得人之深也。迨威總統自陷，而爲英國穩健政派之傀儡，復聽從彼黨指引，以日本平等提案在和會所以致敗之責，肩之己身。於是和會領袖之身分，遂與威離，更不得對於中國踐其宿約之機會，而和會之領袖，乃爲英國代表首相喬治取而代之矣。侯司頭腦，久已爲惡魔所據，況勞勃色昔路醫士，又不時利用電話，刺激其神經，乃警告威氏，謂如竟以夙所主張十四條之主張，實施於山東問題，則日本必且退出和會，并國際聯盟及新改組借款、與中國之銀團而不加入。其極，日本且將於必要時，對美準備戰爭。侯司既已中懾，威氏乃不得不遷就求成；故牧野一度與英國代表巴爾福、色昔路兩氏，作簡單之商榷，立馳使召其祕書長岡春風而告之曰："關於膠州之文件，汝可加重其語氣！"威爾遜總統，亦以爲可就我國意思解決矣。美國《亞細亞雜誌》。

（六）北京中學以上各校學生，因巴黎和會議定將青島讓與日本，非常憤激，於五月四日聚集數千人，排隊出行，爲一種示威運動。並四處分送傳單，手執白布製成之旗，上書"力爭山東問題"、"排除賣國漢奸"及"賣國賊曹汝霖，陸宗輿、章宗祥"等字樣。先至東交民巷各國公使署，求見各國公使。是日因星期日，各公使均不在署，遂送遞意見書而出。中途經過交通總長曹汝霖住宅，羣衆擁入宅中，擬向之質問。曹先行逃避，適駐日公使章宗祥，日前因事回國，是日正在曹宅有所商議，被衆瞥見攢毆，受傷甚重。時曹宅內火發，警察聞警前來救火，學生亦整隊散去，旋在街上被警察及步軍游擊隊捕去數十人；未幾，即經保釋。事後，交通總長曹汝霖、幣制局總裁陸宗輿及教育總長傅增湘等，均呈請辭職；內閣亦提出總辭職呈文，均經大總統慰留。國立北京大學校長蔡元培，旋辭職出京。雜據報紙。

（七）自八年五月四日，北京學生團示威運動之後，津、滬、寧、蘇等處學生，均陸續響應；商工各界，亦聞風繼起，罷業罷工；各處開國民大會，游行演講之消息，報紙上幾日必數見。此種愛國運動，頗得新聞界及外人之贊助，稱爲民國發軔之起點。故風潮澎湃，波及全國；更波及國外僑民。始則爲零碎的、部分的運動；繼則組織學生聯合會、商界聯合會等有秩序之團體。更由一地之各團體，組成各界聯合會；由各地之同性質團體，組成全國大聯合會。此種團體之事業，對外則通電巴黎和會，及我國代表，陳述山東問題之必須修改；并告各友邦人士，乞予援助。如上海學生聯合會，曾致贈銀盾於美國參議員；巴黎代表團，日得國內阻止簽字之電信，必數十起；巴黎華僑，更圍阻使館，面致請求。更有一全團所共同主張者，則抵制日貨是也。商人有私進日貨者，羣目之爲賣國賊，持之最激烈者，竟毀其舖肆，出其貨物，在公共之廣場，付之一炬。十人團之組織，即以互相監視，不買日貨，爲唯一之團綱者也。對內之事業：一爲請求政府，撤去曹汝霖等職務。政府初猶蠻悍，不顧公理，繼則學生大罷課。風之所向，六月三日，上海商界全體罷市，各處倣之，於是通都大邑，都成愁慘之鄉；工人亦有罷工之動機。政府乃懼，免曹汝霖、章宗祥、陸宗輿職務，商界乃始開市，學界亦開課。二爲從事文字語言之宣傳鼓吹，以引起平民之愛國心，并指示其方法目的。各校學生，多犧牲課業，從事於此；或則聲嘶力竭，或則神竭智衰，其勇武之概，世人莫不相欽也。政府乃利用提早暑假，以思阻遏；然各處又組織同鄉會，其運動更由各市鎮而推及於各鄉村；并創辦義務學校，努力於永久的事業。迄今雖以政府之壓力，或社會之麻木，形式上日形冷淡，然精神固已深入於人心矣！雜據報紙。

（八）六月二十八日，下午三時，協約國及共同作戰國對德之和約，在巴黎凡爾賽鏡宮簽字。首由德國新任全權代表外交總長慕勒氏、殖民總長貝爾氏簽字；次五大國及共同作戰國代表，相繼簽字。惟我國代表因要求保留約中山東條款，未達目的，故未出席；且臨時聲明拒絕簽約。和約簽字後，巴黎即鳴礮慶賀，人民列隊遊行，盛極一時。協約國對德和約，於二十八日在巴黎凡爾賽正式簽字，我國委員，因和會不允保留山東問題，不往簽字。當有全權委員陸徵祥、王正廷、顧維鈞、魏宸組電致政府云："和約簽字，我國對於山東問題，自五月二十六日正式通知大會，依據五月六日祥在會中所宣言維持保留去後，迭向各方竭力進行，迭經電呈在案。此事我國節節退讓，最初主張注入約內，不允；改附約後，又不允；改在約外，又不允；改爲僅用聲明，不用保留字樣，又不允；不得已改爲臨時分函聲明，不能因簽字而有妨將來之提請重議云云。豈知直至今午時完全被拒！此事於我國領土完全及前途安危，關係至鉅，祥等所以始終不敢放鬆者，固欲使此問題留一線生機，亦免使所提他項希望條件，生不祥影響。不料大會專斷至此，竟不稍顧我國纖微體面，曷勝憤

慨！弱國交涉，始爭終讓，幾成慣例，此次若再隱忍簽字，我國前途，將更無外
交之可言。内省既覺不安；即徵諸外人論調，亦羣謂中國決無可以輕於簽字
之理，詳審商榷，不得已當時不往簽字。當即備函通知會長，聲明保存我政府
對於德約最後決定之權等語，姑留餘地。竊惟祥等猥以菲材，謬膺重任，來歐
半載，事與願違，内疚神明，外慚清議！自此以往，利害得失，尚難逆覩，要皆
由祥等之奉職無狀，致貽我政府主座及全國之憂，乞即明令開去祥外交總長、
委員長及廷、鈞等差缺，一併交付懲戒；并一面迅即另簡大員，籌辦對於德、奧
和約補救事宜，不勝待罪之至！”此電政府於七月二日始行接到；繼復接到續
電云：“德約我國既未簽字，中、德戰事狀態，法律上可認爲繼續有效，擬請迅
咨國會建議宣告中、德戰事告終，通過後即用明令發表，愈速愈妙。”當發復電
云：“事勢遷變，并聲明亦不能辦到，政府同深憤慨！德約既未簽字，所謂保存
我政府最後決定之權，保存後究應如何辦理？此事於國家利害，關係至爲鉅
要！該全權委員等，職責所在，不能不熟思審處，别求補救，未便以引咎虛文，
遽行卸責。至所擬咨由國會建議，宣告中、德戰爭狀態告終，俟通過後明令發
表一節，片面宣布，究竟有無效力？抑或外交有此先例？所有對德種種關係，
將來如何結束？統望速籌詳復。再奧約必須簽字，務即照辦！”雜據報紙。

　　（九）協約國對奧和約，前經協約國草就提交奧國，近由赴歐議和委員電
陳已重加修改。其中關於我國者五條，均有改動。如庚子賠款，原定無條件
免除，現改爲提出一部給予奧國民；又敵僑敵產問題，原定不得發生抗議，現
改爲酌給賠償，奧與中國另定合同；又租界問題，原定全部歸還，現改爲中國
備價收買公產；又原定中、奧取消當時各約，現改爲仍照待遇各國人民例待遇
奧人，並仍適用各約；且准奧人已有土地仍歸所有。我國委員已向協約國提
出抗議。對奧和約，本限九月八日簽字，後經奧代表要求，故展緩兩日。十日
上午十時十五分，協約國代表與奧代表在巴黎聖傑門古堡會集。首由奧總代
表倫納氏簽字，協約各國代表及我國代表均依次簽字。惟羅馬尼亞及南斯拉
夫代表，因未奉政府訓令，故未簽字。同上。

　　（十）凡爾賽者，昔日法王路易十四之故宫，居巴黎近側，和約訂定於是，
因以名焉。此約起草於和會開幕，至五月七號，始底於成。而分遞與會各邦
及德意志代表，雙方辯答往復，至六月二十八號，乃行正式畫諾。其重要煩
博，匪夷所思。要而言之，蓋由大戰直接胚胎而成，而此會之結晶體也。内凡
四百四十條，又大別爲十五部。今照列其部目，部各舉例，或佐以概括語，而
後總結以論斷焉。如下：

第一部　萬國聯盟章程。

第二部　德意志之疆界。除與盧森堡、奧地利、瑞士三國，一如一九一四年八月三號以前外；其對於比利時、法蘭西、捷克斯拉夫、波蘭、丹麥五國，均有變易。

第三部　歐洲政治上之契約。（1）比利時，德意志當承認一八三九年四月十九號之約，不復生效，并放棄莫乃士勒之主權於比利時。（2）盧森堡，德意志應拋棄在此地一切利益，經一八四二至一九〇二年之間，各條約所取得者。（3）來因河右岸，德意志不得在此河右岸，距五十法里以內建築礮臺，存者毀之。（4）沙耳盤谷，此地煤礦，由法國開採十五年，設臨時機關管理其地。（5）亞、洛二州，經一八七〇年普法之戰割讓者，今即返之法國。（6）奧國之德人，仍爲奧民，疆界如舊，不得合併於德意志。（7）捷克斯拉夫，從新建國，與奧脫離。（8）波蘭，恢復故有土地，再建波蘭，與德、奧脫離，其"上西列西"，現屬德意志者，亦歸於波蘭。（9）東普魯士，在東普魯士之南之居民，或屬德，或屬波，得舉行衆民投票決定，此項投票，由國際委員會監督舉行。（10）麥迷耳，此地原屬德意志，即戰前德、俄交界處，介在波羅的海與東普魯士之東北境。德意志應拋棄在此地之利益，以惠好主要聯盟國。（11）塘石克自由城，向屬德意志之東普魯士，德意志應拋棄此地權利，使成一自由城，屬民族協會管領，而惠與主要聯盟國。（12）石乃石密克，在丹麥與德意志之間，此地居民或屬德，或屬丹，舉行衆民票決。（13）赫里果郎島，島在德意志之領海中，其礮臺應一律拆毀。（14）俄羅斯與俄之各邦，德意志應尊重戰前俄國所有疆土，并廢棄《里托搏斯克條約》。

第四部　德意志以外之德國權利。德意志應拋棄在彼殖民地，或彼友邦內，一切利益及名稱，以惠與主要聯盟國，或被攘奪之主人翁。如支那、暹羅、里比利亞，屬之原主；馬阿克屬於法；埃及屬於英；山東屬於日本；以後在保加利亞、土耳其之利益，屬於主要聯盟國等。

第五部　海陸軍及航空之規定。德意志應除去徵兵制，所有兵役，悉由志願，其總數不得過十萬。服役者，須至十二年乃退伍。每年因要務退伍者，不得過百分之五。至於軍用飛機，一律禁止。此項由國際監督委員會，保證其實行等。

第六部　戰虜及死亡葬埋。

第七部　懲戒。引渡德前皇威廉第二，由五強組織之特別法庭裁判。

第八部　賠償。德意志應任因戰損失之一切賠償，其數目由清理賠款之國際委員會估定；從一九二一年五月一號起，三十年期内，應當付清等。

第九部　財政條款。爲監收賠款，及別項負擔，由本條約發生者，成立一國際監收賠款委員會。此會對於德意志財產，有優先權。但特別規定，不在此例。至一九二一年五月一號，德意志政府，非有該會特許，不得輸出金幣，或使用。德意志之領土讓受人，爲波蘭、比利時，亦當分擔德意志一九一四年八月以前存在之國債，惟亞、洛二州，在例外等。

第十部　經濟條款。德意志對於輸出入貨物之稅率，不得比其他國更高。對於聯盟國由德意志輸出，或由該本國輸入德意志，不得加以何種限制。德意志爲保護聯盟國之貨物計，當立各種規則，以杜奸商等。

第十一部　航空。聯盟國之飛機，能自由駕駛於德意志之海陸上，惟對於德國施行之航空規程，一律遵守。德意志之飛機對於聯盟國境内，亦然，等。

第十二部　商埠、水道、鐵道。關於水陸運輸，或客商，或貨物，或郵便輸送等，德意志須允許萬國免稅通過，除去一切障礙，及時間留難，與德意志人民享一律待遇。關於免稅通過之貨物運載費，應須合宜，不得因國籍而分輕重。德意志内地航路，如"哀耳不"、"阿特耳"、及"里雅蒙"三河，定爲萬國自由航路。"來因"河航行問題，一八七八年十月十七號之《滿罕條約》繼續有效等。

第十三部　勞動問題。萬國聯盟，既以世界和平爲目的，而此和平實基於社會的公道。現在大多數人民，既以勞動爲生存。其無人道而背公理者，當屛除之，而和平乃能實現。因特制定"勞動法"，公諸世界。

1. 萬國勞動事務所，附設民族協會中，共代表十二人：六人由廠主選派；六人由工人選派。2. 應議決之問題：（1）施行八小時主義，或每禮拜四十八小時。（2）關於預防罷工之方法與其結果。（3）使用女工，使用童工。（4）實行及發展國際條約，經一九零六年決定關於禁止女子在廠夜工，及禁止用白燐質於火柴廠等。按：此問題在年内，由美政府召集勞動議會於華盛頓決定。

第十四部　本約實行之保障。爲碻定德意志實行本約起見，德意志領土在"來因"河西岸由聯盟國之軍隊佔據十五年，由本約實行之日起。在同一目的，德意志當認《里托搏斯克條約》無效，并退出現在俄境之德兵等。

第十五部　其餘條款。本條約及將來與奧地利、保加利亞、土耳其訂定之約，德意志當認爲有完全效力。一八一五年十二月二十日，關於保證瑞士中立之約，仍無更動，等。

綜上所列，大綱既具，其内容已可窺其一斑。除第一及第十三部，係該世界而言，不爲何國特定外；餘則純係協約國對於德意志之降服條件耳。吾人讀此，不必持公理、人道等名詞，而節節繩墨之，當假設德師大捷，其倡聯軍忍受之件，或有非本約所能擬論者，天道循環，無剝不復！今日蓋聯盟國得意時也，懼其領土尚廣，或再蓄勢力也，則爲之削其地，如第三部之規定；懼其兵力雄厚，可以捲土重來也，則爲之剪其兵，如第五部之規定；地既削，兵既剪，好戰之日耳曼民族，從此已不得復逞矣。又懼其注全力於商競也，則爲之制定貿易、經濟、及工作等規條，而商業又無從擴張；剝創以膚，幾無完好，德意志休矣！<small>閻一士《巴黎和會之經過》。</small>

（十一）五四運動之風潮，反使國內有識之士，感於學力之不足；於是學術演講之風大盛。凡國內大學教授，及學識卓著者，咸被各地邀請，發揮其學問，以饗青年。每一處開講，聽者輒滿座。時美國哥崙比亞大學教授杜威博士，<small>John Deway。</small>適於一九一九年五月初，應北京大學之聘，來華講演。各處人士，正困知識飢荒，欲得一飽；乃爭相延請，福音幾半中國。又英國大哲學家羅素，<small>Bertrand Russell。</small>亦於一九二〇年十月間，應北京大學、北京新學會等之聘，來華講演。法國大哲學家柏格森，亦將於一九二三年來華。此實國內進步之好現象也。<small>雜據報紙。</small>

（十二）歐戰既停，世人既養心靜志，又當滿目瘡痍之後，自當努力於文明之進步。我國處此世界潮流之中，苟無所表見，勢將精神破產。然無論其爲社會文明、精神文明、物質文明，大都簡陋不備，或具體而微，相形之下，恐將淪於萬劫不回之地；兼之五四風潮，國人雖因感情興奮，一時狂熱；然積久怠生，則又漸復麻木。蓋根本之程度幼稚，無怪其無澈底改造之精神也。有識之士，因思由愛國的感情運動，漸變爲根本的文化運動，以冀國內文明進步，人智開發，自然臻於開明之域。因之各種學會，陸續組織，均純粹研究討論關於學問上之對象，而絕不含有政治作用。如北京新學會、少年中國學會、科學社、共學社、尚志學會，及小部分之讀書會、學術講演會等，或早經成立，從事擴張；或新創組織，廣求同志；或藉講學以求智識；或從譯述以資攻磋。先是已有胡適之等白話文字之運動，國中青年，從之如流；至是工具既簡而精，則學問之宣傳，自益易爲力。故各種出版物驟增，各書局亦多從事改良。雖有冒牌貨混濛其間，然魚目亂珠，究不能久長；今茲由博返約，日接於光明之途矣。政府於此，不加審察，妄概各種新書以傳播過激思想之名詞，欲予禁止，實則"欲蓋彌彰"，適足以引人注意而已！<small>雜據報紙。</small>